Gottfried-Karl Kindermann

Der Aufstieg Koreas in der Weltpolitik

Gottfried-Karl Kindermann

Der Aufstieg Koreas in der Weltpolitik

Von der Landesöffnung bis zur Gegenwart

OLZOG

Bibliografische Information Der Deutschen Bibliothek

Die Deutsche Bibliothek verzeichnet diese Publikation in der
Deutschen Nationalbibliografie;
detaillierte bibliografische Daten sind im Internet
über http://dnb.ddb.de abrufbar.

Bildnachweis:
akg-images, Berlin: S. 117; Botschaft der Republik Korea, Berlin: S. 37, 53;
ddp, Berlin: S. 365; gettyimages, München: S. 82;
ullstein bild, Berlin: S. 178, 188, 206, 242, 315, 329, 334, 347, 358; Privat: S. 11

ISBN 3-7892-8165-4
© 2005 Olzog Verlag GmbH, München
Internet: http://www.olzog.de

Umschlagentwurf: Gruber Grafik, Augsburg
Satz: Verlagsservice G. Pfeifer/EDV-Fotosatz Huber, Germering
Druck- und Bindearbeiten: Himmer-Druck, Augsburg
Printed in Germany

Meinen koreanischen Freunden und Partnern
einer langjährigen Zusammenarbeit
und meinen vormaligen Schülern in Korea
mit Dank und Anerkennung
gewidmet.

**Autor und Verlag bedanken sich bei der
Münchener Rückversicherungs-Gesellschaft
für die freundliche Unterstützung
des Buchprojekts.**

Inhalt

Vorwort von Kim Dae Jung

Als Freund Deutschlands ist es mir eine besondere Freude, diesem Buch ein paar Worte zum Geleit voranzustellen. Es erscheint im „Jahr der deutsch-koreanischen Freundschaft 2005" und kann für deutschsprachige Leser sicherlich dazu beitragen, die Gegebenheiten der oft dramatischen neueren Geschichte Koreas anschaulich darzustellen. Denn der mir seit vielen Jahren bekannte Verfasser, der schon in jungen Jahren mit schicksalhaften Ereignissen in Korea konfrontiert wurde und der Südkorea oft und Nordkorea mehrfach besucht hat, ist ein erfahrener Kenner der Geschichte Ostasiens.

Auch weiß ich aus Erfahrung, dass die Deutschen, die ebenfalls das Schicksal jahrzehntelanger nationaler Teilung erlebt haben, dem Volk und Schicksal Koreas mit einfühlsamer Freundschaft gegenüberstehen. Wie ich in meiner Rede in Berlin

Kim Dae Jung, Präsident Südkoreas 1998–2003, mit Widmung für den Autor

vom 9. März 2000 gesagt habe, empfinde ich ein Gefühl herzlichen Dankes dafür, dass mir Staatsmänner und Bürger Deutschlands in den schweren Jahren ständiger Verfolgung durch unsere autoritäre Regierung zur Seite gestanden haben.

Auch erwähnte ich in meiner Rede, dass manche Erfahrungen der neuen deutschen Ostpolitik für meine Politik des Sonnenscheins Nordkorea gegenüber wertvolle Anregungen vermittelt haben. Das gilt insbesondere auch für meinen Gedankenaustausch mit meinem Freund Willy Brandt und ebenso mit Richard von Weizsäcker und Hans Dietrich Genscher.

So haben Gemeinsamkeiten des Schicksals bewirkt, die Freundschaft zwischen unseren Völkern in ganz besonderer Weise zu fördern. Korea ist aber nicht nur ein immer noch geteiltes Land, sondern es bildet auch das geographische und geostrategische Zentrum des nordostasiatischen Raumes, wo die Interessen Koreas, Chinas, Russlands, der Vereinigten Staaten und Japans unmittelbar aufeinander treffen und damit Koreas Staatskunst immer wieder vor besondere Probleme stellen. Auch sind wir bemüht, unser Land zu einem Zentrum ostasiatischer Wirtschaft zu machen.

Ich begrüße daher die Absicht dieses Buches, Lesern der deutschsprachigen Länder Europas eine lebendig geschriebene und profunde Darstellung der politischen Entwicklung und internationalen Rolle Koreas in seiner modernen Geschichte und in der Gegenwart zu bieten. In diesem Sinne ist das Buch von meinen besten Wünschen begleitet.

Dr. Kim Dae Jung,
ehemaliger Präsident der Republik Korea

Danksagung

Anlässlich der inhaltlich um die Darstellung eines ereignisreichen Jahrzehnts erweiterten Neuauflage dieses Bandes ist es mir eine Freude, sowohl der Münchener Rückversicherungs-Gesellschaft als auch der BMW Stiftung Herbert Quandt, vor allem Herrn Dr. Kai Schellhorn, für ihre verständnisvolle Förderung zu danken.

Unter meinen koreanischen Gesprächspartnern gilt mein herzlicher Dank in erster Linie dem mir seit vielen Jahren bekannten Herrn Altpräsidenten und Friedensnobelpreisträger Dr. Kim Dae Jung, der liebenswürdigerweise nicht nur für diesen Band ein Vorwort geschrieben und Interviewfragen beantwortet, sondern auch seine Bereitschaft erklärt hat, unserer Einladung zu Vorträgen in München Folge zu leisten. Sehr hilfreich in diesem Zusammenhang waren aus der Presidential Library Kim Dae Jung in Seoul deren Direktor Prof. Dr. Sang-young Rhyu, Botschafter Bong Ryull Yang und Frl. Jun Hee Park. Von großem Wert bei Beschaffung von Gesprächskontakten in Korea war die Hilfe des Korean Overseas Information Service, insbesondere von Seiten seines Direktors, Herrn Jeung-chil Song und des stellvertretenden Direktors, Herrn Kil-Tae Kim. Für freundlicherweise gewährte Interviewgespräche danke ich Herrn Außenminister Ban Ki-Moon und der Vorsitzenden der Großen Nationalpartei, Frau Park Geun Hye. Herrn Bundespräsidenten Dr. Horst Köhler verdanke ich eine Begegnung mit Südkoreas neuem Präsidenten, Herrn Roh Moo-hyun. Seitens der Koreanischen Botschaft in Berlin danke ich den Herren Botschaftern Hwang Won-tak und Kwon Young-min wie insbesondere auch Herrn Botschaftsrat Lee Hyeon-pyo und Herrn Botschaftssekretär Yun Jong Seok. Ebenso bedanke ich mich bei Herrn Botschafter Michael Geier, bei Japans ehemaligem Generalkonsul in München und Botschaftsrat in Seoul, Herrn Yoshinori Katori. Bei der technischen Bewältigung der Arbeit halfen meine Gattin Fang-fang Kindermann-Tsai wie auch meine Töchter Ada-Jasmin und Aglaia. Eine ungemein effiziente redaktionelle Betreuung des Bandes verdanke ich Frau Christiane Reinelt.

Gottfried-Karl Kindermann   München, 1. August 2005

Dem Konzept für dieses Buch liegen zahlreiche Anregungen und Eindrücke zugrunde, die teilweise weit zurückreichen. So diente der Verfasser als studentischer Volontär im Generalsekretariat der Vereinten Nationen zu Beginn und während der ersten Monate des Koreakrieges, wo er die Gelegenheit zur direkten Beobachtung zahlreicher Debatten des Sicherheitsrates und der Generalversammlung der Vereinten Nationen hatte und den Kriegseintritt der Vereinigten Staaten erlebte. Das Jahr 1972 brachte nicht nur die erste gemeinsame koreanische Süd-Nord-Erklärung zu Grundprinzipien der Wiedervereinigung, sondern auch den Grundlagenvertrag zwischen den beiden deutschen Staaten. In Korea und Deutschland entstand hierdurch ein besonderes Interesse an gegenseitigem Erfahrungsaustausch.

Mit der Organisation einer 1975 in München und Tutzing stattfindenden ersten koreanisch-deutschen Konferenz eröffnete der Verfasser eine seither mit vielen weiteren Konferenzen in beiden Ländern wie auch gelegentlich in Drittländern fortgesetzte deutsch-koreanische Kooperation zur vergleichenden Analyse von Problemstrukturen geteilter Länder. Deutscher Träger dieser Zusammenarbeit war die Ludwig-Maximilians-Universität München, an der Professor Werner Gumpel in verdienstvollster Weise der bisherigen politischen Dimension der Thematik auch eine ökonomische hinzufügte und die organisatorische Hauptlast der vom Institut für Wirtschaft und Gesellschaft Ost- und Südosteuropas wie auch vom Seminar für Internationale Politik im Geschwister-Scholl-Institut der Ludwig-Maximilians-Universität München gemeinsam für die Universität München getragenen Partnerschaft mit der südkoreanischen Yonsei Universität übernahm. Die Rektoren der Universität München, Nikolaus Lobkowicz und Wulf Steinmann, haben diese Zusammenarbeit in verständnisvoller Weise gefördert.

Auf südkoreanischer Seite bildete das Institut für Ost- und West-Studien der Yonsei Universität den Hauptpartner dieser Zusammenarbeit. Sein ehemaliger Direktor, Kim Dalchoong, fungierte vor dem endgültigen Erfolg der südkoreanischen „Nordpolitik" als Pionier der Anbahnung südkoreanischer Kontakte zu Ostblockstaaten wie auch zu China und Vietnam, die den späteren offiziellen diplomatischen Beziehungen fördernd vorangingen. Der gegenwärtige Institutsdirektor, Jung Ku Hyun, zählt zu den führenden Nationalökonomen Südkoreas. Zum Kreis der langjährig an dieser Kooperation beteiligten Kollegen gehören auch Professor Lee Hong Koo von der Seoul National University, der ehemalige und derzeitige südkoreanische Minister für Wiedervereinigung, gleichzeitig auch Vizepremierminister, wie auch Professor Han Sung Joo von der Korea-Universität, der zurzeit den Posten des Außenministers der Republik Korea bekleidet. Auch der seinerzeitige Sportminister, Lee Young Ho, von der Ewha-Frauen-Universität in Seoul gehörte zu dieser Gruppe. Vor der Niederschrift dieses Buches gewährten mir unter anderem die drei vorgenannten ehemaligen Kollegen ausführliche Gespräche zur Thematik desselben. Mein besonderer Dank gilt dem ersten zivilen Präsidenten der Republik Korea, Herrn Kim Young Sam, der sich trotz seines gedrängten Terminkalenders liebenswürdigerweise Zeit zur Beantwortung vieler Fragen des Verfassers nahm, seinem Vorgänger, Ex-Präsident Roh Tae Woo, und dessen Sicherheitsberater, Professor Kim Hak Joon, wie auch dem mit mehreren anderen Kabinettsmitgliedern in Burma ermordeten Professor Pyun Cho, einem bedeutenden Diplomaten und Rechtsgelehrten, der den Beginn der oben genannten Zusammenarbeit stark ermutigte. Herr Bundespräsident Richard von Weizsäcker lud mich liebenswürdigerweise dazu ein, ihn anlässlich der Technogerma-Ausstellung in Südkorea 1991 zu begleiten.

Sehr nützliche Gesprächskontakte ergaben sich mit den bekannten südkoreanischen Oppositionspolitikern Kim Dae Jung und Lee Ki Taek sowie mit Japans ehemaligem Außenminister Shiina Etsusaburo. Wertvolle praktische Hinweise erteilten immer wieder Herr Lee Dong Bok, Dr. Limb Thokyu und Dr. Choe Suh Myon.

Mit dem Ausdruck des Dankes möchte ich auch wichtige Gesprächspartner im Verlaufe von drei Aufenthalten in Nordkorea erwähnen. Vizeaußenminister Ri Dschong Mok gewährte mir ein Interview, das erste aus Nordkorea, das in einem deutschen Nachrichtenmagazin veröffentlicht werden konnte, Außenminister Kim Yong Nam, damals Leiter der Internationalen Abteilung des Zentralkomitees der Koreanischen Arbeiterpartei, stellte sich freundlicherweise zu einem längeren Gespräch zur Verfügung, ebenso Hwang Jang Yop, der lange Präsident des Obersten Volkskongresses gewesen war, Professor Han Su Gil von der Juche Akademie und Botschafter Rhee Dong Hyok.

Viele Anregungen und wissenschaftliche Erkenntnisse verdanke ich auch einer Gruppe koreanischer Professoren, deren Doktorvater ich in der Vergangenheit sein durfte und deren Publikationen sehr wesentlich zur deutschen Literatur der Gegenwartsgeschichte und Politik Koreas beigetragen haben. Zu ihnen gehören Chon Tuk Chu, Kim Byung Ung (†), Kim Hak Sung, Lee Soong Hee, Paik Kyung Nam, Suh Zun Weon, Yang Dae Hyon, Jung Hun Lim und Yun Ki Whang. Sie alle haben nach ihrer Rückkehr nach Korea wirkungsvoll zum dortigen Verständnis für deutsche Politik, Geschichte und Kultur beigetragen. Herzlich danken möchte ich auch meinen Wissenschaftlichen Mitarbeitern am Geschwister-Scholl-Institut, vor allem Frl. Heike Röhrich und Herrn Marius Dittert, sowie Frau Diplom-Politologin Hedwig Ulrich, Frl. Maria Aigner und Frau Erika Marville, welche die technische Bearbeitung des Manuskripts bewältigt haben. Last but not least bin ich der Koreanischen Botschaft in Bonn unter Leitung von Herrn Botschafter Kim Taezhee und ganz besonders dem *Korean Press Center* in Seoul für die verständnisvolle und ungemein effiziente Hilfe bei der Beschaffung von Informationsmaterial wie auch bei der Vermittlung von Gesprächskontakten verbunden. Meine Familie ertrug meine zusätzliche zeitliche Belastung mit verständnisvoller Geduld.

Gottfried-Karl Kindermann   München, den 28. September 1994

Einleitung

Im geostrategischen Zentrum Nordostasiens – und dadurch von jeder Geschichtsentwicklung dieses Raumes betroffen – liegt die koreanische Halbinsel. Hier begegnen einander die Machtsphären Chinas, Russlands, Japans und der Vereinigten Staaten. Seit mehr als einem Jahrtausend ist Korea immer wieder zum Gegenstand oder Schauplatz von Interventionen oder Rivalitäten benachbarter Großmächte geworden. Zur Tragik Koreas in der neueren Geschichte gehört die Tatsache, dass seine Befreiung von jahrzehntelanger Fremdherrschaft 1945 von einer aufgezwungenen Teilung des Landes begleitet war, die selbst in der Ära nach Ende des Kalten Krieges nicht überwunden werden konnte. Zehn Millionen koreanische Familien sind von dieser Teilung zerrissen. Das geteilte Korea war und blieb seit 1945 einer der explosivsten Krisenherde der Weltpolitik. Der Koreakrieg 1950–53, der anfangs zur Eroberung des Südens, dann zur Eroberung des Nordens und schließlich zu einer machtpolitischen Pattsituation führte, eskalierte von einem anfänglichen Bürgerkrieg zum ersten Krieg zwischen den USA und China. Die Eindämmung der Aggression erfolgte hier erstmals unter den Auspizien der Vereinten Nationen (UNO).

Nach kurzen Rückblicken auf die Frühgeschichte und zentrale Elemente der Kultur Koreas zeigt der Band die politische Geschichte und internationale Rolle Koreas von der so genannten „Landesöffnung" 1876 bis zu den ersten Jahren des 21. Jahrhunderts. Er zeigt Korea im 19. und 20. Jahrhundert immer wieder als Opfer intervenierender Großmachtpolitik. Besondere Beachtung findet die unverschuldete und immer wieder zu nationalen und internationalen Krisen führende Teilung Koreas in zwei Staaten mit antagonistischen politischen, sozialen und wirtschaftlichen Systemen, ihren Konflikten miteinander und ihren mühsamen, erst kürzlich erfolgreicheren Bemühungen um tragbare und produktive Formen der Koexistenz. Gezeigt wird auch die zunehmend aktive Rolle der beiden koreanischen Staaten im machtpolitischen Spannungsfeld Nordostasiens, aber auch die über Korea hinausgehende Bedeutung des krisenhaften Konflikts um Nordkoreas nukleares Potenzial.

Ohne Anspruch auf Vollständigkeit versucht der vorliegende Band, Hauptkomponenten der politischen Entwicklung Koreas unter besonderer Berücksichtigung sowohl seiner internationalen Stellung und Rolle als auch seines spannungsreichen inneren Weges zur Demokratie darzustellen.

1. Das frühe Korea im Spannungsfeld der Mächte

1.1 Die Ära der streitenden Reiche

Im ersten nachchristlichen Jahrhundert entstehen in Korea aus Stammesverbänden drei miteinander *rivalisierende Reiche*. Das stärkste unter ihnen ist das im Norden gelegene Reich *Koguryo*. Seine Hauptstadt liegt am Jalu-Fluss, der später jahrhundertelang bis zur Gegenwart die Grenze zwischen China und Korea bildet und der die koreanische Halbinsel nach Norden hin vom übrigen kontinentalen Ostasien abgrenzt. Aus einem Verband von fünf Stämmen zusammengeschweißt, umfasste das Königreich Koguryo Gebiete, die teils im Norden Koreas und teils in der angrenzenden südlichen Mandschurei lagen. Eine Schwächesituation des chinesischen Reiches ausnützend, das in der Ära seiner glanzvollen Han-Dynastie Militärkolonien auch in Nordkorea errichtet hatte, gelang es dem kriegerischen Koguryo-Reich 313 n. Chr., die Chinesen nach 300-jähriger Herrschaft aus diesem Raum und auch aus der nordöstlichen Mandschurei zu vertreiben. Das trotz seines Konflikts mit China von diesem nachhaltig beeinflusste Koguryo wurde anschließend zur stärksten Macht auf der koreanischen Halbinsel, von der es etwa zwei Drittel des Gebietes beherrschte. Im südlichen Drittel Koreas entwickelte sich hingegen aus dort siedelnden Stämmen des Han-Volkes im Südwesten das Königreich *Paekche*, im Südosten das Königreich *Schilla* und zwischen beiden, an der Südküste gelegen, das kleinere Reich *Kaya*. Dieses Reich, das mit Japan intensive wirtschaftliche und andere Kontakte unterhalten hatte, wurde 562 n. Chr. von Schilla und Paekche überwältigt und untereinander aufgeteilt. In der Zwischenzeit war das Chinesische Reich unter der Führung der Sui-Dynastie (589–618) erneut erstarkt und erstrebte eine Wiederherstellung der verlorenen chinesischen Machtpositionen in Nordostasien. Nicht weniger als sechs zu diesem Zweck mit großem Aufwand unternommene Feldzüge der kurzlebigen chinesischen Sui-Dynastie und der ihr nachfolgenden Tang-Dynastie scheiterten zwischen 598 und 646 am erbitterten Widerstand der Koguryo-Koreaner. Eine Wende zugunsten der Chinesen schien sich anzubahnen, als es einer chinesischen Kriegsflotte im Jahre 660 gelang, das im Südwesten gelegene Reich Paekche im Bündnis mit dem dynamisch expandierenden Königreich Schilla zu erobern. Paekche seinerseits war zwar mit Kogyro und mit Japan verbündet gewesen. Doch scheiterten militärische Vorstöße der Japaner zur Rettung Paeckches endgültig drei Jahre später in der Entscheidungsschlacht am Paekch'on-Fluss. Die siegreiche Allianz, gebildet aus der chinesischen Tang-Dynastie und dem südkoreanischen Schilla-Reich, wandte sich nun gemeinsam gegen den gefürchteten Koguryo-Staat in Nordkorea. Erschöpft von den vorherigen Abwehrkriegen gegen China und im Inneren von Fehden zwischen Clans seiner aristokratischen Führungsschicht zerrissen, unterlag Koguryo 668 im Kampf mit seinen Gegnern aus Nord und Süd. Koguryos letzter König wurde mitsamt 200.000 Kriegsgefangenen nach China gebracht und das Territorium seines untergegangenen Reiches zunächst von chinesischen Generälen der Tang-Dynastie verwaltet.

Bereits die hier geschilderte Phase aus der Vorgeschichte der ersten Einigung Koreas im ersten Jahrhundert unserer Zeitrechnung zeigt neben einem innerkoreanischen Nord-Süd-Konflikt zugleich die konkurrierenden Interventionen der benachbarten Mächte China und Japan.

1.2 Koreas erste Einigung unter dem buddhistischen Königreich Schilla

Nach den gemeinsamen Siegen über Paekche und Koguryo kam es zum Streit zwischen den Siegern. Als China die Kontrolle über diese besiegten Reichsgebilde einforderte, bot ihm das machtvoll erstarkte koreanische Königreich Schilla die Stirn. Nachdem es sich 674 – auch von wesentlichen Teilen der koreanischen Bevölkerung Paekches und Koguryos unterstützt – erfolgreich gegen eine chinesische Offensive zur Wehr gesetzt hatte, vermochte es fast die ganze koreanische Halbinsel südlich von Pjöngjang (derzeit Hauptstadt Nordkoreas) unter seinem Zepter zu vereinigen. In den außerhalb der Kontrolle Schillas bleibenden nordkoreanischen Randgebieten wie auch in angrenzenden Teilen der Mandschurei entwickelte sich zu Beginn des achten Jahrhunderts das von Nachfahren der Koguryo-Eliten regierte Reich *Parhae* (Chinesisch: P'ohai), das sich später bis in den Norden der Mandschurei ausdehnte, jedoch im Jahre 926 von dem machtvollen mongolischen Khitan(Ch'i-can)-Stamm unterworfen wurde, der in der Folge selbst Peking eroberte und anschließend unter dem Namen der Liao-Dynastie die Herrschaft über ganz China beanspruchte.

Das vereinigte Königreich Schilla bestand von 668 bis 935. Seine im Südosten Koreas gelegene Hauptstadt Kumsong (heute Kyongju) soll fast eine Million Einwohner beherbergt haben und gehörte auf den Gebieten der Kunst und Kultur mit zu den glanzvollsten Residenzen des damaligen Nordostasiens. Unter dieser Dynastie erfuhr Korea eine längere Periode des inneren Friedens und der kulturellen Blüte. Manche Historiker sehen in dieser Periode die Grundlegung des koreanischen Nationalstaates. Der Sicherung des auswärtigen Friedens dienten auch freundschaftliche Beziehungen zur chinesischen Tang-Dynastie, die Schillas Diplomatie trotz vergangener koreanisch-chinesischer Konflikte herstellen konnte.

Zahlreiche offizielle Missionen wie auch private Studiengruppen wurden nach China entsandt, wo sie Formen und Inhalte der konfuzianischen Kultur des kaiserlichen China studierten. Chinesische Einflüsse sind in vielen Institutionen der Kultur und Verwaltung des Schilla-Reiches klar erkennbar. Das Reich war in neun Provinzen und diese wiederum in Regierungsbezirke und Landkreise eingeteilt. Eine umfangreiche Beamtenschaft wurde mit agrarischen Naturalien festgesetzten Umfangs besoldet. Eine hierarchisch abgestufte Aristokratie bildete die beherrschende Oberschicht des Landes. Zahlreiche Elemente der frühen koreanischen Nationalkultur sind in dieser Ära feststellbar. So entwickelten koreanische Gelehrte ein Schriftsystem, genannt „Idu", mit dem koreanische Worte durch die Anwendung chinesischer Schriftzeichen ausgedrückt werden konnten. Es ist der Beginn einer phonetischen koreanischen Schriftsprache.

1.3 Kerngehalte der buddhistischen Lehre

Der die Kultur von Schilla primär prägende Einfluss war der des Buddhismus, welcher, von Indien aus über China kommend, nach und nach zwischen dem vierten und sechsten Jahrhundert von den Königreichen Koreas übernommen wurde. Im Königreich Schilla entwickelte sich der Buddhismus zu der vom Königshaus und von der Aristokratie stark geförderten Form der Staatsreligion.

Der ursprüngliche Buddhismus, gegründet vom Prinzen Gautama aus einem im Himalaya gelegenen Königreich, der den persönlichen Namen Siddhartha (der sein Ziel erreicht hat) trug und später den Ehrennamen Buddha (der Erwachte) erhielt, verkörpert keine Offenbarungsreligion etwa im Sinne des Christentums, des Islam oder des Judentums. Buddha beanspruchte nicht, ein Gott oder der Prophet eines Gottes zu sein, sondern ein Erleuchteter, der durch meditativ errungene Eingebung die Gesetzmäßigkeiten des Seins und insbesondere der Stellung des Menschen im Kosmos erkannt habe. Der ursprüngliche Buddhismus stellt eher eine ethisch fundierte Lehre zu der durch Einsicht und Meditation erreichbaren Selbstbefreiung von typischen Leidensformen der psychologischen Existenz des Menschen dar. Der Buddhismus glaubt an ein ewiges Weltgesetz, dessen Substanz in einer Vergeltungskausalität der Taten des Menschen besteht. Es gibt keinen Weltschöpfer oder Weltrichter wie in den Offenbarungsreligionen, sondern eine von Existenz zu Existenz wirkende Kausalität der Vergeltung guter und böser Taten. Menschliches Verhalten in einem Leben bedingt die Art der Wiedergeburt und neuen Existenz des gleichen Menschen in einem weiteren Leben. Der Begriff des *Karma* meint die kosmisch wirkende Macht der Taten in einem früheren Leben durch entsprechende glückliche oder leidvolle neue Existenz in einem weiteren Leben. Das Rad von Existenz und vergeltungsgeprägter Wiedergeburt durchbricht nur der, dem aufgrund seiner

Einhaltung der buddhistischen Lehre die Selbstbefreiung gelungen ist und der so, durch sich selbst von sich selbst befreit, in das Nirwana, das heißt in die beseligende Nichtexistenz, eingehen kann. Helmut von Glasenapp definiert das Nirwana als „ein relatives, kein absolutes Nichts, weil es von denen, die es erlangten, als eine unsagbare, überweltliche Wonne empfunden wird".

Der buddhistische Weg zur Selbstbefreiung des Menschen beruht auf der Erkenntnis des Ursprungs allen Leidens. Der Ursprung des Leidens in dieser Welt sei das ohne Einsicht und Selbstüberwindung nie stillbare Verlangen nach weltlichen Gütern und erwachse aus dem ständigen Missverhältnis zwischen Wollen und Nichterlangen. Alles am Streben nach irdischem Gewinn orientierte Dasein sei daher leidvoll. Die Selbstbefreiung von diesen Formen des selbstschädigenden Strebens sei der erste Schritt zur Befreiung. Die „heilige Wahrheit von dem Weg, der zur Vernichtung des Leids führt", bestehe im „achtfachen Pfad", verwirklicht durch „rechten Glauben, rechte Gesinnung, rechtes Reden, rechtes Handeln, rechtes Leben, rechte Absichten, rechtes Denken, rechte Meditation". Mitleid und Großzügigkeit gegenüber allen Lebewesen, Wahrhaftigkeit, Sittlichkeit, Duldsamkeit, Friedfertigkeit und Selbstbefreiung von hedonistischen Illusionen seien die Regeln für das tägliche Leben. Nur wer durch die Beachtung dieser Prinzipien und durch die von Einsicht gelenkte Selbstüberwindung und Selbstreinigung geistige Freiheit, Distanz gegenüber dem Weltlichen und letztlich Vollkommenheit erreiche, könne hoffen, den Kreislauf von Geburt und Wiedergeburt zu durchbrechen und ins Nirwana einzugehen.

Im Laufe ihrer Verbreitung von Indien nach Ostasien erfuhr die buddhistische Lehre jedoch mehrfache wesentliche Veränderungen. In China wie dann auch in Korea nahm sie die Gestalt des so genannten Mahayana-Buddhismus (Buddhismus des „großen Fahrzeuges") an, die sich in ihrem religiösen Bezug nicht nur auf Buddha als erleuchteten Lehrer der Menschheit beschränkte, sondern einen ganzen Pantheon von Buddhas, Geistern und Göttern schuf, der einerseits künstlerisches und literarisches Schaffen anregte, andererseits aber auch den Massen der Bevölkerung leichter zugänglich war. Die neue Religionsform verband sich mit einer Fülle von Riten, die dem ursprünglichen Hinayana-Buddhismus (Buddhismus des „kleinen Fahrzeuges") unbekannt waren. Mit dem Einströmen des Mahayana-Buddhismus aber verbanden sich neue Formen von Tanz, Musik und mönchischem Chorgesang. Koreas vormoderne klassische Kunst erreicht in der Schilla-Ära eine erste hohe Blüte. Verfeinerte Formen der religiösen Skulptur erinnern an die Kunstformen des Khmervolkes in Angkor Wat oder selbst an das europäische Rokoko. Architektur und Kunsthandwerk entwickelten ästhetisch beeindruckende Darstellungsformen. Das Gleiche gilt für die kunstvolle Tempelarchitektur und die Keramik dieser Ära. In später entdeckten Königsgräbern wurde eine solche Fülle künstlerischer Kostbarkeiten entdeckt, dass die Hauptstadt des Schilla-Reiches, heute

Kyongju genannt, deswegen und auch wegen der dort zu findenden Tempelanlagen und des ältesten astronomischen Observatoriums Asiens von der Weltkulturorganisation der UNESCO zu einer der bedeutendsten kulturhistorischen Stätten der Welt erklärt wurde.

1.4 Das Koryo-Reich im Mongolensturm

Zu Anfang des 10. Jahrhunderts war das Schilla-Reich, durch innere Spaltung und Dekadenz seiner Führungsschichten geschwächt, von dem neu aufstrebenden Staat Koryo in der Herrschaft über Korea abgelöst worden. Der erste König und Gründer der Koryo-Dynastie, Wang Kon, vermochte es auch, eine Neugründung des untergegangenen Paekche-Staates zu beseitigen, und bewirkte nach einer kurzen Periode der Spaltung Koreas dessen erneute Vereinigung unter einem monarchischen Zentrum. Die Hauptstadt des Koryo-Reiches befand sich in *Kaesong* (damals Song-ak genannt) im Zentrum Koreas, das kulturell zu den bedeutendsten Stätten der koreanischen Halbinsel gehört. Die Koryo-Dynastie übernahm in vielen Bereichen das beeindruckend strukturierte Verwaltungsmodell der chinesischen Tang-Dynastie, wobei die bedeutenden Städte Pjöngjang, Kyongju und Seoul zu regionalen Hauptstädten gemacht wurden. Mithilfe konfuzianischer Gelehrter wurde eine zentral verwaltete Staatsbürokratie aufgebaut. Der Erhalt von Positionen in ihr setzte die erfolgreiche Ablegung von *Staatsprüfungen* voraus, womit die vorherige Praxis der Ernennung auf der Basis von Familienbeziehungen erfolgreich eingedämmt, wenn auch nicht völlig beseitigt werden konnte. Ein landesweites Post- und Transportsystem verfügte über etwa 500 Poststationen. Auch die Wasserwege im Inland wurden im Interesse einer besseren Verkehrsinfrastruktur erschlossen. Obwohl der landbesitzende Feudaladel immer noch eine bedeutsame Rolle spielte, gelang es auch anderen Gesellschaftsschichten, zum Beispiel aus den Reihen der Staatsbürokratie, auf der Basis ihrer beruflichen Tätigkeit gesellschaftlich an Bedeutung zu gewinnen. Die unteren Schichten der Gesellschaft zerfielen in zwei große Gruppen, die Freien oder Yangmin, zu denen zum Beispiel Handwerker, Bauern und Soldaten gehörten, sowie die Unfreien oder Ch'onmin, die sich aus schollegebundenen Bauern und aus Haus- und Arbeitssklaven zusammensetzten. Wie in den Vereinigten Staaten vor dem Bürgerkrieg konnten Sklaven freigekauft und verkauft werden. Ein beträchtlicher Teil der Sklaven bestand aus so genannten Staatssklaven, die zur Arbeit in Betrieben der staatlichen Manufaktur eingesetzt wurden. Hier wurden Eisen, Porzellan, Papier und Seide und andere Produkte hergestellt.

Ungeachtet der konfuzianischen Prägung des Koryo-Herrschaftssystems vertiefte sich im religiösen Bereich der bereits in der Schilla-Dynastie zur Blüte gelangte Einfluss des Buddhismus. Mönche und Klöster spielten eine bedeutsame Rolle, nicht nur im religiösen, sondern auch im kulturellen, gesellschaftlichen und wirtschaftlichen Leben des koreanischen Volkes. Beeinflusst von geistigen Strömungen des chinesischen Chan-Buddhismus entstand in Korea ab dem 11. Jahrhundert eine neue buddhistische Geistesströmung, die so genannte *Chogyejong-Sekte,* die eine Synthese zwischen volkstümlichen und vergeistigten Strömungen im Buddhismus zu bewirken suchte. Wie im europäischen Mittelalter verkörperten die buddhistischen Klöster Zentren der Wissenschaft, förderten vornehmlich religiös orientierte Kunstformen und verfügten oft auch über einen umfangreichen Landbesitz. Im Bereich der angewandten Kunst gehörte die Entwicklung und Verfeinerung von Celadon, das wegen seiner jadeähnlichen Farbtönung und Glätte hoch geschätzt wurde, mit zu den bedeutendsten künstlerischen Errungenschaften der Koryo-Ära. Anders als das benachbarte, aber durch seine insulare Lage wirksam geschützte Japan wurde Korea, insbesondere im Zeitalter der Koryo-Herrschaft, aufgrund seiner natürlichen Landverbindung mit dem ostasiatischen Kontinent immer wieder zum Ziel erschütternder und verwüstender mongolischer Invasionen. Nachdem die Koryo-Dynastie bereits im 10. Jahrhundert von den aus der Mandschurei nach Korea eindringenden Reichen der Khitan und der Dschurdschen angegriffen und zu deren Tributstaat gemacht worden war, erfolgte 1231 eine verheerende, über den Jalu-Fluss anstürmende Mongoleninvasion. Was den Mongolen ihre gefürchtete Schlagkraft verlieh, waren ihre vorzüglich disziplinierten, mit großer Schnelligkeit und neuen Taktiken operierenden Reiterheere, die mit besonders starken Langbogen und panzerbrechenden Pfeilen ausgerüstet waren. Als sich die koreanische Regierung nach einem ersten Sieg der Mongolen auf die Insel Kanghwa an der Westküste, unweit von Seoul zurückzog, übten die Mongolen für diesen von ihnen als Insubordination bewerteten Akt grausame Vergeltung, indem sie Städte und Dörfer verwüsteten und Hunderttausende von Gefangenen als Sklaven entführten. Letztlich musste der koreanische Hof 1258 vor den Mongolen kapitulieren, die das Land anschließend unter ihre 100-jährige Kontrolle brachten. Der koreanische König wurde zu einem Statthalter des Mongolenherrschers degradiert und die Koreaner mussten den Mongolen jährlich einen aus Getreide, Silber, Gold und zahlreichen Frauen bestehenden Tribut entrichten. Der jeweilige Kronprinz der Koryo-Dynastie wurde genötigt, am Hof der Mongolen zu verweilen, während koreanische Könige mit mongolischen Prinzessinnen verheiratet wurden. Zu einem gewissen Grad begannen mongolische Sitten, Teile der koreanischen Oberschicht zu beeinflussen.

Korea erlitt zusätzliche Verluste, als das Mongolenreich den Versuch zu einer groß angelegten maritimen Invasion Japans von der Japan gegenüberliegenden koreanischen Südküste aus wagte. Für dieses Invasionsunternehmen, das an den Stürmen im Japanischen Meer scheiterte – welche die Japaner als Kamikaze oder

„göttlichen Wind" bezeichneten –, mussten die Koreaner fast 1000 Schiffe und Tausende von Soldaten bereitstellen. 1367 aber zerbrach die China beherrschende mongolische Yüan-Dynastie und wurde durch die chinesische Ming-Dynastie ersetzt. Die Schwächung der mongolischen Macht auf dem ostasiatischen Kontinent provozierte jedoch die immer zahlreicher und intensiver werdenden Angriffe japanischer Piraten, die im 13. und 14. Jahrhundert, nach Beute suchend, Hunderte koreanischer Ortschaften an der Küste und im Küstengebiet überfielen, plünderten und zerstörten. Trotz maritimer Gegenangriffe der Koreaner konnte diese von Japan kommende, viele Jahrzehnte lang fortbestehende Gefährdung der koreanischen Küstenbevölkerung nicht beseitigt werden. Im Reich der von der doppelseitigen Konfrontation mit Mongolen und Japanern erschöpften Koryo-Dynastie zeigten sich Symptome der Zerrüttung wie auch der Schwächung der Zentralgewalt. Ein im Jahr 1392 durchgeführter Militärputsch beendete den 475 Jahre dauernden Bestand des Koryo-Reiches in Korea, dem dieses seinen heutigen Namen verdankt. Und wiederum demonstrierte die Endphase dieses Reiches die stets gefährdete und verwundbare Lage Koreas im Spannungsfeld zwischen den Mächten Kontinental-Ostasiens und Japans.

1.5 Die Choson (Yi)-Dynastie: Licht und Schatten des Konfuzianismus

Im Jahre 1392 entstand in Korea nach dem Zerfall der dekadent gewordenen Führung der Koryo-Dynastie das neue Herrschaftssystem der Choson-Dynastie, die das Land über ein halbes Jahrtausend lang bis in das frühe 20. Jahrhundert hinein regieren sollte, konkret von 1392 bis 1910, also vergleichsweise nur um 100 Jahre kürzer als die Herrschaft der Habsburger in Österreich (1277–1918). Vorangegangen war eine gewaltige Veränderung im benachbarten China. Bekanntlich war das benachbarte Reich der Mitte im 13. Jahrhundert von Kublai Khan (1215–1294), einem Enkel des Dschingis Khan, erobert worden, der im unterworfenen China ab 1271 die mongolische Yüan-Dynastie errichtet hatte. In der Mitte des 14. Jahrhunderts entfachten nationale Kräfte in China von Nanking ausgehend unter der Führung von Chu Yüan-chang (1328–1398) einen Aufstand gegen die Mongolen, der nach schweren und langwierigen Kämpfen unter Ausnützung innermongolischer Rivalitäten im Jahre 1368 zur Gründung einer neuen rein chinesischen Herrschaftsordnung der Ming-Dynastie führte. 1382 gelang es dem später als Kaiser Hung-wu bekannt gewordenen Chu Yüanchang, ganz China unter der Ming-Dynastie zu vereinigen und die mongolische Fremdherrschaft zu beseitigen. Der in China über drei Jahrzehnte lang tobende Machtkampf zwischen der Mongolenherrschaft und den chinesischen Anhängern der späteren Ming-Dynastie erzeugte nachhaltige Auswirkungen im benachbarten Korea. Am Hofe der Koryo-Dynastie entstanden einander bitter befehdende Gruppierungen, von denen die einen die Mongolen und die anderen die Chinesen unterstützten. Der wegen eines Territorialkonflikts mit einer Armee gegen die Ming-Dynastie entsandte koreanische Heerführer Yi Song-gye empfahl seiner Regierung 1388, von einem Krieg gegen die sich in China neu formierenden Kräfte der Ming-Dynastie Abstand zu nehmen. Als aber sein Vorschlag von der Koryo-Regierung abgelehnt wurde, unternahm Yi Song-gye einen Staatsstreich, durch den er zunächst den von ihm manipulierten König Kongyang auf den Thron brachte. Nachdem sich der faktisch die Regierung führende Yi durch wirksame und populäre Landreformen ausgezeichnet hatte, machte er sich im Jahre 1392 selbst zum König von Korea, dessen Reich er den neuen Namen Choson gab. Hiermit wurde *Yi Song-gye* (1335–1408) zum Begründer der letzten in Korea bis 1910 regierenden Dynastie. Bereits sein zweiter Nachfolger und Sohn, König Taejong, erhielt zu Anfang des 15. Jahrhunderts, so wie alle weiteren Monarchen dieser Dynastie, die Investitur seitens des benachbarten chinesischen Kaisertums. Weitaus intensiver noch als vorangegangene Dynastien bekannte sich die Choson-Dynastie zur Ideenwelt des Konfuzianismus, der – angesichts der späteren revolutionären Entwicklungen in China und dann auch in Vietnam – in Korea das gesellschaftliche Leben wesentlich nachhaltiger beeinflusste als in anderen Bereichen des ostasiatisch-konfuzianischen Kulturkreises.

Obwohl der Konfuzianismus bereits in der Ära der streitenden Reiche in Korea zu Ansehen und Einfluss gelangte und auch in der Koryo-Dynastie eng mit Institutionen des Staates und der Gesellschaft verbunden war, erfolgte sein Aufstieg zur beherrschenden zivilisationsprägenden Kraft in Korea erst zu Beginn der Choson-Dynastie. Der in China etwa zeitgleich mit dem Ursprung des Buddhismus in Indien und der frühen Blütezeit der klassisch-griechischen Philosophie vor 2500 Jahren entstandene Konfuzianismus verkörpert ein Weltanschauungssystem, das religiös-metaphysische sowie lebens-, gesellschafts- und staatsphilosophische Elemente miteinander zu einer großen Synthese verbindet. Dadurch, dass er viele Jahrhunderte hindurch die Kultursysteme der Völker Ostasiens – insbesondere Chinas, Koreas, Japans und Vietnams – auf das nachhaltigste geprägt hat, wurde der Konfuzianismus einerseits zu einem der bedeutendsten Ideensysteme der Menschheitsgeschichte und zum anderen ein verbindendes Kulturelement zwischen den Völkern Ostasiens, die über ein Viertel der Weltbevölkerung bilden. Wesentliche Elemente der konfuzianischen Individual- und Sozialethik haben den Einbruch der westlichen Zivilisation in Ostasien überdauert und formen bis heute wesentliche traditionelle Elemente ostasiatischer Lebensformen und Denkstile. Im Zentrum des Wertesystems dieser von Kung fu-tse (latinisiert Konfuzius), geb. 552 v. Chr., begründeten Lehre steht der Begriff „Jen", gleichbedeutend mit Menschlichkeit oder Menschenliebe. Das Wesen der Sittlichkeit sei Menschenliebe und das Wesen der Weisheit Menschenkenntnis. Es gelte die „goldene Regel", anderen nicht anzutun, was man selbst für sich nicht wünsche. Vom Herrscher bis zum einfachsten Mann gelte das Gebot der Selbstkultivierung der Persönlichkeit. Hierdurch könne jeder sich zum Gentleman (hier verstanden im ethischen Sinne) entwickeln. Als hohe Tugenden gelten Güte, Rechtlichkeit, die Wahrung der Sitte, Weisheit und Aufrichtigkeit. Im Buch der Gespräche (Lun Yü), einem der kanonischen Bücher des Konfuzianismus, heißt es unter anderem: „Unseres Meisters Lehre ist Treue gegen sich selbst und Gütigkeit gegen andere: Darin ist alles befasst." Auf die rechten Formen des Verhaltens wird großer Wert gelegt. So heißt es in dem genannten Werk zum Beispiel: „Ehrerbietung ohne Form wird Kriecherei, Vorsicht ohne Form wird Furchtsamkeit, Mut ohne Form wird Auflehnung, Aufrichtigkeit ohne Form wird Grobheit." Das Zentrum der konfuzianischen Gesellschaftsphilosophie bildet die *Familie*. Sie gilt als Urbild des Staates und steht rangmäßig über diesem. Als fünf primäre Pflichtenkreise gelten die Beziehungen zwischen Mann und Frau, Vater und Kindern, älterem und jüngerem Bruder, Freund und Feind sowie Fürst und Untertan. Der Ahnenkult wirkt als geistige Kraft der patriarchalisch konzipierten Familienordnung. Herrschaft wird – normativ gesehen – durch den „Auftrag des Himmels" (Tien ming) begründet. Doch der Auftrag und Segen des Himmels ist bedingt durch die Verpflichtung des Herrschers, für die Wohlfahrt des ihm anvertrauten Volkes zu sorgen. Tut er dies nicht, so entzieht der Himmel ihm sein Mandat, Widerstand gegen unethische Regierungen ist statthaft und Revolution (Ko-ming) erfolgt, wenn der Himmel einem Herrscher das Vertrauen und den Herrschaftsauftrag entzogen hat. Der ostasiatische Absolutismus hat somit – staatsethisch gesehen – eine andere Legitimationsquelle als der europäische Absolutismus des 17. und 18. Jahrhunderts. Der Herrscher und seine Minister sollen mehr durch die Kraft ihres Vorbildes herrschen als durch strenge Strafen und Gesetze. Der Konfuzianismus beruft sich nicht auf Belohnung oder Bestrafung in einer anderen Welt. Die Gebote der Sittlichkeit werden gleichsam naturrechtlich aus dem Wesen des durch Unterweisung und Selbstkultivierung perfektionsfähigen Menschen abgeleitet. Das Weltganze wird gebildet aus den Kräften des Himmels (auch Schicksals), der Menschheit und der Erde. Diese drei Kräfte durchwaltet das kosmische Weltgesetz des Tao, dieses wiederum wird bewegt durch die ewige Wechselwirkung zwischen den Kräften des „Yang" (männlich, zeugend, bewegend, Licht, warm) und „Yin" (weiblich, empfangend, ruhig, dunkel, kalt). Ihr Zusammenwirken erklärt die Kräfte und den Wandel der Natur. Aufgabe der Herrscher ist, durch gute Regierung die Daseinsführung des Volkes harmonisch in den Dreiklang Himmel-Menschheit-Erde einzufügen. „Maß und Mitte" gelten als Leitprinzipien der Lebensführung in Staat, Gesellschaft und Familie. In China war der Konfuzianismus dank des Wirkens des chinesischen

Staatsmannes und Gelehrten Tung Chung-shu (ca. 179–104 v. Chr.) in der Han-Dynastie zur Staatsphilosophie erhoben worden.

In den vielen Jahrhunderten seines Bestehens vollzogen sich im Konfuzianismus verschiedene Wandlungen, entstanden unterschiedliche Schulrichtungen. So setzte sich im China der Sung-Dynastie der *Neo-Konfuzianismus* durch, als dessen einflussreichster Denker der chinesische Philosoph Chu Hsi (1130–1200) gilt. Diese einerseits metaphysisch erweiterte, doch andererseits dogmatischer gewordene Form des Konfuzianismus setzte sich in Korea insbesondere in der Ära der Choson-Dynastie durch und bewirkte eine partielle Verdrängung und auch zeitweilige Unterdrückung des volkstümlich gewordenen Buddhismus. Die durch den Konfuzianismus bewirkte starke Hervorhebung der Bildung, der Ethik und der Ästhetik, auch für das öffentliche Leben, führte zunächst in China und dann – unter dem Einfluss des chinesischen Modells – auch in Korea zur Einführung des Systems öffentlicher Prüfungen zum Zweck der Auslese und Rekrutierung der Staatsbürokratie. Wie gezeigt, vertrat der Konfuzianismus die Ansicht, nicht der Zufall der Geburt, sondern Bildung und Tugend seien die Voraussetzung für die Regierung des Volkes. Jahrhundertelang fungierte dieses System (auf Koreanisch *kwago* genannt als Verfahren zur Rekrutierung ziviler und militärischer Beamter). Nach entsprechender Vorbereitung an öffentlichen Schulen (sahak) oder privaten Schulen (sowon) konnten die Kandidaten zu abgestuften Prüfungen mit immer höheren Schwierigkeitsgraden antreten. Die schwierigsten Prüfungen auf höchster Ebene fanden in der Gegenwart des Königs statt. Den erfolgreichen Kandidaten eröffnete das Ablegen dieser Prüfungen den Weg zu Machtpositionen in der koreanischen Staatsbürokratie, zu hohem gesellschaftlichem Prestige und auch zu Wohlstand. Die jahrelange höchst intensive Vorbereitung auf diese Prüfungen ließ den exklusiv aus der Oberschicht stammenden Kandidaten wenig Zeit zu sonstiger politischer Betätigung. Die Verinnerlichung konfuzianischer Prinzipien und Denkformen bewirkte die kontinuierliche Hervorbringung einer kulturell homogenen administrativen Führungselite. Denn insbesondere von den künftigen Zivilbeamten wurde die Beherrschung konfuzianischen Bildungswissens verlangt. Nicht der Krieger – wie im benachbarten Japan –, sondern der „gebildete Beamte" verkörperte in der koreanischen Gesellschaft die maßgebliche Leitfigur in der Führungselite des Gesellschaftssystems. Im Gegensatz zur Rolle des Rechtes in der von der griechisch-römischen Antike geprägten abendländischen Kulturtradition vertrat der Konfuzianismus allerdings auch die Idee, Menschen würden nicht durch Gesetze regiert, sondern durch Menschen und durch ethische Prinzipien, die von ihnen verwirklicht werden sollten. In der Praxis hatte das zur Folge, dass politische Auseinandersetzungen zwischen einander befehdenden Machtgruppen nicht im Sinne normaler, gegebenenfalls durch Recht zu regelnder Streitigkeiten zwischen unterschiedlichen pragmatischen Interessen ausgetragen wurden, sondern als ethisch motivierte Konflikte, was zur ethischen Diffamierung des jeweiligen Gegners und damit zu einer psychologischen Verschärfung des Konfliktes beitrug. Kritik und Gegenkritik erfolgten oft im Ton moralistischer Denunziation. In ihrem Standardwerk zur Kulturgeschichte Ostasiens schrieben E. O. Reischauer und J. K. Fairbank: „Wegen der konfuzianischen Betonung der Ethik als Grundlage guter Regierung konnten einander widersprechende politische Haltungen nicht als Ergebnis ehrlicher Meinungsverschiedenheiten (zwischen unterschiedlichen, aber gleichwertigen Meinungen) akzeptiert werden, sondern wurden in der Regel als Symptome der Verwerflichkeit (depravity) des jeweiligen Opponenten betrachtet. Wenn man außerdem den Standpunkt vertritt, gute Regierung sei das natürliche Ergebnis gesunder ethischer Grundsätze, konnten Mehrheitsentscheidungen nicht genügen – Einstimmigkeit war erforderlich. Jedwede Opposition verkörperte daher Untreue im Sinne sowohl von Verrat als auch moralischer Verwerflichkeit. Eine solche Haltung erklärt die Grausamkeit, mit der politische Gruppenkonflikte mit der Folge zahlreicher Hinrichtungen und der Entlassung von Hunderten von Beamten auf einen Schlag vollzogen wurden." Ihre schärfsten Formen erreichten solche inneren elitären Gruppenkonflikte dann, wenn die siegreichen Gruppen nicht nur ihre unmittelbaren Gegner töteten, sondern auch deren Familien zur Vermeidung späterer Rache ausrotteten. Starke Könige vermochten es, die verschiedenen Gruppierungen der mitherrschenden Oberschicht unter Kontrolle zu halten. Schwache Könige hingegen wurden leicht zum Zielobjekt oft mörderischer Kämpfe zwischen Gruppen, von denen jede versuchte, die königliche Macht zu beeinflussen, um sie im Sinne des eigenen Gruppeninteresses zu instrumentalisieren. Auch regionale Differenzierungen spielten in Korea damals, wie übrigens auch heute, eine wichtige Rolle bei der Bildung miteinander in Konflikt liegender politischer Gruppierungen. Manche Könige griffen zum Mittel umfassender und rücksichtsloser Säuberungskampagnen, um die einander befehdenden Gruppierungen zu einem Minimum an Konsens und vor allem zur Unterordnung unter den Willen des Königs zu zwingen.

Die dominierende gesellschaftliche Oberschicht der koreanischen Gesellschaft in der Choson-Dynastie wurde *Yangban* genannt. Der Titel bedeutet zwei Ranghierarchien; das heißt im zivilen und im militärischen Bereich. Tatsächlich verkörperte die Yangban-Schicht das gebildete Großgrundbesitzertum einschließlich des aus dem Staatsprüfungssystem hervorgegangenen Bildungsadels, aus dem alle Funktionsträger der Führungselite der Staatsbürokratie rekrutiert wurden. Anders als in China, wo eine wesentlich größere soziale Mobilität bestand, war es in Korea fast nur Mitgliedern der Yangban-Schicht möglich, sei es auf dem Wege über das Prüfungssystem oder durch Beziehungen zu höchsten Kreisen, führende Verwaltungsämter zu erhalten. Vom Königtum abgesehen, lagen Macht und Reichtum der koreanischen Gesellschaft weitestgehend in den Händen dieser Oberschicht, die insgesamt nur etwa 10 Prozent der vormodernen Gesellschaft Koreas umfasste. Anders als in China bestand in Korea keine so ausgeprägte Kluft zwischen dem Kaiser beziehungsweise dem König auf der einen Seite und der mitherrschenden Oberschicht. Denn in Korea galt den Yangban der König – wie Fairbank und Reischauer hervorheben – mehr als ein „Primus inter pares" (als Erster unter Gleichen). Daher diente das Staatsprüfungssystem den koreanischen Königen unter anderem auch dazu, die Macht der Yangban-Schicht unter Kontrolle zu halten. Für die Yangban-Schicht war die legitime Abstammung nicht nur väterlicher, sondern auch mütterlicherseits fast noch wichtiger als innerhalb der königlichen Familie, wo der Sohn eines Königs auch dann die Chance auf Thronfolge hatte, wenn seine Mutter eine Konkubine seines königlichen Vaters gewesen war. Daher erfolgten Eheschließungen der Yangban fast nur innerhalb der gleichen Gesellschaftsschicht. Wie erwähnt, nahmen Angehörige der Yangban-Schicht alle führenden Positionen in der Zentralregierung wie auch in der landesweiten Verwaltung ein, doch übernahmen sie nur politische Führungspositionen, ohne im Herrschaftsapparat Funktionen auszuüben, die irgendein Spezialistentum erforderten.

In der altkoreanischen Gesellschaftshierarchie befand sich unmittelbar unterhalb der Yangban-Schicht die ebenfalls etwa 10 Prozent der Gesamtbevölkerung umfassende Schicht der so genannten „Chungin" (Mittelschicht), aus der berufliche Spezialisten in den Bereichen der Medizin, der Buchhalter, der Sekretäre, der Übersetzer, Techniker und Meteorologen hervorgingen. Auch diese Funktionen waren teilweise erblich und bezogen sich nicht nur auf den zivilen, sondern auch auf den militärischen Bereich, doch setzten sie ein gewisses Maß an Bildung und Schulung voraus und gewährten gegenüber den unteren Schichten der Bevölkerung ein beträchtliches soziales Prestige.

Unterhalb dieser umfangmäßig so kleinen Mittelschicht machten die „Yang Min" (guten Leute) etwas weniger als 80 Prozent der Gesamtbevölkerung aus. Zu ihnen gehörten Bauern, Fischer, Handwerker und Kaufleute. An der Basis der Gesellschaftspyramide befand sich die soziale Schicht der so genannten „Ch'o Min" (Menschen niedriger Abstammung). Diese Gesellschaftsgruppe setzte sich aus Menschen mit verachteten Berufen zusammen, zum Beispiel Metzger, Totengräber, Schauspieler, schamanistische Geisterbeschwörer, Prostituierte und Sklaven. Manche Formen der Sklaverei blieben bis zum Beginn des 20. Jahrhunderts erhalten, obwohl die Sklaverei umfangmäßig zwischen dem 17. und 19. Jahrhundert wesentlich verringert werden konnte. Die Unterschiede zwischen den Gesellschaftsklassen waren so ausgeprägt, dass es den Unterschichten sogar ausdrücklich verboten war, sich des Sprachstils und der Ausdrucksweise der Yangban-Schicht zu bedienen.

Die überwältigende Mehrheit der Bauern waren schollegebundene Pächter, die zwischen einem Drittel und zwei Dritteln ihrer Ernte ihren Grundherren als Pacht zu entrichten hatten. Neben einem umfangmäßig begrenzten privaten Handwerk gab es einen Bereich der Staatsmanufaktur, in der Sklaven oder betriebsgebundene Arbeiter tätig waren. Hier wurden Güter wie Waffen, Baumaterial, Papier, Seide und dergleichen erzeugt. Die Yangban-Schicht war von der Steuerpflicht befreit. Die aus ihren Reihen stammenden bürokratischen Funktionsträger wurden durch die Vergabe von Land zur privaten Nutzung entlohnt. Koreanische Könige bemühten sich mit wechselndem Erfolg, diese als Besoldung fungierende Landvergabe nicht erblich werden zu lassen. Gegen Ende der Dynastie machte sich in immer stärkerem Maße ein Mangel an disponierbarem Land bemerkbar. Gegen Ende des 14. Jahrhunderts ließ König Taejo den Landbesitz der buddhistischen Tempel und Klöster wie auch der Oberschicht der unterlegenen Koryo-Dynastie konfiszieren.

Im Regierungssystem des *Choson* genannten Königreiches der Yi-Dynastie fungierte ein aus nur wenigen Personen bestehender Staatsrat als oberstes Organ der Willensbildung unter der Autorität des Königs. Eine Art Kabinett setzte sich aus sechs Ministerien zusammen (für Personalfragen, Steuerangelegenheiten, Riten, Verteidigung, Strafrecht und öffentliche Arbeiten). Die Leiter der Ministerien konnten sich mit ihren Eingaben unmittelbar an den König wenden. Ein einflussreiches Königliches Sekretariat (Sungjongwon) betreute die öffentliche Korrespondenz des Königs und damit sämtliche wesentlichen Staatsdokumente. Bemerkenswert sind auch zwei andere Institutionen: das Zensorat und das Königliche Büro für die rechte Lehre. Ersteres wirkte als Kontrollinstanz mit der Aufgabe, die Politik der königlichen Regierung kritisch zu durchleuchten. Das Königliche Büro für die richtige Lehre (Kyongyon) sollte ursprünglich dem König Kommentare zu konfuzianischen Texten vorlegen, doch entwickelte sich diese Institution im Laufe der Zeit auch zu einem an der Staatspolitik Kritik übenden Diskussionsforum. Als Maßstäbe der Kritik galten selbstverständlich die – allerdings unterschiedlich interpretierbaren – Inhalte der konfuzianischen Lehre. Auch in der Ära der Yi-Dynastie blieb der zuvor erwähnte Vorrang des zivilen Arms der Regierung über den militärischen erhalten.

Zwischen 1394 und 1405 wurde die Hauptstadt des Königreiches Choson von der Yi-Dynastie ins Zentrum des Landes nach *Seoul* (ehemals Hanyang) verlegt. Der Name *Seoul* bedeutet einfach „Hauptstadt". Die im Norden und Süden von zwei Bergfestungen (Namhan und Pukan) geschützte Hauptstadt war von einer von vier Haupttoren unterbrochenen Schutzmauer umgeben. Im Zentrum der Stadt entstanden die kunstvollen Paläste, Gärten und Pavillons der Könige der Yi-Dynastie, ebenso die in der Nähe des Palastes liegenden Regierungsgebäude.

Unter König *Sejong*, der von 1418 bis 1450 regierte, erlebte Korea eine Periode besonderen kulturellen Aufschwungs. Eine bis heute bedeutsam gebliebene Leistung aus dieser Zeit besteht in der Entwicklung einer koreanischen Schriftsprache, deren Erarbeitung König Sejong führenden Gelehrten der königlichen Akademie aufgetragen hatte. Das neue Schriftsystem Hangul erhielt den Titel: „Echter Klang zur Belehrung des Volkes" (Hunmin chongum). Das sehr einfache, aus 11 Vokalen, 14 Konsonanten, 11 Diphtongen und 13 Doppelkonsonanten bestehende Sprachsystem ermöglichte eine schriftliche Wiedergabe der Phonetik der koreanischen Nationalsprache. Bis dahin war die einzige in Korea angewandte Schriftsprache das Chinesische gewesen, dessen Beherrschung selbst für relativ einfache Materien die Beherrschung von bis zu 5000 verschiedenen Schriftzeichen voraussetzte. Ein königliches Edikt des Jahres 1446 sanktionierte die Anwendung dieses Sprachtyps, der jedoch jahrhundertelang auf den Widerstand der in klassischen chinesischen Kulturformen ausgebildeten koreanischen Gelehrten stieß. Denn unter den Gebildeten im vormodernen Ostasien war die chinesische Schriftsprache in ähnlicher Weise das Mittel transnationaler Kommunikation und Verständigung wie das Lateinische im europäischen Mittelalter. Fast gleichzeitig bewirkte Koreas technische Forschung bedeutende Fortschritte in der Drucktechnik, so dass weltweit zum ersten Mal in Korea im 15. Jahrhundert bewegliche Drucktypen eingesetzt werden konnten. Enzyklopädische Werke erschienen in den Bereichen der Medizin mit großen Kompilationen koreanischer und chinesischer Krankheitsdiagnosen sowie entsprechender Rezepte und auch Anleitungen zu anderen Formen der Therapie, zum Beispiel Akupunktur. Aus dieser Zeit stammt auch ein Werk, genannt „Direkte Worte zur Landwirtschaft" (Nongsa Chiksol), das Anbauerfahrungen älterer Bauern zusammenfasste. Wassermühlen erlangten in dieser Zeit eine weite Verbreitung. Im Bereich der Astronomie erschien ein enzyklopädisches Werk über die Bewegung der Himmelskörper und ein neues Observatorium wurde innerhalb des Kyongbog-Palastes errichtet. Im Bereich der Keramik wurden neue Formen der farbigen Glasierung erfunden.

Im Bereich seiner Außenpolitik fungierte das Königreich Choson bis zum Ende des 19. Jahrhunderts als Tributstaat des chinesischen Reiches. Von relativ kurzfristigen Ausnahmen abgesehen, hatten die chinesisch-koreanischen Beziehungen Commonwealth-ähnlichen Charakter. Zwar verliehen die Kaiser von China den Königen von Korea durch ihre Anerkennung eine Art Investitur. Wie jedoch der bedeutende koreanische Staatswissenschaftler Hahm, Pyong Choon in seinem Werk „Korean Jurisprudence, Politics and Culture" (1986) hervorhob, pflegten die koreanischen Könige ihre Macht innenpolitisch zunächst abzusichern, bevor sie auf der Basis ihrer nationalen Legitimität vom chinesischen Kaiser eine zusätzliche Legitimierung erhielten. Diese doppelseitige Legitimierung erinnert entfernt zumindest an die doppelte Legitimierung der Herrscher des Heiligen Römischen Reiches, einerseits durch ihre Wahl und Krönung durch deutsche Fürsten sowie andererseits durch den Empfang des päpstlichen Segens und der päpstlichen Krönung in Rom. Um die Eigenständigkeit der koreanischen Monarchie zu betonen, ließ König Sejong ein Epos schreiben, demzufolge auch die Könige Koreas – so wie die Kaiser Chinas – ihre Herrschaft einem „Mandat des Himmels" verdankten. Trotz der Bedenken seiner konservativen koreanischen Gelehrten vollzog er selbst ähnliche Riten wie der Kaiser von China in seiner Funktion als Vertreter der Menschheit zwischen den kosmischen Kräften des Himmels und der Erde.

1.6 Invasionen Japans und der Mandschus

Im Zeitraum zwischen 1592 und 1598 wurde das koreanische Staats- und Gesellschaftssystem von japanischen Invasionen erschüttert. 1590 hatte der ehrgeizige und militärisch begabte japanische General Hideyoshi Toyotomi (1536–1598) am Ende eines 14 Jahre dauernden Krieges das Kaiserreich Japan nach zweieinhalb Jahrhunderten der politischen Zersplitterung wieder vereinigen können. Von grenzenlosem Ehrgeiz erfüllt, fasste er den Plan, nun auch China zu erobern und die Residenz des japanischen Kaisers nach Peking zu verlegen. Da der Weg von Japan nach Peking über Korea führte, schlug Hideyoschi der königlich koreanischen Regierung vor, sich mit Japan gegen China zu verbünden oder sich passiv neutral zu verhalten und seine Streitkräfte durch Korea nach China hindurchziehen zu lassen. Getreu ihrer jahrhundertealten Beziehung zu China lehnten die Koreaner diese Ansinnen ab und Hideyoshi begann 1592 mit einer groß angelegten Invasion Koreas. Obwohl das chinesische Reich der Ming-Dynastie durch Spionage vom Bevorstehen des japanischen Angriffs erfahren hatte, vermochten die Chinesen die Eroberung Koreas zunächst nicht zu verhindern.

Die japanischen Streitkräfte waren im Frühjahr 1592 an der Südküste der koreanischen Halbinsel bei Pusan gelandet und hatten nach nur einem Monat Seoul, die Hauptstadt Koreas, erobert. Während die koreanischen Truppen zu Lande den mit Handfeuerwaffen ausgerüsteten Japanern nicht gewachsen waren, konnte der in der Seekriegsgeschichte Ostasiens berühmt gewordene koreanische Admiral Yi Sun-sin den Japanern in drei Seeschlachten empfindliche Verluste zufügen. Im Kampf setzte er dabei erstmals die berühmt gewordenen *„Schildkrötenschiffe"* (Kobukson) ein, die durch ein gepanzertes Dach, ähnlich der Form eines Schildkrötenpanzers, geschützt und mit Kanonen und Rammstacheln so bestückt waren, dass sich die Besatzung gleichzeitig nach allen Seiten hin wehren konnte. Erst nachdem die Japaner ganz Korea bis zur Nordgrenze am Jalu-Fluss erobert hatten, griffen die Chinesen, welche die Koreaner zuvor nur mit Material hatten unterstützen können, in den Krieg ein. Anfang 1593 gelang es ihnen, die Japaner überraschend anzugreifen und bis nach Seoul zurückzutreiben. Ein japanischer Gegenangriff führte zu einer militärischen Pattsituation und zu langwierigen Waffenstillstandsverhandlungen zwischen Japan und China. Nach dem Scheitern dieser Verhandlungen, in deren Verlauf Hideyoshi sogar eine Eheschließung zwischen einer Tochter des chinesischen Kaisers und dem Kaiser von Japan vorschlug, begann 1597 eine zweite japanische Offensive gegen Korea. Diesmal jedoch vermochten die verbündeten Chinesen und Koreaner den Angreifern eine wesentlich effektivere Verteidigung entgegenzustellen. Der plötzliche Tod von Hideyoshi 1598 bewirkte den Rückzug der Japaner auf die japanischen Inseln und damit ein Ende des Krieges. Der Krieg hatte für Korea wie auch für China schwer wiegende Folgen nach sich gezogen. Weite Teile des Landes waren verwüstet, die Bevölkerungszahl war merklich zurückgegangen, die verbündeten chinesischen Armeen hatten sich dem Land und der Bevölkerung gegenüber fast ebenso rücksichtslos benommen wie die japanischen Angreifer. Das Verwaltungssystem war zusammengebrochen. Die Japaner hingegen zogen aus ihrer Präsenz in Korea bleibende Vorteile, indem sie koreanische Kulturwerte aus den Bereichen der Kunst, der Technik und der Philosophie nach Japan transferierten. Die Choson-Dynastie konnte sich aber von dieser Geschichtskatastrophe nie wieder ganz erholen. In China hatte der Krieg mit Japan zu einer wirtschaftlichen Erschütterung der regierenden Ming-Dynastie geführt, die, durch eine Degenerierung des Kaisertums (Eunuchenherrschaft) und durch eine Rebellion geschwächt, beim Ansturm des tungusischen Mandschu-Volkes zusammenbrach. Während der Kämpfe zwischen den Mandschus und der chinesischen Ming-Dynastie stellte sich das koreanische Königreich Choson unter König Injo (1623–1649) erneut an die Seite des als kulturell verwandt empfundenen China. Das sich die Mandschus durch Koreas prochinesische Haltung bedroht fühlten, eröffneten sie 1627 eine militärische Offensive gegen Korea. Einem Friedensvertrag folgte eine Botschaft des Mandschu-Kaisers T'ai Tsung, der von Korea die Anerkennung der Oberhoheit der neuen mandschurischen Ch'ing-Dynastie forderte. Die Weigerung des koreanischen Königs bewirkte eine neue, größere Invasion der Mandschus, die deren Kaiser persönlich anführte. Von den Mandschus besiegt, musste Korea seine Beziehungen zur chinesischen Ming-Dynastie abbrechen, die Oberhoheit der mandschurischen Ch'ing-Dynastie anerkennen und die beiden ältesten Söhne des koreanischen Königs für acht Jahre als Geiseln bei den Mandschus belassen.[1]

1644 konnten die Mandschus Peking erobern und innerhalb der nächsten 40 Jahre die Herrschaft ihrer Ch'ing-Dynastie über ganz China ausdehnen, das sie als letzte Dynastie des chinesischen Reiches bis 1911 regierten. Bis zum Jahre 1895 blieb Korea nominell ein Tributstaat des Chinesischen Reiches. Bis zur Hälfte des 19. Jahrhunderts zeitigte diese Beziehung jedoch keine Folgen, die Koreas faktische Autonomie in irgendeiner Weise beeinträchtigt hätten. Lediglich in den Jahren 1654 und

---

[1] A Handbook of Korea, Seoul International Publishing House, 6. Aufl. 1987, S. 75 (im Folgenden abgekürzt: HBK).

1658 musste der damals regierende König Hyojong der chinesischen Ch'ing-Dynastie Hilfstruppen im Abwehrkampf gegen die von Sibirien her im Gebiet des Amur-Flusses eindringenden russischen Kosakenstreitkräfte zur Verfügung stellen. Als Folge diplomatischer Verhandlungen kam es 1712 zur Markierung einer neuen Grenzlinie zwischen Korea und China, durch die Korea ehemalige territoriale Ansprüche auf Gebiete in der südöstlichen Mandschurei aufgeben musste.[2]

1.7 Politik und Kultur im Zeichen der Choson-Dynastie

Im Inneren der koreanischen Gesellschaft ergaben sich Veränderungen, die das wirtschaftliche, soziale und kulturelle Leben des Landes beeinflussten. Umfassende Steuerreformen trugen maßgeblich zum Wachstum des privaten Handels und des privaten Handwerks bei. Dies wiederum regte die Ausweitung der Geldwirtschaft an, die ihrerseits zu einer größeren Intensität des Warenaustausches im ganzen Land beitrug. Vom Staat lizenzierte Gilden schufen landesweite Netzwerke der Kommunikation und Transaktion und bestritten bis zu 60 Prozent der steuerlichen Staatseinkünfte. Die erweiterte Produktionskraft wirkte sich auch auf einen verstärkten Handel mit Japan und China aus. Wohlhabende Bauern, Geschäftsleute und Handwerker konnten sich in die Klasse der Yangban einkaufen. Da aber das Land der Yangban-Grundbesitzer im Todesfall unter die legitimen Söhne aufgeteilt werden musste, gerieten viele Yangban-Familien unter ökonomischen Druck und betätigten sich unter anderem auch als wenig kontrollierte Geldverleiher, zumeist in ländlichen Gebieten. Das zahlenmäßige Anwachsen der Yangban-Grundbesitzer, die aufgrund ihres Status an die Regierung keine Bodensteuern abzuführen hatten, bewirkte einerseits eine Verringerung der Staatseinnahmen aus der Landwirtschaft und andererseits eine verstärkte steuerliche Belastung jener Bauern, die nicht zu den Leibeigenen der Yangban gezählt wurden. Allerdings führte die wachsende Verarmung zahlreicher Yangban-Familien zu einer entsprechenden Verringerung der Leibeigenen. Um die Institution der Leibeigenschaft zu verringern, ließ die königliche Regierung 1801 alle Register zerstören, in denen Leibeigene der Regierung und der königlichen Familie erfasst waren.[3] Obwohl das Land in den genannten zwei Jahrhunderten in größeren Abständen von Hungers-

---

[2] Nahm, Andrew: Korea – Tradition and Transformation. A History of the Korean People. 4. Aufl. Seoul 1991, S. 126.

[3] Zu wirtschaftlichen und gesellschaftlichen Entwicklungsproblemen der Choson-Dynastie im 17. u. 18. Jh. siehe Lee, Ki-baik: A New History of Korea. Cambridge and London 1984, S. 224–232, sowie HBK S. 75–78, Reischauer, E. O., und Fairbank, L. K.: East Asia: The Great Tradition. Cambridge, Mass. 1960, S. 444–447.

nöten, Epidemien und Aufständen geplagt wurde, wobei manche dieser Kalamitä-
ten mehr Menschenleben kosteten als frühere auswärtige Kriege, blieb die Herrschaft der Yi-Dynastie im Wesentlichen unerschüttert. Trotz dieser Nöte, ver-
schlimmert durch zeitweilig mörderische Gruppenkämpfe zwischen den großen
Familien der Yangban-Aristokratie einerseits und einem durch wirtschaftliche Not
bedingten Räuberunwesen andererseits, vermochte das konfuzianische Regierungssystem die Kontrolle über das im Vergleich zu China wesentlich kleinere
Staatsgebiet Koreas in der Hand zu behalten. Das wenig entwickelte Rechtswesen
entsprach zwar nominell dem humanistischen Gedankengut des Konfuzianismus,
doch war die Rechtspraxis eher von Konzeptionen des chinesischen „Legalismus"
(fa chia) geprägt, Menschen seien nur durch Furcht vor drakonischen Strafen und
die Hoffnung auf Belohnungen zu regieren.[4] Auf der anderen Seite gab es immer
wieder auch Vorstöße in Richtung Verwirklichung konfuzianischer Ideale. So
wurde in der Mitte des 18. Jahrhunderts das „Amt der Königlichen Geheiminspek-
toren" gegründet, dessen mit höchster Autorität ausgestattete Beamte zur Bekämpfung der Korruption und der Unterdrückung der Bevölkerung durch Ver-
waltungsbeamte eingesetzt wurden.[5]

Als Reaktion auf geistige Stagnation und chronische Übel in Staat, Verwaltung
und Wirtschaft entwickelte sich im 18. und 19. Jahrhundert eine intellektuelle
Erneuerungsbewegung, die unter dem Namen *Sirhak (Praktische Wissenschaft)*
bekannt geworden ist.[6] Die Träger dieser Bewegung, die zur geistigen Elite des
Landes gehörten, forderten vielseitige Reformen zur Erneuerung von Politik,
Wirtschaft, Wissenschaft und Rechtsprechung. Es war ihr Ziel, den starren Dogmatismus des koreanischen Neokonfuzianismus zu durchbrechen, der sich allzu
sehr mit weltfremden und sterilen Formen des Denkens befasste. Die Sirhak-Bewegung wollte ihr schöpferisches Denken in den Dienst der praktischen Bedürfnisse des koreanischen Volkes und seines Staates stellen. Führende Denker der Sir-
hak-Richtung entwarfen Pläne zu einer Landreform, deren Endziel freie Bauern
auf freiem Land waren. Andere verlangten die Aufbrechung der strengen Klassen-
schranken innerhalb der koreanischen Gesellschaft und die praktische Verwen-
dung moderner Wissenschaft und Technologie aus dem Ausland, um die in Korea
existierenden Techniken der Produktion in der Manufaktur und des landwirtschaftlichen Anbaus zu verbessern. Auch das Unterrichtssystem, das staatliche
Prüfungswesen und die Maßstäbe für die Beförderung von Beamten sollten radi-

---

[4] Hahm, Pyong Choon: The Korean Political Tradition and Law, Seoul 1967, S. 59–61, insbes. Anmerkung 74, sowie ebd., S. 18–23.

[5] Nahm, S. 131.

[6] Zur Sirhak-Bewegung siehe Lee, a.a.O., S. 232–240, und Nahm, a.a.O., S. 127–131.

Genrebild aus dem Leben der Yangban-Aristokratie

kal verbessert werden. Die Reformvorschläge der Sirhak-Intellektuellen erstreckten sich auch auf Gebiete wie die Medizin – damals zum Beispiel schon mit Vorschlägen für Impfungen gegen Blattern –, auf die Dynamisierung des inneren und auswärtigen Handels und auf Fragen des Finanzsystems. Eine besondere Leistung der Sirhak-Gelehrten bestand in ihrer Förderung des koreanischen Geschichts- und Nationalbewusstseins. So entstanden im 18. und 19. Jahrhundert viele Werke zur Geographie und Geschichte Koreas, wobei Biographien und auch die Beschreibung regionaler Unterschiedlichkeiten in Sitten und Gebräuchen eine wichtige Rolle spielten. Von offizieller Bedeutung waren Sammlungen von Staatsdokumenten und die Veröffentlichung diplomatischer Archive. Sozialkritische Schriften der Sirhak-Intellektuellen übten scharfe Kritik an den parasitären Daseinsformen eines großen Teils der *Yangban-Schicht,* diesbezüglich schrieb Hahm, Pyong Choon:

„... Die Abwesenheit einer zweckorientierten Führung seitens der herrschenden Schicht führte in den späteren Jahren (der Yi-Dynastie) unvermeidlich zu einem der historisch erstaunlichsten Fälle von Misswirtschaft in der Regierung. Der Yangban-Schicht fehlte jeder Sinn für Zweck und Ziel jenseits der bloßen Erhaltung des Status quo und ihrer Macht. ... Endlos diskutierten sie komplexe Probleme der konfuzianischen Philosophie. Sie hielten es für natürlich, dass sie ein angeborenes Recht dazu hätten, vom Volk ernährt und in ihrer Position der Macht und der Ausbeutung erhalten zu werden, solange sie nur fortfuhren, die konfuzianische Lehre zu studieren. ... Da es keine Notwendigkeit gab, das Land reich oder militärisch stark zu machen, konnten sie an nichts anderes denken als an die Erhaltung ihrer persönlichen Macht und die Ansammlung privater Vermögen. ... Sie hatten keine Vision für die Zukunft. ... In der Abwesenheit einer Teilnahme der Massen an der Politik gab es keine Gegenkraft, die ihre selbstmörderische Ausbeutung des einfachen Volkes hätte eindämmen können. Außer ihnen selbst gab es keine andere Schicht der Bevölkerung, die sie dazu hätte zwingen können, ein Gefühl für Zielrichtung und Daseinszwecke zu entwickeln. Da sie beides nicht entwickelten, versagten sie für sich selbst wie auch für die Nation."[7]

Im Bereich des kulturellen Lebens gab es ebenfalls bedeutsame Neuentwicklungen. Ab dem frühen 18. Jahrhundert entstand nicht nur ein spezifisch koreanischer Stil der Landschaftsmalerei, sondern auch eine Schule von Genre-Malern, die Aspekte des koreanischen tagtäglichen Gesellschaftslebens realistisch und oft auch humorvoll darzustellen wussten und der Vergangenheit dadurch tiefe Einblicke in die gesellschaftliche Wirklichkeit jener Zeit ermöglichten. Im Gegensatz zu der fast einseitig nach China hin orientierten Kulturform der herrschenden Oberschicht verzeichnet diese Zeit ein lebendiges Wachstum koreanischer Volkskultur in den Bereichen der Literatur, der Musik, des Tanzes und der Malerei. Sich von stilisierten Formen und Themen der Darstellung befreiend, wandten sie sich einem neuen Realismus zu, der sich sozialkritisch mit den Lebensformen der Yangban-Schicht auseinander setzte und die Lebensprobleme der Menschen, einschließlich der Lebensprobleme der Frauen, realistischer denn je zuvor darstellte.[8]

---

[7] Hahm, a.a.O., S. 61–62.
[8] Lee, a.a.O., S. 243–246 und Nahm, a.a.O., S. 132–140.

2. Korea als Ziel und Schlachtfeld kolonialer Großmachtpolitik

2.1 Die Zerschlagung der koreanischen Isolationspolitik durch die Industriemächte

Als Folge der traumatischen Erfahrungen mit den brutalen Invasionen der Japaner wie auch der Mandschus hatte die koreanische Regierung ab dem Jahre 1637 für das Königreich eine Politik der strengsten Isolierung von der Außenwelt beschlossen. Aus dieser Zeit stammt die Bezeichnung Koreas als das „Einsiedler-Königreich". Ausnahmen bildeten jährliche Kontakte zu China, zu dem besondere Beziehungen bestanden, und gelegentliche Handelskontakte zu den Japanern, die oft über den Fürsten der Tsushima-Insel abgewickelt wurden. Doch selbst diese Politik rigoroser Selbstisolierung vermochte das Einsickern einer neuen religiösen Lehre – des Katholizismus – nicht zu verhindern. Ab dem Ende des 16. Jahrhunderts war in China eine Jesuitenmission tätig, die sich zunächst souveräne Kenntnisse der chinesischen Kultur und Sprache einschließlich der konfuzianischen Lehre aneignete und ihrerseits nicht nur die christliche Lehre verbreitete, sondern den chinesischen Intellektuellen zugleich praktisch verwertbare Kenntnisse europäischer Naturwissenschaften übermittelte. Insbesondere unter der Regierung des bedeutenden chinesischen Mandschu-Kaisers K'ang-hsi (regierte 1662–1722) erfreuten sich die Jesuiten der besonderen Wertschätzung der kaiserlichen Regierung. Von China aus gelangten christliche Missionare – zunächst Chinesen und dann auch Franzosen – auf heimlichen Wegen nach Korea. Der ursprüngliche Plan der Jesuiten hatte auf nichts Geringeres als auf eine Christianisierung Chinas gezielt. Den Schlüssel hierzu hätte im Erfolgsfall die Bekehrung der konfuzianischen Oberschicht des chinesischen Reiches vorausgesetzt. Da die Jesuiten wesentliche Analogien zwischen christlicher und konfuzianischer Ethik entdeckt hatten, waren sie bereit, in bestimmten formalen und rituellen Aspekten den Konfuzianern entgegenzukommen. Hier aber trafen sie auf den fanatischen Widerstand anderer Mönchsorden – der Franziskaner und insbesondere der Dominikaner –, die den Konfuzianismus als „Teufelslehre" betrachteten und beim Papst Klage gegen die Jesuiten erhoben. Einen besonders wichtigen Streitpunkt bildete der von den Jesuiten tolerierte, jedoch von ihren Gegnern als antichristlich verdammte Ahnenkult. Am Ende des so genannten „Ritenstreites" in Rom verurteilte die von Papst Clements XI. proklamierte Bulle Ex Illa Die 1715 die allzu tolerante Missionspraxis der Jesuiten, wonach 1774 der Jesuitenorden nicht zuletzt aufgrund dieser theologischen Konfrontation zeitweilig aufgelöst wurde. Die in Korea einsickernde katholische Lehre beeinflusste die Entstehung einer neuen geistigen Richtung, Sohak oder „westliche Lehre" genannt. Einerseits waren viele Koreaner, insbesondere Kreise der städtischen Mittelschichten, viele Frauen und manche reformfreudige Yangban von der Lehre der Gleichheit aller Menschen vor Gott wie auch von der Disposition zum Guten und zum Bösen in *allen* Menschen beeindruckt, ebenso von den neuen naturwissenschaftlichen Erkenntnissen, die von christlichen Missionaren ins Land gebracht wurden. Für die häufig gewaltsame und blutige Unterdrückung des katholischen Christentums, insbesondere im 19. Jahrhundert, sprachen zwei Gründe. Einerseits die christliche Ablehnung des im Konfuzianismus geheiligten Ahnenkults. Koreanische Christen, die als Zeichen seiner Ablehnung ihre Ahnentafeln symbolisch verbrannten, wurden zum Beispiel deswegen zum Tode verurteilt. Zweitens aber fürchtete die koreanische Regierung die Verbindung zwischen Missionstätigkeit und machtpolitischen Einflüssen fremder Länder. Nach der Hinrichtung Hunderter Katholiken im Jahr 1800 verschärfte sich die Lage durch die Entdeckung eines Schreibens, in dem ein koreanischer Katholik den französischen Bischof in Peking ersucht hatte, den chinesischen Kaiser – wenn nötig durch Einschaltung des Papstes – dazu zu veranlassen, auf den König von Korea Druck auszuüben, er sollte die koreanischen Katholiken tolerieren. Trotz weiterer Verfolgungen, die Tausende von Koreanern und auch eine Reihe heimlich eingereister französischer Missionare zu Märtyrern ihres Glaubens machte, stieg die Zahl der koreanischen Katholiken bis zum Jahr 1865 auf eine Zahl von 23.000 an.[9]

Die nachfolgenden negativen Reaktionen der koreanischen Regierung auf die Versuche auswärtiger Mächte, mit Korea in Kontakt zu treten, müssen auch im Rahmen der weltpolitischen Ereignisse in Ostasien im 19. Jahrhundert gesehen werden. Nicht nur Korea, sondern auch zuvor China und Japan hatten zu Beginn dieses Jahrhunderts den Mächten des Abendlandes gegenüber eine Politik der Isolation verfolgt. Im Sinne der universalistischen und zugleich sinozentrischen Weltauffassung des vormodernen China fungierte der als „Sohn des Himmels" bezeichnete Herrscher des „Reiches der Mitte" zumindest normativ gesehen als „Zentralherrscher der Welt". Ihm allein oblag die Aufgabe, die Menschheit im Rahmen des kosmischen Dreiklanges von Himmel, Menschheit und Erde durch rechtes Verhalten und rituelle Handlungen in der Balance zu halten. Die an China grenzenden anderen Staaten galten als nähere oder fernere tributpflichtige Barba-

---

[9] Zur Jesuitenmission in China siehe: Franke, Wolfgang: China und das Abendland, Göttingen 1962, S. 31–52, sowie Hsü, Immanuel C. Y.: The Rise of Modern China. 4. Aufl. New York und Oxford 1990, S. 97–106. Zum frühen Einfluss des Christentums in Korea siehe Hulbert, Homer: The Passing of Korea (1906), Neuabdruck Seoul 1969, S. 101–116, und Nahm, S. 141–143 u. S. 147–148. Siehe auch Lee, a.a.O., S. 239–240.

renstaaten. China wurde als Zentrum und Ausgangspunkt der Weltkultur und als Hauptschauplatz der Weltgeschichte betrachtet. Von westlichen Industriestaaten an China gerichtete Vorschläge zur Aufnahme diplomatischer und wirtschaftlicher Kontakte wurden vom Kaiserhof in Peking herablassend abgelehnt. Die Aufdeckung jahrelang praktizierter illegaler britischer Opiumexporte von Indien über Kanton nach China führte zu einem Konflikt, der sich in Gestalt des berüchtigten Opiumkrieges (1839–1842) entlud. Der Krieg endete mit einer Niederlage Chinas, das den Hauptteil von Hongkong an Großbritannien abtreten und der scheinbar ungeheuerlichen Gleichstellung der Beamten des Kaisers von China und derjenigen der Königin von Großbritannien zustimmen musste. Auch andere westliche Staaten zwangen dem besiegten und gedemütigten China einseitige Diktatverträge, die so genannten „ungleichen Verträge", auf. Da China die Bedingungen dieser Verträge nur unwillig und teils überhaupt nicht erfüllte, entstand weiterer diplomatischer Zündstoff. Aus ihm erwuchs ein neuer Krieg, den England und Frankreich gegen China führten. Britische und französische Kolonialtruppen marschierten 1860 in Peking ein. Neue Verträge bewirkten neue Verluste und neue Demütigungen für China. Den größten Gewinn erzielte Russland, das Chinas Bedrängnis brutal zu riesigen Gebietsgewinnen auszunützen wusste, die Russland ab 1860 im äußersten Nordosten sogar zu einem neuen territorialen Nachbarn Koreas machten.[10] Unzweifelhaft hatte die koreanische Regierung auch von dem gewaltigen Aufstand der pseudochristlichen Taiping-Sekte in China gehört, der von 1850 bis 1864 in 16 Provinzen Chinas stattgefunden und 600 Städte zerstört und 20 Millionen Menschenleben gekostet hatte. Ein Hauptziel des Taiping-Aufstandes, der fast zum Sturz der mandschurischen Ch'ing-Dynastie in China geführt hatte, war die Zerschlagung des in China und fast mehr noch in Korea geheiligten konfuzianischen Systems gewesen. Die Tatsache, dass dieser Aufstand im Zeichen – wenn auch missverstandener – christlicher Ideen stattfand, muss der koreanischen Regierung zu denken gegeben haben.[11] Ein Jahrzehnt nach Ende des Opiumkrieges hatte ein Flottenverband der US-amerikanischen Kriegsmarine unter dem Oberbefehl des Commodore Matthew Perry in der Bucht von Tokio Anker geworfen und einen Brief des US-Präsidenten überbracht, der die Öffnung Japans forderte. Gewarnt durch das Schicksal des größeren China, hatte die japanische Regierung eine Konfrontation mit den Industriemächten vermieden und hatte auf der Basis von Verhandlungen und Verträgen das Land Schritt für Schritt

---

[10] Zur Frühphase der Konflikte der okzidentalen Industriemächte mit China siehe: Kindermann, Gottfried-Karl: Der Ferne Osten in der Weltpolitik des industriellen Zeitalters, München 1970, S. 9–38.
[11] Jen, Yuwen: The Taiping Revolutionary Movement. New Haven 1973. Siehe auch Shih, Vincent Y. C.: The Taiping Ideology. Seattle 1967.

geöffnet, wobei in Japan gleichzeitig großes Interesse daran bestand, von überlegenen Techniken der Ausländer zu lernen, ohne dabei das Wesentliche der eigenen Kulturtradition aufzugeben. Japans Erschütterungen durch diese Ereignisse ermutigte kaisertreue Elemente, sich gegen das 250 Jahre lang in Japan regierende feudalistische Herrschaftssystem des so genannten Tokugawa-Shogunats zu erheben. Das Shogunat wurde gestürzt und 1867 der als Kaiser Meiji bekannt gewordene Kronprinz Mutsohito, frei von der Bevormundung des Shoguns, zum neuen Kaiser Japans eingesetzt. In seinem Namen begann die als „Meiji-Ära" bekannte Phase der umfassenden Erneuerung und Modernisierung Japans, die bereits 1871 die Errichtung eines zentralisierten japanischen Einheitsstaates anstelle der alten Feudalordnung bewirkte. Bereitwillig und eifrig von den Errungenschaften der Industriemächte lernend, begann Japan, sich selbst mit äußerster Dynamik zur ersten modernen industriellen Großmacht Ostasiens zu entwickeln.[12]

Nachdem bei der französischen Vertretung in Peking 1866 die Hinrichtung von neun französischen Missionaren und von 8.000 ihrer Anhänger in Korea bekannt geworden war, wurde im Herbst des gleichen Jahres eine französische Flotteneinheit unter dem Kommando des Admirals Pierre Gustave Roze nach Korea entsandt. Die Franzosen landeten nicht nur auf der Kanghwa-Insel nordwestlich von Seoul, sondern versuchten auch in Richtung Hauptstadt vorzustoßen. Dank des hartnäckigen und strategisch geschickt manövrierenden koreanischen Widerstandes mussten sich die Franzosen im November 1866 – von Verwüstungen abgesehen – ergebnislos zurückziehen. Die erfolgreiche Abwehr stärkte das Selbstbewusstsein der Koreaner, die sich sagten, die Franzosen haben zwar sechs Jahre zuvor Peking erobern können, jedoch in diesem Jahr nicht einmal Seoul. Nach diesem Ereignis wurden nicht nur die Christenverfolgungen verstärkt fortgesetzt, sondern die koreanische Regierung begann auch mit einer Verstärkung der Verteidigung des Königreiches. Im gleichen Jahr war ein amerikanisches Schiff an der Mündung des Taedong-Flusses auf eine Sandbank gelaufen. Die schiffbrüchige Mannschaft erhielt zwar die offizielle Genehmigung, an Land zu gehen. Doch als sie dort koreanischen Küstenbewohnern Lebensmittel entwendete und sogar Frauen auf ihr Schiff entführte, wurde das Schiff von General Sherman von der aufgebrachten Bevölkerung samt seiner Besatzung verbrannt. Da sich die koreanische Regierung weigerte, amerikanischen Kompensationsforderungen nachzukommen, entsandte die US-Regierung eine Flotteneinheit unter dem Kommando des Admirals John Rodgers nach Korea, die in der Nähe der erwähnten Insel Kanghwa im Juni 1871 landete. Nach erbitterten Gefechten versuchten die Amerikaner,

---

[12] Kindermann, a.a.O., S. 53–63. Eine ausführliche Darstellung mitsamt den Texten der relevanten Dokumente in: Kajima, Morinosuke: Geschichte der japanischen Außenbeziehungen. Bd. I: Von der Landesöffnung bis zur Meiji-Restauration. (Hg. Horst Hammitzsch), Wiesbaden 1976.

über den Han-Fluss nach Seoul vorzustoßen. Doch hier erwies sich der koreanische Widerstand als so massiv, dass auch die Amerikaner – wie vor ihnen die Franzosen – unverrichteter Dinge das Land wieder verlassen mussten. Der regierende Prinzregent Taewon-gun erließ daraufhin eine Proklamation, die in Seoul auch auf steinernen Tafeln eingemeißelt wurde. Sie lautete:

„Westliche Barbaren greifen unser Land an. Wenn wir nicht kämpfen, ermutigen wir dadurch weitere Angriffe. Der Ausverkauf des Landes durch Friedensverhandlungen ist die größte Gefahr, gegen die wir auf der Hut sein müssen."[13]

Eine effektive Durchbrechung der koreanischen Isolationspolitik gelang erst den Japanern. Nach einem militärischen Zwischenfall mit japanischen Kriegsschiffen an der Küste Koreas im September 1875 entsandte die japanische Regierung im Januar 1876 eine größere militärische Expedition, die am 10. Februar 1876 auf der Insel Kanghwa landete. Nach heftiger Debatte in Regierungskreisen entschied der koreanische König Kojong, dass dieser Zwischenfall friedlich gelöst werden sollte. Als Ergebnis entstand der am 26. Februar 1876 unterzeichnete *koreanisch-japanische Vertrag von Kanghwa*. Dem Vertrag folgte am 24. August des gleichen Jahres ein ergänzender Handelsvertrag zwischen den beiden Staaten. Ihrem Ziel entsprechend, Koreas traditionsreiche Bindungen zu China zu lockern, bestanden die Japaner auf der Einfügung eines Artikels in den Vertrag, in dem Korea betont als selbstständige Nation mit gleichen souveränen Rechten wie Japan bezeichnet wurde. Trotz dieser Klausel verkörperte der Vertrag eine unilaterale Bevorzugung Japans zulasten Koreas. Japan hatte in der Tat auch im Bereich der Machtpolitik von den anderen Industriestaaten gelernt. Sein erster Vertrag mit Korea trug viele Züge der China aufgezwungenen „ungleichen Verträge" westlicher Mächte mit dem Reich der Mitte. Korea musste drei Häfen, darunter Pusan, für den Handel mit Japan öffnen und Japan das Recht einräumen, japanische Niederlassungen auf extraterritorialer Rechtsbasis auf koreanischem Boden zuzulassen. Die drei Häfen, die für Japans Handel geöffnet und von ihm selbst ausgewählt werden konnten und in denen japanische Niederlassungen errichtet werden konnten, waren neben Pusan im Süden auch Wonsan im Nordosten und Inchon an der Westküste in der Nähe von Seoul. So hatte Japan vom ersten Moment seiner diplomatischen Kontakte mit Korea in diesem Land ein strategisches Dreieck angelegt, das der Penetration der koreanischen Halbinsel im Sinne japanischer Interessen dienen konnte.[14] Das chinesische Kaiserreich, das diese Entwicklung der koreanisch-japanischen Beziehungen mit verständlicher Sorge beobachtete, empfahl Korea, gleichsam als Gegengewicht auch Beziehungen zu anderen auswärtigen

---

[13] Zitiert in Nahm, a.a.O., S. 150, in anderer Variante in Lee, a.a.O., S. 266. Zu den ersten Öffnungsversuchen gegenüber fremden Mächten siehe Hulbert, a.a.O., S. 114–119.

[14] Nahm, a.a.O., S. 150–152, und Lee, a.a.O., S. 268–270. Siehe auch HBK, S. 84.

Mächten aufzunehmen. So kam es am 6. Juni 1882 zur Unterzeichnung eines koreanisch-amerikanischen Handelsvertrages, dem dann am 26. November 1883 weitere Verträge Koreas mit Großbritannien und Deutschland und im folgenden Jahr ein Handelsvertrag mit Russland folgte.[15]

2.2 Der Tonghak-Aufstand und der japanisch-chinesische Krieg um Korea 1894/95

Zwölf Jahre vor dem Vertrag von Kanghwa, der Korea zwangsweise öffnete, hatte der zwölfjährige Yi Myong-bok, später bekannt als König Kojong, den koreanischen Thron bestiegen. Sein Vater, Yi Ha-Ung, übernahm für ihn die Regentschaft mit dem Titel Hungson *Taewon-gun* oder Prinzregent Hungson. In der Geschichtsschreibung wurde er einfach als „Tae Won-gun", das heißt wie gesagt Prinzregent, bekannt. Als Persönlichkeit von großer Willenskraft und hohem Ehrgeiz erstrebte er weit reichende Reformen in der Sphäre der koreanischen Innen- und Gesellschaftspolitik. Zur Stärkung des Königshauses verheiratete er seinen Sohn, den König, mit einer Nichte seiner Frau, die aus dem äußerst einflussreichen Min-Clan stammte. Die von ihm initiierte Steuerreform erfasste nun auch die Angehörigen der Yangban-Schicht. Mit einer rücksichtslosen Kampagne gegen Korruption versuchte er, die Steuermoral zu heben und Beamte nur noch auf der Basis ihrer Fähigkeiten zu ernennen. Er war es, der hinter Koreas Widerstand gegen Frankreich und die Vereinigten Staaten gestanden und in diesem Zusammenhang für eine Verbesserung der koreanischen Grenzbefestigungen gesorgt hatte. Zu seinen Fehlern gehörte nicht nur die pauschale und brutale Verfolgung der koreanischen Christen, sondern auch seine kostspieligen Aufwendungen für Prestigebauten, welche die Staatskasse erschöpften. Nachdem König Kojong jedoch die Großjährigkeit erreicht hatte, setzte seine willensstarke Frau, die Königin Min, Ende 1873 die Entmachtung des Prinzregenten durch.[16]

Die vertragsbedingte Öffnung Koreas erzeugte viele Kontakte zwischen Korea und der Außenwelt und führte zum Einströmen von außen kommender neuer Ideen. In der Folge trat in der koreanischen Führungselite eine sich immer weiter verschärfende Spaltung ein. Auf der einen Seite stand eine Gruppe radikaler Reformer, die Korea analog dem anscheinend erfolgreichen Modell Japans einer vieldimensionalen Umgestaltung und Erneuerung unterziehen wollten. Ihnen aber traten orthodoxe

---

[15] Zu Koreas Verträgen mit den USA, Deutschland, Großbritannien und Russland siehe Deuchler, Martina: Confucian Gentlemen and Barbarian Envoys. The Opening of Korea. 1875–1885. London 1977. S. 114–127.

[16] Hulbert, a.a.O., S. 114–120; Lee, a.a.O., S. 261–262, und Nahm, a.a.O., S. 144–150.

Konfuzianer mit allem Nachdruck entgegen, die den Reformern Verrat an der konfuzianischen Identität Koreas vorwarfen. Teilweise vom Taewon-gun manipuliert, richtete sich ein Aufstand koreanischer Soldaten im Juli 1882 gegen die japanische Gesandtschaft in Seoul, die niedergebrannt wurde, wobei ein Japaner ums Leben kam. Nicht nur der japanische Gesandte und seine Mitarbeiter, sondern auch die Königin Min – Letztere verkleidet – entkamen mit knapper Not, da sich der Zorn der lange nicht mehr bezahlten und sich unterprivilegiert fühlenden Soldateska auch gegen den mächtigen Min-Clan richtete.[17] Viele ihrer Anhänger wurden jedoch getötet. Von den chaotischen Ereignissen überwältigt, ersuchte König Kojong seinen Vater, den Taewon-gun, erneut die Regierung als Prinzregent zu übernehmen.

Angesichts der in Korea gegebenen Krise beschloss aber auch das benachbarte chinesische Reich, in die koreanischen Ereignisse einzugreifen. Angesichts der Zerstörung seiner Gesandtschaft in Seoul hatte Japan Truppen nach Korea in Bewegung gesetzt und forderte von der koreanischen Regierung eine Entschädigungszahlung in Höhe von insgesamt 550.000 US-Dollar, eine offizielle Entschuldigung und das Recht, in Seoul japanische Militäreinheiten zum Schutz der Gesandtschaft zu stationieren. Schon 1881 hatte der chinesische Kaiser einen der bedeutendsten chinesischen Staatsmänner der Jahrhundertwende, Li Hung-chang, mit der Wahrnehmung chinesisch-koreanischer Angelegenheiten betraut. Als König Kojong im gleichen Jahr um die Einstellung der jährlichen koreanischen Tributmissionen an den chinesischen Kaiserhof bat, war dieses Ersuchen dort abgelehnt worden.[18] Angesichts der Militärrevolte von 1882 schloss Li Hung-chang mit Korea einen Handelsvertrag, der auch China das Privileg der Extraterritorialität einräumte, und versorgte die koreanische Regierung mit Lieferungen moderner Waffen. Yüan Shih-k'ai, ein begabter Offizier und später der erste reguläre Präsident der Republik China, wurde nach Korea entsandt, um für eine zeitgemäße Ausbildung der koreanischen Armee zu sorgen. Zur Sicherung Koreas gegen Japan wurden chinesische Militäreinheiten in Korea stationiert und Paul Georg von Möllendorff, ein ehemaliger deutscher Konsul in Tientsin, wurde auf Anraten Li Hung-changs zum außenpolitischen Berater der koreanischen Regierung und zum Leiter der koreanischen Seezollämter ernannt.[19]

Im Dezember 1884 kam es in Seoul zu einem hoch dramatischen und blutigen Schlagabtausch zwischen den Anhängern der Reformpolitik sowie den sie unter-

---

[17] Hulbert, a.a.O., S. 120–123. Siehe auch: Kim, C. I. Eugene, und Kim, Han-kyo: Korea and the Politics of Imperialism. 1876–1910. Berkeley and Los Angeles 1967, S. 31–36. (Im Folgenden zitiert als: Kim u. Kim.)

[18] Nahm, a.a.O., S. 153.

[19] Leifer, Walter: Paul Georg von Möllendorff – Ein deutscher Staatsmann in Korea. Saarbrücken 1988, S. 129–133.

stützenden Japanern einerseits und den konservativeren Kräften sowie den sie schützenden Chinesen andererseits. Denn am 4. Dezember 1884 benützten die Fortschrittsanhänger mithilfe japanischer Soldaten ein Festessen zur Feier der Eröffnung eines modernen Postamtes in Seoul zu einem Mordanschlag auf führende Vertreter des konservativen Min-Clans. Am folgenden Tag ernannte der König eine neue Regierung, in der die Fortschrittsanhänger die führenden Posten erhielten. Jedoch bereits zwei Tage später schlugen – von der Königin Min zur Hilfe gerufen – chinesische Truppen unter dem Kommando von Yüan Shih-k'ai zu, die sich als koreanische Soldaten verkleidet hatten. Sie besetzten den Palast und erschlugen zahlreiche der führenden Fortschrittspolitiker. Die Königin Min und ihr Clan wurden unter dem Schutz der Chinesen zur faktisch führenden Kraft in der koreanischen Regierung. Japan mobilisierte Streitkräfte und verlangte umfassende Entschädigung. Ein auswärtiger Krieg, verschärft durch einen innerkoreanischen Bürgerkrieg, schien bevorzustehen.[19a]

Die Krise, die mit der Entsendung neuer japanischer Streitkräfte nach Korea zu eskalieren drohte, konnte durch zwei entscheidende Maßnahmen beigelegt werden. Einerseits beugte sich die koreanische Regierung der japanischen Forderung nach Reparationen in Höhe von insgesamt 130.000 US-Dollar. Andererseits kam es zwischen Peking und Tokio zu diplomatischen Verhandlungen, die auf Seiten Japans von dem bedeutenden Staatsmann Ito Hirobumi und auf Seiten Chinas von Li Hung-chang in der chinesischen Stadt Tientsin geführt wurden. Als Resultat eines mühsamen Verhandlungsprozesses entstand die so genannte *Konvention von Tientsin*, die am 18. April 1884 unterzeichnet wurde. Diese chinesisch-japanische Konvention enthielt die folgenden Verpflichtungen: Erstens: China und Japan sollten innerhalb von vier Monaten ihre Streitkräfte aus Korea zurückziehen. Zweitens: Keine der beiden Signatarmächte würde künftig koreanische Truppen ausbilden, sondern der koreanischen Regierung nahe legen, Ausbilder einer dritten Nation heranzuziehen. Drittens: Vor einer künftigen Entsendung von Truppen nach Korea würden die beiden Signatarmächte einander zuvor informieren und nach erfolgter Wiederherstellung der Ordnung ihre Truppen auch gleichzeitig wieder zurückziehen. Die Folgen dieses Abkommens fasste der bekannte chinesische Historiker, Immanuel Hsü, in dem Satz zusammen: „Dieses Abkommen reduzierte Korea zu einem gemeinsamen Protektorat Chinas und Japans, beseitigte Chinas Anspruch auf exklusive Oberhoheit und bestätigte Japans Recht, Truppen nach Korea zu entsenden."[20]

[19a] Deuchler, op. cit., S. 206–212; Kim u. Kim, a.a.O., S. 46–52. Siehe auch Frau von Möllendorffs Beschreibung des Mordkomplotts, in dem auch ihr Mann ernsthaft gefährdet war. In: Leifer, a.a.O., S. 165–176.

[20] Hsü, a.a.O., S. 337.

Ab 1862 wurden Koreas Staat und Gesellschaft von einer revolutionären Bewegung erschüttert, in der manche Historiker eine Vorform des modernen koreanischen Nationalismus erblicken. Es handelte sich dabei um eine primär bäuerliche Massenbewegung, die unter dem Namen ihrer religiösen Ideologie als *Tonghak* (östliche Lehre) bekannt geworden ist. Diese Ideologie ergab sich aus einer Verbindung zwischen Elementen des Konfuzianismus, des Buddhismus, des Taoismus und der Traditionen des Hwarang-Rittertums der vergangenen Schilla-Dynastie. Das geistige und politische Ziel der Bewegung bestand in der Hochhaltung und militanten Verteidigung dieser Weltanschauungen Ostasiens gegen den Ansturm der primär aus Japan kommenden westlichen Ideen. Die Tonghak-Bewegung hatte jedoch auch eine sozialrevolutionäre Komponente. Sie verkörperte eine Revolte des ausgebeuteten Bauerntums gegen die Yangban-Schicht, gegen das parasitäre Großgrundbesitzertum und gegen die exklusive Herrschaft der Yangban-Schicht, obwohl eine Reihe von Tonghak-Führern aus verarmten Yangban-Familien stammte. Von den südlichen Provinzen Kyongsang und Cholla ausgehend, verbreitete sich die Tonghak-Bewegung rasch in Richtung Norden. Anfängliche Versuche der koreanischen Regierung, die Stoßkraft dieser Bewegung dadurch zu dämpfen, dass schnell längst überfällige Reformen im Bereich der Agrarverwaltung angeordnet wurden, erwiesen sich als unwirksam, da sie vom Großgrundbesitzertum sabotiert wurden. Der Begründer der Tonghak-Sekte, ein gewisser Ch'oe Che-u, war zwar 1864 auf Befehl der Regierung enthauptet worden. Doch seine Anhänger organisierten sich erneut und forderten 1892 die posthume Rechtfertigung Ch'oes wie auch die Einstellung von Regierungsmaßnahmen zur Unterdrückung der Tonghak-Bewegung.[21] Ein ausführlicher Bericht der amerikanischen Gesandtschaft in Seoul vom 4. April 1894 schildert, wie sich eine Tonghak-Delegation zu dieser Zeit tagelang in ehrfürchtiger Haltung vor dem Königspalast in Seoul aufhielt, um dem König ihre Ergebenheit zu demonstrieren und um die Rehabilitierung des genannten Sektenführers zu erbitten. Vergeblich habe sich ein Edikt des Königs bemüht, den Tonghak väterlich zuzureden, ihre falschen Lehren aufzugeben, die wahre konfuzianische Lehre wieder anzunehmen und ihre Demonstrationen einzustellen.[22] Die sozialpolitische Zielrichtung der essenziell königstreuen Tonghak-Bewegung kann aus ihrem folgenden Programm entnommen werden:

1. Beseitigung des chronischen Misstrauens zwischen den Tonghak-Anhängern und der Regierung, die in Fragen der Verwaltung zusammenarbeiten sollten;

---

[21] HBK, S. 87, und Lee, a.a.O., S. 283–287.
[22] Wortlaut des amerikanischen Gesandtschaftsberichts, in: MacNair, Harley Farnsworth (Hg.): Modern Chinese History. Selected Readings. Bd. 2, Shanghai 1927, S. 517–520. (Wortlaut des amerikanischen Gesandtschaftsberichtes über die Tonghak-Bewegung.)

2. untersucht die Verbrechen der bestechlichen Beamten und bestraft die Schuldigen streng;

3. bestraft die, deren Reichtum durch Ausbeutung und Erpressung entstand;

4. diszipliniert jene Yangban, gleichgültig, ob Amtsinhaber oder nicht, die die Regeln nicht einhalten;

5. verbrennt alle Dokumente (Register) über die Sklaven;

6. berichtigt die Behandlung jener, die in den „sieben verachteten Berufen" tätig sind;

7. erlaubt die Wiederverheiratung junger Witwen;

8. verbietet die Einziehung willkürlicher und irregulärer Steuern;

9. ernennt nur befähigte Männer und zerbricht die Sitte der Diskriminierung aufgrund von Klasse oder regionaler Herkunft;

10. bestraft streng jene, die mit den Japanern kooperieren;

11. streicht alle nicht gezahlten Schulden, gleichgültig, ob sie der Regierung oder Privatpersonen geschuldet werden;

12. verteilt das Land zur Bebauung gerecht unter bäuerliche Eigentümer.[23]

Da die Regierung sich außerstande sah, die sich lawinenhaft ausbreitende bäuerliche Revolutionsbewegung unter Kontrolle zu bringen, beschloss der König, die chinesische Regierung um Hilfe zu bitten. Der chinesische Regierungsvertreter in Korea, Yüan Shih-K'ai, war in den Jahren zwischen 1885 bis 1893 zu einer der einflussreichsten Figuren auf dem Schachbrett der koreanischen Politik geworden. Er hatte sich nicht ohne Erfolg bemüht, Chinas Einfluss in Korea nach allen Seiten hin zu erweitern. Dem koreanischen Ersuchen vom 4. Juni 1894 entsprechend, entsandte China eine Truppe von etwa 2.000 Mann, die südlich von Seoul in der Asan-Bucht an Land gingen. Entsprechend der chinesisch-japanischen Konvention von Tientsin von 1885 verständigte Peking die japanische Regierung von diesem Schritt. Aber auch Japan berief sich auf seinen Vertrag mit Korea und entsandte eine kleinere Militäreinheit, die trotz koreanischer und chinesischer Proteste in Inchon landete und nach Seoul vorrückte.[24] Wie ein amerikanischer Gesandtschaftsbericht vom 18. Juni meldete, hatten koreanische Regierungsstreitkräfte bedeutende Erfolge gegen die Tonghak-Aufständischen erringen können, bevor es noch den Chinesen möglich gewesen war, ihrerseits einzugreifen. In dem Gesandtschaftsbericht heißt es dann wörtlich:

„Die Koreaner sind entsetzlich besorgt. Der König hat die Chinesen gebeten, das Land zu verlassen. Aber sie weigern sich das zu tun, solange die Japaner noch ver-

---

[23] Lee, a.a.O., S. 287.
[24] Hsü a.a.O., S. 338/339, und Kajima, a.a.O., S. 4–5.

bleiben. Und diese wiederum verweigern den Rückzug, solange die Chinesen nicht auch gehen."[25]

Angesichts der ungemein explosiven Situation versandte der koreanische Außenminister am 24. Juni Schreiben an die in Korea vertretenen Großmächte, in denen er sie bat, durch Vermittlung auf eine „freundschaftliche Lösung der gegenwärtigen Situation" hinzuwirken. Nur einen Tag zuvor waren japanische Armeeabteilungen unter Blutvergießen in den Palast des koreanischen Königs in Seoul eingedrungen und hatten dort das Eintreffen seines Vaters, des machtvollen Prinzregenten beziehungsweise Taewon-gun, veranlasst. In seiner Bedrängnis hatte der König das in Seoul vertretene diplomatische Korps um einen Besuch im Palast gebeten, der zwar stattfand. Doch vermochten die Gesandten nicht mehr zu tun, als ihren respektiven Regierungen eine Vermittlung zwischen Japan, China und Korea anzuraten.[26]

Am 15. Juni 1894 unterbreitete der japanische Außenminister, Graf Mutsu, dem Ministerpräsidenten seines Landes, Ito Hirobumi, einen Vorschlag, der anschließend die Billigung des japanischen Kabinetts wie auch des Kaisers fand. Die Kernpunkte dieser Empfehlung waren gemeinsame japanisch-chinesische Aktionen zur Wiederherstellung der Ordnung in Korea und zur gemeinsamen Planung und Durchführung modernisierender Reformen. Sollte China dem Plan nicht zustimmen, so würde die japanische Regierung allein „die koreanische Regierung zu den Reformen ... veranlassen".[27] Die chinesische Regierung jedoch antwortete am 22. Juni, dass China nicht die Absicht habe, sich in Koreas innenpolitische Angelegenheiten einzumischen. Da Japan Wert darauf gelegt habe, Koreas Unabhängigkeit zu betonen, habe Tokio kein Recht, in Koreas innere Angelegenheiten zu intervenieren. Der Rückzug der japanischen und chinesischen Truppen werde nach Niederschlagung des Aufstandes erfolgen. Die Angelegenheit sei hiermit erledigt, eine nochmalige Beratung sei unnötig.[28] Japans Außenminister bezog dennoch am 22. Juni nochmals Stellung, indem er unter anderem dem chinesischen Gesandten gegenüber unter Hinweis auf die Aufstände und Unruhen in Korea behauptete: „Diese tatsächliche Lage Koreas beweist deutlich, dass Korea noch nicht fähig ist, die Bürde eines unabhängigen Staates zu tragen. Wegen der geographischen Nähe und der Handelsbeziehungen hat Japan an Korea vitale Interessen. Daher können wir die Notlage Koreas nicht untätig mit ansehen." Der Brief schloss mit dem Hinweis, Japan sei „fest entschlossen", seine in Korea stationierten Streitkräfte nicht

---

[25] MacNair, a.a.O., S. 522.
[26] Wortlaut der Note des koreanischen Außenministers in: ebd., S. 523 f. Vgl. auch den amerikanischen Gesandtschaftsbericht aus Seoul vom 24. Juli 1894, in: ebd., S. 524 f.
[27] Text des Vorschlages von Außenminister Mutsu, in: Kajima, a.a.O., Bd II, S. 6 f.
[28] Text der Note des chinesischen Geschäftsträgers in Tokio an den japanischen Außenminister, in: ebd., S. 9 f.

abzuziehen.[29] Am 23. Juli 1894 drangen japanische Truppen erneut unter Blutvergießen in den Königspalast, wo der König seinem nunmehr eher mit Japan sympathisierenden machtvollen Vater, dem Prinzregenten (Taewon-gun), die Verantwortung für die Staatsgeschäfte und die Durchführung von Reformen übertrug.[30] Japans offensichtliche Machtexpansion in Korea und die dringenden Bitten Yüan Shih-k'ais veranlassten die Regierung in Peking, ihrerseits Truppenverstärkungen nach Korea zu entsenden. Britische Schiffe wurden angeheuert und chinesische Soldaten nach Korea transportiert. Am 25. Juli 1894 eröffneten die Japaner ohne vorherige Kriegserklärung die Feindseligkeiten, indem sie den chinesischen Truppentransporter Kowshing vor der Westküste Zentralkoreas versenkten.

Am 1. August 1894 erklärten einander zuerst Japan und dann China den Krieg. Die Begründungen beider Kriegserklärungen zeigen, formal zumindest, eine unterschiedliche Haltung beider Staaten gegenüber Korea. So heißt es in der japanischen Kriegserklärung: „Korea ist ein unabhängiger Staat. Er wurde erstmals mit dem Rat und unter der Führung Japans in die internationale Staatsfamilie eingeführt. Chinas Gewohnheit war es jedoch, Korea als von ihm abhängigen Staat zu bezeichnen und sich sowohl offen wie auch geheim in seine inneren Angelegenheiten einzumischen."

Japan habe China dazu eingeladen, gemeinsam an der Modernisierung Koreas zu arbeiten. Dies habe China nicht nur abgelehnt, sondern habe unilaterale japanische Reformbemühungen in Korea behindert. Chinas Verhalten beeinträchtige nicht nur die Interessen Japans und Koreas, sondern bedeute auch eine Bedrohung des Friedens und der Ruhe im Fernen Osten. Chinas Kriegserklärung, ebenfalls vom 1. August 1894, beginnt mit den bezeichnenden Worten: „Korea war in den letzten 200 Jahren unser Tributstaat. In diesem ganzen Zeitraum hat es uns Tribut geliefert und das war weltweit bekannt." Der koreanische König habe wegen einer Rebellion China um Hilfe gerufen, China habe der Bitte entsprochen, der Aufstand in Korea sei niedergeschlagen worden. Unberechtigterweise hätten die Japaner ebenfalls Streitkräfte nach Korea entsandt, sie ständig verstärkt und keine Bereitschaft gezeigt, sie – wie vorgeschlagen – gemeinsam mit den Chinesen zurückzuziehen. Japan habe den koreanischen König herumkommandiert und zu einer Änderung seines Regierungssystems gezwungen. Da Japan Verträge verletzt und einseitig Kampfhandlungen begonnen habe, bleibe dem Kaiserreich China keine andere Wahl, als Japan den Krieg zu erklären.[31]

---

[29] Wortlaut des Schreibens von Außenminister Mutsu, ebd., S. 9–10.

[30] Bericht des japanischen Gesandten in Seoul, Otori, an Außenminister Mutsu vom 23. Juli 1894, ebd., S. 30.

[31] Voller Wortlaut der japanischen Kriegserklärung in: MacNair, a.a.O., S. 530–531. Text der chinesischen Kriegserklärung vom 1.8.1894, ebd., S. 532–534.

Im Krieg zwischen zwei asiatischen Großmächten, von denen jede erst vor zwei bis drei Jahrzehnten mit der Modernisierung begonnen hatte, erwiesen sich die Japaner weitaus schlagkräftiger. Japans Modell der straff und anfangs zentralistisch organisierten Reform zeigte sich China überlegen, wo die Erneuerungsbemühungen mehr peripher als zentral, insbesondere in den Küstenprovinzen, verwirklicht worden waren. Katastrophale Folgen zeitigte die Korruption in China, die trotz der hohen aufgewandten Summen die Bewaffnung der chinesischen Streitkräfte im Vergleich zu den Japanern weit unterlegen machte. So wurde China in diesem Krieg, der sich vor allem an der Südspitze der Mandschurei und im chinesisch-koreanischen Grenzgebiet abspielte, militärisch vernichtend geschlagen.

Die wichtigsten Bestimmungen des am 17. April 1895 in der japanischen Stadt Shimonoseki unterzeichneten Friedensvertrages[32] zwischen Japan und China verfügten in Artikel 1 die „vollständige Unabhängigkeit und Autonomie Koreas" und stimmten der Einstellung der koreanischen Tributzahlungen an das Kaiserreich China sowie der damit verbundenen Zeremonien zu. Artikel 2 verpflichtete China zur Abtretung des Südteils der strategisch hoch bedeutsamen Liaotung-Halbinsel am südlichen Ende der Mandschurei mit den Häfen Port Arthur (Lü ta) und Dairen (Dalien) sowie zur Abtretung der Insel Taiwan (Formosa) und der benachbarten Pescadoren (Penghu)-Inseln. Artikel 4 sah eine chinesische Kriegsentschädigung an Japan in Höhe von 200 Millionen Tael vor.

Japans Erwerb strategisch hoch bedeutsamer Gebiete auf dem asiatischen Festland erweckte bei den okzidentalen Mächten und hier in erster Linie bei Russland große Befürchtungen. Die Rivalität Deutschlands und Frankreichs um die Gunst Russlands geschickt ausspielend, organisierte St. Petersburg den Einspruch der drei genannten Mächte gegen Japans Erwerb der südmandschurischen Liaotung-Halbinsel. In der entsprechenden russischen Note an die japanische Regierung heißt es unter anderem: „Die von Japan verlangte Besitznahme der Liaotung-Halbinsel (ist) eine ständige Bedrohung der chinesischen Hauptstadt ... und (macht) gleichzeitig die Unabhängigkeit Koreas illusorisch ..." In getrennten Noten erteilten St. Petersburg, Berlin und Paris der japanischen Regierung die dringende Empfehlung, von einer permanenten Besitznahme dieses geostrategisch so eminent bedeutsamen Gebiets Abstand zu nehmen. Dieser Forderung der drei Großmächte beugte sich die japanische Regierung mit innerem Groll und dem Gefühl einer Demütigung, die auch in anderen Staaten – einschließlich Koreas – als solche empfunden wurde.[33]

---

[32] Siehe Kommentare und Dokumente zur damaligen Schwäche Chinas, in: MacNair, a.a.O., S. 534–545. Text des Friedensvertrages von Shimonoseki: ebd, S. 546–547.

[33] Kindermann, a.a.O., S. 86–88.

Teilweise auf japanische Forderungen eingehend – teilweise aber auch als Reaktion auf ehemalige Forderungen im Tonghak-Aufstand –, proklamierte König Kojong am 7. Januar 1895 vor dem Ahnenschrein des Königshauses ein in 14 Artikel gegliedertes „Königliches Gelübde", das als eine Art Verfassung gewertet wurde. Die Inhalte dieser Reformbestimmungen können wie folgt zusammengefasst werden:

1. Koreas ehemalige Abhängigkeit von China ist beendet, Korea wird zum voll souveränen Staat erklärt.
2. Die Funktionen der Dynastie bestimmt ein Hausgesetz, das auch die Thronfolge regelt.
3. Dem König obliegt zwar die Aufsicht über die Regierung, doch die Staatsgeschäfte werden ohne Intervention der königlichen Familie von den Ressortministern wahrgenommen.
4. Die Angelegenheiten des Hofes und der Staatsregierung werden streng voneinander getrennt.
5. Die Kompetenzen von Regierung und Ministerien regelt das Gesetz.
6. Die Steuererhebung bedarf der rechtlichen Grundlage. Willkürliche Eintreibungen sind verboten.
7. Die Steuereintreibung und die Regelung der Staatsausgaben obliegen dem Finanzministerium.
8. Der Hof hat eine vorbildliche und sparsame Finanzgebarung mit Festlegungen für das kommende Finanzjahr zu betreiben.
9. Die Ausgaben für Hof und Verwaltung sind vor Beginn des Fiskaljahres klar festzulegen.
10. Die kommunale Verwaltung ist zu reformieren. Insbesondere sind die Kompetenzen ihrer Beamten per Gesetz einzuschränken.
11. Fähige Studenten sollen im Ausland Wissenschaft und Technik studieren.
12. Armeeoffiziere müssen modern ausgebildet und die Wehrpflicht als Basis des Verteidigungswesens eingeführt werden.
13. Ein System des Bürgerlichen Rechts und des Strafrechts ist zu schaffen. Willkürliche Verhaftungen und Bestrafungen sind verboten. Leben und Vermögen der Bürger sind dadurch zu schützen.
14. Befähigte müssen ohne Unterschied des Standes in den Staatsdienst aufgenommen und befördert werden.

Im Zuge dieser so genannten „Kabo-Reform" wurde auch die Sklaverei verboten und die Wiederverheiratung von Witwen rechtlich ermöglicht. Reformen des Finanz-, Wehr- und Erziehungswesens wurden tatsächlich in die Wege geleitet.[34]

---

[34] Wortlaut des königlichen Reformgelübdes vom 7.1.1895, in: Kajima, a.a.O., Bd. II, S. 72–73; weitere Kommentare hierzu in: Nahm, a.a.O., S. 180–181.

Der in einer tragischen Epoche regierende König Kojong mit seinen rang-ältesten Mitarbeitern

Japans außenpolitische Demütigung durch den erwähnten erfolgreichen Einspruch der drei Mächte von 1895 ermutigte in Korea jene Kräfte, die auch dort den japanischen Einfluss zurückdrängen wollten. Insbesondere die Königin Min und ihr Clan betrieben eine neue Politik, die bestrebt war, Russland gegen Japan auszuspielen, um hierdurch mehr Bewegungsfreiheit für die Koreaner selbst zu erwirken. Führende Persönlichkeiten der prorussischen Orientierung wurden in das Kabinett berufen. Der im September 1895 neu ernannte japanische Gesandte, Miura Goro, wollte mit dieser Entwicklung kurzen Prozess machen. Ein von ihm angestifteter japanischer Schläger und koreanische Rebellen drangen am 8. Oktober in den königlichen Palast ein, wo sie die Königin und zwei Hofdamen ermordeten und ihre Leichen verbrannten. Der König, der anschließend gezwungen wurde, projapanischen Politikern wichtige Regierungsämter zu geben, existierte hiernach wie ein Gefangener der Japaner in seinem Palast. Nachdem mehr als 200 russische Marineinfanteristen nicht zufällig nach Seoul gebracht worden waren, entführten Anhänger des Königs diesen selbst und den Kronprinz, die beide anschließend Asyl in der russischen Gesandtschaft in Seoul erhielten. Die Entführer arbeiteten offensichtlich Hand in Hand mit den Russen. Inmitten seiner eigenen Hauptstadt, im Gebäude einer fremden Gesandtschaft versteckt, erteilte der König Befehle, die in der Folge den Einfluss projapanischer Kräfte in der koreanischen Regierung wieder zurückdrängten.[35] Im Mai 1896 entstanden ein russisch-

---

[35] Zur Krise vom September 1895 siehe Franke, Otto: Die Großmächte in Ostasien von 1894 bis 1914. Hamburg 1923, S. 114–115. Siehe auch Kim u. Kim, a.a.O., S. 87–90.

koreanisches Abkommen, das Russlands Schutz für den König zusagte, und ein japanisch-russisches Memorandum, das Russland und Japan annähernd gleiche Rechte und Privilegien in Korea einräumte. Mit ähnlichem Inhalt wurde am 9. Juni gleichen Jahres in Moskau ein Protokoll mit vier öffentlichen und zwei geheimen Artikeln erstellt, das eine Art begrenzter russisch-japanischer Doppelhegemonie über Korea begründete.[36]

2.3 Korea im Brennpunkt des Konflikts und Krieges zwischen Japan und Russland

Angesichts der miteinander rivalisierenden Bemühungen Japans und Russlands, ihren jeweiligen Einfluss in Korea zu verstärken, bewirkte König Kojong nach seiner Rückkehr von seinem Zufluchtsort in der russischen Gesandtschaft in den Königspalast (Februar 1897) eine namentliche Änderung, die das Königreich Korea am 17. Oktober 1897 zum „Großen Kaiserreich der Han" erklärte und sich selbst somit zum Kaiser unter dem neuen Namen seiner Regierungsära „Kwangmu" (Kriegerischer Glanz).[37] Dies war eine Geste des Trotzes, die, ungeachtet aufgezwungener Schmälerungen der koreanischen Souveränität, Koreas Willen zum Erhalt seiner Unabhängigkeit und zur Bewahrung seines Anspruchs auf internationale Gleichberechtigung demonstrieren sollte. Rangmäßig war Korea hierdurch auf gleiche Ebene mit China und Japan gerückt. Homer B. Hulbert hat ein bewegendes Bild dieses Mannes gezeichnet, der sich zum ersten Kaiser Koreas erklärte, dessen Frau in seiner Gegenwart im Palast ebenso ermordet worden war wie auch sieben Mitglieder seines Regierungskabinetts. Ein König, der in seinem eigenen Land in die Gesandtschaft einer fremden Macht flüchten musste, um vor den Nachstellungen einer anderen Großmacht geschützt zu sein; ein König, der zeitweilig von seinem eigenen Vater mithilfe einer fremden Macht entmündigt worden war, dann wieder zur Macht gelangte und letztlich auf Betreiben Japans entthront wurde, weil er es gewagt hatte, fremde Mächte um Hilfe für sein Land zu bitten.[38]

Die letzten Jahre des 19. und die ersten Jahre des 20. Jahrhunderts hatten in der russischen Ostasienpolitik neue dynamische Entwicklungen zu verzeichnen. Als Antwort auf die für Großbritannien so vorteilhafte Eröffnung des Suezkanals

---

[36] Text des sog. Komura-Waeber-Memorandums vom 12.3.1986, in: Kajima, a.a.O., Bd. II, S. 289–290. Wortlaut des vom russischen Staatssekretär, Prinz Lobanow Rostowski, und dem japanischen Gesandten, Fürst Yamagata, unterzeichneten Protokolls vom 9.6.1896, ebd., S. 306–307.
[37] HBK, S. 91, und Hulbert, a.a.O., S. 157.
[38] Ebd., S. 343–348.

1869, der den Seeweg nach Ostasien stark verkürzte, hatte die Regierung des Zaren Alexander III. im Mai 1891 den Bau einer *transsibirischen Eisenbahn* verfügt, die Samara an der Wolga mit dem neuen russischen Fernosthafen Wladiwostok verbinden sollte. Von der Fertigstellung dieser transeurasischen Eisenbahnlinie wurde international eine bedeutsame Stärkung der wirtschaftlichen, strategischen und politischen Position Russlands am Pazifischen Ozean erwartet. Um beim Bau dieser Eisenbahn einen Umweg von fast 700 Kilometern um die Mandschurei herum und entsprechende Mehrkosten zu ersparen, entstand der Plan des russischen Finanzministers Witte, die Eisenbahn von der sibirischen Stadt Tschita aus in gerader Linie quer durch das chinesische Gebiet der Mandschurei zum russischen Fernosthafen Wladiwostok zu führen. Zur diplomatischen Absicherung dieses Vorhabens schloss Russland mit China am 22. Mai 1896 einen geheimen Bündnisvertrag. Artikel 4 des Geheimvertrages sanktionierte den Bau dieser strategischen Anschlusslinie quer durch die Mandschurei, so dass der Kriegs- und Handelshafen Wladiwostok hierdurch mit der Transsibirischen Eisenbahn verbunden werden konnte.[39] In Japan wurde es als eine ungeheuerliche Provokation empfunden, dass die russische Regierung in einer Konvention mit China vom 25. März 1898 China zur Verpachtung der strategisch so bedeutsamen Liaotung-Halbinsel an der Südspitze der Mandschurei zwang, die den Japanern nach ihrem Sieg über China 1895 durch einen von Russland organisierten Einspruch dreier Großmächte verweigert worden war.[40] Was Korea betrifft, so hatte ein der Familie der ermordeten Königin entstammender koreanischer Sondergesandter dem russischen Zaren 1896 einen geheimen Brief des Königs von Korea überbracht und mit dessen Außenminister ein Abkommen unterzeichnet, das Russlands diplomatische und militärische Hilfe im Falle schwerer innerer Unruhen oder auswärtiger Verletzungen der koreanischen Souveränität in Aussicht stellte. Zwei Ereignisse trugen jedoch dazu bei, den russischen Einfluss in Korea zu mindern. Der arrogant und eindrucksvoll auftretende russische Gesandte, Alexis de Speyer, hatte 1898 den Bogen überspannt, als er der koreanischen Regierung drohte, die russischen Berater aus Korea abzuziehen, falls die koreanische Regierung nicht eine Strafaktion gegen alle ihm als antirussisch geltenden Regierungsbeamten unternehme. Die königliche Regierung lehnte das ab, der russische Gesandte musste zu seinem Wort stehen und alle Russen im Dienste der koreanischen Regierung mussten zurückgerufen werden.[41] Das zweite Ereignis bestand im Abschluss des Russland von West und Ost umklam-

---

[39] Teng, Ssu-yü, und Fairbank, John K.: China's Response to the West. A Documentary Survey 1839–1923. Cambridge/Mass. 1954, Document 38, S. 130 f. Text des russisch-chinesischen Vertrages in MacNair, a.a.O., Bd. 2, S. 565 ff.

[40] Siehe Franke, a.a.O., S. 76–104.

[41] Kim u. Kim, a.a.O., S. 92 und 95.

mernden Bündnisses der beiden Inselreiche Großbritannien und Japan vom 30. Januar 1902. Artikel 1 dieses Vertrages benannte unter anderem als eines seiner Ziele die Verteidigung der britischen und japanischen Interessen in China wie auch der japanischen Sonderinteressen in Korea. Im Falle eines Krieges waren die Bundesgenossen nur dann zu militärischer Hilfe verpflichtet, falls sich eine weitere Macht oder mehrere Staaten am Kampf gegen den einen Alliierten beteiligen sollten.[42] Am 16. Juli 1902 hatte der britische Außenminister Landsdowne in einem Memorandum an den japanischen Gesandten wörtlich erklärt: „Die Regierung Seiner Majestät erkennt Japans Sonderinteresse in Korea an ... Die englische Regierung sieht Vorteile in einer Stärkung von Japans Machtstellung in Korea."[43] Die sich in Europa, dem Nahen und Mittleren Osten wie auch in Ostasien vollziehende Konfrontation zwischen dem Britischen Empire und Russland gehörte zu den längerfristigen Strukturkomponenten der damaligen Weltpolitik. Zar Nikolaus II. hatte auf der anderen Seite im Oktober 1901 dem Bruder des deutschen Kaisers, Prinz Heinrich, wörtlich gesagt: „Ich möchte auch nicht Korea haben, aber ich kann es nicht zulassen, dass die Japaner dort einen starken Brückenkopf bauen. Sollten sie das versuchen, würde das für Russland ein casus belli (ein Kriegsfall) sein." Ein Jahr später vertraute Zar Nikolaus I. dem deutschen Kaiser an: „1904 mache ich Krieg mit Japan."[44] Der Zar war zu dieser Zeit in wachsendem Maße unter den Einfluss einer Gruppe expansionistischer und extremistischer Günstlinge geraten, an deren Spitze Iwan Besobrasow stand. Von ihm schrieb der russische Gesandte in Tokio, Roman Rosen, er sei ein „idealistischer Träumer", der „verführerische, aber undurchführbare Visionen russischer Größe und Expansion hegte." Er suggerierte dem Zaren einen wahrhaft bombastischen Plan. Wie England sich in Indien ein Kaiserreich geschaffen habe, müsse Russland sich im Fernen Osten auf Kosten Chinas auch ein Empire bauen. Hinzu kamen wachsende Schwierigkeiten in der russischen Innen- und Wirtschaftspolitik, die den wenig populären Innenminister Plehwe zu dem berüchtigten Ausspruch veranlassten: „Wir brauchen einen kleinen siegreichen Krieg, um die Flutwelle der Revolution aufzuhalten." 1903 setzte der Zar in primitiver Imitation einer britischen Institution für die Verwaltung der russischen Fernostgebiete einen „Vizekönig" ein, der dort die oberste militärische und zivile Gewalt innehatte. Verantwortliche Minister des russischen Kabinetts traten hierauf von ihren Posten zurück.[45] Zwischen August 1903

---

[42] Wortlaut des britisch-japanischen Bündnisvertrages, in: Nish, I.H.: The Anglo-Japanese Alliance. The Diplomacy of the two Island Empires 1894–1907. London 1966, Appendix, S. 381 f.

[43] Zitiert in: Kajima, a.a.O., Bd. III. S. 22.

[44] Lepsius, J. u.a. (Hg.): Die Große Politik der Europäischen Kabinette, 1871–1914 (in 40 Bänden), Bd. XVII, S. 35 u. 144.

[45] Kindermann, a.a.O., S. 124–125.

und Februar 1904 gab es in den diplomatischen Beziehungen zwischen Tokio und St. Petersburg eine Reihe von Vorschlägen und Gegenvorschlägen, mit denen versucht wurde, hinsichtlich der Einflusssphären beider Reiche in Nordostasien zu einer Übereinstimmung zu kommen. Im Prinzip waren sich beide Verhandlungspartner zwar darüber einig, dass Russland in der chinesischen Mandschurei und Japan in Korea einen prädominanten Einfluss haben sollte. In diesem Notenaustausch[46] zwischen den beiden Großmächten, der den Prolog zum Krieg zwischen ihnen bildete, ergab sich die Unvereinbarkeit der Standpunkte daraus, dass jede Seite in ihrer Einflusssphäre eine fast uneingeschränkte Machtfülle forderte, zugleich aber der anderen Seite Einschränkungen ihrer Rechte in ihrer Interessensphäre aufdrängen wollte. Japan zum Beispiel insistierte auf vielseitigen und exklusiven japanischen Interventionsrechten in Korea, ohne aber auf gegebene Rechte Japans in der Mandschurei verzichten zu wollen. Russland wiederum verlangte, Japan solle keinen Teil Koreas zum Bau von Befestigungsanlagen benützen. Insbesondere nicht an der koreanischen Küste entlang der Meeresstraße von Korea, weil diese für Russland die maritime Verbindung zwischen seinem Stützpunkt Port Arthur in der südlichen Mandschurei und seinem wichtigsten Fernosthafen, Wladiwostok, war. Erfolglos schlug Russland auch vor, Nordkorea (das heißt Korea nördlich des 39. Breitengrades) als neutrale und entmilitarisierte Zone zu betrachten.

Angesichts der erkennbaren großen Gefahr eines Krieges in Ostasien zwischen zwei Großmächten, die beide Interessen in Korea verfolgten, ergriff die zutiefst besorgte koreanische Regierung unter Führung des Kaisers Maßnahmen, um die Anerkennung der Neutralität Koreas durchzusetzen. Nur so konnte Korea hoffen, den bedrohlichen Folgen eines solchen Krieges zu entgehen. Bereits am 18. August 1903 instruierte der koreanische Außenminister die Gesandten seines Landes in Russland und in Japan, von diesen Ländern die Anerkennung der Neutralität Koreas im Kriegsfall zu erwirken.[47]

Japans Außenminister Komura teilte jedoch dem japanischen Gesandten in Seoul mit, er halte es „nicht für angebracht", zu diesem Zeitpunkt über Krieg und Neutralität zu sprechen.[48] Während japanfreundliche Berater dem koreanischen Kaiser den Abschluss eines Geheimvertrages mit Japan nahe legten, beharrte der Kaiser auf seiner Ansicht, „dass die Unabhängigkeit Koreas nur durch Aufrechter-

---

[46] Dokumente zum Notenaustausch zwischen Russland und Japan 1903 und 1904, siehe Kajima, a.a.O., Bd. III., S. 11–49.

[47] Text der Instruktion des koreanischen Außenministers vom 18. August 1903, ebd., S. 27–28.

[48] Text des Schreibens ebd., S. 29. Die Haltung des koreanischen Kaisers zur Neutralität wie auch die Gegenposition des japanischen Gesandten in Seoul geht aus dessen Depesche an den japanischen Außenminister Komura vom 25. Januar 1904 hervor. Text der Depesche in: ebd., S. 40–41.

haltung seiner Neutralität gesichert werde. Die Zusammenarbeit mit Japan in der gegebenen Lage würde Russland erzürnen und damit die Unabhängigkeit Koreas bedrohen." Der Kaiser verlangte von diesen Ratgebern die Niederlegung ihrer Ämter. Der japanische Gesandte in Seoul, Hayashi, ermunterte sie jedoch – laut eigener Aussage –, lieber im Amt zu bleiben und ihren Einfluss für eine Stärkung der japanischen Machtstellung in Korea geltend zu machen.[49] Nachdem die Regierung des Deutschen Reiches hinsichtlich des Fernostkonfliktes zwischen Japan und Russland ihre „strikte Neutralität" am 7. Februar 1904 erklärt hatte[50], erfolgten am 10. Februar 1904 die japanische und am 9. Februar gleichen Jahres die russische Kriegserklärung. Erstere nimmt auf Korea mit den Worten Bezug: „Japans Sorge um die Sicherheit Koreas ... leitet sich ... aus den über Generationen andauernden engen Beziehungen zwischen beiden Ländern her, wobei Japan seine eigene Sicherheit in Abhängigkeit von der Existenz des Staates Korea sieht."[51] Obwohl die koreanische Regierung am 21. Januar 1904 die Neutralität Koreas erklärte, besetzten japanische Streitkräfte das Land und zwang die japanische Politik Korea zur Annahme von Vereinbarungen, die das de jure unabhängige Kaiserreich Korea zu einem De-facto-Protektorat Japans machten. In einem Abkommen vom 26. Februar 1904 musste sich Korea verpflichten, den Rat Japans hinsichtlich der Gestaltung seiner inneren Verwaltung anzunehmen. Japan durfte strategische Punkte in Korea nach eigener Wahl besetzen. Ein zweites Korea aufgezwungenes Abkommen vom 17. November 1905 gestattete Japan die totale Übernahme der koreanischen Außenbeziehungen, was für Korea das Ende seiner unabhängigen Diplomatie bedeutete.[52] Fernerhin verfügte das gleiche Abkommen die Einsetzung eines japanischen „Generalstatthalters" in Seoul, der Koreas Außenbeziehungen verwalten sollte und dem statt der ehemaligen japanischen Konsuln in Korea an ihrer Stelle wirkende Statthalter unterstellt sein sollten. Inzwischen hatte Japan im Krieg Russland zu Lande und zur See geschlagen und – mithilfe amerikanischer Vermittlung – den Friedensvertrag von Portsmouth/New Hampshire am 23. August 1905 unterzeichnen können. Hinsichtlich Koreas heißt es in Artikel 2 des Friedensvertrages:

„Die russische Regierung erkennt an, dass Japan in Korea die größten politischen, militärischen und wirtschaftlichen Interessen hat. Sie hat nichts dagegen, dass die japanische Regierung in Korea je nach Notwendigkeit die Führung, den Schutz und die Aufsicht übernimmt."[53]

---

[49] Ebd., S. 41.
[50] Diesbezügliche Depesche, ebd., S. 52.
[51] Texte der Kriegserklärungen Japans an Russland und Russlands an Japan, ebd., S. 53–55.
[52] Wortlaut der Abkommen zwischen Korea und Japan vom 23.2.1904 und vom 17.11.1905 in: Nahm, a.a.O., S. 533–535.
[53] Wortlaut des Friedensvertrages von Portsmouth in: Kajima, a.a.O., Bd. III, S. 246–249.

3. Die Annexion und Beherrschung Koreas durch Japan

3.1 Japans Isolierung und Annexion Koreas

Der De-facto-Satellisierung Koreas durch Japan vorausgegangen war das geheime amerikanisch-japanische so genannte Taft-Katsura-Abkommen vom 29. Juli 1905. Dieses enthielt einerseits die Zusage Japans, keinerlei feindliche Absichten gegen die unter amerikanischer Kontrolle befindlichen Philippinen zu hegen. Als Gegenleistung gab die amerikanische Seite die Zusicherung, dass Washington Verständnis für Tokios Wunsch habe, Korea nach einem Sieg über Russland unter die Oberhoheit und außenpolitische Kontrolle Japans zu bringen.[54] Vergeblich hatte sich der koreanische Kaiser an die Hoffnung geklammert, eine Bestimmung des ersten Vertrages zwischen den USA und Korea von 1882, in dem beide Staaten einander „gute Dienste" für den Fall ungerechter Behandlung durch dritte Mächte zugesagt hatten, könnte hier zum Hebel für den Erhalt amerikanischer diplomatischer Hilfe werden.[55] Präsident Theodore Roosevelt weigerte sich sogar, den von der koreanischen Regierung zu ihm gesandten Dr. Homer Hulbert, einen amerikanischen Missionar, zu empfangen.[56] Den Untergang der Souveränität vor Augen, unternahm Kaiser Kojong einen letzten verzweifelten Versuch, die Weltmeinung aufzurütteln und ihre Aufmerksamkeit auf das Schicksal Koreas zu lenken. Er entsandte drei Vertreter der kaiserlichen Regierung zur Zweiten Weltfriedenskonferenz, die in Den Haag im Juni 1907 stattfand. Der Vorsitzende der Konferenz wollte aber eine Vertretung Koreas nicht zulassen und behauptete, Korea habe doch in seinem Vertrag mit Japan von 1905 die Verwaltung seiner Außenpolitik dem japanischen Reich überlassen. Die koreanischen Abgesandten hielten dem entgegen, der erwähnte koreanisch-japanische Vertrag sei nicht ratifiziert und trage nicht das Siegel des koreanischen Kaisers. Dennoch wurden die Koreaner zur Konferenz nicht zugelassen.[57] Tokio reagierte schnell und übte Vergeltung. Kaiser Kojong wurde gezwungen, am 22. Juni 1907 abzudanken. An seiner Stelle wurde sein Sohn, Sunjong (Yi Ch'ok, 1874–1926), am 27. August 1907 in Gegenwart des japanischen Kronprinzen zum zweiten Kaiser Koreas proklamiert. In seinem Amtseid

---

[54] Dennett, T.: Roosevelt and the Russo-Japanese War. A critical study of American Policy in Eastern Asia 1902–5. Gloucester/Mass. 1959, S. 112 ff.

[55] Esthus, Raymond: Theodore Roosevelt and Japan. 2. Aufl. Seattle/London 1967, S. 98 f.

[56] Nahm, a.a.O., S. 209 und 214.

[57] Lee, a.a.O., S. 311 f.

gelobte der junge Kaiser, eine das Land „revitalisierende Reform" (Yushin) in die Wege zu leiten.[58] Zuvor hatte ein weiteres Korea aufgezwungenes Abkommen vom 24. Juli 1907 alle politische Macht im Land in die Hände des japanischen Generalstatthalters gelegt. Die koreanische Armee wurde aufgelöst und Koreas Polizei geriet unter japanische Kontrolle. Die erzwungene Abdankung des Kaisers Kojong löste bei der koreanischen Bevölkerung nicht nur eine Welle der Empörung aus, sondern auch bewaffneten Widerstand, deren Träger sich zur „Armee der koreanischen Gerechtigkeit" formierten. Oft waren konfuzianische Gelehrte die Anführer dieses koreanischen Partisanenkampfes. Von 50.000 dieser Freiheitskämpfer sind im Zeitraum zwischen 1907 und 1909 17.690 gefallen.[59] Nachdem zuvor im Juli 1910 der ehemalige japanische Kriegsminister, General Terauchi Masatake, in Korea sein Amt als neuer Generalstatthalter des Landes angetreten hatte, überreichte er am 16. August gleichen Jahres der koreanischen Regierung den Entwurf eines Annexionsvertrages. Er ließ japanische Truppen in Drohstellung den Königspalast umzingeln und zwang den jungen Kaiser am 22. August 1910 zur Annahme dieses Vertrages. Die Präambel dieses Vertrages erklärt, die bestehende Regierung habe im vergangenen halben Jahrzehnt die öffentliche Ordnung nicht angemessen aufrechterhalten können. Daher hätten die Herrscher Japans und Koreas diesen Vertrag „zur vollständigen Annektierung Koreas durch das Kaiserreich Japan" entworfen. In Artikel 1 musste der koreanische Kaiser „die vollständige und permanente Abtretung" aller Souveränitätsrechte über ganz Korea an den Kaiser von Japan erklären. Artikel 6 erklärt, die japanische Regierung übernehme von nun an die gesamte Regierung und Verwaltung Koreas.[60]

Japans Diplomatie hatte die Annektierung Koreas zielstrebig und mit methodischer Perfektion betrieben. International war dieser Schritt den anderen Mächten gegenüber bestens abgesichert. China war im Krieg von 1894/95 von Japan besiegt und fünf Jahre später wegen des Boxeraufstandes von einer großen Phalanx auswärtiger Mächte bekämpft und gedemütigt worden. Der Friedensvertrag von Shimonoseki schloss jegliches Schutz- oder Interventionsrecht Chinas zugunsten Koreas aus. Mit Großbritannien hatte sich Japan gegen Russland verbündet und hatte von London die Zusicherung erhalten, Japans Intervention in Korea stoße auf britisches Verständnis. Durch das amerikanisch-japanische geheime Taft-Katsura-Abkommen vom 29. Juli 1905 hatte Japan seitens der Vereinigten Staaten freie Hand für die Satellisierung Koreas erhalten. Und Russland musste im Friedensvertrag von Portsmouth Japans vorrangiges Interesse in Korea

---

[58] Ebd., S. 312, und Nahm, a.a.O., S. 214–215.
[59] HBK, a.a.O., S. 94, und Nahm, a.a.O., S. 216. Zum bewaffneten Widerstand der Jahre zwischen 1907 und 1910 siehe auch Lee, a.a.O., S. 315–317.
[60] Text des Annexionsvertrages vom 22.8.1910 in: ebd., (Nahm), Appendix D, S. 536–537.

anerkennen. In zwei teils öffentlichen und teils geheimen Konventionen zwischen Japan und Russland vom 30. Juli 1907 und vom 4. Juli 1910 billigten Tokio und St. Petersburg einander das Recht zu, in ihrer jeweiligen Interessensphäre in Ostasien alle erforderlich scheinenden Maßnahmen zur Wahrnehmung ihrer nationalen Interessen zu ergreifen. Beide waren zu dieser Zeit im Sinne konvergierender Interessenlagen bestrebt, den Einfluss der angloamerikanischen Mächte in Nordostasien in Schranken zu halten. Auf der Internationalen Friedenskonferenz von Den Haag 1907 war eine koreanische Delegation trotz dringlichster Vorstellungen mit der völkerrechtlich unsachlichen Begründung abgewiesen worden, Korea habe ja bereits sein Recht auf eigenständige Außenpolitik vertraglich an Japan abgetreten.

Mangels vitaler eigener Interessen an Korea hatten somit alle für das Schicksal Nordostasiens wesentlichen auswärtigen Mächte Korea im Stich gelassen. Japan bemächtigte sich nun dieses Landes mit aller Kraft. Und so blieb es allein die Sache des koreanischen Volkes, von der Außenwelt verlassen und mit Japan konfrontiert, den Gedanken an Koreas nationale Selbstbestimmung als Ziel für die Zukunft am Leben zu erhalten.

3.2 Koreanische Aufklärung, die „Mansei-Revolution" und der Kampf um eine koreanische Exilregierung

Wie dargestellt, hatte der Kolonialimperialismus fremder Mächte in die Mauern der ehemaligen koreanischen Selbstisolierung gegenüber der Außenwelt Breschen geschlagen, durch die eine Flut neuer Ideen, Werte und Institutionen nach Korea hereinströmten. Es begann ein Prozess des Kulturwandels durch Fremdkontakte. Fortschrittliche Elemente in der geistigen Führungsschicht des Landes waren bemüht, als positiv bewertete Einrichtungen des Auslands auch in Korea zum Nutzen der Bevölkerung einzuführen. So entstanden, teils auch angeregt durch die Pionierarbeit verschiedenster missionarischer Institutionen und vom Auslandsstudium zurückgekehrter koreanischer Intellektueller, neue Schulen und Akademien, die westliche Wissenschaften vermittelten. 1886 bereits wurde eine Mädchenschule eröffnet, aus der später die berühmte Ewha-Universität für Frauen entstand, und auch im Bereich der Medien war ein beachtliches Wachstum des koreanischen Journalismus zu verzeichnen. Dr. So Chae-pil (1866–1951), bekannt unter seinem englischen Namen Philip Jaisohn, war nach seinem Studium der Medizin in Amerika nach Korea zurückgekehrt, um zu der im Gange befindlichen Bewegung für Unabhängigkeit und Modernisierung beizutragen. Um eine größere Breitenwirkung zu erzielen, gründete er die in koreanischer Schriftsprache (Hangul) gedruckte und mit einer englischsprachigen Beilage versehene Zeitung „Tongnip Shinmun"

("Der Unabhängige") (offizieller englischer Titel: *The Independent)*. Aus dem sich bildenden Kreis von Sympathisanten, zu denen auch der spätere koreanische Staatspräsident Syngman Rhee gehörte, entstand kurz darauf der so genannte „Unabhängigkeits-Club" (Tongnip Hyophoe). Die Mitglieder dieses Clubs, der sich aus führenden Intellektuellen, aktiven Regierungsbeamten und ehemaligen Beamten zusammensetzte, verfolgten das Ziel, die nationale Unabhängigkeit und die allseitige soziale, kulturelle und wirtschaftlich-technologische Entwicklung Koreas im Dienste seines eigenen Volkes zu bewahren und zu fördern. Als symbolischen Akt der internationalen Emanzipation Koreas ließen die Anhänger des Unabhängigkeits-Clubs ein Tor vor dem Westende der Stadt Seoul zerstören, weil hier in der Vergangenheit koreanische Könige die Sendboten des Kaisers von China zeremoniell zu begrüßen pflegten. Anstelle dieses Monuments in Erinnerung an Chinas – wenn auch nur sehr distanziert praktizierte – Oberhoheit, errichtete der Unabhängigkeits-Club im November 1896 das so genannte „Unabhängigkeitstor" als Monument des neuen nach Freiheit und Selbstbewusstsein strebenden Zeitgeistes. Relativ rasch breitete sich die Mitgliedschaft des Unabhängigkeits-Clubs über weitere Teile des Landes aus. Die Willensbildung innerhalb des Clubs und die Wahl seiner Führer erfolgte demokratisch auf der Basis einfacher Mehrheitsbeschlüsse. Die Mitglieder rekrutierten sich aus Intellektuellen, von denen sich die einen an liberal-demokratischen Ideen des Westens – insbesondere Amerikas – orientierten, während die anderen als reformorientierte Konfuzianer eine Synthese aus „östlichem Geist und westlicher Technik" zu verwirklichen trachteten. Die Ausstrahlungskraft der vom Unabhängigkeits-Club vertretenen Ideen bewirkte auch dessen Unterstützung von Teilen der Bauernschaft und der Arbeiterschaft durch fortschrittliche Frauen und durch Studierende.

Die praktischen Ziele des Unabhängigkeits-Clubs sind in einer Sechspunkte-Erklärung zusammengefasst, die am 1. November 1898 in seiner Zeitung „The Independent" erschien. Sie erstrebten eine Einheit von Volk und Regierung, die Korea stärker gegen ausländische Intervention immunisieren könnte. Die Vergabe wirtschaftlicher und anderer Konzessionen an fremde Mächte oder Firmen sollte vom Kabinett und vom Staatsrat kontrolliert werden.

Der Ablauf von Gerichtsverfahren sollte rechtsstaatlichen Prinzipien entsprechen. Angeklagte sollten ein angemessenes Recht auf Verteidigung erhalten. Der Monarch solle zwar Minister ernennen können, jedoch nicht gegen den Willen einer Mehrheit der Kabinettsmitglieder. Die Steuerpolitik und alle Quellen des öffentlichen Einkommens sollten ebenfalls unter zentraler Staatskontrolle stehen. In einer Gesellschaft, die noch streng hierarchisch in einzelne voneinander getrennte Schichten gegliedert war, verlangte der Unabhängigkeits-Club nicht nur die Gleichheit aller Bürger, sondern auch ihre Rede- und Versammlungsfreiheit. Der bestehende Staatsrat sollte in ein Parlament umgewandelt werden.

Um diese Forderungen durchzusetzen, mobilisierte der Unabhängigkeits-Club am 27. Oktober 1898 etwa 8.000 Demonstranten und veranstaltete eine Begegnung zwischen Regierungsbeamten und Sprechern für das Volk, bei der die oben genannten sechs ersten Zielsetzungen in Gestalt einer Resolution beschlossen wurden. Als Folge gestattete der Kaiser dem Unabhängigkeits-Club im nächsten Monat, die 25 Mitglieder des Staatsrates zu wählen. Auch bei einer anderen Massendemonstration vom 11. Oktober 1898 hatte sich der Unabhängigkeits-Club durchsetzen können, als er vor dem Palast die Absetzung korrupter Minister forderte. Diese Maßnahmen wiegten die Mitglieder des Unabhängigkeits-Clubs in Sicherheit. Reaktionäre Gegenkräfte wurden jedoch wirksam und flüsterten dem Kaiser und seinen Ministern ein, der Unabhängigkeits-Club wolle das Kaisertum stürzen und an seiner Stelle eine Republik errichten. Als Folge von Intrigen dieser Art wurde der Club am 5. November 1898 durch kaiserliche Verordnung verboten, viele seiner Führer wurden verhaftet. Gegen Demonstrationen der Club-Anhänger, welche die Freilassung ihrer Führer forderten, organisierten die Feinde der Reform in der Regierung wiederum brutale Gegendemonstrationen, so dass bürgerkriegsähnliche Zustände entstanden. Durch starke Proteste der ausländischen Gesandtschaften in Seoul veranlasst, gelang es dem Kaiser, die Öffentlichkeit zu beruhigen, doch blieb der Unabhängigkeits-Club verboten und seine Zeitung wurde eingestellt.[61]

Die Annektierung Koreas durch Japan führte zu einer 35-jährigen Beherrschung Koreas durch das kulturell verwandte benachbarte Japan. Gregory Henderson, ein prominenter Kenner koreanischer Geschichte und Kultur, hat die Form der in dieser Epoche gegebenen japanischen Herrschaft als „kolonialen Totalitarismus" bezeichnet.[62] Im Hinblick auf Korea vermied das offizielle Japan allerdings den Begriff des Kolonialismus. Ein Edikt des Kaisers von Japan vom 29. August 1910 hatte zwar erklärt, die Koreaner würden mit den anderen Untertanen des Inselstaates gleichgestellt. Während aber die Japaner ihr eigenes Land als „Inland" (naichi) bezeichneten, verwendeten sie für Korea – wie übrigens auch für Taiwan – den Begriff „gaichi" (äußeres Land). Die Japaner nannten Korea „Chosen" und seine Hauptstadt Seoul „Keijo".[63] Insbesondere in der Frühphase der japanischen Verwaltung wurde Korea diktatorisch von einem japanischen Generalgouverneur (Sotoku) regiert – zumeist einem General oder Admiral der japani-

---

[61] Zur Geschichte und Programmatik des Unabhängigkeits-Clubs siehe Lee, a.a.O., S. 300–305 (Text des Sechspunkteprogramms vom 27.10.1898, S. 305). Siehe ferner Nahm, a.a.O., S. 190–192 und 195–200. Eine sehr zeitnahe Darstellung des Unabhängigkeits-Clubs findet sich in Hulbert: The Passing of Korea, a.a.O., Kap. X, S. 148–168 (Text des Sechspunkteprogramms hier auf S. 161–162).

[62] Henderson, Gregory: Korea and the Politics of the Vortex, Cambridge/Mass. 1968, Kap. 4, S. 72–112.

[63] Nahm, a.a.O., S. 223–224.

schen Streitkraft –, der, vom japanischen Ministerpräsidenten ernannt, mit unbeschränkter Vollmacht herrschte. Doch ab seiner Ernennung stand er nicht einmal mehr unter der Aufsicht des japanischen Ministerpräsidenten. Seine Berichte gingen unmittelbar an den Kaiser von Japan.[64] Es ist unbestreitbar, dass die Japaner ihre bereits vor der Annektierung Koreas dort praktizierte Politik der modernisierenden Entwicklung – jetzt allerdings unter ihrer absoluten Kontrolle – fortsetzten. Wenn man von dem zu hohen Preis der verlorenen nationalen Selbstbestimmung absieht, so profitierten von der vieldimensionalen japanischen Modernisierungspolitik in erster Linie die Japaner und, wenn auch in weitem Abstand nach ihnen, im materiellen Bereich auch die Koreaner. In manchen Bereichen lag der Vorteil überwältigend stark auf japanischer Seite. So verlangte die japanische Verwaltung zum Beispiel die Registrierung allen Bodenbesitzes und enteignete fast alles Land, das zuvor dem koreanischen Staat oder seiner Dynastie gehört hatte, ebenso solche Ländereien, deren Eigentümer versäumt hatten, sich registrieren zu lassen. Nach Statistiken des Jahres 1930 war die japanische Verwaltung im Besitz von etwa 40 Prozent der landwirtschaftlichen Anbauflächen und des Forstlandes in ganz Korea. Ein Teil dieses Landes wurde zu günstigen Preisen an japanische Großfirmen vergeben, die Teile dieses Landes an koreanische Bauern verpachteten. Die Kontrolle und Verwaltung aller öffentlichen Dienste fiel an die Japaner, die auch Koreas Finanzwesen beherrschten.[65]

Nicht nur für viele Nationalitäten Europas, sondern auch für die kolonialbeherrschten Völker Ostasiens schien das vom amerikanischen Präsidenten Woodrow Wilson vor Ende des Ersten Weltkrieges so wirkungsvoll verkündete Prinzip der Selbstbestimmung der Völker die Verheißung kommender Freiheit zu beinhalten. Gewaltige supranationale Reichsgebilde wie die österreichisch-ungarische Donaumonarchie der Habsburger oder das Osmanische Reich waren am Ende dieses Krieges aufgelöst und neue Nationalstaaten waren gegründet worden. Nach Jahrhunderten geteilter Fremdherrschaft war erneut ein polnischer Nationalstaat entstanden. In China hatte der auch in Korea verehrte Revolutionsführer und Republikgründer, Sun Yat-sen (1866–1925), zum Kampf gegen den Kolonialimperialismus im Zeichen eines demokratischen Nationalismus aufgerufen und selbst die sich in Russland durchsetzenden Bolschewisten proklamierten das Prinzip der nationalen Selbstbestimmung. Vor dem Hintergrund dieser in unterschiedlichen Nuancierungen in weiten Teilen der Welt spürbar werdenden Bewegung vollzog

[64] Henderson, a.a.O., S. 72–75.

[65] Lee, a.a.O., S. 317–327. Siehe auch Kang, Chul-won: „An Analysis of Japanese Policy and Economic Change in Korea", und Kim, Kwan Suk: „An Analysis of Economic Change in Korea", beide in: Nahm, Andrew C. (Hg.): Korea under Japanese Colonial Rule. Studies in the Policy and Techniques of Japanese Colonialism. Western Michigan University 1973, S. 77–88 und 99–112.

sich in Korea am 1. März 1919 eine nationale Massenerhebung für nationale Selbstbestimmung und Unabhängigkeit. Vorangegangen waren Treffen patriotischer Koreaner im Ausland, die in Schanghai im Januar 1919 einen Neuen Koreanischen Jugendverband gegründet und Kim Kyushik als ihren Abgesandten zur Friedenskonferenz nach Paris entsandt hatten. Zu ihm gehörten auch koreanische Studenten aus Tokio, die am 8. Februar 1919 in Tokio eine Großveranstaltung organisierten.[66] Die Führung in der streng geheim vorbereiteten Unabhängigkeitsbewegung in Korea übernahmen Intellektuelle, die zumeist prominente Mitglieder religiöser Organisationen waren. Von den 33 Führern der Bewegung waren 15 Christen und 2 Buddhisten, während 15 weitere der Chondogyo-Gemeinde angehörten.[67] Ende Februar 1919 entwarfen die Angehörigen dieser Führungsgruppe von 33 Patrioten eine Unabhängigkeitserklärung. Da kurz zuvor Koreas letzter König und vorletzter Kaiser Kojong unter undurchsichtigen Begleitumständen gestorben war und man sich in Korea gleichzeitig auch der Ermordung der Königin Min erinnerte, sollten die gewaltige Massen zusammenbringenden Trauerzeremonien als wirksamster Zeitpunkt für eine gewaltlose Unabhängigkeitsdemonstration benützt werden. Am 1. März 1919 trafen sich die erwähnten 33 patriotischen Führer in Seoul im Taehwagwan-Restaurant (Hyongwolgwan) und gaben eine koreanische Unabhängigkeitserklärung bekannt. Diese Unabhängigkeitserklärung, die dann auf einer Massendemonstration im Pagoda-Park verlesen wurde, beginnt mit den Worten: „Wir erklären hiermit die Unabhängigkeit Koreas und die Freiheit des koreanischen Volkes. Wir verkünden dies den Völkern der Welt, um das Prinzip der Gleichheit der Menschen zu dokumentieren und es kommenden Generationen mit dem Ziel weiterzureichen, für alle Zeiten das Recht unseres Volkes auf Selbstbestimmung zu erhalten. ... Nichts in dieser Welt kann diese Bewegung aufhalten oder unterdrücken. ... Unsere kritische Aufgabe besteht heute im Aufbau unserer Nation, nicht in der Zerstörung anderer. ... Seht, vor unseren Augen entfaltet sich eine neue Welt. Vorbei ist das Zeitalter der Gewalt und das Zeitalter der Vernunft und der Gerechtigkeit ist angebrochen. ... Das Gewissen der Menschheit und die Wahrheit sind beide mit uns. ... Lasst uns alle unsere Aktionen ordentlich und würdevoll vollziehen, damit unsere Forderungen und Haltungen ehrenhaft und aufrecht sein mögen."[68]

Der geheim gedruckte Text der Unabhängigkeitserklärung verbreitete sich wie ein Lauffeuer durch Korea. Nach der Verlesung des Dokuments zogen Hunderttausende mit koreanischen Nationalfahnen durch die Straßen Seouls und später

---

[66] Lee, a.a.O., S. 341.

[67] Chung, Chong-shik, und Ro, Jae-bong (Hg.): Nationalism in Korea. Seoul 1979, S. 114.

[68] Wortlaut der Unabhängigkeitserklärung vom 1.3.1919, in: Nahm: Korea. Tradition and Transformation a.a.O., Appendix E, S. 538–539.

auch durch die anderen Ortschaften Koreas.[69] Mit dem Rufe „Mansei!" (Möge Korea 10.000 Jahre leben!) marschierten die Massen zunächst durch Seoul und dann auch durch andere koreanische Städte. Ein besonderer Charakter dieser bemerkenswerten Bewegung lag in ihrer von ihren Initiatoren ausdrücklich geforderten Gewaltlosigkeit. Symbolisch für diese Qualität war, dass die 33 Urheber der Unabhängigkeitsbewegung sich unmittelbar nach ihrer Proklamation freiwillig und ohne Aufforderung hierzu der japanischen Polizei stellten.[70] Offensichtlich motiviert von dem Willen, durch brutale Abschreckung eine Fortsetzung, Erweiterung und Wiederholung solcher landesweiten Unabhängigkeitsdemonstrationen zu verhindern, reagierte die japanische Verwaltung Koreas dennoch mit äußerster Härte. In einem Vergeltungsschlag wurden 1.200 Koreaner getötet, 715 Häuser niedergebrannt und 447 Schulgebäude oder Kirchen zerstört. 19.500 koreanische Bürger wurden verhaftet, 2.656 zu Gefängnisstrafen verurteilt. Die Verluste der Japaner beliefen sich auf 7 Tote und 130 Verwundete. Laut den Berichten amerikanischer Missionare wurden manche Kirchen mitsamt den darin befindlichen Gemeindemitgliedern verbrannt. Besonders verdächtig erscheinende Verhaftete wurden nackt in Holzrahmen gehängt, mit Ruten bis zur Bewusstlosigkeit geschlagen, dann wieder zu Bewusstsein gebracht und weiter geschlagen.[71] Amerikanische Pressestimmen betonten einerseits die Vorbildlichkeit des organisierten passiven Widerstandes der koreanischen Massen und stellten – wie die Los Angeles Times vom 6. April 1919 – die koreanische Unabhängigkeitserklärung auf gleiche Ebene mit derjenigen der Vereinigten Staaten. Führer des koreanischen Widerstandes wie Syngman Rhee und Philip Jaisohn bemühten sich, das öffentliche Gewissen der USA zu mobilisieren. Ihre Bemühungen fanden unter anderem einen dokumentarischen Niederschlag darin, dass der Congressional Record zwischen Juli und November 1919 Berichte von Missionaren über die grausame Unterdrückung der Unabhängigkeitsbewegung sowie über deren Ziele und Ideale brachte.[72]

Manche koreanischen Historiker haben die Unabhängigkeitsbewegung von 1919 wegen ihrer Politik der Gewaltlosigkeit und wegen ihres zu abstrakten Idealismus kritisiert. Dennoch muss darauf hingewiesen werden, dass aus dieser Bewegung auch ein praktisches Ergebnis von besonderer politischer Bedeutung hervorgegangen ist. Denn zwischen dem 16. und 23. April 1919 trafen sich unter strenger

---

[69] Eine Landkarte mit der Hervorhebung jener koreanischen Städte bzw. Ortschaften, in denen sich 1919 Demonstrationen für Koreas Unabhängigkeit vollzogen, findet sich samt Angabe der dazugehörigen Ereignisse in Lee, a.a.O., S. 343.

[70] Oliver, Robert T.: Syngman Rhee. The Man behind the Myth. New York 1954, S. 138–140.

[71] Ebd., S. 140–142.

[72] Erwähnungen der koreanischen Unabhängigkeitsbewegung und ihrer Niederschlagung finden sich im Congressional Record der Vereinigten Staaten vom 15., 17. u. 18. Juli 1919 sowie vom 24. Oktober und 14. November 1919.

Geheimhaltung Vertreter der nationalen Bewegung aus allen Provinzen Koreas in Seoul, wo sie eine „Provisorische Regierung" wählten und eine der amerikanischen Verfassung nachempfundene Verfassung der Republik Korea verabschiedeten. Zum Präsidenten ihrer Provisorischen Regierung wählten die Abgeordneten jenen *Syngman Rhee* (1875–1965), der nach dem Zweiten Weltkrieg tatsächlich zum ersten regulären Präsidenten der Republik Korea (Südkorea) gewählt wurde. Der einer Yangban-Familie entstammende Rhee erhielt eine klassisch-konfuzianische Erziehung, besuchte jedoch auch eine christliche Missionsschule, die ihm Kenntnisse der englischen Sprache und westlicher Wissensformen übermittelte. Rhee, der ein aktives Mitglied des Unabhängigkeits-Clubs gewesen war, wurde im Zusammenhang mit dessen Unterdrückung 1898 verhaftet, vor Gericht gestellt und zu einer sieben Jahre langen Gefängnisstrafe verurteilt. Insbesondere in der ersten Phase seiner Gefängnisjahre wurde er derart qualvollen Foltern unterzogen, dass sein Überleben fast einem Wunder gleichkommt. 1904 aus dem Gefängnis entlassen, gelang es ihm, in die Vereinigten Staaten auszureisen, wo ihm amerikanische Missionare behilflich waren, seinen Lebensunterhalt zu bestreiten, mit seinen Studien zu beginnen und an führende Persönlichkeiten der amerikanischen Politik heranzutreten, um sie auf das Schicksal Koreas aufmerksam zu machen und um ihre Unterstützung zu bitten. 1905 gelang es Rhee sogar, mit dem zwischen Japan und Russland vermittelnden amerikanischen Präsidenten Theodore Roosevelt zusammenzukommen, doch vermochten weder er noch andere Koreaner, die damals japanfreundliche Politik der US-Regierung irgendwie zu beeinflussen. Rhee studierte an amerikanischen Universitäten im Range von Harvard, Princeton und George Washington. An der Princeton University, wo er Politikwissenschaft studierte, lernte Rhee den Universitätspräsidenten Woodrow Wilson kennen, der bald darauf Präsident der Vereinigten Staaten werden sollte. Rhee war gelegentlich Gast im Hause Wilsons, wurde von ihm besonders geschätzt und erhielt aus seiner Hand im Juni 1910 die Doktoratsurkunde.[73] Angesichts seines fast freundschaftlichen Verhältnisses zu Wilson empfand es Rhee als schmerzlichen und traumatischen Schock, als Wilson in seiner Rolle als US-Präsident das US-Außenministerium in einer Notiz vom Jahre 1919 aufforderte, Syngman Rhee

---

[73] Zur Frühphase der Biographie von Syngman Rhee siehe Oliver, a.a.O., S. 1–114, und Allen, Richard C.: Korea's Syngman Rhee: An Unauthorized Portrait. Rutland, Vt. 1960, S. 21–44. In einer von Wilson für Rhee geschriebenen Empfehlung aus dem Jahre 1908 heißt es: „Mr. Syngman RHEE is a Graduate Student in Princeton University and has commended himself to us by every evidence of ability and high character. He is singularly conversant not only with existing conditions in his own country, Korea, but also with the general standing of affairs in the East, and has been unusually successful in presenting those patriotic feelings and of great enthusiasm for his people and should prove very useful to them. It gives me pleasure to recommend him strongly to those who wish to learn directly of the interests which should be studied and conserved in the great East." (Zitiert in Oliver, a.a.O., S. 110–111)

keinen Pass auszustellen, den dieser angefordert hatte, um vor der Pariser Friedenskonferenz für die Befreiung Koreas plädieren zu können.[74] Wilson, der immer wieder von der machiavellistischen Diplomatie der Regierungen seiner Bündnispartner überrundet wurde, glaubte, in Ostasien das Selbstbestimmungsrecht Koreas wie auch Chinas opfern zu müssen, um den amerikanisch-japanischen Beziehungen in der Nachkriegsära einen halbwegs guten Start und gleichzeitig auch Japans Teilnahme am Völkerbund sichern zu können. Erst ab Amerikas Eintritt in den Zweiten Weltkrieg konnten die Koreaner auf eine für sie günstige Neuentwicklung der Haltung der US-Regierung dem Problem ihres Landes gegenüber hoffen.

Als weitere Folge der Ereignisse von 1919 entstand im gleichen Jahr im April in Shanghai eine demokratische *Provisorische Regierung der Republik Korea* (Taehan Minguk Imsi Chongbu), als deren Präsident Syngman Rhee fungierte und Kim Koo, ein radikaler Nationalistenführer, als Ministerpräsident. Die Führer dieser Regierung hielten engen Kontakt mit der nationalchinesischen Regierungspartei Kuomintang, deren Gründer und erster Führer, Sun Yat-sen (1866–1925), China die Aufgabe gestellt hatte, nach seiner Erneuerung und Erstarkung auch die anderen unterdrückten Nationen Asiens vom Joch des Kolonialimperialismus zu befreien.[75] Nachdem Japan 1937 seinen Krieg gegen China begonnen hatte, zog sich die chinesische Nationalregierung ins Landesinnere zurück und errichtete ihre Kriegshauptstadt in Chungking im Vierstromland der Provinz Szechuan und die koreanische Provisorische Regierung folgte ihr dorthin. Aber auch in Sibirien, in der Mandschurei – insbesondere an den Grenzen zu Korea – und unter den zahlreichen koreanischen Studierenden in Japan entstanden Organisationen, die sich als Träger des koreanischen Unabhängigkeitsgedankens bewährten. Tausende von Koreanern kämpften an der Seite diverser chinesischer Armeen im Zweiten Weltkrieg gegen die Japaner.[76] Syngman Rhee, der sich zwischenzeitlich lange in Hawaii aufgehalten hatte, hatte in Washington D.C. ein koreanisches Vertretungsbüro gegründet, das anfangs „The Korean Commission" genannt wurde und ständig bemüht blieb, führende Kräfte der amerikanischen Politik für die Sache der

---

[74] Ebd., S. 143.

[75] Siehe die in seinem Hauptwerk San Min Chu I enthaltene Grundsatzrede vom 2. März 1924 in den ausgewählten Werken Sun Yat-sens, herausgegeben von Hsü, Leonard Shihlien (Hg.): Sun Yat-sen – His Political and Social Ideals. A Source Book. Los Angeles 1933, S. 257–258. Sun Yat-sen nennt Korea explizit unter den von China künftig zu befreienden Nationen. Zur Konstituierung dieser Regierung, die auch eine Zeitung, genannt „Unabhängigkeits-Nachrichten" (Tongnip Sinmun) herausgab, siehe auch Nahm, a.a.O., S. 267 f. sowie 312–325.

[76] Ein wichtiger Führer dieser Koreaner im „Freien China" war Kim Koo. In seiner Jugend hatte er einen japanischen Hauptmann getötet, weil dieser zu den Mördern der Königin Min gehört hatte. Oliver, a.a.O., S. 170.

koreanischen Unabhängigkeit zu gewinnen.[77] Obwohl die koreanische Provisorische Regierung Japan nach dessen Angriff auf Pearl Harbor den Krieg erklärte, gelang es Syngman Rhee nicht, von den Vereinigten Staaten eine Anerkennung der koreanischen Provisorischen Exilregierung zu gewinnen. Ein hochrangiger Mitarbeiter des damaligen US-Außenministers Cordell Hull, nämlich der später wegen seiner prokommunistischen Sympathien von Nixon scharf kritisierte Alger Hiss, erteilte ihm die merkwürdige Antwort, dass Washingtons Anerkennung einer unabhängigen koreanischen Regierung zu dieser Zeit die Sowjetunion vor den Kopf stoßen könne, die doch in Nordasien bedeutende Interessen verfolge. Da Stalin mit Japan – ebenso wie zuvor mit Hitler – einen Nichtangriffspakt geschlossen hatte, könne sich Moskau derzeit zu Problemen der künftigen Friedensgestaltung im Fernen Osten nicht äußern.[78]

---

[77] Ebd., S. 157 und 167.
[78] Ebd. S. 177–178.

4. Koreas Befreiung im Schatten von Teilung und Bevormundung

4.1 Aufgenötigte „Treuhandschaft" und Besatzungsherrschaft

Bevor noch kurz vor Kriegsende im Pazifik die Teilung Koreas von der US-Regierung vorgeschlagen und von der Regierung der UdSSR akzeptiert worden war, hatte die Gipfelkonferenz der Regierungschefs der USA, Chinas und Großbritanniens in Kairo im Dezember 1943 die Bevormundung des befreiten Korea durch Einsetzung einer alliierten Treuhandschaftsregierung beschlossen. Die im November und Dezember 1943 in Kairo stattfindende Konferenz hatte den primären Zweck, die Kriegsziele der Alliierten Japan gegenüber zu definieren. Hinsichtlich der Zukunft Koreas waren drei Vorschläge unterbreitet worden:

1. Der Vorschlag der Republik China: „China, Großbritannien und die Vereinigten Staaten sollten übereinkommen, die Unabhängigkeit Koreas nach dem Krieg anzuerkennen. Die Zustimmung der UdSSR zu diesem Abkommen über die Anerkennung der Unabhängigkeit Koreas ist jederzeit willkommen."

2. Die Position der Vereinigten Staaten laut ihrem Entwurf vom 25.11.1943 lautete: „Wir erinnern uns an die heimtückische Versklavung des Volkes von Korea durch Japan und sind entschlossen, dass dieses Land zu einem angemessenen Zeitpunkt nach der Niederlage Japans ein freies und unabhängiges Land werden soll." Die hier zitierte Version hatte eine für Korea relativ günstigere frühere Fassung ersetzt, in der es hieß, dass Korea „zum frühestmöglichen Augenblick nach der Niederlage Japans" frei und unabhängig werden solle.

3. Der britische Entwurf war wie folgt formuliert: „Eingedenk der Versklavung des Volkes von Korea sind die genannten drei Großmächte entschlossen, dass Korea *zu einem angemessenen Zeitpunkt* (wörtlich: „in due course") frei und unabhängig werden soll."

Die dritte und für Korea am wenigsten günstige Fassung wurde schließlich in den offiziellen Text des endgültigen Dreimächtedokuments aufgenommen.[79] Das Motiv hinter der folgenschweren Verweigerung unmittelbarer Selbstbestimmung für Korea nach seiner Befreiung lag in der merkwürdigen Vorstellung des amerikanischen Präsidenten Franklin D. Roosevelt, dass die Koreaner zur Selbstregierung

---

[79] Entwürfe und endgültiger Text der Dreimächteerklärung von Kairo in: Foreign Relations of the United States. Diplomatic Papers: The Conferences at Cairo and Teheran, 1943. Washington 1961, S. 389, 401–404 und S. 448 f.

nicht fähig seien und erst durch eine 20 bis 30 Jahre andauernde Treuhandschafts-regierung führender Großmächte hierzu vorbereitet und erzogen werden müssten. Roosevelt berief sich hierbei auf das Vorbild der – seiner Meinung nach – segens-reichen Protektoratspolitik der USA auf den Philippinen seit deren Eroberung durch die USA im amerikanisch-spanischen Krieg von 1889.[80] Roosevelts Ver-gleich war oberflächlich und sachlich falsch. Denn vor der Errichtung spanischer Herrschaft auf den Philippinen im 16. Jahrhundert hatte es keinerlei philippini-schen Nationalstaat gegeben. Für die Einwohner der Philippinen hatte kein System höherer Erziehung bestanden. Sie verfügten über kein historisch geprägtes natio-nales Identitätsgefühl. Korea hingegen mit seiner homogenen Bevölkerung und seinen über viele Jahrhunderte hinweg gleichen Grenzen war ein zentral regierter Nationalstaat schon Jahrhunderte vor Gründung der Vereinigten Staaten gewesen. Nicht ganz zu Unrecht kommentierte eine kritische koreanische Quelle angesichts der alliierten Verweigerung unmittelbarer Unabhängigkeit:

„Einige mit dem historischen Hintergrund Koreas nicht vertraute Amerikaner und Europäer fragen: ‚Können Sie sich selbst regieren?‘ Die Koreaner entstammen einer alten Nation. Als die Vorfahren der Nordeuropäer noch in Felle gekleidet durch die Wälder liefen …, verfügten die Koreaner bereits über eine eigene Regie-rung und hatten eine hohe Ebene der Zivilisation erreicht.“[81]

Ebenso befremdlich wie der Beschluss, den Koreanern eine Treuhandschafts-regierung fremder Mächte aufzunötigen, ist die Art und Weise, in welcher der Plan zur Teilung Koreas in Besatzungszonen entlang dem 38. Breitengrad entworfen wurde. Obwohl die alliierte Gipfelkonferenz von Jalta im Februar 1945 vereinbart hatte, dass die Sowjetunion drei Monate nach dem Kriegsende in Europa in den Fernostkrieg gegen Japan eintreten und dafür zulasten Chinas gewichtige geostra-tegische Vorteile erhalten würde, und obwohl das Kriegsende in Europa im Mai 1945 gegeben war und sich die Aufmerksamkeit der US-Kriegführung hiernach exklusiv auf den fernöstlichen Kriegsschauplatz konzentrieren konnte, wurde erst einen Tag nach dem Abwurf der zweiten Atombombe auf Japan und einen Tag nach dem Kriegseintritt der Sowjetunion gegen Japan der Plan zur Teilung Koreas ausgearbeitet. Zwei Offiziere – einer davon der spätere Außenminister Dean Rusk – erhielten in der Nacht vom 10. bis zum 11. August 1945 den Befehl, innerhalb von 30 Minuten (!!!) einen Plan zur Teilung Koreas auszuarbeiten und dem bereits wartenden Koordinationskomitee der US-Ministerien für Auswärtige Angelegen-

---

[80] Foreign Relations of the United States. Diplomatic Papers: The Conferences of Malta and Yalta, 1945. Washington 1955, S. 770.

[81] Star Exponent (Los Angeles. Korea Society of Soldier's and Sailor's Relatives and Friends), I, No. 2, 24. April 1943, S. 4, zitiert in: Cumings, Bruce: The Origins of the Korean War. Bd. 1: Liberation and the Emergence of Separate Regimes 1945–1947. Princeton 1981, S. 106.

heiten, Krieg und Marineangelegenheiten (dem so genannten State-War-Navy Coordinating Committee) vorzulegen. Ohne Wissen, dass der 38. Breitengrad eine historische Rolle in der Vorgeschichte des russisch-japanischen Krieges von 1904/05 gespielt hatte, verwiesen sie auf den 38. Breitengrad, weil er Korea in zwei etwa gleiche Hälften teilte und nördlich der traditionsreichen koreanischen Hauptstadt Seoul verlief, die somit in der südlichen amerikanischen Besatzungs-zone liegen würde.[82] Diese für die Vereinigten Staaten sehr vorteilhafte Regelung wurde von der sowjetischen Regierung akzeptiert, obwohl sowjetische Streitkräfte bereits ab dem 8. August 1945 in Korea eindrangen und von Okinawa sich ein-schiffende amerikanische Streitkräfte des XXIV. Armeekorps erst am 8. September 1945 in Korea zu landen vermochten. Aufgrund der Teilung befanden sich 55 Pro-zent des koreanischen Territoriums unter sowjetischer und 45 Prozent unter ame-rikanischer Besatzung. Entsprechend einer Volkszählung vom Mai 1944 betrug die Bevölkerung Südkoreas 15,9 Millionen Menschen und die des Nordens 9,1 Millio-nen.[83]

Zwischen der Kapitulation des Kaiserreiches Japan am 15. August 1945 und der Landung amerikanischer Streitkräfte in Korea am 8. September desselben Jahres lagen ereignisreiche Wochen. Da die sowjetischen Streitkräfte vereinbarungsgemäß nur den Norden Koreas bis zum 38. Breitengrad besetzten, entstand in Südkorea eine ambivalente Situation hinsichtlich der Frage dortiger Macht- und Herrschafts-ausübung. In dieser Situation ergriff der letzte japanische Generalgouverneur in Korea, General Abe Nobuyuki, die Initiative und nahm am 14. August mit Yo Un-hyong (im Westen besser bekannt unter dem Namen Lyuh Woon-hyong), einem besonders populären und tatkräftigen Führer des nationalen Widerstandes in Korea, Kontakt auf.[84] Beide Seiten einigten sich schnell auf ein Abkommen, in dem sich die Japaner verpflichteten, alle politischen und wirtschaftlichen Gefangenen sofort freizugeben, die Nahrungsmittelversorgung der Bevölkerung zu gewährleis-ten, sich nicht in die den Koreanern nun anvertraute Aufrechterhaltung der öffent-lichen Ordnung einzumischen und auch nicht in Aktivitäten zur Förderung der koreanischen Unabhängigkeit und letztlich auf jede Einmischung in die neu geplante Ausbildung von Studenten, Bauern und Arbeitern zu verzichten. Die Gegenleistung bestand in einem gemäßigten Verhalten der neuen koreanischen Führungskräfte den noch im Lande verbliebenen Japanern gegenüber.[85] Demo-

---

[82] Diese Szene wurde lebendig beschrieben von US-General J. Lawton Collins in seinem Buch: War in Peacetime: The History and Lessons of Korea. Boston 1969, Anm. auf den S. 25–26.

[83] Nahm, a.a.O., S. 330.

[84] Henderson, a.a.O., S. 114–115. Eine biographische Charakterisierung von Yo Un-hyong (im Westen besser bekannt als Lyuh Woon-hyong) findet sich in: Cumings, Bruce: a.a.O., S. 474–475.

[85] Cumings, a.a.O., S. 71, und Henderson, ebd., S. 115.

kratische Kräfte unter der Führung des charismatischen Yo Un-hyong errichteten in der Folge das so genannte „Komitee für die Vorbereitung der koreanischen Unabhängigkeit", das als erste neu gegründete Institution des koreanischen Volkswillens landesweit 145 Zweigstellen gründete. Mit der Niederlage Japans und der Selbstbeschränkung der verbleibenden japanischen Verwaltung in Korea war die Freiheit nach Korea zurückgekehrt und löste unermesslichen Jubel und unzählige spontane Aktivitäten aus. Doch schon in kurzer Zeit sollte die neu gewonnene Unabhängigkeit von einer scharfen Spaltung und Konfrontation zwischen Kräften der Linken und der Rechten überschattet werden. Die entlassenen politischen Gefangenen, unter ihnen zahlreiche Kommunisten, drängten sich in die neuen Organisationen und Aktivitäten des Unabhängigkeitskomitees – an ihrer Spitze Pak Hon Yong, der bedeutendste Kommunistenführer Südkoreas. Nur 48 Stunden vor der Landung amerikanischer Streitkräfte in Korea proklamierten Hunderte von Aktivisten des Unabhängigkeitskomitees die Errichtung einer „Koreanischen Volksrepublik" (Choson Inmin Konghwa Guk). Ihre Begründer wollten die Amerikaner mit einem Organ koreanischer Volkssouveränität konfrontieren. Als Lenkungsgremium der Volksrepublik fungierte ein „Volkskomitee", in dem die Kommunisten zwar nicht dominierten, aber eine starke Rolle spielten. Am 8. September 1945, dem Tag des Eintreffens der Amerikaner, gab das Zentrale Volkskomitee die Namensliste der Kabinettsmitglieder der neuen Koreanischen Volksrepublik bekannt. Syngman Rhee, als der international bekannteste koreanische Nationalistenführer, wurde zum Präsidenten ernannt. Die Nennung weiterer Kabinettsmitglieder zeigte eine taktisch kluge Mischung aus Kräften der Rechten, der Mitte und der Linken. Allerdings befanden sich viele der Nominierten zu diesem Zeitpunkt nicht in Korea. Geschäftsführend wurden daher vor allem die Vizeminister tätig, die fast alle Kommunisten waren oder Kräften der radikalen Linken angehörten.[86] Da die Aktivisten der Koreanischen Volksrepublik primär die linke Sphäre des öffentlich wiedererstehenden koreanischen Meinungsspektrums repräsentierten und nicht nur die nationale Reemanzipation, sondern auch drastische Veränderungen in Gesellschaft und Wirtschaft anstrebten, entstanden auch Parteien des rechten Meinungsspektrums. So gab es gleich zwei nationalistische Parteien Koreas und ein „Vorbereitungskomitee für die Rückkehr der Koreanischen Provisorischen Regierung", die während des Zweiten Weltkrieges in der nationalchinesischen Kriegshauptstadt Chungking bestanden hatte und von vielen Koreanern als legitime Vertretung des koreanischen Volkes, hervorgegangen aus der Mansei-Revolution von 1919, betrachtet wurde. Am Tage der Landung der US-Streitkräfte in Korea publizierten die letztgenannten drei Organisationen eine Erklärung mit

---

[86] Cumings, a.a.O., S. 87 und 90; Henderson, a.a.O., S. 119.

dem Titel „Nieder mit der Koreanischen Volksrepublik" und schlossen sich am 16. September 1945 zur Demokratischen Partei Koreas (Hanguk Minjudang) zusammen, die in den folgenden drei Jahren zur einflussreichsten Organisation konservativer Kräfte wurde. Auch diese Partei stellte eine Kabinettsliste für eine künftige koreanische Regierung zusammen und auch bei dieser stand Syngman Rhee an erster Stelle.[87]

Es bedarf keiner großen Phantasie, um sich die beiderseitige Peinlichkeit der Gefühle vorzustellen, die sich bei der ersten Begegnung der in Korea landenden Amerikaner und der sie empfangenden Koreaner ergab. Der an der Spitze der amerikanischen Truppen stehende und durch einen Zufall für diesen Posten ausersehene amerikanische Generalleutnant, John R. Hodge, war ein wohlmeinender Berufsoffizier ohne irgendeine vertiefte Kenntnis der Geschichte und Kultur Ostasiens und ohne Erfahrung mit den Aktionsbereichen der Politik und Diplomatie. Da er angewiesen war, zunächst im Namen der Vereinigten Staaten die oberste politische Gewalt in Südkorea zu übernehmen, brachte es ihn in Verlegenheit, sich mit Vertretern der soeben gegründeten „Koreanischen Volksrepublik" konfrontiert zu sehen. Er lehnte daher offizielle Gespräche mit ihnen ab und beschäftigte sich mehr mit den Japanern, die ihn begrüßten, die ihm effizient und gefügig erschienen und von denen er am folgenden Tag die oberste Verwaltungsmacht in Korea übernahm. Ein weiterer psychologischer Schlag in die hoffnungsvoll erhobenen Gesichter der befreiten Koreaner kam am 9. September mit der Ankündigung von Generalleutnant Hodge, er werde vorläufig das bisherige japanische und koreanische Verwaltungspersonal, einschließlich des japanischen Generalgouverneurs, in seinen Ämtern belassen. Dies allerdings löste unter den Koreanern einen derartigen Sturm der Entrüstung aus, dass dieser Befehl kaum eine Woche später widerrufen werden musste. Bis zum Januar 1946 hatten fast alle der bisherigen 70.000 japanischen Verwaltungsbeamten Korea verlassen. Da die amerikanische Regierung jegliche Anerkennung oder Einsetzung „irgendeiner so genannten Provisorischen Regierung Koreas" ausdrücklich verbot, erklärte Hodge die „Koreanische Volksrepublik" für illegal.[88] Ein erstes etwas positiveres Zeichen wurde seitens der Amerikaner gesetzt, als Syngman Rhee, wenn auch erst nach Überwindung zahlreicher Schwierigkeiten, Mitte Oktober 1945 zurückkehren konnte. Rhee wurde nicht nur von begeisterten Massen begrüßt, sondern auch von General Hodge und anderen führenden Persönlichkeiten der amerikanischen Militärregierung, die ihn in ihrem Hauptquartier im Chosun-Hotel in Seoul einquartierten. Zuvor hatte sich Rhee in den USA vergeblich darum bemüht, eine Vertretung des

---

[87] Cumings, a.a.O., S. 92–93 und 96–98.
[88] Ebd., S. 138–144, und Henderson, a.a.O., S. 126–129.

koreanischen Volkes bei der Gründungskonferenz der Organisation der Vereinten Nationen in San Francisco durchzusetzen.[89]

Eine schockartige landesweite Erschütterung ergab sich bei der koreanischen Bevölkerung, als die Beschlüsse der Dreimächtekonferenz zwischen den Vereinigten Staaten, der Sowjetunion und Großbritannien in Moskau vom 27. Dezember 1945 bekannt wurden. Denn ohne Beteiligung oder Befragung koreanischer Autoritäten war hier die Verhängung einer bis zu fünfjährigen Treuhandschaft für Korea beschlossen worden, die auf einem Abkommen zwischen den genannten Mächten und China beruhen sollte. Zentrale Aufgabe der Treuhandschaft sollte die Vorbereitung des koreanischen Volkes auf Selbstbestimmung durch Selbstregierung sein. Eine aus den Führungen der amerikanischen Besatzungsregierung im Süden und der sowjetischen Besatzungsregierung im Norden gebildete „Gemeinsame Kommission" sollte mit der praktischen Durchführung betraut werden und diesbezüglich Beratungen mit „koreanischen demokratischen Parteien und sozialen Organisationen" durchführen.[90] Ungeachtet politischer Orientierungen verbreiteten sich Wut und Trauer unter der Bevölkerung eines Landes, das immer wieder in seiner jahrtausendealten Geschichte von fremden Mächten angegriffen, beherrscht, bevormundet und zurückgesetzt worden war. Der allgemeine Zorn entlud sich in heftigen Streiks und Demonstrationen. Die amerikanische Militärregierung warnte einerseits, solch turbulentes Verhalten werde in anderen Staaten nur die Skepsis gegenüber der koreanischen Fähigkeit zur Selbstregierung vertiefen, versuchte aber andererseits, beruhigend zu wirken, indem sie in Südkorea einen „Demokratischen Rat Südkoreanischer Abgeordneter" mit Syngman Rhee als Vorsitzenden bildete. Merkwürdig war, dass die Kommunisten, die anfangs ebenso heftig wie alle anderen koreanischen Parteien und Gruppierungen gegen den Treuhandschaftsbeschluss Sturm gelaufen waren, plötzlich – vermutlich auf Befehl Moskaus – ab dem 3. Januar 1946 für die Treuhandschaftsregelung eintraten. Einen weiteren Schlag gegen das Prestige der Vereinigten Staaten bedeuteten sowjetische Enthüllungen vom 26. Januar 1946, die wahrheitsgemäß darauf hinwiesen, dass die Amerikaner, weitaus mehr als jede andere Macht, auf eine Treuhandschaftslösung gedrängt hatten. Aus einem von Moskau am 25. Januar 1946 abgesandten Telegramm von George F. Kennan geht zudem hervor, dass die ursprünglichen amerikanischen Vorschläge

---

[89] Oliver, a.a.O., S. 212–214 und S. 199. Bereits am 28. April 1945 hatte die in Chungking stationierte Provisorische Regierung Koreas die Staaten der künftigen Vereinten Nationen um diplomatische Anerkennung und um eine Vertretung Koreas in der zu gründenden Organisation der Vereinten Nationen (UNO) gebeten. Text dieser Erklärung in: Kim, Se-Jin (Hg.): Korean Unification. Source Materials. Seoul 1976, S. 83/84.

[90] Department of State Bulletin, 30. Dezember 1945, S. 1033–1036 sowie 1047.

für die Koreaner wesentlich ungünstiger waren als die Vorschläge der sowjetischen Regierung, die sich schließlich durchsetzten. So hatten die Sowjets einen definitiven Zeitrahmen von nur fünf Jahren vorgeschlagen, während der amerikanische Entwurf eine mögliche Verlängerung um weitere fünf Jahre vorsah.[91] Abgesehen von dem ihm innewohnenden Element der Anmaßung und Bevormundung musste die Treuhandschaftsregelung jedem absurd erscheinen, der um die gegensätzliche Interpretation des Begriffs Demokratie, hier in den Vereinigten Staaten und dort in der stalinistischen Sowjetunion, wusste. In der Sowjetunion galt die von der Kommunistischen Partei erklärte Diktatur des Proletariats als die höchste Form zeitgemäßer Demokratie, während die Amerikaner seit der Gründung ihrer Union entgegengesetzte Ideale vertraten. Ein weiteres Telegramm Kennans vom 25. Januar 1946 verwies auf die Schwierigkeiten, die bei der Interpretation des Begriffs „Demokratische Parteien, soziale Organisationen und Provisorische Regierung" zwischen Amerikanern und Sowjets wie auch zwischen den Koreanern selbst zu erwarten seien.[92] Insgesamt 17-monatige amerikanisch-sowjetische Verhandlungen über Korea führten – wie zu erwarten war – zu einem Schlagabtausch von Vorschlägen und Gegenvorschlägen, die der jeweils anderen Seite inakzeptabel schienen. Im historischen Rückblick lässt sich darüber spekulieren, ob nicht der Präzedenzfall Österreichs eine für beide Seiten gangbare Alternative geboten hätte. Denn Österreich verfügte trotz seiner Viermächtebesetzung ab 1945 über eine effektive zentrale Bundesregierung und die Entflechtung der beiden großen Machtblöcke des Ostens und Westens in Österreich erfolgte auf der Basis des von Österreich und beiden Blöcken akzeptierten Prinzips der militärischen Neutralität Österreichs. Hätten die Vereinigten Staaten die während des Zweiten Weltkrieges in China residierende Provisorische Regierung Koreas nach der Befreiung Koreas dort als Interimsregierung eingesetzt und für das zwischen China, der Sowjetunion und Japan gelegene Korea Neutralität als außen- und sicherheitspolitische Verhaltensform vorgeschlagen, hätte dies möglicherweise zur allseitigen Akzeptanz dieses Kompromisses führen können. Ein Unterschied ist allerdings darin zu sehen, dass Korea direkt an das Territorium Russlands angrenzt, während dieser geostrategische Aspekt für Österreich nicht gegeben ist.

Es gab jedoch bereits 1946 warnende Stimmen, die von einer möglichen Konfrontation in Nordostasien sprachen. In einem Schreiben des persönlichen Vertreters von Präsident Harry S. Truman für Reparationsfragen in Ostasien, Edwin W.

---

[91] Nahm, a.a.O., S. 342–343. Text der Depesche von George F. Kennan in: Foreign Relations of the United States. Diplomatic Papers. 1946. Bd. VIII. The Far East. Washington/D.C. 1971, S. 617–619.
[92] Ebd., S. 619–620.

Pauley, an Präsident Truman vom 22. Juni 1946 heißt es, das Ringen politischer Kräfte um die Zukunft Koreas werde entscheiden, ob an die Stelle des beseitigten Feudalismus in Zukunft Formen der pluralistischen Demokratie oder eines nach Moskau hin orientierten Kommunismus treten würden. „,Demokratie' bedeutet das eine für die Sowjets und etwas ganz anderes für die Vereinigten Staaten." Diese sollten Korea beim Aufbau eines demokratischen Erziehungssystems unterstützen, von Japan substanzielle Reparationen als Entschädigung für Japans Besatzung und Aggression fordern und selbst auch bereit sein, Korea technische und wirtschaftliche Hilfe zu gewähren.[93] In seiner Antwort an Ambassador Pauley schrieb Präsident Truman am 16. Juli 1946: „Ich stimme mit Ihnen darin überein, dass – wie Sie es so zutreffend formuliert haben – Korea ein ideologisches Schlachtfeld ist, von dem unser Erfolg in Asien zur Gänze abhängen kann."[94]

Wie fast vorauszusehen war, führten die monatelangen amerikanisch-sowjetischen Verhandlungen über die Zukunft Koreas zu keinem produktiven Resultat. In Europa hatte mit der beginnenden Sowjetisierung der Staaten Osteuropas, mit Amerikas Marshall-Plan für Westeuropa und dem Konflikt im östlichen Mittelmeer der Kalte Krieg begonnen. Im Frühjahr 1947 hatte der amerikanische Präsident die nach ihm benannte „Truman-Doktrin" verkündet und damit, in verschärfter Form, die Strategie der „Eindämmung" sowjetischen Einflusses zur offiziellen Politik der Vereinigten Staaten gemacht.[95] Da zweijährige bilaterale Verhandlungen zwischen den Weltmächten in Korea keinen Fortschritt gezeigt hatten, teilte die US-Regierung sowohl der Sowjetunion als auch der Generalversammlung der Vereinten Nationen im September 1947 mit, sie wolle die Behandlung der Korea-Frage von nun an primär unter die Verantwortung der Weltorganisation der Vereinten Nationen stellen. Auf die amerikanische Initiative reagierte Moskau drei Wochen später mit einem Vorschlag, der den gleichzeitigen Rückzug der amerikanischen und sowjetischen Streitkräfte aus Korea zu Beginn des Jahres 1948 vorsah. Danach könnten die Koreaner dann unbeeinflusst von fremden Mächten ihre eigene Regierung bilden. Dieser Lösungsvorschlag stieß auf die Kritik des damaligen amerikanischen Chefdelegierten bei den Vereinten Nationen, John Foster Dulles, der am 13. November 1947 dazu vor der Generalversammlung der Vereinten Nationen sagte, zuerst müsse man eine stabile koreanische Regierung haben, die dazu in der Lage sei, die Ordnung im Lande aufrechtzuerhalten. Ziehe man aber – wie Moskau vorschlug – die Streitkräfte schon vorher zurück, so werde das Ergebnis Chaos und möglicherweise Bürger-

---

[93] Ebd., S. 706–713.
[94] Ebd., S. 713.
[95] Zur Entstehung der Truman-Doktrin siehe Jones, Joseph: The „Fifteen Weeks", New York 1955.

krieg sein. Dies sei auch die Meinung einer Mehrheit von Mitgliedstaaten der Vereinten Nationen.[96]

4.2 Die Gründung der südlichen Republik Korea

Auf Empfehlung der Vereinigten Staaten nahm dann die Generalversammlung der Vereinten Nationen am 14. November 1947 mit einer großen Mehrheit von 43 Stimmen ohne Gegenstimme bei sechs Enthaltungen eine Grundsatzresolution zur koreanischen Frage an. Ihre wichtigsten Punkte können wie folgt zusammengefasst werden:

1. Die Vereinten Nationen würden eine aus Vertretern von neun Nationen bestehende „Temporäre UN-Kommission für Korea" (United Nations Temporary Commission on Korea) zu dem Zweck und mit der Aufgabe errichten, in ganz Korea für die Abhaltung landesweiter freier Wahlen zu sorgen.
2. Die Wahlen sollten nicht später als bis zum 31. März 1948 stattfinden. Aus ihnen sollten eine gesamtkoreanische Nationalversammlung und eine gesamtnationale Regierung Koreas hervorgehen.
3. Die so gebildete gesamtkoreanische Nationalregierung sollte dann im Einvernehmen mit der UN-Kommission eigene nationale Sicherheitskräfte aufbauen und alle illegalen militärischen oder paramilitärischen Verbände in Korea verbieten.

Die neue Regierung Koreas solle dann mit den bisherigen Besatzungsmächten Abmachungen für deren Rückzug aus Korea, wenn möglich innerhalb von 90 Tagen, treffen.[97]

Mit diesem umfassenden Beschluss der Weltorganisation endete das absurde, dem koreanischen Volk von fremden Mächten aufgenötigte Projekt einer Treuhandschaftsregierung für Korea, nur 23 Monate nachdem es von den Außenministern der USA, der UdSSR und Großbritanniens beschlossen worden war. Die Weichen waren jetzt gestellt für eine Rückkehr Koreas zu voller Unabhängigkeit und Souveränität. Die von der UNO eingesetzte „Temporäre Kommission für Korea" setzte sich aus Vertretern Australiens, Kanadas, (National-)Chinas, El Salvadors, Frankreichs, Indiens, der Philippinen, Syriens und der Ukraine zusammen. Der letztgenannte Staat verweigerte allerdings die Beteiligung.

---

[96] Zum Schlagabtausch zwischen amerikanischen und sowjetischen Stellungnahmen zum Problem Korea im Jahr 1947 siehe: US-Department of State: Korea 1945 to 1948. Washington/D.C. 1948, Annexe 1–7, S. 43–65.
[97] Englischer Text ebd., S. 66 f., deutsche Übersetzung in: Keesings Archiv der Gegenwart. 14. November 1947, S. 1249.

Bald jedoch ergaben sich erhebliche Schwierigkeiten. Obwohl die UN-Kommission für Korea von den Vereinten Nationen beauftragt worden war, freie und geheime Wahlen in ganz Korea zu überwachen, verweigerte die sowjetische Besatzungsmacht der Kommission die Einreise nach Nordkorea. Daraufhin ermächtigten die Vereinten Nationen die Kommission, Wahlen nur in Südkorea zu überwachen.[98] Dort aber entstand ein Streit zwischen den Anhängern des UN-Planes – demokratische Wahlen notfalls zuerst nur in Südkorea – und anderen politischen Kräften, die von der Verwirklichung dieses Planes eine Teilung des Landes befürchteten. Zwei der bedeutendsten Führer der ehemaligen koreanischen Exilregierung in China, Kim Ku und Dr. Kim Kyu-shik, stellten sich gegen Syngman Rhee und andere Befürworter des UN-Planes. Die beiden Kims und andere Gegner des UN-Planes schlossen sich zur so genannten „Nationalen Unabhängigkeitsföderation" zusammen. Sie kündigten nicht nur an, sie würden die geplanten Wahlen in Südkorea boykottieren, sondern richteten auch ein Schreiben an Kim Il Sung, den Führer der nordkoreanischen Kommunisten, und schlugen ihm die Abhaltung einer nationalen Vereinigungskonferenz mit dem Ziel vor, die bisherige Teilung des Landes zu überwinden und eine gesamtkoreanische Regierung zu begründen.[99] Nordkoreas kommunistische Führung griff den Vorschlag rasch auf. Auf streng selektiver Basis lud Kim Il Sung eine größere Anzahl von Südkoreanern zu dieser in Pjöngjang, der Hauptstadt Nordkoreas, noch im April 1948 stattfindenden gesamtkoreanischen Konferenz ein. Unter den Eingeladenen befanden sich nur 15 Vertreter konservativer Kräfte; der einflussreichste Politiker Südkoreas, Dr. Syngman Rhee, war nicht eingeladen. Die Arbeitsweise der Konferenz entsprach jedoch nicht demokratischen, sondern totalitären Praktiken. Eine Fülle von Resolutionen wurde ohne Diskussion nur auf der Basis von Handzeichen angenommen. Über Radio ausgestrahlte Reden südkoreanischer Teilnehmer wurden mit Tonbandschnitten manipuliert. Die wichtigsten Konferenzbeschlüsse forderten den sofortigen Rückzug aller ausländischen Truppen, die Verhinderung von Bürgerkrieg, eine politische Konferenz zwischen Nord und Süd sowie freie und allgemeine wie auch geheime Wahlen. Die Ergebnisse „separater Wahlen in Südkorea" würden niemals anerkannt werden.[100] In einer öffentlichen kritischen Stellungnahme des amerikanischen Oberkommandierenden, General Hodge, vom 3. Mai

---

[98] Diesbezügliche Resolution des Interim-Komitees der Generalversammlung der Vereinten Nationen vom 26.2.1948 in: Korea 1945 to 1948, S. 70–71.

[99] Wortlaut der gemeinsamen Erklärung von Kim Ku und Kim Kyu-shik vom April 1948 gegen separate Wahlen in Südkorea in: Kim, Sejin, a.a.O., S. 103–104.

[100] Wortlaut der Beschlüsse der Gemeinsamen Nord-Süd-Konferenz in Pjöngjang im April 1948 in: ebd., S. 104–106. Text der Botschaft von General Hodge in: Foreign Relations of the United States 1948, Bd. VI. The Far East and Australasia. Washington 1974, S. 1188–1191.

1948 wird gesagt, die so genannte „Nord-Süd-Konferenz" sei in Wirklichkeit eine Vereinigungskonferenz koreanischer Kommunisten. Man dürfe doch nicht vergessen, die Vereinten Nationen hätten zuerst freie Wahlen in ganz Korea vorgeschlagen, die Sowjets aber hätten diese verhindert. Die Südkoreaner, welche die Konferenz unterstützt hatten, wurden darauf hingewiesen, dass in Nordkorea eine Verfassung für eine kommunistische koreanische Volksrepublik in Vorbereitung sei, die inhaltlich weitgehend den Verfassungen der osteuropäischen Satellitenstaaten entspreche. Die Südkoreaner sollten lieber an den geplanten freien Wahlen in Südkorea teilnehmen, um für zwei Drittel des koreanischen Volkes die Entstehung einer freien und souveränen Regierung zu ermöglichen.[101]

Am 10. Mai 1948 fanden zum ersten Mal in der Geschichte Koreas freie und geheime Wahlen, zumindest für die im Süden des Landes residierende Zweidrittelmehrheit des koreanischen Volkes statt. Zum ersten Mal durften auch Frauen durch die Wahl politisch tätig werden. Trotz des Boykottaufrufes der Kommunisten und anderer Kräfte der Linken war eine Wahlbeteiligung von 72 Prozent der Wählerinnen und Wähler zu verzeichnen. 51 Prozent der registrierten Wähler waren Männer, 49 Prozent Frauen. Es gab 200 Wahlbezirke und 13.407 Wahllokale. Symptomatisch für die damalige Zersplitterung der Kräfte in der koreanischen Politik war die Tatsache, dass keine einzelne Partei die absolute Mehrheit erringen konnte. Die aus den Wahlen hervorgehende Nationalversammlung hatte 200 Sitze für Abgeordnete aus Südkorea, während 100 Sitze für Abgeordnete aus dem Norden freigelassen wurden. Von 198 faktisch gewählten Abgeordneten gehörten 54 der Partei Syngman Rhees an (Nationale Gesellschaft zur Förderung der Koreanischen Unabhängigkeit), während die zweitstärkste Partei nur 29 Sitze, die drittstärkste 13 und die viertstärkste 6 Sitze erringen konnte. Nicht weniger als 83 Sitze gehörten parteiunabhängigen Abgeordneten. Die Wahlen wurden unter der Aufsicht der UN-Kommission für Korea abgehalten, die berichtete, dass die Wahlen in Südkorea „in einer verhältnismäßig freien Atmosphäre" (wörtlich: „reasonably free atmosphere") stattgefunden haben. Denn die Kommunisten hatten verzweifelte Anstrengungen unternommen, die Wahlen zu verhindern. Dabei waren nicht weniger als 44 Personen getötet, etwa 100 verwundet und 80 Wahllokale gewaltsam angegriffen worden. In der großen Mehrzahl der Fälle waren die Wahlen jedoch friedlich verlaufen.[102] Anlässlich der ersten Sitzung der Nationalversammlung am 31. Mai 1948 wurde Syngman Rhee zu ihrem Vorsitzenden gewählt, am

---

[101] Foreign Relations of the United States, Diplomatic Papers, 1948, Bd. VI, The Far East and Austalasia. Washington D.C. 1974, S. 1188–1191.

[102] Für die Berichte der UN-Kommission über die ersten Wahlen in Südkorea siehe: Korea 1945 to 1948, a.a.O., Annexe 13 und 14, S. 72–73. Zu den einzelnen Aspekten der Wahlen siehe Nahm, a.a.O., S. 362–363.

12. Juni gleichen Jahres nahm die Nationalversammlung Koreas erste demokratisch-republikanische Verfassung an und am 20. Juni wurde gemäß den Bestimmungen dieser Verfassung Syngman Rhee mit einer großen Mehrheit zum ersten Präsidenten der Republik Korea gewählt.

Anlässlich der ersten Sitzung der Nationalversammlung sprach Syngman Rhee und erklärte, die neue Nationalversammlung bedeute die Fortsetzung des gewaltlosen Aufstandes vom 1. März 1919. Nach 29 Jahren des Kampfes um die Unabhängigkeit sei Korea als selbstständiger Staat wiedererstanden. Viereinhalb Millionen Flüchtlinge aus Nordkorea hätten an den Wahlen zur Nationalversammlung teilgenommen. Koreas neue Regierung werde versuchen, mit der Sowjetunion in einen freundlichen Dialog über gemeinsame Probleme einzutreten, und ebenfalls danach streben, wirtschaftliche und andere Fragen mit Japan zu regeln. Die amerikanische Militärregierung sei zu Ende, doch hoffe man, eine Reihe von Amerikanern als Berater behalten zu können. Es sei zu hoffen, dass amerikanische Streitkräfte so lange im Lande bleiben könnten, bis Südkorea die Fähigkeit zur Selbstverteidigung erlangt habe. Alle Koreaner müssten verstehen, dass die Zeit des monarchischen Absolutismus vorbei sei, dass das koreanische Volk der neue Souverän seines Staates sei und dass damit auf jedem einzelnen Bürger Verantwortung laste.[103] Die am 12. Juli 1948 in Kraft getretene Verfassung Koreas entsprach zwar demokratischen Grundsätzen, erinnerte aber mit der Stärke und hierarchischen Strukturierung der Exekutive an die Traditionen des koreanischen Konfuzianismus. Dementsprechend war das Amt des Staatspräsidenten mit einer Amtszeit von vier Jahren und einmaliger Möglichkeit der Wiederwahl mit großen Vollmachten ausgestattet. Präsident und Vizepräsident wurden von der Nationalversammlung gewählt. Der Präsident konnte den Ministerpräsidenten ernennen, wobei er der Zustimmung der Nationalversammlung bedurfte. Die Kabinettsminister wurden hingegen vom Präsidenten ernannt. Der Präsident – nicht der Ministerpräsident – fungierte als Vorsitzender des als Staatsrat bezeichneten Kabinetts. Er war oberster Repräsentant des Staates in auswärtigen Angelegenheiten und Oberkommandierender seiner Streitkräfte. Der Präsident des obersten Gerichtshofes wurde ebenfalls vom Präsidenten, wenn auch mit Zustimmung der Nationalversammlung, ernannt. In Zeiten nationalen Notstandes waren für den Präsidenten weitgehende Vollmachten vorgesehen, die allerdings der nachträglichen Bestätigung durch die Nationalversammlung bedurften.[104] Robert T. Oliver und Richard C. Allen, beide führende Biographen Syngman Rhees, hoben hervor, dass das Regieren für den neuen Staatspräsidenten nicht ganz einfach war angesichts der starken Zersplitterung der koreanischen Parteienlandschaft wie auch angesichts der Tatsache, dass die Mehrzahl der Abgeordneten nach Jahrzehnten japanischer Kolonialherrschaft und des anschließenden amerikanischen Besatzungsregimes über keine Erfahrungen mit der komplexen Praxis eines demokratischen Regierungssystems verfügten und dieses nur allzu oft lediglich für die Wahrnehmung enger Partikularinteressen benützen wollten. Rhee wiederum, der im Alter von 73 Jahren zum Gründungspräsidenten der Republik Korea wurde, verfügte über wenig Geduld und war von dem leidenschaftlichen Willen erfüllt, die hart erkämpfte und neu gewonnene Souveränität seines Volkes und Staates so schnell und so wirksam wie möglich in die Praxis umzusetzen.[105]

---

[103] Wortlaut der Rede Syngman Rhees in: Korea 1945 to 1948, a.a.O., S. 73–77.

[104] Wortlaut der Verfassung der Republik Korea von 1948 in: ebd., S. 78–95.

[105] Allen, a.a.O., S. 264–271; Oliver, a.a.O., S. 105–106; zum Vergleich siehe auch die stark kritischen, wenn auch nicht unrealistischen Kommentare von Cumings in dessen Buch: The Origins of the Korean War. Bd. II, The Roaring of the Cataract 1947–1950. Princeton 1990, S. 223–234.

4.3 Die Entstehung des kommunistischen Machtgebildes in Nordkorea

Die Entstehung eines kommunistischen Machtgebildes in Nordkorea ist stark verbunden mit der zeitweiligen Besetzung dieses Landesteiles durch sowjetische Streitkräfte. Wie bereits erwähnt, hatte der amerikanische Präsident F.D. Roosevelt versucht, für die als außerordentlich blutig erwartete Endphase des Kampfes gegen Japan sowjetische Unterstützung zu gewinnen. Auf der geheimen Gipfelkonferenz von Jalta im Februar 1945 war vereinbart worden, dass die Sowjetunion spätestens drei Monate nach der Kapitulation des Dritten Reiches in den Fernostkrieg eintreten sollte. Die Sowjetunion sollte dafür die Kurilen-Inseln erhalten, außerdem wurden die Trennung der äußeren Mongolei von China sowie die Wiederherstellung ehemals zaristisch-russischer Rechte am Eisenbahnsystem und an den Häfen Nordostchinas, bekannt unter dem Sammelnamen Mandschurei, in Aussicht gestellt. In krassem Gegensatz zu früheren Versicherungen der Westmächte, China werde nach Ende des Krieges Herr im eigenen Lande sein, waren hiermit außerordentlich gravierende Souveränitätsbeschränkungen Chinas zugunsten der Sowjetunion vorprogrammiert worden. Um einen etwaigen chinesischen Widerstand brechen zu können, beschlossen Roosevelt, Stalin und Churchill, dass ihre Staaten gemeinsam darauf hinwirken würden, dass China diese vor ihm vorläufig zu verheimlichenden Bedingungen erfülle.[106] Am 9. August 1945 – nur sechs Tage vor Japans Kapitulation, nach erfolgtem Abwurf amerikanischer Atombomben – erklärte die Sowjetunion Japan den Krieg. Die Kriegserklärung war ein Rechtsbruch insofern, als der von Stalin mit Japan im April 1941 geschlossene Neutralitäts- und Nichtangriffspakt zu dieser Zeit noch rechtswirksam war. In der Folge besetzten sowjetische Streitkräfte Nordkorea bis zum 38. Breitengrad. Obwohl Korea als befreites Land galt, waren anfangs massive Ausschreitungen gegen die koreanische Zivilbevölkerung, wie Plünderungen und Vergewaltigungen, an der Tagesordnung.[107] Angesichts der Grenznachbarschaft zwischen Nordkorea und der Sowjetunion war Moskaus Diplomatie offensichtlich bestrebt, in Nordkorea Zustände zu schaffen, die als Bastion des sowjetischen Herrschaftsbereiches in Nordostasien fungieren konnten –, bestehend aus Ostsibirien, der äußeren Mongolei und der Mandschurei. Südlich des am 38. Breitengrad endenden sowjetischen Einflussbereichs begann unmittelbar die Einflusssphäre der USA,

---

[106] Wortlaut der den Fernen Osten betreffenden Bestimmungen der geheimen Gipfelkonferenz von Jalta in: Maki, John M.: Conflict and Tension in the Far East. Key-Documents 1894–1960. Seattle 1961, S. 120–121.

[107] Scalapino, Robert A., und Lee, Chong-sik: Communism in Korea. Part I: The Movement. Berkeley/Los Angeles/London 1972, S. 315.

die sich auf Südkorea, Japan, die Ryukyu-Inseln und – vor 1949 – auch auf Zentralchina erstreckte. Mit den sowjetischen Truppen gelangten jedoch auch koreanische kommunistische Partisanenverbände aus verschiedenen Teilen Nordostasiens nach Nordkorea, wo ihnen die Sowjets anfangs formal und danach substanziell die Macht und Verwaltung im Land übertrugen, die zuvor in den Händen der japanischen Kolonialherren gelegen hatte. Gruppenbildungen koreanischer Kommunisten gehen bis auf die allerersten Jahre nach der bolschewistischen Oktoberrevolution zurück und vollzogen sich zunächst in den sibirisch-fernöstlichen Gebieten Russlands. Bereits auf dem II. Weltkongress der Kommunistischen Internationale im Juli und August 1920 waren die koreanischen Kommunisten durch einen Abgeordneten namens Pak Chin (auch: Pak Din Sun) vertreten.[108] Unter den koreanischen Kommunisten kam es jedoch zu derartig intensiven und gewalttätigen interfraktionellen Auseinandersetzungen, dass selbst die Kommunistische Internationale sich veranlasst sah, die 1925 in Seoul gegründete Kommunistische Partei Koreas wieder aufzulösen.

Auch Ansätze zu Neugründungen der Partei führten zu keinem besseren Resultat. In den so genannten „Dezember-Thesen" zur koreanischen Frage vom 10. Dezember 1928 löste das politische Sekretariat des Exekutivkomitees der Komintern die bestehende Bewegung der koreanischen Kommunisten auf und forderte deren verbesserte Neugründung.[109] Trotz dieser organisatorischen Schwierigkeiten leisteten verschiedene koreanische Partisanenverbände definitive Beiträge zur Bekämpfung der Japaner, insbesondere in den an Nordkorea angrenzenden Gebieten Nordostchinas (Mandschurei), in denen die Japaner nach 1932 das Satelliten-Kaiserreich Mandschukuo errichtet hatten. Der bedeutendste der im Kielwasser des sowjetischen Einmarsches in Nordkorea dorthin zurückkehrenden Partisanenführer der koreanischen Kommunisten war der ab Mitte der 40er Jahre bis in die 90er Jahre amtierende Staats- und Parteichef Nordkoreas *Kim Il Sung*. Er wurde am 15. April 1912 in Manyongdae in der Nähe der nordkoreanischen Hauptstadt Pjöngjang in einer kleinbürgerlichen Familie geboren. Aufgrund der Teilnahme seines Vaters an patriotischen Aktivitäten in den Jahren 1917 bis 1919 übersiedelte seine Familie nach Nordostchina (Mandschurei). Beide Eltern starben, bevor Kim das 20. Lebensjahr erreichte. Schon früh in kommunistische Aktivitäten verwickelt, wurde er von chinesischen Autoritäten kurzfristig gefangen gesetzt. 1931 schloss er sich einer kleinen Partisanengruppe an und wurde Funktionär eines kommunistischen Jugendverbandes. Zeitweilig soll er Mitglied der

---

[108] Ebd., S. 16–17. Siehe auch: Kommunistische Internationale: Protokoll des II. Weltkongresses der Kommunistischen Internationale. Hamburg 1921.

[109] Ebd., S. 20–51; siehe auch Kim, G. F., und Shabshina, F. I.: Proletarian Internationalism and Revolutions in the East. Moskau 1972, S. 275–278.

Kommunistischen Partei Chinas gewesen sein. 1932 soll er an der Errichtung von kleineren Sowjetgebieten in der östlichen Mandschurei beteiligt gewesen sein. 1935 trat er anlässlich einer regionalen Tagung kommunistischer Gruppen hervor und soll stark bewegliche Formen der Partisanenkriegsführung gegen die Japaner befürwortet haben. Seine Tätigkeit als Führer kleiner, aber aktiver Partisanenverbände in der Mandschurei im Jahrzehnt zwischen 1932 und 1941 gilt als gesichert.[110] Während die sowjetischen Streitkräfte Pjöngjang am 24. August 1945 besetzt hatten, traf der zuvor zum Major der sowjetischen Streitkräfte beförderte Kim Il Sung am 19. September 1945 in Korea ein. Der damals erst 33-jährige Kim Il Sung genoss das volle Vertrauen der Führung der sowjetischen Besatzungsstreitkräfte und der hinter ihnen stehenden politischen Autoritäten. Dass die Sowjets einen so jungen koreanischen Führer bevorzugten, mag mit Moskaus negativen Erfahrungen mit dem frühen koreanischen Kommunismus und der chronischen Fraktionsbildung und gegenseitigen Feindschaft zwischen den der älteren Generation angehörenden Führern dieser Bewegung zusammenhängen. Sehr bemerkenswert ist die Tatsache, dass die Sowjets sich imstande fühlten, nach nur dreijähriger Besatzung ein Land zu verlassen, in dem eine neue verwaltungstechnisch völlig unerfahrene Führungsschicht koreanischer Partisanen mit Moskaus Hilfe die absolute Macht ergriffen hatte. In einer vor kommunistischem Kaderpersonal am 20. August 1945 gehaltenen Rede betonte Kim, die geplante „Demokratische Volksrepublik" in Korea müsse von den Koreanern *selbst* gegründet werden. Die Frage der politischen Macht und die Frage, wer in Korea wen besiegen und beherrschen würde, sei eine Frage des Klassenkampfes. In einer weiteren Ansprache vom 3. Oktober 1945 schnitt Kim Il Sung ein Thema an, das sich wie ein roter Faden oder Leitmotiv durch weitere Jahrzehnte seines politischen Wirkens ziehen sollte, und zwar die Erringung der „vollständigen nationalen Unabhängigkeit". Die Abhängigkeit von und Unterwerfung unter andere Länder sei abzulehnen und zu bekämpfen. In Korea war ein neuer Start auf der Basis völliger Unabhängigkeit und innovativer Politik möglich. Und nur das entspräche der Würde der Nation. Am 3. Oktober gleichen Jahres betonte er die Notwendigkeit, Kollaborateure und Opportunisten, die sich in die Partei eingeschlichen hätten, „erbarmungslos" zu bekämpfen. Anschließend sagte er: „Heutzutage höre ich oft Worte wie Grundrechte und Demokratie. Das sind schöne Worte. Aber Demokratie der amerikanischen oder britischen Form passt nicht zum heutigen Korea. Westeuropäische ‚Demokratie' ist bereits eine Sache der Vergangenheit. Außerdem würden wir unser Ziel verfehlen, unser Land unabhängig zu machen, und

---

[110] Scalapino, a.a.O., S. 202–209; siehe auch Maretzki, Hans: Kim-ismus in Nordkorea. Analyse des letzten DDR-Botschafters in Pjöngjang. Böblingen 1991, S. 29–56.

unser Land wäre erneut eine Kolonie des ausländischen Imperialismus." Die Zukunft Koreas hänge von der kommunistischen Partei ab, von ihrer Fähigkeit, auf nationaler Basis eine Einheitsfront zu errichten und die breiten Massen um sich zu scharen. Jedoch bei seiner ersten großen Rede an die koreanische Bevölkerung anlässlich einer Massendemonstration vom 14. Oktober 1945 erwähnte Kim Il Sung charakteristischerweise das Wort „Kommunismus" oder „kommunistische Partei" in keiner Weise. Er betonte hingegen die Notwendigkeit der Schaffung einer demokratischen Einheitsfront auf breitester Basis. Nur durch vereinte Aktion der Patrioten könne die Nation neu aufgebaut werden.[111] Nach einigen Übergangsformen wurde Ende August 1946 aus dem Zusammenschluss zweier Parteien die Nordkoreanische Arbeiterpartei (Puk-Choson Nodong-dang) gegründet. Bei der ersten Sitzung ihres Zentralkomitees am 31. August 1945 wurde allerdings nicht Kim Il Sung, sondern der Führer der aus China zurückgekehrten koreanischen Partisanen, die dort lange mit den chinesischen Kommunisten zusammengearbeitet hatten, Kim Tu Bong, zum Vorsitzenden und Kim Il Sung nur zu einem der beiden stellvertretenden Vorsitzenden gewählt. Am 9. September 1948 erfolgte die Proklamation der „Demokratischen Volksrepublik Korea", Kim Il Sung wurde zu ihrem Ministerpräsidenten ernannt. Trotz der Teilung des Landes bezeichnete die Verfassung des neuen kommunistischen Staatswesens die in Südkorea liegende Stadt Seoul (Artikel 103), die jahrhundertelang als Hauptstadt Koreas fungiert hatte, als Hauptstadt der Volksrepublik.[112] Wirtschaftlich hatte Nordkorea keinen schlechten Start. Denn damals befand sich der große Teil der koreanischen Industrie im Nordteil des Landes, in dem auch die Produktion elektrischer Energie für beinahe das ganze Land erfolgte. Eine Landreform verteilte das Land der Großgrundbesitzer, der Kirchen, Tempel und Klöster sowie insbesondere das Land, das zuvor der japanischen Kolonialmacht gehört hatte. Im Bereich der Erziehung begann die landesweite Unterweisung in kommunistischer Ideologie, um das „Klassenbewusstsein" der Massen zu stärken. Lehrbücher mussten von nun an ohne chinesische Schriftzeichen nur in der Nationalsprache gedruckt werden. Unter sowjetischer Führung begann der Aufbau einer großen und schlagkräftigen Armee. Eine Besonderheit bei der Entstehung des neuen Staatssystems bestand in dem Versuch Nordkoreas, eine gesamtkoreanische Legitimationsbasis dadurch zu erhalten, dass die südkoreanische Bevölkerung dazu aufgefordert wurde, insgeheim an den Wahlen für die Oberste Nationalversammlung, das heißt die gesetzgebende Körperschaft der Volksrepub-

---

[111] Kim Il Sung: On Juche in our Revolution. Bd. 1. Pyongyang 1975, S. 41–99.

[112] Deutsches Institut für Rechtswissenschaft (Hg.): Die Verfassungen der Asiatischen Länder der Volksdemokratie. Berlin (Ost) 1955, S. 35–58.

lik Korea, teilzunehmen. Da ein offenes Wahlverfahren im Süden nicht möglich gewesen sei, hätten 77,5 Prozent der südkoreanischen Wähler geheim eine Reihe von Wahlmännern gewählt, die dann ihrerseits während einer Versammlung in Nordkorea die Abgeordneten Südkoreas für das Parlament der neu gegründeten Volksrepublik wählten.[113] Im September 1948 richtete die Oberste Nationalversammlung Nordkoreas ein Gesuch an die USA wie auch an die Sowjetunion, in dem sie den gleichzeitigen Abzug der Streitkräfte beider Mächte forderte. Noch im gleichen Monat erfolgte eine Antwort des Präsidiums des Obersten Sowjet der Sowjetunion, in der es hieß, die sowjetischen Streitkräfte würden sich bis Ende Dezember 1948 aus Korea zurückziehen.[114] Im Gegensatz dazu fasste die Nationalversammlung Südkoreas am 21. November 1948 einen Entschluss, in dem die amerikanische Regierung ersucht wurde, ihre Besatzungstruppen vorläufig auch dann im Lande zu lassen, wenn die sowjetischen Streitkräfte Nordkorea verlassen sollten.[115] Am 5. und am 19. November 1948 richtete Südkoreas Präsident Syngman Rhee Schreiben an den amerikanischen Sonderbotschafter in Südkorea, John J. Muccio, sowie an US-Präsident Truman, in denen er erklärte, die zur Armee Südkoreas umgewandelte frühere Gendarmerie (Constabulary) in einer Stärke von 50.000 Mann sei zur Gewährleistung der Sicherheit Südkoreas völlig unzureichend. Das allgemeine Gefühl der Unsicherheit ermutige kommunistische Terroristen im Lande. Die bedeutenden Erfolge der chinesischen Kommunisten in ihrem Bürgerkrieg gegen die nationalchinesische Regierung erhöhten das Gefühl der Gefahr und der Verunsicherung. Rhee bat die USA um die Aufrechterhaltung einer militärischen Präsenz in Südkorea, bis dessen eigene Fähigkeit zur Selbstverteidigung voll entwickelt sei.[116] Das Jahr 1948 schloss für Korea mit einer Resolution der Generalversammlung der Vereinten Nationen, die einerseits die Besatzungsmächte zum baldigstmöglichen Rückzug ihrer Truppen aus Korea aufforderte, zum anderen aber eine Fortsetzung der UN-Kommission für Korea veranlasste, die sich um eine Wiedervereinigung Koreas bemühen sollte.[117] Vor Ende des Jahres hatten sich die sowjetischen Streitkräfte nach dreieinhalbjähriger Präsenz in Nordkorea tatsächlich aus diesem Land in die territorial benachbarte Sowjetunion zurückgezogen. Als der Sicherheitsrat der Vereinten Nationen Mitte Februar 1949 zusammentrat, lagen ihm Anträge beider koreanischen Staaten auf Zulassung zur Mitgliedschaft in der Organisation der Vereinten Nationen vor. Beide Anträge scheiterten. Derjenige Südkoreas am Veto der Sowjetunion,

---

[113] Keesings Archiv der Gegenwart 1948, S. 1611.
[114] Ebd., S. 1633 u. 1639.
[115] Ebd., S. 1712.
[116] Foreign Relations of the United States 1948, Bd. VI, a.a.O., S. 1320–1321 u. S. 1331–1332.
[117] Keesings Archiv der Gegenwart 1948, S. 1735.

während derjenige Nordkoreas, der von der Sowjetunion vertreten wurde, mit 8 : 2 Stimmen bei einer Enthaltung abgelehnt wurde.[118] Ungeachtet der erwähnten Bitten und Vorstellungen der südkoreanischen Regierung schifften sich die letzten in Korea befindlichen amerikanischen Streitkräfte am 29. Juni 1949 zur Abreise ein.[119]

---

[118] Ebd., S. 1823.
[119] Ebd., 1949, S. 1991.

5. Korea im Brennpunkt der Weltpolitik: Bürgerkrieg und Krieg 1950–1953

5.1 Der weltpolitische Hintergrund des Koreakrieges

Im historischen Rückblick gesehen bedeutet der Koreakrieg der Jahre 1950 bis 1953 einen Wendepunkt der Weltpolitik. Seine Auswirkungen machten sich bis weit über die Grenzen Koreas, ja selbst Ostasiens, bis nach Europa hin bemerkbar. Die Hintergründe dieses Krieges und seine Bedeutung lassen sich jedoch nicht allein aus Ereignissen der koreanischen Politik erklären. Entwicklungstrends der Weltpolitik und die Eskalationsphase des Kalten Krieges spielten hier eine bedeutsame Rolle. Im Jahr vor Kriegsausbruch hatte es im benachbarten China einen systemischen Umbruch von historischen Dimensionen gegeben. Nach dreieinhalb Jahren eines erneut nach Ende des Zweiten Weltkrieges aufgeflammten Bürgerkrieges hatten die chinesischen Kommunisten Kontinentalchina erobert und Mao Tse-tung hatte am 1. Oktober 1949 auf dem berühmt-berüchtigten „Platz des himmlischen Friedens" (Tien An Men) die Gründung der Volksrepublik China proklamieren können. Bereits zwei Monate zuvor hatte Mao Tse-tung in einer Grundsatzerklärung behauptet, die Welt sei zwiegespalten zwischen dem „Lager des Friedens und des Sozialismus", geführt von der Sowjetunion, und dem Lager des kapitalistischen Imperialismus, geführt von den Vereinigten Staaten. Neutralität sei Täuschung oder Selbsttäuschung. Das neue China werde sich massiv an die Seite der Sowjetunion stellen.[120] Zwar hatten die chinesischen Kommunisten ihren langjährigen Gegner – die nationalchinesische Regierung geführt von Chiang Kai-shek – nach acht Jahren eines Elend schaffenden auswärtigen Krieges mit Japan besiegen können, doch sie hatten ihn nicht vernichtet. Nachdem die Kommunisten im Januar 1949 Peking im Norden und im April Nanking im Zentrum Chinas erobert und den Jangtsekiang überschritten hatten, traf Chiang Kai-shek intensivierte Vorbereitungen zur Übersiedlung seiner Regierung nach Taiwan, das seit Japans Sieg über China 1895 – ebenso wie Korea – eine Kolonie Japans gewesen, jedoch 1945 de facto an China zurückgefallen war. Die nationalchinesische Regierung der Kuomintang (Nationale Volkspartei), die China von 1928 bis 1949 regiert hatte, zog sich nicht nur mit einem Großteil ihrer Beamtenschaft, sondern auch mit dem ersten aus allgemeinen Wahlen in ganz China hervorgegangenen gesamt-

---

[120] Mao, Tse-tung: „Über die Diktatur der Volksdemokratie", in: Brandt, C., Schwartz, B., und Fairbank, J.K. (Hg.): Der Kommunismus in China. Eine Dokumentargeschichte. München 1955, S. 344.

chinesischen Parlament unter Mitnahme des Staatsschatzes wie auch zahlreicher Kunstschätze auf die Insel Taiwan zurück. Teile der Streitkräfte, insbesondere der Luftwaffe und der Kriegsmarine, schlossen sich der nationalchinesischen Regierung an. Die Insel Taiwan selbst befindet sich in einem strategisch günstigen Abstand von durchschnittlich 100 Kilometer Meeresstraße vom chinesischen Kontinent entfernt und hat ungefähr die Größe Belgiens. Etwa 600.000 Soldaten und zirka eine Million Zivilisten vollzogen mit Chiang Kai-shek den Rückzug auf diese chinesische Inselprovinz. Von Formosa aus erklärte sich die nationalchinesische Regierung weiterhin zur Regierung Gesamtchinas, das es dann auch fernerhin in der Weltorganisation der Vereinten Nationen und in anderen internationalen Organisationen vertrat. Von strategischem Vorteil für die Nationalchinesen war die Tatsache, dass auch eine Reihe unmittelbar an der Küste der neuen Volksrepublik China liegenden Inselgruppen in der Hand der nationalchinesischen Streitkräfte verblieben und somit als territoriale Vorpostenketten gegen die Volksrepublik China verwendet werden konnten.

Weltpolitisch brachte das Jahr 1949 nicht nur einen Machtwandel in China, der über ein Fünftel der Weltbevölkerung unter die Regierung der chinesischen Kommunisten stellte, sondern es gab auch andere Entwicklungen von globaler Tragweite. Denn im Herbst 1949 hatte die Sowjetunion das bis dahin bestehende Monopol der Vereinigten Staaten an Atomwaffen durchbrechen können. Im Bereich der nuklearen Rüstung war die Welt somit *bipolar* geworden. Auf der anderen Seite versuchten die Westmächte, ihre machtmäßig ungünstiger gewordene Stellung durch die Gründung und Förderung der Bundesrepublik Deutschland zu verbessern. Die sich abzeichnende und dann vollzogene Niederlage der nationalchinesischen Regierung in China und der Sieg der maoistischen Kommunisten war in der amerikanischen Öffentlichkeit als historischer Schock empfunden worden. China galt in den USA ab Anfang des 20. Jahrhunderts als befreundeter Staat, den die amerikanische Außenpolitik immer wieder gegen den japanischen Imperialismus zu schützen versucht hatte, und als ein Land, in das Amerika nicht nur sehr viel Geld, sondern auch umfangreiche humanitäre und kulturelle Aufbauhilfe investiert hatte. Nicht nur die Bildung einer transeurasischen Machtkombination mit einer West-Ost-Achse von Ostberlin über Prag, Warschau und Moskau bis nach Peking, Pjöngjang und Hanoi war es, die in den Vereinigten Staaten Schock und Konsternierung hervorrief, sondern auch der schlagartige Verlust so vieler offizieller, kommerzieller und zwischenmenschlicher Kontakte zu China. In der amerikanischen Innenpolitik war es zu heftigen Debatten über die Frage gekommen, ob das nationalchinesische Regime nicht doch noch in letzter Stunde zu retten sei, wie auch anschließend darüber, wer eigentlich für den „Verlust Chinas" seitens der Vereinigten Staaten verantwortlich sei. In weiten Kreisen der Bevölkerung hatte es Erbitterung hervorgerufen, dass nur fünf Jahre nach der mit Blut und Geld erkauften Niederwerfung der Achse Berlin-Rom-Tokio eine neue, noch stärkere Amerika bedrohende Machtkombination entstanden war. Demagogen vom Typ des US-Senators Joseph McCarthy gingen auf eine von den Medien gewinnbringend dramatisierte Jagd nach den „Schuldigen" in der Regierung, insbesondere aber im Auswärtigen Dienst der Vereinigten Staaten. Angesichts des als schädlich empfundenen dramatischen Machtwandels in China verblieb der amerikanischen Regierung die geringe Hoffnung auf eine künftige „Titoisierung" der chinesischen Außenpolitik. Denn in Jugoslawien hatte Tito 1948 einen Präzedenzfall dafür geschaffen, dass ein seinem Herrschaftssystem nach kommunistisch bleibender Staat dennoch eine von Moskau unabhängige Außenpolitik, teilweise auch durch profitable westliche Hilfe unterstützt, betreiben konnte. Trotz vehement vorgetragener Bedenken der oppositionellen Republikanischen Partei beschloss die Demokratische Regierung des US-Präsidenten Harry S. Truman, nach außen hin jede Brüskierung der neuen chinesischen Regierung in Peking zu vermeiden. Um China nicht unnötig an die Seite der Sowjetunion zu drängen, entschied sich Washington im Dezember 1949 dafür, auf jede offizielle Unterstützung des nationalchinesischen Regimes auf Taiwan zu verzichten. Ein Rundschreiben des amerikanischen Außenministeriums vom 23. Dezember 1949 wies alle Außenvertretungen der USA an, in ihren Gastländern darzulegen, Taiwan sei politisch und geographisch ein Teil Chinas und falle damit exklusiv in die Verantwortung der Chinesen. Die Vereinigten Staaten würden im Hinblick auf Taiwan keine Verantwortung übernehmen. Wörtlich: „The United States has assumed no responsibilities or obligations, actual or moral." Taiwan habe auch keine besondere strategische Bedeutung.[121] Nur zwei Wochen später erließ Präsident Truman eine Erklärung vom 5. Januar 1950, in der es hieß, die Vereinigten Staaten verfolgten keinerlei schädliche Absichten im Hinblick auf Taiwan, sie wollten dort keine Einflusssphäre errichten und würden den dort befindlichen nationalchinesischen Streitkräften keinerlei Hilfe oder Rat erteilen. Grundsätzlich würden die USA in diesem Raum eine Politik betreiben, die sie nicht erneut in den chinesischen Bürgerkrieg verwickeln würde.[122] In Wirklichkeit allerdings verfolgten die USA Taiwan gegenüber eine ambivalente Politik. Die vereinigten Staatschefs der USA hatten immer wieder auf die enorme Bedeutung dieser Insel im Zentrum des Westpazifik und damit inmitten der Seewege von Sibirien, Japan, Korea und Nordchina nach Südostasien, Australien, Indien, Afrika und Europa hingewiesen. Nur glaubten die Entscheidungsträger der amerikanischen Chinapolitik nicht an die

---

[121] Chiu, Hungdah (Hg.): China and the Question of Taiwan. Documents and Analysis. New York 1973. Document 23: US-Department of State's Policy Memorandum on Formosa, December 23, 1949, S. 217–220.
[122] Ebd., Document 24, S. 220–221.

Möglichkeit einer Revitalisierung des nationalchinesischen Systems auf Taiwan. Solle man Taiwan halten – so lautete eine Alternativoption der amerikanischen Chinapolitik –, so müsse man Chiang Kai-shek stürzen und eine Situation herbeiführen, in der die einheimische Bevölkerung Taiwans ihren vorausgesetzten Willen zur Selbstbestimmung durch Schaffung einer eigenen Republik Taiwan – gleichbedeutend mit der Erklärung der Unabhängigkeit China gegenüber – in die Tat umsetzen könnte.[123]

Der Sieg der chinesischen Kommunisten hatte das internationale Umfeld der koreanischen Halbinsel nachhaltig verändert. Denn neben Russland ist China der einzige territoriale Grenznachbar Koreas. In Südkorea wurde der Sieg Mao Tsetungs mit tiefer Sorge, in Nordkorea hingegen mit großer Genugtuung betrachtet. Aufgrund des chinesischen Bürgerkrieges war China faktisch jahrelang ein geteiltes Land gewesen. Der Erfolg der Maoisten hatte nicht nur den Systemwandel in China bewirkt, sondern auch dessen Wiedervereinigung durch Bürgerkrieg, zumindest in Kontinentalchina. Trotz des Drängens konservativer Kräfte hatten die Vereinigten Staaten nach einer missglückten Vermittlungsaktion zwischen den beiden chinesischen Parteien im Jahre 1946 nicht in den chinesischen Bürgerkrieg eingegriffen, sondern hatten die Niederlage ihres gewichtigsten asiatischen Verbündeten, das heißt der nationalchinesischen Regierung, fast tatenlos hingenommen. Darüber hinaus schienen sie bereit, auch die letzte Fluchtburg Chiang Kaisheks und seiner Regierung auf Taiwan zu opfern, um nicht den Weg zur „Titoisierung" der chinesischen Außenpolitik und die Möglichkeit einer frühzeitigen Normalisierung der Beziehungen zwischen Washington und Peking zu verbauen. Vor dem Hintergrund dieser Entwicklungen wird es verständlich, dass der nordkoreanische Staats- und Parteichef Kim Il Sung mit dem Gedanken zu spielen begann, das ebenfalls geteilte Korea durch einen revolutionären Bürgerkrieg wiederzuvereinigen und damit zur Gänze unter die Kontrolle seiner kommunistischen Regierung in Pjöngjang zu bringen.

5.2 Motivation und Planung des Krieges

Der spätere sowjetische Partei- und Regierungschef Nikita S. Chruschtschow schildert in seinen anfangs geheimen Memoiren die Entstehung des Planes zu einem Krieg dieser Art in Korea. Kim Il Sung sei Ende 1949 – vermutlich nach der Proklamation der Volksrepublik China am 1. Oktober 1949 – mit einer Delegation in Moskau zu Besprechungen mit Stalin eingetroffen. Kim konsultierte Stalin

---

[123] Cumings, Bruce: The Origins of the Korean War. Bd. 2, Kap. 16.

wegen seines Planes, Südkorea militärisch zu erobern. Stalin habe nicht widersprochen und Kim Il Sung aufgefordert, die Angelegenheit zu durchdenken und dann mit einem Plan nach Moskau zurückzukehren. Bei einem erneuten Gespräch in Moskau in Stalins Datscha erklärte Kim bei seinem zweiten Aufenthalt, er sei sicher, dass der von ihm ausgearbeitete Plan erfolgversprechend sei. Zwar erhob Stalin gewisse Bedenken, ob nicht vielleicht die Amerikaner im Falle eines Krieges in Korea eingreifen könnten. Es bildete sich während dieses Gesprächs jedoch ein Konsens in der Richtung heraus, dass es dann zu keiner amerikanischen Intervention kommen würde, wenn es gelänge, den Sieg sehr schnell durch die Führung eines massiven Blitzkrieges zu erringen. Kim Il Sung behauptete, vom Erfolg einer solchen Operation überzeugt zu sein. Der vorsichtig taktierende Stalin habe zunächst aber Mao Tse-tungs Ansicht zu den Plänen Kim Il Sungs hören wollen und dieser habe keine Einwände erhoben. Analog der amerikanischen Nichtintervention in den chinesischen Bürgerkrieg meinte Kim, die Amerikaner würden folglich auch nicht im kleineren Korea eingreifen, handele es sich doch um eine rein innerkoreanische Angelegenheit. Wörtlich schreibt Chruschtschow: „Es muss betont werden, dass der Krieg nicht Stalins, sondern allein Kim Il Sungs Idee war."[124]

Auch ein anderes Ereignis scheint für den Koreakrieg von nicht unbeträchtlicher ursprünglicher Bedeutung gewesen zu sein.

Wie bereits dargelegt, war der Sieg der chinesischen Kommunisten in den Vereinigten Staaten als historischer Schock empfunden worden. Trotz der drastisch veränderten Lage hatte aber immerhin die Hoffnung bestanden, das kommunistisch gewordene China zu einer „titoistischen", von Moskau unabhängigen Außenpolitik veranlassen zu können. Daher die ebenfalls erwähnte brüske Distanzierung von dem nach Taiwan ausgewichenen nationalchinesischen Regierungssystem. Angesichts des gewaltigen Gewichts, das Chinas Politik für den gesamten ostasiatisch-pazifischen Raum hatte und hat, war eine Neuorientierung der amerikanischen Politik in diesem Raum fällig. Die Grundzüge der beschlossenen Neuorientierung der amerikanischen Sicherheitspolitik im Pazifik wurden im Januar 1950 von US-Außenminister Dean Acheson in einer Erklärung vor dem US-Senat vom 10. Januar wie auch im Rahmen einer Rede vor dem National Press Club in Washington bekannt gegeben. Die Kernpunkte der neuen amerikanischen Sicherheitspolitik im Pazifik – manchmal „Acheson-Doctrine" genannt – besagten, dass sich der militärische Schutzbereich der USA im Pazifik von nun an nur noch auf eine Kette von Inseln beschränken würde, die mit der überlegenen Kriegsmarine und Luft-

---

[124] Talbott, Strobe: Chruschtschow erinnert sich (Chruschtschows Memoiren). Hamburg 1971, S. 372–373.

waffe der USA leicht zu verteidigen sei. Diese Inselkette im Westpazifik erstrecke sich von den Aleuten über das von den USA total besetzte Japan bis zu den Ryu Kyu-Inseln und den Philippinen, wobei Australien und Neuseeland als logische Fortsetzung dieser Verteidigungskette betrachtet werden konnten.

Diese restriktive Beschreibung klammerte Südkorea, Taiwan und Indochina aus dem Schutzbereich der Vereinigten Staaten und aus ihren Sicherheitsinteressen aus. Wie später oft kritisiert, konnte dies als ungewollte Einladung zum Angriff gegen die eine oder die andere ausgeklammerte Region verstanden werden.[125] Nur sieben Tage später traf Chinas neuer Ministerpräsident und Außenminister Chou En-Lai in Moskau ein, wo Stalin und Mao Tse-tung wochenlang über das Verhältnis ihrer Länder zueinander verhandelten. Ganz ohne Zweifel wurde zwischen den kommunistischen Führern Russlands und Chinas auch die neue Haltung der amerikanischen Fernostpolitik und die Zukunft Koreas besprochen. Als Resultat dieser Begegnung entstand der am 14. Februar 1950 unterzeichnete Vertrag über Freundschaft, Bündnis und gegenseitigen Beistand zwischen der Sowjetunion und der Volksrepublik China. Nach Artikel 1 dieses Bündnisses richtete sich dasselbe explizit gegen Japan „oder gegen jeden anderen Staat, der sich mit Japan direkt oder indirekt zu Akten der Aggression zusammenschließen sollte".[126] Mit dem Stalin-Mao-Vertrag hatte die Sowjetunion eine Garantie gegen eine „Titoisierung" der chinesischen Außenpolitik erhalten und die Regierung Mao Tse-tungs einen Rückhalt seitens der zweiten Weltmacht, die inzwischen auch Atommacht geworden war, in einer Zeit, in der Chinas Volksrepublik noch nicht in sich gefestigt war und sich seine Außenpolitik vielfach noch im Stadium des Experimentierens befand.

Ein weiterer Faktor, der Nordkorea zum Angriff auf den Süden ermutigt haben könnte, war der partielle Erfolg kommunistischer Penetration und Partisanentätigkeit in Südkorea. Insbesondere hatten die Kommunisten versucht, in Südkorea eine „Volksbefreiungsarmee" zu gründen – ähnlich der späteren Entwicklung des Vietcong in Vietnam – wobei sie sich zugleich und nicht ohne Erfolg darum bemühten, Teile der südkoreanischen Streitkräfte wie auch der Polizei zu beeinflussen und auf ihre Seite zu bringen. Kleinere kommunistische Kampfgruppen waren 1947 in größeren südkoreanischen Städten wie Pusan oder Ulsa errichtet worden. Mit am bedrohlichsten war der Anfang 1948 auf der Cheju-Insel vor der Südküste Südkoreas beginnende kommunistische Aufstand, der fast ein ganzes Jahr anhielt und erheblich von den Befestigungsanlagen und Waffenlagern profitierte, welche die Japaner vor Ende des Zweiten Weltkrieges dort angelegt hatten. Ein Regiment, das die südkoreanische Regierung zur Bekämpfung des Aufstandes entsandt hatte,

---

[125] Congressional Quarterly: China and US-Far East Policy 1945–67, Washington D.C. 1968, S. 257–261.
[126] Maki, a.a.O., Stalin-Mao-Vertrag. S. 172–173.

schloss sich im Oktober 1948 der Rebellion an, ebenso ein zweites anschließend zum gleichen Zweck entsandtes Regiment. Nur wenige Wochen später revoltierte ein Teil der Garnison in der Stadt Taegu, während im Mai 1949 zwei im Nordwesten Südkoreas stationierte Bataillone fast geschlossen nach Nordkorea überliefen. Zwar folgten drastische Gegenmaßnahmen, in deren Verlauf 5.000 Militärpersonen entlassen oder verhaftet oder hingerichtet wurden, doch zeigten diese und andere Ereignisse das bedenkliche Ausmaß, bis zu dem es den Kommunisten gelungen war, bestimmte Teile des südkoreanischen Sicherheits- und Verteidigungsapparats politisch zu durchdringen.[127] Zu dieser innenpolitischen Schwächung der südkoreanischen Regierung durch erfolgreiche kommunistische Unterwanderungen trat im Mai 1950 der für die Regierung Syngman Rhees bedenkliche Ausgang der allgemeinen Wahlen vom Mai 1950. Die Partei des Präsidenten, die zuvor ohnedies keine absolute Mehrheit besessen hatte, verlor die Hälfte ihrer bisherigen Mandate. Eine Meldung der United Press vom 30. Mai 1950 berichtete über die Zusammensetzung des neu gewählten Parlaments wie folgt:

„Parteien, die Syngman Rhee unterstützen: koreanische Nationalisten 22, koreanisches Jugendkorps 10, Nationalverband 10, Gewerkschaftsverband 2, Rassenpartei 4, Frauenbund 1; insgesamt 49 Mandate. Parteien, die Rhee bekämpfen: Demokratische Nationalisten 23, Agrararbeiterpartei 11; insgesamt 34 Mandate. Andere Parteien: Sozialisten 2, koreanische Unabhängigkeitspartei 1, nordkoreanische Chosun-Demokraten 2, Buddhisten 1. Im neuen Parlament werden außerdem 130 parteilose Abgeordnete anwesend sein, wovon 60 wirklich parteilos, 40 wahrscheinlich für Syngman Rhee, 20 sozialistisch und der Rest Rhee-feindlich gesinnt sein dürften."[128] So schien das Land auch innenpolitisch sehr schwierigen Zeiten entgegenzugehen.

Der Krieg, der wenige Wochen später ausbrach, überdeckte mit einem Schlag auch diese Problemlagen der südkoreanischen Innenpolitik. Jedoch lag zwischen dem Ausgang der Wahlen in Südkorea und dem Beginn des Krieges eine nordkoreanische Wiedervereinigungskampagne, die offensichtlich das Ziel hatte, gegebene Angriffsabsichten zu verschleiern. Denn am 7. Juni 1950 erließ Nordkoreas Demokratische Front für die Vereinigung des Vaterlandes einen Aufruf an die „demokratischen Parteien, sozialen Organisationen für das Volk" Südkoreas mit der Aufforderung, am Werk der Wiedervereinigung mitzuwirken. Konkret wurden folgende Maßnahmen vorgeschlagen:

1. Abhaltung allgemeiner Wahlen in ganz Korea vom 5. bis zum 8. August 1950 (der Krieg begann vor diesem Datum am 25. Juni), aus denen eine gesamtkoreanische Legislative hervorgehen sollte.

---

[127] Scalapino und Lee, a.a.O., Bd. II, S. 306–311.
[128] Keesings Archiv der Gegenwart 30. Mai 1950, S. 2408.

2. Diese Legislative sollte sich dann am 5. Jahrestag der Befreiung Koreas am 15. August 1950 in Seoul (!) versammeln.
3. Zur Vorbereitung der Wahlen sollten vom 15. bis zum 17. Juni entweder in Haeyu oder Kaesong vorbereitende Gespräche stattfinden.
4. An dieser Konferenz sollten jedoch, wie ausdrücklich erklärt wurde, konservative südkoreanische Führer wie Syngman Rhee und acht andere genannte Persönlichkeiten auf keinen Fall teilnehmen. Die südkoreanische Regierung sollte somit taktisch unterlaufen werden. Auch die UN-Kommission für Korea sollte in keiner Weise beteiligt werden.

Die südkoreanische Regierung griff diese Art von interventionistischer Initiative nicht auf, sondern erklärte die Aktion zu einer einseitigen kommunistischen Angelegenheit. Jeder, der daran teilnehme, würde „als Verräter gebrandmarkt werden". Eine Entgegnung aus Nordkorea vom 16. Juni warf Präsident Rhee daraufhin vor, er sabotiere die friedliche Wiedervereinigung des Vaterlandes und sei bestrebt, einen Bürgerkrieg zu provozieren. Drei Tage später verabschiedete das Präsidium der Obersten Volksversammlung (Nordkoreas Parlament) am 19. Juni eine Resolution, die zur Wiedervereinigung aufrief. Die Parlamente Nord- und Südkoreas sollten zu einer gesamtkoreanischen Legislative vereint werden, diese sollte dann eine gesamtkoreanische Verfassung beschließen und eine für ganz Korea zuständige gesamtkoreanische Regierung bilden. Danach und auf der Basis der neuen Verfassung sollten Wahlen stattfinden und die Sicherheitskräfte des Militärs wie auch der Polizei auf nationaler Basis vereinheitlicht werden. Schließlich sollte die UNO-Kommission für Korea aus dem Land vertrieben werden. Es wurde gefordert, dass alle zuvor genannten Maßnahmen bis zum 15. August 1950 abgeschlossen sein müssten. Nordkorea erklärte sich bereit, zu Besprechungen über dieses Programm eine südkoreanische Delegation nach dem 21. Juni 1950 (vier Tage vor Kriegsbeginn) zu empfangen und seinerseits eine ähnliche Delegation nach dem Süden zu entsenden.[129]

5.3 Der Kriegsbeginn als Schockerlebnis

Trotz mancher ungehörter Warnungen kam der Ausbruch des Krieges in Korea für die davon betroffenen Südkoreaner und Amerikaner als schockierende Überraschung. Der nordkoreanische Angriff begann um 4:00 Uhr früh koreanischer

---

[129] Text des nordkoreanischen Aufrufs in: Kim, Se-jin, Korean Unification, a.a.O., Bd. I.; siehe auch den Bericht des US-Botschafters Muccio vom 9. Juni 1950 in: Foreign Relations of the United States, a.a.O. 1950, Bd. VII Korea, S. 98–99.

Ortszeit am 25. Juni 1950. Dem Angriff der nordkoreanischen Infanterie war ein sich in Intensität ständig steigerndes Trommelfeuer der Artillerie und durch Granatwerfer vorangegangen. Anschließend gingen über 90.000 Mann, gedeckt durch etwa 100 zumeist schwere Tanks, an sechs Stellen des 38. Breitengrades zum Angriff über, während Einheiten der nordkoreanischen Marineinfanterie an zwei Stellen der südkoreanischen Ostküste landeten. Nur drei Tage später drangen nordkoreanische Panzerverbände in Seoul ein und eroberten die Hauptstadt Südkoreas, welche die Nordkoreaner anschließend zur alten und neuen Hauptstadt eines wiedervereinigten kommunistischen Gesamtkorea erklärten. Der rasche Zusammenbruch des anfänglichen südkoreanischen Widerstandes erklärt sich aus der Unterschiedlichkeit der militärischen Ausstattung, hier Nordkoreas durch die Sowjetunion und dort Südkoreas durch die Vereinigten Staaten. Letztere hatten in Südkorea bei ihrem Abzug keine reguläre südkoreanische Armee hinterlassen, sondern eine Streitmacht, die ihrer Ausrüstung und Ausbildung nach eher dem Bundesgrenzschutz der Bundesrepublik Deutschland vergleichbar war. General Matthew B. Ridgway, der im weiteren Verlauf des Krieges Oberbefehlshaber der Streitkräfte der Vereinten Nationen in Korea wurde, schrieb in seinem Buch über den Koreakrieg, Südkorea hatte „keine schwere Artillerie, keine Panzerwagen, keine Panzerabwehrwaffen und keine Luftwaffe".[130] 1948 habe der Nationale Sicherheitsrat der Vereinigten Staaten ernsthaft die Schaffung einer starken südkoreanischen Armee erwogen, doch sei dieser Plan auf Anraten General MacArthurs, des Oberkommandierenden der US-Streitkräfte in Japan, verworfen worden. Die Mehrheit der entscheidenden Stimmen in Washington war der Meinung, sollte ein weiterer Krieg kommen, so wäre es ein Weltkrieg, in dem Korea nur von peripherer Bedeutung sein würde. Im Grunde sei es nicht zu verteidigen. Der amerikanische Besitz der Atombombe (vor 1949 war es der Alleinbesitz) habe eine Art „psychologische Maginot-Linie" entstehen lassen, die zu einer Reduzierung der konventionellen Streitkräfte geführt habe. Die Konzeption eines „begrenzten Krieges" sei damals kaum vertreten worden.[131] Noch im Mai des Kriegsjahres 1950 hatte der außerordentlich einflussreiche US-Senator Tom Connally, damals Vorsitzender des Senatskomitees für auswärtige Angelegenheiten, in einem Interview mit der amerikanischen Zeitschrift U.S. News & World Report vom 5. Mai 1950 auf die Frage, ob seitens der USA ein Fallenlassen Südkoreas ernsthaft erwogen werde, geantwortet: „Ich fürchte, das wird ernsthaft erwogen werden. Denn ich fürchte, es wird ohnehin geschehen, ob wir es wollen oder nicht." Auf die weitere Frage, ob denn Korea ein wesentlicher Bestandteil der

---

[130] Ridgway, Matthew B. The Korea War, a.a.O., 1967 S. 11.
[131] Ebd.

amerikanischen Verteidigungsstrategie sei, antwortete der Senator: „Nein." Er verwies dabei auf die Acheson-Doktrin der Zurücknahme der amerikanischen Verteidigungslinie im Westpazifik auf die oben genannte Inselkette und fügte hinzu: „... Irgendein zusätzliches Gebiet in diesem Raum ist (für die Verteidigung) nicht absolut wesentlich."[132]

Wie General Ridgway weiter schilderte, wurde ein großer Teil der südkoreanischen Streitmacht in den ersten Stunden und Tagen des Krieges von zahlenmäßig überlegenen, mit Artillerie weitaus besser ausgerüsteten und von den Sowjets auch mit vorzüglichen Panzern ausgestatteten Angriffseinheiten überwältigt und zerschlagen. Die wenigen kleineren Artilleriegeschütze, die den Südkoreanern zur Verfügung standen, seien jahrelang nicht benutzt worden. Nordkorea habe von den Sowjets eine schlagkräftige Luftwaffe erhalten, so dass die angreifenden Einheiten der Nordkoreaner von der Luft aus effektive Unterstützung gehabt hätten. Wörtlich schreibt Ridgway: „Die Südkoreaner besaßen nicht einmal Luftabwehrgeschütze. Auch verfügten sie über kein Geschütz, das einen schweren Tank hätte aufhalten können. Es war so, als ob es einige Einheiten von Pfadfindern versucht hätten, nur mit Handfeuerwaffen eine Panzereinheit aufzuhalten." Ohne irgendwelche wirksamen Panzerabwehrwaffen seien viele südkoreanische Einheiten angesichts des Ansturms der schweren nordkoreanischen Panzer, zumeist vom Typ T-34, in Panik geraten. Die Panzer seien oft einfach durch entgegenstehende südkoreanische Einheiten hindurchgefahren. Viele der südkoreanischen Einheiten seien ungenügend ausgebildet gewesen, unsicher selbst im Gebrauch ihrer eigenen Waffen und ohne Vertrauen zu ihren Offizieren. Die südkoreanischen Streitkräfte seien im Wesentlichen ausgebildet worden, um die innere Sicherheit aufrechtzuerhalten. Nach nur vier Stunden Kampf hätten die Nordkoreaner unter diesen Umständen Kaesong, die altehrwürdige frühere Hauptstadt Koreas, erobern können. In Panik fliehende Massen von Menschen und Fahrzeugen hätten in kürzester Zeit alle nach Süden führenden Straßen verstopft. Es habe aber auch vereinzelt Stellen eines kurzfristig effektiven südkoreanischen Widerstandes gegeben. So habe zum Beispiel nur der opferreiche Widerstand der 6. südkoreanischen Division bewirkt, dass die Nordkoreaner Südkoreas Hauptstadt Seoul erst nach drei Tagen erobern konnten.[133] Charakteristisch für die in den ersten Kampftagen vorherrschende katastrophale Konfusion war zum Beispiel, dass das Hauptquartier der südkoreanischen Streitkräfte am 27. Juni nach Süden in die Stadt Sihong verlegt wurde, ohne dass die 500 Mann starke amerikanische Mili-

---

[132] Wortlaut des Interviews mit Senator Tom Connally in: Foreign Relations of the United States 1950, Bd VII, Korea, a.a.O., S. 65–66.
[133] Ridgway, a.a.O., S. 18–20.

tärberatergruppe zur Betreuung dieser Armee in irgendeiner Weise davon informiert worden wäre.[134] Wesentlich schlimmer noch war, dass am 28. Juni die einzige über den Han-Fluss führende Brücke, die schwere Gewichte tragen konnte, zu einem Zeitpunkt gesprengt wurde, an dem sich noch etwa 1.000 südkoreanische Soldaten und Zivilisten auf der Brücke befunden hatten. Etwa 800 von ihnen wurden so getötet oder ertranken im Fluss. Nicht nur wurde damit die einzige Nord-Süd-Verbindung für schwergewichtige Transporte zerstört, sondern auch noch im Norden der Brücke befindliche südkoreanische Armee-Einheiten vom Rückzug nach Süden abgeschnitten.[135] Einen Tag später war General MacArthur aus Tokio nach Suwon, einer Stadt etwa 25 Kilometer südlich von Seoul, geflogen und berichtete dort in einem Telegramm den vereinigten Staatschefs der USA:

„Die südkoreanischen Streitkräfte befinden sich in Verwirrung, haben nicht ernsthaft gekämpft und sind ohne Führung ... Sie vermögen es nicht, die Initiative wieder zurückzugewinnen ...“[136]

Am Morgen des 25. Juni hatte das Innenministerium der Koreanischen Demokratischen Volksrepublik Südkorea eine Art Kriegserklärung übermittelt und behauptet, die Kämpfe seien durch einen unprovozierten Angriff Südkoreas ausgelöst worden.[137] Noch am gleichen Tag legte die Geheimdienstabteilung des US-Außenministeriums der Regierung in Washington eine geheime Lagebeurteilung vor. Ihre wichtigsten Punkte können wie folgt zusammengefasst werden: Das Ziel der nordkoreanischen Offensive sei die Kontrolle der gesamten koreanischen Halbinsel. Seoul werde innerhalb der nächsten sieben Tage von den Nordkoreanern eingenommen werden. Die nordkoreanische Regierung sei „vollständig unter der Kontrolle des Kreml und es gibt keine Möglichkeit, dass die Nordkoreaner ohne vorherige Weisung aus Moskau gehandelt haben. Der Krieg gegen Südkorea muss daher als sowjetische Maßnahme gewertet werden." Eine Vernichtung des südkoreanischen Regimes passe gut in die Konzeptionen der sowjetischen Globalstrategie. Es würde ein Schwertschlag gegen das Ansehen der USA in Asien bedeuten, würde die strategische Gesamtlage der UdSSR bedeutsam verbessern. Eine sowjetische Beherrschung ganz Koreas würde von Moskau zur Einschüchterung Japans verwendet werden können, um dessen künftiges Bündnis mit den USA zu verhindern. In Deutschland würde der Erfolg der nordkoreanischen Invasion ganz besondere Besorgnis auslösen, weil die Deutschen einen ähnlichen Angriff aus

---

[134] Sawyer, Robert K.: Military Advisors in Korea: KMAG in Peace and War. Washington, D.C. 1962, S. 124.
[135] Ebd. S. 125–126.
[136] Ridgway, a.a.O., S. 21.
[137] Keesings Archiv der Gegenwart v. 30 Juni 1950, S. 2458.

Ostdeutschland zum Zweck der gewaltsamen Wiedervereinigung im Zeichen des Kommunismus befürchten müssten.[138]

Noch am gleichen Tag trat der Sicherheitsrat der Vereinten Nationen zusammen, der aufgrund eines Berichts der UN-Kommission in Korea eine Resolution annahm, in der es hieß, der Sicherheitsrat nehme vom Angriff Nordkoreas gegen Südkorea mit Besorgnis Kenntnis und stelle fest, dass dies einen „Friedensbruch" darstelle. Der Sicherheitsrat verlange die sofortige Einstellung der Feindseligkeiten, ersuche die Nordkoreaner, ihre Streitkräfte auf den 28. Breitengrad zurückzuziehen, ersuche alle Mitgliedstaaten der UNO um Unterstützung und darum, jede Hilfeleistung an Nordkorea zu unterlassen.[139] Am gleichen Tag hatte sich die Nationalversammlung Südkoreas mit einem Hilferuf an die Vereinten Nationen gewandt. Am folgenden Tag, dem 26. Juni, erließ der nordkoreanische Staats- und Parteichef Kim Il Sung einen Aufruf, in dem die Behauptung wiederholt wird, Südkorea habe angegriffen, Nordkorea befände sich in der „Gegenoffensive". Er forderte die nordkoreanischen Streitkräfte wie auch die nordkoreanische Bevölkerung dazu auf, den Norden zu unterstützen und das südkoreanische Regime zu zerschlagen. „Der Krieg", so sagte er, „zu dem man uns gezwungen hat, ist ein gerechter Krieg für die Vereinigung und Unabhängigkeit des Landes, für Freiheit und Demokratie." Kim forderte die Bestrafung der „Verräter" sowie Massenaufstände und Sabotage gegen die Regierung Südkoreas.[140]

5.4 Motive und Eingreifen der USA

Angesichts der sich als Möglichkeit abzeichnenden Änderung der Weltlage durch den von Nordkorea begonnenen Blitzkrieg hing für Südkorea und für Nordostasien ungemein viel von der Frage ab, ob und wie die Regierung der Vereinigten Staaten auf die für sie überraschend ausgebrochene Krise reagieren würde. US-Präsident Harry S. Truman flog noch am gleichen Tag von seiner Heimatstadt Independance in Missouri nach Washington. Vom Flugzeug aus veranlasste er die Vorbereitung eines abendlichen Treffens führender Entscheidungsträger in seiner

---

[138] Intelligence Estimate Prepared by the Estimates Group, Office of Intelligence Research, Department of State, Washington, D.C., June 25, 1950; Wortlaut in: Foreign Relations of the United States – Diplomatic Papers 1950, Bd. VII: Korea, a.a.O., S. 148–154.

[139] Wortlaut der Resolution des UN-Sicherheitsrates v. 25. Juni 1950 in: United Nations. New York, October 1950, S. 7.

[140] Keesings Archiv der Gegenwart, 30. Juni 1950, S. 2459, sowie Text des Berichts der UN-Kommission für Korea an den Generalsekretär der UNO v. 26.6.1950 in: US-Department of State: The Record on Korean Unification 1943–1960. Narrative Summary With Principal Documents, Washington, D.C. 1960, S. 98.

Residenz, dem so genannten Blair House. Um 8:00 Uhr abends versammelten sich um den Präsidenten die führenden Entscheidungsträger der amerikanischen Außen- und Sicherheitspolitik. Darunter waren der amerikanische Außenminister Dean Acheson, der Verteidigungsminister Louis A. Johnson, die Minister für Heer, Marine und Luftwaffe, die vereinigten Stabschefs einschließlich ihres Vorsitzenden General Omar Bradley sowie weitere führende Mitglieder der Generalität und Admiralität der amerikanischen Streitkräfte. Die aktivste und fast könnte man sagen führende Rolle unter den Mitgliedern dieser Beratergruppe spielte Außenminister Dean Acheson. Angesichts der viel zu optimistischen Einschätzungen der amerikanischen Militärberatergruppe in Korea nahm Präsident Trumans Krisenstab zunächst an, die südkoreanischen Streitkräfte würden mithilfe zusätzlich gelieferter amerikanischer Rüstungsgüter in der Lage sein, den nordkoreanischen Angriff aufzuhalten. Von großer Bedeutung schien der Gruppe die Frage, welches Verhalten von der Welt- und Atommacht der Sowjetunion zu erwarten war. Einmütig nahm man an, die Sowjetunion habe bei diesem Angriff Nordkorea als Satelliten vorgeschoben und sei selbst noch nicht gewillt, in einen Weltkrieg einzutreten. Präsident Truman unterstellte Moskau die Annahme, die Vereinigten Staaten würden sich gegenüber der koreanischen Krise eher passiv verhalten. Intensiv wurde die Frage Taiwans besprochen und die Befürchtung geäußert, der noch ausstehende Friedensvertrag mit Japan könne für die Sowjetunion eine legale Basis zum Versuch einer Landung von Streitkräften in diesem Inselreich darstellen. Noch in der gleichen Nacht wurde der Oberkommandierende der US-Streitkräfte, General MacArthur, angewiesen, sofort Munition und andere Rüstungsgüter nach Südkorea zu senden, die Evakuierung amerikanischer Staatsbürger aus Südkorea militärisch abzusichern und, falls erforderlich, Einheiten der Luftwaffe und Kriegsmarine einzusetzen, um zu verhindern, dass das Gebiet von Inchon, Kimpo und Seoul in die Hände der Nordkoreaner falle.[141] Als Präsident Trumans Krisenstab am folgenden Tag, dem 26. Juni, erneut zusammentrat, hatte sich die Lage Südkoreas weiter verschlechtert. Dennoch vertraten führende Mitglieder dieses Beraterteams die Ansicht, dass der Einsatz der amerikanischen Luftwaffe vermutlich genügen könne, um den Angreifer hinlänglich zu schädigen und die Verteidiger dementsprechend zu ermutigen. Alle Mitglieder des Krisenstabes stimmten darin überein, dass der Einsatz der amerikanischen Luftwaffe und Kriegsmarine auf die Gebiete südlich des 38. Breitengrades beschränkt sein sollte. Zur allgemeinen Haltung Trumans kommentierte Glenn Paige: „Dem Studium der Geschichte

---

[141] Ausführliche und auf zahlreichen Interviews mit Augenzeugen beruhende Darstellung und Analyse der Krisensitzung mit Präsident Truman am 25.6.1950 im Standardwerk von Paige, Glenn D.: The Korean Decision, June 24–30, 1950, New York 1968, S. 125–144.

hingegeben sah er (Truman) sich in seiner Ansicht bestätigt, dass die ‚Lehren der Geschichte' klare Wegweiser zu ‚richtigen Prinzipien des Handelns für alle verkörperten, die die Lehren der Geschichte kannten …'"[142] So vertrat er der Beratergruppe gegenüber die Ansicht, in Korea wiederhole sich in größerem Umfang, was in der Türkei und Griechenland 1947 und während der Berlin-Krise von 1948 geschehen sei. Der Osten erprobe die Reaktionsfähigkeit des Westens. Man müsse sich, so meinte Truman, der Herausforderung stellen, ohne sich in einen Weltkrieg verwickeln zu lassen. Die Beispiele der fatalen Folgen der Beschwichtigungspolitik der Westmächte gegenüber der Expansion der Achsenmächte in der Mandschurei, in Äthiopien und in Zentraleuropa wurden als „Lehren der Geschichte" zitiert.[143] Insgesamt kam man im Krisenstab übereinstimmend zu der Ansicht, die USA könnten es sich nicht leisten, Südkorea einfach aufzuopfern. Eine Eroberung Südkoreas würde die Kommunisten in strategisch gefährliche Nähe Japans, der Ryu Kyu-Inseln und Taiwans bringen. Mehr als das: Das gesamte Gebäude der von den Vereinigten Staaten geförderten kollektiven Sicherheit würde im Falle einer amerikanischen Passivität zusammenfallen. Die bündnispolitische Glaubwürdigkeit der USA müsse für ihre Verbündeten in Europa und in anderen Erdteilen erhalten bleiben. Es gelte, einen dritten Weltkrieg durch positive Reaktion gegen eine erprobende Aggression zu verhindern. In diesem Zusammenhang tauchte auch – wenngleich auch noch nicht unter diesem Namen – jene so genannte „Domino-Theorie" auf, welche die Ostasienpolitik der USA zwei Jahrzehnte lang bestimmen sollte. Passive Hinnahme einer Aggression sei gleichbedeutend mit der Ermutigung zu weiteren und immer weiteren Aggressionsakten.[144] Noch am gleichen Tag erhielt MacArthurs Oberkommando in Japan die Autorisierung, amerikanische Luft-und Seestreitkräfte südlich des 38. Breitengrades zur Bekämpfung der nordkoreanischen Invasion einzusetzen.

Am 27. Juni ergab sich eine dramatische Eskalation der Korea-Krise. Nordkoreanische Panzerverbände hatten Südkoreas Hauptstadt Seoul erobert. Südkoreas Regierung verlegte ihren Sitz nach Sowon, 90 Kilometer südlich von Seoul. In einer dringlichen Erklärung des Präsidenten Syngman Rhee hieß es, Amerikas Hilfe sei zu spät und zu gering erfolgt, um die Lage zu retten. Die Südkoreaner verfügten über keine Waffen, um die aus der Sowjetunion stammenden nordkoreanischen Panzerwagen aufzuhalten. Am Vormittag dieses Tages hatte Präsident Truman 14 führende Mitglieder aus beiden Parteien und beiden Häusern des amerikanischen Kongresses um sich versammelt und las ihnen zum Zweck der Diskussion einen

---

[142] Ebd., S. 114.
[143] Ebd., S. 170–179.
[144] Ebd., S. 181.

anschließend veröffentlichten Beschluss seiner Regierung vor. Die bedeutsamsten Punkte dieser historischen Erklärung sind wie folgt:

1. Den Luft- und Seestreitkräften der USA sei der Befehl erteilt worden, den südkoreanischen Regierungstruppen Schutz und Unterstützung zu gewähren;

2. der bewaffnete Angriff auf Südkorea zeige, dass „der Kommunismus unabhängige Nationen nicht mehr nur mit der „Waffe des politischen Umsturzes" erobern wolle, sondern dass er von jetzt an zur bewaffneten Invasion und zum Krieg" gegriffen habe. Befehle des UN-Sicherheitsrates seien missachtet worden.

3. Da unter diesen Umständen die Besetzung Taiwans durch „kommunistische Streitkräfte" eine Bedrohung der Sicherheit im Pazifik und der dort befindlichen amerikanischen Streitkräfte bedeuten würde, habe er der VII. Flotte der USA den Befehl gegeben, sowohl Angriffe aus der Volksrepublik China auf Taiwan zu verhindern als auch Kampfoperationen von Taiwan gegen die Volksrepublik. Der künftige Status von Taiwan könne erst nach und mit einem Friedensvertrag mit Japan geregelt werden;

4. die USA würden Frankreichs Krieg gegen die nationalkommunistischen Kräfte in Indochina (insbesondere Vietnam) materiell und durch die Entsendung einer Militärmission unterstützen. Auf den zwischen Vietnam und Taiwan liegenden Philippinen würden dortige nationale und US-amerikanische Streitkräfte verstärkt werden.[145]

Trumans in dieser Erklärung enthaltene Beschlüsse waren von wahrhaft weltgeschichtlicher Bedeutung. Denn mit einem Schlag war die bereits genannte „Acheson-Doktrin" des sicherheitspolitischen Rückzuges der USA vom asiatischen Kontinent und die zuvor explizit bekannt gegebene Preisgabe Taiwans nicht nur rückgängig gemacht, sondern in ihr Gegenteil verkehrt worden. An die Stelle der verteidigungspolitischen Beschränkung auf eine Inselkette im Westpazifik war jetzt die Politik eines militanten Engagements der USA an drei neuralgischen Punkten an der Peripherie des kommunistischen China getreten. Dies betraf den Einsatz amerikanischer Streitkräfte, um Nordkoreas Invasion aufzuhalten, sowie den militärischen Schutz jener chinesischen Insel Taiwan, die Peking aber als integralen Bestandteil des chinesischen Staatsgebietes betrachtete, und eine Unterstützung des französischen Kolonialkrieges gegen kommunistische Kräfte in Indochina.

Ausgelöst durch die Aggression gegen Südkorea hatte nunmehr der Kalte Krieg auch in Ostasien mit voller Stärke begonnen. Es ist eine Ironie der Geschichte, dass

---

[145] Ebd., S. 2459–2460. Zum Originaltext der historischen Erklärung Trumans siehe: Department of State Bulletin, 3. Juli 1950, S. 5, und Foreign Relations of the United States, Diplomatic Papers, 1950, Bd. VII, Korea, S. 202–203 und 276–277.

der demokratische Präsident Harry S. Truman in Korea jene Politik in die Praxis umsetzte, die später die oppositionelle Republikanische Partei in ihrer Wahlkampfpropaganda als Kritik gegen die Demokraten forderte, nämlich den „roll back", das heißt die Rückgewinnung kommunistisch gewordener Gebiete und die „policy of liberation", das heißt die Befreiung längerfristig bereits kommunistischer Völker. Paradox ist auch die Tatsache, dass der eigentliche Urheber der von Truman angekündigten Kombination von Maßnahmen jener Außenminister Dean Acheson war, von dem die nur sechs Monate zuvor verkündete und inhaltlich völlig entgegengesetzte „Acheson-Doktrin" der sicherheitspolitischen Entflechtung Amerikas vom ostasiatischen Kontinent entworfen worden war.[146] Als Einzige unter den Mitgliedstaaten der Vereinten Nationen hat die Republik China auf Taiwan eine ganze Armee zum Einsatz in Südkorea im Zeichen der kollektiven Sicherheitsbemühungen der Vereinten Nationen angeboten, doch war dieses Angebot von Washington mit der doppelten Begründung abgelehnt worden, einerseits würden diese Streitkräfte zur Verteidigung Taiwans benötigt und andererseits wolle man China nicht unnötig in Korea provozieren.[147]

Am Abend des 27. Juni trat der UN-Sicherheitsrat zusammen, um eine ebenfalls historische Entscheidung zu treffen. Kernpunkte dieser Resolution waren:

1. Der Sicherheitsrat habe Nordkoreas bewaffnete Aggression und damit den Friedensbruch festgestellt und verlange die Einstellung der Feindseligkeiten wie auch den Rückzug der nordkoreanischen Streitkräfte auf den 38. Breitengrad.
2. Nordkoreas fortgesetzte Aggression erfordere „militärische Maßnahmen zur Wiederherstellung des Friedens und der internationalen Sicherheit".
3. Der Sicherheitsrat habe Südkoreas Appell an die UNO zur Kenntnis genommen und „...empfiehlt den Mitgliedern der Vereinten Nationen, der Republik Korea alle erforderliche Hilfe zu leisten, um die Angreifer zurückzuschlagen und in dieser Region den Frieden und die internationale Sicherheit wiederherzustellen".[148]
   Diese Resolution war mit sieben Stimmen (Großbritannien, Frankreich, USA, National-China, Norwegen, Kuba und Ecquador) gegen die eine Stimme Jugoslawiens und bei Stimmenthaltungen Indiens und Ägyptens angenommen worden.

Die Annahme der Resolution war nur möglich gewesen, weil die Sowjetunion ihren sechs Monate zuvor begonnenen Boykott der Vereinten Nationen – eine Geste des

[146] Paige, a.a.O., S. 164.
[147] Wortlaut des nationalchinesischen Angebots in: Foreign Relations of the United States – Diplomatic Papers, Bd. VII, 1950, Korea, a.a.O., S. 262–263, Washingtons Ablehnung dieses Angebots ebd., S. 276–277.
[148] Wortlaut der historischen Resolution des UN-Sicherheitsrates v. 27. Juni 1950 in: United Nations, Department of Public Information: Korea and the United Nations, a.a.O., S. 12.

Protests dagegen, dass die Regierung in Taiwan und nicht die Regierung in Peking ganz China in der UNO vertrat – weiterhin fortsetzte, obwohl der UN-Generalsekretär Trygve Lie den sowjetischen Chefdelegierten im Sicherheitsrat Jakob Malik dringend um dessen Teilnahme bei dieser wichtigen Sitzung gebeten hatte.[149] Der Verfasser dieses Buches, der damals in der Presse- und Informationsabteilung des Generalsekretariats der Vereinten Nationen ein viermonatiges Volontariat absolvierte, erinnert sich klar daran, dass vor Beginn der Sitzung sämtliche Delegierten um den halbmondförmigen Tisch des Sicherheitsrates herumstanden und gespannt nach der Eingangstür blickten, ob der sowjetische Chefdelegierte nicht doch noch in letzter Minute erscheinen würde. Die Sitzung begann mit ein bis zwei Minuten Verspätung.[150] Eine in der Prawda vom 28. Juni enthaltene Entgegnung zur erwähnten Erklärung Präsident Trumans vom Vortag behauptete, Südkorea habe den Krieg begonnen. Trumans Befehl an die VII. amerikanische Flotte zur Abschirmung Taiwans in der Straße von Taiwan sei eine „faktische Okkupation eines Teiles des Territoriums Chinas". Trumans Verhalten bedeute einen „direkten Aggressionsakt" gegen Nordkorea wie auch gegen die Volksrepublik China. Einen Tag später kommentierte die Prawda den Beschluss des UN-Sicherheitsrates vom 27. Juni mit der Behauptung, dieser Beschluss sei „nicht rechtskräftig", weil zwei ständige Mitglieder des Sicherheitsrates, die UdSSR und China, abwesend gewesen seien. Mit „China" war hier die Regierung in Peking gemeint. Beschlüsse des Sicherheitsrates in wichtigen Fragen könnten aber – laut UNO-Satzung – nur mit Einstimmigkeit aller fünf ständigen Mitglieder gefasst werden.[151]

---

[149] Paige, a.a.O., S. 203.

[150] Der Verfasser dieses Buches hat im Juni 1950 nach einem Studienjahr an der Stanford Universität in Kalifornien eine Stelle als Volontär in der Presseabteilung des Generalsekretariats der Vereinten Nationen erhalten können, wo er der Abteilung des aus Chile stammenden und für Presse und Information zuständigen Vize-Generalsekretärs, Benjamin Cohen, zugeteilt wurde. Am 24. Juni wurde er Letzterem vorgestellt, der sich nach dem Studium und nach der Heimatstadt Wien erkundigte, die er besonders schätzte. Gemeinsame Bekannte wurden festgestellt. Am folgenden Tag brach der Krieg in Korea aus. Einen Tag danach ließ der in großer Eile befindliche Vize-Generalsekretär den Verfasser in sein Büro rufen, wo er zu ihm sagte: „Sie sind doch der Student aus Wien, der Politikwissenschaft studieren will. Ich selbst halte von Büchern nicht allzu viel. Aber jetzt soll die Geschichte selbst Ihre Lehrmeisterin sein. Ich werde dafür sorgen, dass Sie die Entwicklungen im Sicherheitsrat verfolgen können." Damit war er enteilt und der Verfasser hatte in der Tat die Gelegenheit, monatelang die dramatische Entwicklung der koreanischen Krise im Spiegel der oft sehr heftigen Debatten im UN-Sicherheitsrat und später auch in der Generalversammlung der Vereinten Nationen mitzuerleben und eine Reihe führender Diplomaten – darunter den späteren US-Außenminister John Foster Dulles sowie auch den sowjetischen UN-Botschafter Jakob Malik und Andrei Wischinsky – persönlich kennen zu lernen.

[151] Text der sowjetischen Stellungnahmen zu den Beschlüssen der USA wie auch der UN vom 27. Juni 1950 in: Keesings Archiv der Gegenwart v. 30. Juni 1950, S. 2460–2461.

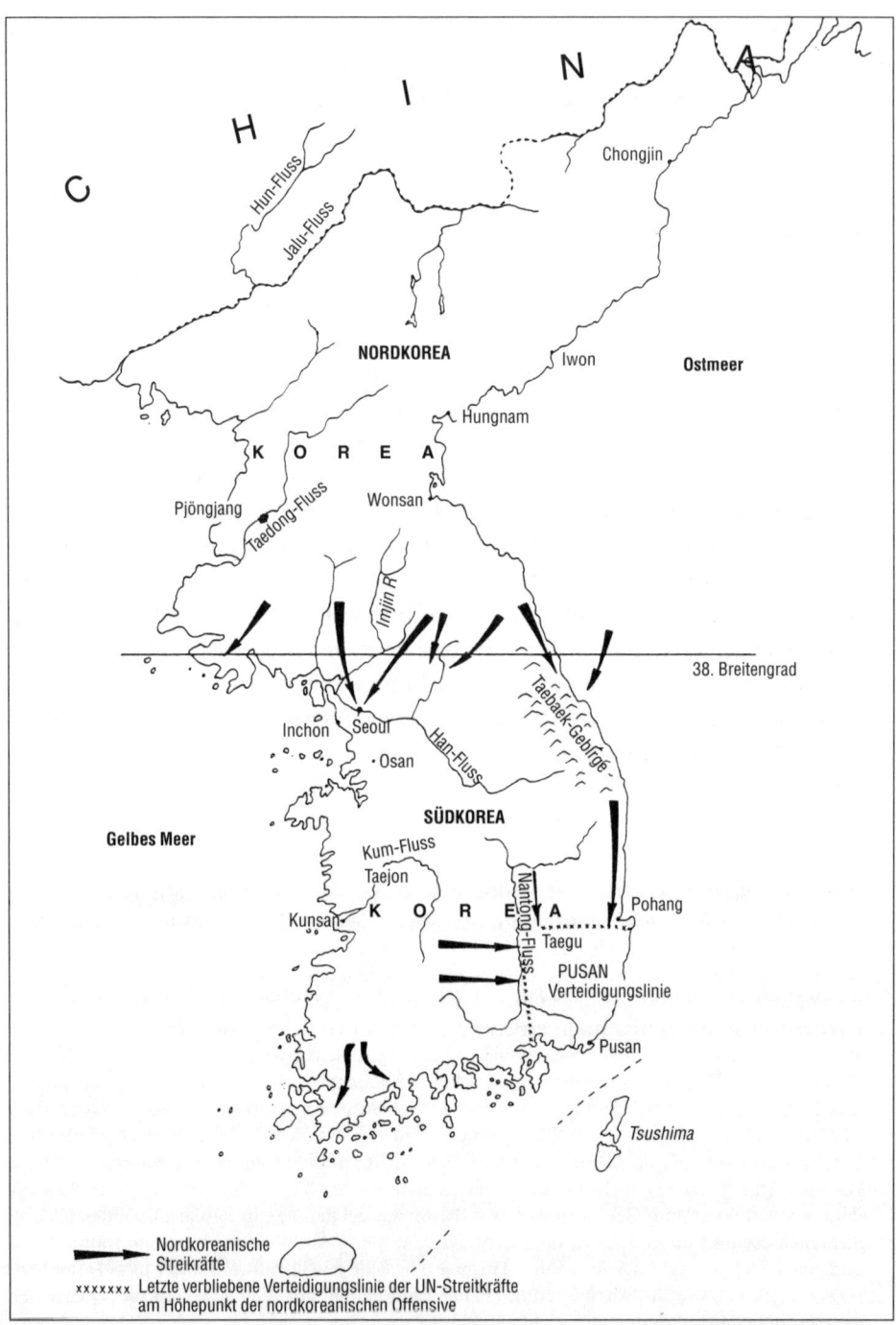

Die Karte zeigt die Eroberung fast ganz Südkoreas durch die Nordkoreaner Juni bis September 1950 (Quelle: Hastings, Max: The Korean War, London 1987)

Am 29. und am 30. Juni erhielt General MacArthur aus Washington die Weisungen, auch Bodentruppen zur Erhaltung eines Brückenkopfes in Pusan-Chinhae zu entsenden und die Luftwaffe und Kriegsmarine auch gegen Ziele jenseits des 38. Breitengrades in Nordkorea einzusetzen. Er wurde zugleich gewarnt, bei Operationen in Nordkorea in genügendem Abstand von den Grenzen zu China (Mandschurei) und zur Sowjetunion zu bleiben. Ein Krieg mit der Sowjetunion solle so weit wie möglich vermieden werden, wenngleich man sich des Risikos eines solchen bewusst sei.[152]

Trotz des Eingreifens anfangs nur kleinerer amerikanischer Bodentruppen in den Koreakrieg brachten die Wochen zwischen Ende Juni und Mitte September 1950 Serien von Niederlagen für die Südkoreaner und Amerikaner und dementsprechend bedeutende militärische Erfolge für die fast unaufhaltsam nach Süden vorstoßenden nordkoreanischen Armee-Einheiten. Am 27. Juli 1950 unterstellte Syngman Rhee die südkoreanischen Streitkräfte dem Kommando der von den Amerikanern kommandierten UN-Streitkräfte, zu denen auch kleinere Kontingente mehrerer anderer Staaten gehörten. Die Nordkoreaner waren an der Ostküste über Samchok bis nach Yongok vorgedrungen und von Seoul aus in fast gerader Linie in Richtung auf die Stadt Taegu vorgestoßen, aus der Präsident Rhee am 18. August vorsichtshalber die südkoreanische Regierung evakuierte, um sie im alleräußersten Süden Koreas in der Hafenstadt Pusan unterzubringen.

In einem erbitterten Kampf um die bedeutende Stadt Taejon hatten die Nordkoreaner die 24. Division der USA zerschlagen und anschließend ihren Kommandeur General William F. Dean gefangen genommen. In weit ausholender Flankenbewegung eroberten die Nordkoreaner anschließend den gesamten Südwesten der koreanischen Halbinsel, so dass sie Mitte September die südkoreanischen und amerikanischen Streitkräfte fast völlig aus Südkorea verdrängt hatten, allerdings mit der Ausnahme eines rechteckigen Gebiets im äußersten Südosten mit den Städten Taegu und Quryonpo im Norden sowie Masan und Pusan im Süden. Mitte September schien es fast so, als sei die Eroberung ganz Koreas durch die Nordkoreaner zeitlich nur noch eine Frage von Tagen oder Wochen.[153]

---

[152] Paige, a.a.O. S., 251 und 260.
[153] US Senate Committee on Armed Services and The Senate Committee on Foreign Relations (Hg.): Compilation of Certain Published Information an the Military Situation in the Far East, Washington, D.C. 1951. Diese historisch wichtige Publikation enthält die militärischen Lageberichte des amerikanischen Oberkommandos v. Juni 1950 bis zum Frühjahr 1951. Siehe auch Ridgway, a.a.O., S. 25–30, und die militärgeschichtliche Darstellung von O'Ballance, Edgar: Korea 1950–1953, London 1969, Kap. 2 „The Communist Attack", S. 30–47.

5.5 Die Eroberung Nordkoreas und Chinas Kriegseintritt

Eine entscheidende Wende in dieser ersten Phase des Koreakrieges trat ein, als UN-Streitkräfte in Durchführung eines Schlachtplanes von General MacArthur am 15. September 1950 eine amphibische Landung an der Westküste Südkoreas bei Inchon nur etwa 22 Kilometer von der Hauptstadt Seoul entfernt unternahmen. Die Nordkoreaner wurden von diesem „Operation Chromite" genannten Angriff vollständig überrascht. Nach schwerem Bombardement durch Schiffsartillerie konnte ein Großteil der UN-Streitmacht von 70.000 Mann die Küstenbefestigungen erstürmen und in Richtung Seoul vordringen. Die Hauptstadt selbst konnte nach schweren Kämpfen am 26. September 1950 zurückerobert werden. Gleichzeitig begannen die verstärkten UN-Streitkräfte, auch vom Pusan-Brückenkopf aus, eine Gegenoffensive, so dass die nordkoreanischen Streitkräfte von Norden und Süden her in eine gewaltige Umklammerungsbewegung gerieten. Schon am 25. September konnte General MacArthur dem südkoreanischen Präsidenten Syngman Rhee den Einzug in die Hauptstadt ermöglichen. Die nordkoreanische Armee war in die Flucht geschlagen. Nur zwischen 25.000 bis 30.000 nordkoreanische Soldaten entkamen über den 38. Breitengrad nach Norden. Zirka 135.000 Nordkoreaner gerieten in Gefangenschaft. Südkorea war befreit. Während der kurzen, aber schrecklichen Besatzung Südkoreas hatten koreanische Kommunisten etwa 26.000 südkoreanische Zivilisten aus politischen Gründen hingerichtet. Zahlreiche Massengräber wurden entdeckt.[154]

Die schicksalhafte Frage für Südkorea und insbesondere auch für die Vereinigten Staaten und die Vereinten Nationen lautete, ob die siegreichen Streitkräfte am 38. Breitengrad stehen bleiben und sich mit der Wiederherstellung des Status quo ante begnügen oder aber die Grenze zu Nordkorea überschreiten und eine Vereinigung des geteilten Landes im Zeichen der Vereinten Nationen bewirken sollten. Für Südkoreas Präsident Syngman Rhee gab es hier keinen Zweifel. Auf einer Massenversammlung in Pusan hatte er schon am 19. September 1950 gesagt, man müsse jetzt bis zur Grenze der Mandschurei im äußersten Norden Koreas marschieren. Zwar glaube er nicht, dass die UN-Streitkräfte am 38. Breitengrad stehen bleiben würden. Täten sie es dennoch, so würden die Südkoreaner sich selbst dies nie gestatten. Ohne auf amerikanische Streitkräfte oder Entscheidungen zu warten, überschritten alle Divisionen der wichtigsten südkoreanischen Armeekorps den 38. Breitengrad, um sich an die Fersen der sich zurückziehenden nordkoreanischen Truppen zu heften. Sie bewältigten dabei Marschleistungen von 20 Kilometern pro Tag und erstürmten

---

[154] Zu dieser Phase des Krieges siehe O'Ballance, a.a.O., S. 48–54, und Ridgway, S. 36–45. Ferner auch die Berichte in Keesings Archiv der Gegenwart v. 30. September 1950, S. 2605–2606.

Wonsan am 10. Oktober. Von dort aus eroberten sie an Nordkoreas nordöstlicher Küste zwei weitere Städte, die Hafenstadt Hungnam und die Stadt Hamhong. In nur 17 Tagen hatten sie somit einen strategisch bedeutenden Teil des östlichen Nordkorea unter ihre Kontrolle gebracht.[155] Was die amerikanischen Streitkräfte betraf, so hatte General MacArthur am 27. September 1950 von den vereinigten Stabschefs die Direktive MSC 81/1 erhalten, die ihm mitteilte, das militärische Ziel sei die Zerstörung der nordkoreanischen Streitkräfte. Zu diesem Zweck sei er ermächtigt, militärische Operationen auch nördlich des 38. Breitengrades in Korea durchzuführen, allerdings unter der Voraussetzung, dass es bis dahin weder zu einem Kriegseintritt sowjetischer noch chinesisch-kommunistischer Streitkräfte gekommen sei. Er dürfe die Grenzen zu China oder zur Sowjetunion in keinem Fall überschreiten. In Nordkoreas an die Sowjetunion und an die Mandschurei (China) angrenzenden Provinzen dürften nur südkoreanische Truppen (nicht also Amerikaner) verwendet werden.[156] Am 7. Oktober 1950 fasste die Generalversammlung der Vereinten Nationen mit 47 : 5 Stimmen bei acht Enthaltungen eine Resolution, die den Beschluss bedeutete, den Rubicon nach Nordkorea zu überschreiten. Alle angemessenen Maßnahmen sollten getroffen werden, um in ganz Korea („throughout Korea") stabile Verhältnisse zu sichern. In ganz Korea sollten unter der Bewachung der UNO freie Wahlen abgehalten und die Bildung einer einheitlichen Regierung erwirkt werden. Danach aber sollten die Streitkräfte der UNO in keinem Teil Koreas länger bleiben, als es notwendig sei, um diese Ziele zu verwirklichen.[157] Vergeblich hatte ein Resolutionsentwurf der Sowjetunion vorgeschlagen, die Truppen fremder Staaten sofort aus Korea abzuziehen und aus den Parlamenten Nord- und Südkoreas eine paritätische Kommission zur Vorbereitung von Wahlen zu bilden, die dann unter der Kontrolle einer Kommission der Vereinten Nationen stattfinden sollten, der allerdings Vertreter der an Korea angrenzenden Staaten angehören sollten.[158]

Nachdem Truppen der VI. südkoreanischen Division am 25. und 26. Oktober 1950 den Jalu-Fluss und damit die koreanisch-chinesische Grenze im Norden des Landes erreicht hatten, schien der Feldzug fast beendet. Die südkoreanische Regierung, die Vereinten Nationen und die USA schienen ihr Ziel einer bewaffneten Wiedervereinigung Koreas erreicht zu haben. Zugleich war etwas Unglaubliches geschehen. Im Vollzug einer „Roll back"-Aktion hatten die Vereinigten Staaten ein kommunistisches Staatsgebilde, die Demokratische Volksrepublik Korea, fast zur Gänze erobert. Dem fast gelungenen, aber zurückgeschlagenen Versuch der Nord-

[155] Collins, Lawton: War in Peacetime, Boston 1969, S. 163–164.
[156] Zitiert in: Goulden, Joseph C: Korea – the Untold Story of the War. New York 1982, S. 237. Vgl. auch Truman, Harry S.: Memoirs. Bd. 2, Years of Trial and Hope. Garden City 1956, S. 360–361.
[157] US Department of State: The Record on Korean Unification, a.a.O., S. 105–107.
[158] Zur sowjetischen Alternativresolution s. Keesing's Archiv der Gegenwart, 7. Oktober 1950, S. 2615.

koreaner, mit der Eroberung Südkoreas eine Vereinigung Koreas unter kommunistischer Herrschaft zu bewirken, war nun im Gegenzug die Eroberung des kommunistischen Nordens gefolgt. Schon sprach man im amerikanischen Hauptquartier von einer Heimkehr rechtzeitig zu Weihnachten („home at Christmas"). Doch mit dem Sieg für die UN-Streitkräfte vor Augen ergab sich erneut eine Wende von historischer Dimension. China trat in den Krieg ein, der vom anfänglichen Bürgerkrieg zwischen Nord- und Südkorea zu einem internationalen Krieg unter den Auspizien der UN geworden war und sich nun weiter zum ersten regelrechten Krieg zwischen den Vereinigten Staaten und China entwickelte.

Bekanntlich hatten die Sowjetunion und einige ihrer Satellitenstaaten Anfang Oktober 1950 der Generalversammlung der Vereinten Nationen einen Vorschlag unterbreitet, der einen Waffenstillstand in Korea, den Rückzug der ausländischen Streitkräfte, freie Wahlen in ganz Korea unter UN-Aufsicht und die Bildung einer neuen gesamtkoreanischen Regierung zum Inhalt hatte.[159] Wie in koordinierter Absprache hiermit hatte Chinas Ministerpräsident und Außenminister Chou En-lai in der Nacht des folgenden 3. Oktober den indischen Botschafter in Peking, K. M. Panikkar, buchstäblich aus dem Bett holen lassen, um ihm mit größtem Ernst mitzuteilen, die Volksrepublik China werde zur Verteidigung Nordkoreas Streitkräfte nach Korea entsenden, sollten bewaffnete Streitkräfte der UN den 38. Breitengrad nach Norden überschreiten. Chou hatte diese Warnung mit dem sehr interessanten Hinweis ergänzt, China werde *nicht* eingreifen, wenn „nur südkoreanische" Streitkräfte den 38. Breitengrad nach dem Norden ihres Landes überschritten.[160] Vergeblich hatte der stellvertretende Direktor im Büro für nordostasiatische Angelegenheiten des US-Außenministeriums, U. Alexis Johnson, in einem Memorandum vom 3. Oktober gewarnt, Chou En-lais Warnung sei möglicherweise kein Bluff – wie ein großer Teil der amerikanischen Führung zu glauben geneigt war. Die USA sei nicht zur Überschreitung des 38. Breitengrades verpflichtet und so solle man ernsthaft überlegen, ob man die Besetzung Nordkoreas nicht ausschließlich südkoreanischen Streitkräften überlassen sollte, wenn auch unter dem Schutzschirm der Vereinten Nationen.[161] Am 5. Oktober kam ein sowjetischer Diplomat in den Vereinten Nationen ein letztes Mal auf den erwähnten sowjetischen Vorschlag zurück.[162] Nachdem südkoreanische Truppen am 8. und ame-

---

[159] Text des sowjetischen Vorschlages in: Foreign Relations of the United States – Diplomatic Papers, 1950, Bd. VII, Korea, a.a.O., S. 838–839.

[160] Ebd., S. 839, s. auch Panikkar, Kavalan Madhava: Botschafter in beiden China. Frankfurt a. M., S. 131–152.

[161] Text des Memorandums von U. Alexis Johnson, der mit zu den bedeutendsten amerikanischen Diplomaten der ersten Nachkriegsjahrzehnte gehörte, in ebd., S. 849–850.

[162] Ebd., S. 878.

rikanische Truppen am 9. Oktober den 38. Breitengrad überschritten hatten, warnte eine englischsprachige Sendung von Radio Peking am 11. Oktober 1950, das chinesische Volk könne angesichts dieser Situation nicht passiv bleiben. Die Invasion Nordkoreas habe eine „gefährliche Entwicklung in Richtung Krieg" ausgelöst. Sie sei eine „ernste Bedrohung für die Sicherheit Chinas".[163] Vier Tage später rückte fast eine Viertelmillion chinesischer Soldaten, heimlich bei Nacht marschierend und sich am Tag versteckt haltend, unbemerkt über den Jalu-Fluss in Nordkorea ein. Wie in tragischer Ironie hatte General MacArthur am 24. November das „Ende des Krieges" in Aussicht gestellt, doch nur zwei Tage später erfolgte der Großangriff der unentdeckt nach Nordkorea eingerückten „Chinesischen Freiwilligen Armee", der die vorgerückten Positionen seiner UN-Streitkräfte im Osten und Westen Nordkoreas zerschmetterte. Einen Tag zuvor waren Streitkräfte der Volksrepublik China auch in Tibet eingerückt.[164]

In China war der Beschluss zum Krieg erst nach langwierigen Überlegungen gefasst worden. Denn wie man auch in Washington – wenn auch allzu leichtfertig – kalkulierte, hatte das Regime Mao Tse-tungs erst ein Jahr zuvor die Macht in China ergreifen können und war noch dabei, sie zu festigen. Nach acht Jahren des Krieges mit Japan (1937–45) und anschließenden vier Jahren Bürgerkrieg war die Bevölkerung kriegsmüde, der wirtschaftliche Wiederaufbau und die für die Kommunisten so wichtigen Agrarreformen waren in ihrem Anfangsstadium. Weiterhin wurde in Peking (wie auch in Washington) bedacht, dass ein Krieg gegen Amerika Chinas außenpolitischen Spielraum einengen und China zunächst stark auf die Sowjetunion angewiesen sein würde. Am 24. Oktober 1950 – der Tag, an dem in China intern der Beschluss zum Krieg mit den USA fiel – hielt Ministerpräsident und Außenminister Chou En-lai (Zhou Enlai) vor dem Ständigen Ausschuss der Politischen Konsultativkonferenz des chinesischen Volkes (eine Vertretung verschiedener politischer Kräfte in China, nicht nur der Kommunisten) eine erklärende Grundsatzrede. Er erinnerte an die historisch und geostrategisch bedeutsame Nachbarschaft zwischen China und Korea. Gelänge es den USA, Korea zu beherrschen, so sei eine Stabilisierung Nordostchinas (Mandschurei) unmöglich. Die Hälfte der chinesischen Schwerindustrie befände sich aber in der Mandschurei. Man habe gehofft, dass die Amerikaner vielleicht am 38. Breitengrad halten würden und hätte Hinweise dieser Art empfangen. Doch diese seien offensichtlich eine Täuschung gewesen. Man müsse jetzt Lehren aus der Geschichte ziehen. Die Geschichte der japanischen Expansion seit Ende des 19. Jahrhunderts habe gezeigt: „Um China zu schlucken, muss man zuerst die Mandschurei erobern, und um die

---

[163] Whiting, Allen S.: China Crosses the Yalu. The Decision to Enter the Korean War. Stanford, California 1960, S. 115.

[164] Ebd., S. 115–122. Siehe auch Rees, David: Korea: The Limited War. London 1964 S. 109–110.

Mandschurei zu erobern, muss man zuerst Korea erobern." Der Unterschied sei nur, dass der japanische Imperialismus diese Operation über 40 Jahre hin ausgedehnt habe, wohingegen die Amerikaner dies in fünf Jahren erreichen wollten. Als Verkündung einer umgekehrten „Domino-Theorie" äußerte Chou En-lai, wenn man den Amerikanern in Korea keinen Widerstand entgegensetze, würde ihr Expansionsdrang „unersättlich" sein. Wenn man ihnen aber in Korea einen Gegenschlag erteile, würden sie damit außerstande gesetzt, auch nach China zu greifen. Sollte die neue Entwicklung zu einem Dritten Weltkrieg führen „... so müssen wir das zum Wohle unserer Nachfahren auf uns nehmen, damit sie in den Genuss eines ewigen Friedens kommen". Um eine formale Kriegserklärung an die USA zu vermeiden, würden die in Korea eingesetzten chinesischen Streitkräfte zur „Freiwilligen Armee" deklariert.[165]

Nach langem Zögern und Abwägen vieler Argumente für und gegen einen chinesischen Kriegsbeitritt erließ Mao Tse-tung am 8. Oktober 1950 einen Befehl an die „Chinesische Volksfreiwilligen-Armee" mit der Weisung, zur Verteidigung der Interessen Koreas und Chinas „so schnell wie möglich nach Korea zu marschieren, gemeinsam mit den koreanischen Genossen gegen die Aggressoren zu kämpfen und einen ruhmreichen Sieg zu erringen".[166] Als die Amerikaner am 25. Oktober nur 30 Kilometer vom Jalu-Fluss entfernt waren, kam es zum ersten Feuerwechsel mit den Chinesen. Um einen schockierenden Anfangseffekt zu erzielen, setzten die Chinesen mit einem Schlag nicht weniger als acht Divisionen ein. Wie der spätere Oberkommandierende der amerikanischen Streitkräfte in Korea, General Matthew B. Ridgway, schilderte, erfolgten die chinesischen Angriffe Schlag auf Schlag mit solch einer „vernichtenden Plötzlichkeit", dass viele amerikanische Einheiten überrannt waren, bevor sie noch ganz verstehen konnten, was geschehen war. Da die Amerikaner den Luftraum beherrschten, griffen die Chinesen zumeist in der Nacht an. Mit markerschütternden Schreien, gellenden Trompetensignalen und schrillem Pfeifen versuchten sie, ihre Gegner zu schockieren und zu verwirren. An Punkten ihres Angriffs konzentrierten sie überlegene Menschenmassen, die – ohne Rücksicht auf Verluste – über die bereits Gefallenen anstürmend ihre Gegner zu vernichten suchten. Da man im UN-Hauptquartier mit einem baldigen Sieg gerechnet hatte, waren die UN-Truppen nicht mit Winterkleidung versehen. Tausende von Soldaten starben an Erfrierungen. Bereits am 5. Dezember 1950 gelang es den Chinesen und Nordkoreanern, Nordkoreas Hauptstadt Pjöngjang zurück-

---

[165] Siehe interne Rede von Chou En-lai, Text in: Bonwetsch, Bernd, und Kuhfus, Peter: Neue Quellen zum Eintritt Chinas in den Koreakrieg (Juni–Oktober 1950), in: Vierteljahreshefte für Zeitgeschichte, Bd. 34 1986, Dokument 1, S.273–279.
[166] Maos Tagesbefehl zum Kriegseintritt in: Mao, Tse-tung: Ausgewählte Werke, Bd. V, Beijing 1978, S. 42.

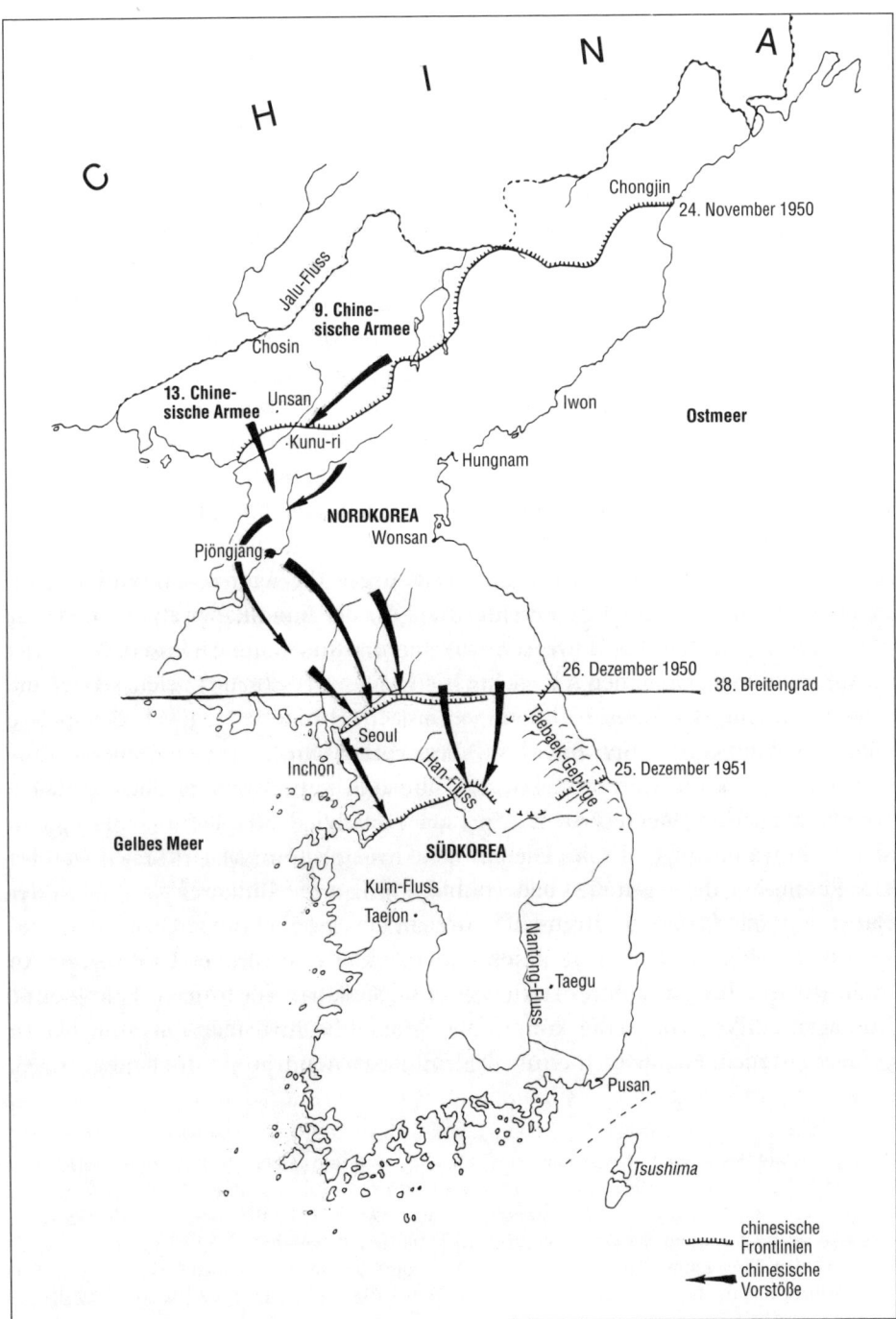

Angriffsroute der Chinesen bis in die Hauptstadt und den nördlichen Teil Südkoreas
(Quelle: Hastings, Max: The Korean War, London 1987)

115

zuerobern. Zehn Tage später musste sich die VIII. US-Armee mitsamt ihren süd-koreanischen Verbündeten über den 38. Breitengrad nach Süden zurückziehen, womit der Angriff der Chinesen auf Südkorea seinen Anfang nahm. An der Ost-küste Nordkoreas gelang es zumindest, das X. US-Armeekorps mit 105.000 Solda-ten samt 91.000 koreanischen Flüchtlingen und 17.000 Fahrzeugen auf dem See-weg durch die amerikanische Kriegsmarine evakuieren zu lassen. Die Dynamik der chinesischen Offensive kann daran erkannt werden, dass die Chinesen nach nur zwei Monaten und zehn Tagen nach ihrem Eintritt in den Krieg Südkoreas Hauptstadt Seoul eroberten. Ein großer Teil der Verantwortung für die katastro-phale Niederlage der UN-Streitkräfte im Norden Nordkoreas trifft General MacArthur, der, von Ehrgeiz und vom Willen zu einem raschen Sieg getrieben, mit zwei zu weit voneinander getrennten Heeresverbänden nach Norden in Richtung Jalu-Fluss vorgedrungen war und der – trotz mancher Symptome – nicht mit einem massiven Eingreifen der Chinesen gerechnet hatte. So wurden seine Streit-kräfte leicht ein Opfer chinesischer Einkreisungstaktiken. Mit ihrer schweren Aus-rüstung waren die weitgehend motorisierten Verbände der UN-Truppen auf das in Korea damals nur schwach entwickelte Straßennetz angewiesen, während die Chi-nesen Zehntausende von Trägern einsetzten, um für ihre Streitkräfte Verpflegung und Munition auch durch unwegsames Gebiet transportieren zu lassen.[167]

Auf einen amerikanischen Antrag hin beschloss das Politische Komitee der Gene-ralversammlung der Vereinten Nationen am 1. Februar 1951, die Volksrepublik China als Aggressor zu brandmarken. Vorgeworfen wurde dem kommunistischen China einerseits die Gewährung ihrer Hilfe und Unterstützung einer früheren (nordkoreanischen) Aggression in Korea sowie anschließend selbst an einer Aggres-sion in Korea beteiligt zu sein. Diesem Beschluss folgte im Mai 1951 eine weitere UN-Resolution, die gegen die Volksrepublik China und Nordkorea ein Embargo in Bezug auf die Lieferung strategisch relevanter Güter einschließlich Erdöl be-schloss.[168] Peking verwarf diese Resolutionen, erklärte sie für eine Umkehrung der Wahrheit und ließ seine Streitkräfte weiter in Südkorea vordringen. Erst etwa 60 Kilometer südlich von Seoul konnte die chinesische Angriffslawine zum Halten gebracht werden. Hier jedoch ergab sich ein neuer Wendepunkt des Krieges. Unter

---

[167] Zum Verlauf des Krieges in Korea zwischen Oktober 1950 und Januar 1951 siehe Bonwetsch und Kuhfus (Hg.): Neue Quellen ... a.a.O., Dokument 2, Yao Xu: „Der Beitrag von Peng Dehuai zur Durchführung für den Krieg ‚Widerstand gegen die USA und Hilfe für Korea‘", S. 280–283, sowie Dokument 3, Marshall Nee Rongzhen: „Im Krieg, Widerstand gegen die USA und Hilfe für Korea", S. 284–289. Für die amerikanische Seite siehe US Senate Committee on Armed Services: The Milita-ry Situation in the Far East, a.a.O., S. 65–96. Vgl. ferner Ridgway, a.a.O., S. 47–106, und O'Ballance, a.a.O. Kap. 5.

[168] Wortlaut der beiden UN Resolutionen in: (UN) General Assembly, Official Records fifth Session, supplement no. 20 (A/1775, Add. 1), S. 1, und ebd.: Supplement no. 20 A (A/1775/Add. 1) S. 2.

Nur mit äußerster Mühe, jedoch unter Verzicht auf Atomwaffen, können sich die Amerikaner der chinesischen Massenheere erwehren.

dem Oberbefehl von General Ridgway traten die UN-Streitkräfte zum Gegenangriff an, wobei sie Zug um Zug in aufeinander folgenden Großoperationen und unter Ausnutzung überlegener artilleristischer Feuerkraft kombiniert mit überlegener Beherrschung des Luftraumes den Gegner wieder nach Norden zurückdrängen konnten. Der vom Han-Fluss ausgehende Gegenangriff der UN-Streitkräfte führte am 14. März 1951 zur vierten Eroberung der schwer geprüften Stadt Seoul.

Eine tiefgreifende Meinungsverschiedenheit in der Spitze der amerikanischen außenpolitischen Führungskräfte offenbarte sich in der außerordentlich kontrovers aufgenommenen Entlassung General MacArthurs von seiner Position als Oberkommandierender der amerikanischen Streitkräfte im Fernen Osten. Die Gründe hierfür bestanden in eigenwilligen Aktionen und Äußerungen MacArthurs, die sich nicht in das vorsichtigere Strategiekonzept des Präsidenten, der verfassungsmäßig zugleich Oberbefehlshaber aller amerikanischen Streitkräfte ist, einfügen ließen. Wie Präsident Truman darstellte, bildete die Frage der Ausweitung des Koreakrieges einen wesentlichen Kernpunkt des Konflikts zwischen Präsident und General. Truman legte dar, dass er weiterhin einen auf Korea beschränkt bleibenden Krieg führen und das Risiko eines Dritten Weltkrieges so weit wie möglich ausschließen wolle. Die Haltung des Generals und seine Vorschläge hätten das Risiko beinhaltet, dass der begrenzte Krieg in Korea sich zu einem unbegrenzten Krieg hätte entwickeln können. So hatte General MacArthur vorgeschlagen, chinesisches Gebiet jenseits der nordkoreanisch-chinesischen Grenze am Jalu-Fluss intensiv und gegebenenfalls auch atomar zu bombardieren, um Chinas Nachschub nach Korea zu unterbinden. Der General habe stark befürwortet, das in Taiwan befindliche nationalchinesische Regime unter Führung Chiang Kai-sheks zum militärischen Angriff gegen die Volksrepublik China zu ermutigen und es dabei materiell zu unterstützen. Irreführend für Amerikas Alliierte sei auch MacArthurs Behauptung gewesen, Asien habe sicherheitspolitisch für Amerika Vorrang vor Europa. MacArthur wurde weiterhin vorgeworfen, eigenmächtig den kommunistischen Gegnern der Amerikaner in Korea Verhandlungen angeboten zu haben. Letztlich, jedoch sehr wesentlich, ging es in diesem Krieg auch um die Frage des Primats der politischen Führung der USA gegenüber der militärischen.[169]

Inzwischen ging der Krieg in vollem Umfang weiter. Zweimal noch in der vorletzten Aprilwoche und Mitte Mai 1951 gelang es den kombinierten Kräften der Chinesen und Nordkoreaner, die UN-Streitkräfte über den 38. Breitengrad wieder zurück nach Südkorea zu drängen. Zwischen Juli und November 1951 erzwangen die UN-Streitkräfte aber eine relative Stabilisierung der Frontlinie nördlich des 38. Breitengrades.

5.6 Waffenstillstand, Fehlperzeptionen und Folgen des Krieges

Bereits ab dem 12. Dezember 1950 waren von der Generalversammlung der Vereinten Nationen Vorschläge zur Bildung einer Kommission diskutiert worden, die in Korea einen Waffenstillstand herbeiführen sollten. Nachdem General Ridgway am 30. Juni über den Rundfunk eine militärische Waffenstillstandskonferenz vorgeschlagen hatte, wurde dieses Angebot von der kommunistischen Seite am 1. Juli 1951 angenommen und die Stadt Kaesong am 38. Breitengrad als Verhandlungsort benannt. Die Waffenstillstandsgespräche, die daraufhin am 10. Juli in Kaesong begannen, befassten sich mit drei Bereichen: Erstens mit der Festlegung einer militärischen Demarkationslinie und der Errichtung einer entmilitarisierten Zone zwischen den Streitkräften beider Seiten; zweitens mit der Schaffung einer Organi-

---

[169] Goulden, Joseph C.: Korea – The Untold Story of the War. New York 1982, Kap. 18. Siehe auch Truman, Harry S.: Memoirs. Bd. II, Years of Trial and Hope. Garden City, N.Y. 1956, S. 438–446.

sation zur Überwachung der Einhaltung des Waffenstillstandes; drittens mit den Problemen beim Austausch von Kriegsgefangenen. Bei den ersten Besprechungen des erstgenannten Punktes verlangten die Vertreter der kommunistischen Streitkräfte, dass die Demarkationslinie mit dem 38. Breitengrad identisch sein solle, während die Vertreter der UN-Streitkräfte die Demarkationslinie entlang der bestehenden Frontlinie verlaufen lassen wollten, die nördlich des 38. Breitengrades lag.

In seinem Interview mit James Reston von der New York Times hatte Stalin im Dezember 1952 auf die Frage, ob er internationale Entspannung im Kalten Krieg durch ein Treffen mit dem zum Präsidenten der USA gewählten Dwight D. Eisenhower suchen würde, geantwortet: „Ich stehe dieser Anregung sympathisch gegenüber." Und auf die weitere Frage, ob er sich an diplomatischen Initiativen zur Beendigung des Koreakrieges beteiligen wolle, hatte Stalins Antwort gelautet: „Ich bin zur Mitarbeit bereit, denn die Sowjetunion ist an der Beendigung des Koreakrieges interessiert." Der zum neuen Außenminister der USA ernannte John Foster Dulles hatte auf Stalins Äußerungen mit dem Ausdruck seiner Hoffnung und Genugtuung reagiert.[170]

Als Präsidentschaftskandidat der Republikanischen Partei im Wahlkampf stehend, kritisierte Eisenhower die Truman-Regierung dafür, in die „Falle" angebotener Waffenstillstandsverhandlungen in Korea zu einem Zeitpunkt getappt zu sein, zu dem die UN-Streitkräfte im Vormarsch waren. Künftige Kriege in Asien sollten primär den Asiaten überlassen werden, die USA würden jedoch die im Recht befindliche Seite unterstützen. In Korea sollten vornehmlich Südkoreaner die Frontlinien verteidigen, während US-Streitkräfte in erster Linie als Reserve einzusetzen seien.[171] Am 24. Oktober 1952 gab Eisenhower in einer weiteren Wahlkampfrede das berühmte Versprechen, er selbst werde nach Korea gehen, um eine Lösung für die Beendigung des Krieges zu finden. Nachdem die republikanischen Kandidaten – Eisenhower für die Präsidentschaft und Richard Nixon für die Vizepräsidentschaft – die Wahlen am 4. November 1952 gewonnen hatten, reiste Eisenhower Anfang Dezember gleichen Jahres, wie angekündigt, nach Korea. Er kündigte anschließend an, er werde einen Friedensplan ausarbeiten, der jedoch das Risiko einer Kriegserweiterung vermeiden wolle.[172]

Nachdem in Korea die Waffenstillstandsverhandlungen im April 1953 wieder aufgenommen waren, kam es – nach entscheidenden Fortschritten – zu einer dra-

---

[170] Keesings Archiv der Gegenwart 1952, S. 3595. Zur Geschichte der Waffenstillstandsverhandlungen siehe u. Anmerkung 183.

[171] Congressional Quarterly: China and U.S. Far East Policy, a.a.O., S. 62.

[172] Ebd., S. 63. Siehe auch: Eisenhower, Dwight, D.: Mandate for Change 1953–59, London 1963, S. 93–96.

matischen Krise. Zuvor war am 8. Juni 1953 ein Abkommen unterzeichnet worden, das beiden Seiten der Krieg führenden Parteien das Recht gab, den Kriegsgefangenen jeweils 90 Tage lang zuzureden, sich auf ihre Seite repatriieren zu lassen. Dies solle unter den Auspizien einer international zusammengesetzten Überwachungskommission geschehen. Danach sollten die Gefangenen sich frei entscheiden können. Südkoreas Präsident Rhee, der an dieser Lösung scharfe Kritik äußerte, veranlasste unter großer Geheimhaltung und unilateral in den frühen Morgenstunden des 18. Juni die überraschende Freilassung von 25.000 nordkoreanischen Kriegsgefangenen, die sich nicht nach Nordkorea repatriieren lassen wollten.[173] Wie der Oberkommandierende der UN-Streitkräfte, General Mark Clark, berichtete, war plötzlich nach Mitternacht „die Hölle los". Die freigelassenen Koreaner versteckten sich bei der südkoreanischen Zivilbevölkerung und nur wenige konnten wieder eingefangen werden. Zusätzlich hatte Präsident Rhee in einem Schreiben an General Clark vom 18. Juni mitgeteilt, er sehe sich zu seinem Bedauern gezwungen, ihm das Oberkommando über die südkoreanischen Streitkräfte zu entziehen.[174] Am Tag vor dieser Krise hatte Rhee dem amerikanischen Botschafter in Seoul ein Schreiben an Präsident Eisenhower überreicht. Es enthielt bittere Anklagen hinsichtlich der US-amerikanischen Politik Korea gegenüber. In dem Taft-Katsura-Abkommen von 1904 und unter Verletzung des amerikanisch-koreanischen Freundschaftsvertrages von 1882 hätten die USA Japan freie Hand gegenüber Korea gegeben. 1945 hätten sie mit Moskau die willkürliche Teilung Koreas beschlossen. 1950 hätte Washingtons Erklärung, Korea liege außerhalb des amerikanischen Schutzbereiches, die Kommunisten zum Angriff ermutigt. Die USA hätten nur mit Australien, Neuseeland, den Philippinen und Japan Verteidigungspakte abgeschlossen, Korea aber bedürfe jetzt auch eines solchen Paktes einerseits gegen die Kommunisten, vielleicht aber in der Zukunft auch gegen Japan. Denn Japan habe seine Pläne zur Beherrschung Koreas nicht aufgegeben.[175]

Eine amerikanische Geheimdienstanalyse (National Intelligence Estimate) vom April 1953 hatte die Eisenhower-Regierung darauf hingewiesen, die militärische Stärke der Gegenseite sei zwischen Juli 1951 und Februar 1953 wesentlich gewachsen. Die kombinierte Truppenstärke der Gegner sei von 502.000 im Jahr 1951 auf 1.130.000 im März 1953 angestiegen. Von diesen würden 836.000 von den Chinesen und 294.000 von den Nordkoreanern gestellt. Die Zahl der gegnerischen Kampfflugzeuge habe sich von 1.000 1951 auf 2.350 Anfang 1953 erhöht.

---

[173] Goulden, a.a.O., S. 638.

[174] Foreign Relations of the United States 1952–1954, Bd. XV Korea, Teil II, S. 1197–1199.

[175] Ebd., S. 1192–1193. Voller Wortlaut des Briefes von Präsident Rhee auch im Department of State Bulletin, 6. Juli 1953, S. 13–14.

Die gegnerische Luftwaffe habe die Fähigkeit gewonnen, sich derjenigen der Amerikaner ernsthaft und wirksam im Kampf zu stellen. Hinsichtlich der Lieferung von Kriegsmaterial und Ausbildung sei Nordkorea weitestgehend auf die Sowjetunion angewiesen.[176] Von Syngman Rhee wie auch vom Präsidenten Nationalchinas, Chiang Kai-shek, in Briefen unter Druck gesetzt, den Krieg bis zur erneuten Befreiung Nordkoreas fortzuführen, hatte Präsident Eisenhower im April 1953 geantwortet, der Angriff Nordkoreas und Chinas sei mit amerikanischer Hilfe erfolgreich abgewehrt worden. Gewiss setzten sich die USA und die UN für eine friedliche und freiheitliche Wiedervereinigung Koreas ein, doch hätten sie nie und nirgends zugesagt, dieses Ziel mit Mitteln des Krieges zu erreichen. Der Weg zu diesem Ziel sei ein „ehrenhafter Waffenstillstand", gefolgt vom Beginn politischer Gespräche mit dem Ziel gesamtkoreanischer freier Wahlen.[177] In Korea selbst wurde der Botschafter der USA von Präsident Rhee aber ebenfalls bedrängt, keinen Waffenstillstand ohne einen damit verbundenen Rückzug der Chinesen aus Nordkorea zu akzeptieren, und – wie erwähnt – mit der Drohung konfrontiert, Südkorea würde notfalls den Krieg gegen Nordkorea und China allein weiterführen.[178]

Ungeachtet der Argumente Eisenhowers teilte der amerikanische Botschafter in Seoul am 26. April 1953 mit, Südkoreas Präsident Rhee sei gegen jede Art des Waffenstillstandes, der die chinesischen Kommunisten im Norden Koreas belasse. Am gleichen Tag berichtete der neue amerikanische Oberkommandierende der UN-Streitkräfte, General Mark Clark, es bestehe eine echte Gefahr, dass Rhee die südkoreanischen Truppen der Kontrolle des UN-Oberkommandos entziehe, wodurch der weitere Kriegsverlauf mit unberechenbaren Gefahren befrachtet werde. Im schlimmsten Fall könne sich eine Situation entwickeln, in der sich die amerikanischen Streitkräfte sowohl gegen Kommunisten als auch gegen Südkoreaner zu verteidigen hätten. In einem Brief an Eisenhower vom 30. Mai 1951 ging Rhee so weit, „gleichzeitigen Rückzug sowohl der kommunistischen als auch der UN-Streitkräfte aus Korea" unter der Bedingung vorzuschlagen, dass zuvor ein gegenseitiger Verteidigungspakt zwischen Seoul und Washington unterzeichnet würde.[179] Psychologisch unfreiwillig zwischen die Fronten des innerkoreanischen Konflikts geraten und mit täglich weitergehenden Verlusten ihrer Streitkräfte konfrontiert, entwickelten amerikanische Autoritäten Pläne zur direkten Ausschaltung Rhees aus der Regierung Südkoreas und seine Ersetzung durch mehr kooperationsberei-

---

[176] Foreign Relations of the United States 1952–54, Bd. XV Korea, Teil I, S. 865–877.

[177] Eisenhower, a.a.O., S. 181–182.

[178] Berichte von Botschafter Briggs und General Clark in: Foreign Relations of the United States 1952–54, Bd. XV: Korea, Teil I., S. 938–943.

[179] Text des Briefes von Rhee an Eisenhower, ebd., S. 1124–1126.

te Persönlichkeiten.[180] Interessant ist die Tatsache, dass der Nationale Sicherheitsrat der USA intern auch intensiv die Frage eines um den Preis der Neutralität wiedervereinigten Korea diskutiert hat.[181]

Nachdem Syngman Rhee nach wochenlanger geduldiger Überredung von Walter Robertson in einem Brief vom 9. Juli 1953 zugesichert hatte, nicht auf einem Rückzug der Chinesen aus Korea als Vorbedingung eines Waffenstillstandes zu bestehen, und nachdem gewaltige und beiderseits verlustreiche Offensiven chinesischer Streitkräfte kurz zuvor noch versucht hatten, für die kommunistische Seite wesentliche Geländegewinne zu erzielen, konnte am 27. Juli 1953 in Panmunjom jener Waffenstillstand unterzeichnet werden, der bis zum heutigen Tag die völkerrechtliche Basis des Status quo im geteilten Korea bildet. Der Krieg hatte 37 Monate gedauert und die begleitenden, wenn auch die Kämpfe nicht unterbrechenden Waffenstillstandsverhandlungen hatten zwei Jahre und 17 Tage in Anspruch genommen und 575 einzelne Verhandlungsrunden umfasst. Territorial hatte Südkorea einige größere Berggebiete nordöstlich des 38. Breitengrades gewinnen können, während Nordkorea umfangmäßig kleinere Gebiete an Koreas Westküste einschließlich der Stadt Kaesong erhalten hatte. Groß waren die tragischen menschlichen Verluste. Insgesamt dürften zwei bis drei Millionen Menschen der koreanischen Zivilbevölkerung ihr Leben verloren haben. Die militärischen Verluste (Gefallene, Verwundete, Vermisste) der Südkoreaner beliefen sich auf 257.000 Mann und die der Amerikaner auf 157.530. Bei den sonstigen UN-Streitkräften betrugen die Verluste 14.000 Mann. Nicht weniger als 129.000 Südkoreaner wurden von den Chinesen während ihrer kurzfristigen Besetzung Südkoreas getötet, 84.000 wurden nach Nordkorea entführt, 200.000 südkoreanische Jugendliche wurden gezwungen, in den nordkoreanischen Streitkräften zu dienen. Unbekannt, jedoch vermutlich auch nicht unbeträchtlich, dürfte die Anzahl der Nordkoreaner sein, die während der ebenfalls kurzfristigen UN-Besetzung Nordkoreas aus politischen Gründen den Tod fanden. Die militärischen Verluste der Nordkoreaner wurden auf 520.000 und diejenigen der Chinesen auf 900.000 Mann geschätzt. Insbesondere Nordkorea hatte unter dem Luftkrieg zu leiden gehabt. Abgesehen von den 1945 auf zwei japanische Städte geworfenen Atombomben hatte die amerikanische Luftwaffe im gesamten Pazifik-Krieg von 1941 bis 1945 insgesamt 503.000 Tonnen Bomben abgeworfen. Doch der amerikanische Bombenabwurf im Koreakrieg war mit 635.000 Tonnen Bomben wesentlich höher und ergänzt durch 32.557 Tonnen

---

[180] Goulden, a.a.O., S. 636 (Empfehlung von General Mark Clark vom 27.5.1953 und gemeinsame Botschaft des US Verteidigungs- und des Außenministeriums an General Mark Clark vom 29.6.1953 in: Foreign Relations of the United States – Diplomatic Papers 1952/1954, Band XV, Korea, Teil 2, S. 1287–1288).

[181] Protokoll einer Besprechung des Nationalen Sicherheitsrates in ebd. S. 1303–1308.

Napalm.[182] Der Gefangenenaustausch bewirkte, dass die überwältigende Mehrheit der Kriegsgefangenen aus kommunistischen Armeen eine Repatriierung nach Südkorea oder nach Taiwan bevorzugte. Die südkoreanische Regierung akzeptierte schweren Herzens den Waffenstillstand, weigerte sich jedoch – als Geste nationalen Protestes gegen die fortgesetzte Teilung Koreas –, dieses Dokument zu unterschreiben. Abgesehen von der Frage der Repatriierung der Kriegsgefangenen und der erwähnten territorialen Abgrenzung verfügte das Abkommen die Bildung einer schmalen entmilitarisierten Zone entlang der militärischen Demarkationslinie und die Einsetzung einer neutralen Überwachungskommission (Neutral Nations Supervisory Commission) mit je einem Vertreter aus Schweden, der Schweiz, Polen und der Tschechoslowakei. Sie sollten die Einhaltung des Abkommens, insbesondere die Erhaltung des Status quo der militärischen Kräfte, auf beiden Seiten überwachen. Letztlich verfügte das Waffenstillstandsabkommen auch, dass innerhalb von 90 Tagen nach seinem Inkrafttreten eine „Politische Konferenz" zum Zweck von Verhandlungen über den Abzug aller fremden Truppen aus Korea und über die friedliche Wiedervereinigung des Landes stattfinden sollte.[183]

Insgesamt muss der Krieg in Korea als weltgeschichtliches Ereignis von vielschichtiger Bedeutsamkeit bewertet werden. Zum ersten Mal in der neueren Geschichte war Korea – wenn auch unfreiwillig – ins Rampenlicht weltweiter Aufmerksamkeit gerückt. Mit seiner wechselnden Besitznahme der Halbinsel hatte der Krieg die besondere geostrategische Bedeutung der koreanischen Halbinsel als Landbrücke zwischen dem kontinentalen Ostasien und dem insularen Bereich des Westpazifik ins Bewusstsein der es umgebenden Mächte treten lassen. Der Koreakrieg ließ den tragischen Fehler erkennen, der in dem aus Ignoranz und Anmaßung erwachsenen Vorschlag zur Bevormundung der Koreaner durch zwei ideologisch radikal entgegengesetzte Weltmächte gelegen hatte. Eine Lösung nach dem Modell Österreichs – Zulassung einer gesamtkoreanischen Regierung trotz zeitweiliger Besatzungszonen fremder Mächte – hätte die Gefahr der Zerreißung Koreas mindern oder verhindern können. Doch ohne eine gemeinsame Regierung bewirkte die Besatzung Koreas durch systemisch gegensätzliche Mächte eine ideologisch-systemische Polarisierung des koreanischen Volkes im weiteren Ver-

---

[182] Die Angaben über Kriegsverluste und Bombeneinsätze entstammen aus: Foot, Rosemary: A Substitute for Victory. The Politics of Peace-Making at the Korean Armistice Talks. Ithaca 1990, S. 190–208, und Nahm, a.a.O., S. 377–378.

[183] Zum Waffenstillstand in Korea siehe – abgesehen von der genannten Arbeit von Rosemary Foot – das ausgezeichnete Werk von Yang, Dae Hyon: Die Waffenstillstandsverhandlungen in Korea 1951–1953. Eine multiperspektivische Konstellationsanalyse. München, 1982, sowie The Chinese People's Committee for World Peace: The Struggle for the Armistice in Korea (selected documents), Peking 1953.

lauf des 20. Jahrhunderts. Auf internationaler Ebene zerriss der Krieg die zwischen Washington und Peking, wenn auch zaghaft, unternommenen Versuche zu einer frühzeitigen Normalisierung ihrer Beziehungen und bedeutete – ganz im Gegenteil – die Einbeziehung Chinas in die jetzt global gewordene amerikanische Strategie der „Eindämmung" (containment) kommunistischer Mächte. Für die Sowjetunion erschien hierdurch die Gefahr einer „Titoisierung" der chinesischen Außenpolitik gebannt. Denn zunächst drängte der Krieg die neu gegründete Volksrepublik China enger an die Seite der Sowjetunion.

Im historischen Rückblick zeigt sich weiterhin, dass der Beginn des Krieges und seine erste Phase weitgehend auch durch eine Reihe irriger Analysen und ebenso irriger Prognosen der beteiligten Hauptakteure beeinflusst wurde:

1. Die nordkoreanische Seite irrte, als sie bei ihrem Angriff eine Passivität der USA deshalb voraussetzte, weil Letztere auch in den Bürgerkrieg im benachbarten, größeren China nicht zur Verhinderung einer kommunistischen Machtergreifung interveniert hatten.

2. Ebenso falsch war die Annahme der über Amerikas Kriegseintritt beratenden außenpolitischen Führungskräfte der USA, der Krieg in Korea sei nicht ein Konflikt koreanischen Ursprunges, sondern ein „Stellvertreterkrieg", dessen wirkliche Urheber in Moskau und Peking zu suchen seien.

3. Die amerikanische Führung unterlag ebenfalls einem Irrtum, als sie für den Fall einer Eroberung Nordkoreas durch UN-Streitkräfte das Risiko einer Intervention des erst vor einem Jahr entstandenen kommunistischen Regimes in China – trotz dessen Warnungen – für gering hielt. Die Chinesen hatten klar zum Ausdruck gebracht, dass sie bei einer Besetzung Nordkoreas nur durch südkoreanische Streitkräfte nicht intervenieren würden. Diese, wenn auch technisch nicht ganz einfach zu bewältigende, Option war von den Amerikanern nicht ernsthaft in Erwägung gezogen worden.[184] So aber eskalierte der UN-Krieg gegen Nordkorea zum ersten amerikanisch-chinesischen Krieg der Geschichte. Die wegen Chinas Kriegseintritt gegen die UN erfolgende Verurteilung Chinas als „Aggressor" durch die UN, das nachfolgende Embargo gegen China und der mit dem Koreakrieg zusammenhängende Verteidigungspakt zwischen den USA und Nationalchina (1954) hatten zwei Jahrzehnte intensiver und in der internationalen Politik des ostasiatischen Raumes strukturbildender Gegnerschaft zwischen den USA und der Volksrepublik China zur Folge. Zwei Jahrzehnte lang

---

[184] Theoretisch wäre es vorstellbar gewesen, dass südkoreanische Streitkräfte mit nur logistischer Unterstützung, Luftunterstützung und Beraterhilfe der USA 1950 die ab der Umklammerungsschlacht von Inchon schwer angeschlagenen und in Auflösung befindlichen nordkoreanischen Verbände allein und ohne amerikanische Bodentruppen aus Nordkorea hätten verdrängen können. Doch dies muss natürlich eine Hypothese bleiben.

blieb Peking weiterhin von der Vertretung Chinas in den Vereinten Nationen ausgeschlossen, die stattdessen von der nationalchinesischen Regierung in Taiwan wahrgenommen wurde.

4. Auch das nach längerem Zögern beschlossene Eingreifen Chinas in den Koreakrieg beruhte auf einer falschen Annahme. Denn der amerikanische Kriegseinsatz in Korea hatte keine über dieses Land hinausgehenden gegen China oder Russland gerichteten Ziele. Trotz diesbezüglicher Bedenken des amerikanischen Oberkommandierenden hielt Washington in der entscheidenden Frühphase des Krieges an seinem Vorsatz fest, die China mit Nordkorea verbindenden Brücken über den Jalu-Fluss nicht bombardieren zu lassen, um China nicht zu provozieren und es nicht weiter an die Seite der Sowjetunion zu drängen.

5. Südkoreas Präsident Syngman Rhee wiederum überschätzte die Macht und das Einsatzvermögen der USA, als er meinte, sie würden ein zweites Mal eine bewaffnete Wiedervereinigung Koreas im Zeichen der Vereinten Nationen auch gegen den Widerstand Chinas erzwingen können.

Einen indirekten Gewinn aus dem Koreakrieg zog insbesondere das von den USA besiegte und besetzte benachbarte Japan. Der Krieg mit allen seinen Unwägbarkeiten hatte den außenpolitischen Entscheidungskräften der westlichen Welt auch die besondere geostrategische Lage Japans und seine Rolle als eines von nur vier großen Industriezentren der damaligen Welt bewusst gemacht. Als Folge intensivierten die Vereinigten Staaten ihre von John Foster Dulles – dem ersten Außenminister Präsident Eisenhowers – schon vor dem Krieg angebahnten Bemühungen um einen frühzeitigen und großzügigen Friedensvertrag mit Japan, der dann tatsächlich während des Krieges 1951 – indirekt gekoppelt mit dem heute noch bestehenden Sicherheitspakt zwischen den USA und Japan von 48 Staaten, allerdings ohne die Sowjetunion und China – mit Japan geschlossen werden konnte. Sogar die im Jahr vor dem Kriegsbeginn gegründete Bundesrepublik Deutschland konnte bei ihrem Bestreben um die Erweiterung ihrer anfangs beschränkten Souveränität Vorteile aus den psychologischen Folgen des Koreakrieges ziehen. Denn führende westliche Staatsmänner und Sicherheitspolitiker – insbesondere Bundeskanzler Adenauer verstand dies mit großem taktischen Geschick – zogen nun Parallelen zwischen der Situation des geteilten Korea und derjenigen des geteilten Deutschland. Mit den warnenden Hinweisen auf eine mögliche „Koreanisierung" der deutschen Lage war damals die Sorge gemeint, auch in Deutschland könne der von der Sowjetunion kommunisierte und militärisch überlegene Landesteil Westdeutschland angreifen, was dann zur Auslösung einer gefährlichen internationalen Krise in Europa führen könne. Der Kriegseintritt Chinas, dessen demonstrierte militärische Stärke und die zweite Teilniederlage der UN-Streitkräfte in Korea im Winter 1950/1951 führten in den USA wie auch in Frankreich zu dem Wunsch, einen substanziellen deutschen Beitrag zur Verteidigung des Westens in Europa zu erwirken. Schon 1950 schlug Frankreich eine westeuropäische Verteidigungsgemeinschaft unter deutscher Beteiligung vor. Mit dem zwischen den Westmächten und der Bundesrepublik Deutschland geschlossenen „Deutschlandvertrag" vom 26. Mai 1952 verpflichteten sich die drei Westmächte laut Artikel 4 (1) zur Verteidigung der Bundesrepublik und Westberlins, während Absatz 4 des gleichen Artikels lautet: „Die Bundesrepublik wird sich an der Europäischen Verteidigungsgemeinschaft beteiligen, um zur gemeinsamen Verteidigung der freien Welt beizutragen." Im historischen Rückblick besonders bedeutsam ist auch Artikel 7 (2) des Vertrages, in dem Adenauer die Verpflichtung der drei Westmächte verankern ließ, mit der Bundesrepublik Deutschland die friedliche Wiedervereinigung Deutschlands als „gemeinsames Ziel" zu verwirklichen, und zwar: „Ein wiedervereinigtes Deutschland, das eine freiheitlich-demokratische Verfassung ähnlich wie die Bundesrepublik besitzt und das in die Europäische Gemeinschaft integriert ist."[185] Das Schlagwort von der „Koreanisierung Deutschlands"[186] ist allerdings sachlich nur bedingt richtig. Denn in Korea hat der Krieg zwischen den beiden koreanischen Teilstaaten erst Monate nach dem vollendeten Abzug der ausländischen Besatzungsstreitkräfte begonnen, während in Deutschland zu dieser Zeit die Besatzungen in Ost und West immer noch präsent waren und kein konkreter Abzugstermin irgendeiner dieser Mächte geplant war. Insofern konnte trotz der Teilung beider Länder die Lage Koreas mit derjenigen Deutschlands nicht wirklich verglichen werden. Praktisches Verhalten, insbesondere auch im Bereich der Politik, wird aber von subjektiven Wahrnehmungen, Beurteilungen und Prognosen bestimmt, die der objektiven Wirklichkeit nur teilweise oder gar nicht entsprechen.

Auf Seiten der Vereinigten Staaten löste der Krieg die so genannte Politik der „peripheren Eindämmung" Chinas und der mit ihm verbündeten kleineren asiatischen Mächte aus, was zu einer Kette amerikanischer Eindämmungsbündnisse im Westpazifik führte. Diese bündnispolitische Eindämmung Chinas beginnt mit dem erwähnten Pakt zwischen Washington und Tokio von 1951, setzt sich mit Amerikas Bündnissen mit Südkorea 1953 und mit Nationalchina auf Taiwan 1954 fort und bewirkt den ebenfalls 1954 unterzeichneten Südostasien-Pakt (SEATO).

---

[185] Auswärtiges Amt (Hg.): 40 Jahre Außenpolitik der Bundesrepublik Deutschland. Eine Dokumentation. Bonn 1989, S. 50–51.

[186] Zur Auswirkung des Koreakrieges auf die internationale Stellung und Sicherheitspolitik der Bundesrepublik Deutschland und der mit ihr anschließend verbündeten Westmächte siehe: Mai, Gunther: Westliche Sicherheitspolitik im Kalten Krieg. Der Koreakrieg und die deutsche Wiederbewaffnung 1950. Boppard am Rhein, 1977, und Suh, Zun-Weon: Der Einfluss des Koreakrieges auf die politische Emanzipation und die Wiederbewaffnung der Bundesrepublik Deutschland, hg. von The Korean Institute of International Studies, Seoul 1991.

In der neueren Geschichte der Vereinigten Staaten war der Feldzug in Korea der erste Krieg, der für die USA ohne Sieg abschloss. Gewiss war die Eindämmung der Aggression gegen Südkorea und dessen Befreiung vom Kommunismus gelungen, doch das höher gesteckte Ziel einer Befreiung auch Nordkoreas und der Wiedervereinigung ganz Koreas war am Widerstand Chinas gescheitert. Obwohl es sich erst im Jahr zuvor am Ende des viereinhalbjährigen Bürgerkrieges hatte konstituieren können, hatte das kommunistische China seine Rolle als Machtfaktor Ostasiens eindrucksvoll demonstrieren und eine Entkommunisierung Nordkoreas erfolgreich verhindern können. Zwar blieb es weitere zwei Jahrzehnte von der Vertretung ganz Chinas in der UNO ausgeschlossen, doch trat es auf den Korea und Indochina betreffenden Ostasienkonferenzen des Jahres 1954 erstmals auch diplomatisch auf der Bühne weltpolitischer Diplomatie in Erscheinung. Am meisten hatte Korea unter diesem Krieg zu leiden gehabt. War doch die zerstörende Walze des Krieges zunächst durch ganz Südkorea gerollt, war dann durch ganz Korea bis zu dessen äußersten Norden zurückgerollt worden und von da aus bis an den 38. Breitengrad und selbst über Seoul hinaus nochmals nach Südkorea hinein. Am Kriegsende war das Land geteilt – fast so wie zuvor. Psychologisch hatte der Konflikt die Gräben zwischen Süd und Nord vertieft. Korea hatte den bittersten aller Kriege erlebt: den Bürgerkrieg. Auf beiden Seiten und durch beide Seiten waren die Menschen nicht nur durch militärisches Kriegsgeschehen vernichtet worden, sondern auch durch Akte politischer Vergeltung und politischer Prävention. International hatten beide koreanische Teilstaaten – insbesondere in den Augen ihrer jeweiligen Verbündeten – an Gewicht gewonnen und wurden bei ihren Bemühungen um den Wiederaufbau ihrer partiell vom Krieg verwüsteten Landeshälften vom Ausland unterstützt. In diesem tragischen Sinne hatte der Krieg auch zur materiellen Modernisierung beider Landesteile beigetragen.

6. Das Ende der Rhee-Ära, die Studentenrevolte von 1960 und die neue Demokratie

Wie bekannt, hatten in Korea nur einen Monat vor Kriegsbeginn, das heißt im Mai 1950, Parlamentswahlen stattgefunden, in denen die Partei des Präsidenten Syngman Rhee schwere Verluste hatte hinnehmen müssen. Bevor aber seine erste Amtszeit als Präsident im August 1952 auslief, ergriff Präsident Rhee Initiativen, um seine Stellung im Ganzen des südkoreanischen Regierungssystems zu festigen. Im Januar 1952 ließ er durch seine neu gegründete Liberale Partei (Chayodang) eine Verfassungsänderung vorschlagen, derzufolge der Staatspräsident und der Vizepräsident der Republik Südkorea nicht mehr vom Parlament, sondern vom Volk gewählt werden sollten. Auch sollte das Parlament in ein Ober- und Unterhaus geteilt werden. Die Nationalversammlung aber lehnte diesen Vorschlag mit großer Mehrheit im Januar 1952 ab. Unter Anwendung direkten illegalen Drucks, bei dem auch Polizei eingesetzt wurde, um unwillige Abgeordnete zur Teilnahme an der entscheidenden Abstimmung zu zwingen, setzte Rhee durch, dass die Nationalversammlung mit 163 : 0 Stimmen mit nur drei Enthaltungen die gewünschten Verfassungsänderungen annahm, und zwar erstens die Wahl des Präsidenten und Vizepräsidenten durch das Volk; zweitens die Schaffung eines Oberhauses im Parlament; drittens das Recht der Nationalversammlung, ein bestehendes Kabinett durch ein Misstrauensvotum zu Fall zu bringen; viertens die Ernennung der Kabinettsminister durch den Ministerpräsidenten. Mit großer Mehrheit gewann Rhee die Wiederwahl zum Staatspräsidenten und setzte durch, dass sein Kandidat für die Vizepräsidentschaft, der 81-jährige Ham Tae Yong, gewählt wurde und nicht der jüngere, politisch profiliertere Innenminister Lee Bum Suk, obwohl Letzterer Rhee beim Kampf um die Verfassungsänderung wirkungsvoll, wenn auch mit bedenklichen Methoden unterstützt hatte.[187]

Im Mai 1954 waren erneut Parlamentswahlen fällig. Diesmal errang Rhees Liberale Partei einen beeindruckenden Wahlsieg mit einer – in der Geschichte der Republik Korea seltenen – absoluten Mehrheit von 114 Sitzen, während die oppositionelle Demokratische Nationalpartei nur 15 erhielt und 67 Sitze an diverse unabhängige Kandidaten gingen. Mithilfe verschiedener Unabhängiger konnte Rhee auf eine Unterstützung von 140 Abgeordneten insgesamt zählen. Als Rhee aber erneut eine Verfassungsänderung vorschlug, geriet er trotz der absoluten

---

[187] Allen, a.a.O., S. 145–151.

Mehrheit in große Schwierigkeiten. Vorgeschlagen wurde seitens seiner Partei, dass der Staatspräsident mehr als nur zweimal wieder wählbar sein sollte, dass der Posten des Ministerpräsidenten abgeschafft und dass in die Verfassung Zusatzartikel aufgenommen werden sollten, die den Wählern das Recht gaben, einzelne gewählte Abgeordnete auch vor Ende der betreffenden Legislaturperiode gegebenenfalls wieder abzuberufen. Diese Vorschläge der Regierungspartei verfehlten die erforderliche Mehrheit um nur eine einzige Stimme. Theoretisch war der Antrag auf Änderung der Verfassung damit abgelehnt. Dennoch setzte die Liberale Partei ihren Willen mit einem Trick durch, indem sie behauptete, nicht einzelne Stimmen seien zu zählen, sondern die abgerundeten Gesamtzahlen für die einzelnen Fraktionen.[188] Soziale und wirtschaftliche Probleme, die das Kriegsende mit sich gebracht hatte, aber auch Machenschaften dieser Art ließen Syngman Rhees Popularität bei der Wählerschaft schrumpfen. Das zeigte sich bei den Präsidentschaftswahlen vom Mai 1956, als sein Stimmenanteil von 72 Prozent im Jahr 1952 auf nur 56 Prozent zurückging und als nicht der von ihm designierte Kandidat für die Vizepräsidentschaft (Yi Kai-Bung) gewählt wurde, sondern Chang Myon, ein katholischer Intellektueller, der sich unter anderem im diplomatischen Dienst der Republik ausgezeichnet hatte. Ein im Jahr der Wahl unternommener Mordanschlag gegen Chang schlug fehl.[189]

In außenpolitischer Hinsicht erreichte die Regierung Syngman Rhees nur wenige Monate nach Ende des Koreakrieges den lange schon erhofften gegenseitigen Verteidigungsvertrag mit den Vereinigten Staaten, der am 1. Oktober 1953 unterzeichnet wurde. In dem entscheidenden Artikel III des Vertrages heißt es, dass beide vertragschließenden Parteien einen Angriff auf die Territorien des anderen im Bereich des Pazifischen Raumes als Gefahr für die eigene Sicherheit verstehen und der gemeinsamen Gefahr im Einklang mit den jeweiligen verfassungsmäßigen Verfahren der Willensbildung begegnen würden.[190] Zwar war die gegenseitige Beistandspflicht in diesem Vertrag nur sehr locker und unbestimmt formuliert, doch bot die „Stolperdraht"-Präsenz amerikanischer Streitkräfte in Korea, die jahrzehntelang fortgesetzt wurde, einen stärkeren und effektiveren Schutz gegen die Gefahr einer neuerlichen Isolation Südkoreas in der Stunde eines eventuellen neuen Blitzangriffs aus dem Norden.

Trotz des Waffenstillstandes von 1953 war das Problem der Einheit Koreas ungelöst geblieben. Jedoch Artikel 60 des Waffenstillstandsabkommens hatte den

---

[188] Ebd., S. 205–207, und Nahm, a.a.O., S. 432–433.

[189] Ebd., S. 433–434.

[190] Text des Vertrages zwischen den USA und der Republik Korea vom 1.10.1953 in: Kim Se Jin (Hg.): Documents on Korean-American Relations 1943–1976. Seoul 1976, Dokument 81, S. 185–186.

am Krieg beteiligten Parteien die Abhaltung einer „politischen Konferenz" empfohlen, die sich mit einer „friedlichen Regelung der koreanischen Frage" und der
Frage des Rückzugs aller auswärtigen Streitkräfte aus Korea befassen sollte. Diese
Konferenz – von der man fast sagen kann, dass sie die Fortsetzung des Krieges mit
politischen Mitteln bedeutete – fand mit einer Verzögerung im April 1954 in Genf
statt. An ihr nahmen 16 Staaten der Vereinten Nationen teil, die Streitkräfte nach
Korea entsandt hatten, fernerhin die beiden koreanischen Staaten sowie die Volksrepublik China und die Sowjetunion. Aus den Dokumenten und Protokollen der
Konferenz ergibt sich folgendes Bild:[191]

Im Namen Südkoreas schlug dessen Außenminister Pyun Yong Tae freie Wahlen
unter UN-Aufsicht nur in Nordkorea vor. Er verwies darauf, dass Wahlen dieser
Art in Südkorea bereits stattgefunden hätten und dass in der südkoreanischen
Nationalversammlung ab Gründung der südlichen Republik Korea stets etwa 100
Sitze für Abgeordnete Nordkoreas freigehalten worden seien. Dieser Vorschlag
wurde am 22. Mai in einen 14-Punkte-Vorschlag eingebaut und um weitere Punkte ergänzt. So sollte Südkoreas Verfassungsrecht auf den Norden ausgedehnt werden. Vor den Wahlen in Nordkorea sollte das Land für UN-Inspektoren geöffnet
werden. Die Vertretung in der gesamtkoreanischen Legislative sollte dem Verhältnis der Bevölkerung in beiden Landesteilen entsprechen (2/3 im Süden – 1/3 im
Norden). Der gesamtkoreanischen Legislative sollte vorbehalten bleiben zu entscheiden, ob und wie die bestehende Verfassung der Republik Korea (Südkorea)
geändert werden solle und in welcher Form die Reduzierung der Streitkräfte erfolgen solle. Einen Monat vor den Wahlen seien die chinesischen Streitkräfte aus
Nordkorea abzuziehen, während ein vollständiger Rückzug der UN-Streitkräfte
aus dem Süden erst nach Entstehung einer von den UN akzeptierten Form der
Wiedervereinigung Koreas erfolgen solle. Der Bestand des neuen vereinigten
Korea solle auch von den UN garantiert werden.[192] Somit zielte der Vorschlag Südkoreas kompromisslos auf die Durchsetzung der ursprünglichen UN-Resolutio-
nen ab, ähnlich der Art und Weise, wie sie die Generalversammlung der Vereinten
Nationen im November 1947 beschlossen hatte.

Die Außenminister Nordkoreas wie auch der Sowjetunion wandten sich schroff
gegen den südkoreanischen Vorschlag. Sie vertraten den Standpunkt, viele UN-Re-
solutionen hätten keine Rechtskraft, weil weder China durch die Regierung der
Volksrepublik noch die Sowjetunion (welche die UN zeitweilig boykottierte) am
Zustandekommen dieser Entscheidungen beteiligt gewesen seien. Als gleichsam
neutrale Kraft seien die Vereinten Nationen in Korea durch ihre aktive Teilnahme

[191] US-Department of State: The Korean Problem at the Geneva Conference. Washington D.C., 1954.
[192] Ebd., S. 158–159.

am Krieg und damit wegen ihrer Stellung als „Krieg führende Macht" disqualifiziert, im Hinblick auf die Zukunft Koreas irgendeine übergeordnete oder vermittelnde Rolle zu spielen.[193] Indirekt geschickt an den starken koreanischen Nationalismus appellierend, legte Nordkoreas Außenminister Nam Il einen Gegenvorschlag vor, der zur Vorbereitung allgemeiner Wahlen in beiden Teilen Koreas die Bildung einer gesamtkoreanischen Kommission vorschlug. In ihr sollten Abgeordnete der größten sozialen Organisationen aus beiden Landesteilen vertreten sein. Die Vertretung des Nordens und des Südens in der Kommission sollte offensichtlich paritätisch sein, das heißt, das im Norden residierende Drittel der koreanischen Gesamtbevölkerung sollte die gleiche Vertretung haben wie die im Süden hausende Zweidrittelmehrheit des koreanischen Volkes. Die Kommission sollte für Wahlen sorgen, die „frei von ausländischer Einmischung" zu vollziehen seien. Alle ausländischen Streitkräfte sollten innerhalb von sechs Monaten aus Korea abgezogen werden.[194] Aus südkoreanischer Sicht waren somit der „Aggressor" mit dem „Opfer der Aggression" und die Minderheit mit der Mehrheit gleichgestellt worden. Nordkorea wiederum fürchtete eine Majorisierung durch den bevölkerungsmäßig stärkeren Süden wie auch eine Bevormundung durch jene Organisation der Vereinten Nationen, die gegen den Norden Krieg geführt und Sanktionen verhängt hatte. Da ein von beiden Seiten akzeptabler Kompromissvorschlag nicht zustande kam, befand eine abschließende Erklärung der 16 am Koreakrieg beteiligten UN-Staaten am 5. Juli 1954, dass die Konferenz an der von der kommunistischen Seite vorgebrachten Ablehnung irgendeiner Rolle der Vereinten Nationen am Prozess der friedlichen Wiedervereinigung Koreas gescheitert sei. Es sei richtiger, diese fundamentale Meinungsverschiedenheit klarzustellen, als für alle Betroffenen falsche Hoffnungen zu erwecken.[195]

Unter dramatischen und tragischen Umständen kam die Regierungsära des ersten Präsidenten der Republik Korea, Dr. Syngman Rhee, im Frühjahr 1960 zu einem ungewollten Ende. Eine Krise hatte sich bereits im Jahr zuvor angedeutet. Die Regierung hatte ein neues „Nationales Sicherheitsgesetz" im Parlament einbringen wollen, das auf den erbitterten Widerstand der Opposition traf. Oberflächlich richtete sich das Gesetz gegen kommunistische Umtriebe. Faktisch aber – und genau das sah die Opposition – konnte es auch verwendet werden, um Kritik an der Regierung und oppositionelle Tätigkeit zu behindern. So sollten auch verbale oder gedruckte Angriffe auf „Verfassungsorgane" verboten sein, wobei aller-

---

[193] Siehe zum Beispiel diesbezügliche Äußerung des sowjetischen Außenministers W. Molotow, ebd., S. 27.
[194] Wortlaut des nordkoreanischen Vorschlages, ebd. S. 39–40.
[195] Text der Sechzehn-Staaten-Erklärung, ebd., S. 373–9744.

dings der Präsident auch als „Verfassungsorgan" galt. Bei Übertretung waren strenge Strafen angedroht. Um die Annahme dieses Gesetzes zu verhindern, veranstalteten oppositionelle Abgeordnete einen tagelangen Sitzstreik im Gebäude der Nationalversammlung. Die Regierung reagierte mit Einsatz von etwa 100 Polizisten, welche die streikenden Abgeordneten mit Gewalt entfernten und im Keller des Gebäudes der Nationalversammlung einsperrten. Ohne die Elemente der so ausgeschalteten Opposition beschloss währenddessen die regierende Liberale Partei nicht nur das neue Sicherheitsgesetz, sondern auch andere Maßnahmen, die zum Beispiel die Wählbarkeit örtlicher Amtsträger beseitigten.[196] Durch eine gezielte Personalpolitik versuchte die Regierung weiterhin, entscheidende Positionen in der Polizei und bei den Streitkräften mit Mitgliedern der Liberaldemokratischen Partei zu besetzen. Angestaute Spannungen entluden sich zur offenen Krise anlässlich der vierten Präsidentschaftswahlen Mitte März 1960. Durch den Tod des Gegenkandidaten der Demokratischen Partei kurz vor den Wahlen blieb Syngman Rhee einziger Kandidat und wurde mit 92 Prozent der Stimmen gewählt. Erstaunen und Befremden erweckte die Tatsache, dass Syngman Rhees Kandidat für die Vizepräsidentschaft, Lee Ki-Bung, den populären Kandidaten der oppositionellen Demokratischen Partei, Dr. Chang Myon, mit großer Mehrheit schlagen konnte. Die Demokratische Partei, diesbezüglich auch unterstützt durch die Meinungen amerikanischer Beobachter, stellte Unregelmäßigkeiten bei der Durchführung der Wahlen fest, etwa durch den Einsatz der Polizei, durch einseitige Besetzung des Personals der durchführenden Wahlbehörden etc. In Seoul wie auch in der südöstlichen Hafenstadt Masan kam es Anfang April zu blutigen Zusammenstößen zwischen Demonstranten, insbesondere Studenten, und der Polizei. Am 18. und 19. März nahmen diese Demonstrationen an Vehemenz zu. Während die Demonstranten eine Wiederholung der partiell gefälschten Präsidentschaftswahlen forderten, verhängte die Regierung am 19. April das Kriegsrecht über fünf Städte (Seoul, Pusan, Taegu, Kwangju und Taejon), in denen die Demonstrationen besonders heftige Formen angenommen hatten. Am 19. April erreichte die Krise in Seoul ihren Höhepunkt. 30.000 Demonstranten versuchten zur Residenz des Präsidenten (Kyongodae) vorzudringen. Die verunsicherte Polizei suchte die Demonstranten zunächst durch den Einsatz von Tränengas zu vertreiben. Als das aber misslang und Tausende von Demonstranten weitermaschierten, eröffnete die Polizei das Feuer. Das Resultat waren 115 Tote und über 700 Verletzte. Das Hauptquartier der Liberaldemokratischen Partei und 10 Polizeigebäude wurden in Brand gesetzt. Die Regierung ließ daraufhin Universitäten und Schulen schließen und setzte auch die

---

[196] Zur Kontroverse über das neue Sicherheitsgesetz November/Dezember 1958 in: Nahm, a.a.O., S. 434–435, und Allen, a.a.O., S. 222–224.

Armee ein. Die Regierung der Vereinigten Staaten forderte die Beseitigung der Ursachen für berechtigte Beschwerden der Opposition und der Bevölkerung. Eine Erklärung des US-Außenministeriums vom 20. April 1960 sprach von Unterdrückungsmaßnahmen, die einer freien Demokratie unwürdig seien. Nachdem von Syngman Rhee angebotene Reformen die Öffentlichkeit nicht beruhigen konnten, trat Syngman Rhee am 27. April 1960 vom Präsidentenamt zurück. Am Tag zuvor hatte die Nationalversammlung einstimmig eine Resolution angenommen, in der nicht nur der Rücktritt Syngman Rhees gefordert wurde, sondern auch eine Revision der südkoreanischen Verfassung, die das bestehende System der Präsidialdemokratie durch ein parlamentarisches Kabinettssystem ersetzen sollte.[197]

Mit diesen Ereignissen war die in vieler Hinsicht prägende 12-jährige Anfangsphase der 1948 gegründeten Republik Korea beendet. Die beherrschende Persönlichkeit dieser Ära war unzweifelhaft Syngman Rhee gewesen. In weiten Teilen reflektiert sein Lebenslauf das Schicksal seiner Nation. Ab seiner Studienzeit bis ins hohe Alter hatte er sich mit leidenschaftlichem Engagement für die Befreiung und die Selbstständigkeit seines von fremden Mächten verratenen und von Japan so lange unterdrückten Landes eingesetzt. Er hatte Jahre der Gefangenschaft und schreckliche Foltern erdulden müssen. Er hatte sie überlebt und ihm war anschließend die Ausreise nach Amerika gelungen, wo er durch sein Studium und Wirken zu akademischen Ehren gelangen und persönliche Kontakte zu führenden Persönlichkeiten der amerikanischen Politik – insbesondere zum Präsidenten Woodrow Wilson – entwickeln konnte. Tragischerweise nicht anerkannt und dennoch mit einem gewissen Maß an Wirkung verkörperte er ein wichtiges Element einer Exilvertretung der koreanischen Nation. Seine besondere Vertrautheit mit dem Ideengut, den Institutionen und vielen führenden Persönlichkeiten der amerikanischen Demokratie verhalfen ihm zu einer Schlüsselrolle in einer Zeit, in der Südkorea hinsichtlich seiner politischen und wirtschaftlichen Außenbeziehungen fast ausschließlich auf die Vereinigten Staaten von Amerika angewiesen war. Denn bereits der Norden Koreas und die angrenzenden Großmächte, die Volksrepublik China wie auch die Sowjetunion, gehörten der kommunistischen Staatenwelt an, während Koreas einziges „westliches" Hinterland, Japan, von den USA besetzt war und von der überwältigenden Mehrheit der Koreaner mit größtem Misstrauen betrachtet wurde. Gewiss kannte und schätzte Syngman Rhee die Institutionen der westlichen Demokratie. Doch die drei Jahre des sein Land von Norden nach Süden und dann von Süden nach Norden überziehenden zerstörerischen Krieges, eines Kampfes um Leben und Tod seiner Republik, boten kaum ein geeignetes Klima zur Verankerung einer demokratischen Ordnung. In den Jahren unmittelbar vor

---

[197] Keesings Archiv der Gegenwart vom 22. April und 3. Mai 1960, S. 8347–8348 und S. 8369.

Kriegsbeginn war Syngman Rhee durch mehrere bewaffnete Aufstände der Kommunisten in Südkorea stark beunruhigt worden. Bei Kriegsende war er bereits 78 Jahre alt. Zu seinen menschlichen Unzulänglichkeiten gehörten Ungeduld, die Unfähigkeit, Aufgaben zu delegieren, und Misstrauen auch gegenüber seiner politischen Umgebung. Mit ihm beginnt die in Korea bis in die 80er Jahre fortgesetzte Tradition starker Präsidialregierungen, in deren System nur der Präsident selbst als wirklicher Machtträger betrachtet werden konnte. Die Erhaltung der Macht des Präsidenten erforderte seitdem stets häufige Wechsel in der Leitung der einzelnen Ministerien. Im konfuzianischen Sinne empfand sich Syngman Rhee als „Vater der Nation". Dies, so fühlte er, gab ihm das Recht zur Bevormundung auch mit äußerst fragwürdigen Methoden der Repression, unter denen er selbst in seiner Jugend gelitten und die er damals selbst bekämpft hatte. Auch den Amerikanern gegenüber nahm er eine bevormundende Haltung ein. Durch Jahrzehnte des Aufenthaltes in den USA kannte und beherrschte er das Wesen ihres Systems und ihrer Kultur. Doch unzählige Male mussten sich führende Amerikaner von ihm vorhalten lassen, sie verstünden nichts von asiatischer, insbesondere koreanischer Wesenheit und Kultur. Trotz des äußerst hohen Grades zeitweiliger Abhängigkeit von der militärischen, wirtschaftlichen und diplomatischen Unterstützung der USA war Syngman Rhee alles andere als ein „Satellit" der USA. Mit seinen gewagten unilateralen Aktionen wie der unautorisierten Freilassung der Kriegsgefangenen und seinen Drohungen, notfalls allein den Krieg gegen den Norden fortzuführen, setzte er – eher umgekehrt – die Regierung in Washington unter beträchtlichen Druck. Bei amerikanischen Diplomaten war er aufgrund der Härte seiner Argumentationsweise ein eher gefürchteter Verhandlungspartner. Aber am Ende des Krieges, in dem er für die amerikanische Öffentlichkeit zum lebenden Symbol des koreanischen Widerstandes wurde, erwirkte er von den USA den lange schon erhofften Bündnisvertrag und die Zusage umfassender wirtschaftlicher Wiederaufbauhilfe. Obwohl Rhee relativ wenig über Problembereiche der nationalen Ökonomie wusste, gehörte die unter seiner Ägide im März 1950 beschlossene und anschließend durchgeführte Landreform mit zu den positiven Errungenschaften seiner Regierung. Mehr als 1,7 Hektar verpachtetes Agrarland wurden an 1,2 Millionen Pachtbauern verkauft. Der Kaufpreis konnte in Raten zurückgezahlt werden, die der jährlichen Pachtzahlung (1/3 der Jahresernte) entsprachen. Zahlungen wurden nicht von den Grundherren, sondern von der Regierung eingezogen, die ihrerseits die zum Verkauf gezwungenen Grundbesitzer mit Aktien, oft in neu gegründeten Betrieben der Leichtindustrie, entschädigte.[198] Rhee scheiterte aber an der Kluft zwischen den von ihm selbst gepredigten demokratischen Verhaltensregeln auf der

---

[198] Oliver, a.a.O., S. 284.

einen Seite und seiner von Machtbesessenheit geprägten politischen Praxis auf der anderen Seite. Zwar war er selbst frei von materieller Korruption, doch duldete er in den Führungsgremien seiner Partei und seiner Regierung zu viele, die zu Recht der Korruption bezichtigt wurden. Syngman Rhee hinterließ seinem Volk kein ideologisch-programmatisches Ideengebäude, wie es Sun Yat-sen, der Begründer des neuen China, oder Kemal Atatürk in der Türkei getan hatten. Doch verkörperte er eine Haltung, die von unbeugsamem Patriotismus, vom Willen zur Selbstbestimmung und Selbstachtung der koreanischen Nation, von tiefer, oft zu weit gehender Skepsis Japan gegenüber, einer kompromisslosen Gegnerschaft zum Kommunismus in allen seinen Erscheinungsformen und von einer souveränen, oft nicht unkritischen Freundschaft mit den Vereinigten Staaten gekennzeichnet war. Nachdem er sich zögernd dem vom Volk und Parlament ausgedrückten Willen gebeugt hatte; verließ er Korea und blieb bis zu seinem Lebensende in Hawaii, wo er 1975 verstarb.[199]

Dem Ende der faktisch weitgehend autoritär gehandhabten Präsidialdemokratie der Ära Syngman Rhees folgte eine kurzfristige Periode, die von dem aufrichtigen Bestreben gekennzeichnet war, bessere Formen der Demokratie in Südkorea zu institutionalisieren. Noch im gleichen Monat des Rücktritts von Rhee begann die Nationalversammlung mit der Ausarbeitung einer neuen Verfassung. Die Polizeiverwaltung sollte reorganisiert werden und die Regierung veröffentlichte ein Bekenntnis zu Demokratie und individueller Freiheit. Schon im Juni 1960 konnte die Reform der Verfassung von der Nationalversammlung beschlossen werden. Durch sie wurde die Macht des Staatspräsidenten stark reduziert und die Rolle des Kabinetts und Parlaments verstärkt. Das Amt des Ministerpräsidenten, bei dem nun die eigentliche Führung der Regierung im Rahmen seines Kabinetts liegen sollte, wurde ebenso wieder eingeführt wie auch ein begrenztes System lokaler Selbstregierung. Auch der Bürgermeister der Hauptstadt und die Gouverneure der Provinzen sollten gewählt werden. Aus Neuwahlen, die am 29. Juli 1960 stattfanden, ging die zuvor größte Oppositionspartei, die Demokratische Partei, mit 177 Sitzen im Unterhaus des Parlaments als Sieger hervor. Syngman Rhees Liberale Partei erhielt bezeichnenderweise nur einen einzigen Sitz. Eine Sozialistische Partei konnte nur vier Sitze gewinnen und Unabhängige, unter denen sich allerdings 20 Mitglieder der ehemaligen Liberalen Partei befanden, gewannen 37 Sitze. Begrenzte Unruhen ergaben sich, als Studentendemonstrationen die Wahlbeteiligung von Mitgliedern der Liberalen Partei zu verhindern suchten. Zur führenden Persönlichkeit entwickelte sich der am 19. August 1960 zum Ministerpräsidenten

---

[199] Wortlaut der Rücktrittserklärung Syngman Rhees in: Keesings Archiv der Gegenwart, 3. Mai 1960, S. 8369.

ernannte Dr. Chang Myon (auch Chang Myun oder John M. Chang, 1899–1966), ein katholischer Intellektueller, der am Manhattan College in New York studiert hatte und der der „Neuen Fraktion" der Demokratischen Partei angehörte. Er bildete anschließend ein neues Kabinett, dessen Mitglieder seiner Fraktion, der Demokratischen Partei, angehörten und von denen fast alle ihre Ausbildung in Japan erhalten hatten.[200] Mit dem Beginn der neuen koreanischen Regierung verwandelte sich jedoch der Stil der Politik vom bisherigen Extrem allzu rigoros ausgeübter Regierungsgewalt in das entgegengesetzte Extrem von Führungsschwäche und Unsicherheit. Viele der neu gewonnenen Freiheiten wurden von gesellschaftlichen Gruppen und Kreisen nicht zu konstruktiven, sondern zu gesellschaftlich destruktiven Zwecken verwendet. Die Anzahl der Korruptionsfälle und die Kriminalitätsrate stiegen an. Amtsenthebungen von Tausenden von Anhängern des Rhee-Regimes führten ebenso zu Unruhen wie die Zahl der Konflikte zwischen Unternehmern und Gewerkschaften. Nordkoreanische Anregungen aufgreifend, verlangten Verbände der Lehrer, der Gewerkschaften und der Studenten den Abzug aller ausländischen Truppen aus Korea, die Aufnahme enger Kontakte mit dem Norden und das Prinzip der ständigen Neutralität für das vereinigte Korea. Zwischen September 1960 und Mai 1961 musste das Kabinett des Ministerpräsidenten Chang Myon dreimal umgruppiert werden. Im Wirtschaftsbereich wurde das Land von einer Inflation erschüttert, die den Geldwert der koreanischen Währung um die Hälfte reduzierte, während die Preise für Grundnahrungsmittel, wie zum Beispiel Reis, sich um 60 Prozent erhöhten.[201]

---

[200] Ebd. 19. Juli und 1. August 1960; S. 8529 und 8553.
[201] Liste der Mitglieder des neuen südkoreanischen Kabinetts in: ebd., 12. September 1960, S. 8624.

7. Militär und Politik in der Park-Ära

7.1 Staatsstreich, Gesellschaftskritik und Programm des Generals Park Chung Hee

Südkoreas neuem Experiment mit parlamentarischer Demokratie sollte keine lange Dauer beschieden sein. Denn ein am 16. Mai 1961 erfolgender Putsch von Teilen der Streitkräfte beseitigte diese Form der Regierung und überließ die Macht im Staat zeitweilig einer Militärjunta. Viele der Führer des Militärputsches entstammten der achten Klasse der südkoreanischen Militärakademie. Die allgemeine Unzufriedenheit mit den in Korea bestehenden sozialen, wirtschaftlichen und politischen Zuständen und das Vorbild der politischen Intervention des Militärs in anderen Ländern, wie in Ägypten (Nasser), in Pakistan (1958 mit Ayub Khan) oder in Burma (Ne Win), hatten die Initiative südkoreanischer Militärkreise mit beeinflusst.[202] In den frühen Morgenstunden des 16. Mai 1961 besetzten Einheiten der Marineinfanterie unter dem Kommando der Putschisten Radiostationen, Regierungsgebäude, Polizeistationen und Kraftwerke in der Hauptstadt Seoul. Über den Rundfunk und 350.000 Flugblätter wurde ein Manifest des neu gegründeten „Militärischen Revolutionsrates" verkündet:

1. Antikommunismus als zentrales Prinzip der nationalen Politik,
2. Einhaltung der Prinzipien der Satzung der Vereinten Nationen, Fortsetzung der Freundschaft mit den USA und der freien Welt, Einhaltung der internationalen Verpflichtungen,
3. Ausrottung der Korruption und Regeneration der nationalen Moral,
4. Wirtschaftliche Reformen mit dem Ziel des Aufbaus eines unabhängigen nationalen Wirtschaftssystems,
5. Maßnahmen zur Wiedervereinigung Koreas,
6. nach Verwirklichung dieser Maßnahmen Rückgabe der Macht an eine verfassungsgemäße Zivilregierung.[203]

---

[202] Kim, Se Jin: The Politics of Military Revolution in Korea. Chapel Hill, 1971, S. 18–35, siehe auch Nahm, a.a.O., S. 434–442. Chon, Tuk Chu: Südkorea in der geteilten Welt. 1961/1976. Die auswärtige und innerkoreanische Politik der Regierung Park Chung Hee. München 1977, S. 840. Dieser Band gehört zu den vortrefflichsten Darstellungen der Park-Ära, die in westlichen Sprachen vorliegen.

[203] Kim, Se Jin: The Politics of Military Revolution, a.a.O., S. 93–94.

Schon drei Stunden später gab das Revolutionskomitee bekannt, der Staatsstreich sei geglückt, die Regierung verhaftet und die Nationalversammlung wie auch die Provinzräte seien aufgelöst worden. Der bisherige Ministerpräsident Dr. Chang Myon gab am 18. Mai seinen Rücktritt bekannt, was er mit der Erklärung verband, seine Regierung habe die vom Revolutionskomitee beschlossene Verhängung des Kriegsrechts als legal anerkannt. Die amerikanische Regierung, die von den Ereignissen ebenso überrascht wurde, betonte ihren Willen, „die frei gewählte und verfassungsmäßig eingesetzte Regierung der Republik Korea zu unterstützen". Doch bereits am 27. Mai ließ die amerikanische Botschaft in Seoul verlautbaren, US-Präsident John F. Kennedy habe mit Befriedigung die Ankündigung des Revolutionskomitees zur Kenntnis genommen, die Macht im Staat in absehbarer Zeit wieder an legitime zivile Kräfte zu übergeben. Die Militärregierung, die am 29. Mai 1961 die bisherige Verfassung außer Kraft gesetzt hatte, gab einen Tag später die Entlassung von 3.000 Regierungsbeamten bekannt.

Schon am 21. Mai 1961 vereidigte Südkoreas Stadtpräsident Yun Po Sun das neue Militärkabinett, geleitet von General Chang Do Yung, das aus 11 Generälen, zwei Obersten und einem weiteren Offizier bestand. Die Militärregierung, die sich ab dem 29. Mai den Namen „Oberster Rat für Nationalen Wiederaufbau" zulegte, ließ die Redaktionen zahlreicher Tageszeitungen sowie Wochenzeitschriften und Presseagenturen schließen und eine größere Anzahl von Journalisten verhaften. Kurzfristig wurden insgesamt gegen 22.000 Personen verhaftet. Politische Parteien, Gewerkschaften und andere gesellschaftliche Organisationen wurden aufgelöst. Die so genannte Reinigungskampagne der Militärregierung bezog sich vor allem auf zwei Verdachtsmomente: Korruption und Kommunismus. So wurden auch zahlreiche der Korruption verdächtigte Beamte und Parlamentarier des gestürzten Rhee-Regimes ebenfalls verhaftet und eingehenden Untersuchungen unterzogen. Die bestehende Verfassung Südkoreas wurde zwar nicht abgeschafft, doch erließ der Oberste Rat für Nationalen Wiederaufbau am 6. Juni 1961 ein „Gesetz über außergewöhnliche Maßnahmen zum Nationalen Wiederaufbau". Dieses Gesetz fungierte als Legitimation und primäre Rechtsquelle des Herrschaftssystems der Militärregierung. Artikel 24 dieses neuen Grundgesetzes besagte, dass Bestimmungen der alten Verfassung, die im Widerspruch zu diesem Grundgesetz stünden, ihre Gültigkeit verlören.[204] Aus einem Machtkampf an der Spitze der Militärjunta ging im Juli 1961 Generalmajor Park Chung Hee als Sieger hervor. Er übernahm den Vorsitz des Obersten Rates für Nationalen Wiederaufbau und übernahm nach dem Rücktritt des Präsidenten Yun Po Sun im März 1962

---

[204] Zu den südkoreanischen Entwicklungen vom Frühjahr bis zum Sommer 1961 siehe ebd., S. 103–105, und Keesings Archiv der Gegenwart 24. und 30. Mai sowie 9. Juli 1961, S. 9106 und 9121 sowie 9211.

geschäftsführend auch das Amt des Staatspräsidenten. Weitere zwei Jahrzehnte lang wurde Park Chung Hee bis zu seiner dramatischen Ermordung im Jahre 1979 zur führenden Figur der südkoreanischen Politik. So ist es angezeigt, einen Blick auf seine Herkunft, seinen frühen Werdegang sowie auch sein Selbstverständnis und Weltbild zu werfen. Park Chung Hee (1917–1979) entstammte einer armen Bauernfamilie in der Provinz Kyungsang-Bukto. Es wird berichtet, seine Mutter habe ihn – wenn auch vergeblich – durch die Einnahme von Überdosen salziger Flüssigkeiten abtreiben wollen. Denn zur Zeit ihrer Schwangerschaft hatte sie ein Alter von 44 Jahren erreicht und hatte bereits zwei verheiratete Söhne. Ostasiatischer Sitte dieser Zeit entsprechend galt es aber als extrem peinlich, wenn eine Frau dieses Alters durch eine Schwangerschaft und Geburt die Tatsache ihrer aktiven Sexualität erkennen ließ. Der Abtreibungsversuch schlug fehl. Doch der neugeborene Sohn erwies sich im Vergleich zu ihren anderen Kindern als relativ kleinwüchsig.[205] Nach Besuch einer von Japanern geleiteten Lehrerbildungsanstalt trat er in eine Militärakademie des damaligen Kaiserreiches Mandschukuo ein. Er vollendete seine Offiziersausbildung an der Kaiserlich Japanischen Militärakademie in Tokio und diente ab 1944 im Rang eines Leutnants in der japanischen Kwantung-Armee in der Südmandschurei. Nach Korea zurückgekehrt, durchlief er eine von Amerikanern organisierte Ausbildung für die neu gegründete südkoreanische Streitmacht. 1946 avancierte er zum Hauptmann und fungierte nun selbst als Lehrer an dieser Militärschule. Aufgrund seiner Bewährung im Koreakrieg wurde er nach dessen Ende Brigadegeneral und 1958 Generalmajor. Zuvor absolvierte er einen sechsmonatigen Ausbildungskurs an der Armee- und Artillerieschule in Fort Sill in Oklahoma/USA.[206] In seinem bemerkenswerten Werk über Südkoreas politische Entwicklung in der Ära des Präsidenten Park Chung Hee verweist Chon Tuk Chu auf markante Gegebenheiten, die Park hinsichtlich seiner Herkunft und frühen Laufbahn von den beiden ersten Führern der Republik, Syngman Rhee und Chang Myon, unterscheiden. Beide, Rhee und Chang, entstammten grundbesitzenden aristokratischen Yangban-Familien, beide waren Christen (Rhee Methodist und Chang Katholik), beide hatten in den USA studiert, hatten Doktorgrade erworben, hatten eine zivile Laufbahn eingeschlagen und sowohl in den USA als auch international einen gewissen Bekanntheitsgrad erreicht, bevor sie an die Spitze des südkoreanischen Staates traten. Park hingegen entstammte einer armen Bauernfamilie, hatte keine akademischen Grade erwerben können, war Berufsoffizier, kein Christ und war international eine unbekannte Größe, als er dank des maßgeblich von ihm mit konzipierten Militärputsches kurz nach dessen Erfolg die

---

[205] Chon, Tuk Chu, a.a.O., S. 55.
[206] Ebd., S. 55–57.

Führung des neuen Militärregimes übernahm.[207] Sein im Februar 1962 fertig gestelltes Buch: „Ein Weg für unser Volk"[208] vermittelt wichtige Einblicke in Motivationen und Zielsetzungen des neuen Präsidenten. Park bekennt sich zwar theoretisch zu Wert und Würde der pluralistischen Demokratie, doch könne diese in den Traditionen und Entwicklungsprozessen Europas verwurzelte Staatsform nicht einfach durch bloße Nachahmung auf die koreanische Gesellschaft übertragen werden. Nicht die Strukturen dieses Systems seien entscheidend, sondern „die Fähigkeit, es zu handhaben". Selbst in Europa und in den Vereinigten Staaten habe die Entwicklung der Demokratie ihre Schwierigkeiten und Irrwege durchlaufen.[209] Die negativen Traditionen des Despotismus der fünf Jahrhunderte lang regierenden Yi-Dynastie wirkten sich in Korea vorläufig noch behindernd auf das Wachstum echter Demokratie aus. In der Vergangenheit habe es „nur Herrscher und Beherrschte" gegeben. Die große Mehrheit der Bevölkerung habe im Zustand völliger politischer Unmündigkeit gelebt. Die feudal-aristokratischen Führungsschichten hingegen hätten sich im ständigen Zustand eines „grausamen internen Machtkampfes" befunden, der „mithilfe von Konspirationen, Intrigen, Terrorakten und anderen unmenschlichen ... Methoden" geführt worden und „durch äußerste Intoleranz, Erbarmungs- und Mitleidslosigkeit mit den Oppositionsparteien und mit den politischen Gegnern" gekennzeichnet gewesen sei. Diese Zersplitterung habe keine gemeinsamen Grundlagen für Mehrheitsentscheidungen oder Kompromisse ergeben.[210] Zur gesellschaftlichen Zersplitterung hätten auch diverse Formen des Privilegiendenkens beigetragen wie das Bewusstsein, relativ reicher zu sein als andere, das Standesbewusstsein, der Familienstolz, der akademische Snobismus („Ich habe eine bessere Schule besucht als du.") und das parteiliche Vorurteil. Echt integrierte Gruppen bildeten sich auf der Basis von Gemeinsamkeiten („Schule, Abstammung aus der gleichen Provinz, Familienzugehörigkeit etc."). Daraus entstünden dann interessenbedingte Wir-Gruppierungen mit exklusiver Atmosphäre, die Freund-Feind-Verhältnisse geschaffen hätten. Feindschaften hätten sich stets auch auf die Gesamtheit der Familienangehörigen der Gegner bezogen. Die Zustände an den Universitäten und Hochschulen, die doch eigentlich Stätten der Forschung und der Lehre sein sollten, entsprächen eher denen einer Arena der von „kaltem Hass" geprägten Auseinandersetzung zwischen politischen und anderen Parteigegensätzen. Das aus diesen Traditionen resultierende zentrale Übel sei „der Mangel an Gemeinschaftssinn

---

[207] Ebd., S. 54–55.
[208] Park, Chung Hee: Ein Weg für unser Volk (ins Deutsche übersetzt von Heidi Kang), Seoul 1964.
[209] Ebd., S. 219–229 sowie S. 35 und S. 212.
[210] Ebd., S. 46 und 65–75.

im Volk".[211] Nur die Tonghak-Revolution koreanischer Bauern Ende des 19. Jahrhunderts könne man als „erste demokratische Revolution" ... und als „Ausgangspunkt für die Modernisierung unseres Landes" werten. Denn diese Revolution habe drei Hauptziele gehabt: „Die Verteidigung des Landes, das materielle Wohlergehen des Volkes und die Befreiung von Unterdrückung."[212] Bald nach diesem Aufstand seien über Korea die Aggression und die Kolonialherrschaft der Japaner hereingebrochen. Mit der Niederlage Japans habe der Norden Koreas ein sowjetisches Satellitensystem erhalten und der Süden die unverdiente Chance zur Demokratie. In Korea jedoch sei die Voraussetzung für eine Demokratie noch nicht herangereift gewesen. Die vorschnelle Übernahme westlicher Modelle habe zu einem raschen Verfall der herkömmlichen Gesellschaftsstruktur geführt. In der Praxis hätten sich „Bestechung, Verleumdung, Nepotismus und Günstlingswirtschaft" durchgesetzt. Die Vorzimmer der Minister und Bürovorsteher hätten öffentlichen Märkten zum Verkauf von Vergünstigungen oder Ämtern geglichen. Die Studentenrevolution und die nachfolgende Regierung Chang Myons hätten zwar Hoffnungen erweckt, ohne sie aber erfüllen zu können. Im Parlament seien keine klaren Mehrheiten zustande gekommen. Daher habe die Regierung versucht, Gegner durch Bestechungen und die Verleihung von Ämtern gefügig zu machen. Selbst die Regierungspartei sei gespalten gewesen. Ohne wirkliche Führung glich die Partei einem Sandhaufen. Die neue Gruppe blieb als Demokratische Partei bestehen, während die alte Gruppe die Neue Demokratische Partei gründete. Das Volk verlor das Vertrauen in die Demokratische Partei, die sich schon durch die Spaltung aufzehrte. Bereits 14 Tage nach der Bildung eines neuen Kabinetts habe die Hälfte der Ministerposten neu besetzt werden müssen. Im Parlament sei es fast täglich zu Schlägereien gekommen. Das einzige Interesse der Abgeordneten sei gewesen, „von der Regierung einen Wagen gestellt zu bekommen, die Spesengelder zu erhöhen, sich Privilegien zu verschaffen und besondere Einflussschiebungen".[213] Angesichts dieser für die Bevölkerung schädlichen und an den Rand einer Wirtschaftskrise führenden Entwicklungen hätten die jungen Offiziere der Armee die Geduld verloren. Zusätzlich irritiert durch studentische Demonstrationen und Aktivitäten, die dem Interesse der Kommunisten entgegenkamen, seien sie, die für die Republik im Kriege gekämpft hätten, nun auch für die Republik im Frieden marschiert und hätten Seoul besetzt. Dazu Park wörtlich: „Am Morgen des 16. Mai 1961 begannen die Revolutionstruppen mit der Operation, in der alle alten Übel der Vergangenheit aus dem kranken Staatskörper entfernt werden sollten. Das

---

[211] Ebd. S. 5–9.
[212] Ebd., S. 114–116.
[213] Ebd., S. 192–207.

Vaterland musste operiert werden, politische Wundermittel kamen zu spät, um den tödlichen Krebs zu heilen."[214] Immer wieder wiederholt Park den Vergleich zwischen Arzt und Patient. Der Arzt – in diesem Fall die Militärjunta – müsse die koreanische Politik und Gesellschaft von wuchernden Krebszellen der Korruption und des Kommunismus befreien, um das Ganze erhalten und heilen zu können. Demokratie als Ziel sei gegeben, doch werde es nicht als sklavische Imitation der Modelle fremder Kulturen und Staaten verstanden. Korea bedürfe einer „koreanisierten Demokratie", die den geschichtlichen Voraussetzungen und vorhandenen Umständen des Landes und Volkes entsprechen und sich an einer zukunftsorientierten Politik des geistigen, sozialen und wirtschaftlichen Wiederaufbaus ausrichten müsste. Die Diktatur sei eine temporäre Operation. Das Endziel sei die Erneuerung und „Koreanisierung" der Demokratie in Korea. Die Militärrevolution – so schrieb er – „bedeutet nicht die Zerstörung der Demokratie in Korea. Sie ist eher eine Möglichkeit, sie zu retten ... Aus diesem Grunde haben die revolutionären Truppen sich fest verpflichtet, die Regierungsgewalt an die Zivilen zurückzugeben."[215] Zur Untermauerung seiner Thesen berief sich Park auf den amerikanischen „Conlon-Report" von 1959, der zu dem Schluss gekommen war, die Demokratie scheine sich für Südkorea nicht zu eignen, eine effiziente autokratische Regierungsform scheine dortigen Verhältnissen besser zu entsprechen wie auch die Vorbilder von Nasser in Ägypten und Ayub Khan in Pakistan zu zeigen schienen.[216]

7.2 Zur Herrschaftspraxis und Wirtschaftspolitik des neuen Regimes

Somit waren Motive und Ziele der primären Träger des Militärputsches, zumindest im Licht ihres Selbstverständnisses, offen gelegt und klar definiert worden. Die entscheidende Frage aber lautete nun, wie Südkoreas neue Führungskräfte ihre Konzeptionen in die Wirklichkeit umsetzen würden. Bereits am 19. Juni 1961 erfolgte die Gründung einer Institution, die sich in Kürze und auf viele Jahre hin zur mächtigsten und am meisten gefürchtesten Organisation im politischen System und öffentlichen Leben Südkoreas entwickeln sollte, und zwar der Koreanische Geheimdienst, oft abgekürzt KCIA (Korean Central Intelligence Agency). Der KCIA wurde laut Dekret dem Obersten Rat für Nationalen Wiederaufbau direkt unterstellt und bildete das kontrollierende und durchführende Organ aller südko-

---

[214] Ebd., S. 193–194.
[215] Ebd., S. 133 sowie S. 217–222.
[216] Ebd., S. 129 sowie 77–78.

reanischen Geheimdienstaktivitäten im In- und Ausland. Zum Leiter des KCIA wurde Oberstleutnant – später General – Kim Jong Pil ernannt, der neben Park Chung Hee als einer der bedeutendsten Führer des Militärputsches betrachtet werden muss. 1926 geboren und somit fast ein Jahrzehnt jünger als Park, hatte Kim Jong Pil zunächst an der Pädagogischen Hochschule der angesehenen Staatlichen Universität von Seoul (Seoul National University) studiert, war aber dann zu einer Schule für Offiziersanwärter übergewechselt und trat noch im selben Jahr in den aktiven Dienst ein. In diesem wurde er der Geheimdienstabteilung der südkoreanischen Armee zugeteilt und bereits 1952 zum Chef der Nordkoreaabteilung des Geheimdienstes der südkoreanischen Armee ernannt. So gewann er sehr frühzeitig weit reichende Einblicke in die Personalstruktur und Gruppierungen der südkoreanischen Streitkräfte, musste sich mit den Agenten des vorzüglich ausgebildeten nordkoreanischen Geheimdienstes herumschlagen und hatte Zugang auch zu politischen Geheiminformationen unterschiedlichster Art.[217] Robert A. Scalapino, einer der führenden Koreakenner unter den amerikanischen Ostasienexperten, beschrieb den KCIA schon 1962 als „die einzige starke, alles durchdringende Organisation in der (Süd-)Koreanischen Politik". KCIA-Mitglieder seien strategisch über das ganze Netzwerk der Regierung verteilt. Seine Agenten überwachten jede wichtige Persönlichkeit einschließlich der Regierungsmitglieder selbst. Der KCIA übe fernerhin eine ständige Kontrolle über die Presse, die Studenten, die Intellektuellen im Allgemeinen und die im Lande befindlichen Ausländer aus.[218]

Kim Se Jin schrieb von dieser Institution: „Der (K)CIA mit seiner unbegrenzten Macht entwickelte sich zu der Gruppe, die in der postrevolutionären Ära am meisten gefürchtet wurde. Unter der schlauen und fähigen Leitung von Kim Jong Pil fungierte der (K)CIA als die Augen und Ohren Park Chung Hees und beseitigte mit Effizienz antirevolutionäre Elemente sowohl innerhalb als auch außerhalb des Obersten Rates für Nationalen Wiederaufbau."[219] Anderthalb Jahre nach ihrer Machtergreifung legte die Militärjunta der Bevölkerung Südkoreas den Entwurf einer neuen Verfassung vor. Durch sie wurde das nach der Studentenrevolte von 1960 entstandene parlamentarisch-demokratische Kabinettssystem beseitigt und durch ein System mit starker Präsidialexekutive ersetzt. Der vom Volk direkt für eine Amtszeit von acht Jahren (!) gewählte Präsident sollte laut Verfassungsentwurf als Staatsoberhaupt und Regierungschef fungieren. Als solcher sollte er die

---

[217] Kim: The Politics of Military Revolution in Korea, a.a.O., S. 86–88. Zu Kim Jong Pils Tätigkeit im Zusammenhang mit der Planung des Militärputsches siehe auch Chon, a.a.O., S. 45–47.

[218] Scalapino, Robert A.: „Which Route for Korea?", in: Asian Survey Bd II, Nr. 7, September 1962, S. 7.

[219] Kim, Se Jin, a.a.O., S. 111–112.

Kabinettsmitglieder ernennen können und sowohl als Vorsitzender des Nationalen Sicherheitsrates wie auch als Oberbefehlshaber der Streitkräfte amtieren. Der Präsident konnte die nur aus einer Kammer bestehende Nationalversammlung nicht auflösen, diese aber hatte das Recht zum Misstrauensantrag gegen den Präsidenten, der allerdings einer Zweidrittelmehrheit und einer anschließenden Überprüfung durch einen besonderen Rat bedurfte. Das Amt des Vizepräsidenten wurde abgeschafft, jedoch das des Ministerpräsidenten beibehalten. Dem Präsidenten unterstand ebenfalls ein Inspektionsbüro zur Überprüfung der Ausgaben und Einnahmen des Staatshaushaltes. Dieser Verfassungsentwurf wurde der südkoreanischen Bevölkerung am 17. Dezember 1962 zur Volksabstimmung vorgelegt und bei einer Wahlbeteiligung von etwa 86 Prozent mit 7,8 Millionen Stimmen gegen 1,9 Millionen angenommen. Die Verfassung trat am 26. Dezember 1962 in Kraft.[220] Die im In- und Ausland mit großer Spannung erwarteten ersten Präsidentschaftswahlen nach dieser neuen Verfassung fanden am 15. Oktober 1963 statt. An der Spitze der von Kim Jong Pil neu organisierten Demokratisch-Republikanischen Partei (Minju Konghwa Dang) kandidierte Park Chung Hee, der zuvor den aktiven Militärdienst verlassen und die Nominierung zum Präsidentschaftskandidaten seiner Partei angenommen hatte. Als Gegenkandidat stand ihm der ehemalige Präsident Yun Po Sun gegenüber. In einem Wahlkampf, den ein UN-Beobachter als den ehrlichsten und friedlichsten seit Gründung der Republik Korea bezeichnete, gewann Park Chung Hee mit 46,7 Prozent der gültigen Stimmen nur knapp vor seinem Gegenkandidaten Yun, der 45,1 Prozent der gültig abgegebenen Stimmen auf sich ziehen konnte. Bei einer Wählerzahl von 12.985.015 hatte Park somit einen Vorsprung von nur 181.126 Stimmen gewonnen.[221] Bei den nachfolgenden Wahlen zur koreanischen Nationalversammlung im November 1963 konnte Park Chung Hees Demokratisch-Republikanische Partei 88 von 131 Wahlbezirken erobern und 110 von insgesamt 175 Sitzen in der Nationalversammlung für sich gewinnen. Park Chung Hee und seine neue Partei hatten somit eine überzeugende, wenn auch für den Präsidenten zahlenmäßig nicht sehr beeindruckende Legitimationsbasis für ihre weitere Herrschaftsausübung erhalten. Damit war zunächst nur eines gewonnen, und zwar eine neue, verfassungsmäßig abgesicherte Form der politischen Willensbildung. Wie aber einer der herausragenden Kenner und Kritiker koreanischer Politik damals

---

[220] Archiv der Gegenwart, 26. Dezember 1962, S. 10327–10328. Vgl. auch Chon, a.a.O., S. 69–70, und Lee, Chong-Sik: „Korea: In Search of Stability", in: Asian Survey Bd. IV, Nr. 1 Januar 1964, S. 660–661.
[221] Tabellen mit einer Aufgliederung der Wahlresultate sowohl der Präsidentenwahlen vom Oktober 1963 als auch der Wahlen zur Nationalversammlung vom November 1963 in Kim, Se Jin, a.a.O., S. 122 und 123. Siehe auch Kommentar von C. I. Eugene Kim: „Significance of the 1963 Korea Elections", in: Asian Survey, Bd IV, Nr. 3, März 1964, S. 765–773.

schrieb, lagen vor der neuen Regierung fast unüberwindbare Schwierigkeiten, zum Beispiel „viel zu geringe Hartwährungsreserven, ein Mangel an geschulten Arbeitskräften, das außerordentlich niedrige Pro-Kopf-Jahreseinkommen, die Instabilität der Preise, Arbeitslosigkeit von etwa 10 Prozent der Erwerbstätigen und Übervölkerung". Zusätzliche Probleme ergaben sich auch in den ungelösten Beziehungen zu Japan und zu Nordkorea in Zusammenhang mit den Fragen der nationalen Wiedervereinigung. Das erste Jahrzehnt der Regierungsära von Park Chung Hee – Südkoreas „dritte Republik" (1963–1972) – ist von vier entscheidenden Initiativen geprägt worden:

1. Dem Beginn einer zielstrebigen und erfolgreichen Wirtschaftsentwicklung;
2. der Stärkung der Position Südkoreas gegenüber den USA und der internationalen Staatengemeinschaft;
3. der unter großen Schwierigkeiten bewirkten Normalisierung der diplomatischen und wirtschaftlichen Beziehungen zu Japan;
4. der Aufnahme eines direkten Wiedervereinigungsdialogs mit Nordkorea.

Unter der Leitung des Obersten Rates für Nationalen Wiederaufbau wurde bereits im Juli 1961 ein wirtschaftlicher Planungsstab gegründet und im Frühjahr 1962 unter streng geheimer Vorbereitung eine Währungsreform durchgeführt, durch welche die bisherige Hwan-Währung im Verhältnis 10 : 1 gegen die neu eingeführte Won-Währung umgetauscht werden musste. Der Wechselkurs des Won zum US-Dollar wurde mit 130 : 1 festgelegt. Bereits im Januar 1962 hatte die Regierung einen Fünfjahresplan für den Zeitraum 1962–1966 proklamiert. Das primäre Ziel der Exportförderung wurde so nachdrücklich verfolgt, dass sich der Wert des Exportvolumens von 41 Millionen US-Dollar im Jahr 1961 auf 87 Millionen US-Dollar im Jahr 1963 erhöhte. Zu diesem Erfolg trugen Maßnahmen der staatlichen Wirtschaftspolitik bei, die Unternehmer dazu ermutigten, in arbeitsintensive Zweige der Leichtindustrien zu investieren, die zunächst keiner hochrangigen technischen Ausrüstung bedurften. Der Wert koreanischer Exporte erhöhte sich von 41 Millionen US-Dollar im Jahr 1961 auf 1,624 Milliarden US-Dollar im Jahr 1972. Im gleichen Zeitraum erhöhte sich das Pro-Kopf-Einkommen Südkoreas von 90 auf 378 US-Dollar. Die durchschnittliche Zuwachsrate des Bruttosozialprodukts in diesem Zeitraum lag zwischen 7 und 8 Prozent jährlich. Obwohl Südkorea bei Gründung der Republik Südkorea – von seiner Landwirtschaft abgesehen – kaum über erschlossene Bodenschätze verfügte, vermochte es das große Potenzial seiner arbeitswilligen und lernfähigen Arbeitskräfte, die vom guten Schulsystem des Landes profitiert hatten, in optimaler Weise für die Wirtschaftsentwicklung des Landes einzusetzen. Die zielstrebig in Angriff genommene Erschließung von Energiequellen beendete die vor 1948 gegebene fast vollständige Abhängigkeit vom Norden im Bereich der Versorgung mit Elektroenergie. Die Produktion von Zement konnte derart gefördert werden, dass die Produkte ab

1964 auch für den Export zur Verfügung standen. Die Gesetzgebung schuf besondere Anreize für Investitionen. Allein 130 führende amerikanische Firmen und eine Anzahl westeuropäischer und japanischer Firmen investierten in gemeinsame Unternehmungen (Joint Ventures) mit Südkorea. Zwischen 1972 und 1982 brachte das südkoreanische Ministerium für Handel und Industrie 681 Millionen US-Dollar auf, um ausländische Technologiepatente zu erwerben. Südkoreas Anleihevolumen allein im Jahr 1963 betrug 70 Millionen US-Dollar und stieg bis 1971 auf insgesamt 3,79 Milliarden US-Dollar. Die staatliche Zollgesetzgebung begünstigte einerseits die Einfuhr von Gütern, die der verarbeitenden Leichtindustrie zugute kamen, war zugleich aber bestrebt, die Einfuhr anderer Warentypen, zum Beispiel von Luxusgütern, zu erschweren. Im Jahrzehnt zwischen 1953 und 1963 hatten die nichtmilitärische Wirtschaftshilfe und die Anleihen seitens der Vereinigten Staaten im Durchschnitt 13 Prozent des koreanischen Bruttosozialprodukts betragen. Doch verringerte sich die amerikanische Wirtschaftshilfe für Südkorea von einem Jahresvolumen von 232,3 Millionen US-Dollar 1962 auf nur 5,1 Millionen US-Dollar im Jahre 1972. Die Wirtschaftspolitik Südkoreas in der Regierungsära von Park Chung Hee verkörperte eine merkwürdige Verbindung zwischen freiem Unternehmertum und freier Marktwirtschaft auf der einen Seite und dirigistischen, ja manchmal fast merkantilistischen Interventionen des Staates auf der anderen Seite.[222]

7.3 Die Koreaner im Vietnamkrieg

Seitens der Vereinigten Staaten war die Errichtung der Militärjunta und insbesondere deren zeitweilige Absicht, die angekündigte Rückkehr zu einer verfassungsmäßigen Regierungsform um etwa zwei Jahre zu verschieben, mit betonter, fast drohender Zurückhaltung aufgenommen worden. Dies war wohl einer der Gründe, weshalb die Militärjunta es doch vorgezogen hatte, die Wiedereinführung einer verfassungsmäßigen Ordnung mit den Wahlen vom Oktober und Dezember 1963 herbeizuführen. Der US-amerikanische Delegierte bei der UNO konnte somit am 10. Dezember 1963 vor der 18. Generalversammlung der Vereinten Nationen berichten, dass die Wahlen auch nach Ansicht der beobachtenden UN-Kommission für Korea in „friedlicher, ordentlicher und fairer Weise" durchgeführt worden seien. Man könne der Regierung der Republik Korea zu dieser

---

[222] Pae, Sung Moon: Korea Leading Developing Nations. Lanham, New York/London 1992, S. 67–89. Lyman, Princeton N.: „Economic Development in South Korea", in: Asian Survey Bd VI, Nr. 7, Juli 1966, S. 381–388. Nahm, a.a.O., S. 483–487. HBK 1987, a.a.O., S. 351–354.

Rückkehr zu einer „repräsentativen zivilen Regierung" gratulieren.[223] Im folgenden Jahr begann der fast 10-jährige Krieg der USA in Vietnam, der mit einer ersten Niederlage Amerikas endete und der das Verhältnis zwischen Staatsführung, Kongress und Bevölkerung stärker erschütterte als irgendein anderes Ereignis in der amerikanischen Außenpolitik des 20. Jahrhunderts. Oberflächlich war der Vietnamkrieg durch bewaffnete, vermutlich provozierte Zusammenstöße zwischen amerikanischen und nordvietnamesischen Marineeinheiten im Golf von Tonking Anfang August 1964 ausgelöst worden. In Wirklichkeit hatte Washington auf der einen Seite nach Anlässen gesucht, um militärisch zur Stützung der von kommunistischer Partisanentätigkeit bedrohten Regierung im nichtkommunistischen Südvietnam eingreifen zu können. Auf der anderen Seite hatte Nordvietnam bereits Monate vor dem maritimen Zwischenfall im Golf von Tonking beschlossen, den Partisanenkrieg gegen die Regierung Südvietnams mit voller Kraft zu führen. Vorangegangen war im Mai 1963 ein Staatsbesuch des chinesischen Präsidenten Liu Shao-ch'i in Hanoi, bei dem er von der nordvietnamesischen Führung eine klare Entscheidung forderte, ob sie in dem das Gesamtgefüge des Weltkommunismus erschütternden Konflikt zwischen Moskau und Peking der Moskauer Linie „der friedlichen Koexistenz" folgen wolle oder aber mit der in China erfolgreich erprobten Strategie des Partisanenkrieges in Vietnam für einen landesweiten Sieg des Kommunismus kämpfen wolle. Nach anschließenden Auseinandersetzungen zwischen dem stärker nach Moskau und dem stärker nach Peking hin orientierten Flügel im Zentralkomitee der Kommunistischen Arbeiterpartei Nordvietnams hatte sich dessen Parteiführung zugunsten des aggressiveren chinesischen Weges entschieden. Dementsprechend hatte das nordvietnamesische Parteiorgan Hoc Tap im Juli 1964 – also einen Monat vor dem Zwischenfall im Golf von Tonking – geschrieben: „Die Befreiung Südvietnams kann nur durch Gewalt erreicht werden. Dafür ist es nötig, die reaktionäre Staatsmaschine und die Söldnerarmee der Imperialisten (gemeint sind die Streitkräfte Südvietnams und deren amerikanische Berater) zu zerschlagen. ... Die Revolution kann und darf nur durch die revolutionäre Aktion und durch Gewalt der Massen ... entschieden werden, aber nicht durch Verträge und Abmachungen."[224] Die Vereinigten Staaten waren bemüht, dem neuen Krieg in Indochina nicht das Gepräge eines Konflikts zwischen einer „weißen" Supermacht und einem asiatischen Entwicklungsland zu geben sowie amerikanische Verluste an Menschenleben zu begrenzen. Amerikas seinerzeitiger

---

[223] Kim, Se Jin: Documents on Korean-American Relations, a.a.O., Dokument 112 S. 277–279.

[224] Siehe Kindermann, Gottfried-Karl: „Zur Indochina-Politik der Vereinigten Staaten von Amerika, Japans und der Asean-Staaten", in: Meyer-Lindenburg, H., und Kindermann, G.-K. (Hg.): Indochina – Krisenherd der Weltpolitik, München 1981, S. 41–42.

verlustreicher Einsatz zur Befreiung und Konsolidierung Südkoreas berechtigte Washingtons Anfrage in Seoul, ob Südkorea zu einer aktiven Beteiligung am Vietnamkrieg bereit sei. Nach jeweils intensiver Debatte bewilligte die südkoreanische Nationalversammlung 1964 die Entsendung einer medizinischen Abteilung, ergänzt durch Nahkampfinstrukteure, im Jahre 1965 die Beteiligung von 2.000 Soldaten, die jedoch nicht im offenen Kampf eingesetzt werden sollten, und 1966 eine südkoreanische Kriegsbeteiligung im Umfang von 49.000 Mann. Dem Militäreinsatz großen Stils vorangegangen war der erfolgreiche Abschluss der koreanisch-japanischen Normalisierungsverhandlungen im Jahre 1965, an dem Washingtons Vermittlung eine maßgebliche Rolle für beide Seiten gespielt hatte (siehe folgenden Abschnitt). Im Juli 1966 gelang es Südkorea nach langem diesbezüglichem Drängen, zu einem Truppenstationierungsabkommen mit den Vereinigten Staaten zu gelangen. Dieses entsprach zwar nicht ganz den koreanischen Vorstellungen und nicht ähnlichen Verträgen der USA mit seinen westeuropäischen Verbündeten, doch bedeutete es einen wichtigen Schritt in Richtung Erweiterung südkoreanischer Souveränität im Rahmen des bilateralen Bündnisverhältnisses.[225] Weitaus wichtiger aber war, dass Südkoreas substanzielle Beteiligung am Vietnamkrieg seine internationale Stellung als ostasiatischer Partner der freien Welt und insbesondere der USA wesentlich stärkte. In Ansprachen anlässlich der Entsendung südkoreanischer Truppen nach Vietnam erläuterte Park Chung Hee am 9. Februar und am 12. Oktober 1965, dass dieser Schritt Südkoreas autonome Beteiligung an einer Aktion zur Erhaltung der kollektiven Sicherheit und zur Verteidigung des Status quo in Ostasien bedeute. Da sich ein Sieg der Kommunisten in Südostasien ungünstig auf die gesamte Sicherheitslage im ostasiatisch-pazifischen Raum auswirken würde, handle Südkorea hier auch zur Verteidigung seines eigenen nationalen Interesses. In der internationalen Öffentlichkeit waren viele Vergleiche zwischen den Strukturen der Teilung Koreas und Vietnams in jeweils einen kommunistischen Nordstaat und einen mit dem Westen verbundenen Südstaat angestellt worden. Park erinnerte, dass 16 Nationen ein Jahrzehnt zuvor Streitkräfte zur Verteidigung Südkoreas entsandt hatten und dass es sich deshalb letztlich auch um einen Akt moralischer Reziprozität handle, wenn Südkorea dem bedrängten Südvietnam zu Hilfe komme. In 5.000 Jahren koreanischer Geschichte hätte Korea nie Invasionen in fremde Länder unternommen. Anlässlich des Vietnamkrieges geschehe es zum ersten Mal, dass südkoreanische Truppen in einem fremden Land eingesetzt würden.[226] Auf der Verlustseite hatten die südko-

---

[225] Text des Truppenstationierungsabkommens und zugehöriger Dokumente in Kim, Se Jin: Documents on Korean-American Relations, a.a.O., S. 291–332.

[226] Shin, Bum Shik (Hg.): Major Speeches by Korea's Park Chung Hee. Seoul 1970, S. 237–240 und 279–281.

reanischen Streitkräfte bis Ende 1969 2.980 Gefallene zu verzeichnen. Wirtschaftlich war Südkoreas Beteiligung am Vietnamkrieg von nicht unbeträchtlichen Erfolgen gekennzeichnet. Von 1966 bis Ende 1968 erhöhten sich die von Südkorea durch seine Kriegsbeteiligung erzielten Einnahmen von 60,4 auf 380 Millionen US-Dollar. Wichtige Nebeneffekte bestanden auch im Gewinn von Hartwährungsreserven und dem Transfer von technischem Know-how.[227] Auch in anderer Weise begann Südkorea in den 60er Jahren als unabhängiger Akteur auf der Bühne der internationalen Politik aufzutreten. So wurde es zum Beispiel Initiator und Gastgeber der Asiatisch-Pazifischen Konferenz (Asian Pacific Conference ASPAC), dessen Gründungskonferenz im Juni 1966 in Südkoreas Hauptstadt Seoul stattfand. Neben Südkorea waren Australien, Japan, Malaysia, Nationalchina, Neuseeland, die Philippinen, Thailand und Südvietnam vertreten. Damals bereits entstanden Bestrebungen zur Schaffung einer locker strukturierten pazifischen Staatengemeinschaft zum Zweck der wirtschaftlichen, technischen und kulturellen Kooperation und zur Vertiefung der Solidarität in der Abwehr kommunistischer Aggression.[228]

7.4 Südkoreas Normalisierungsabkommen mit Japan

Eine nicht nur für Südkorea und Japan, sondern auch für die Gesamtstruktur der internationalen Beziehungen in Nordostasien hoch bedeutsame Neuentwicklung ergab sich aus der am 22. Juni 1965 in Tokio unternommenen Unterzeichnung des koreanisch-japanischen Normalisierungsabkommens. Nicht weniger als 13 Jahre und acht Monate waren zwischen Seoul und Tokio außerordentlich schwierige und beiderseits belastende Verhandlungen geführt worden. Südkoreas erster Präsident Syngman Rhee hatte es aufgrund einer sowohl historisch als auch biographisch erklärbaren abgrundtiefen Aversion gegen Japan verstanden, in Südkorea befindliche Japaner immer wieder zu brüskieren und öffentlich zu demütigen.

---

[227] Kim, Se Jin: „South Korea's Involvement in Vietnam and Its Economic and Political Impact": in: Asian Survey, Bd X, Nr. 6, Juni 1970, S. 526. Eine Aufschlüsselung der südkoreanischen Gewinne durch den Vietnamkrieg im Zeitraum von 1966–1968 findet sich in Kim, Se Jin: „South Korea's Involvement ...", a.a.O., S. 520. Zur politischen Motivation der südkoreanischen Teilnahme am Vietnamkrieg siehe auch: Lyman, Princeton N.: „Korea's Involvement in Vietnam", in: Orbis, Bd XVI, Nr. 2, Sommer 1968, S. 563–580.
[228] Dokumente zu dieser Gründungstagung der ASPAC finden sich in: Koreana Quarterly, Bd. VIII, Herbst 1966, Nr. 3, S. 93–122. Im gleichen Heft findet sich ein wichtiger Beitrag von Shin, Eung-Kyon unter dem Titel „Korea's Diplomacy in Asia", S. 35–43.

Umgekehrt wurden die Koreaner immer wieder durch Äußerungen japanischer Amtsträger provoziert, in denen sie direkte oder indirekte Manifestationen eines japanischen Überlegenheitsgefühls Korea gegenüber zu entdecken glaubten. Anlässlich des Friedensvertrages von San Francisco mit Japan im Jahre 1951 erreichte die südkoreanische Regierung mit amerikanischer Vermittlungshilfe die Eröffnung von Verhandlungen zwischen Seoul und Tokio. Südkoreas Staatspräsident Syngman Rhee forderte von Japan zunächst den Abschluss eines Friedensvertrages und beklagte die Tatsache, dass Korea von der internationalen Konferenz zur Beratung und Beschließung des Friedensvertrages mit Japan ausgeschlossen worden sei. Die Regierung in Tokio hingegen wies den Vorschlag Rhees mit dem Hinweis zurück, Japan habe gegen Korea keinen Krieg geführt. Es genüge, wenn Tokio die Regierung Südkoreas diplomatisch anerkenne.[229] Angesichts der Aufhebung der von der amerikanischen Besatzungsmacht in Japan verfügten so genannten MacArthur-Linie, die den Umfang des japanischen Fischfangs an der Westküste Japans in bestimmten Regionen beschränkte und die durch den Friedensvertrag mit Japan vom Herbst 1951 hinfällig geworden war, proklamierte Südkoreas Präsident Syngman Rhee am 18. Januar 1952 eine weit ausgedehnte Fischereischutzzone an der Ost- und Südküste Koreas, um die südkoreanische Fischerei vor den technisch überlegenen Fischfangmethoden Japans in diesen Gewässern zu schützen. Nicht nur Japan, sondern auch die USA, Nationalchina und Großbritannien erhoben Bedenken gegen den Rechtscharakter eines solchen Schrittes, der von dritten Ländern als Präzedenzfall verstanden werden könne.[230] Im Hinblick auf diese Stellungnahme veranlasste Syngman Rhee einen offiziellen Kommentar, in dem diese Linie als „Friedenslinie" verstanden wurde. Zu viele japanische Fischereischiffe drängten in die Südkorea benachbarten Gewässer ein und nähmen ihm die Fischereischätze weg. Daher seien Gegenmaßnahmen erforderlich gewesen. Südkoreas Maßnahme ziele darauf ab, die ansonsten gegebene „Gefahr eines unvermeidlichen Konfliktes zwischen den beiden Staaten" zu verhindern. Diese von Südkorea unilateral verfügte Linie erhielt später verschiedene Namen. So zum

---

[229] Zum Enstehungsprozess und zu den Inhalten des historisch bedeutsamen Normalisierungsabkommens zwischen der Republik Korea und Japan siehe das deutschsprachige Standardwerk von Frau Prof. Paik, Kyung Nam: Korea und Japan im Kräftefeld des Nord-West-Pazifik. Zur Entstehung und Problematik des Koreanisch-Japanischen Normalisierungsvertrages von 1965. München 1978, S. 168–171.

[230] Das ebenfalls deutschsprachige Standardwerk zum südkoreanisch-japanischen Konflikt um Fischereirechte, Hoheitszonen und Inselgebiete in den zwischen Südkorea und Japan liegenden Gewässern verfasste Prof. Yun Ki-Whang: Die Rolle der Friedenslinie (Rhee line) im Normalisierungs-Prozeß der Beziehungen zwischen Korea und Japan in der Nachkriegs-Ära. Frankfurt/M. und Bern 1983. Wortlaut der Präsidenten-Proklamation Südkoreas auf S. 88–90 und der Zusatzerklärung vom 8.2.1953, ebd., S. 99.

Beispiel „Friedenslinie" (peace line) oder „Rhee Linie", eine Benennung, die man anfangs besonders in Japan bevorzugte.[231]

Der letztlich doch zustande gekommene Vertrag erklärt alle früheren Verträge und Abkommen zwischen Korea und Japan als „null und nichtig". In Artikel 3 anerkennt Japan, dass die südkoreanische Regierung „die einzige rechtmäßige Regierung in Korea" ist, während ursprünglich die südkoreanische Seite eine Anerkennung ihrer Regierung als einzige rechtmäßige gesamtkoreanische Regierung erhofft hatte. Gleichzeitig wurde ein Fischereiabkommen zwischen Südkorea und Japan unterzeichnet, das für jede Seite eine exklusive Fischfangzone von zwölf Seemeilen vorsah. Ein gemeinsames Fischereikomitee sollte Praxisfragen, die aus beiderseitigen Fischfangaktivitäten entstehen könnten, behandeln. Ein weiteres Abkommen über Eigentumsansprüche und wirtschaftliche Zusammenarbeit verpflichtete Japan zu einem in Gestalt von Gütern und Dienstleistungen Korea zu gewährenden Darlehen in Höhe von 300 Millionen US-Dollar. Für weitere 200 Millionen Dollar sollte Japan öffentliche Kredite mit einem Zinssatz von 3,5 Prozent und einer Laufzeit von 20 Jahren gewähren. Weiterhin vorgesehen waren japanische Privatinvestitionen im Wert von 300 Millionen Dollar, die teilweise auch für den Export japanischer Fischereifahrzeuge nach Korea sowie für die Finanzierung der Zusammenarbeit in Fischereifragen verwendet werden sollten. Ein letztes bei dieser Gelegenheit unterzeichnetes Abkommen regelt die Rechtsstellung der in Japan lebenden Koreaner. Ein besonderes Abkommen verfügt die Rückgabe koreanischer Kunstschätze von Japan an Korea.[232]

Die Endphase und der Abschluss der Vertragsverhandlungen zwischen Südkorea und Japan riefen in Südkorea die massivsten studentischen Protestdemonstrationen der jungen Republikgeschichte hervor. Diese Proteste nahmen derartig krasse Dimensionen an, dass zwischen 1964 und 1965 zweimal das Notstandsrecht verhängt werden musste. Die Oppositionspartei versuchte, die parlamentarische Behandlung des Vertrages durch unzählige Verschleppungstaktiken zu behindern, und bewirkte als Zeichen des Protestes den Rücktritt zahlreicher Parlamentarier ihrer Partei. Die parlamentarische und die außerparlamentarische Opposition hatten sich so militant gegen den Vertrag gewandt, weil sie die in der Bevölkerung weit verbreiteten Antipathien gegen Japan kannten und durch ihre Proteste hofften, an Popularität zu gewinnen. Die Normalisierung der Beziehungen zu Japan erschien vielen Kritikern als ungerechtfertigter Schlussstrich unter eine im Grunde

---

[231] Ebd., S. 99. Der koreanische Terminus für die Friedenslinie ist „Pyungwha-Son", ebd., S. 1.

[232] Zum Inhalt des Normalisierungsvertrages zwischen Tokio und Seoul mitsamt den dazugehörigen Abkommen siehe Paik, a.a.O., S. 272–280. Englischer Text des Vertrages und der Abkommen in: Contemporary Japan. Band XXVIII, Nr. 3, Mai 1966, S. 687–689.

genommen noch lange nicht bewältigte historische Vergangenheit der koreanisch-japanischen Beziehungen. Auf Seiten der Kritiker verband sich Anti-Japanismus mit Anti-Amerikanismus. Eine wachsende Solidarisierung zwischen den Vereinigten Staaten und Japan könne erneut zu einer Abwertung der Bedeutung Koreas und zu einer bloßen Instrumentalisierung Koreas führen. Sympathisanten oder heimliche Anhänger des Kommunismus erblickten in der Normalisierung mit Japan eine Maßnahme, welche die antikommunistische Eindämmungsfront in Nordostasien objektiv verstärken könne.[233]

Im Mai 1967 fanden in Südkorea Präsidentschaftswahlen statt. Die regierende Demokratische Republikanische Partei (Minju Kongwha-tang) stellte als ihren Kandidaten wiederum den bisherigen Präsidenten Park Chung Hee auf, der knapp mit 51,4 Prozent der Stimmen gewann. Sein Gegenkandidat war der ehemalige Präsident Yun Po Sun, den eine aus der Fusion mehrerer kleinerer Parteien entstandene Neue Demokratische Partei (Shinmin Tang) vorgeschlagen hatte. Er erhielt nur 40,9 Prozent der Stimmen. Im folgenden Monat Juni fanden allgemeine Wahlen zur Nationalversammlung statt, bei denen die regierende Demokratische Republikanische Partei 13 Stimmen mehr erhielt als zu einer verfassungsändernden Zweidrittelmehrheit notwendig war. Keine koreanische Partei hatte bis zu diesem Zeitpunkt eine derartig starke Mehrheit im Parlament gewinnen können. Unmittelbar nach der Wahl erhoben sich mehrfach heftige Proteste wegen Wahlfälschungen und anderer Irregularitäten. Als Reaktion hierauf verfügte Präsident Park Chung Hee die Ungültigerklärung von zehn Mandaten seiner eigenen Partei und von fünf Mandaten der Opposition. Gegen 50 Wahlmanager wurde Anklage erhoben. Bei Neuwahlen für diese umstrittenen Mandate reduzierte sich die Mehrheit der Regierungspartei von 129 auf jetzt nur noch 114 Sitze. Damit verlor die Regierungspartei ihre Zweidrittelmehrheit und die Fähigkeit zu einer Verfassungsänderung, die zum Beispiel dem Präsidenten Park eine dritte Amtszeit hätte ermöglichen können.[234]

Das Jahr 1967 brachte unter anderem positive und negative Entwicklungen in den deutsch-koreanischen Beziehungen. Anfang März 1967 war Bundespräsident Heinrich Lübke zu einem Staatsbesuch in Korea eingetroffen. Er erwiderte damit

---

[233] Mobius, J. Mark: „The Japan-Korea Normalization Courses and Korean Anti-Americanism", in: Asian Survey, Band VI, Nr. 4, April 1966, S. 241–248. Siehe ferner Paik, a.a.O., S. 280–284, sowie auch Yun, a.a.O., S. 213–214, und Kim, Kwan Bong: „The Korea-Japan Treaty Crises and the Instability of the Korean Political System". New York/Washington/London 1971, Kap. 4–8.

[234] Archiv der Gegenwart, 6. Juli 1967, S. 13283, und ebd., 5. Oktober 1967, S. 13448. Siehe ferner Cho, Soon Sung: „Korea: Election year", in: Asian Survey, Band VIII, Nr. 1, Januar 1968, S. 29–37. Siehe fernerhin Kommentare und Statistiken zur Wahl von 1967 in: „Political Parties and Elections in Korea", in: Koreana Quarterly, Band IX, Sommer 1967, Nr. 2; S. 60–84 und S. 151–156.

einen im Dezember 1964 erfolgten Staatsbesuch von Präsident Park Chung Hee in der Bundesrepublik, bei dem dieser mehrere deutsche Städte, darunter das geteilte Berlin, besucht und den Deutschen seine Hochachtung für die gewaltige Wiederaufbauleistung nach dem Krieg ausgesprochen hatte. Vorangegangen waren deutsche Zusagen für die Gewährung finanzieller Hilfe zur Förderung der kleinen Mittelindustrie und zum Ausbau der Wasserversorgungsanlagen, insbesondere in Pusan. Anlässlich seines Besuches in Korea hatte Bundespräsident Lübke weitere Unterstützung zur Förderung des zweiten Fünf-Jahres-Planes zugesagt. Im Juli des gleichen Jahres ergaben sich jedoch Spannungen zwischen der Bundesrepublik und Korea, da der südkoreanische Geheimdienst KCIA 20 in Deutschland wohnende Südkoreaner mit offensichtlich zweifelhaften Methoden zu einer Rückkehr in ihre Heimat veranlasst hatte. Auf deutsche Proteste hin gab die südkoreanische Regierung bekannt, ein großer nordkoreanischer Spionagering, der für die nordkoreanische Botschaft in Ostberlin gearbeitet haben soll, sei zerschlagen worden. Angesichts anhaltender Proteste der Bundesregierung ersuchte Südkoreas Botschafter Choi Duk Shin, der offensichtlich von den Aktionen des Geheimdienstes nicht informiert war, um Rückberufung von seinem Posten. Am 24. Juli 1967 erhielt die Bundesregierung eine Entschuldigung der südkoreanischen Regierung zusammen mit der Zusage, jenen Koreanern eine Rückkehr nach Deutschland zu ermöglichen, die gegen ihren Willen nach Südkorea verschleppt worden seien.[235]

7.5 Der Schock des Pueblo-Zwischenfalls

Im folgenden Jahr 1968 wurde Nordostasien und insbesondere das Dreiecksverhältnis zwischen Südkorea, den Vereinigten Staaten und Nordkorea durch ebenso dramatische wie auch bezeichnende Aktionen Nordkoreas erschüttert. So gelang es einem nordkoreanischem Mordkommando von 31 Mann, das sich durch den 38. Breitengrad nach Südkorea eingeschlichen hatte, sich der Residenz von Präsident Park bis auf 1.300 Meter zu nähern, bevor es von südkoreanischen Sicherheitskräften überwältigt werden konnte. Das Mordkommando hatte den Auftrag, Präsident Park zu töten und seine Residenz in die Luft zu sprengen. Bis auf einen Überlebenden wurden dabei alle nordkoreanischen Angreifer, aber auch 36 Südkoreaner und zwei Amerikaner getötet. Der überlebende Gefangene, ein Leutnant der nordkoreanischen Volksarmee, gestand, seine Einheit habe zwei Jahre lang spe-

---

[235] Zu den deutsch-koreanischen Beziehungen des Jahres 1967 siehe Archiv der Gegenwart vom 20. März 1967, S. 13065–13066; zu Park Chung Hees Besuch in Deutschland 1964, ebd., Bd. 1964, 14. und 15. Dezember 1964, S. 11588, und ebd., 26.07.1967, S. 13320–13321.

ziell für diese Unternehmung geübt. Er berichtete weiterhin, seine Einheit unterhalte 2.400 Kommandoeinheiten für Partisanenoperationen in Südkorea.[236]

Zwei Tage später kaperten nordkoreanische Kriegsschiffe ein Aufklärungsschiff der amerikanischen Kriegsmarine, genannt „Pueblo", unweit des nordkoreanischen Hafens Wonsan. Amtlichen amerikanischen Angaben zufolge befand sich die Pueblo zu diesem Zeitpunkt 25 Seemeilen vom koreanischen Festland entfernt. Nordkoreaner verteidigten ihre Aktion mit der Behauptung, die Pueblo sei in die zwölf Seemeilen breite Hoheitszone nordkoreanischer Territorialgewässer eingedrungen. Die Besatzung des amerikanischen Kriegsschiffes von sechs Offizieren, 75 Matrosen und zwei Zivilisten wurde von den Nordkoreanern gefangen genommen. Die nordkoreanische Regierung behauptete, bei den Aktivitäten der Pueblo habe es sich um „verbrecherische Aktionen zur offenen Verletzung des Waffenstillstandsabkommens" gehandelt.[237] Vor dem Entern des Schiffes durch nordkoreanisches Militärpersonal hatte die amerikanische Besatzung versucht, die geheimen Sondierungsanlagen auf dem Schiff zu sprengen. Als Reaktion auf die Krise verlegten die USA eine Schwadron von Kampfflugzeugen von Okinawa nach Südkorea und entsandten den atombetriebenen Flugzeugträger „Enterprise" mit 100 Düsenkampfflugzeugen in Begleitung anderer Kriegsschiffe in eine Position 200 Seemeilen von der nordkoreanischen Küste entfernt. Der UN-Sicherheitsrat trat zusammen. Die 6. südkoreanische Armee unmittelbar an der Waffenstillstandslinie in Korea wurde in Alarmbereitschaft gesetzt. In einer Erklärung zu diesem Zwischenfall ließ die nordkoreanische Regierung wissen, sie werde keinen Beschluss der UNO in dieser Angelegenheit anerkennen, während der sowjetische Ministerpräsident Alexej Kossygin den USA am 28. Januar den Rat erteilte, mit Nordkorea direkt zu verhandeln.[238] Vier Tage später, am 1. Februar 1968, wiederholte Nordkorea den Vorschlag Kossygins und der Sprecher des US-Außenministeriums ließ wissen, die USA seien tatsächlich bereit, mit Nordkorea im Rahmen der militärischen Waffenstillstandskommission in Panmunjon über die Krise zu verhandeln. Eine erste Gesprächsrunde fand am folgenden Tag statt. Nur vier Tage später überreichte die wegen Washingtons weicher Reaktion entrüstete südkoreanische Regierung dem amerikanischen Botschafter in Seoul eine Protestnote. In ihr wurde gewarnt, dass sich Südkorea zu einseitigen Maßnahmen zu seiner Verteidigung genötigt sehen könne, wenn die USA auf brutale Provokationen Nordkoreas derartig nachgiebig reagierten. Südkoreas Nationalversammlung verlangte sogar militärische Gegenmaßnahmen, notfalls ohne

---

[236] Asian Survey, Band IX, Nr. 4, April 1969, S. 272–273.
[237] Archiv der Gegenwart, 7. Februar 1968, S. 13715–13717.
[238] Ebd., S. 13717.

Beteiligung amerikanischer Streitkräfte. Den USA wurde vorgeworfen, sich egozentrisch nur für ihr verlorenes Schiff zu interessieren, nicht aber für die Verletzung der entmilitarisierten Zone durch das nordkoreanische Mordkommando und dessen eindeutigen Versuch, den Präsidenten eines verbündeten Staates zu ermorden.[239] Es sollte jedoch noch schlimmer kommen. Die Nordkoreaner zwangen die gefangen genommene amerikanische Mannschaft der Pueblo, sich selbst als „Kriminelle" zu bezeichnen, die ihre Taten zutiefst bedauerten, und sich für die „großzügige menschliche Behandlung" seitens der Nordkoreaner zu bedanken. Nach 28 geheimen Verhandlungsrunden zwischen Amerikanern und Nordkoreanern, die elf Monate Zeit in Anspruch nahmen, gelang es den USA, die Entlassung von 82 überlebenden Mannschaftsmitgliedern der Pueblo zu erwirken. Eine der von den Nordkoreanern durchgesetzten Bedingungen war eine offizielle Entschuldigung der amerikanischen Regierung, die einem von Nordkorea geforderten Inhalt entsprach. In diesem vom 22. Dezember 1968 datierten Dokument einer Erklärung der US-Regierung an die Regierung der Demokratischen Volksrepublik Korea heißt es unter anderem, die Regierung der USA bestätige die Richtigkeit der Geständnisse der Besatzung der Pueblo wie auch der „Selbstverteidigungsmaßnahmen" der Nordkoreaner, die zur Kaperung des Schiffes geführt hatten. Wörtlich heißt es unter anderem: „Die Regierung der USA übernimmt die volle Verantwortung und entschuldigt sich in feierlicher Form für die schwerwiegenden Spionagehandlungen, die das amerikanische Schiff gegen die VDR Korea ausführte, ..." Die Regierung der USA ersuche die nordkoreanische Regierung „unter Berücksichtigung der Tatsache nachsichtig zu verfahren, dass diese Besatzungsmitglieder ihre Verbrechen offen gestanden und die Regierung der VDR Korea um Milde gebeten haben". Zu den grotesken Aspekten der Einigung zwischen den Amerikanern und Nordkoreanern gehörte, dass sogleich nach Abgabe dieser schriftlichen Erklärung die US-Regierung eine mit den Nordkoreanern vereinbarte zweite, jedoch nur mündliche Erklärung abgab, in der es hieß, die USA hätten zwar das öffentliche Schuldbekenntnis unterschrieben, verträten aber den Standpunkt, „dass das Schiff (Pueblo) in keinerlei illegale Tätigkeit verwickelt gewesen war, dass es keinen überzeugenden Beweis dafür gibt, dass das Schiff jemals in die von Nordkorea erwähnten Territorialgewässer eingedrungen ist und dass wir uns nicht für Aktionen entschuldigen können, die nach unserer Ansicht niemals stattgefunden haben". Die amerikanische Selbstbezichtigung sei lediglich unterschrieben worden, um die Besatzung freizubekommen. Nach seiner Rückkehr nach Amerika gab der Kommandant der Pueblo, Fregattenkapitän Lloyd Bucher, bekannt, er und andere Besatzungsmitglieder seien von den Nordkorea-

---

[239] Ebd.

157

nern brutal gefoltert worden. Er habe aber das falsche Geständnis für sich und die Mannschaft unterschrieben, nachdem ihm die Nordkoreaner gedroht hatten, sie würden – wenn er sich weigere – täglich ein Mitglied seiner Besatzung vor seinen eigenen Augen töten und dabei mit dem Jüngsten beginnen.[240] Zur Bestürzung vor allem der Südkoreaner, aber auch vieler Amerikaner hatten die nordkoreanischen Kommunisten einen gewaltigen psychologischen Erfolg verbuchen können. Die Vereinigten Staaten waren öffentlich zutiefst gedemütigt worden. Pjöngjangs Propagandamaschine lief auf Hochtouren. Pekings ständige Behauptung, die USA seien in Wirklichkeit nur ein lahmer „Papiertiger", schien eindrucksvoll bestätigt. Die mächtigen USA hatten sich öffentlich und vor aller Welt „krimineller Aktivitäten" gegen Nordkorea bezichtigt, hatten um Entschuldigung und um Milde für ihre Marineangehörigen gebeten. Es ist kaum erstaunlich, dass sich Regierung und Bevölkerung Südkoreas durch diese Demonstration amerikanischer Schwäche verunsichert fühlten. Auch die sich abzeichnende Krise der USA in Vietnam trug zu diesem Gefühl bei. In Seoul und an der entmilitarisierten Zone gab es antiamerikanische Demonstrationen. Südkoreas größte Tageszeitung Dong-A Ilbo beklagte nicht nur ein Verhalten der USA, das dem Status einer Weltmacht nicht entspreche, sondern warnte auch, dass Washingtons Nachgiebigkeit in diesem Fall die Kommunisten zu ähnlichen Provokationen dieser Art in der Zukunft ermutigen würde.

Südkoreas Regierung benützte die beiden schweren Zwischenfälle, um die Vereinigten Staaten auf Bereiche nordkoreanischer militärtechnologischer Überlegenheit, so zum Beispiel bei Typen infanteristischer Schusswaffen und im Bereich der Luftwaffe, hinzuweisen, und forderte mit Erfolg eine verstärkte Rüstungshilfe seitens der USA. Diese betrug für das Jahr 1968 insgesamt 240 Millionen US-Dollar. Ein Teil hiervon sollte zum Aufbau einer flächendeckenden Miliz mit insgesamt 2,5 Millionen verwendet werden. Trotz intensiver Bemühungen gelang es der südkoreanischen Regierung aber nicht, von Washington eine Verstärkung der im bilateralen Verteidigungsvertrag von 1953 enthaltenen Beistandsverpflichtung zu erwirken.[241]

---

[240] Archiv der Gegenwart, 12.-14. August 1968, S. 14114, und ebd., 30. Dezember 1968, S. 14403. Siehe auch Koh, a.a.O., S. 272–275.

[241] Ebd., S. 276–277. Siehe auch Cho, Soon Sun: „North and South Korea: Stepped-up Aggression and the Search for New Security", in: Asian Survey, Band IX, Nr. 1, Januar 1969, S. 30–32.

7.6 Präsident Nixon und die Wende der amerikanischen Chinapolitik

Wie gezeigt, bedeuteten die schweren Zwischenfälle, die sich im Jahr 1969 mit Nordkorea einerseits wegen der versuchten Ermordung Präsident Parks durch ein nordkoreanisches Mordkommando und andererseits wegen der Kaperung des US-Kriegsschiffes Pueblo entstanden waren, Erschütterungen des südkoreanischen Vertrauens in die Qualität amerikanischer Partnerschaft. Wesentlich tiefgreifender aber waren jene anderen Erschütterungen der südkoreanischen Politik, die von erheblichen Strukturveränderungen der internationalen Politik im ostasiatisch-pazifischen Raum erzeugt wurden. Den Ausgangspunkt dieses weltgeschichtlichen Strukturwandels bildete die auch innenpolitisch dramatische und vieldimensionale Krise, die sich für die Vereinigten Staaten aus dem unmittelbaren Anlass des Vietnamkrieges ergab. Drastischer als zuvor im Koreakrieg waren sie hier an die Grenzen ihrer Macht gestoßen. Die mit dem Namen eines vietnamesischen Feiertages verbundene „Tet-Offensive" vom 30. Januar 1968 hatte es trotz einer amerikanischen Militärpräsenz im Umfang von 500.000 Mann vermocht, fast alle der 44 Provinzhauptstädte Südvietnams schlagartig, wenn zumeist auch nur kurzfristig, in die Hände der kommunistischen Streitkräfte in Vietnam zu bringen. Amerikas ansonsten vielfach erfolgreicher Präsident Lyndon B. Johnson hatte auf seine Frage, ob der Krieg in Vietnam gewinnbar sei, von zwei verschiedenen Gruppen hochrangiger Berater diametral entgegengesetzte Antworten erhalten. Die eine Beratergruppe hatte konstatiert, der Krieg sei unter den gegebenen Umständen und den taktischen Selbstbegrenzungen des US-Militäreinsatzes nicht zu gewinnen, es sei denn, man sei bereit, das Risiko eines neuen Krieges mit China auf sich zu nehmen. Die andere Beratergruppe hatte darauf hingewiesen, dass es in Griechenland und in Malaysia zum Beispiel möglich gewesen sei, Partisanenarmeen zu schlagen, und dass mit einer entsprechenden Verstärkung des militärischen Inputs auch der Krieg in Vietnam zu gewinnen sei. Johnson hatte, unter anderem motiviert durch sein texanisches „Cowboy-Image", auf den Rat der zweiten Gruppe gesetzt. Als er fand, dass der Krieg dennoch verloren sei, beschloss er, auf eine neue Präsidentschaftskandidatur zu verzichten. Am 5. November 1968 wurde der aus Kalifornien stammende Führer der Republikanischen Partei Richard M. Nixon zum neuen US-Präsidenten gewählt. Bereits lange vor seiner Wahl hatte Richard Nixon im Oktober 1967 in der angesehenen amerikanischen außenpolitischen Zeitschrift Foreign Affairs einen Artikel mit dem programmatischen Titel „Asia after Vietnam" veröffentlicht. Da Nixon als einer der bedeutendsten Kommunistengegner in der politischen Führungselite der Vereinigten Staaten galt, erstaunte es vielfach, dass er in diesem Artikel ein Ende der Politik der peripheren Eindämmung Chinas befürwortete und stattdessen empfahl, China in den Kreis verantwortlicher Großmächte mit einzubeziehen. Ähnlich wie der demokratische Senator William J. Fulbright empfand Nixon, dass sich die Vereinigten Staaten durch ihre doppelseitige Konfrontation über den Atlantik hinweg mit der Sowjetunion und über den Pazifik hinweg mit China machtmäßig überlastet hätten. Den eskalierenden Konflikt zwischen Moskau und Peking in Rechnung stellend und China als für die Sicherheit der USA weitaus weniger gefährlich erachtend als die Sowjetunion, erstrebte Nixon eine Entspannung der USA mit der Volksrepublik China, um sein Land von einer der beiden großen Konfrontationen zu entlasten. Umgekehrt bestand aber auch in Peking ein strukturell zumindest ähnlich gelagertes Interesse an einer Entspannung mit den USA. Der Grund hierfür ergab sich einerseits aus den schärfer werdenden und zu bewaffneten Grenzkonflikten mit der Sowjetunion führenden Auseinandersetzungen zwischen Peking und Moskau sowie andererseits aus der außenpolitischen Isolation der Volksrepublik China. Denn im Norden sah sich China von Moskau bedroht, das anlässlich seiner bewaffneten Intervention in der Tschechoslowakei 1968 mit der so genannten „Breschnjew-Doktrin" den Anspruch auf ein notfalls auch bewaffnetes Interventionsrecht gegen andere kommunistische Staaten erhoben hatte. Die zwischen Russland und China liegende äußere Mongolei war seit den 20er Jahren ein Satellitenstaat der Sowjetunion gewesen. Betrachtete man aus chinesischer Perspektive das geteilte Korea, so galt Nordkorea als ein Staat, der unzuverlässig und im eigenen Interesse zwischen Moskau und Peking hin- und herpendelte, während Südkorea fest mit den Vereinigten Staaten verbündet war. Ein Gleiches galt für das dahinter liegende Japan. Im Osten sah sich China mit dem amerikanisch-nationalchinesischen Bündnisverhältnis konfrontiert, dessen Machtbereich sich bis auf wenige Kilometer vor der chinesischen Küste erstreckte. Nationalchina auf Taiwan bedeutete nicht nur eine militärische Gegenkraft, sondern auch eine ideologische, gesellschaftliche und entwicklungspolitische Alternative chinesischer Provenienz.

Nordvietnam, das mit einer prochinesischen Orientierung in den Krieg gegangen war, hatte sich während desselben und wegen der schweren Turbulenzen der Kulturrevolution in China sowie wegen seines Bedarfs an hochrangigen Waffensystemen auf die Seite der Sowjetunion geschlagen. Im äußersten Südwesten Chinas war mit der langfristigen Gegnerschaft Indiens zu rechnen, das China mit seinem Grenzkrieg von 1962 und der damit verbundenen Landwegnahme provoziert und geschädigt hatte. Eine Entspannung mit den USA musste Pekings Stellung gegenüber der Sowjetunion wesentlich verbessern und bot gleichzeitig die Chance dazu, Chinas außenpolitische Isolation zu durchbrechen.

In seiner Antrittsrede hatte Präsident Nixon erklärt, die Ära der Konfrontation sei zu Ende, die Ära der Verhandlungen habe begonnen. Bereits im Juli 1969 hatte Nixon während seines Aufenthaltes auf der Insel Guam Grundzüge der so genannten „Nixon-Doktrin" bekannt gegeben, die er später ausführlicher darlegte. Immerhin deutete er bereits auf Guam an, die USA erwarte von ihren asiatischen Verbündeten in der Zukunft ein viel höheres Maß an Selbstverantwortung in Fragen ihrer Verteidigung. „... wir müssen" – so sagte er unter anderem – „die Art von Politik vermeiden, die Länder in Asien von uns so abhängig macht, dass wir in Konflikte hineingezogen werden, so wie wir jetzt einen in Vietnam vor uns haben."[242] Bereits im folgenden Monat trafen sich Nixon und Park Chung Hee in San Francisco. Nixon dankte bei dieser Gelegenheit der Republik Korea für ihren Kampfbeitrag in Vietnam und sagte in einer gemeinsamen Erklärung beider Präsidenten zu, die USA würden Südkorea und ihre anderen Alliierten hinsichtlich der Lage in Vietnam intensiv konsultieren.[243] Die doppelseitige Zielsetzung der Nixon-Doktrin, das heißt abgekürzt Entspannung mit China und Verminderung des amerikanischen Verteidigungsengagements in Ostasien verbunden mit der Aufforderung an Washingtons dortige Alliierte, selbst die primäre Verantwortung für ihren Schutz zu übernehmen, sollte sich in Kürze auch auf Südkorea auswirken. Im Rahmen eines umfassenden Lageberichts über das geteilte Korea, den er einem Komitee des US-Senats am 26. Februar 1970 erstattete, erklärte der amerikanische Botschafter in Südkorea, William J. Porter, ominös, die Vereinigten Staaten hätten keine Verpflichtung zur Stationierung amerikanischer Streitkräfte auf der koreanischen Halbinsel. Im Auftrag Washingtons habe er der südkoreanischen Regierung zu dem Versuch geraten, mit Nordkorea einen Dialog zu eröffnen. Dieser Gedanke sei von den Südkoreanern ohne Begeisterung aufgenommen worden. Dennoch habe er fortgefahren, die Südkoreaner in diese Richtung zu drängen.[244] Südkorea stand somit vor der Perspektive einer Verringerung oder des Rückzuges amerikanischer Streitkräfte aus seinem Land bei gleichzeitiger Notwendigkeit, die eigenen Verteidigungskosten drastisch zu erhöhen. Im Herbst des gleichen Jahres übermittelte Nixon der chinesischen Regierung durch die guten Dienste des pakistanischen Staatspräsidenten Yahya Khan eine Botschaft, welche die Absicht der US-Regierung bekundete, hochrangige Vertreter zu Gesprächen nach Peking zu entsenden. In seinem offiziellen Bericht zur Lage der Welt vom 25. Februar 1971 wiederholte Nixon vor der Weltöffentlichkeit sein Interesse an der Eröffnung eines Dialoges mit Peking. Nachdem Mao Tse-tung über einen Mittelsmann hatte wissen lassen, dass Nixon in China willkommen sei, beauftragte Nixon seinen Sicher-

---

[242] Text der Äußerungen Nixons auf Guam teilweise in: Kim, Se Jin: Documents on Korean-American Relations, a.a.O., Dokument 138, S. 358–361.

[243] Wortlaut der gemeinsamen Erklärung Nixon – Park vom 22.08.1969 in: Koreana Quarterly, Band XI, Nr. 3, Herbst 1969; S. 111–112.

[244] U.S. Congress: United States Agreements and Commitments Abroad. Hearings before the Subcomittee on United States Security Agreements and Committments Abroad of the Comitee on Foreign Relations, Senate 91st Congress 2nd Session, Part 6, Washington D.C. 1970, S. 6180 ff.

heitsberater Henry A. Kissinger mit Geheimkontakten in Peking, die ein erstes Mal im Juli 1971 stattfanden. Auf Washingtons Ankündigung vom 2. August hin, die USA würden ihre seit 1949 praktizierte Ablehnung einer chinesischen UNO-Vertretung durch Peking aufgeben, wenn dies nicht einen Ausschluss Nationalchinas aus der UN bedeute, antwortete Peking, es werde nie um Mitgliedschaft in der UNO ansuchen, solange dort Taiwan vertreten sei. Bei der Generalversammlung der Vereinten Nationen im Oktober 1971 kam es zu einem dramatischen Abstimmungskampf um die Frage, welche der beiden miteinander im Bürgerkrieg befindlichen chinesischen Regierungen künftig ganz China in der UNO vertreten sollte. Nachdem bekannt geworden war, dass sich Nixons Sicherheitsberater Kissinger ein zweites Mal zu Geheimgesprächen in Peking aufhielt, stimmte eine große Mehrheit der Mitglieder der UN-Generalversammlung für einen Antrag, der die Aufnahme Pekings als Vertreter ganz Chinas in den Vereinten Nationen bewirkte und zugleich den Ausschluss der nationalchinesischen Regierung von der UNO bedeutete. Seit dem April 1971 hatte Washington im Vollzug der so genannten „Pingpong-Diplomatie" einseitige Gesten der Entspannung und der Lockerung China gegenüber unternommen, das seinerseits mit positiven Signalen antwortete. Nach gegenseitigen Gesten der Vertrauensbildung und nach Kissingers vorbereitenden Geheimgesprächen reiste Präsident Nixon im Februar 1972 nach Peking. Nicht nur für die internationalen Medien galt es als Weltsensation, als Amerikas führender Kommunistengegner Präsident Nixon und Mao Tse-tung, der Chefideologe und Führer des totalitären chinesischen Kommunismus, einander die Hände reichten. Neben intensiven Gesprächen zwischen den Führern beider Seiten verwöhnte Peking die amerikanischen Gäste auch mit künstlerischen Darbietungen, bei denen unter anderem uniformierte Balletteusen zwischen grazilen Tanzsprüngen klassenfeindliche Grundbesitzer mit Genickschüssen erledigten. Der Beifall der amerikanischen Gäste soll höflich, aber „enden wollend" gewesen sein.

Die wichtigsten Ergebnisse des amerikanischen Präsidentenbesuches bei Mao Tse-tung wurden in der am 27. Februar 1972 in Shanghai von Präsident Nixon und Ministerpräsident Chou En-lai unterzeichneten „gemeinsamen Erklärung" festgehalten. Der zentrale Punkt dieser Erklärung bestand in der gemeinsamen Opposition Washingtons und Pekings gegen den sowjetischen Imperialismus und Hegemonismus in Ostasien. Beide Seiten erklärten ihre Bereitschaft, im gegenseitigen Interesse weiter am Prozess der Entspannung und Normalisierung der Beziehungen miteinander zu arbeiten. Hinsichtlich Koreas hieß es, dass die USA ihre engen Beziehungen zu Südkorea fortsetzen und dessen Regierung bei ihren Bemühungen um Entspannung und Kommunikation zwischen den beiden Teilstaaten auf der koreanischen Halbinsel unterstützen würden. Peking hingegen betonte seine feste Unterstützung für das Wiedervereinigungsprogramm Nordkoreas und für dessen Vorschlag, die UN-Kommission für die Wiedervereinigung und den Wiederaufbau Koreas (UNCURK) abzuschaffen.

7.7 Die Annäherung zwischen Süd- und Nordkorea und ihre Grundsatzerklärung vom 14. Juli 1972

Angesichts dieser historischen Neuentwicklung, die aus den USA und der Volksrepublik China, Kriegsgegner in Korea noch vor zwei Jahrzehnten und erbitterte Gegenspieler in den vergangenen zwei Jahrzehnten, nun plötzlich Partner im Bemühen um eine gemeinsame Entspannung und Partner bei der gemeinsamen Abwehr gegen die Sowjetunion machte, sahen sich die Regierungen im Süden und im Norden Koreas vor die Frage gestellt, wie sie am besten auf diese neue Entwicklung reagieren sollten. Beide mussten erkennen, dass ein bisheriger Hauptverbündeter und ein bisheriger Hauptgegner auf der Basis gemeinsamer Interessen einander näher rückten, wodurch man auf der einen Seite eine qualitativ geringere Unterstützung und auf der anderen Seite eine damit zugleich auch geringere Bedrohung zu erwarten hatte. Bei der Reaktion beider Seiten mag die Erinnerung an Koreas Geschichte eine Rolle gespielt haben, in der das Land immer wieder ein Opfer von Absprachen benachbarter Großmächte geworden war. Die südkoreanische Regierung hatte bereits im Jahre 1969 ein eigenes Ministerium für Nationale Wiedervereinigung gegründet. Im folgenden Jahr hatte Park Chung Hee in einer Botschaft vom 15. August 1970 Vorschläge zur Wiedervereinigung Koreas unterbreitet. Eine Voraussetzung hierfür sei, dass die nordkoreanischen Kommunisten ihre Politik der gewaltsamen Durchsetzung des Kommunismus in ganz Korea glaubwürdig beenden sollten. Die Schaffung eines vereinten und demokratischen Korea müsse unter der Kontrolle der Vereinten Nationen vollzogen werden. Südkorea würde gegen eine nordkoreanische Präsenz bei UN-Beratungen über die koreanische Frage keine Einwände erheben. Park forderte Nordkorea zu einem friedlichen Wettbewerb der beiden Systeme des Nordens und des Südens auf.[245] Nordkorea erteilte hierauf eine schroffe Absage, die kurz darauf durch ein Memorandum der Regierung in Pjöngjang vom 16. September ergänzt wurde. In diesem Dokument wird den Vereinten Nationen jede Zuständigkeit für Korea abgesprochen. Ein Rückzug der US-Streitkräfte aus Südkorea wird als Grundvoraussetzung für einen an sich möglichen Dialog zwischen Nord und Süd gefordert. Im letzten Absatz wird ein bereits 1967 gemachter Vorschlag Nordkoreas wiederholt, die beiden getrennten Landesteile könnten in einer „Zwischenzeit" vor einer vollständi-

---

[245] Kim, Se Jin: Korean Unification, a.a.O., S. 304–305.

gen nationalen Reintegration miteinander eine Konföderation bilden. In deren Rahmen könnten die unterschiedlichen sozio-ökonomischen und politischen Systeme beider Seiten bestehen bleiben und miteinander vielseitige nützliche Kontakte in den Bereichen der Wirtschaft, der Kultur, der Wissenschaft und der zwischenmenschlichen Beziehungen entwickeln.[246] Wie sehr die offensichtliche Annäherung zwischen Washington und Peking die Führer der beiden koreanischen Teilstaaten beschäftigte, kann unter anderem daran gesehen werden, dass Nordkoreas Partei- und Regierungschef Kim Il Sung im August und September 1971 zweimal zu Nixons geplanter Chinareise Stellung nahm. Ganz entgegen früheren Stellungnahmen sagte Kim am 6. August 1971, Nordkorea sei jederzeit bereit, mit politischen Parteien, gesellschaftlichen Organisationen oder führenden Persönlichkeiten Südkoreas in Kontakt zu treten, wobei er erstmals die regierende Demokratische Republikanische Partei Südkoreas mit ihrem offiziellen Namen erwähnte. Im folgenden Monat gewährte Kim Il Sung der japanischen Tageszeitung Asahi Shimbun ein fünfstündiges Interview, in dessen Verlauf er anerkannte, dass Nixons Chinareise die internationale Lage auflockern werde, dass Nordkorea dies begrüße und dass es keine Absicht habe, sich diesem Trend der Zeit entgegenzustellen. Konkret schlug er eine internationale Konferenz zur Lösung der Korea-Frage vor, wie sie ja im Waffenstillstandsabkommen von 1953 geplant gewesen sei.[247] Auf der anderen Seite erklärte die südkoreanische Regierung ihre Bereitschaft zu diplomatischen Beziehungen zur Sowjetunion, zur Volksrepublik China und zu anderen kommunistischen Regimen, vorausgesetzt, dass sie Südkorea gegenüber keine aktiv feindselige Politik betrieben.[248] Doch ein Ton fast missbilligenden Staunens wird in einem Kommentar des Präsidenten Park Chung Hee anlässlich seiner Pressekonferenz im Januar 1972 deutlich, als er wörtlich sagte: „Wir haben nicht einmal im Traum daran gedacht, dass die Vereinigten Staaten, die keine Beziehungen zum kommunistischen China unterhielten, nach einer 20-jährigen Gegnerschaft ihren Präsidenten nach Peking reisen lassen würden, obwohl es zu diesem keine offiziellen Beziehungen unterhält."[248a]

Von der Annäherung zwischen Washington und Peking waren nicht nur die beiden Teilstaaten Koreas betroffen. Das mit den USA seit 1951 verbündete Japan erlebte den so genannten „Nixon-Shokku" (Nixon-Schock). Noch im November

[246] Texte der nordkoreanischen Stellungnahmen vom 22.08. und 16.09.1970 in ebd., S. 304–307.

[247] Radio Pjöngjang, 6. August 1971, und The Guardian (New York), 3. November 1971, zitiert in: Simmons, Robert: „North Korea: Year of the Thaw", in: Asian Survey, Januar 1972, S. 30–31.

[248] Kim, Hak Joon: Unification Policies of South and North Korea. A Comparative Study. Seoul, 1978, S. 302.

[248a] Wortlaut der Pressekonferenz von Präsident Park vom 11.01.1972 in: Koreana Quarterly, Band XIV, Nr. 1/2, Frühjahr und Sommer 1972, S. 58–83.

1969 hatte Japans Ministerpräsident Eisaku Sato gemeinsam mit Nixon erklärt, dass das Schicksal Koreas wie auch Taiwans für die Sicherheit beider Bündnispartner von großer Bedeutung sei. Und noch im Jahre 1971 hatte die amerikanische Regierung Japan ersucht, den Sitz Nationalchinas in den Vereinten Nationen zu verteidigen. Als der Verfasser dieses Buches im August 1971 mit dem japanischen Chefdelegierten bei den Vereinten Nationen, Aichi, sprach, sagte dieser, er habe das Gefühl, dass Nixon eine widersprüchliche Chinapolitik betreibe. Denn mit seiner rechten Hand (gemeint war hier US-Außenminister William Rogers) verteidige er Nationalchina, während er aber gleichzeitig die linke Hand (gemeint war hier der Sicherheitsberater Henry A. Kissinger) geöffnet nach Peking ausstrecke. Japan werde zwar die nationalchinesische Position verteidigen, habe aber hinsichtlich der Verlässlichkeit der USA gewisse Zweifel. Diese Zweifel erwiesen sich als voll berechtigt. Nixon und Kissinger vollzogen die historische Annäherung an China, ohne die Regierung ihres Verbündeten Japan zu konsultieren oder auch nur zu informieren. In Japan wurde dies als faktisches Misstrauensvotum der USA gegen Japan und als grober Schlag ins Gesicht des japanischen Prestiges empfunden. Washington hatte Tokio gedrängt, eine Position zu verteidigen, die es selbst nicht mehr ernsthaft verfolgte. So stürzte das Kabinett des zuvor erfolgreichen Ministerpräsidenten Sato, dessen Nachfolger Tanaka Kakuei noch im Jahre 1972 nach Peking reisen musste, um primär zu dessen Bedingungen die Normalisierung der diplomatischen Beziehungen zwischen Japan und der Volksrepublik China herbeizuführen. Dieser Schritt hatte zur Folge, dass Japan sich gezwungen sah, seine diplomatischen Beziehungen zu Nationalchina auf Taiwan abzubrechen und den mit der nationalchinesischen Regierung geschlossenen unbefristeten Friedensvertrag einseitig zu kündigen.[249] Einen noch größeren Schock als Japan erlebte die nationalchinesische Regierung auf Taiwan, die Washington trotz des beiderseitigen Bündnisvertrages von 1954 ebenfalls in keiner Weise von der Annäherung an jene Volksrepublik China informiert hatte, gegen die sich Washington kaum zwei Jahrzehnte zuvor mit Nationalchina verbündet hatte.

Wie oben gezeigt, fühlten sich auch die beiden Teilstaaten Koreas von der Wiederannäherung zwischen ihren jeweiligen Bundesgenossen so betroffen, dass auf beiden Seiten die Grundpositionen der jeweiligen auswärtigen Politik gründlich überdacht und das kalkulierte Risiko eines weit reichenden Haltungswandels ernsthaft in Erwägung gezogen wurde. Noch waren beide Landesteile hermetisch

---

[249] Zu dem im Schatten des „Nixon-Schocks" stehenden Wandel der japanischen Chinapolitik der frühen 70er Jahre siehe das Standardwerk von Ochi, Hisashi: Der außenpolitische Entscheidungsprozeß Japans. Der zur Normalisierung der Beziehungen zwischen Japan und der Volksrepublik China führende politische Entscheidungsprozeß in Japan, München, 1982.

voneinander isoliert. Es gab weder Postverkehr noch Warenverkehr zwischen Nord und Süd. Jedoch am 12. August 1971 wurde von Südkorea ein Vorschlag des Präsidenten des südkoreanischen Roten Kreuzes über den Rundfunk ausgestrahlt, der die Aufnahme beiderseitiger Vorbesprechungen über die Zusammenführung der von Koreas Teilung und Krieg getrennten Familien empfahl. Bereits 48 Stunden später verkündete der nordkoreanische Rundfunk die Annahme dieser Empfehlung und schlug das an der Demarkationslinie zwischen Nord und Süd liegende Panmunjom als Treffpunkt vor. Am 20. August trafen sich dort Beauftragte beider Seiten im Konferenzzimmer der Neutralen Kommission zur Überwachung des Waffenstillstandes. Nach mehreren weiteren vorbereitenden Treffen vereinbarten beide Seiten, die angestrebten regulären Verhandlungen miteinander abwechselnd in den Hauptstädten der beiden Teilstaaten, das heißt in Seoul und in Pjöngjang, abzuhalten. Zwischen August und Dezember 1971 fanden mehrere Besprechungen der Rot-Kreuz-Gesellschaften beider koreanischer Staaten in freundlicher Atmosphäre statt, jedoch ohne einen konkreten gemeinsamen Aktionsplan erarbeiten zu können. Nachdem Nixons Besuch in Peking im Februar 1972 die weit reichende Dimension der Annäherung zwischen Washington und Peking dokumentiert hatte, ergriff die südkoreanische Regierung eine außergewöhnliche und gewagte Initiative. Niemand Geringerer als der Direktor des machtvollen und gefürchteten südkoreanischen Geheimdienstes KCIA, Lee Hu Rak, ließ die nordkoreanische Seite durch Radiosignale wissen, er sei an einem Besuch Nordkoreas und an Gesprächen mit der dortigen Führung interessiert. Nach Erhalt einer zustimmenden Radioantwort der anderen Seite begab sich Lee Hu Rak trotz seiner extrem exponierten Stellung ohne jede weitere Garantie an die Demarkationslinie, die er an der verabredeten Stelle überschritt. Wie Lee Hu Rak später dem Verfasser geschildert hat, hatten sich in letzter Minute ernste Bedenken gegen sein gewagtes Unternehmen erhoben. War Lee doch als Chef des Geheimdienstes Mitwisser zahlreicher wichtiger Staatsgeheimnisse. Was aber würde geschehen, sollten die Nordkoreaner ihn gefangen nehmen, um aus ihm gerade diese Geheimnisse durch Folter herauszuholen? Park Chung Hee selbst stellte diese Frage. Lee versicherte jedoch Park, er werde keinesfalls ein solches Risiko eingehen, sondern für den Notfall eine rasch und absolut tödlich wirkende Giftpille mit sich nehmen, was er dann auch tat. Von den Nordkoreanern nicht besonders freundlich empfangen, wurde er nach längerer Fahrt in ein Blockhaus gebracht, wo er sich zur Ruhe legen konnte. Mitten in der Nacht aber wurde die Tür zu seinem Zimmer aufgerissen und er selbst aufgefordert, aufzustehen und dem eingedrungenen Wachpersonal zu folgen. In diesem Moment empfand Lee Hu Rak plötzlich, seine Mission sei vermutlich gescheitert. Vorsichtshalber tastete er nach seiner Giftpille, die er mit dem Vorsatz, sie blitzschnell einzunehmen, mit den Fingern umklammert hielt. Kurz darauf führten ihn seine Bewacher vor ein anderes Haus. Die Haustür öffnete sich und eine Lee Hu Rak bekannt erscheinende Person trat aus der beleuchteten Tür auf ihn zu und streckte ihm mit breitem Lächeln die Hand entgegen. Es war Kim Il Sung, der diktatorische Regierungs- und Parteichef des Nordens. Sehr erleichtert wollte Lee nun seinerseits Kims Hand ergreifen. Doch der inzwischen erweichte Schutzfilm der Giftpille klebte fest an seiner sich ausstreckenden Hand. Verlegen wollte er schnell die Giftpille abstreifen und zog die Hand noch einmal zurück, um sich in der Jackentasche schnell der Pille zu entledigen. Diese Bewegung aber wurde von den ihn umringenden Wachen missdeutet, die glaubten, er wolle aus der Tasche eine Waffe ziehen, um Kim Il Sung zu ermorden. Nach einem kurzen Handgemenge konnte die Angelegenheit geklärt werden, es gab ein befreiendes Lachen und dann begann das Spitzengespräch des KCIA-Direktors mit Kim Il Sung und dessen Bruder Kim Yong Ju. Kim Il Sung ließ Lee wissen, dass er ihm gerade deshalb, weil er KCIA-Direktor und Kommunistenfeind sei, besonders vertraue. Lee wiederum entgegnete, die antikommunistischen Verordnungen und das nationale Sicherheitsgesetz Südkoreas könnten eines Tages unnötig werden, dies sei sogar seine Hoffnung, doch setze das ein entsprechendes Verhalten der nordkoreanischen Seite voraus.[250] Bereits während dieses ersten hochrangigen Gesprächs zwischen Nord und Süd ergab sich ein Meinungsunterschied, der sich viele Jahre lang immer wieder in koreanischen Nord-Süd-Kontroversen über die Methode der nationalen Wiedervereinigung bemerkbar machen sollte. Für den Norden sprechend, schlug Kim Il Sung eine rasche und massive Form der Wiedervereinigung vor, während Lee Hu Rak von einer schlagartigen Wiedervereinigung der so lange und so rigoros getrennten koreanischen Systeme abriet und stattdessen eine gegenseitige Wiederannäherung auf der Basis kontinuierlicher vertrauensbildender Maßnahmen empfahl.[251]

Die positiven Ergebnisse dieser geheimen Verhandlungen zwischen Spitzenpolitikern beider Seiten wurden in Form der „Gemeinsamen Erklärung des Nordens und des Südens" vom 4. Juli 1972 veröffentlicht und galten zeitweilig als weltpolitische Sensation. Die wichtigsten in diesem historischen Dokument enthaltenen Punkte der Übereinstimmung sind folgende:

1. Die Wiedervereinigung sei unabhängig, das heißt ohne Einmischung äußerer Kräfte zu bewirken.
2. Die Wiedervereinigung sei friedlich und gewaltlos zu vollziehen. Die Einheit der Nation müsse „unter Überwindung der Unterschiede der Ideologie, der Ideale und des Systems" erreicht werden. Von gegenseitigen Verleumdungen, bewaff-

---

[250] Siehe Lee Hu Raks Erklärung vom 29. August 1973 in: Kim, Se Jin (Hg.): Korean Unification a.a.O., Bd. 1, S. 349–351.
[251] Chon, a.a.O., S. 188.

neten Provokationen sei Abstand zu nehmen, militärische Zwischenfälle seien zu verhindern, eine Atmosphäre des Vertrauens sei zu schaffen.

3. Ein vielseitiger Austausch zwischen beiden Seiten solle dem Ziel der nationalen Reintegration dienen.

4. Die gemeinsamen Bemühungen der beiderseitigen Rotkreuz-Gesellschaften mit dem Ziel der Schaffung humanitärer Erleichterungen seien zu fördern.

5. Ein heißer Draht im Sinne einer ständigen direkten Telefonverbindung zwischen den Hauptstädten Pjöngjang und Seoul solle dem Krisenmanagement bei unvorhergesehenen Zwischenfällen dienen.

6. Beide Seiten würden ein gemeinsames „Nord-Süd-Koordinierungskomitee" organisieren, dessen Vorsitzender einerseits Kim Yong Ju (der Bruder von Kim Il Sung) und auf der anderen Seite Lee Hu Rak sein sollten. Das Komitee habe für die Durchführung der beschlossenen Punkte zu sorgen.[252]

Die Tatsache, dass nach Jahrzehnten feindseliger Konfrontation und hermetischer Abriegelung voneinander gemeinsame Erklärungen dieser Art möglich waren, ebenso wie der Austausch hochrangiger Besuche zwischen Nord und Süd versetzte weite Teile der südkoreanischen Bevölkerung in einen Zustand verständlicher Euphorie. Zehn Millionen getrennter Familien sollten zumindest wieder miteinander Kontakt aufnehmen dürfen. Ein Ende der bürgerkriegsähnlichen innerkoreanischen Konfrontation und der dadurch bewirkten Behinderungen der Rolle Koreas in der Welt schienen unmittelbar bevorzustehen. Auch die Prozesse der neuen westdeutschen Ostpolitik und das Aneinanderrücken und das gegenseitige Sich-Öffnen im innerdeutschen Raum wurden von der politisch interessierten Öffentlichkeit Koreas mit allergrößter Aufmerksamkeit verfolgt. In akademischen Kreisen diskutierte man intensiv jene „Konvergenztheorie", der zufolge demokratische und kommunistische Systeme durch konfliktfreien Kontakt einander immer ähnlicher würden – der Westen würde immer sozialistischer, der Osten hingegen immer demokratischer. Vergeblich hatte Park Chung Hee in seiner Pressekonferenz vom 11. Januar 1973 auf gravierende, historisch bedingte wie auch strukturelle Unterschiede zwischen der Situation des geteilten Deutschland und derjenigen des geteilten Korea hingewiesen.[253] Tatsächlich aber erwiesen sich die innerkoreanischen Nord-Süd-Verhandlungen als außerordentlich schwierig. Denn abgesehen von dem gemeinsamen patriotischen Ziel der Wiederherstellung der nationalen Einheit Koreas gab es kaum Gemeinsamkeiten des politischen Systems und der politischen Vorstellungswelt. Selbstverständlich brachten die Verhandlungen die sehr unter-

---

[252] Wortlaut der historischen Nord-Süd-Erklärung vom 4. Juli 1972 in: Koreana Quarterly, Band XIV, Nr. 3, Herbst 1962; S. 58–59. Gleichzeitiger Beschluss über die Errichtung eines „heißen Telefondrahtes" zwischen Seoul und Pjöngjang, ebd., S. 60–62.

[253] Ebd., Band XIV, Nr. 1/2, Frühjahr und Sommer 1972, S. 58–83.

schiedlichen Sicht- und Interessenlagen beider Seiten zum Vorschein. Nordkoreas praktische Hauptziele, die sich auch in kommenden Jahren und Jahrzehnten kaum wesentlich änderten, können wie folgt charakterisiert werden:

1. Abzug der amerikanischen Streitkräfte aus Südkorea, was den südlichen Landesteil eines ganz wesentlichen Teiles seiner Sicherheitsstruktur beraubt hätte;

2. die Vereinten Nationen sollten sich aus koreanischen Angelegenheiten heraushalten; sie hatten gegen die nordkoreanische Invasion Krieg geführt und anschließend beschlossen, ganz Korea durch die UN-Streitkräfte wiedervereinigen zu lassen;

3. Nordkorea wollte bei Erhaltung des eigenen totalitären Regimes den Süden zur Preisgabe seiner antikommunistischen Gesetzgebung zwingen, um für die ehemals äußerst aktiven und militanten Kommunisten in Korea dadurch Bewegungsfreiheit zu erwirken und im Kampf gegen das südliche System eine „fünfte Kolonne" zu gewinnen;

4. die Rolle der südkoreanischen Regierung im Wiedervereinigungsprozess sollte relativiert werden, indem den Nord-Süd-Kontakten politischer und gesellschaftlicher Organisationen eine hohe Bedeutung zugeordnet wurde. Den stets einstimmig nach dem Willen des Führers agierenden Vertretern Nordkoreas wäre dann ein uneiniges, pluralistisch differenziertes südkoreanisches Lager gegenübergestanden, das eine geschickte nordkoreanische Taktik immer wieder hätte spalten und damit paralysieren oder überstimmen können.

5. Institutionell schwebte der nordkoreanischen Staats- und Parteiführung die Bildung einer gesamtkoreanischen Konföderation vor, in der die Regierung eines Drittels der koreanischen Bevölkerung (Nordkorea) gleichberechtigt neben der Regierung von zwei Dritteln der koreanischen Gesamtbevölkerung (Südkorea) gestanden wäre. Südkorea hätte andernfalls in allen beschlussfähigen Angelegenheiten dieser gesamtkoreanischen Konföderation ein relatives Übergewicht und zudem ein Veto gegenüber ungewollten Aktionsvorschlägen für die Konföderation gehabt. Insgesamt hätte diese Konstellation, gebildet aus einer strukturierten Willenseinheit in der einen Hälfte der Konföderationsorgane und einer willensmäßig viel stärkeren Zersplitterung in der anderen Hälfte, zur Möglichkeit einer relativen Prädominanz Nordkoreas in der Konföderation führen können.[254]

---

[254] Zu den Wiedervereinigungsvorschlägen Nordkoreas in den 70er Jahren siehe: Kim, Il Sung: Für die selbständige, friedliche Vereinigung des Vaterlandes. Pjöngjang 1968, S. 162–391, sowie Kim, Se Jin: Korean Unification, a.a.O. Bd. 1; S. 311–313, 340–355, sowie Kim, Il Sung: Werke, Band 27. Pjöngjang 1968, S. 149–177, 201–218 und 294–304. Siehe auch Kim, Il Sung: Answers to the Questions Raised by Foreign Journalists. Pjöngjang, 1977, S. 237–260 und 325–354.

Seiner anders gelagerten Interessenperspektive entsprechend, verfolgte Südkorea eine Wiedervereinigungspolitik, die von folgenden Gesichtspunkten gekennzeichnet war:

1. Angesichts des blutigen Bürgerkrieges und der anschließenden Jahrzehnte der Konfrontation könne eine Annäherung zwischen den beiden Teilen Koreas nicht plötzlich und massiv, sondern nur graduell durch eine Reihe sich ständig intensivierender, vertrauensbildender Maßnahmen erfolgen. Diese Maßnahmen sollten im wirtschaftlichen, sozialen und kulturellen Bereich beginnen und sich dann erst in den politischen und militärischen Bereich ausweiten.

2. Ebenso wie die nordkoreanische Regierung wollte auch diejenige Südkoreas dem Nationalgefühl der Bevölkerung entsprechen und zudem sich nicht dem allgemeinen Trend der Entspannung zwischen den Großmächten des ostasiatisch-pazifischen Raumes entgegenstellen.

3. Als Nebenprodukt dieser Entspannung erhoffte Südkorea für sich zumindest inoffizielle Kontakte mit der Sowjetunion und der Volksrepublik China sowie auch anderen kommunistischen Staaten.

4. Wiedervereinigung sollte nicht mit dem Verlust von Sicherheit und einer gesteigerten neuen Kriegsgefahr erkauft werden. Daher bestand die südkoreanische Regierung auf der Beibehaltung einer militärischen Präsenz der USA in Südkorea. Sie sollte Südkorea nicht nur vor einem neuen Wiedervereinigungskrieg Nordkoreas bewahren, sondern zugleich auch ungewollte Einflussnahmen der drei Korea geographisch unmittelbar umgebenden Großmächte – China, Russland und Japan – verhindern. Die USA erhielten durch ihre Präsenz in Südkorea die Möglichkeit, Japans kontinental-asiatisches Vorfeld zu besetzen, was einerseits die Verteidigung Japans erleichtere und andererseits eine sich in Japan ergebende Tendenz zur Wiederbewaffnung verlangsamen könne, weil sich Japan durch den amerikanischen Brückenkopf in Südkorea sicherer fühlen könne.

5. Dem nordkoreanischen Vorschlag einer gesamtkoreanischen Föderation auf paritätischer Nord-Süd-Basis stellte Park Chung Hee die Forderung nach allgemeinen freien Wahlen in ganz Korea gegenüber, die zu einer proportionalen Vertretung der koreanischen Bevölkerung in einer gesamtkoreanischen Legislative führen würden. Während Nordkoreas Vorschlag, wie dargestellt, auf eine faktische Übergewichtigkeit des nordkoreanischen Einflusses im künftigen Gesamtkorea abzielte, hätte die Verwirklichung des Vorschlages von Präsident Park ein Übergewicht der Südkoreaner in einem vereinten Korea mit sich gebracht.

6. Obwohl Südkorea diese Idee anfangs abgelehnt hatte, befürwortete es eine gleichzeitige Zulassung beider koreanischer Teilstaaten zur Weltorganisation der Vereinten Nationen, eine Lösung, die auch zwischen den beiden Teilstaaten

Deutschlands vereinbart worden war. Nordkoreas Regierung lehnte dies mit Nachdruck ab, erklärte, dies werde die Landesteilung vertiefen, und bestand auf der Bildung einer gesamtkoreanischen UN-Vertretung auf der Basis einer gesamtkoreanischen konföderalen Führungsstruktur.[255]

---

[255] Zu Südkoreas Wiedervereinigungskonzept schon in den 70er Jahren siehe: Park, Chung Hee: Der Weg zur friedlichen Wiedervereinigung. Ausgewählte Ansprachen und Interviews (ins Deutsche übersetzt von Günther Winkler), Seoul 1976. Siehe auch die bedeutsame Schrift des später in Burma ermordeten Sicherheitsberaters von Präsident Park, Hahm, Pyung Choon: „Korea and the Emerging Asian Power Balance", in: Foreign Affairs, Januar 1972, S. 339–350, sowie fernerhin Kim, Se Jin (Hg.): Korean Unification, a.a.O. Bd. 1 Dokumente 189, 197, 208, 209, 210,211, 218, 221, 224 und 227. Siehe auch Kim Hak Joon: „Presence and Future of the South-North Talks: As viewed from Korea", in: Korea & World Affairs Bd. 3, Sommer 1979 Nr. 2 S. 209–222.

8. Das krisenhafte Ende der Park-Ära

8.1 Innere Turbulenzen – die Entführung von Kim Dae Jung

Zu Beginn der 70er Jahre wurde Südkorea nicht nur durch die sensationellen Neuentwicklungen in den Nord-Süd-Beziehungen und die gefährlichen Veränderungen der Beziehungen zwischen den Korea umgebenden Großmächten erschüttert, sondern auch von sozialen Unruhen, die schwer wiegende politische Konsequenzen nach sich zogen. Nach den Wahlen vom April 1971 hatten weit verbreitete und gewaltsame Studentendemonstrationen gegen die Regierung stattgefunden. Die Studenten protestierten unter anderem gegen ihre obligatorische militärische Ausbildung. Doch nordkoreanische Anschläge auf das südkoreanische Sicherheitssystem, die Ankündigung einer Reduzierung der amerikanischen Streitkräfte in Südkorea von 63.000 auf 43.000 Mann und der von Südkorea scharf kritisierte Rückzug amerikanischer Streitkräfte von der spannungsreichen Nord-Süd-Demarkationslinie ab März 1971, wonach südkoreanische Truppen den Schutz dieser Linie übernehmen mussten, hatten die Regierung in Seoul verunsichert. Im August 1971 hatten 30.000 Einwohner von Armutssiedlungen am Rande von Seoul gewaltsam protestiert und der Polizei eine regelrechte Schlacht geliefert. In einem militärischen Ausbildungslager war es zu einer Meuterei gekommen. Industriearbeiter verlangten einen besseren Anteil am Wirtschaftswachstum. Arbeiter stürmten das der Hanjin Transportgesellschaft gehörende Verwaltungsgebäude der koreanischen Fluglinie und setzten es in Brand. Ende September kam es fast täglich zu blutigen Zusammenstößen zwischen protestierenden Studenten, insbesondere der Nationalen Universität Seoul und der Yonsei-Universität, mit der südkoreanischen Alarmpolizei. Die studentischen Unruhen griffen auch auf andere Universitäten über. College-Professoren forderten höhere Gehälter und mehr Unabhängigkeit vom Erziehungsministerium. Krankenschwestern und junge Ärzte veranstalteten Proteststreiks, die ihre Forderung nach höheren Löhnen unterstreichen sollten. Zahlreiche Richter traten von ihren Ämtern zurück, um gegen politische Interventionen der Regierung in das Gerichtswesen zu protestieren. Mit ein wesentlicher Grund für die landesweiten Unruhen lag in der Tatsache, dass der gewachsene materielle Wohlstand innerhalb der südkoreanischen Gesellschaft zu ungleich verteilt schien. Zur Bekämpfung der schweren Studentenunruhen wurden ab Oktober 1971 auch Militäreinheiten eingesetzt, die allein in Seoul sieben Universitäten besetzten. Neun Universitäten und Hochschulen wurden zeitweilig geschlossen. 175 Führer der Studentenunruhen wurden relegiert und

12.000 radikale Studenten zum Militärdienst eingezogen. Der Erklärung eines lokal differenzierten Belagerungszustandes am 15. Oktober 1971 folgte am 6. Dezember gleichen Jahres die Ausrufung des Staatsnotstandes durch die Regierung.[256]

Angesichts der Gleichzeitigkeit der heftigen Verunsicherung in den Bereichen der Verteidigungspolitik, der Außenpolitik und der Gesellschaftspolitik reagierte Präsident Park Chung Hee mit einschneidenden Veränderungen im Bereich der koreanischen Verfassung.

In einer Rundfunkansprache vom 17. Oktober 1972 erklärte Präsident Park, die in Südkorea bestehende gesellschaftliche Unordnung und Ineffizienz erforderten Maßnahmen zur Neuordnung des Landes. Deshalb seien bestimmte Artikel der Verfassung suspendiert. Die Tätigkeit der politischen Parteien wie auch sonstige politische Aktivitäten seien zeitweilig nicht zugelassen. Die Funktionen des Parlaments würden dementsprechend von einem Außerordentlichen Staatsrat wahrgenommen, der mit dem Kabinett der Regierung identisch war. Geplante und in Kürze durchzuführende Änderungen der Verfassung hätten das Ziel, die friedliche Wiedervereinigung Koreas zu erleichtern, wobei diese Verfassungsänderungen durch eine Volksabstimmung zu beschließen seien. Schon am 27. Oktober gleichen Jahres wurde der stark veränderte Inhalt der Staatsverfassung der Öffentlichkeit vorgelegt. In die Präambel der Verfassung wurde „die historische Mission zur friedlichen Wiedervereinigung des Vaterlandes" aufgenommen. In Artikel 1 wurde Korea zur „Demokratischen Republik" erklärt, deren Volk seine Souveränität durch Volksvertreter oder durch Volksabstimmungen ausüben solle. Artikel 3 definiert das Territorium der Republik Korea als bestehend aus „der koreanischen Halbinsel und benachbarten Inseln". Artikel 7 garantiert die Freiheit politischer Parteien in einem pluralistischen Parteiensystem, solange ihre Aktivitäten weder die demokratische Grundordnung noch die Existenz des Staates gefährden. Kapitel III der neuen Verfassung begründet eine „Nationale Wiedervereinigungskonferenz", die aus direkten allgemeinen Wahlen hervorgehen und Träger der nationalen Souveränität sein solle. Ihre für jeweils sechs Jahre gewählten Delegierten dürfen weder Inhaber öffentlicher Ämter sein noch Mitglieder politischer Parteien oder Inhaber von Mandaten in der Nationalversammlung. Als nationales Wahlmännergremium fungierend, sollte diese Nationale Wiedervereinigungskonferenz den Präsidenten wählen, der, wie bekannt, seit der Ära Syngman Rhees durch allgemeine Wahlen ernannt worden war. Fernerhin sollte die Wiedervereinigungskonferenz auf der Basis einer ihr vom Präsidenten vor-

---

[256] Zu den sozialen Unruhen in Südkorea im Jahre 1971 siehe: Asia 1972 Yearbook, Hongkong 1973, S. 293–294. Siehe auch Chon, a.a.O., S. 83–86, und Lee, Chae Jin: „Political Competition and Government Adaption", in: Asian Survey, Januar 1972, S. 40–43.

gelegten Liste ein Drittel der Mitglieder der Nationalversammlung wählen, wobei die Vorschlagsliste des Präsidenten entweder in toto angenommen oder abgelehnt werden müsse. Der Wiedervereinigungskonferenz sollte es auch obliegen, über Verfassungsänderungen zu entscheiden, welche die Nationalversammlung beschlossen hat. Die Anzahl der Amtsperioden des Präsidenten sollte künftig keinerlei zeitlichen Beschränkungen unterliegen (zuvor nur drei Amtsperioden); der Präsident sollte künftig für sechs Jahre (zuvor vier Jahre) gewählt werden und in seinem Amtseid verpflichtet werden, sich für die friedliche Wiedervereinigung des Vaterlandes einzusetzen. Nach eigener Entscheidung könne der Präsident politische Grundsatzfragen einem Volksentscheid unterwerfen. In Krisenzeiten wurden ihm außerordentliche Notstandsrechte gewährt. Doch konnte die Nationalversammlung über deren Aufhebung entscheiden. Der Präsident erhielt die Macht, die von nun an für sechs Jahre (statt vier) gewählte Nationalversammlung aufzulösen. Nur jenes Drittel der Abgeordneten der Nationalversammlung, die auf Vorschlag des Präsidenten von der Nationalen Wiedervereinigungskonferenz gewählt werden sollten, hatte eine kürzere Amtszeit von nur drei Jahren.[257]

Für das allgemeine Gefühl der Verunsicherung unter der südkoreanischen Bevölkerung spricht, dass die neue Verfassung, welche die Regierungsgewalt strikt straffte, bei der am 21. November 1972 stattfindenden Volksabstimmung mit 12,8 Millionen Ja-Stimmen gegen 1,08 Millionen Nein-Stimmen bei 1,7 Millionen Enthaltungen angenommen wurde. Erst danach erfolgte am 13. Dezember die Aufhebung des Kriegsrechtes und am 23. Dezember die neuerliche Wahl von Park Chung Hee zum Staatspräsidenten durch das neue Organ der oben genannten Nationalen Wiedervereinigungskonferenz. Mit dem Inkrafttreten der neuen Verfassung am 27. Dezember 1972 begann in Südkorea die *Ära der IV. Republik.* Aber auch in den folgenden beiden Jahren sollte sich die Verknüpfung krisenhafter Ereignisse in den Bereichen der Innen- und der Außenpolitik fortsetzen. Weltweites Aufsehen erregte im August 1972 die offensichtlich vom südkoreanischen Geheimdienst KCIA inszenierte Entführung des populären Oppositionspolitikers Kim Dae Jung. Kim hatte trotz mancher Behinderungen der Opposition bei den Präsidentenwahlen des Jahres 1971 landesweit 44 Prozent der Stimmen und in der Hauptstadt Seoul sogar 58 Prozent auf sich ziehen können. Zur Zeit der Erneuerung der südkoreanischen Verfassung befand sich Kim Dae Jung in Japan, wo über eine halbe Million Koreaner residierten. Hier versuchte Kim Dae Jung durch Reden, Massenversammlungen und Interviews mit koreanischen und ausländischen, insbesondere japanischen und amerikani-

---

[257] Wortlaut der Erklärung von Präsident Park vom 17. Oktober 1972 in: Koreana Quarterly Bd. XIV, Nr. 4, Winter 1972/73, S. 75–78. Rede Parks zur politischen Systemänderung vom gleichen Tag ebd., S. 79–85. Wortlaut der neuen südkoreanischen Verfassung ebd., S. 86–111.

schen, Journalisten und Wissenschaftlern, die öffentliche Meinung gegen Park Chung Hee und seinen autoritären Regierungskurs zu mobilisieren. In den Vereinigten Staaten erhoben sich ähnlich kritische Stimmen, die von Ansätzen zur Gründung einer Diktatur sprachen. Die Krise selbst wurde dadurch ausgelöst, dass Kim Dae Jung am 8. August 1973 in seinem Hotel in Tokio von fünf südkoreanischen Agenten überwältigt, betäubt und entführt wurde. Fünf Tage später wurde der ehemalige Präsidentschaftskandidat der Neuen Demokratischen Partei in der Nähe seines Hauses in Seoul wieder auf freien Fuß gesetzt. Die japanische Regierung reagierte zunächst mit scharfen Protestnoten, in denen die sofortige Rückkehr Kim Dae Jungs nach Japan gefordert wurde. In japanischen Tageszeitungen erhob sich ein Sturm der Kritik an Südkorea. Außerdem beschloss die Regierung des japanischen Ministerpräsidenten Tanaka Kakuei, die für September bereits fest geplante Ministerkonferenz zwischen Südkorea und Japan auf unbestimmte Zeit zu verschieben. Bei der Konferenz sollte über eine japanische Anleihe in Höhe von 200 Millionen US-Dollar für Südkoreas Wirtschaftsentwicklung und über verschiedene weitere Kredite in einer Gesamthöhe von 3 Milliarden US-Dollar beraten werden. Dieser Betrag sollte Koreas auf acht Jahre angelegtem wirtschaftlichem Entwicklungsprogramm zugute kommen. Seit der Normalisierung der diplomatischen Beziehungen zwischen Südkorea und Japan 1965 hatte die südkoreanische Wirtschaft von öffentlichen und privaten Krediten Japans in Höhe von 1,2 Milliarden US-Dollar beträchtlich profitieren können. Bis zum Jahre 1972 hatten Südkoreas Exporte nach Japan bereits 25 Prozent des gesamten südkoreanischen Exportvolumens im damaligen Wert von 400 Millionen US-Dollar erreicht. Umgekehrt betrugen Japans Exporte nach Südkorea 40,9 Prozent aller Einfuhren in dieses Land. Es lag somit im vitalen Interesse Südkoreas, eine Stabilisierung der koreanisch-japanischen Beziehungen wieder herbeizuführen.[258] Gegenüber der japanischen Regierung entschuldigte sich Südkoreas Ministerpräsident Kim Jong Pil, der auch die Entlassung eines in die Entführung verwickelten südkoreanischen Diplomaten an der Botschaft in Tokio veranlasste. Im Herbst verbreiteten sich in Südkorea zahlreiche Studentendemonstrationen gegen den Geheimdienst und gegen die für Südkoreas Prestige abträgliche Gestaltung der Beziehungen zu Japan. Auch verschiedene religiöse Führer beteiligten sich an den Protesten.

Um diesen Protesten entgegenzuwirken, wurden relegierte Studierende wieder zum Studium zugelassen und veranlasste Präsident Park die Entlassung des KCIA-Direktors Lee Hu Rak sowie weiterer zehn Mitglieder des Kabinetts. Innenpolitisch wurde dadurch die Position des im Amt bleibenden Ministerpräsidenten

---

[258] Zur Kim-Dae-Jung-Affäre siehe: Han, Sung Joo: „South Korea: The Political Economy of Dependency", in: Asian Survey, January 1974. Siehe auch Korea Times vom 15. und 25. August 1973.

Kim Jong Pil gestärkt. Am 7. Dezember wurden alle noch in Haft befindlichen Studierenden entlassen. Der nach Südkorea zurückgebrachte Kim Dae Jung veranstaltete am 26. Oktober 1973 eine Pressekonferenz, bei der er versicherte, er habe durch seine Tätigkeiten im Ausland dem Staat Südkorea nicht schaden wollen, er habe den Abzug amerikanischer Streitkräfte aus Südkorea nicht gefordert und auch nicht ein Ende der wirtschaftlichen Unterstützung seines Landes durch Japan. Weiterhin stimme er dem nordkoreanischen Vorschlag zur Errichtung einer gesamtkoreanischen Konföderation nicht zu. Mit diesen freiwillig abgegebenen Erklärungen fühle er sich nicht mehr an den über ihn verhängten Hausarrest gebunden.[259] Nordkorea, das in der Kim-Dae-Jung-Affäre einen nützlichen Anlass zu einem Propagandavorstoß gegen Südkorea sah, reagierte mit zwei Erklärungen, die Kim Il Sungs Bruder Kim Young Ju in seiner Eigenschaft als Co-Vorsitzender des Süd-Nord-Koordinationskomitees am 28. und 29. August 1973 abgab und in denen ein weiterer Dialog mit Südkorea abgelehnt wurde, solange der für die Kim-Dae-Jung-Affäre verantwortliche KCIA-Direktor Lee Hu Rak als gleichgeordneter Vertreter Südkoreas in diesem Komitee fungiere.[260]

Fast genau ein Jahr nach der Entführung von Kim Dae Jung löste ein zweiter dramatischer Zwischenfall schwere Spannungen zwischen Südkorea und Japan aus. Der Zwischenfall entstand am 15. August 1974, als Staatspräsident Park Chung Hee anlässlich des Jahrestages der Befreiung Koreas von japanischer Herrschaft im Nationaltheater von Seoul eine Rede hielt. Etwa nach der Hälfte der Rede erhob sich ein später als Mone Se Kwang identifizierter, in Japan wohnender Auslandskoreaner. Er rannte, aus einer Pistole feuernd, einen Gang des Theaters in Richtung Rednerpult hinunter. Die auf den Präsidenten gezielten Schüsse trafen jedoch nicht ihn, sondern seine 48-jährige Gattin, Mutter von drei Kindern, die noch am gleichen Tag ihren Wunden erlag, ebenso eine 17-jährige Gymnasiastin, die auf dem Weg zum Krankenhaus verstarb. Nach den Schüssen hatte der Präsident sich auf den Boden geworfen, doch nach der Verhaftung des Attentäters setzte er seine Rede von starkem Applaus begleitet fort und begab sich anschließend zu seiner sterbenden Gattin ins Krankenhaus.[261] Eine südkoreanische Untersuchungskommission kam zu der Schlussfolgerung, das Attentat sei angeblich von

---

[259] Zur Reaktion der südkoreanischen Regierung auf die Proteste zur Kim-Dae-Jung-Affäre siehe Chon, a.a.O., S. 87–89, sowie Han, ebd., S. 46–47, und zu den Hintergründen der Affäre: Archiv der Gegenwart vom 30. August 1973, S. 18156, und ebd. vom 26. Oktober 1973, S. 18281 (Kim Dae Jungs Erklärung vom 26.10.73). Siehe fernerhin Korea Herald, 2. November 1973.

[260] Wortlaut der Erklärungen von Kim Young Ju in: Kim, Se Jin (Hg.): Korean Unification, a.a.O., Bd. 1 S. 345–351.

[261] Bericht zum Mordanschlag auf Präsident Park siehe New York Times, 16. August 1974. Zur südkoreanisch-japanischen Krise aufgrund des Attentats auf Präsident Park siehe Archiv der Gegenwart v. 18. September 1974, S. 1892–18925.

Präsident Park Chung Hee und seine Gattin

der nordkoreanischen Regierung geplant worden. Nordkorea dementierte diese Behauptung, die von den Regierungen in Seoul und Tokio „fabriziert" worden sei. Südkoreas Innenminister wie auch der Chef der Abteilung zur Sicherheit des Präsidenten traten zurück. Japans Ministerpräsident Tanaka nahm an dem Begräbnis der Präsidentengattin teil. Dennoch ergaben sich in Südkorea heftige anti-japanische Demonstrationen. Südkoreas Regierung forderte von Japan am 19. August 1974 die Auflösung der gut organisierten, in Japan befindlichen und gegen Südkorea tätigen Organisationen pro-nordkoreanischer Auslandskoreaner. Dieses Ansinnen wurde von der japanischen Regierung jedoch abgelehnt. Nachdem Ministerpräsident Kim Jong Pil am 20. August behauptet hatte, Japan trage an dem Attentat sowohl eine rechtliche als auch eine moralische Verantwortung, intensivierten sich die antijapanischen Kundgebungen, die am 6. September mit der Erstürmung und Verwüstung der japanischen Botschaft in Seoul ihren Höhepunkt fanden. Die Krise zwischen Seoul und Tokio konnte jedoch noch im gleichen Monat beigelegt werden, nachdem Japan eine moralische Verantwortung für das Attentat auf sich nahm, da es auf japanischem Staatsgebiet geplant worden sei. Südkorea seinerseits verzichtete auf die ursprüngliche Forderung eines japanischen Verbots koreanischer, gegen Seoul agierender Organisationen in Japan und insistierte nur auf einer Kontrolle Südkorea-feindlicher Elemente in Japan. Japans führender diplomatischer Krisenmanager, Sonderbotschafter Shiina Etsusaburo, reiste nach Seoul und überreichte Präsident Park ein Schreiben des japanischen Ministerpräsidenten, in dem der Tod von Frau Park bedauert und japanische Maßnahmen zur Verhinderung ähnlicher Zwischenfälle angekündigt wurden. Die Einigung zwischen Seoul und Tokio soll unter anderem auf amerikanische Vermittlung zurückzuführen gewesen sein.

Eine Woche nach diesem Mordanschlag eines nordkoreanischen Agenten, der ihm gegolten, jedoch seine Frau getötet hatte, hob Präsident Park zwei Verordnungen des Ausnahmezustandes auf. Es waren dies einerseits das Verbot jeglicher oder indirekter Kritik an der neuen Verfassung, der so genannten Yushin Honpop oder „Verfassung für revitalisierende Reformen", sowie andererseits das bisherige Verbot von Opposition gegen die Regierung. Erhalten allerdings blieb das Damoklesschwert der Militärgerichte zur Aufrechterhaltung der öffentlichen Ordnung und die damit verbundene Möglichkeit von Verhaftungen ohne Haftbefehl. In dieser Situation meldete sich ein junger Politiker zu Wort, der weniger als zwei Jahrzehnte später Präsident der Republik Korea werden sollte. Es war Kim Young Sam, der kurz zuvor zum Präsidenten der Nationaldemokratischen Partei, der größten organisierten Oppositionskraft, gewählt worden war. Ungeachtet der Brutalität, mit der die Opposition verfolgt wurde, wagte er bei einer Rede im Parlament, den Präsidenten Park zum Rücktritt aufzufordern. Trotz scharfer Warnungen aus höchsten Kreisen feuerte der am 23. August 1974 zum Parteipräsidenten gewählte Kim Young Sam

Breitseiten der Kritik gegen die Regierung, die weit verbreitete, aber zuvor unterdrückte Inhalte lebendig zum Ausdruck brachten. Anlässlich einer Pressekonferenz verlangte Kim eine Revision der von Präsident Park erst zwei Jahre zuvor durchgesetzten Yushin-Verfassung und insbesondere ein Verbot der unbegrenzten Wiederwahl des Präsidenten. Er forderte die Entlassung gefangen gehaltener Oppositionspolitiker und Aktionsfreiheit für den zuvor von der KCIA entführten Oppositionsführer Kim Dae Jung, welcher der gleichen Partei angehörte. Zwar verfügte die Neue Demokratische Partei nur über 51 von insgesamt 219 Sitzen in der südkoreanischen Nationalversammlung, doch war es für die südkoreanische Öffentlichkeit wie auch für die an Korea interessierte internationale Staatenwelt von Bedeutung, dass die koreanische Demokratie über ein artikulationsfähiges Organ verfügte, wenngleich man für diesen Zeitpunkt wohl einem Kommentar zustimmen muss, in dem es zu dieser Kritik heißt: „Natürlich war dies die Manifestation einer ausdrucksstarken gebildeten Minderheit, die wenige Reaktionen bei den traditionsgebundenen Massen der Bevölkerung hervorrief, deren Kenntnis der Demokratie viel geringer war als ihr Respekt für Autorität."[262]

Präsident Parks Verhältnis zur Opposition spiegelt ein Problem wider, das die Einführung pluralistischer Demokratie in allen Ländern des konfuzianischen Kulturkreises erschwert hat. Betont doch der Konfuzianismus mit großem Nachdruck den Wert der *Loyalität*. Der westliche Begriff der „loyalen Opposition" ist aber in konfuzianischer Sicht ein Widerspruch in sich selbst. Denn Loyalität verträgt sich nicht mit Opposition. Man ist entweder loyal und damit auf Seiten des Staates, der als soziopolitische Großfamilie verstanden wird, oder man ist ein Rebell, der sich dem naturgegebenen Autoritätsgefüge widersetzt. Immerhin scheint Park Chung Hee die Kritik von Kim Young Sam und seiner Partei so stark beeindruckt zu haben, dass er für den 12. Februar 1975 eine Volksabstimmung anberaumte. Die Bevölkerung sollte gefragt werden, ob sie hinter der Politik des Präsidenten stehe oder nicht. Gleichzeitig ließ Park verlautbaren, sollte die Abstimmung seine Zurückweisung durch das Volk erbringen, werde er zurücktreten. Tatsächlich aber gewann Park die Abstimmung mit einer relativ knappen Mehrheit von 57 Prozent der abgegebenen Stimmen. Die Opposition allerdings sprach von Wahlbetrug. Um der Kritik entgegenzuwirken, veranlasste die Regierung, dass der beliebtesten südkoreanischen Tageszeitung DongA Ilbo („Ostasiatische Tageszeitung") plötzlich die finanzkräftigsten Inserenten ausblieben, worauf anschließend im März 132 Angestellte der Zeitung zwangsweise entlassen wurden. Während einer Sitzung der Nationalversammlung, bei welcher die Opposition durch einen Trick physisch an der Teilnahme verhindert wurde, beschloss die Regierungspartei Zusätze zum

---

[262] Asia Yearbook 1976, Hongkong 1976, S. 281.

180

Strafgesetz, die Koreanern, die ihre Regierung im In- oder Ausland Ausländern gegenüber verleumdeten, eine siebenjährige Gefängnisstrafe androhte. Auf weitergehende massive Studentendemonstrationen reagierte Parks Regierung mit der zeitweiligen Besetzung von 25 Universitäten. Zu den bekanntesten Persönlichkeiten, die diese Strafe ereilte, gehörten der 78-jährige ehemalige Staatspräsident Yun Po Sun und der Oppositionspolitiker Kim Dae Jung. Der ständige und scheinbar aussichtslose Kampf mit der Regierung zermürbte aber auch die Opposition. Die Neue Demokratische Partei spaltete sich in mehrere Fraktionen und Kim Young Sam verlor Ende Mai 1976 seine Position als Parlamentspräsident.[263]

Unerwartet aber kamen Park Chung Hee auswärtige Entwicklungen zu Hilfe, die von einem Großteil der südkoreanischen Bevölkerung als echte Bedrohung empfunden wurden. Denn im gleichen Monat, in dem sich die bewaffnete Wiedervereinigung Vietnams durch die Eroberung Südvietnams durch die Kommunisten vollzog und nachdem im Monat zuvor die Kommunisten auch in Kambodscha die Macht hatten ergreifen können, hielt der durch diese Ereignisse sichtlich beschwingte Staats- und Parteichef Nordkoreas Kim Il Sung bei seinem Staatsbesuch in Peking zwischen dem 18. und 26. April 1975 eine bedrohliche Rede. Er sagte unter anderem:

„Nun müssen die US-Imperialisten erneut vernichtende Schläge in Indochina einstecken.

... Sie versinken unaufhaltsam und immer tiefer im Sumpf ihrer Niederlage.

... Der gegenwärtige Kampf unseres Volkes zur Wiedervereinigung seines geteilten Vaterlandes ist ein wichtiges Kettenglied des weltweiten anti-imperialistischen nationalen Befreiungskampfes. Da heute das Kolonialsystem des Imperialismus im totalen Zusammenbruch begriffen ist, wird auch die koloniale Herrschaft des US-Imperialismus in Südkorea nicht unberührt bleiben. Ermutigt von dem erfolgreichen Aufbau des Sozialismus in der nördlichen Hälfte der Republik, führen alle Bevölkerungsschichten in Südkorea einen immer heftigeren Kampf gegen den Faschismus und für Demokratie.

... Wenn die südkoreanischen Herrscher weiterhin mit Bajonetten die in der südkoreanischen Gesellschaft gärende Unzufriedenheit und Empörung der Bevölkerung unterdrücken, so führt das unausbleiblich zum Ausbruch einer umso machtvolleren Revolution. Bricht in Südkorea die Revolution aus, werden wir als Angehörige derselben Nation nicht mit verschränkten Armen zusehen, sondern die südkoreanische Bevölkerung tatkräftig unterstützen. Wenn der Feind rücksichtslos einen Krieg entfesselt, werden wir entschieden mit Krieg antworten und

---

[263] Ebd S. 281–282, sowie Oh, John K. C.: „South Korea 1976: The Continuing Uncertainties", in: Asian Survey, Januar 1977 S. 72–74.

die Aggressionen restlos vernichten. In diesem Krieg werden wir lediglich die militärische Demarkationslinie verlieren, aber die Wiedervereinigung des Vaterlandes erringen."[264]

Zweitens hatte der Präsidentschaftskandidat der Demokratischen Partei in den USA, Jimmy Carter, in einer Rede vor der Foreign Policy Association in New York am 23. Juni erklärt, er glaube, es werde möglich sein, die amerikanischen Bodentruppen nach und nach aus Südkorea zurückzuziehen. Auch die Republikaner schienen diese Idee zu unterstützen. Nach seiner Amtsübernahme im Frühjahr 1977 bestätigte Präsident Carter, er habe beschlossen, sämtliche amerikanischen Bodentruppen – zu diesem Zeitpunkt 33.000 Mann – innerhalb der kommenden vier bis fünf Jahre aus Südkorea zurückzuziehen, die erste Phase des Rückzugsplanes werde bis Ende 1978 vollzogen sein.[265]

Drittens war von südkoreanischen Militäreinheiten eine fast unglaubliche Entdeckung gemacht worden, die größtes Aufsehen wie auch große Besorgnis erzeugte. Entdeckt wurden nämlich im November 1974, im März 1975 und im Oktober 1978 drei unterirdische Gänge, welche die Nordkoreaner unter der Nord- und Südkorea trennenden militärischen Demarkationslinie durchgegraben hatten. Diese unterirdischen Laufgänge waren zwei Meter breit und zwei Meter hoch, so dass drei bis vier bewaffnete Männer in Linie nebeneinander gehend den Tunnel durchschreiten konnten. Der Ausgang eines Tunnels auf südkoreanischer Seite befand sich bei dem Ort Monsan, der nur 44 Kilometer nördlich von Seoul lag. Erstaunlicherweise waren diese Tunnels lautlos durch teilweise felsigen Boden gegraben worden. Der Zweck dieser Tunnels kann vermutlich nur in der Einschleusung von Agenten und Sabotagetrupps, von Partisanen oder von regulären Militäreinheiten bestanden haben. Das bloße Bestehen dieser Tunnels wurde von südkoreanischer und amerikanischer Seite als Hinweis auf aggressive Planungen des Nordens gewertet.[266] Südkorea musste sich daher in mehrfacher Hinsicht als gefährdet empfinden. Sein Hauptverbündeter, die amerikanische Supermacht, war in Südvietnam erstmals in ihrer modernen Geschichte besiegt worden. Der von dieser Niederlage ausgehende Schock hatte zu einer Minderung der amerikanischen Bereitschaft geführt, sich in Ostasien erneut in Konflikte verwickeln zu lassen. In koreanischer Perspektive hatte mit diesem Ereignis das ganze westliche Lager bedenklich an „Gesicht" verloren. Eine Analogisierung zwischen dem geteilten Vietnam und dem geteilten Korea drängte sich auf. Während auf der einen Seite die USA, wie Carter verkündete, den Rückzug ihrer Bodentruppen aus Süd-

---

[264] Wortlaut der Rede Kim Il Sungs in: Archiv der Gegenwart, 25. Juli 1975, S. 19597.
[265] New York Times, 27. Juli 1977. Siehe auch ebd., 15. Juli 1977.
[266] Kim, Se Jin (Hg.): Korean Unification, a.a.O., Bd.2, S. 360–362.

korea planten, verkündete Nordkoreas Führer Kim Il Sung, dass sein Staat und seine Partei nicht nur zusehen würden, sollte es im Süden zu einem revolutionären Konflikt innerhalb der südkoreanischen Gesellschaft kommen. Nicht nur der kommunistische Sieg in Vietnam ermutigte Kim Il Sung, sondern auch die unverkennbaren Zeichen tiefer Klüfte und schwerer Spannungen innerhalb der südkoreanischen Gesellschaft. Die Entdeckung der unter der Trennlinie von Nord und Süd hindurchgegrabenen militärischen Geheimtunnels schien die Drohung aus dem Norden zu bestätigen. Wieder einmal war Südkorea durch Entwicklungen, die sich in der internationalen Politik des ostasiatischen Raumes vollzogen hatten, zutiefst verunsichert. Unter diesen Umständen rückte das 16. Jahr der Regierung des Präsidenten Park Chung Hee heran. Am 6. Juli 1978 wurde er von 2.583 Abgeordneten der Nationalen Konferenz für Wiedervereinigung mit nur einer Gegenstimme erneut für sechs Jahre zum Staatspräsidenten gewählt. Im Dezember gleichen Jahres fanden die Wahlen zur Nationalversammlung statt, bei der die regierende Demokratisch Republikanische Partei 68 Sitze, die Neue Demokratische Partei 61 Sitze, die Demokratische Wiedervereinigungspartei 3 Sitze und unabhängige Kandidaten 21 Sitze der Nationalversammlung gewinnen konnten. Damit hatte die Partei des Präsidenten zumindest auf der Ebene der direkten Wahl die absolute Mehrheit im Parlament verloren. Da der Präsident aber unter der von ihm geschaffenen Yushin-Verfassung das Recht hatte, Kandidaten für ein zusätzliches Drittel der 231 Sitze der Nationalversammlung vorzuschlagen und durch die Nationale Konferenz für Wiedervereinigung wählen zu lassen, behielt er dennoch faktisch die Mehrheit der Stimmen im Parlament. Vielleicht zur Beschwichtigung der Öffentlichkeit erließ er noch im gleichen Monat eine generelle Amnestie, aufgrund deren 5.211 nichtpolitische und 106 politische Häftlinge, darunter sein Gegner Kim Dae Jung, bei Jahresende in die Freiheit entlassen wurden.[267]

8.2 Der Präsidentenmord durch den Geheimdienstchef

Drei Jahrzehnte nach Gründung der Republik Korea erlebte Südkorea in den Jahren 1979 und 1980 die schwerste und gefährlichste Krise seiner innenpolitischen Entwicklung. Im Juni 1979 war Kim Young Sam erneut zum Präsidenten der oppositionellen Neuen Demokratischen Partei gewählt worden und hatte die innenpolitische Repressionspolitik der Regierung im Parlament in schärfster Weise angegriffen. Die Regierung schlug zurück, indem sie die Zeitung seiner Partei, in welcher der Text

---

[267] Han, Sungjoo: „South Korea 1978: The Growing Security Dilemma" in: Asian Survey Januar 1979, S. 47–48.

dieser Rede abgedruckt war, beschlagnahmen ließ. Ein Gerichtsverfahren enthob Kim Young Sam daraufhin von der Präsidentschaft der Neuen Demokratischen Partei, während die Regierung mit einem weiteren Schritt Kim das Mandat in der Nationalversammlung am 4. Oktober entzog. Als Geste solidarischen Protestes legten die anderen Abgeordneten der Nationaldemokratischen Partei ihre Mandate in der Nationalversammlung nieder. Die unter diesen Umständen bewirkte Entfernung der einzigen großen Oppositionspartei aus dem südkoreanischen Parlament bewirkte eine Eskalation studentischer Proteste, die sich bereits seit September in dramatischen Demonstrationen geäußert hatte. Als im Oktober Tausende von Studenten, unterstützt von zahlreichen Nichtstudenten, an der Universität in Pusan und wenige Tage darauf mit größerer Stärke in der Stadt Masan demonstrierten, verhängte die Regierung über beide Städte das Kriegsrecht und mobilisierte Armee-Einheiten, um die Ordnung wiederherzustellen. Die Unruhen erregten internationale Aufmerksamkeit. Washington ließ seine Irritation über die sich häufenden Verletzungen bürgerlicher Rechte erkennen. Einige einflussreiche Berater Präsident Parks, darunter der frühere Ministerpräsident und KCIA-Chef Kim Jong Pil, rieten dringend zur Mäßigung. Jedoch General Cha Chi Chul, der Sicherheitschef des Präsidenten, befürwortete Abschreckung durch Härte und den Einsatz von Militär gegen studentische und andere Demonstrationen.

Am Abend des 26. Oktober hatten sich Präsident Park, der damalige Chef des KCIA, Kim Jae Kyu, und General Cha in einem Restaurant des KCIA zum Abendessen getroffen. Vor dem Eingang des Restaurants warteten Mitglieder der Leibgarde des Präsidenten wie auch Angehörige der Leibgarde des KCIA-Chefs. Für dessen Vorsatz zum Mord spricht, dass er seinen eigenen Leibwächtern insgeheim befohlen hatte, die ihnen gegenübersitzenden Wachen des Präsidenten zu erschießen, sollten sie vom Inneren des Restaurants her einen Schuss hören. Als er um 19.35 Uhr auf Präsident Park und General Cha die tödlichen Schüsse abfeuerte, streckten seine Untergebenen vier Leibwächter des Präsidenten mit Pistolenschüssen nieder. Obwohl Eifersucht und Rivalität zwischen Kim und Cha eine wichtige Rolle gespielt hatten, behauptete der Mörder, KCIA-Chef Kim Jae Kyu, er habe Park und Cha ermordet, um der koreanischen Demokratie eine neue Chance zu geben. Anschließend soll Kim vergeblich versucht haben, die Unterstützung südkoreanischer Generäle für eine Änderung des politischen Systems zu gewinnen. Als dies scheiterte, soll er sich selbst den Behörden gestellt haben.[268]

---

[268] Zum Mord an Präsident Park siehe: Archiv der Gegenwart, 8.-12. November 1979, S. 23043–23045, fernerhin Frankfurter Allgemeine Zeitung, 29. Oktober 1979, New York Times, 17. Dezember 1979, und Lee, Chong-Sik: „South Korea 1979: Confrontation, Assassination and Transition", in: Asian Survey 1980, S. 63–70.

Die Ermordung von Präsident Park Chung Hee hatte die tragende Säule im Machtgefüge des südkoreanischen Staatsapparates zerschmettert. In der Folge zeigten sich charakteristische Schwächen eines fast autokratisch konzipierten Systems der präsidialen Demokratie. Zwar wählte das verfassungsmäßige Wahlmännergremium, die Nationale Konferenz für Wiedervereinigung, den bisherigen Ministerpräsidenten Choi Kyu Ha zum geschäftsführenden Präsidenten, wobei Choi als einziger Kandidat 2.465 von 2.549 abgegebenen Stimmen erhielt. Choi selbst scheint aber die Legitimationsschwäche der bestehenden, auf die Person und Weltanschauung von Präsident Park zugeschnittenen, Yushin-Verfassung (Revitalisierungsverfassung) empfunden zu haben. Deutete er doch an, er werde sich nur bedingt auf diese Verfassung stützen, seine Wahl sei nicht ein „Mandat des Volkes", sondern ein „zeitlich begrenzter Auftrag". Er wolle sich sowohl für eine Verfassungsreform als auch für freie und direkte Präsidentenwahlen einsetzen. Choi, der sich bemühte, konziliant, beruhigend und ausgleichend zu wirken, hob ein Notstandsdekret aus dem Jahre 1975 auf, wodurch eine größere Anzahl politischer Gefangener freikam, und verfügte ebenfalls die Aufhebung des über Kim Dae Jung verhängten Hausarrestes.[269] Die Befreiung des Oppositionsführers Kim Dae Jung verursachte jedoch einen Konflikt innerhalb der Neuen Demokratischen Partei um die Frage, ob er und seine Mannschaft oder der im Mai 1979 zum Parteipräsidenten gewählte Kim Young Sam und seine Gruppe die Führung der Partei innehaben sollte. Verhandlungen zwischen beiden Gruppen führten zu keinem Resultat und Kim Dae Jung erklärte, er wolle die Partei verlassen. Mitte Dezember stellte Präsident Choi das neue Kabinett vor, das sich aus relativ gemäßigten Politikern zusammensetzte und in dem die Präsidentin der berühmten Ewha Frauen-Universität den Posten des Erziehungsministers erhielt. Außenminister blieb unverändert Park Tong Jin.[270] Wie ein Wetterleuchten wirkte jedoch die Nachricht von der ohne Autorisierung durch Präsident Choi erfolgten Verhaftung des für das Kriegsrecht in Südkorea zuständigen Kommandanten General Chung Seung Hwa – nach einem kurzen Feuergefecht mit seiner anschließend überwältigten Leibwache – am 12. Dezember 1979 und von zehn anderen Generälen durch General Chun Doo Hwan, der bald darauf Staatspräsident Südkoreas werden sollte.[271] Angesichts der relativen Schwäche südkoreanischer Parteien und demokratischer Institutionen zu

[269] Text der Erklärung von Präsident Choi Kyu Ha im Korea Herald, 19. und 20. November 1979, wie auch 11. November 1979. Eine bibliographische Skizze von Präsident Choi findet sich ebd., 21. Dezember 1979. Wortlaut der Antrittsrede von Präsident Choi ebd., 22.12.1979.

[270] Biographien der neuen Kabinettsminister finden sich in Korea Herald, 15. Dezember 1979.

[271] International Herald Tribune, 14. Dezember 1979. Ein Bericht des südkoreanischen Verteidigungsministeriums über die Einvernahme verhafteter Generäle findet sich im Korea Herald, 25. Dezember 1979.

dieser Zeit waren und blieben die Streitkräfte der bei weitem machtvollste Faktor im Rahmen des politischen Systems des Landes. Die Ereignisse vom 12. Dezember wurden als Machtkampf um die Führungsspitze der Armee gewertet. Als Schlüsselfigur hinter den Ereignissen vom 12. Dezember 1979 kristallisierte sich schnell der wenig bekannte General Chun Doo Hwan heraus. Er fungierte bei dieser Aktion als Führer einer Gruppe jüngerer Berufsoffiziere, die im Gegensatz zu den Generationen älterer Generäle erstmals eine reguläre militärische Ausbildung erhalten hatten. General Chun war ein Anhänger und enger Mitarbeiter des Präsidenten Park Chung Hee, an dessen offenem Grab er Rache geschworen haben soll. Sein Verdacht fiel unter anderem auf die von ihm verhaftete Gruppe älterer Generäle.[272]

Noch im Dezember 1979 hatte die südkoreanische Nationalversammlung eine Kommission zur Revision der Verfassung eingesetzt, an der auch Vertreter der Opposition mit 28 Abgeordneten beteiligt waren. Im Mai 1980 aber geriet die politische Szene in Korea in dynamische und gefährliche Bewegung. Denn in diesem Monat brachen in vielen Städten des Landes massive Protestdemonstrationen der Studenten aus. Sie, wie auch andere politische Kräfte im Lande, verlangten eine viel schnellere Revision der koreanischen Verfassung sowie die Beseitigung des Kriegsrechtes. Die Studenten fühlten sich durch einen Aufstand der Bergleute und Stahlarbeiter in den Städten Sabuk an der Ostküste und in Pusan im Süden des Landes ermutigt. Mitte Mai gingen nicht weniger als 50.000 protestierende Studenten auf die Straßen von Seoul, wo ihnen bewaffnete Militäreinheiten entgegentraten. Die Erklärung des Ministerpräsidenten, der Demokratisierungsprozess würde beschleunigt werden, trug nichts zur Beruhigung der Lage bei. Nach einer Krisensitzung des Kabinetts verhängte Präsident Choi am 18. Mai über das gesamte Land einen verschärften militärischen Ausnahmezustand. Alle Universitäten Südkoreas wurden geschlossen, jegliche politische Aktivität wurde unter Strafe gestellt. Erneut wurden bis zu 70 Oppositionspolitiker verhaftet, darunter auch Kim Dae Jung. Während einer Auslandsreise des Staatspräsidenten Choi trat das südkoreanische Kabinett am 20. Mai zurück, wodurch die militärische Kriegsrechtsverwaltung zur obersten Exekutivinstanz des Landes wurde.

---

[272] Zu einer frühen Charakterisierung der Rolle von General Chun Doo Hwan siehe Chapman, William: „Key General, His Mystery in South Korea", in: International Herald Tribune, 27. Dezember 1979.

8.3 Der Militärputsch und die Niederschlagung des Kwangju-Aufstandes (Kwangju-Massaker)

Das Sturmzentrum der politischen Auseinandersetzungen lag aber in Kwangju, einer Stadt etwas über 200 Kilometer südwestlich von Seoul, der Heimatstadt des dort ungemein beliebten Oppositionspolitikers Kim Dae Jung. Hier war es ab dem 19. Mai zu bürgerkriegsähnlichen Kämpfen zwischen etwa 50.000 bewaffneten Demonstranten auf der einen Seite und Polizei und Militär auf der anderen gekommen. Im Verlauf der Kämpfe schlossen sich weite Teile der Bevölkerung den Aufständischen an, deren Gesamtzahl auf 150.000 geschätzt wurde. Zum ersten Mal seit den 50er Jahren erlebte Südkorea einen, wenn auch regional begrenzten, Bürgerkrieg. Am 21. Mai mussten sich die militärischen Streitkräfte aus der Stadt Kwangju zurückziehen, die nun vollständig von den Aufständischen beherrscht wurde. Diese veranstalteten Umzüge und Demonstrationen, in denen sie die frühestmögliche Demokratisierung Südkoreas, die Abschaffung des Kriegsrechtes und die Entlassung und Rehabilitierung von Kim Dae Jung forderten. Sie verbrannten eine als General Chun Doo Hwan verkleidete Strohpuppe, da sie in ihm einen Hauptgegner ihrer Bestrebungen sahen. Angesichts der angespannten Lage versetzten die Vereinigten Staaten ihre Streitkräfte in Südkorea in Alarmzustand. Verhandlungen zwischen den Aufständischen und den ihnen gegenüberstehenden Militäreinheiten scheiterten. Die Aufständischen forderten eine Entschuldigung der Regierung für Brutalitäten des Militärs gegen die Demonstranten, die Entlassung des Generals Chun Doo Hwan, eine Amnestie für alle Demonstranten und Aufständischen sowie Kompensationszahlungen für die Familien getöteter Demonstranten.[273] Trotz besänftigender Aufrufe von Präsident Choi erwiesen sich die Demonstranten und unter ihnen die Studenten unnachgiebig und kündeten erbitterten Widerstand an. In den Morgenstunden des 27. Mai 1980 setzten Militäreinheiten zum Sturm auf die Stadt Kwangju an, die sie nach leichteren Kämpfen innerhalb von zwei Stunden erobern konnten.[274] Insgesamt wurden bei den Kämpfen um Kwangju 170 Personen (144 Zivilisten, 22 Soldaten und 4 Polizisten) getötet. Nach der Eroberung der Stadt verhafteten Armee-Einheiten 1.740 Aufständische. Eine gewisse Rolle spielte bei der Krise auch der jahrhundertealte regionale Konflikt zwischen den Einwohnern der Cholla-Provinz, in der Kwangju liegt und der Kyongsang-Provinz, aus der angeblich viele der Soldaten stammten, welche die Stadt belagerten.[275]

---

[273] International Herald Tribune, 24. Mai 1980, und Neue Zürcher Zeitung, 25. Mai 1980.

[274] New York Times, 27.5.1980, und Neue Zürcher Zeitung , 29.5.1980.

[275] Lee, Chong-sik: „South Korea in 1980: The Emergence of a New Authoritarian Order", in: Asian Survey, Bd. XXI, Nr. 1, Januar 1981, S. 130–132.

Eine der häufigen gewaltsamen Auseinandersetzungen zwischen Studenten und der Polizei

Ein politisch und psychologisch außerordentlich geschickter Schachzug des Generals Chun Doo Hwan bestand in der Verhaftung konservativer Spitzenpolitiker, darunter der frühere Premierminister Kim Jong Pil und der ehemalige Chef der KCIA, Lee Hu Rak, wegen Bereicherung durch Amtsmissbrauch. Alle drei wurden gezwungen, ihre unrechtmäßig gewonnenen Vermögen im Gesamtwert von 170 Millionen US-Dollar (!!!) dem Staat zu überlassen und sich aus dem politischen Leben zurückzuziehen.[276] Damit hatte sich General Chun einflussreicher Politiker der Park-Ära entledigt, hatte zu ihr gewissermaßen einen praktischen Schritt der Abgrenzung vollzogen, hatte sich aktiv gegen Korruption in höchsten Staatsämtern gewandt und dadurch viele Sympathien erwerben können. In einer anschließenden Analyse des Kwangju-Aufstandes wurde behauptet, der Oppositionsführer Kim Dae Jung habe versucht, mithilfe des Kwangju-Aufstandes die Regierung zu stürzen.[277] Die Tatsache, dass der amerikanische Oberkommandierende des verei-

---

[276] Ebd., S. 130. Siehe auch New York Times, 20.Juli 1980.

[277] New York Times, 2. Juni 1980; International Herald Tribune, 5. Juli 1980. Umfassender Bericht über die Untersuchung der Aktivitäten Kim Dae Jungs im Zusammenhang mit dem Kwangju-Aufstand in Korea Herald, 5. Juli 1980. (Der Bericht wurde allerdings vom Kriegsrechtskommando des südkoreanischen Militärs zusammengestellt.)

nigten amerikanisch-südkoreanischen Kommandos, General Wickham, bestimmte südkoreanische Einheiten zum Einsatz gegen Kwangju freigegeben hatte und dass sich die Vereinigten Staaten im Allgemeinen aus sicherheitspolitischen Gründen hinter die südkoreanische Regierung gestellt hatten, trug zum später stärker anwachsenden Anti-Amerikanismus in bestimmten politisch motivierten Kreisen der südkoreanischen Bevölkerung bei. Bereits Ende Juli 1980 begannen in Südkorea von General Chun Doo Hwan initiierte Säuberungsaktionen größten Umfangs. Als oberste politische Instanz des Landes etablierte sich ab Juli gleichen Jahres ein Sonderkomitee für Nationale Sicherheitsmaßnahmen, dem führende Militärs, aber auch einige hochrangige zivile Mitglieder der Regierung, zum Beispiel die Minister für Justiz, für Inneres und für Auswärtige Angelegenheiten etc., angehörten. Beteiligt war fernerhin General Roh Tae Woo, der Kommandeur des Sicherheitskommandos der Hauptstadt, der später nach General Chun zum Präsidenten der Republik Korea gewählt wurde. Am 16. August trat der Interim-Präsident Choi Kyu Ha von seinem Amt zurück und am 27. August 1980 wurde General Chun Doo Hwan vom Wahlmännergremium der Nationalen Wiedervereinigungskonferenz einstimmig zum neuen Präsidenten gewählt. Damit hatte nach schweren Turbulenzen in der Geschichte Südkoreas eine neue Ära begonnen.

8.4 Wirtschaft und Politik der Park-Ära im Rückblick

Koreaner wie auch ausländische Beobachter vermögen nur mit gemischten Gefühlen auf die turbulente 18-jährige Regierungsära des Präsidenten Park Chung Hee zurückzublicken. Weitgehende Übereinstimmung besteht jedoch hinsichtlich der Feststellung, dass Südkorea dieser Ära die entscheidende Anfangsphase seines beachtlichen wirtschaftlichen Aufstiegs verdankt, der es zu einem der neuen Wirtschaftsmächte auch in den Bereichen der Industrie und Technologie gemacht hat. Dabei hatte die Feuerwalze eines modernen Krieges einmal das Land von Norden nach Süden und dann wieder von Süden nach Norden überrollt und das nördlichste Viertel seines Gebiets anschließend noch zusätzlich geschädigt. Ein zweiter Nachteil für Südkorea hatte darin bestanden, dass sich der Großteil seiner industriellen Produktion ursprünglich im Norden des Landes befunden hatte, während die wirtschaftliche Struktur des Südens primär agrarischen Charakter hatte. So lagen vor der Befreiung Koreas (1945) 90 Prozent der Metallproduktion, 82 Prozent der chemischen Industrie und 92 Prozent der Energieerzeugung wie auch fast 100 Prozent der Kohleförderung nicht im Süden, sondern im Norden des ab 1945 geteilten Landes. Die wirtschaftliche Lage Südkoreas, wohin vor dem Koreakrieg und während desselben Millionen von Flüchtlingen aus dem Norden geströmt waren, wäre verzweifelt gewesen, hätte es nicht in den Vereinigten Staaten einen festen Rückhalt gehabt. In den späten Jahren der Regierungsära von Syngman Rhee, das heißt zwischen 1953 und 1961, erhielt Südkorea amerikanische Wirtschaftshilfe im Gesamtwert von 4,1 Milliarden US-Dollar. Hiervon entfielen 2,57 Milliarden Dollar auf Nahrungsmittel, Treibstoffe und Kunstdünger, die dem unmittelbaren Lebensunterhalt der Bevölkerung dienten, sowie zusätzlich auf Kapitalgüter für den Wiederaufbau des vom Krieg geschädigten Landes. Außerdem empfing Südkorea amerikanische Militärhilfe im Wert von 1,36 Millionen US-Dollar. In diesen Jahren entsprach die Wirtschaftshilfe der USA 8 Prozent des südkoreanischen Bruttosozialprodukts sowie 77 Prozent der Kapitalbildung des Landes.[278] Bereits im Jahr nach seiner Machtergreifung initiierte Park Chung Hee Südkoreas ersten Fünf-Jahres-Plan für wirtschaftliche Entwicklung (1962–1965). Anstelle einer vorsichtigeren Politik der Importsubstituierung wählte Südkoreas Regierung eine kühn konzipierte, exportorientierte Wirtschaftsstrategie. Das im Jahresdurchschnitt bei 33 Prozent liegende Anwachsen der Exporte bei einem gleichzeitigen allgemeinen Wirtschaftswachstum von 8,6 Prozent wurde durch einen Typ von Wirtschaftspolitik erzielt, der oft als „staatlich gelenkte Marktwirtschaft" bezeichnet worden ist. Durch ein Instrumentarium gezielter kredit- und steuerpolitischer Maßnahmen, die sich der jeweiligen Entwicklung des Weltmarktes und der primären Exportregionen anpassten, förderte der Staat die Expansion und Exportdiversifizierung der arbeitsintensiven Leichtindustrie. Hierbei waren der im Vergleich zu den meisten anderen Entwicklungsländern besonders hohe Bildungsstandard der südkoreanischen Bevölkerung von ebenso großer Bedeutung wie auch der Leistungswille und die Tatkraft von Arbeitnehmern, Managern und Unternehmern. Ein koreanischer Nationalökonom fasste die wichtigsten dieser staatlichen Exportförderungsmaßnahmen wie folgt zusammen: „Gewährung von Exportkrediten, Befreiung der exportierenden Unternehmen von der ‚business activity tax', Senkung der Einkommensteuer um etwa 30 Prozent für die durch Export erzielten Gewinne, Gewährung von verbilligten Krediten für Anlageinvestitionen und für zusätzlichen Kapitalbedarf bei der Transformation der Marktstrategie von der Binnenmarkt- zur Exportorientierung sowie der Zulassung des progressiven Abschreibungsverfahrens."[279] Wichtige wirtschaftspolitische Maßnahmen wurden einerseits zum Zweck der Erfolgskontrolle und andererseits zum Zweck einer flexiblen Weiterentwicklung der Wirtschaftsstrategie von vierteljährlich zusammentretenden Gremien behandelt, in denen höchste Regierungsvertreter mit prominenten Wirtschaftsführern und Unternehmensvertretern

---

[278] Kwak, Tae-Hwan (Hg.): U.S.-Korean Relations 1882–1982, Seoul 1982, S.324–328.
[279] Ahn, Suck-kyo: „Die wirtschaftliche Entwicklung Südkoreas", in: Aus Politik und Zeitgeschichte, Heft 36, 1988, S. 37.

berieten. Kamen Beschlüsse zustande, so vermochte sie der Staat in relativ unbürokratischer Weise in die Tat umzusetzen.[280] Das der deutschen Aufbauleistung zwischen den späten 40er und den frühen 60er Jahren entsprechende südkoreanische Wirtschaftswunder – oft auch genannt das „Wunder am Han-Fluss" – wird erkennbar, wenn man sich einige Zahlen des Wirtschaftswachstums vor Augen hält. So erhöhten sich Koreas Exporte im Zeitraum des ersten Fünf-Jahres-Plans (1962–1966) von einem anfänglichen Wert von 54,8 auf 250,3 Millionen US-Dollar, im Rahmen des zweiten Fünf-Jahres-Plans (1967–1971) von 320,2 Millionen US-Dollar auf 1,06 Milliarden US-Dollar, im dritten Fünf-Jahres-Plan (1972–1976) von 1,6 auf 7,7 Milliarden US-Dollar und im vierten Fünf-Jahres-Plan (1977–1981) von 10 auf 21 Milliarden US-Dollar.[281] Im Zeitraum der genannten vier Fünf-Jahres-Pläne absorbierten die Vereinigten Staaten im Durchschnitt 35,7 Prozent der gesamten südkoreanischen Exporte. In Südkorea selbst erhöhte sich das Pro-Kopf-Einkommen von 87 US-Dollar im Jahr 1962 auf 1.636 US-Dollar 1981.[282] Auch die Dynamik der Produktionssteigerung soll anhand einiger Zahlen demonstriert werden. So erhöhte sich die Produktionskraft von Elektroenergie in dem zuvor diesbezüglich fast gänzlich vom Norden abhängigen Südkorea von 1,773 Millionen Kilowattstunden im Jahre 1961 auf 37.239 Kilowattstunden 1980, die Produktion von Zement von 720.000 Tonnen auf 15,5 Millionen Tonnen, die Produktion von Kohle von 7,4 auf 18,6 Millionen Tonnen und die erst 1972/73 in größerem Stil beginnende Erzeugung von Kraftfahrzeugen von 10.529 auf 52.169 im Jahre 1980. Das Straßennetz erweiterte sich von 27.167 Kilometer im Jahre 1961 auf 142.440 Kilometer im Jahre 1979.[283] War bis zur Mitte der 70er Jahre vornehmlich die Ausfuhr von Erzeugnissen der Leichtindustrie gefördert worden, zum Beispiel Textilien, Kleidung, Sperrholz, Schuhwerk und elektronische Produkte, so konzentrierte sich die Förderungsstrategie nach der Mitte der 70er Jahre auf Bereiche der Schwerindustrie, zum Beispiel Stahlprodukte, Schiffe, Maschinen und elektronische Produkte.[284] Freilich wäre die am Anfang von so ungünstigen Voraussetzungen ausgehende Wirtschaftsentwicklung kaum ohne einen bedeutsamen Zufluss von auswärtigem Kapital möglich gewesen. So erhielt Südkorea in der entscheidenden Startphase seiner wirtschaftlichen Wiederaufbauentwicklung zwischen 1959 und 1973 öffentliche Darlehen unter anderem von auswärtigen Staaten

[280] Ebd., S. 37.
[281] Kim, Ki Hoon: „The Development of Contemporary US-ROK Economics Relations", in: Kwak, a.a.O., S. 330.
[282] Ebd., S. 311.
[283] Nahm, a.a.O., S. 493.
[284] Piazolo, Marc: „Koreas erfolgreiche Wirtschafts- und Verschuldungspolitik", in: Vierteljahresberichte. Probleme der Entwicklungsländer. Heft 123, 1991, S. 87 f.

und internationalen Organisationen in einem Gesamtwert von 1,56 Milliarden US-Dollar. Von diesen öffentlichen Darlehen entfielen unter anderem auf die USA 888,8 Millionen US-Dollar, auf Japan 356,3, auf die Europäische Gemeinschaft 52,5, auf die Bundesrepublik Deutschland 47,6 und auf Großbritannien 1,1 Millionen Dollar. An kommerziellen Krediten erhielt Südkorea im gleichen Zeitraum (1959–1973) 720,6 Millionen Dollar aus den USA, 600,9 von Japan, je 207 Millionen von der Bundesrepublik und Großbritannien und 31,8 Millionen von Österreich.[285] Abgesehen von der sich ab Mitte der 60er Jahre verringernden amerikanischen Wirtschaftshilfe ist für die wirtschaftliche Entwicklung Südkoreas die ab der diplomatischen Normalisierung zwischen Seoul und Tokio gegebene Rolle japanischer Kredite und Investitionen von größter Bedeutung. Ab 1967 entwickelte sich Japan zum bedeutendsten Handelspartner Südkoreas. Das Wachstum und das wechselseitige Verhältnis von Exporten und Importen soll anhand einiger Daten belegt werden. So wuchsen Südkoreas Exporte nach Japan von einem Wert von 44,0 Millionen US-Dollar im Jahre 1965 auf 1,09 Milliarden US-Dollar im Jahre 1975. Im gleichen Zeitraum stiegen aber Südkoreas Importe aus Japan von 166,6 Millionen auf 2,2 Milliarden US-Dollar.[286] Wie oben bereits erwähnt, profitierte Südkoreas Wirtschaft nicht unbeträchtlich vom Vietnamkrieg. Im Zeitraum zwischen 1966 und 1973 war hieraus ein Gewinn in Höhe von 1 Milliarde US-Dollar erzielt worden. Ab den frühen 70er Jahren begann eine koreanische Exportoffensive in Richtung Mittlerer Osten. Aus Konstruktionstätigkeiten in diesem Raum erzielte Südkorea bis zum Jahr 1978 einen Bruttogewinn von 15 Milliarden US-Dollar. Zeitweilig waren nicht weniger als 122.000 südkoreanische Arbeiter, Techniker und Ingenieure in mittelöstlichen Konstruktionsprojekten tätig.[287] Von kaum zu überschätzender Bedeutung war der gezielte Erwerb von technischem Know-how, der in den zwei Jahrzehnten zwischen 1962 und 1982 mit einem Volumen von 681 Millionen US-Dollar dem Wert von 47,4 Prozent der gesamten Investitionen ausländischer Firmen in südkoreanischen Industrieunternehmungen im selben Zeitraum entsprach. Die wichtigsten Herkunftsländer dieses Technologietransfers waren Japan und die Vereinigten Staaten.[288] Ein anderer Aspekt der dynamischen südkoreanischen Wirtschaftsentwicklung besteht in einer hochgradigen Verschuldung, die erstens durch das starke Absinken amerikanischer Wirtschaftshilfe ab der ersten Hälfte der 60er Jahre bedingt war, zweitens durch die internationalen, auch Südkorea treffenden Auswirkungen der Ölkrise sowie drittens durch

---

[285] Nach Statistiken bei Chon, a.a.O., S. 130–131.
[286] Ebd., S. 260.
[287] HBK., 8. Aufl. 1990, S. 365.
[288] Nahm, a.a.O., S. 486–487.

die gezielte Entwicklung einer Exportindustrie und den nachfolgenden Aufbau einer Kapitalgüterindustrie. Wie Marc Piazolo in seiner Analyse der südkoreanischen Verschuldungspolitik anmerkt, wurde Korea zeitweilig zu einem der am höchsten verschuldeten Entwicklungsländer. Das Verhältnis von Schulden zum Bruttosozialprodukt habe 1982 zum Beispiel bei 53,5 Prozent gelegen. Zu den primären Hintergründen der Verschuldung schreibt er wörtlich: „Zum einen stützte sich die Handels- und Industriepolitik der Regierung auf ausländische Kredite, um in den 60er Jahren die Produktionskapazitäten der Exportindustrie und um in den 70er Jahren diejenigen der Schwer- und Chemieindustrie aufzubauen. Mit der Initiierung der IS (Importsubstitution) für Kapitalgüter (1974) stieg aufgrund der höheren Kapitalintensität und des stärkeren Technologiebedarfs die jährliche Kreditaufnahme an. Gleichzeitig schlossen die Auslandskredite die Differenz zwischen der Investitions- und Sparquote." Allerdings konnte Südkorea auf der Basis eines positiven Handelsbilanzsaldos ab 1986 zügig mit der Tilgung seiner Brutto-Auslandsverschuldung beginnen, die in den 90er Jahren abgeschlossen sein dürfte.[289] Ende 1985 betrug Südkoreas Auslandsverschuldung 46,8 Milliarden US-Dollar. Damit nahm es zwar Platz vier auf der Weltliste der Schuldnerstaaten ein, doch gelang es ihm bis zu diesem Zeitpunkt, das Verhältnis von Schulden zu Bruttosozialprodukt auf 20 Prozent zu reduzieren.[290] Zu den Faktoren der südkoreanischen Entwicklungspolitik, insbesondere in der Ära Park Chung Hee, gehörte auch, dass die bereits geschilderte Politik der selektiven staatlichen Exportförderung private Großkonzerne deshalb bevorzugte, weil die Regierung annahm, hierdurch leichter deutliche Erfolge und bessere Leistungskontrollen bewirken zu können. Dadurch entwickelte sich ein faktischer Dualismus in der Wirtschaftssteuerung, auf dessen einer Seite der Staat stand und auf der anderen Seite eine kleine Anzahl von Großunternehmen mit jeweils differenzierten Produktionsformen. Eine wirtschaftlich relevante Beteiligung von Arbeitnehmerorganisationen war nicht gegeben, das Streikrecht und das Recht zu kollektiver Verhandlung wurden verweigert. Dennoch blieben Leistungswille und Arbeitskraft der Arbeitnehmer im Rahmen einer Wirtschaftsentwicklung erhalten, die ein ständiges Ansteigen des Lebenshaltungsniveaus aller Bevölkerungsschichten mit sich brachte. Allerdings begann die Arbeiterschaft in der Regierungsära der Nachfolge Park Chung Hees – wesentlich heftiger als je zuvor –, eine gerechtere Beteiligung der Arbeitnehmer am wachsenden Wohlstand der Gesellschaft zu fordern. Der Staat und die Unternehmensvertretungen betonten in der Park-Ära – theoretisch zumindest – die konfuzianisch verankerte Interdependenz zwischen Betriebsloyalität der Arbeitnehmer auf der

---

[289] Piazolo, ebd., S. 81.
[290] HBK., 6. Aufl. 1987, S. 357.

einen Seite und patriarchalischer Fürsorgepflicht der Unternehmensführung auf der anderen Seite. Wie Ahn Suck-kyo richtig hervorhebt, steht im Wertesystem konfuzianisch geprägter Gesellschaftsordnungen die innergesellschaftliche Harmonie in Familie, Unternehmen und Staat im Vordergrund und nicht die „ungehemmte Verfolgung beziehungsweise Maximierung der egozentrischen Interessen", die in ihrem Konkurrenzmechanismus zur Steigerung der gesellschaftlichen Wohlfahrt beitrage. Der Frage nachgehend, worauf die wirtschaftliche Dynamik Koreas im Gebiet seiner sozialpsychologischen Determinanten beruhe, konstatiert Ahn realistisch die Existenz „dualer Verhaltensnormen". Mentalitätsmäßig und praktisch trenne sie die politischen und wirtschaftlichen Elitegruppen auf der einen Seite von der Bevölkerung im Allgemeinen, insbesondere den Arbeitnehmervertretern auf der anderen Seite. Wörtlich schreibt er: „Während sich die Manager und Führungskräfte sehr schnell den Geist des Kapitalismus, ... zu Eigen gemacht haben, dominierten bei der breiten Masse der Bevölkerung die Werte der absoluten Hingabe, Loyalität und Mäßigung hinsichtlich ihrer materiellen Forderungen." Dieses in der Sicht westlicher Sozialethik nicht unbedenkliche duale Wertesystem habe entscheidend zur Realität des südkoreanischen Wirtschaftswunders beigetragen. Hierzu läßt sich sagen, dass ähnliche Dualismen der Werteorientierung, wenn auch in lokal unterschiedlichen Nuancierungen, ebenfalls in anderen Industrie- und Schwellenländern des ostasiatisch-konfuzianischen Kulturkreises feststellbar sind, so zum Beispiel in Japan, Hongkong, Taiwan, Singapur und im ehemaligen Südvietnam.[291]

Auch im Bereich der Landwirtschaft erstrebte der aus einer einfachen Bauernfamilie stammende Präsident Park Chung Hee die Ankurbelung eines quantitativen und qualitativen Entwicklungsprozesses. Zu Beginn der Park-Ära war der überwiegende Teil der südkoreanischen Bevölkerung in der Landwirtschaft tätig. Die bereits erwähnte, in der Ära Syngman Rhees bewirkte Landreform hatte zu einer stärkeren und sozialeren Aufteilung des Bodens geführt. Das Überwiegen von flächenmäßig kleineren Familienbetrieben erschwerte jedoch die Einführung flächendeckender Modernisierungsprozesse im großen Stil. Um diesem Dilemma zu entkommen, führte Parks Regierung im Bereich der südkoreanischen Landwirtschaft ab 1971 die so genannte „Neue Gemeinschaftsbewegung" (Koreanisch: Saemaul Undong) ein. Mithilfe intensiver Trainingsprogramme sollten die Dorfbewohner lernen, gemeinsame Entwicklungsprojekte zum allseitigen Nutzen durchzuführen.

---

[291] Ahn, a.a.O., S. 36 und 38. Siehe auch Park, Se-il: „Industrial Relations Policy in Korea: Its Features and Problems", in: Kwon, Jene K.: Korean Economic Developments. New York und London 1990, S. 399. Zu konkreten Aspekten südkoreanischer Sozialpolitik siehe Pae, Sung Moon: Korea Leading Developing Nations. Economy, Democracy and Welfare. London u. New York 1992.

Die Betonung lag hierbei weniger auf staatlichen Maßnahmen als vielmehr auf einer eindringlichen Erziehung zur Organisierung und Durchführung von Selbsthilfe. Parallel mit dieser Erziehungs- und Aufklärungsbewegung wurden landwirtschaftliche Genossenschaften gegründet, die 1973 in 34.665 Dörfern und drei Jahre später in fast allen südkoreanischen Dorfgemeinschaften vertreten waren. Durch gut durchorganisierten Gruppenunterricht, zu dem bewusst auch die Frauen in ländlichen Gebieten herangezogen wurden, wurden an neuzeitlichen Erkenntnissen orientierte Bewirtschaftungs- und Anbaumethoden gelehrt. Zusammen damit erfolgte der Aufbau eines sozial orientierten ländlichen Kreditwesens. Ein wichtiges Ziel der Saemaul-Bewegung bestand in der Heranbildung entwicklungsorientierter dörflicher Führungskräfte. Bis zum Jahr 1976 setzte die Regierung 3,5 Milliarden US-Dollar zur Finanzierung dieser landwirtschaftlichen Reformbewegung ein. Zu den Gemeinschaftsprojekten gehörten auch der Straßen- und Brückenbau im ländlichen Bereich. Allein im Zeitraum zwischen 1971 und 1975 konnten 65.000 Brücken in ländlichen Gebieten gebaut und dadurch Transport und Kommunikation wesentlich verbessert werden. Die sich – wie gezeigt – parallel schnell entwickelnde Produktion von Zement und Kunstdünger kam ebenso wie die gesteigerte Erzeugung von Pestiziden der Erhöhung der landwirtschaftlichen Produktion und auch der Gebäudesanierung und dem Hausbau in ländlichen Gebieten zugute. Neuland konnte durch weit verbreitete Flurbereinigung und durch den Bau von Staubecken gewonnen werden. Die Dörfer profitierten auch von der erwähnten drastischen Steigerung der landesweiten Produktion von Elektroenergie. Im Zeitraum von 1961 bis 1968 konnte die Gesamtfläche bewässerten Reislandes von 665.00 Hektar auf 1.128.000 Hektar erhöht werden. Der Verbrauch von Kunstdünger stieg von 308.000 Tonnen 1964 auf 827.000 Tonnen im Jahr 1980. Die Anzahl von Kraftpflügen (Motorpflügen) in ländlichen Gebieten wuchs von 11.884 Stück im Jahr 1970 auf 289.779 im Jahr 1980. Bei einer gesamten Küstenlänge von 17.270 Kilometern spielt auch Südkoreas Fischerei für die Ernährung der Bevölkerung und für den Export eine nicht unbedeutende Rolle. Die Menge des Fischfangs steigerte sich von 470.000 Tonnen im Jahr 1960 auf 2.644.000 Tonnen 1982. Der Wert exportierter Fischereiprodukte wuchs von 12,3 Millionen US-Dollar im Jahr 1962 bis auf 946,8 Millionen US-Dollar 1982. Im gleichen Zeitraum wuchs die Gesamttonnage der südkoreanischen Fischereiflotte von 161.709 Tonnen im Jahr 1962 auf 807.570 Tonnen 1982.[292]

---

[292] Zur landwirtschaftlichen Entwicklung Südkoreas in der Ära Park Chung Hees und zur Neuen Gemeinschaftsbewegung („Saemaul Undong") siehe Nahm, a.a.O., S. 488–490, sowie HBK, 8. Aufl. 1990, S. 407–412 und 491–494, wie auch HBK, 6. Aufl. 1987 S. 405–416.

Obwohl die Außenbeziehungen Südkoreas in der Ära von Park Chung Hee in früheren Abschnitten dieses Bandes bereits behandelt wurden, soll an dieser Stelle eine rückblickende Würdigung versucht werden. Gerade auch vor dem Hintergrund der tragischen und Korea belastenden Vorgeschichte seiner Beziehungen zu Japan bedeutete es einen außenpolitisch außerordentlich folgenreichen Durchbruch, als es der südkoreanischen Regierung mithilfe amerikanischer Vermittlung gelang, eine Normalisierung der diplomatischen Beziehungen zwischen Seoul und Tokio – erstmals auf der Basis völliger Gleichberechtigung – im Jahre 1965 zu erwirken. Eine der Folgen war das massive Einströmen japanischer Wirtschaftshilfe wie auch kommerzieller Investitionen, die wesentlich zur Dynamik des südkoreanischen Wirtschaftswachstums beitrugen. Zuvor fast exklusiv auf die Vereinigten Staaten angewiesen und international nicht selten „nur" als Klientelstaat der Vereinigten Staaten betrachtet, bedeutete dieser Schritt eine wesentliche Ausweitung der diplomatischen Bewegungsfreiheit Südkoreas. Hier nützte auch eine international weitgespannte Ausdehnung des Netzwerkes diplomatischer Beziehungen zwischen Korea und anderen Staaten. Den Mitgliedern des Nordatlantikpaktes wie auch vielen Staaten Lateinamerikas galt Südkorea als geostrategisch außerordentlich wichtige und krisenanfällige Position im Gesamtgefüge des Kalten Krieges im ostasiatisch-pazifischen Raum. Die Bundesrepublik Deutschland, die er sehr bewunderte, war das erste westeuropäische Land, das Park Chung Hee nach seiner Wahl zum Präsidenten im Jahre 1964 besuchte. In Europa erweiterte Südkorea in der Park-Ära seine diplomatischen Beziehungen auch auf Österreich, Finnland, die Schweiz und den Vatikan. Im ostasiatisch-pazifischen Raum gelang die Aufnahme diplomatischer Beziehungen auch zu einer Reihe neutraler Staaten, von denen manche zuvor Nordkorea bevorzugt hatten. Die wichtigsten Staaten dieses Raumes, mit denen Südkorea in der Park-Ära normale diplomatische Beziehungen aufnehmen konnte, waren Bangladesch, Burma, Indien, Indonesien, Nepal, Singapur und Sri Lanka. In Lateinamerika gelang es erst ab 1962, normale diplomatische Beziehungen zu fast allen Staaten dieser Weltregion zu errichten. Allein im Jahre 1962 konnten 15 solcher Beziehungen geknüpft werden. Im Mittleren Osten kam es zur Aufnahme diplomatischer Beziehungen mit Bahrain, dem Iran, Israel, Jordanien, Kuwait, Lybien, Marokko, Oman, Katar, Saudi-Arabien, dem Sudan, Tunesien und den Vereinigten Arabischen Emiraten. In Afrika waren es insgesamt 25 Staaten, mit denen Südkorea in der Regierungszeit Park Chung Hees diplomatische Beziehungen etablieren konnte.[293] Wie dargestellt, wurde Nordko-

---

[293] Eine Tabelle mit genauen Angaben über Daten und Ebenen der diplomatischen Beziehungen der beiden koreanischen Staaten zu anderen Staaten findet sich nach Regionen geordnet in: HBK, 6. Aufl. 1987, S. 290–292.

rea bereits in den frühen 70er Jahren von Seoul als zweiter koreanischer Staat anerkannt; die südkoreanische „Hallstein-Doktrin", Ablehnung der Anerkennung beider koreanischer Staaten durch dritte Staaten, wurde aufgegeben und Südkoreas
Bereitschaft verkündet, auch zu nichtfeindlichen kommunistischen Staaten Beziehungen anzubahnen. In einem Brennpunkt und buchstäblich an einer Frontlinie
des Kalten Krieges gelegen, war und blieb Südkorea von den Entwicklungen der
Machtkonstellationen des ostasiatisch-pazifischen Raumes beeinflusst. Der für das
Schicksal Südkoreas weiterhin bedeutsamste auswärtige Faktor blieben die Vereinigten Staaten. Dank seiner Hilfe für die im Vietnamkrieg in Bedrängnis geratenen
Vereinigten Staaten, die Südkorea dort durch die Entsendung von fast 50.000
Mann unterstützte, gelang es Südkorea, seine Partnerschaftsrolle den USA gegenüber wesentlich zu verbessern. In militärischer Hinsicht erwies sich Südkorea als
der bei weitem schlagkräftigste unter den ostasiatischen Verbündeten der USA.
Diese hatten Japan durch die 1946 unter handfesten Drohungen aufgezwungene
pazifistische „Friedensverfassung" daran gehindert, militärisches Potenzial auch
nur in bescheidenem Maße als Mittel seiner Außenpolitik oder auch nur als Mittel
der Selbstverteidigung zu entwickeln. Politisch-psychologisch und staatsrechtlich
blieben die vom Umfang her äußerst begrenzten „Selbstverteidigungsstreitkräfte",
die Japan ab der zweiten Hälfte der 50er Jahre graduell entwickelte, umstritten und
verhinderten die Planung irgendeines japanischen Militäreinsatzes außerhalb des
japanischen Staatsgebietes. Die Streitkräfte Nationalchinas auf Taiwan blieben
durch die Konfrontation mit dem übermächtigen Bürgerkriegsgegner, das heißt
der Volksrepublik China, gebunden und die anderen Staaten Ostasiens verfügten
über keine Streitkräfte, die sich qualitativ oder quantitativ mit denjenigen Südkoreas vergleichen konnten. Der Schock der sich in Vietnam ab 1968 abzeichnenden
und sich 1973 vollziehenden Niederlage der USA bewirkte bei der Bevölkerung
und bei den Entscheidungsträgern der amerikanischen Außenpolitik einen Südkorea zutiefst beunruhigenden Hang zur Zurückschneidung auswärtiger militärischer Schutzverpflichtungen. Diese Tendenz erreichte ihren Höhepunkt mit Präsident Carters Ankündigung eines in Etappen zu verwirklichenden vollständigen
Rückzuges der amerikanischen Bodentruppen aus Südkorea. Wäre dieser Plan
verwirklicht worden, so hätte er Südkorea jenes militärischen „Stolperdrahtes"
beraubt, der wesentlich besser als der relativ unverbindlich formulierte amerikanisch-südkoreanische Verteidigungsvertrag von 1953 dazu in der Lage war, vor
einem Angriff auf Südkorea abzuschrecken und im Falle eines Angriffs Südkorea
Schutz zu gewähren. Jedoch bereits Präsident Carter sah sich dazu veranlasst, diesen Plan einfrieren zu lassen, und unter Präsident Reagan wurde er ad acta gelegt.
Veranlasst durch die als bedrohlich empfundene und über die Köpfe Japans und
Südkoreas hinweg insgeheim angebahnte Annäherung zwischen Washington und
Peking, reagierte die Park-Regierung flexibel und wurde zum aktiven Partner der

ersten historischen Wiederannäherung zwischen Süd- und Nordkorea, die im berühmten interkoreanischen Süd-Nord-Kommuniqué vom 4. Juli 1972 ihren dokumentarischen Niederschlag fand. Dieses Dokument gilt seither in Nord- und Südkorea als „Magna Charta der koreanischen Wiedervereinigung". Nach euphorischen Anfangserwartungen über Frieden und Einheit auf der koreanischen Halbinsel stellte sich jedoch bald die Ernüchterung ein. Park befürwortete eine vorsichtige, graduelle Entwicklung der innerkoreanischen Nord-Süd-Beziehungen, die vorläufig nichts an Amerikas schützender Militärpräsenz ändern und das angestrebte Ziel einer Süd-Nord-Annäherung durch Zug um Zug zu erweiternde vertrauensbildende Maßnahmen zwischen Nord und Süd anstreben wollte. In diesem Zusammenhang offerierte er Nordkorea einen gleichzeitigen Beitritt beider koreanischer Staaten in die Organisation der Vereinten Nationen. Südkorea musste jedoch in der Park-Ära auch diplomatische Niederlagen einstecken. Die internationale Zusammensetzung der Weltorganisation hatte sich durch die Zulassung zahlreicher ehemals kolonisierter afrikanischer und asiatischer Staaten wesentlich geändert. Am 29. November 1973 beschloss die 28. Generalversammlung der Vereinten Nationen – entgegen den Absichten Südkoreas – die Auflösung der UN-Kommission für die Wiedervereinigung und den Wiederaufbau Koreas. Ein Jahr später, 1975, kam es sogar so weit, dass der Politische Ausschuss der Generalversammlung der Vereinten Nationen am 29. Oktober zwei sachlich widersprüchliche Resolutionsentwürfe annahm, einen von Staaten, die Südkorea mit 59 : 51 Stimmen bei 29 Enthaltungen unterstützten, und einen anderen von Staaten, die Nordkorea mit 51 : 38 Stimmen bei 50 Enthaltungen begünstigten. Die letztgenannte Resolution unterstützte den 5-Punkte-Vorschlag des nordkoreanischen Staats- und Parteichefs Kim Il Sung vom März 1973, verlangte eine Ersetzung des Waffenstillstandsabkommens durch einen Friedensvertrag, die Auflösung des UN-Kommandos in Südkorea und den Rückzug aller nichtkoreanischen Streitkräfte unter UN-Flagge aus diesem Landesteil.[294]

---

[294] Zu den beiden einander widersprechenden Korea-Beschlüssen der Vereinten Nationen vom 29. Oktober 1975 siehe Chon, a.a.O., S. 216–218. Englische Texte in United Nations General Assembly Document A/C.1/L 708/Rev.1., October 13, 1975, und ebd., Dokument A/C. 1/709, September 24, 1975.

9. Führersystem und Ideologie Nordkoreas

9.1 Kim Il Sung und die Dschutsche-Ideologie

Wie bereits erwähnt, verfügt das politische System des nordkoreanischen Kommunismus über eine seit fünf Jahrzehnten uneingeschränkt prädominierende Führungsfigur in Gestalt des 1912 in der Nähe von Pjöngjang geborenen Kim Il Sung. Propagandistische Mythenbildung und die Unzulänglichkeit nordkoreanischer Parteiarchive haben es schwer gemacht, ein faktisch verlässliches Bild von seinem frühen Werdegang zu konstruieren. Bereits als Jugendlicher schien er an marxistischen Schriften Gefallen gefunden zu haben und schloss sich in der Mandschurei, das heißt in dem an Nordkorea angrenzenden Nordostgebiet Chinas, kommunistischen Partisanenorganisationen an. In den zwei Jahrzehnten, in der Mitte der 20er und Mitte der 40er Jahre, war er selbst als politischer Kommissar und Anführer kommunistisch-koreanischer Partisanenverbände tätig, die in der südlichen Mandschurei und gelegentlich über die Grenze kurz nach Nordkorea vorstoßend gegen die Japaner kämpften. In diesem Zeitraum gelang es Kim, ein Netzwerk von Beziehungen sowohl zu sowjetischen als auch zu kommunistisch-chinesischen Autoritäten aufzubauen. Von monumentaler Bedeutung für Kims zukünftige Laufbahn war die Tatsache, dass die ab August 1945 Nordkorea besetzenden und beherrschenden sowjetischen Streitkräfte zu Kim Vertrauen fassten und ihn favorisierten. Zwar hätten die Sowjets, anfangs zumindest, viel lieber den in Nordkorea ungemein beliebten antijapanischen christlichen Politiker Cho Man Sik zum ersten Vorsitzenden einer nordkoreanischen Regierung gemacht, so wie sie auch in manchen europäischen Satellitenstaaten zunächst sympathisierende Nichtkommunisten an der Spitze des Staates duldeten. Da aber Cho Man Sik nicht überredet werden konnte, die auf der Moskauer Außenministerkonferenz vom Dezember 1945 beschlossene Treuhandschaft fremder Mächte für Korea zu akzeptieren, fiel die Wahl letztlich auf Kim Il Sung, der es sehr geschickt verstand, andere verdiente kommunistische Führer auszustechen und letztlich selbst zum bleibenden Führer der im August 1946 gegründeten Nordkoreanischen Arbeiterpartei (Puk Choson NodungDang) zu werden. Nachdem bereits geschilderte nordkoreanische Versuche zur Bildung eines gesamtkoreanischen Gremiums gescheitert waren und unter der Kontrolle der Vereinten Nationen in Südkorea die Gründung der dortigen „Republik Korea" im Gange war, erfolgte im August und September 1948 in Nordkorea die Gründung der „Demokratischen Volksrepublik Korea". Der zum Ministerpräsidenten des neuen kommunistischen Staatswesens in Nordkorea gewählte

Kim Il Sung[294a] charakterisierte seine Regierung bezeichnenderweise als „Legitime Zentralregierung ganz Koreas". Wie schon erwähnt hatte Artikel 103 der gleichzeitig bekannt gegebenen Verfassung der Demokratischen Volksrepublik Korea als ihre „Hauptstadt" die in Südkorea gelegene traditionelle Hauptstadt ganz Koreas, Seoul, genannt. Somit war in Nordkorea ein Jahr vor Gründung der Volksrepublik China (1. Oktober 1949) das erste seit dem Zweiten Weltkrieg gegründete kommunistische Staatswesen Ostasiens entstanden. Die bereits zu Anfang der 20er Jahre von der sowjetischen Roten Armee besetzte Mongolische Volksrepublik (äußere Mongolei) hatte seit dieser Zeit als Satellitenstaat der Sowjetunion bestanden. Zwischen 1946 und 1948 waren die Vorarbeiten zur Umstrukturierung Nordkoreas zu einem Staat auf dem Wege zum Sozialismus kommunistischen Stils so weit gediehen, dass es Moskau für möglich und günstig erachtete, die sowjetische Besatzung Nordkoreas bereits im Jahr 1948 zu beenden.[295] Der Rückzug sowjetischer Streitkräfte erfolgte wohl auch, um einen psychologischen Druck auf Washington auszuüben, dem sowjetischen Beispiel zu folgen, was dann im nächsten Jahr, 1949, geschah. Die Rolle Kim Il Sungs beim Ausbruch des Koreakrieges ist bereits behandelt worden. Die Tatsache aber, dass seine Kalkulation – die USA würden eine kommunistische Eroberung Südkoreas ebenso hinnehmen wie zuvor den Sieg der Maoisten in China – nicht aufging, dem Angriff auf Südkorea ein Eingreifen der USA unter der Flagge der UN folgte und fast ganz Nordkorea zeitweilig an die Amerikaner und Südkoreaner verloren ging, muss in Moskau und Peking wie auch in den Reihen seiner eigenen Partei die Frage nach der Qualität seiner Führung aufgeworfen haben. Die Quellen und Archive, welche die Erarbeitung einer konkludenten Antwort erlauben würden, sind noch nicht zugänglich. Jedenfalls unterstützte ihn das China Mao Tse-tungs, dessen Streitkräfte Amerikaner und Südkoreaner aus Nordkorea verdrängten, ebenso wie zuvor Stalins Sowjetunion. Kim Il Sung regierte also ab 1951 in einem Land, das die Russen 1945 von den Japanern und die Chinesen 1950/51 von den Amerikanern befreit hatten. Allein innerhalb der sechs Jahre von 1945 bis 1950 war Nordkorea nacheinander von vier verschiedenen Großmächten besetzt worden: von Japan, der Sowjetunion, den USA und der Volksrepublik China. Diese beispiellose Rolle in Bezug auf Interventionen

---

[294a] Zum biographischen Hintergrund Kim Il Sungs siehe Scalapino, Robert A., und Lee Chong-Sik: Communism in Korea, Berkeley, Los Angeles and London 1972, Bd. I, S. 202–230. Eine sehr polemische Darstellung findet sich in Lim Un: The Founding of a Dynasty in North Korea. – An Authentic Biography of Kim Il Sung. Japan o.O. 1982. Eine autorisierte und stark hagiographische Darstellung des Lebens von Kim Il Sung stammt von Baik Bong: Kim Il Sung. Biography. (3 Bde), Tokio 1970.

[295] Zur kommunistischen Umstrukturierung Nordkoreas im Zeitraum zwischen 1945 und 1947 siehe: Cumings, Bruce: The Origins of the Korean War. Liberation and the Emergence of Separate Regimes 1945–1947, a.a.O., S. 382–427. Zu Kim Il Sungs Rolle in dieser Zeit ebd., S. 397–403.

fremder Mächte warf die Fragen nach Nordkoreas eigenem Standort und nach seiner Souveränität auf. Die von Kim Il Sung hierauf entwickelten Antworten gehören mit zum Kernbereich seines politischen Wirkens. Seine Antwort bestand in der Schaffung eines für ihn und sein Regime vielseitig nützlichen Ideologiesystems, das unter der Bezeichnung „Dschutsche-Ideologie" bekannt geworden ist.

Die *Dschutsche-Ideologie* verkörpert zumindest ihrem Ursprung nach eine stark betont nationalistische Form des Kommunismus.[296] Bereits vor seiner Rückkehr nach Korea diagnostizierte und kritisierte Kim Il Sung eine Haltung unter koreanischen (und anderen) Kommunisten, die er als Servilität oder Speichelleckerei bezeichnete. So griff er 1931 koreanische und chinesische Kommunisten an, die, um bei der Führung der Kommunistischen Internationale in Moskau Gunst zu gewinnen, theoretische und praktische Fehler begangen und nach der Pfeife anderer getanzt hätten. Sechs Jahre später versicherte er, die Herren der koreanischen Revolution könnten nur das Volk und die Kommunisten Koreas sein. 1943 heißt es bei ihm, selbst eine sozialistische Nationalkultur könne nicht aus dem Nichts geschaffen werden. In Korea müsste sie aus einer kritischen Aneignung der 5.000-jährigen Geschichte des eigenen Volkes und den Traditionen seines Widerstandes gegen ausländische Invasoren entstehen. Wörtlich schrieb er: „Wir müssen unsere nationale Selbstachtung und unseren Stolz als Koreaner und Kämpfer in einem mehr als zehnjährigen blutigen Kampf um die Befreiung und Unabhängigkeit unseres Landes erhöhen. Ohne solche Gefühle wird man ein kläglicher und serviler nationaler Nihilist, mit anderen Worten ein Speichellecker." Paek Namun, der zeitweilig Präsident der Akademie der Wissenschaften der Demokratischen Volksrepublik Korea war, schrieb schon 1946 im Sinne des Ansatzes von Kim Il Sung, sowjetische und chinesische Modelle könnten nicht auf Korea übertragen werden, die Koreaner müssten eine eigenständige Synthese aus Nationalismus und Sozialismus entwickeln. Dieser Standpunkt wurde von Kim Il Sung zwei Jahre nach Stalins Tod ganz massiv vertreten. Zwar könne man, so sagte er im Dezember 1955, die Geschichte der KPdSU und die Geschichte der chinesischen Revolution ebenso studieren wie auch die „universale Wahrheit des Marxismus-Leninismus". Doch all dies dürfe man nur tun, um den hieraus gezogenen Gewinn in den Dienst der koreanischen Revolution zu stellen. Denn Koreas Kommunisten betrieben nicht die Revolution eines anderen Landes, sondern „ausschließlich die koreanische Revolution". Er erwähnt seinen Ärger darüber, in nordkoreanischen Parteischulen

---

[296] Zur Dschutsche-Ideologie siehe: Kindermann, Gottfried-Karl: „North Korea's Contribution to the Theory and Practice of International Communism", in: Whetten, Lawrence: The Present State of Communist Internationalism. Lexington 1983, S. 179–192, siehe auch: Cumings, G. Bruce: „Kim's Korean Communism", in: Problems of Communism. März–April 1974.

Bilder bedeutender Russen wie Puschkin oder Majakowski gesehen zu haben, jedoch keine Bilder irgendwelcher berühmter Koreaner. Auch seien russische Landschaften oder russische Volksstatistiken ausgestellt worden, jedoch keine Berichte über Korea. Wie könnten denn Kinder Nationalstolz entwickeln, wenn sie in dieser Art und Weise erzogen würden? Dementsprechend provoziert habe ihn ein Gespräch nordkoreanischer Parteigenossen, die sich darüber steminenterritten, ob man dem chinesischen oder eher dem sowjetischen Weg folgen solle."[297] In einem mehrstündigen Gespräch mit dem Verfasser erklärte Professor Han Su Gil, ein Mitglied des Zentralkomitees der Vereinigung für Sozialwissenschaften Nordkoreas und einer der Direktoren der Dschutsche-Akademie in Pjöngjang, die Dschutsche-Philosophie sei eine „neue und originelle Ideologie", die allerdings manche Berührungspunkte mit dem Marxismus habe. Was sie vom Marxismus unterscheide, sei der Grundansatz. Die Dschutsche-Ideologie sei primär ein anthropozentrischer Denkansatz. In seinem Zentrum stehe der Mensch und der bewusste menschliche Wille als Primärursache von Zivilisation und Geschichte. Karl Marx hingegen hatte in seinem Vorwort zur zweiten Ausgabe zu „Das Kapital" angesichts zahlreicher von ihm beklagter Missverständnisse seiner Lehre mit Zustimmung eines russischen Rezensenten zitiert, der ihn völlig richtig verstanden habe. Dieser habe geschrieben, Marx betrachte die Entwicklung der Gesellschaft als einen naturgesetzlichen Prozess, der nicht nur vom Willen, vom Bewusstsein und von den Absichten der Menschen unabhängig sei, sondern auch dann, wenn ihnen dies nicht bewusst sei, das Denken und Handeln der Menschen bestimme.[298] Den relativ einfachen Grundgedanken der Dschutsche-Ideologie charakterisiert Kim Dschong Il, der Sohn und designierte Nachfolger Kim Il Sungs, unter anderem mit folgenden Worten: „Der Mensch ist Herr über alles – das bedeutet, dass der Mensch Herr der Welt und seines eigenen Schicksals ist. Der Mensch entscheidet alles – das besagt, dass der Mensch bei der Umgestaltung der Welt und bei der Gestaltung seines eigenen Schicksals eine entscheidende Rolle spielt ... Der Mensch ordnet sich jedoch dem Milieu und den Bedingungen nicht unter. Durch sein souveränes, schöpferisches und bewusstes Handeln ändert er das, was seinen Bedürfnissen nicht entspricht, ersetzt Altes und Reaktionäres durch Neues und Progressives und gestaltet so Natur und Gesellschaft unablässig um."[299]

---

[297] Kim, Il Sung: „Let Us Repudiate the 'Left' Adventurist Line", in: Kim Il Sung: On Juche in Our Revolution. Pjöngjang 1975, Bd. 1, S. 4 f.

[298] Das mehrstündige Gespräch des Verfassers mit Prof. Han Su Gil fand 1980 in Pjöngjang statt. Siehe auch: Han, Su Gil: „The Theory on Consciousness Enunciated by Juche Philosophy", in: Study of the Juche Idea, Tokio 1980, S. 12–18.

[299] Kim, Dschong Il: Über die Dschutsche-Ideologie. Pjöngjang 1982, S. 10 und 13.

Die Dschutsche-Ideologie bedeutet also die Lehre von der allseitigen Autonomie der Menschen und Völker, vom Primat menschlichen Wollens und Handelns in Gesellschaft, Wirtschaft und Geschichte. Ein wesentlicher Teilaspekt hiervon ist die Lehre vom so genannten „Dschadschusong", das heißt von der Selbstbestimmung des Menschen und der Völker. Hierzu schreibt Hans Maretzki, der letzte DDR-Botschafter in Nordkorea: „Damit der einzelne Nordkoreaner nicht auf die Idee kommt, er könne mit dieser These mitbestimmen wollen, wird ihm suggeriert, nur im kollektivistischen Verband und mit dem Führer an der Spitze könne das Subjekt ‚Meister der Welt' sein."[300] Das ist zwar sarkastisch formuliert, jedoch sachlich nicht unrichtig. Denn in der genannten Schrift von Kim Dschong Il heißt es unter anderem weiter:

„Das Subjekt der Geschichte sind die Volksmassen, keineswegs aber die reaktionären Ausbeuterklassen.

... Die Volksmassen brauchen eine kluge Führung, um ihrer Stellung und Rolle als Subjekt der Geschichte gerecht zu werden.

... Die Volksmassen sind zwar Schöpfer der Geschichte, doch können sie nur unter einer klugen Führung als Subjekt der gesellschaftlichen Entwicklung wirksam werden. ... In der revolutionären kommunistischen Bewegung geht es also um die Lenkung der Volksmassen durch die Partei und den Führer. Ob die Volksmassen auf revolutionäre Weise in eine bewusste und organisierte Formation verwandelt werden und wie sie ihre revolutionären Aufgaben und historische Mission erfüllen – das hängt von der klugen Leitung durch die Partei und die Führer ab."[301]

In einer Schrift vom Oktober 1976 bemüht sich Kim Dschong Il um eine Klärung des Verhältnisses zwischen der Dschutsche-Ideologie und dem Marxismus/Leninismus. Kim Il Sungs Ideologien ließen sich nicht unmittelbar aus dem dialektischen Materialismus ableiten. Angesichts des betont voluntaristischen Charakters der Dschutsche-Ideologie ist das sehr verständlich. Die „Begrenztheit des Marxismus/Leninismus" sei epochal bedingt. Die Lehre Kim Il Sungs hingegen sei „eine Ideologie, die ein Zeitalter repräsentiert, das sich von dem des Marxismus/Leninismus unterscheidet". Dennoch gäbe es starke Berührungspunkte zwischen beiden Ideologiesystemen, wie zum Beispiel den der gemeinsamen Klassenidee und der gemeinsamen Opposition gegen Idealismus und Methaphysik. Auch betont Kim Dschong Il die besondere Qualität der von Kim Il Sung gelehrten und praktizierten „Methode der Führung durch die regierende Partei". Denn bisher sei es der Arbeiterklasse noch nicht gelungen, ihre revolutionäre

---

[300] Maretzki, Hans: Kim-ismus in Nordkorea. Analyse des letzten DDR-Botschafters in Pjöngjang. Böblingen 1991, S. 68.
[301] Kim, Dschong Il, a.a.O., S. 17 und 19.

Theorie durch „eine systematisierte, in sich abgeschlossene Theorie über die Führungsmethode zu bereichern".[302] Einen besonderen Aspekt der Führungstheorie im Rahmen der Dschutsche-Ideologie bildet die Frage der Nachfolge des Führers. Seit dem sechsten Parteitag der koreanischen Arbeiterpartei im Oktober 1980 scheint festzustehen, dass Kim Il Sung den am 16. Februar 1941 von seiner ersten, später verstorbenen Frau in Chaborowsk geborenen Sohn, Kim Dschong Il, mit Zustimmung der Parteispitze zu seinem Nachfolger in der Staats- und Parteiführung Nordkoreas wie auch bei der Weiterentwicklung der Dschutsche-Ideologie ausersehen hat. So schrieb eine nordkoreanische Zeitschrift im Zusammenhang mit dem genannten Parteitag, es sei für das koreanische Volk eine Quelle des Stolzes und der Freude zu wissen, dass die Nachfolgefrage glaubwürdig geregelt werden konnte. Sei der Nachfolger der Führung ein Verwandter des derzeitigen Führers, so habe dies nichts mit der auf Erbrecht beruhenden dynastischen Nachfolge zu tun.[303] Bereits 1976 war Kim Dschong Il in einer Instruktionsschrift für Parteifunktionäre als „ausschließlicher Nachfolger des großen Führers" bezeichnet worden.[304] So hatte sich an der Führungsspitze des nordkoreanischen Systems eine Art *Dreieinigkeit* in Gestalt des „großen Führers" Kim Il Sung, des Sohnes, Kim Dschong Il, bezeichnet mit dem Ehrennamen „Parteizentrum" oder „der liebe Genosse Kim Dschong Il", und dem Geist der Dschutsche-Ideologie entwickelt.

Wie dem Verfasser in Nordkorea im Rahmen von Gesprächen versichert wurde, sei eine verlässliche Regelung der Nachfolgefrage für die Erhaltung des Systems von größter Bedeutung. Stalin sei kaum drei Jahre nach seinem Tod von Chruschtschow auf dem 20. Parteitag der KPdSU diffamiert worden und Mao Tse-tungs engste Mitarbeiter, einschließlich seiner Frau – im Westen als „Viererbande" bezeichnet –, seien nur wenige Monate nach seinem Tod verhaftet worden. Entwicklungen dieser Art wolle man in Nordkorea vorbeugend verhindern. Der Rückgriff auf die eigene Familie in Fragen der Führungsnachfolge entspricht den Traditionen des konfuzianischen Kulturkreises, dem die Familie als heilig gilt. Nicht nur in Taiwan und Singapur folgten die Söhne dem Präsidenten Chiang Kai-shek und dem Ministerpräsidenten Lee Kuan Yew nach, sondern auch Mao Tse-tung scheint von seiner Frau eine Art Führungsnachfolge erwartet zu haben. Während aber Kim Il Sung ein echtes, wenn auch propagandistisch ausgebautes, Charisma als große Vaterfigur auszustrahlen vermag, ist eine ähnliche Qualität bei

---

[302] Kim, Dschong Il: Für das richtige Verständnis des eigenschöpferischen Charakters des Kimilsungismus. Pjöngjang 1984.
[303] The People's Korea (Tokio), 28. Februar 1981, S. 3.
[304] Lee, Dong Bok: „North Korea after the Sixth KWP Congress", in: Korea & World Affairs, Bd. V, Nr. 3, 1981 S. 430.

seinem Sohn noch nicht erkennbar. Doch abgesehen von diesem erhielten nicht weniger als 13 Verwandte Kim Il Sungs hochrangige Positionen in nordkoreanischen Führungsgremien.[305]

9.2 Nordkorea zwischen Peking und Moskau

Nach dem Ende des für Nordkorea ganz besonders zerstörerischen Krieges stand Kim Il Sung vor der prekären Aufgabe der Rekonsolidierung seiner Position an der Spitze von Staat und Partei. Innerhalb der Kommunisten in Nordkorea bestand eine klar erkennbare Gruppenbildung. Die wichtigsten dieser Gruppen können wie folgt charakterisiert werden:

1. Die so genannte „Kapsan-Gruppe", rekrutiert aus Partisanen, die mit Kim Il Sung jahrelang im mandschurisch-nordkoreanischen Grenzgebiet operiert hatten und mit der sowjetischen Armee nach Korea zurückgekehrt waren. Ihr Name stammt von dem Ort „Kapsan" nahe der mandschurischen Grenze, wo sie anfangs ihr Hauptquartier hatten.
2. Die so genannte „Yenan-Gruppe", geführt von Kim Tu Bong und Choe Chang Ik, die während des Zweiten Weltkrieges mit Mao Tse-tung in seinem Parteihauptquartier in Yenan Kontakt aufgenommen und Seite an Seite mit der chinesischen Roten Armee gekämpft hatten. Sie galten als Verfechter einer pro-chinesisch orientierten Linienführung der nordkoreanischen Partei- und Außenpolitik.[306]
3. Die so genannten Sowjet-Koreaner, die aus unterschiedlichen Gründen in Sibirien beheimatet waren oder dorthin vor Jahrzehnten geflohen waren und von denen viele von der sowjetischen Besatzungsarmee in Korea für ihre Zwecke benutzt wurden. Einige von ihnen erhielten sehr hohe Posten in Partei und Regierung. Im Westen am bekanntesten war der zwar in Korea geborene, aber in jungen Jahren in die Sowjetunion ausgewanderte Nam Il, Pjöngjangs Chefunterhändler bei den Waffenstillstandsverhandlungen in Panmunjom und später Vizeministerpräsident (1957) und Außenminister bis 1959.
4. Die Gruppe der im Süden und im Norden Koreas während der japanischen Besatzung gebliebenen kommunistischen Aktivisten, deren bedeutendster Führer Pak Hon Yong war. Pak war mit zahlreichen seiner Anhänger angesichts der rigoros antikommunistischen Politik der Syngman-Rhee-Regierung und der

---

[305] Ebd, S. 423.
[306] Siehe Lee, Chong-sik: „Korean Communists and Yenan", in: The China Quarterly, Januar/März 1962, S. 182–192.

Kim Il Sung, der Gründer des nordkoreanischen Herrschaftssystems

amerikanischen Besatzung nach Nordkorea geflohen. Auch die Führer dieser Gruppe spielten eine bedeutsame Rolle in den frühen Jahren des kommunistischen Systems in Nordkorea. Bei Ende des Koreakrieges bekleidete Pak Hon Yong die Posten des Vize-Premierministers und Außenministers der Demokratischen Volksrepublik Korea.

Zur Festigung seiner eigenen Führungsmacht in der Partei gelang es Kim Il Sung, wenn auch unter Schwierigkeiten, Zug um Zug den Einfluss aller anderen Fraktionen mit der Ausnahme seiner eigenen Kapsan-Gruppe von der politischen Szene Nordkoreas zu eliminieren.

Die erste Offensive dieser Art begann mit der 5. Plenarsitzung des Zentralkomitees der Koreanischen Arbeiterpartei. Ohne Zweifel muss innerhalb der Partei die Rolle Kim Il Sungs im Zusammenhang mit der Entstehung des Koreakrieges zur Diskussion gestanden haben. Möglicherweise gab es tatsächlich Parteikader, die mit dem Gedanken einer Ersetzung Kim Il Sungs durch Pak Hon Yong und der Vorstellung einer neuen Regierungsmannschaft spielten. Ansonsten aber wurden Pak Hon Yong und zahlreiche seiner Anhänger zu Sündenböcken der anfänglichen Niederlage im Koreakrieg gemacht und politischen Prozessen nach stalinschem

Muster mit geradezu phantastischen Anklagen unterzogen und später hingerichtet.[307]

Im Jahre 1956 verbreiteten sich in Nordkorea detailliertere Informationen über den 20. Parteitag der KPdSU und Chruschtschows vernichtende Kritik am Personenkult und an den verbrecherischen Aspekten der Politik Stalins. Dies war auch die Zeit, in der die Kommunistische Partei Chinas im Rahmen ihrer so genannten „Hundert-Blumen-Kampagne" Experimente mit einem größeren Maß an geistigem Pluralismus in den Bereichen von Kultur, Kunst und Politik unternahm. Nachdem Kim Il Sung am 1. Juni 1956 zu einer Serie von Staats- und Kontaktbesuchen in der Sowjetunion und verschiedenen Staaten Osteuropas aufgebrochen war, unternahmen Mitglieder sowohl der mit China verbundenen Yenan-Gruppe als auch der so genannten Sowjet-Koreaner einen Versuch zur Mobilisierung innerparteilicher Opposition gegen Kim Il Sung, möglicherweise mit dem Ziel seiner Absetzung. Das Vorhaben wurde jedoch vorher an Kim Il Sung verraten, der rechtzeitig genug nach Nordkorea zurückkehren konnte, um den innerparteilichen Aufstand zu liquidieren. Die Tatsache, dass aber kurz darauf Anastas Mikojan, einer der damals führenden Vertreter der KPdSU und der sowjetischen Regierung, wie auch der chinesische Marschall P'eng Teh-huai im September gleichen Jahres überraschend zu Kim Il Sung reisten, scheint darauf hinzuweisen, dass zwischen den Aufständischen in Kims Partei und den Regierenden in Peking und Moskau bestimmte Verbindungen bestanden. Kim Il Sung verwandte die folgenden vier Jahre zu systematischen Säuberungskampagnen, denen fast alle hochrangigen Funktionsträger der Yenan-Gruppe und der Gruppe der Sowjet-Koreaner zum Opfer fielen. Mit dem vierten Parteitag der koreanischen Arbeiterpartei im September 1961 konnte er seinen Triumph dokumentieren. Von 85 ehemaligen Mitgliedern des Zentralkomitees wurden nur 28 wiedergewählt und nur 13 von 45 Kandidaten des Zentralkomitees. Die Kapsan-Gruppe triumphierte und Kim Yong Ju, Kim Il Sungs jüngerer Bruder, wurde zum Vorsitzenden des neu geschaffenen Parteikomitees für Organisation und Lenkung ernannt.[308]

Auf internationaler Ebene sah sich Pjöngjang allerdings mit den ab 1961 offen gewordenen Auseinandersetzungen zwischen den beiden kommunistischen Großmächten, der Sowjetunion und der Volksrepublik China konfrontiert. Die beiden letzten Weltkonferenzen kommunistischer Parteien vom November 1957 und vom November 1960 hatten zu keiner Einigung zwischen den gegensätzlichen Positio-

---

[307] Kim Han Gil: Modern History of Korea. Pjöngjang 1979, S. 367–372, siehe auch Scalapino und Lee, a.a.O., Bd I, S. 438–452. Vergleiche auch Kim Il Sungs sich auf Pak Hon Yong beziehende Äußerungen in seinem Bericht vor dem Zentralkomitee seiner Partei auf deren 3. Parteitag im April 1956, in: Third Congress of the Worker's Party of Korea. Documents and Materials. Pjöngjang 1956.
[308] Scalapino und Lee, a.a.O., S. 504–527 und 566–571.

nen Moskaus und Pekings geführt, sondern zu einer Verdeutlichung der Konflikt-konturen.

Für das mit ehrgeizigen Projekten für wirtschaftlichen Aufbau und die Verstär-kung seiner Sicherheit befasste Nordkorea warf es die ernste Frage auf, wie es sich gegenüber dem Konflikt zwischen seinen Schutzmächten und zugleich wichtigsten Quellen seiner Auslandshilfe verhalten sollte. Kim Il Sung verstand es jedoch mit großem Geschick, für Nordkorea eine quasineutrale Position zu sichern und darü-ber hinaus sowohl mit Moskau als auch mit Peking 1961, einem Jahr scharf eska-lierender Auseinandersetzungen zwischen ihnen, Beistandspakte abzuschließen. Im Rückblick gesehen war dies die erfolgreichste außenpolitische Operation Kim Il Sungs in den über fünf Jahrzehnten seiner Herrschaft in Nordkorea. In Artikel 1 des im großen Kreml-Palast am 6. Juli 1961 unterzeichneten Vertrages über Freundschaft, Zusammenarbeit und gegenseitige Hilfe zwischen der Koreanischen Demokratischen Volksrepublik und der Sowjetunion heißt es unter anderem: „In dem Falle, dass eine der vertragschließenden Seiten Gegenstand eines bewaffneten Angriffs seitens irgendeines Staates oder einer Staatenkoalition wird und auf diese Weise in Kriegszustand gerät, wird die andere vertragschließende Seite unverzüg-lich mit allen ihr zur Verfügung stehenden Mitteln militärischen und anderen Bei-stand erweisen." In Artikel 2 sichern sich die Signatarmächte zu, sich an keinem Bündnis, keiner Koalition sowie an keinen Handlungen oder Maßnahmen zu beteiligen, die gegen die andere Seite gerichtet sind. In Artikel 3 wird gegenseitige Konsultation in internationalen Fragen vereinbart und in Artikel 4 die Verpflich-tung beider Seiten verankert, ihre Zusammenarbeit „entsprechend den Prinzipien der Gleichberechtigung sowie der gegenseitigen Achtung der staatlichen Souverä-nität, der territorialen Integrität und der Nichteinmischung in die inneren Angele-genheiten des anderen" zu gestalten. In Artikel 5 fordern beide Signatarmächte die friedliche und demokratische Wiedervereinigung Koreas. Anlässlich der Unter-zeichnung betonte der sowjetische Ministerpräsident Nikita S. Chruschtschow, zwar sei die Sowjetunion kein Anhänger von Militärabkommen, wenn aber ein Überfall auf Nordkorea verübt werde, so werde die Sowjetunion dies als Angriff auf sich selbst werten und Nordkorea mit allen Mitteln unterstützen.[309] Im Abschlusskommuniqué des Besuches von Kim Il Sung in der Sowjetunion anläss-lich der Vertragsunterzeichnung unterstützte Moskau Pjöngjangs Haltung in der Korea-Frage, während Nordkorea seinerseits den sowjetischen Vorschlägen zur Frage eines deutschen Friedensvertrages und zur Regelung der Westberlin-Frage beistimmte. Beide Seiten versprachen einander, sich für die geschädigte Einheit der

---

[309] Wortlaut des Vertrages zwischen Moskau und Pjöngjang, in: Archiv der Gegenwart 6. Juli 1961, S. 9200, sowie in Kim, Se Jin: Korean Unification, Bd. I., a.a.O., S. 273 f.

kommunistischen Weltbewegung einzusetzen. Die Koreanische Arbeiterpartei, so heißt es, betrachte die KPdSU als Vorhut der kommunistischen Weltbewegung. Beide Seiten verurteilten die „feindselige" Politik der USA gegenüber der Volksrepublik China.[310] Nur wenige Tage später traf Kim Il Sung in Peking ein, wo er mit Mao Tse-tung sowie mit Ministerpräsident Chou En-lai und anderen Führern der K.P. Chinas intensive Gespräche führte. Auch hier kam ein am 11. Juli 1961 unterzeichneter Bündnisvertrag zustande. Auch dieser Vertrag enthält (in Artikel 2) die Zusage, dass jede der Signatarmächte im Falle eines bewaffneten Angriffs auf den anderen „sofort und mit allen ... zur Verfügung stehenden Mitteln militärische und sonstige Hilfe" leisten würde. Auch der weitere Text des Vertrages entspricht weitgehend demjenigen, den Kim kurz zuvor mit Moskau geschlossen hatte. Am 15. Juli wurde ein von Kim Il Sung und von Chou En-lai unterzeichnetes gemeinsames Kommuniqué bekannt gegeben. Auch hier wird der Wunsch nach Erhaltung der „Einheit des sozialistischen Lagers" ausgesprochen und die Ansicht vertreten, „dass der von der führenden Gruppe Jugoslawiens vertretene Revisionismus" die Hauptgefahr für die kommunistische Weltbewegung der Gegenwart darstelle. Gegen diesen Revisionismus müsse ein entschlossener Kampf geführt werden. Hier allerdings ist anzumerken, dass der Begriff des „Revisionismus" für die Chinesen und ihre internationalen Anhänger ein Code-Wort für die von Peking kritisierte Politik der Sowjetunion verkörperte. Im April 1960 hatte die chinesische Presse den „modernen Revisionisten", mit denen die Chinesen später die KPdSU identifizierten, vorgeworfen, vor dem Imperialismus zu kapitulieren und sich von den imperialistischen Mächten, insbesondere den USA, täuschen zu lassen. Völlig irrig hätten sie behauptet, die USA seien nicht mehr der Hauptfeind der nationalen Befreiungsbewegung der kolonialen und halbkolonialen Völker.[311] Somit hatte Kim Il Sung innerhalb weniger Tage in Moskau zwar die Rolle der KPdSU als „Vorhut der kommunistischen Weltbewegung" anerkannt, jedoch wenige Tage später in Peking den Chinesen dabei Recht gegeben, dass der „Revisionismus", mit dem die Chinesen die Haltung Moskaus meinten, „die Hauptgefahr für die gegenwärtige kommunistische Bewegung" verkörpere und dass man ihn entschlossen bekämpfen müsse. Kim stimmte also beiden der substanziell schroff entgegengesetzten Positionen Moskaus und Pekings zu, um Korea zunächst die dringend benötigte Unterstützung beider Mächte zu erhalten. Weiterhin verpflichteten sich Peking und Pjöngjang in ihrem Kommuniqué, die sowjetischen Abrüstungsvorschläge wie auch die sowjetische Konzeption eines Friedensvertrages mit Deutsch-

---

[310] Zum gemeinsamen Kommuniqué siehe Archiv der Gegenwart vom 10. Juli 1961, S. 9213–9214.
[311] „Es lebe der Leninismus!", Dokument 18, in: Weber, Hermann (Hg.): Konflikt im Weltkommunismus. Eine Dokumentation zur Krise Moskau/Peking. München 1964, S. 81–83.

land und der Regelung der Berlin-Frage aktiv zu unterstützen. Beide Regierungen jeweils geteilter Länder betonten – hiermit eine strukturelle Ähnlichkeit ihrer Lage hervorhebend – die Unterstützung der USA für Südkorea auf der einen Seite und für National-China auf Taiwan auf der anderen Seite als Haupthindernis im Wege der Wiedervereinigung sowohl Koreas als auch Chinas.[312]

Nicht nur vom Standpunkt Pjöngjangs aus gesehen, sondern vielleicht auch in gesamtkoreanischer Perspektive besteht eine der echten Leistungen der nordkoreanischen Diplomatie darin, dass sie ihr kleines und anfangs relativ unterentwickeltes Land vor der Gefahr bewahrte, in die Abhängigkeit eines der beiden kommunistischen Giganten an seinen Nordgrenzen zu geraten. Für beide, Moskau und Peking, bildete Nordkorea eine Bastion, die ihre geostrategischen Positionen im Nordwestpazifik gegenüber den dort in Südkorea, auf Japan und auf den Aleuten präsenten Kräften des amerikanischen Gegners abzusichern imstande war. Das wenige Monate vor Beginn des Koreakrieges geschmiedete Bündnis Moskau – Peking war Anfang der 60er Jahre faktisch zerbrochen. Die Art relativer Neutralität, die Kim Il Sung für sein Land noch im erwähnten Jahre 1961 bewahren konnte, ließ sich auf Dauer nicht aufrechterhalten. Es ist daher irrig, wenn manche westliche Kommentare behaupten, Nordkorea habe Moskau und Peking gegenüber eine Politik der „Äquidistanz" verfolgt. Richtig ist vielmehr, dass es Pjöngjang immer wieder gelang, beide Mächte gegeneinander auszuspielen und dabei seine eigene Bewegungsfreiheit zu erhalten, wobei sich Nordkorea aber zeitweilig enger mit der einen und dann wieder mit der anderen kommunistischen Großmacht in einer Art von diplomatischem Slalomlauf zusammenschloss. Diese wechselvolle Anlehnung, einmal an Peking und einmal an Moskau, entsprach nicht nur einer taktisch kalkulierten grundsätzlichen Gleichgewichtspolitik, sondern ergab sich aus unterschiedlichen Interessenlagen im Rahmen der sich verändernden Konstellationen der internationalen Politik.

Schon ab 1962 rückte Nordkorea an die Seite des kommunistischen China. Dafür gab es mehrere wesentliche Gründe. Zum einen beeindruckte die nordkoreanische Führung Chinas Experiment eines „großen Sprungs nach vorn" unter Anwendung unkonventioneller Methoden und bei gleichzeitig höchster Arbeitsintensität. Ebenso wie Peking verurteilte Pjöngjang den abenteuerlichen Versuch der Chruschtschow-Regierung, vor den Küsten der USA auf Kuba Raketen zu stationieren, nur um sie dann mit halber Kapitulation wieder zurücknehmen zu müssen. Ein ideologischer Streitpunkt zwischen Moskau und Peking war, neben vielen anderen, die Rolle der Entwicklungsländer in der Weltrevolution gewesen. Für Peking waren dies Länder, deren innenpolitische Labilität einer kommunistischen

---

[312] Archiv der Gegenwart, 15. Juli 1961, S. 9224–9225.

Einflussnahme Tür und Tor geöffnet hatte und in denen noch die Glut antikolonialer Revolution vorhanden war. Peking selbst betrachtete sich als größtes Entwicklungsland der Welt und als Vorbild für die anderen. So hieß es in einer Pekinger Streitschrift gegen Moskau: „In den weiten Gebieten Asiens, Afrikas und Lateinamerikas konzentrieren sich die verschiedensten Arten von Widersprüchen in der gegenwärtigen Epoche, hier sind die schwächsten Kettenglieder in der Herrschaft des Imperialismus, hier sind die wichtigsten Sturmzentren der Weltrevolution, ... In einem gewissen Sinne hängt daher die ganze Sache der internationalen proletarischen Revolution letztlich von den .... Kämpfen der Völker in diesen Gebieten ... ab."[313] Sarkastisch hielt Moskau dem entgegen, diese These der Führer Chinas bedeute: „... dass die proletarische Klassenbewegung der entwickelten kapitalistischen Länder der allgemein demokratischen Bewegung untergeordnet wird, an deren Spitze oft die nationale Bourgeoisie und sogar, wie sie schreiben, ,patriotisch gesinnte Könige, Prinzen und Aristokraten' stehen ...". Pekings Haltung bedeute, den „Klassenstandpunkt" durch den „Rassenstandpunkt" zu ersetzen. So würde von Moskau zwar die positive Rolle der nationalen Befreiungsbewegungen in Entwicklungsländern anerkannt, doch dogmatisch wird die These vertreten, diese Gebiete seien „... nicht der Hauptschauplatz des internationalen Klassenkampfes".[314]

In einem viel beachteten Grundsatzartikel der nordkoreanischen Parteizeitung Rodong Shinmun vom 28. Oktober 1963 greift Pjöngjang die sowjetische Haltung auf das heftigste an, ohne sie jedoch direkt mit der Politik der UdSSR zu identifizieren. Viele Hauptinhalte dieser Kritik entsprechen ganz dem die nationale Autonomie so stark betonenden Geist der Dschutsche-Ideologie Kim Il Sungs. Früher einmal, als es nur einen einzigen sozialistischen Staat gab, sei der Prüfstein für kommunistische Gesinnung die Verteidigung der Sowjetunion gewesen Heute aber gebe es ein weitaus größeres sozialistisches Lager. Kommunistischer Internationalismus erfordere die Verteidigung und die Einheit des gesamten sozialistischen Lagers. In diesem gebe es aber jetzt einen „weltweiten Kreuzzug gegen die Volksrepublik China, Schulter an Schulter mit den Imperialisten". Eine Isolierung Chinas komme aber einer Spaltung des sozialistischen Lagers gleich. Der genannte Artikel nimmt dann zu einer Grundsatzfrage der kommunistischen Weltbewegung Stellung. Moskau hatte damals bereits, und noch viel akzentuierter dann ab der Invasion der Tschechoslowakei und mit der damals aufgestellten „Breschnew-Doktrin", die Auffassung von der hierarchischen Struktur des sozialistischen Lagers vertreten. In ihm gebühre der Sowjetunion als Mutterland des konkreten

---

[313] Weber, a.a.O., Dokument 27, S. 102–103.
[314] Ebd., Dokument 12, S. 66–69.

Sozialismus sowie als einziger sozialistischer Supermacht eine leitende Vorrangstellung, verbunden mit dem Recht zur notfalls bewaffneten Einmischung in die inneren Angelegenheiten kleinerer sozialistischer Staaten, sollte dort der Bestand des Sozialismus nach sowjetischer Auffassung bedroht sein. Der Rodong-Shinmun-Artikel formuliert im Gegensatz hierzu den von China und Nordkorea vertretenen Standpunkt einer egalitären Struktur des Weltkommunismus mit folgenden Worten:

„Alle sozialistischen Länder, alle kommunistischen und Arbeiterparteien müssen gleichberechtigt und unabhängig sein, müssen einander achten. Innerhalb der kommunistischen Bewegung darf niemand eine privilegierte Stellung beanspruchen und darf es keine Beziehungen wie zwischen Senior- und Juniorpartner geben. ... wenn die Einheit des sozialistischen Lagers und die Solidarität der kommunistischen Weltbewegung gestärkt werden sollen, muss man den Großmachtchauvinismus verwerfen."

Im gleichen Jahr hatte sich auch ein anderes kommunistisches Regime in einem geteilten asiatischen Land nach zuvor versuchter Neutralität im Konflikt zwischen Moskau und Peking auf die Seite Chinas gestellt. Es war Nordvietnam gewesen, dessen Führung von Peking unter Druck gesetzt worden war, sich zwischen dem chinesischen Weg der Lösung der Landesteilung durch Partisanen-Volkskrieg oder der sowjetischen Lösung abwartender friedlicher Koexistenz zu entscheiden. So gab es in dieser Phase eine gemeinsame Haltung der drei geteilten Länder Ostasiens: China, Nordkorea und Nordvietnam. Die drei genannten kommunistischen Länder des konfuzianischen Kulturkreises teilten miteinander auch eine gemeinsame Aversion gegen den Abbau des Personenkults, wie er in der Sowjetunion im Zuge der Destalinisierung betrieben wurde. In China war dieser Kult mit Mao Tsetung, in Vietnam mit Ho Chi Minh und in Korea noch gesteigerter mit Kim Il Sung verbunden. So heißt es an anderer Stelle in dem zitierten Artikel von Rodong Shinmun: „Die Beschlüsse und Maßnahmen einer einzelnen Partei ... können aber nicht für die Tätigkeit anderer Parteien verbindlich sein. Umso weniger ist es zulässig, ‚die Kampagne gegen den Personenkult' anderen Parteien aufzuzwingen und sich hinter diesem Rauchvorhang in die inneren Angelegenheiten von Bruderparteien und Bruderländern einzumengen, geschweige denn, auf den Sturz der Parteiführung in diesen Ländern hinzuarbeiten."

Als im benachbarten China aber der mörderische und chaotische innerparteiliche Machtkampf im Zeichen der von Mao Tse-tung initiierten so genannten „Großen Proletarischen Kulturrevolution", 1964/65, ausbrach und Peking deshalb seine Außenkontakte auf ein Minimum zurückschraubte, begann sich Nordkorea wieder an die Sowjetunion anzunähern. Wesentlich hierfür war wohl auch, dass die in China unter Maos Leitung die Macht ergreifenden Roten Garden Nordkoreas Diktator Kim Il Sung als „fetten Revisionisten" kritisiert und dass die Führungskräfte

der KPdSU im Oktober 1964 Nikita Chruschtschow gestürzt und Leonid Bre-
schnjew und Alexei Kossygin an die Spitze des sowjetischen Staats- und Parteiap-
parates gebracht hatten. Chruschtschow hatte Nordkoreas Verteidigungspolitik,
die weitgehend auf sowjetischen Waffen und Ausbildungssystemen beruhte und
auf den Nachschub von Ersatzteilen und Munition aus der Sowjetunion angewiesen war, durch die Einstellung sowjetischer Rüstungslieferungen an Nordkorea in
beträchtliche Verlegenheit gebracht. Die neue sowjetische Führung aber verstärkte
die militärische und technologische Kooperation mit Nordkorea. Dieses wiederum attackierte den „blinden Dogmatismus" des kulturrevolutionären Terrors im
benachbarten China.[315] Das Abebben der chinesischen „Kulturrevolution" veranlasste Pjöngjang zu einem neuen Schwenk in Richtung Wiederannäherung an
China. An der Spitze einer großen Partei- und Regierungsdelegation reiste Kim Il
Sung im April 1975 nach China. Die sich damals anbahnende bewaffnete Wiedervereinigung Vietnams durch die Eroberung Südvietnams durch Nordvietnam, die
Machtergreifung der Kommunisten in Kambodscha und die Tatsache, dass es der
Volksrepublik China gelungen war, gegen den Widerstand der USA die Vertretung
Chinas in den Vereinten Nationen zu übernehmen und mit den USA eine Ent-
spannung auf der Basis der Gleichberechtigung und des Interessenaustausches
herbeizuführen, hatte in den Führern Nordkoreas den Wunsch geweckt, nun auch
im geteilten Korea Erfolge zugunsten des kommunistischen Nordens zu erringen.
Obwohl China das System Kim Il Sungs im gemeinsamen Abschlusskommuniqué
als den „einzigen legalen souveränen Staat der koreanischen Nation" bezeichnete,
betonte Peking in diesem Dokument zweimal die Notwendigkeit einer friedlichen
Wiedervereinigung Koreas. Damit deutete es seine Distanzierung von jener schon
erwähnten berühmten Rede Kim Il Sungs an, in der er sagte, wenn es in Korea zu
einer Revolution im Süden komme, werde der Norden nicht passiv bleiben. In
einem neuen koreanischen Nord-Süd-Krieg habe Korea nichts zu verlieren, außer
seiner Teilung.[316] Nur kurz nachdem sie mit den USA eine partielle und mit Japan
eine weit reichende Normalisierung der diplomatischen Beziehungen 1972/73
durchgesetzt hatten und mit der gleichen diplomatischen Methode weitergesteck-
ten Zielen zustrebten, konnten Chinas Führer nicht an einer neuen Krise oder
einem neuen Krieg in Korea interessiert sein, der ihr profitables neues Verhältnis
zu Washington und Tokio belasten und eventuell wieder in das Gegenteil einer
Konfrontation verkehren konnte. Im Falle Nordvietnams hatte China während des

---

[315] Chung, Chin-Wee: „North Korea's Relations with China", in: Park, Jae Kyu: The Foreign Relations of
North Korea: New Perspectives. Seoul 1987, S. 175–177.

[316] Chinese-Korean Friendship. The Party and Government Delegation of Democratic People's Republic of Korea visits China. Peking 1975, S. 8 f. und 36 f.

Vietnamkrieges erleben müssen, wie dessen wachsender Bedarf an modernsten Waffensystemen die Führer Nordvietnams immer stärker an die Seite Moskaus gedrängt hatte. Ein Gleiches konnte sich im Falle eines neuen Koreakrieges vollziehen, so dass China dann nicht nur im Südosten, sondern auch im Nordosten von prosowjetischen Systemen flankiert gewesen wäre. Doch die Spannungen, die sich Ende der 70er und Anfang der 80er Jahre erneut zwischen Nordkorea und China ergaben, beruhten auch auf anderen Ursachen. Mao Tse-tung war 1975 verstorben und Deng Xiaoping hatte sich bald danach zur neuen Führungsgestalt der Volksrepublik China entwickelt. Der von ihm inspirierte Pragmatismus hatte zu einer partiell kritischen Bewertung nicht nur Mao Tse-tungs, sondern auch des Marxismus geführt. Im Jahre 1978 hatte China die völlige Normalisierung seiner diplomatischen Beziehungen zu Washington und dessen Kündigung seiner diplomatischen und bündnispolitischen Beziehungen zu Taiwan durchsetzen können. Eine vieldimensionale neue Annäherung zwischen den ehemaligen Kriegsgegnern in Korea – China auf der einen und die Vereinigten Staaten auf der anderen Seite – bahnte sich an. Im gleichen Jahr gelang es China, mit Japan einen für dieses günstigen Friedensvertrag abzuschließen, der ebenso wie Chinas Normalisierungsdokumente mit den USA eine gegen Moskau gerichtete „Anti-Hegemonie-Klausel" enthielt. Die mit diesen Prozessen einhergehende wirtschaftliche und teilweise auch politische Auflockerung Chinas und dessen Durchdringung mit westlichen und japanischen Kulturkontakten musste das ideologisch rigorose System in Nordkorea erschüttern. Nur kurz nach der erfolgten Normalisierung der Beziehungen zwischen Peking und Washington verurteilte Nordkorea scharf Vietnam und dessen durch sein Bündnis mit Moskau gedeckte Invasion in Kambodscha. Die Anwendung von Waffengewalt seitens eines sozialistischen Staates (Vietnam) zum Sturz einer legitimen revolutionären Macht (der Roten Khmer in Kambodscha) sei ein untragbarer Präzedenzfall. Er zeige der Welt, dass selbst relativ kleine Mächte nicht gegen die Versuchung zur Beherrschung anderer Staaten gefeit seien.[317] Eine kurze Phase erneuter nordkoreanisch-sowjetischer Annäherung brachte 1980 und 1981 eine Intensivierung der Beziehungen und des Handels zwischen der Sowjetunion und Nordkorea, jedoch ohne die Quantität und Qualität der von Pjöngjang erhofften sowjetischen Waffenlieferungen.[318] Nachdem jedoch Peking 1982/83 Nordkorea hochentwickelte Kampfflugzeuge geliefert und seine Bereitschaft angedeutet hatte, die Nachfolge Kim Dschong Ils in der Führung Nordko-

---

[317] Siehe den vom Leiter der Internationalen Abteilung im Zentralkomitee der Koreanischen Arbeiterpartei inspirierten Artikel in der Pyongyang Times vom 13.1.1979.
[318] Ha, Joseph M., und Jensen, Linda Beth: „Soviet Policy Towards North Korea", in: Park, Jae Kyu, a.a.O., S. 150 f.

reas anzuerkennen, verbesserten sich wiederum die Beziehungen zwischen Peking und Pjöngjang. Dies jedoch wirkte auf die Sowjetunion als Ansporn, ihren Handel und ihre Hilfsleistungen für Nordkorea zu intensivieren und Nordkorea hochwertige Kampfflugzeuge (MiG-23) als Gegengewicht zu den Südkorea von den USA zugesagten F 15 – gegen die Gewährung bestimmter militärischer Überflugrechte – zur Verfügung zu stellen. Zum ersten Mal seit 1961 besuchte Kim Il Sung im Mai 1984 die Sowjetunion, wo die gemeinsame Sorge angesichts der sich entwickelnden Dreiecksbeziehungen zwischen Washington, Tokio und Seoul besprochen wurde.[319]

9.3 Westpolitik und Gesellschaftssystem Nordkoreas

In Nordkoreas Perspektive blieben die Vereinigten Staaten nach wie vor der Hauptgegner. Hatten sie doch die fast geglückte Eroberung Südkoreas 1950 durch ihren Militäreinsatz rückgängig gemacht, anschließend Nordkorea durch die Eroberung mit UN-Truppen gedemütigt, hatten während des Krieges Nordkoreas Städte und Industrieanlagen in Schutt und Asche gelegt und anschließend die Wirtschaft des südkoreanischen Bürgerkriegsgegners bei ihrem schnellen Wiederaufbau unterstützt sowie die Regierung in Seoul in vielfacher Hinsicht gefördert. Zudem verkörperte Amerikas militärische Präsenz in Südkorea ein kaum zu überwindendes Hindernis im Wege eines etwaigen neuen Versuchs zur gewaltsamen Wiedervereinigung Koreas nach dem Muster von 1950 oder nach dem Vorbild Vietnams im Jahre 1975. Somit war und blieb ein Primärziel der nordkoreanischen Außenpolitik die Entfernung der amerikanischen Militärpräsenz aus Südkorea. Zwei Umstände erweckten zeitweilig in Pjöngjang große Hoffnungen. Zum einen die psychologisch aus dem Trauma der Niederlage in Vietnam erwachsene Entscheidung des US-Präsidenten Jimmy Carter, die amerikanischen Bodentruppen aus Südkorea abzuziehen, und zweitens die Tatsache, dass, wie schon erwähnt, 1975 in der Generalversammlung der Vereinten Nationen mit relativ größerer Mehrheit eine Korea-Resolution im Sinne nordkoreanischer Zielsetzungen angenommen worden war, obwohl gleichzeitig eine parallel zustande gekommene Resolution amerikanischen und südkoreanischen Interessen Rechnung trug. Die in den 70er Jahren recht schnell anwachsende Zahl junger Staaten – ehemaliger

---

[319] Ebd., S. 152–154, siehe auch Nations, Richard: „China's Korea Fiasco. Moscow's Foothold on Peninsula Worries Peking", in: Far Eastern Economic Review, 26. September 1985, S. 56. Ebenfalls: „Soviet Union Increasing Military Aid to North Korea", in: Korea Newsreview, Bd. XIII, Nr. 2, 2. Juni 1984, S. 8.

Kolonien –, die Mitglieder der Vereinten Nationen wurden, verhießen Nordkorea eine stärkere internationale Unterstützung. Trotz seiner Bündnisverträge mit China und der Sowjetunion wurde Nordkorea 1975 Mitglied der umfangmäßig immer größer werdenden Gruppe paktungebundener Staaten, während Südkoreas Antrag auf Mitgliedschaft in der gleichen Organisation abgelehnt wurde.[320] Nordkorea entwickelte sich zu einem der aktivsten Mitglieder dieser Organisation und benützte sie als internationales Forum seiner antiamerikanischen Propaganda. Die von der amerikanischen Regierung mehrfach angeregte Methode einer Erweiterung süd- und nordkoreanischer diplomatischer Kontakte sozusagen im Austauschverfahren einer „cross recognition", durch welches Südkorea diplomatische Kontakte mit Moskau und Peking im Austausch für Pjöngjangs Aufnahme von Beziehungen zu Washington und Tokio erhalten hätte, wurde von Nordkorea immer wieder abgelehnt. Die Begründung war, dies würde die Teilung des Landes untermauern, obwohl Nord- und Südkorea in einer ständig wachsenden Anzahl von Staaten bereits nebeneinander vertreten waren. Es war damals ein aufsehenerregender Einzelfall, als ein amerikanischer Kongressabgeordneter und Mitglied des außenpolitischen Komitees des Repräsentantenhauses, Stephen J. Solarz, Nordkorea Anfang der 80er Jahre besuchen und sogar mit Kim Il Sung und mit dessen außenpolitischem Berater Kim Yong Nam sprechen konnte. Solarz wurde freundlich empfangen, positive Entwicklungen wurden gesprächsweise in Aussicht gestellt, doch wurde später davon nichts in die Praxis umgesetzt. Auch Präsident Carters Vorschlag zu einer Dreierkonferenz – USA mit Nord- und Südkorea – wie auch der frühere Vorschlag Henry A. Kissingers zu einer Viererkonferenz, das heißt derselben Gruppe, bereichert um die Volksrepublik China, waren von Nordkorea abgelehnt worden. Koreas Wiedervereinigung, so hieß es, sei eine rein interne Angelegenheit, in die sich auswärtige Mächte nicht einzumischen hätten. Seit 1974 drängt die nordkoreanische Regierung die Vereinigten Staaten zum Abschluss eines separaten Friedensvertrages zwischen Pjöngjang und Washington, allerdings ohne Mitbeteiligung Südkoreas.[321]

Als es dem Verfasser dieses Bandes nach vierjährigen Bemühungen 1980 gelang, ein Einreisevisum nach Nordkorea zu erhalten und dort ein Interview mit dem stellvertretenden Außenminister Nordkoreas und ehemaligen Leiter der nordkoreanischen UN-Beobachtermission Ri Dschong Mok zu führen, fragte er Ri, mit welchen Argumenten Nordkorea die USA zum Rückzug ihrer Truppen aus Südkorea überreden wolle. Ri erwiderte, die so lange andauernde Besetzung eines fremden

---

[320] Clough, Ralph M.: „North Korea and the United States", in: Park, Jae Kyu, a.a.O., S. 266.
[321] Kim, Se Jin (Hg.): „Korean Unification", a.a.O., Bd. II, S. 76 f. (Rodong Shinmun Leitartikel v. 19.11.1976).

Landes durch die USA sei nicht normal. Es läge auch im Interesse der Amerikaner, sich zurückzuziehen. Denn ein wiedervereinigtes Korea hätte keinen Grund, sich den USA gegenüber feindselig zu verhalten. Deshalb habe Pjöngjang Washington vorgeschlagen, das Waffenstillstandsabkommen von 1953 in einen Friedensvertrag umzuwandeln. Als der Verfasser darauf hinwies, dass zwischen den USA und der Volksrepublik China, die ja auch gegeneinander in Korea Krieg geführt hätten, ein bloßes Normalisierungsabkommen genügt hätte, um diplomatische Beziehungen zwischen ihnen herzustellen, meinte Ri, die Lage in Korea sei doch anders, weil die Hälfte des Landes von den Amerikanern „besetzt" sei. Die vom Verfasser angeregte Idee, dass in solchen Verhandlungen Korea durch ein gesamtkoreanisches Nord-Süd-Komitee vertreten werden könnte, wurde abgelehnt. Die Angelegenheiten zwischen Nord- und Südkorea müssten ohne Einmischung anderer Mächte durch die Bildung einer gesamtkoreanischen Konföderation gelöst werden. Als der Verfasser meinte, der Rückzug von 38.000 Amerikanern sei eine relative Schwächung der südkoreanischen Seite, sagte Ri, Nordkorea sei bereit, auch hierüber im Sinne des Ausgleichs zu verhandeln. Die Südkoreaner fürchteten sich zu sehr und stellten zu viele Fragezeichen auf. Ein wiedervereinigtes Korea könne man sich eventuell als neutralen Staat vorstellen.[322]

Auch im Hinblick auf das benachbarte und industriell machtvolle Japan konnte Nordkorea sein Ziel der Errichtung voller diplomatischer Beziehungen, natürlich unter Ausklammerung Südkoreas, nicht erreichen. Südkoreas mit amerikanischer Vermittlungshilfe 1965 erwirkte Normalisierung der Beziehungen zu Japan wurde von Pjöngjang als nachteilig und gefahrvoll für das eigene System betrachtet. Angesichts der Transportnähe Japans und der Preislage begehrter Industrie- und Technologiegüter zeigte Nordkorea aber ein starkes Interesse an der Ausweitung des Handels mit Japan. Ein weiteres Interesse bezog sich auf die Gewinnung und Instrumentalisierung eines großen Teiles der über 600.000 in Japan lebenden Koreaner, von denen viele unter sozial ungünstigen Umständen existieren müssen und die von großen Teilen der japanischen Bevölkerung als ungeliebte Gastarbeiter betrachtet werden. Diese große Bevölkerungsgruppe der in Japan lebenden Auslandskoreaner hat zwei Organisationen gegründet. Die eine, die allgemeine Konföderation koreanischer Einwohner Japans (koreanisch: Chochung-nyon; japanisch: Chosoren), orientiert sich politisch an Nordkorea. Dieser Verband verfügt über eine straffe und vielfältig gegliederte Organisation einschließlich von Schulen, sogar einer Universität und sozialen Einrichtungen. In manchen Erscheinungsdimensionen wirkt diese Organisation fast wie ein Staat im Staat. Ihre finan-

---

[322] Wortlaut des Interviews des Verfassers mit Nordkoreas Vize-Außenminister Ri Dschong Mok, in: Der Spiegel 35. Jahrgang, Nr. 37, 7. September 1981, S. 150–152.

ziellen Beiträge sind eine nicht unwesentliche Einnahmequelle von Hartwährungen für Nordkoreas Staat und Wirtschaft. Ihre Anhänger gelten weithin als fanatische koreanische Nationalkommunisten. Ihnen gegenüber steht eine wesentlich schwächer organisierte, nach Südkorea hin tendierende Organisation der in Japan lebenden Auslandskoreaner, genannt Mindan.[323] Trotz der Abwesenheit diplomatischer Beziehungen entwickelte Nordkorea zu Japan eine Art „Volksdiplomatie" durch intensive Kontakte, zum Beispiel mit der Sozialistischen Partei Japans, der Kommunistischen Partei Japans und dem Parlamentarischen Abgeordnetenverband für die Förderung der Freundschaft zwischen Japan und Nordkorea, dem etwa 250 Abgeordnete einschließlich vieler Mitglieder der regierenden Liberaldemokratischen Partei angehören. Ein Durchbruch konnte für Nordkorea mit einem privaten Handelsabkommen aus dem Jahre 1971 erzielt werden, das für die japanische Seite von dem genannten Verband japanischer Parlamentarier und für die nordkoreanische Seite von der Gesellschaft für japanisch-(nord-)koreanischen Handel geschlossen wurde. Probleme ergaben sich dabei aus Nordkoreas wachsendem Handelsdefizit mit Japan wie auch aus seiner starken Verschuldung, die bereits 1976 eine Höhe von 270 Millionen US-Dollar erreichte.[324] In den 70er Jahren kam es zu umfassenden nordkoreanischen Importen auch aus Westeuropa. So wurden 1973 aus Frankreich Industriegüter im Werte von 71 Millionen US-Dollar und aus Westdeutschland im Werte von 42 Millionen US-Dollar eingekauft. Als der Verfasser im Jahre 1981 die berühmten Taean-Stahlwerke in Nordkorea besuchte, stellte er fest, dass eine große Anzahl dort eingesetzter schwerer Maschinen aus Westeuropa stammte. Eine im Jahr 1983 angestellte Berechnung nordkoreanischer Auslandsschulden ergab – ausgedrückt in Millionen US-Dollar: Japan 330, Westdeutschland 270, Österreich 230, Frankreich 230, Schweden 200, sonstige westliche Länder 200, Sowjetunion 700, China 500, insgesamt: 2,6 Milliarden, wozu noch weitere Schulden in Höhe von 840 Millionen US-Dollar kommen.[325]

Gesellschaftspolitisch gesehen, verkörpert Nordkorea wohl den totalitärsten Staat des 20. Jahrhunderts. In einem flächenmäßig relativ begrenzten Staatswesen, im Westen und Osten von Meer umgeben, im Norden an die selbst streng abgeschlossenen Gesellschaftssysteme der Sowjetunion und der Volksrepublik China angrenzend und vom Süden getrennt durch die fast undurchdringliche militäri-

---

[323] Zum Problem der in Japan lebenden Koreaner siehe u.a. Cho, Soon Sung: „Japan's Policy Towards Korea and the Problems of Korean Unification", in: Asian Survey, Bd. VII Nr. 10, Oktober 1967, S. 708–711, wie auch Shin, Jung Hyun: „North Korea's Policy towards Japan: Perceptions, Goals, Trends", in: Park, a.a.O., S. 288.

[324] Siehe Shin, Jung Hyun, a.a.O.

[325] Winn, Gregory F. T.: „Sohak: North Korea's Joint Venture with Western Europe", in: Park, a.a.O., S. 301.

sche Demarkationslinie, sind rein räumlich bereits alle Voraussetzungen zur totalen Kontrolle und zu einer kaum vorstellbar weit reichenden Isolierung der Bevölkerung vom Rest der Welt gegeben. Ab dem Kindergarten und ohne auch nur die Andeutung eines alternativen Bezugspunktes wird die Bevölkerung seit 50 Jahren in allen sozialen Institutionen zu „grenzenloser Ergebenheit und Dankbarkeit" gegenüber dem „großen, genialen, immer siegreichen und geliebten" Führer Kim Il Sung und seit 1980 auch zu seinem Sohn und Nachfolger Kim Dschong Il erzogen. Die unterernährte und unterbezahlte, durch eine Vielzahl parteistaatlicher Organisationen erfasste, disziplinierte und indoktrinierte Bevölkerung wird nicht nur zu ständiger Leistungserhöhung aufgefordert, sondern auch zu andauernder Kampfbereitschaft, insbesondere gegenüber den in- und ausländischen Feinden aus dem Süden. Der letzte DDR-Botschafter in Pjöngjang schreibt zur Lage der Menschen in Nordkorea:

„Die Übermilitarisierung ist allerort sichtbar. Es gibt kein anderes Land auf der Welt mit so vielen Uniformen, Militärfahrzeugen, umhergetragenen Waffen und martialischen Bildern von der Sieghaftigkeit über alle Feinde. ...

Der einzelne Mensch und die Familie gerieten in einen Zustand, in welchem die Geringfügigkeit ihres Eigentums dahingehend wirkt, dass sie über keine eigenen, ihre Unabhängigkeit sichernden Existenzmittel verfügen und sich auch deshalb dem reglementierten Kollektivismus des öffentlichen Gemeinschaftslebens unterwerfen müssen. Es bleibt eine kleine private Sphäre der Familie, aber sie ist weder unabhängig noch selbständig in ihren Entscheidungen. ...

Die Wirtschaftspolitik führt man mit Kampfzielen, Temposchlachten, mit Produktionssiegen, mit idealisierten Arbeitsappellen. Unauffindbar sind Sachdaten und Statistiken, nüchterne Leistungsbeurteilungen oder eine Aufwand-Nutzen-Berechnung. Die politische Führung des Landes hat sich mit unsäglichen Mythen umhüllt und die tatsächlichen Entwicklungs- und Führungsprozesse der Politik sind daher für den Bürger sachlich nicht einsehbar."[326]

Morgens und abends drängen sich an den Bushaltestellen der Städte große Menschenmengen, um immer wieder zu versuchen, sich in bereits überfüllte Busse hineinzuquetschen, um zur Arbeit zu gelangen. Das in China so erfolgreich eingesetzte Fahrrad ist verpönt, weil es die individuelle Bewegungsfreiheit und damit die interpersonelle Kontaktmöglichkeit der Einzelnen wesentlich erhöht. Die Medien bieten ein kaum vorstellbares Maß an Propaganda. Informationen aus dem Ausland sind nicht erhältlich. Es gibt nur Radio- und Fernsehapparate zu kaufen, mit denen ausschließlich nordkoreanische Sender empfangen werden können. Zirka 12,5 Prozent der Bevölkerung gehören der Kommunistischen Partei

---

[326] Maretzki, S. 116–137.

an. Eheschließungen sind für Männer erst ab 30 und für Frauen erst ab 27 Jahren erlaubt, vorehelicher Geschlechtsverkehr ist verboten. Die militärische Dienstzeit dauert fünf bis sechs Jahre. In den Wohneinheiten gibt es Systeme der politischen Überwachung. Wer eine Stadt verlässt oder betritt, muss sich identifizieren. Nur etwa 30.000 Funktionäre aus Politik, Diplomatie, Wirtschaft, Kunst und Wissenschaft sowie ausgesuchte Gruppen von Studenten hatten je die Möglichkeit zu Auslandsaufenthalten. Bei ihrer Rückkehr schweigen sie über etwaige Vergleiche mit dem Ausland, die zwangsläufig positiv ausfallen müssten und deshalb streng verboten und verpönt sind. Genau aber diese rigorose Isolation des überwiegenden Teiles der Bevölkerung von irgendwelchen sachlich richtigen Informationen über Südkorea, das als Land des Elends und der Unterdrückung geschildert wird, macht es der nordkoreanischen Führung so unendlich schwer, einer Öffnung ihres Landesteiles dem Süden gegenüber zuzustimmen. Käme es in diesem relativ kleinen Land zu plötzlichen massenhaften zwischenmenschlichen Nord-Süd-Kontakten, so wäre das sozialpsychologische Resultat vermutlich ein enormer Schock auf Seiten der nordkoreanischen Bevölkerung, der sich drastisch gegen das eigene Regime auswirken könnte. Auf der anderen Seite muss man auch sagen, dass die Wiederaufbauleistung Nordkoreas relativ fast größer ist als diejenige Südkoreas, weil Nordkoreas Städte und Produktionsanlagen im Koreakrieg weitaus intensiveren Luftbombardements der Amerikaner ausgesetzt waren als irgendwelche Regionen Südkoreas. Dem äußeren Anschein nach ist der Wiederaufbau von Städten wie Pjöngjang oder Kaesong vorzüglich gelungen.

10. Die Regierungsära von Chun Doo Hwan

10.1 Die innere und auswärtige Politik der frühen Chun-Ära

Wie gezeigt, hatte in Südkorea die 18-jährige Regierungszeit des Präsidenten Park Chung Hee mit einer Krise geendet, die das Land ein halbes Jahr lang in seinen Grundfesten erschütterte. Mit der dramatischen Ermordung des Präsidenten durch seinen eigenen Geheimdienstchef im Oktober 1979 beginnend, hatte die Krise zu schweren Turbulenzen geführt, die sich bis zu bewaffneten Aufständen und deren Niederschlagung mit dem so genannten „Kwangju-Massaker" vom Mai 1980 gesteigert hatten. Die Unruhen, die sich auf insgesamt 19 Städte ausgeweitet hatten, konnten nur mithilfe des verschärften militärischen Ausnahmezustandes von einer Militärjunta unter Führung des Generals Chun Doo Hwan gewaltsam zum Stillstand gebracht werden. Die Krise erweckte Besorgnisse in den Vereinigten Staaten, deren Regierung und Kongress sich einerseits wegen der sich verschlechternden Menschenrechtssituation in Südkorea sorgten, andererseits aber mehr noch um die Erhaltung der sicherheitspolitischen Stabilität Südkoreas angesichts der als permanent empfundenen massiven Bedrohung aus dem Norden. Die Prioritätenfolge dieser Besorgnis drückte sich auch in einer Stellungnahme des US-Präsidenten Jimmy Carter vom 1. Juni 1980 aus, in der er sagte: „Die Aufrechterhaltung der Sicherheit einer Nation vor kommunistischer Subversion ist eine Vorbedingung für die Wahrung der Menschenrechte und die Errichtung demokratischer Prozesse ... Wir können nicht unsere Beziehungen zu unseren Alliierten abbrechen ... und sie alle dem sowjetischen Einfluss überlassen und vielleicht sogar der Subversion und der Machtübernahme (der Kommunisten) einfach nur deshalb überlassen, weil sie nicht unseren Maßstäben der Menschenrechte entsprechen."[326a] Eine geradezu klassische Definition einer sich in Jahrzehnten der Beziehungen zwischen Washington und Seoul immer wieder durchsetzenden amerikanischen Interessengewichtung im Spannungsfeld von Norm und Nutzen. Ende Mai 1980 konstituierte sich die Militärjunta zu einem „Nationalen Sicherheitsrat" von 25 Personen, in dem die Berufsmilitärs die Mehrheit hatten. Nach seiner Konstituierung demonstrierte der neue Nationale Sicherheitsrat, dass er gesonnen war, die erschütterte gesellschaftspolitische Ordnung im Land mit eisernem Besen wiederherzustellen. Schon im Juni 1980 waren 300 Mitglieder des

---

[326a] Asia Yearbook 1981, Hongkong, S. 178.

gefürchteten Geheimdienstes KCIA wegen „Unfähigkeit und Amtsmissbrauch" entlassen worden. Dasselbe Schicksal traf drei Wochen später 232 hochrangige Regierungsbeamte, zu denen auch ein Kabinettsmitglied, sechs Vizeminister und drei Provinzgouverneure gehörten, die ebenfalls der Korruption bezichtigt wurden. Die Schlagzeilen und Berichte der südkoreanischen Presse geben in den anschließenden Wochen folgendes Bild wieder: 16. Juli 1980: „4.760 Beamte der unteren Laufbahn in Reinigungsaktionen entlassen. Ein Schritt zur Stärkung des öffentlichen Vertrauens"; 20. Juli 1980: „Korruption, politische Unregelmäßigkeiten. 3 ehemalige Kabinettsmitglieder (und) 14 Parlamentarier verhaftet." Am gleichen Tag wird berichtet, dass auch 431 Bankbeamte, einschließlich von vier Bankpräsidenten mit einer Säuberungsaktion zu rechnen hätten; am 29. Juli 1980 heißt es: „Die Reinigungskampagne als Warnung für Beamte". Eine beigefügte, im Detail aufgeschlüsselte Statistik nennt Zahlen, Institutionen und Dienstgrade der strafweise aus ihren Positionen entfernten mehr als 5.000 Beamten. Am 1. August berichtet die Presse, 172 Publikationen, 12 Prozent der 1.434 Zeitschriften des Landes, seien verboten worden. Gleichzeitig werden drastische Berufsverbote für bestimmte Typen von Journalisten angekündigt.[327] Insgesamt sollen 30.578 Personen von den „Säuberungsaktionen" erfasst und von diesen 20.674 zur Umerziehung in ein Militärlager geschickt worden sein. Viele der Verhafteten wurden genötigt, sich einem vierwöchigen Umerziehungsprogramm zu unterziehen.[328]

Bevor er sich am 27. August 1980 ohne Gegenkandidat von dem bestehenden Wahlmännergremium ohne Gegenstimme zum Präsidenten der Republik Korea wählen ließ, stellte sich Chun Doo Hwan einem Presse-Interview. Hierbei erklärte er, Südkoreas Politik habe mit dem Tod Park Chung Hees die tragende Säule seiner Macht verloren und verhalte sich seither wie ein aufgestiegener Papierdrachen, der von Windböen hin- und hergerissen werde. Die Wiederherstellung klarer, starker Ordnung sei die Forderung des Tages gewesen. Nach seinen Zielen gefragt, antwortete Chun, er erstrebe einen „demokratischen Wohlfahrtsstaat" im Rahmen einer „koreanisierten Demokratie". Ähnlich wie sein Vorgänger argumentierte Chun, die koreanische Demokratie könne nicht den gleichen Reifegrad haben wie die der westlichen Gesellschaftssysteme mit ihrer christlichen Kulturbasis und mit ihren langen Traditionen demokratischer Praxis. Daher sei es für die Koreaner als Angehörige des ostasiatischen Kulturkreises unzulässig, die westliche Form der Demokratie unhinterfragt zu imitieren. Die Übernahme westlicher Kulturelemente, also auch der Demokratie, bedürfe eines Prozesses der Anpassung an die Besonderheiten und Bedürfnisse der koreanischen Gesellschaft. Koreas neue Politik dürfe nicht

---

[327] Korea Herald 16., 20. und 29. Juli 1980 sowie 1. August 1980.
[328] Archiv der Gegenwart, 2. September 1980, S. 23826.

die Fehler der Vergangenheit wiederholen, sondern müsse aus ihnen konstruktiv zu lernen in der Lage sein.[329] Von nun an erfolgte Zug um Zug die schnelle Neustrukturierung des südkoreanischen Systems. Der Entwurf einer neuen Verfassung wurde der Wählerschaft vorgelegt, die sie in einer Volksabstimmung vom 22. Oktober 1980 mit 91,6 Prozent der gültig abgegebenen Stimmen billigte. Im Rahmen der neuen Verfassung wird zwar das in konfuzianisch geprägten Gesellschaftssystemen so beliebte Präsidialsystem beibehalten, doch wurde dem Präsidenten nur eine *einmalige* Amtszeit von sieben Jahren zugebilligt. Der Umfang des Wahlmänner-Gremiums, das den Präsidenten wählen sollte, wurde auf 5.278 erhöht und damit verdoppelt. Die Wahlmänner sollten durch allgemeine Wahlen bestimmt werden und die sich zur Wahl stellenden Kandidaten durften – im Gegensatz zur Vergangenheit – politischen Parteien angehören. Der Präsident hatte das Recht, das Parlament, das heißt die Nationalversammlung, aufzulösen, die ihrerseits Kabinette stürzen, jedoch den Präsidenten nicht abberufen konnte. Einen wesentlichen Punkt kommentierte die Neue Züricher Zeitung wie folgt: „Verglichen mit der Park-Verfassung ist das von Chun präsentierte Grundgesetz ... in verschiedenen Bereichen liberaler: Die Gewaltentrennung ... wird beispielsweise deutlicher respektiert. Die Verfassung bestätigt auch wieder das unter Park verloren gegangene Habeas-Corpus-Prinzip, erklärt Angeklagte als unschuldig bis zum gerichtlichen Beweis des Gegenteils, lehnt Sippenstrafe ab (Familienangehörige von Dissidenten sahen sich oft schulischen oder beruflichen Schikanen ausgesetzt) und schließt unter Tortur oder anderen Zwangsmaßnahmen abgegebene Geständnisse als gerichtszulässige Beweise aus."[330] Im Zuge der Umstrukturierung des politischen Systems in Südkorea waren im September 1980 alle zuvor bestehenden politischen Parteien aufgelöst worden. Das neue System, so hieß es, solle mit neuen Parteien beginnen. Auf der Basis der neuen Verfassung kam es bereits im Februar 1981 zur erneuten Präsidentschaftswahl, in der Chun Doo Hwan auf der Basis von 90 Prozent der Stimmen des zuvor gewählten Wahlmännergremiums zu seinem eigenen Nachfolger gewählt wurde. Der Gegenkandidat mit der nächstgrößten Stimmenanzahl erhielt nur 7,6 Prozent der Wahlmännerstimmen. Anlässlich seiner Amtseinführung erließ Chun eine selektive politische Amnestie für etwa 5.000 in Haft befindliche Koreaner. Als nächster Schritt im verfassungspolitischen Umbau des Landes erfolgten im März 1981 Parlamentswahlen für die neue Nationalversammlung mit insgesamt 276 Sitzen. Von dieser Gesamtzahl der Sitze wer-

---

[329] Voller Wortlaut des Interviews von Chun Doo Hwan mit der Tageszeitung Kyunghyang Shinmun in: Korea Herald, 12. August 1980.

[330] Neue Zürcher Zeitung, 3.Oktober 1980. Wortlaut der Verfassung der (Süd)-Koreanischen Republik in: Korea Annual 1987, S. 349–362.

den 92, je nach Stimmenanteil der Direktmandate, auf jene Parteien verteilt, die wenigstens 5 Direktmandate erzielen konnten. Die Demokratische Gerechtigkeitspartei von Präsident Chun gewann insgesamt 151 Sitze (55 Prozent), die Demokratische Korea-Partei 81 Sitze (29 Prozent) und die Koreanische Nationalpartei 25 Sitze (9 Prozent). Fünf kleine Parteien und unabhängige Abgeordnete gewannen insgesamt 19 Sitze (7 Prozent). Damit hatte die Regierungspartei ihr Wahlziel, die Gewinnung einer für Verfassungsänderungen notwendigen Zweidrittelmehrheit, verfehlt. Die Wahlbeteiligung hatte 78,4 Prozent betragen.[331]

Insgesamt hatte sich also trotz aller Dramatik der Veränderungsgesten essenziell wenig gewandelt. Am wichtigsten waren wohl einerseits die Einschränkung der Amtszeit des Präsidenten und andererseits die zumindest rechtlich zugesagte Verbesserung der Menschenrechtslage im Strafrechtsvollzug. Die politische Praxis wies erneut stark autoritäre Züge auf, doch bewiesen die Ergebnisse der Wahlen zur Nationalversammlung, dass von einer bloßen Diktatur klassischen Stils – geschweige denn von einem totalitären System, wie es Nordkorea praktizierte – nicht gesprochen werden konnte. Chun Doo Hwans Transformationserfolge waren im Schatten des Kriegsrechtes erzielt worden und unter Umständen, bei denen 560 bisher prominente Politiker vom politischen Leben ausgeschlossen worden waren. Zu ihnen gehörten die „drei Kims", nämlich Kim Dae Jung, der des Hochverrats angeklagt worden war, Kim Young Sam, der ebenfalls aus der Politik ausgeschaltet worden war, und der zeitweilig verhaftete Kim Jong Pil. Kim Young Sam, der sich im August 1980 aus der Politik zurückgezogen hatte, vertrat die Ansicht, Chun Doo Hwans Kontrolle über das Land sei noch wirksamer als diejenige seines Vorgängers Park. Für die Opposition gebe es keine echte Chance. Eine Demokratisierung des Landes setze unter anderem einen Verzicht der Streitkräfte auf Einmischung in politische Angelegenheiten voraus.[332]

Auch in den Bereichen der Außenpolitik und der innerkoreanischen Beziehungen entfaltete die Regierung Chun Doo Hwans ab ihrer offiziellen Gründung eine rege Tätigkeit. Am wichtigsten war für Chun, sich der weiteren Unterstützung seitens der USA zu vergewissern. Anfang Februar 1981 traf er in Washington zu einem Staatsbesuch bei dem neu gewählten US-Präsidenten Ronald Reagan ein. Zuvor war der zum Tode verurteilte Kim Dae Jong, für den sich zahlreiche westliche Regierungen und Menschenrechtsorganisationen eingesetzt hatten, von Chun begnadigt worden. Auf ein wie auch immer zustande gekommenes Gnadengesuch Kims reagierte Chun Ende Januar 1981 mit der Umwandlung der Todesstrafe in

---

[331] Suh Dae-Sook: „South Korea in 1981: The First Year of the Fifth Republic", Asian Survey, Bd XXII Nr. 1, Januar 1982, S. 109 f.

[332] Bericht über ein Interview mit Kim Young Sam in New York Times, 25. März 1981.

eine lebenslängliche Haftstrafe.[333] Eine Woche später traf Chun in Washington ein. Von der neuen Regierung der USA erhielt der südkoreanische Präsident die Zusage, die USA würden ihre derzeitige Truppenstärke in Korea von etwa 39.000 Mann nicht verändern. Seouls Wunsch nach Lieferung hochmoderner Kampfflugzeuge vom Typ FS-16 wurde, wenn auch in geminderter Anzahl, stattgegeben. Noch während Chuns Aufenthalt in den USA begannen in Südkorea gemeinsame amerikanisch-südkoreanische Großmanöver, an denen über 160.000 Soldaten beider Staaten teilnahmen. Damit sollte Kampfbereitschaft und der unversehrte Weiterbestand des Bündnisses zwischen Seoul und Washington demonstriert werden. Als der US-amerikanische Verteidigungsminister Caspar Weinberger im September des folgenden Jahres anlässlich des 100. Jahrestages des Bestehens diplomatischer Beziehungen zwischen den USA und Korea in Seoul eintraf, hob er bei einer Ansprache hervor, dass Nordkorea dem Süden nicht nur hinsichtlich der Zahl der Panzer, Kampfdivisionen, Schützenpanzer und Geschütze überlegen sei, sondern auch – und sogar im Verhältnis von 2:1 – hinsichtlich der auf beiden Seiten gegebenen Anzahl von Kampfflugzeugen. Die USA würden sich weiterhin für eine Stärkung der südkoreanischen Abwehrkraft einsetzen.[334] Zur Unterstreichung des nicht nur weiter bestehenden, sondern auch intensivierten guten Verhältnisses zwischen beiden Regierungen erwiderte Präsident Reagan Chuns Visite in Washington durch seinen Staatsbesuch in Südkorea im November 1983.[335] Das Abschlusskommuniqué verwies auf das damalige bilaterale Handelsvolumen im Gesamtwert von 11 Milliarden US-Dollar im Jahr 1982, das Südkorea zu einem der wichtigsten Handelspartner der USA in Asien und zum fünftgrößten Absatzmarkt für amerikanische Agrarprodukte mache. Die USA seien immer noch Südkoreas wichtigster Handelspartner, sowohl in dem Bereich des Exports als auch des Imports. Südkoreas zweitwichtigster Handelspartner war und blieb jedoch Japan. Für Irritationen in den Beziehungen Seouls zu Tokio sorgte ein südkoreanisches Ansuchen auf Gewährung eines japanischen Kredits in der beträchtlichen Höhe von 6 Milliarden US-Dollar im Zeitraum von 1982 bis 1986. Japans Irritation ergab sich unter anderem aus der Begründung des Anleihebegehrens. Südkoreanische Regierungsmitglieder hatten nämlich betont, die – Japan geostrategisch zugute kommenden – Verteidigungsaufwendungen in Südkorea beliefen sich auf 6 Prozent des Bruttosozialproduktes Südkoreas und auf 37 Prozent seines jährlichen Staatshaushaltes. Auch hob die Regierung in Seoul hervor, zwischen Japan

---

[333] Korea Herald, 24. Januar 1981, und Frankfurter Allgemeine Zeitung, 24. Januar 1981.
[334] Archiv der Gegenwart vom 4. Februar 1981, S. 24246, und vom 21. September 1982, S. 25979.
[335] Dokumente zu Präsident Reagans Staatsbesuch in Südkorea 1983 in: Korea & World Affairs, Bd. 7, Nr. 4, Winter 1983, S. 765 u. S. 781.

und Südkorea habe sich in den vergangenen anderthalb Jahrzehnten ein Handelsüberschuss für Japan im Wert von 20 Milliarden US-Dollar ergeben. Die Höhe des
südkoreanischen Ansuchens erscheint immens, wenn man bedenkt, dass private
und kommerzielle japanische Anleihen im Zeitraum zwischen 1965 und 1981 insgesamt nur eine Höhe von 4,4 Milliarden US-Dollar erreicht hatten. Zwar lehnte
Tokio die neuen Kreditanforderungen nicht direkt ab. Doch verwies die japanische
Regierung auf ihre Absicht, im kommenden halben Jahrzehnt für Länder des ostasiatischen Raumes insgesamt Entwicklungshilfe nur im Gesamtwert von 10,5
Milliarden US-Dollar zu gewähren. Dieser Gesamtrahmen ließe die Höhe der von
Südkorea beantragten Summe nicht zu. In einer gemeinsamen Erklärung der
Außenminister Japans und Südkoreas von Ende August 1981 heißt es, dass Japan
zwar die Verteidigungsbemühungen Südkoreas voll anerkenne, jedoch (auch aufgrund der japanischen Verfassungsbestimmungen) nicht in der Lage sei, wirtschaftliche Beiträge zu Südkoreas Verteidigungslast zu leisten. Japan sei jedoch
gewillt, Südkoreas Wirtschaftsaufbau zu unterstützen.[336] Zwischen Ende Juni und
Anfang Juli 1981 stattete Präsident Chun fünf Ländern der ASEAN-Staatengruppe
(Indonesien, Malaysia, Singapur, Thailand und den Philippinen) einen Staatsbesuch ab. Südkoreas Handel mit dem ASEAN-Raum betrug zu dieser Zeit 2,6 Milliarden US-Dollar oder 6,5 Prozent des gesamten Handelsvolumens. Der Staatsbesuch erfolgte nicht nur, um den Handel mit dieser wichtigen Weltregion zu
stimulieren, mit der südkoreanische Konstruktionsfirmen allein im Jahr 1980 Verträge im Wert von 393 Millionen US-Dollar geschlossen hatten, sondern auch, um
den diplomatischen Aktivitäten und Sondierungen Nordkoreas in dieser wichtigen Region der Dritten Welt entgegenzutreten.[337]

Auch in der außerordentlich schwierigen Sphäre der innerkoreanischen Beziehungen entfaltete Chun Doo Hwan bald nach seiner Machtergreifung eine
beträchtliche Aktivität. Anlässlich seiner Neujahrsansprache vom 12. Januar 1981
und vielleicht in Erinnerung an die zum Gipfeltreffen zwischen Nixon und Mao
Tse-tung führende „Pingpong-Diplomatie" zwischen Washington und Peking lud
Präsident Chun den nordkoreanischen Präsidenten Kim Il Sung zu einem Staatsbesuch nach Südkorea ein, der ohne jede Vorbedingung erfolge. Kim könne in
Südkorea alle Orte seiner Wahl besuchen und sich über den Zustand Südkoreas
gründlich informieren. Er selbst, Chun, sei seinerseits jederzeit zu einem unter
gleichen Bedingungen erfolgenden Besuch Nordkoreas bereit. Eine Woche später
lehnte Nordkorea diesen Vorschlag ab. Die Hand Chuns, der für das Massaker von

---

[336] Text des gemeinsamen Kommuniqués zwischen den Außenministern Koreas und Japans in: Korea
    Herald, 8. Mai 1981.
[337] Angaben über Chuns ASEAN-Reise in: Korea Herald vom 8. Mai 1981.

Kwangju verantwortlich sei, sei „zu dreckig für uns, sie zu ergreifen".[338] Als sich der Verfasser dieses Bandes 1981 ein zweites Mal in Nordkorea aufhielt, benützte er die Gelegenheit eines Gesprächs mit Kim Yong Nam, dem Leiter der internationalen Abteilung des Zentralkomitees der Nordkoreanischen Arbeiterpartei und späteren Außenminister Nordkoreas, um ihn intensiv über die Möglichkeit eines nord-südlichen Gipfeltreffens zu befragen. Der Verfasser argumentierte, dass angesichts der großen Machtfülle beider Präsidenten ein Durchbruch in den innerkoreanischen Beziehungen vielleicht am leichtesten durch ihre Begegnung und gemeinsame Beschlussfassung zu erreichen sei. Dem aber wurde von nordkoreanischer Seite entgegengehalten, die Hoffnung auf eine Besserung der Zustände in Südkorea liege bei der unterdrückten Opposition. Käme es zu einem Gipfeltreffen zwischen den Präsidenten des Nordens und des Südens, würden sich die oppositionellen Elemente in Südkorea von Nordkorea verraten glauben, würden den Mut verlieren und könnten teilweise aufhören, eine konstruktive Rolle zu spielen. Deshalb komme vorläufig das von Präsident Chun vorgeschlagene Gipfeltreffen nicht infrage. Südkoreas Regierung ließ sich nicht entmutigen und unternahm 1982 einen neuen Anlauf. Er enthielt einen 7-Punkte-Vorschlag über Prinzipien der nord-südlichen Koexistenz, der dem Inhalt des gemeinsamen Nord-Süd-Kommuniqués vom Juli 1972 entsprach. Dieser wurde ergänzt durch einen sich auf konkrete Maßnahmen beziehenden 20-Punkte-Vorschlag des südkoreanischen Wiedervereinigungsministers Son Jae Shik vom 1. Februar 1982. Als wichtigste Punkte sollen hier erwähnt sein: die Gewährung freier Ein- und Ausreise zwischen Nord- und Südkorea, freier Postverkehr, Familienzusammenführung und Erschließung einer gemeinsamen Tourismuszone. Fernerhin die Aufnahme eines freien Handels zwischen dem südlichen Hafen Inchon und dem nördlichen Hafen Chinnampo, der Austausch von Rundfunksendungen, Sportveranstaltungen und Freundschaftsbesuchen zwischen Vertretern diverser Funktionsbereiche. Reporter sollten beide Seiten bereisen und darüber frei berichten können. Sportler beider Seiten sollten einerseits ein gemeinsames koreanisches Team bilden und andererseits miteinander Wettbewerbe austragen können. Beide Seiten sollten abgewogene Rüstungsbegrenzungen miteinander besprechen und direkte Telefonverbindungen zwischen den Kommandos beider Streitkräfte installieren. Nordkoreas Gegenvorschläge vom 10. Februar 1982 forderten die Aufstellung einer nord-südlichen Konsultativ-Körperschaft für Wiedervereinigung, die auf paritätischer Basis aus insgesamt 100 Teilnehmern bestehen sollte. Dabei legte die nördliche Seite eine vorgeschlagene Teilnehmerliste vor, in der nicht nur die vom Norden empfohlenen nördlichen Teilnehmer genannt waren, sondern zugleich auch dem Süden Nominierungen

---

[338] Archiv der Gegenwart, 9. Februar 1981, S. 24396–24397.

für die südlichen Teilnehmer vorgeschlagen wurden – darunter auch der verhaftete, zum Tode verurteilte und später begnadigte Oppositionsführer Kim Dae Jung,
der ehemalige südkoreanische Präsident und Oppositionspolitiker Yun Po Son
und der ehemalige Ministerpräsident Kim Jong Pil. Dieser bevormundende Vorschlag wurde mit dem Hinweis begründet, es sei den nordkoreanischen Delegierten nicht zumutbar, mit von Chun Doo Hwan ernannten Persönlichkeiten zusam-
menzusitzen.[339]

10.2 Das Rangun-Massaker
und Nordkoreas Katastrophenhilfe

Weltweites Aufsehen erregte ein in seinen menschlichen Dimensionen entsetzli-
cher Zwischenfall im Oktober 1983. Südkoreas Präsident Chun Doo Hwan war
anlässlich einer geplanten 18-tägigen Südostasienreise an der Spitze einer großen
südkoreanischen Regierungsdelegation Anfang Oktober 1983 in Rangun, der
Hauptstadt des neutralen Burma, eingetroffen, das seit 1975 diplomatische Beziehungen zu beiden koreanischen Staaten unterhielt. Einen Teil des offiziellen
Programms bildete der Besuch der koreanischen Regierungsdelegation bei dem
burmesischen Nationalheiligtum, dem Mausoleum des 1947 ermordeten Natio-
nalhelden General Aung San. Während Präsident Chun sich wegen etwas verlän-
gerter Gespräche um einige Minuten verspätete, hatten sich die anderen Mitglieder der koreanischen Regierungsdelegation bereits beim Mausoleum versammelt
und erwarteten den verspäteten Präsidenten. Um 10.25 Uhr aber traf beim Mausoleum ein offizieller Wagen ein, der die südkoreanische Flagge führte und dem
eine Motoreskorte burmesischer Polizisten vorausfuhr. Die burmesische Ehren-
wache glaubte, die Eskorte des südkoreanischen Staatspräsidenten vor sich zu
haben, und begrüßte das eintreffende Fahrzeug mit einer Fanfare. Im gleichen
Augenblick lösten versteckte Attentäter eine gewaltige Sprengladung aus, die 16
Koreaner und 3 Burmesen tötete und weitere 15 Koreaner sowie 33 Burmesen
teilweise schwer verletzte. Der eingetroffene Wagen war jedoch nicht derjenige des
Präsidenten, sondern der des südkoreanischen Botschafters in Burma gewesen.
Präsident Chun und seine Gattin hatten sich im Moment der Explosion auf der
Anfahrt zum Mausoleum noch in einem Abstand von anderthalb Kilometern von
diesem befunden. Ihre Eskorte hörte die Explosion und kehrte um. Nur Sekun-
den vor ihrem Tod waren die Opfer des Mordanschlages fotografiert worden, als

---

[339] Ebd., 9. Februar 1982, S. 25318–25319. Siehe auch: National Unification Board: A White Paper on
South-North Dialogue in Korea. Seoul 1988, S. 165–184.

sie erwartungsvoll nach dem Präsidenten Ausschau hielten. Zu den Getöteten gehörten unter anderem drei südkoreanische Regierungsmitglieder, die dem Verfasser persönlich bekannt waren: der Sicherheitsberater des Staatspräsidenten und ehemalige Botschafter in Washington D.C., Dr. Hahm, Pyong Choon, ein bedeutender koreanischer Rechtsgelehrter; außerdem der ehemalige Vize-Außenminister und damalige Minister für Wirtschaft und Industrie, Kim Dong Whie, der einen Teil seiner Ausbildung in der Bundesrepublik Deutschland erhalten und sich unter seinen Kollegen den Spitznamen „der deutsche Soldat" erworben hatte, weil er eingenommene Standpunkte mit großer Hartnäckigkeit zu verteidigen pflegte; drittens der damalige Außenminister Lee Bum Suk, zuvor Wiedervereinigungsminister und Botschafter in Indien, der den Begriff der südkoreanischen „Nordpolitik" geprägt und damit eine Politik gemeint hatte, die im weiteren Sinne der westdeutschen Ostpolitik der Brandt/Scheel-Ära nachempfunden war. Zu den Mordopfern gehörten auch Südkoreas stellvertretender Ministerpräsident und Minister für Wirtschaftsplanung, der Minister für Energie und Rohstoffe sowie die Vizeminister für Landwirtschaft und Fischerei und für Wissenschaft und Technologie. Ermordet wurden gleichzeitig auch der Chefsekretär des Präsidenten für Wirtschaftsangelegenheiten, der Sekretär für Parteiangelegenheiten, der Direktor für Zusammenarbeit mit dem Ausland, der Pressesekretär des Präsidenten, der Arzt des Präsidenten, der südkoreanische Botschafter in Burma und ein Fotograf und drei Burmesen. Unter den 47 Schwerverletzten befanden sich auch der Staatschef der südkoreanischen Streitkräfte und der burmesische Minister für Information und Kultur, Aung Kyaw Myint. Gerichtliche Einvernahmen burmesischer Autoritäten ergaben auf der Basis der Geständnisse dreier in Burma gefangen genommener nordkoreanischer Offiziere und auf der Basis kriminalistischer Untersuchungen, dass der Anschlag auf ein nordkoreanisches Mordkommando zurückzuführen war, das seitens der nordkoreanischen Botschaft in Rangun Hilfe erhalten hatte. Nach Vorlage dieser Erkenntnis brach Burma am 4. November 1983 die diplomatischen Beziehungen zu Nordkorea ab.[340] Nach Seoul zurückgekehrt, brandmarkte Chun das Attentat als „barbarischen und verbrecherischen Akt ..." und als „das Ergebnis eines sorgfältig vorausgeplanten Komplotts von beispielloser Bösartigkeit".[341] Wie nicht anders zu erwarten war, bestritt Nordkoreas Regierung entschieden jegliche Täterschaft oder Mitwisserschaft

---

[340] Zum Attentat von Rangun siehe: „Materials on Massacre of Korean Officials in Rangoon", in: Korea & World Affairs, Bd. 7, Nr. 7, Winter 1983, S. 735–764. Siehe auch Korea Herald, 10. Oktober 1983, International Herald Tribune, 10. Oktober 1983, Neue Zürcher Zeitung, 11. Oktober 1983, und Steinberg, David I.: „Burma in 1983: The Dilemmas of Neutralism and Succession", in: Asian Survey, Bd. XIV, Nr. 2, Februar 1984, S. 196 f.
[341] Archiv der Gegenwart, 9. Oktober 1983, S. 27054.

Nordkoreas und behauptete, Chun selbst hätte das Attentat inszeniert, um damit seine Herrschaft in Südkorea zu festigen.[342]

Im schicksalsschweren Jahr 1983 war Korea vor dem Massaker von Rangun noch von einer anderen Krise schwer betroffen worden. In der Nacht vom 1. September 1983 wurde ein auf dem Flug von Anchorage nach Seoul befindliches Verkehrsflugzeug der Korean Airlines vom Typ Boeing 747, das offensichtlich vom Kurs abgekommen und in einen Teil des sowjetischen Luftraums hineingeflogen war, nach zweieinhalbstündiger Verfolgung durch sowjetische Kampfflugzeuge mit einer Rakete abgeschossen, wodurch sämtliche im Flugzeug befindlichen Frauen, Männer und Kinder – insgesamt 269 Menschen – den Tod fanden. Zu den 240 Passagieren gehörten 82 Koreaner, 51 Amerikaner (darunter auch ein Kongressabgeordneter), 28 Japaner, 21 Nationalchinesen aus Taiwan, 14 Chinesen aus Hongkong, 10 Kanadier, 16 Philippinos, 6 Thailänder, 4 Australier und einige Angehörige anderer Nationalitäten. Bei der zweieinhalbstündigen Verfolgung befanden sich die sowjetischen Piloten in einer klaren Mondnacht in Sichtkontakt mit der Verkehrsmaschine, deren Silhouette international so bekannt ist und zu der es auch keine ähnlich strukturierten Flugzeugsilhouetten gibt. Die Regierungen zahlreicher Staaten richteten scharfe Proteste an die Adresse der sowjetischen Regierung. Präsident Reagan sprach stellvertretend für viele, als er sagte: „Es war ein Akt der Barbarei, geboren aus einer Gesellschaft, die bewusst die Rechte des Einzelnen und den Wert des menschlichen Lebens missachtet ..." Nach anfänglichem Dementi gestand die sowjetische Regierung die Tatsache des Abschusses ein. Dazu kommentierte die Neue Züricher Zeitung, die Sowjetunion habe fünfeinhalb Tage gebraucht, um den Abschuss des koreanischen Jumbo-Verkehrsflugzeuges zuzugeben, das heißt, sie gab etwas zu, „das zuvor tagelang als unwahr und als verleumderische Erfindung böswilliger Gegner hingestellt worden war". Allerdings behauptete die sowjetische Stellungnahme, die das Flugzeug verfolgenden Piloten hätten Warnschüsse abgegeben, auf die der Pilot des Verkehrsflugzeuges jedoch nicht reagiert habe. Die Pekinger Volkszeitung Jen Min Jih Pao kommentierte am 4. September: „Das Verhalten der Sowjetunion, welche die Dinge auf jede mögliche Art zu verschleiern sucht und es nicht wagt, den Tatsachen ins Auge zu sehen, kann der internationalen Empörung nur weitere Nahrung geben!" Nicht nur der südkoreanische Präsident Chun ordnete eine dreitägige Staatstrauer an, sondern auch US-Präsident Reagan ließ die Flaggen auf allen Bundeseinrichtungen und Stütz-

---

[342] International Affairs Bureau, Central Standing Committee of Chongryun: On „Trial" of Rangoon Explosion Case. Memorandum of DPRK Foreign Ministry, December 12, 1983, in: Korean Affairs, Bd. 7, Nr. 2, Dezember 1983, sowie The Korean Peace Committee in Japan: The Truth of the Rangoon Bomb Blast Incident, Tokio 1983.

punkten der Vereinigten Staaten auf Halbmast setzen. Südkoreas Außenminister verlangte von Moskau eine amtliche Entschuldigung, Entschädigungsleistungen für die erlittenen Verluste und die Bestrafung der Schuldigen. Außerdem forderte die südkoreanische Regierung die Einrichtung eines Untersuchungsausschusses der internationalen Luftfahrtbehörde und eine Verurteilung der Sowjetunion durch den UN-Sicherheitsrat.[343]

Auch das Jahr nach dem Rangun-Massaker brachte ein unerwartetes und beispielloses Ereignis im Rahmen der innerkoreanischen Beziehungen. Möglicherweise, um den schädlichen psychologischen Folgen des Rangun-Ereignisses entgegenzuwirken, hatte Nordkorea im Januar 1984 den früher abgelehnten amerikanischen Plan einer Dreierkonferenz zwischen den beiden koreanischen Staaten und den USA aufgegriffen und sich zu Eigen gemacht. Verkoppelt wurde dieser Vorschlag mit der Wiederholung der Forderung Pjöngjangs, das Waffenstillstandsabkommen durch einen Friedensvertrag zwischen den USA und Nordkorea sowie zugleich durch einen Nichtangriffspakt zwischen Süd- und Nordkorea zu ersetzen. Südkoreas Regierung lehnte das ab, verlangte ein Eingeständnis nordkoreanischer Schuld für das Rangun-Massaker und ein Gipfeltreffen zwischen den Präsidenten der beiden koreanischen Teilstaaten. Weder der eine noch der andere Vorschlag konnte verwirklicht werden. Nachdem Südkoreas Präsident Chun Doo Hwan am 20. August 1984 die Eröffnung gegenseitiger Wirtschaftsbeziehungen vorgeschlagen und dem Norden die kostenfreie Überlassung südkoreanischer Technologie zur Hebung des Lebensstandards im Norden angeboten hatte, reagierte Nordkorea mit einem Vorschlag völlig anderer Art, der die Weltöffentlichkeit in Erstaunen versetzte. Lang anhaltende wolkenbruchartige Regenfälle hatten Anfang September im Umfeld von Seoul zu einer Naturkatastrophe geführt, die 190 Südkoreaner getötet und die Wohnungen von etwa 200.000 anderen zerstört hatte. Angesichts dieser Katastrophe bot Nordkorea überraschend Katastrophenhilfe in Gestalt von Lebensmitteln, Textilien, Medikamenten und Baumaterialien an. Obwohl Südkorea das Angebot am 3. September 1984, wenn auch höflich, abgelehnt hatte, änderte es seine Haltung und teilte durch seine Rote-Kreuz-Organisation am 14. September mit, es akzeptiere das Angebot des Nordens. Die Haltungsänderung wurde damit begründet, dass Südkorea materiell zwar durchaus in der Lage sei, mit der Katastrophe fertig zu werden, dass man aber glaube, eine Annahme des nordkoreanischen Vorschlages könnte das Klima der Beziehungen zwischen Nord- und Südkorea verbessern. Südkorea seinerseits erkläre jetzt schon die Bereitschaft, Nordkorea im

---

[343] Dokumente zum Abschuss des koreanischen Verkehrsflugzeuges und zu anschließenden Kontroversen in: Korea & World Affairs. Bd. 7, Nr. 3, Herbst 1983, S. 513–550, und Archiv der Gegenwart, 1. September 1983, S. 26939–26971.

Falle dortiger Naturkatastrophen ähnliche Hilfeleistungen anzubieten. Die nordkoreanische Regierung, die von der Annahme ihres Angebots möglicherweise überrascht war, schlug nun vor, der Großteil der Hilfsgüter solle von einer Kolonne von Lastwagen mit wehender Fahne nach Seoul und Umgebung gefahren werden, wo dann das nordkoreanische Begleitpersonal persönlich die Geschenke des Nordens überreichen und den Opfern der Katastrophe Mut zusprechen wolle. Dieser Vorschlag wurde von den südkoreanischen Autoritäten aber als unzumutbare Propagandamaßnahme schroff zurückgewiesen. Damit schien das Schicksal des nordkoreanischen Vorschlages besiegelt. Doch gegen alle Erfahrung und Erwartung lenkte Nordkorea ein. Am 29. September fuhren – vereinbarungsgemäß – 370 frisch bemalte nordkoreanische Lastwagen zum südkoreanischen Dorf Taesongdong im Südteil der entmilitarisierten Zone, um dort 7.200 Tonnen Reis, 759 Kisten mit Medikamenten und etwa 500.000 Meter Stoff abzuladen. Nordkoreanische Schiffe lieferten am folgenden Tag 100.000 Tonnen Zement an die südkoreanischen Häfen Inchon und Pukpyong. Der Gesamtwert der Lieferung wurde auf 12 Millionen US-Dollar geschätzt. Es war die erste Lieferung von Gütern von Nord- nach Südkorea seit einem Vierteljahrhundert. Etwa 119.000 Südkoreaner wurden zu Empfängern nordkoreanischer Hilfe. Jeder der Nordkoreaner, der im Zusammenhang mit dieser Operation die Grenze zu Südkorea überschritten hatte, erhielt ein südkoreanisches Gastgeschenk von beträchtlichem Wert, das jeweils ein Transistorradio, eine Uhr, Kosmetika sowie Kleidungsstücke und Haushaltswaren enthielt.[344] Die Hoffnung, dass diese einmalige Geste einen definitiven Wendepunkt in den innerkoreanischen Beziehungen bedeuten könnte, erfüllte sich allerdings nicht. Zynische Beobachter glaubten zu wissen, Nordkorea habe das Angebot in der Meinung gemacht, der Süden werde es jedenfalls ablehnen, und der Süden wiederum habe es angenommen in der ebenso irrigen Meinung, der Norden werde die angebotene Leistung nicht erbringen können. Zwar fand am 15. November in Panmunjom ein erstes innerkoreanisches Gespräch über wirtschaftliche Zusammenarbeit und dann am 20. November eine neuerliche Begegnung von Rot-Kreuz-Vertretern beider Seiten statt, zwar wurden anlässlich beider Gespräche nützliche Vorschläge formuliert, doch führten sie zu keinen unmittelbaren Ergebnissen.

---

[344] Zur Lieferung nordkoreanischer Hilfsgüter für südkoreanische Katastrophenopfer siehe die Berichte von Clyde Haberman in: New York Times, 21., 23. und 30. September 1980, sowie in New York Times, 20. September 1984, und International Herald Tribune vom 1. Oktober 1984.

10.3 Gefährdungen und Chancen zum Ende der Chun-Ära

Ein besonderes Ereignis in Südkoreas auswärtigen Kulturbeziehungen verkörperte der Besuch von Papst Johannes Paul II. anlässlich des 200. Jahrestages des Bestehens der katholischen Kirche in Korea. In einer religiösen Großveranstaltung mit einer Beteiligung von etwa einer Million Menschen vollzog der Papst die Heiligsprechung von 103 koreanischen und 10 französischen Märtyrern, die im 19. Jahrhundert Opfer der oben erwähnten Christenverfolgungen in der Ära der späten Yi-Dynastie geworden waren. 1,6 Millionen Südkoreaner bekennen sich zum Katholizismus, jedoch 5,3 zu diversen Religionsgemeinschaften des Protestantismus. Bei der Aktion des Papstes handelte es sich um die erste außerhalb des Vatikans erfolgende Heiligsprechung von Märtyrern. Insofern stellte dieser Aspekt des Besuches eine besondere Auszeichnung Koreas dar.[345]

Eine politisch und psychologisch größere Bedeutung kam im Jahre 1984 dem ersten in 1.000 Jahren koreanisch-japanischer Beziehungen stattfindenden Staatsbesuch eines koreanischen Staatsoberhauptes in Japan zu. Präsident Chun Doo Hwan, der sich vom 6. bis zum 8. September 1984 in Japan aufhielt, wurde dort von dem seit 1926 regierenden Kaiser Hirohito empfangen. Anlässlich eines Festbanketts zu Ehren des koreanischen Gastes sagte der Kaiser von Japan unter anderem: „Es ist tatsächlich bedauerlich, dass es während eines bestimmten Zeitraumes in diesem Jahrhundert eine unglückselige Vergangenheit zwischen uns gegeben hat, und ich meine, dass sich das nicht mehr wiederholen sollte." Angesichts der Korea von Japan zugefügten vielseitigen Schädigungen wurde diese Erklärung von vielen Koreanern als unzureichend kritisiert. Deutlicher jedoch wurde Japans Ministerpräsident Nakasone Yasuhiro, denn er sprach anlässlich einer anderen festlichen Zusammenkunft von einer Geschichtsperiode, „... in der Japan großes Leid über Ihr Land und sein Volk gebracht hat. Ich möchte hier feststellen, dass die japanische Regierung und das japanische Volk tiefes Bedauern über diesen Irrtum empfinden und fest entschlossen sind, sich dies für die Zukunft eine Warnung sein zu lassen." Beide Seiten sagten einander für die Zukunft rege Konsultationen zu. Japan anerkannte die Dialogbereitschaft der Republik Korea und die Beiträge zur Aufrechterhaltung des Friedens, die ihren Verteidigungsanstrengungen auf der koreanischen Halbinsel zu verdanken seien. Trotz extrem feindseliger Begleitkommentare aus Moskau und Pjöngjang wurde Chuns Staatsbesuch in Japan als psychologischer Erfolg des neuen Korea gewertet. Ein Wermutstropfen fiel in das Glas dieses Erfolges insofern, als es dem südkoreanischen Präsidenten nicht gelang,

---

[345] Lee, Chae Jin: „South Korea in 1984", in: Asian Survey, Bd. XXV, Nr. 1, Januar 1985, S. 81 f., und Asia 1985 Yearbook, Hongkong 1985, S. 178.

zwei an Japan gerichtete wirtschaftliche Forderungen durchzusetzen. Die eine bezog sich auf den Wunsch der südkoreanischen Regierung, Japan möge Hemmnisse in Bezug auf südkoreanische Exporte nach Japan beseitigen, um eine ausgeglichenere Handelsbilanz zwischen beiden Staaten zu ermöglichen. Der zweite Vorschlag zielte auf eine staatliche Förderung des japanischen Technologietransfers nach Südkorea ab. Japans Handelsüberschuss im ganzen Jahr 1983 belief sich auf 2,8 Milliarden US-Dollar und im ersten Halbjahr 1984 auf 1,7 Milliarden US-Dollar. Fernerhin gelang es Chun auch nicht, die Einstellung der als diskriminierend empfundenen ausländerpolizeilichen Maßnahmen der japanischen Regierung gegenüber den 680.000 in Japan lebenden Koreanern durchzusetzen. Von diesen waren 88 Prozent in Japan geboren, nur 12 Prozent in Korea. Die meisten von ihnen stammen von koreanischen Gastarbeitern ab, die zumeist zwangsweise während des Zweiten Weltkrieges nach Japan gebracht worden waren. Den meisten Mitgliedern dieser in Japan durchaus ungeliebten Minderheit blieb bisher die Möglichkeit des sozialen Aufstieges in der japanischen Gesellschaft versagt.[346]

Ab dem Jahre 1985 rückte Südkorea in das Vorfeld weit reichender Ereignisse. In Aussicht standen die Asiatischen Spiele des Jahres 1986 und die Olympischen Spiele 1988, die beide erstmals in Korea ausgetragen werden sollten, wie aber auch das Ende der siebenjährigen Amtszeit von Präsident Chun Doo Hwan – verbunden mit der existenziellen Frage, wie sich Südkoreas innenpolitisches System nach diesem Zeitpunkt weiterentwickeln würde. Zunächst aber fanden im Februar 1985 Wahlen zur südkoreanischen Nationalversammlung statt. Bei einer gesteigerten Wahlbeteiligung von 84,2 Prozent errang die regierende Demokratische Gerechtigkeitspartei mit 35,4 Prozent der Stimmen und 148 (von insgesamt 276) Sitzen bei einem Verlust von drei Sitzen erneut eine knappe absolute Mehrheit im Parlament. Als stärkste Oppositionspartei hatte sich die erst kurz zuvor Anfang 1985 gegründete Neue Koreanische Demokratische Partei entwickelt, die allerdings von zwei der eminentesten Oppositionsführer – Kim Young Sam und Kim Dae Jung – gegründet worden war. Beide Politiker durften sich am Wahlkampf nicht beteiligen, sondern befanden sich unter Hausarrest. Die erst wenige Wochen alte Partei konnte 29,2 Prozent der Stimmen und damit 67 Sitze in der Nationalversammlung gewinnen. Hingegen verringerte sich die Stärke der oppositionellen Demokratischen Korea-Partei im Vergleich zu 1981 fast um die Hälfte. Sie erhielt nur 19,7 Prozent der Stimmen und 35 Sitze. Der als radikal geltende, jedoch um ein moderateres Image bemühte Kim Dae Jung kommentierte, das

---

[346] Zu Chun Doo Hwans Staatsbesuch in Japan siehe: Lee, Chae Jim, ebd. S. 86 f., und Archiv der Gegenwart, 8. September 1984, S. 28039–28042. Siehe weiterhin Youn, Jung-Suk: „Korea Japan Relations: 20 Years of Normalization", in: Korea & World Affairs, Bd. 9, Nr. 3, Herbst 1985, S. 421–440.

Wahlergebnis habe den Wunsch der Wähler nach mehr Demokratie zum Ausdruck gebracht. Seine Partei schlage der Regierung in der neuen Lage zwar Gespräche vor, werde aber in der Frage der anzustrebenden neuen demokratischen Ordnung keine Kompromisse schließen. Präsident Chun signalisierte Gesprächsbereitschaft.[346a]

Die in Korea bereits im Gange befindlichen Diskussionen über Formen und Folgen des Machtwandels ab dem Ende der Chun-Ära erhielten einen bedeutsamen psychologischen Auftrieb durch den Sturz des diktatorischen Präsidenten Marcos auf den Philippinen und durch den erfolgreichen Aufruf von Frau Corazon Aquino, der Witwe des ermordeten Senators und Marcos-Gegners, zur Bildung von „Volksmacht" zum Zweck der radikalen Veränderung der in diesem Inselstaat gegebenen Herrschaftsverhältnisse. Die in Korea fast schon zur Begleiterscheinung des politischen Lebens gewordenen Demonstrationen radikaler Studenten erreichten neue Höhepunkte. Die Regierung sah sich veranlasst, in einzelnen Fällen bis zu 8.000 Polizisten einzusetzen. Die Studentenbewegung trug auch antiamerikanische Züge und führte 1986 zur Besetzung des amerikanischen Kulturinstituts in Pusan und zum Bombenanschlag auf eine Filiale der Koreanisch-Amerikanischen Bank. Im Stadtzentrum von Seoul lieferten sich bis zu 10.000 Studenten Straßenschlachten mit der Polizei. 1.525 Studenten wurden zeitweilig festgenommen. Im Juni 1986 entstand ein von der Nationalversammlung ernanntes Sonderkomitee zur Verfassungsreform. Im Brennpunkt seiner Debatten standen drei Modelle: erstens das Modell der Präsidialdemokratie, jedoch mit einem vom Volk gewählten Präsidenten, zweitens eine Form des parlamentarischen Kabinettsystems und drittens eine Kombination aus beiden vorgenannten Systemen. Interessanterweise trat die regierende Demokratische Gerechtigkeitspartei des Präsidenten Chun Mitte August 1986 mit einem Entwurf an die Öffentlichkeit, der eine Abkehr vom Präsidialsystem forderte. Denn dieses System entartete zu leicht in Richtung autoritäres Führermodell. Der Präsident solle zukünftig nur als zeremonielles Oberhaupt des Staates fungieren und die Macht des Ministerpräsidenten beziehungsweise des Kabinetts solle entsprechend erweitert werden. Da die in Kraft befindliche Verfassung für eine Verfassungsänderung das Erfordernis einer Volksabstimmung vorsah, bemühten sich die verschiedenen Kräfte des Landes, unter der Bevölkerung für unterschiedliche Verfassungsmodelle zu werben. Insbesondere der mit Präsident Chun befreundete Vorsitzende der regierenden Demo-

---

[346a] Zu den Wahlen zur Nationalversammlung vom Februar 1985 siehe Kim, C. I. Eugene: „South Korea in 1985", in: Asian Survey, Bd. XVI, Nr. 1, Januar 1986, S. 69–71. Siehe ferner Koh, B. C.: „The 1985 Parliamentary Election in South Korea", in: Asian Survey, Bd. XXV, Nr. 9, September 1985, S. 883–897, und Archiv der Gegenwart, 12. Februar 1985, S. 28473–28474.

kratischen Gerechtigkeitspartei, Roh Tae Woo, unternahm eine landesweite Werbekampagne zugunsten des Verfassungsmodells seiner Partei.[347] Unterbrochen wurden die politischen Debatten des Jahres 1986 zeitweilig durch die erstmals in Seoul stattfindenden Asiatischen Spiele, die im September und Oktober desselben Jahres stattfanden. Unter den 27 teilnehmenden Staaten befand sich auch die Volksrepublik China, was in Seoul als gutes Omen für die Möglichkeit der Beteiligung Pekings an den ebenfalls in Seoul geplanten Olympischen Spielen des Jahres 1988 gewertet wurde. Die koreanische Bevölkerung stellte mit Stolz fest, dass zwar die Chinesen mit 94 Gold- und 82 Silbermedaillen an der Spitze des Sporterfolges lagen, dass ihnen jedoch die Koreaner mit 93 Gold- und 55 Silbermedaillen unmittelbar auf den Fersen folgten, während die Japaner auf dem dritten Platz nur 58 Gold- und 55 Silbermedaillen zu verzeichnen hatten. Die vorzüglich organisierten internationalen Spiele riefen weltweit zahlreiche positive Pressekommentare hervor.[348]

Im Herbst 1986 wurden die innerkoreanischen Beziehungen jedoch von einer ganz außergewöhnlichen Sorge überschattet. Im August 1986 hatte Nordkorea den Bau eines Wasserreservoirs und Hochstaudammes beim Kumgangsan (Diamantenberg), nur wenige Kilometer von der Waffenstillstandslinie entfernt, bekannt gegeben. Nach monatelanger Auswertung diesbezüglicher Informationen veröffentlichte das südkoreanische Verteidigungsministerium am 6. November 1986 eine Analyse, die weltweites Aufsehen erregte. Denn es hieß hier, der Staudamm werde nach seiner Fertigstellung eine Wasserkapazität von 20 Milliarden Tonnen haben. Er werde sieben Mal so groß sein wie der größte südkoreanische Staudamm. Eine absichtliche oder unabsichtliche Öffnung oder Sprengung des Hochstaudamms werde Wassermassen freisetzen, die das unter dem Damm gelegene Tal mit der Kraft einer nuklearen Explosion treffen, Seoul und Umgebung total überschwemmen und das südkoreanische Verteidigungssystem an dieser Stelle durchbrechen würden. Im Ernstfall sei mit einer entsetzlichen Katastrophe zu rechnen, die das Leben und die Existenz von 15 Millionen Einwohnern in der Ebene des Han-Flusses gefährde.[349] Erwartungsgemäß völlig vergeblich schlug Südkoreas Regierung am 28. November 1986 der nordkoreanischen Seite die Aufgabe dieses

---

[347] Zum Beginn der südkoreanischen Verfassungsdebatte 1986 siehe: Kim C. I. Eugene: „South Korea in 1986. Preparing for a Power Transition", in: Asian Survey Bd XXVII, Nr. 1, Januar 1987, S. 65–68. Siehe ferner: Asia 1987 Yearbook, Hongkong 1987, Archiv der Gegenwart, 16. August 1986, S. 30177, und Korea Herald, 27. Juni 1986. Dokumente zu dieser Diskussion in: Korea Annual 1987, S. 31–43.

[348] Zu den Asian Games in Seoul 1986 siehe Kim, C.I. Eugene, ebd. S. 69 f., wie auch Korea Annual 1987, ebd., S. 53–55.

[349] Text des Kommuniqués über den nordkoreanischen Hochstaudamm in Korea Annual 1987, S. 374–375.

gigantischen Konstruktionsvorhabens vor.[350] Da von Nordkorea keine konstruktive Antwort zu erhalten war, gab die südkoreanische Regierung am 26. November
1986 den Beschluss der Regierung in Seoul bekannt, südlich der Waffenstillstandslinie und in unmittelbarer Nähe des nordkoreanischen Hochstaudammprojekts
einen südkoreanischen Gegenstaudamm, genannt „Friedensdamm", trotz der
damit verbundenen großen Kosten zu errichten. Ende Februar 1987 erfolgte der
erste Spatenstich für den Gegendamm des Südens, wobei Südkoreas Ministerpräsident Lho Shin-Yang nochmals an Pjöngjang appellierte, vom nördlichen Bauvor-
haben Abstand zu nehmen.[351]

---

[350] Text des Vorschlages ebd. S. 375–376.
[351] Korea Herald, 1. März 1987.

11. Demokratiebewegung, Olympiade und „Nordpolitik" in der Roh-Tae-Woo-Ära

11.1 Der Kampf um die neue Verfassungsordnung und Rohs Wahlsieg von 1987

Das Jahr 1987 ist als eines der Schicksalsjahre in die politische Geschichte des koreanischen Volkes eingegangen. Am Anfang einer Kette bald dramatisch werdender Ereignisse stand eine Erklärung des Vorsitzenden der regierenden Demokratischen Gerechtigkeitspartei Roh Tae Woo, der Mitte Februar 1987 hinsichtlich der in hektischer Beratung befindlichen Verfassungsreform sagte, seine Partei wolle an zwei Grundsätzen festhalten: erstens an der Einführung eines parlamentarischen Systems (anstelle der Präsidialdemokratie) und zweitens an der Verwirklichung der Verfassungsreform durch einen Konsens zwischen den führenden Parteien des Landes einschließlich der Opposition.[352] Zugleich hatte Roh einen Vorschlag der führenden Oppositionspolitiker Kim Young Sam und Kim Dae Jung abgelehnt, die Bevölkerung durch Volksabstimmung entscheiden zu lassen, ob sie das Präsidialsystem oder das parlamentarische Kabinettsystem bevorzuge.[353] Die Frage der künftigen Staatsform wurde aber nicht nur zwischen Regierung und Opposition diskutiert, sondern bewirkte auch innerhalb der führenden Oppositionspartei der Neuen Koreanischen Demokratischen Partei ein schweres Zerwürfnis. Mit dem Vorwurf, der Parteipräsident Lee Min Woo habe sich viel zu stark den Reformvorstellungen der Regierung genähert, betrieben Kim Young Sam und Kim Dae Jung die Abwahl von Lee und gingen einen großen Schritt weiter, indem sie eine neue Oppositionspartei mit dem Namen Demokratische Wiedervereinigungspartei gründeten, die in der Nationalversammlung auf 67 Abgeordnete zählen konnte.

Wer aufgrund früherer Stellungnahmen angenommen hatte, die Regierung Chun Doo Hwans wolle die bevorstehenden Präsidentschaftswahlen nach einer neuen zu entwerfenden Verfassung veranstalten, sah sich schroff enttäuscht, als Präsident Chun in einer über alle Fernsehstationen ausgestrahlten Ansprache vom 13. April zu diesem Thema Stellung nahm. Er plädierte dafür, die mit so viel Leidenschaft ausgetragenen Debatten über die Verfassungsreform, die von schweren Turbulenzen begleitet gewesen seien, erst nach der Olympiade in Seoul im kommenden Jahr 1988 fortzusetzen. Auf jeden Fall wolle er aber fristgemäß vor Beginn

---

[352] Korea Herald, 13. Februar 1987.
[353] Korea Herald, 14. Februar 1987.

der Olympiade sein Präsidentenamt am 24. Februar 1988 niederlegen und einen Nachfolger einführen. Das bedeute aber, dass die noch in diesem Jahr (1987) fälligen Präsidentschaftswahlen noch nach den Bestimmungen der alten Verfassung nicht vom Wählervolk, sondern von einem Wahlmännergremium von etwa 5.000 Personen vorgenommen werden sollten. Mit der Olympiade rücke Korea wie nie zuvor ins Zentrum der Weltöffentlichkeit und man könne es sich nicht leisten, vor dieser das Bild einer total zerstrittenen Gesellschaft abzugeben. Im Übrigen erinnere er daran, dass die gegenwärtige Verfassung vor sieben Jahren von einer Volksabstimmung mit großer Mehrheit angenommen worden sei, wodurch sein Vorschlag eine beträchtliche Legitimationsbasis habe.[354]

Am 10. Juni wurde der Vorsitzende der regierenden Demokratischen Gerechtigkeitspartei Roh Tae Woo von seiner Partei mit großer Mehrheit in einer Geheimabstimmung zum Präsidentschaftskandidaten für die bei Jahresende anstehenden Wahlen nominiert. Der 54 Jahre alte Roh stammte, ebenso wie Präsident Chun, aus Taegu im südlichen Südkorea und hatte denselben Offiziersjahrgang an der Militärakademie absolviert wie auch Chun. Roh hatte bei den zur Unterstützung der USA nach Vietnam entsandten südkoreanischen Truppen als Bataillonskommandant gedient. 1978 kommandierte er im Rang eines Generals eine südkoreanische Division im Raum zwischen der Waffenstillstandslinie und der Hauptstadt Seoul. Mit Einheiten dieser Division unterstützte er Chun Doo Hwans Machtergreifung Ende 1979. Zu seinen späteren Funktionen gehörten die des Sportministers wie auch des Präsidenten des Organisationskomitees für die Sommerolympiade 1988 in Seoul. Roh, der eine Sonderausbildung in psychologischer Kriegsführung erhalten hatte, galt als kontaktfreudige und taktisch flexible Persönlichkeit, der auch eine enge Beziehung zur Kunst, insbesondere zur Musik, nachgesagt wurde.[355] Im gleichen Monat wurde Südkorea von außergewöhnlich heftigen Demonstrationen erschüttert. In 20 Städten Südkoreas verhaftete die Polizei insgesamt 3.854 Dissidenten. Aufgrund des Einsatzes von Molotowcocktails seitens der Demonstranten brannten in Seoul Polizeifahrzeuge und Busse aus. Die von den Medien für zu niedrig gehaltene Schätzung der Polizei sprach von 18.550 Demonstranten, die sich unter anderem in der katholischen Myongdong-Kathedrale im Zentrum von Seoul verschanzten und die Kathedrale ganze sechs Tage lang besetzt hielten. Der Oppositionspolitiker Kim Young Sam erklärte angesichts weitergehender heftiger Demonstrationen, Südkorea stehe vor einem historischen Wendepunkt. Die Dimensionen der Demonstrationen gegen die Regierung überträfen sogar das

---

[354] Ansprache Chuns vom 13. April 1987. Siehe Archiv der Gegenwart, 13. April 1987, S. 30969–30970.
[355] Zum Werdegang und zur Persönlichkeit von Roh Tae Woo siehe Frankfurter Allgemeine Zeitung, 12. Juni 1987, wie auch Korea Herald, 12. Juni 1987 und 13. Juni 1987.

Demonstrationspotenzial der Revolution von 1960. Die Auslandspresse berichtete, seit dem 10. Juni habe sich die Anzahl der Protestkundgebungen im Lande auf 690 erhöht, an ihnen hätte fast eine halbe Million Studenten teilgenommen. Der New-York-Times-Korrespondent Clyde Haberman schrieb, die Innenstadt von Seoul gliche einem Bürgerkriegsgebiet.[356] Mit dieser chaotischen Situation konfrontiert, demonstrierte Roh Tae Woo sein Geschick auf dem Gebiet psychologischer Kriegsführung. Völlig überraschend, gleichsam über Nacht, während in Seoul noch allenthalben schwere Tränengaswolken von Polizeieinsätzen aufstiegen, gab Roh Tae Woo am 29. Juni ein 8-Punkte-Programm bekannt, in dem er die Opposition durch die Übernahme fast aller ihrer wesentlichen Forderungen argumentativ entwaffnete. Er glaube zwar immer noch, das parlamentarische Regierungssystem sei für Südkorea geeigneter, wenn aber so viele Mitbürger es wollten, sei die Regierungspartei bereit, das Präsidialsystem einschließlich einer Direktwahl des Präsidenten durch das Volk zu akzeptieren. Kim Dae Jung müsse amnestiert werden und seine bürgerlichen Rechte zurückerhalten. Die Grundrechte der südkoreanischen Bürger müssten in der neuen Verfassung wirksamer garantiert und die Pressefreiheit de jure und de facto besser abgesichert werden. Er, Roh Tae Woo, stehe so entschieden hinter diesem Vorschlag, dass er von allen Ämtern und auch von der Position des Präsidentschaftskandidaten seiner Partei zurücktreten werde, sollten Präsident und Partei seinen Vorschlag nicht akzeptieren. Die International Herald Tribune bewertete Rohs taktische Wendung als einen kühnen Schachzug, mit dem sich Roh die Position als Präsidentschaftskandidat wohl verdient habe. Nach kurzer Überlegung erließ Präsident Chun eine Erklärung, in der er sich voll hinter den drastischen Haltungsumschwung von Roh Tae Woo stellte.[357]

Die Oppositionsparteien hatten die weit reichende Schwenkung der Politik Roh Tae Woos und seiner Partei begrüßt. Roh hatte ihnen zunächst den Wind aus den Segeln genommen. Als er am 2. Juli unangekündigt im Hauptquartier der oppositionellen Demokratischen Wiedervereinigungspartei einen Besuch abstattete, forderte Kim Young Sam allerdings die Freilassung aller politischen Gefangenen und die Arbeitserlaubnis für entlassene Wissenschaftler, Journalisten und relegierte Studenten.[357a] Kurz danach ließen die Führer der größten Oppositionspartei wissen, sie seien zu Verfassungsgesprächen mit der Regierung nur unter der Bedingung einer umfassenden Amnestie und der Rückgabe der bürgerlichen Rechte an Kim Dae Jung bereit. Vier Tage später ordnete Chuns Regierung am 9. Juli die Ent-

---

[356] New York Times, 22. Juni 1987.

[357] Zu Roh Tae Woos taktischer Wende siehe: International Herald Tribune, 2. Juli 1987 und 30. Juni 1987. Frankfurter Zeitung, 30. Juni 1987. Wortlaut der Unterstützungserklärung von Chun Doo Hwan: Korea Herald, 2. Juli 1987.

[357a] Neue Zürcher Zeitung, 4. Juli 1987

Präsident Roh Tae Woo öffnete Südkoreas Beziehungen zu den Ostblockstaaten und China

lassung von 2.335 in Haft befindlichen Dissidenten und die Wiederherstellung ihrer Bürgerrechte an. Auch Kim Dae Jung erhielt seine Freiheit und alle seine Rechte zurück. Das allgemeine Klima der Liberalisierung hatte jedoch auch eine andere Wirkung. In ganzen Wellen von Streiks, von denen insbesondere die Auto-, Textil-, Schiffbau-, Elektronik- und Schuhindustrie betroffen war, forderten Arbeitnehmer eine Erhöhung ihrer Löhne und eine Verbesserung ihrer Arbeitsbedingungen.[358]

Einer Forderung Kim Young Sams entsprechend, begann im Juli die Endrunde der Verhandlungen um Art und Inhalte der neuen südkoreanischen Verfassung. In der erstaunlich kurzen Zeit bis zum 31. August einigten sich die Regierungspartei und die von Kim Young Sam und Kim Dae Jung neu gegründete Demokratische Wiedervereinigungspartei auf den Entwurf einer neuen Verfassung. Die faktische Kompromissbereitschaft beider Seiten hatte wesentlich zur relativ schnellen Schaffung des neuen Verfassungswerkes beigetragen. Da beide Parteien mehr als zwei

---

[358] Neue Zürcher Zeitung, 29. August 1987, und New York Times, 16. August 1987.

Drittel aller Parlamentssitze innehatten, wurde der Entwurf von der Nationalversammlung ohne weitere Schwierigkeiten angenommen und den Bürgern Südkoreas am 27. Oktober 1987 zur Volksabstimmung vorgelegt. Bei einer Wahlbeteiligung von 78,2 Prozent der 25,6 Millionen wahlberechtigten Bürger wurde die neue Verfassung mit 93,3 Prozent der gültig abgegebenen Stimmen angenommen.[359] Wenn zusätzlich bedacht wird, dass die Verfassung, wie dargestellt, ein Gemeinschaftsprodukt von Regierung und Opposition war, so lässt sich sagen, dass Südkoreas Verfassung von 1987 eine stärkere demokratische Legitimation erhielt als die meisten in Kraft befindlichen Verfassungen anderer Staaten der gegenwärtigen Weltgemeinschaft!

Die Präambel der 130 Artikel umfassenden Verfassung beruft sich auf die Traditionen der ersten koreanischen Unabhängigkeitsbewegung von 1919, der aus ihr hervorgehenden provisorischen Regierung der Republik Korea und auf die demokratischen Ideale der Revolution von 1960: Artikel 4 fordert das Streben nach „friedlicher Wiedervereinigung auf der Basis der Prinzipien von Freiheit und Demokratie". Negative Erfahrungen der Vergangenheit widerspiegelnd, postuliert Artikel 5 (2) die politische Neutralität der Streitkräfte. Artikel 8 garantiert die Freiheit politischer Parteien und den Bestand eines pluralistischen Parteiensystems. Dies wird durch die Forderung nach demokratischer Zielsetzung der politischen Parteien ergänzt. Die Möglichkeit einer staatlichen Unterstützung für das Parteiensystem wird in Aussicht gestellt. Ebenfalls vor dem Hintergrund bitterer Erfahrungen enthält Kapitel 2 (Artikel 10–39) einen höchst ausführlichen Grundrechtekatalog, der auch sozialpolitischen Inhalt hat und den Arbeitnehmern Versammlungsfreiheit sowie das Recht zu kollektiven Verhandlungen und Aktionen zusichert. In Artikel 35 wird den Bürgern das Recht auf eine „gesunde und angenehme Umwelt" zugebilligt. Das Nähere sei durch das Gesetz zu regeln. Die Gleichheit der Geschlechter und die Wahrung der Würde der Person im Rahmen der Familie werden in Artikel 36 postuliert. In dem der Nationalversammlung beziehungsweise dem Parlament gewidmeten Kapitel III der Verfassung wird neben der allgemeinen, direkten und geheimen Wahl der Abgeordneten festgelegt, dass die Anzahl der Abgeordneten nie weniger als 200 betragen solle. Vor dem Hintergrund zahlreicher Korruptionsaffären der Vergangenheit bestimmt Artikel 46 (3), dass die für vier Jahre gewählten Abgeordneten ihre Stellungen nicht dazu missbrauchen sollten, gewinnbringende Positionen im Zusammenhang mit Staatsaufträgen oder öffentlichen Unternehmen zu erhalten. Artikel 61 erweitert die Untersuchungsgewalt der Legislative. Artikel 63 spiegelt die in den Beratungen des Verfassungsentwurfs zutage getretene Kontroverse wider, ob die Regierungsform

---

[359] Korea Herald, 28. Oktober 1987.

präsidialen oder parlamentarischen Charakter haben solle. Die Nationalversammlung erhielt zwar nicht das Recht, eine gegebene Regierung abzuberufen, wohl aber das Recht, die Abberufung des Ministerpräsidenten oder eines Ministers zu empfehlen. Umgekehrt verlor der Präsident das in der vorigen Verfassung verbriefte Recht, die Nationalversammlung aufzulösen. Die Ernennung des Ministerpräsidenten durch den Präsidenten bedarf der Zustimmung der Nationalversammlung. Angesichts der Erfahrungen mit der immer wieder verlängerten Amtszeit einzelner Präsidenten (Rhee und Park) bestimmt Artikel 67, dass der durch allgemeine Wahlen zu bestimmende Präsident nur über eine einmalige fünfjährige Amtszeit verfügt. Vorsorglich bestimmt Artikel 128, dass eine Abänderung der Verfassung, die eine Verlängerung der Amtszeit des Präsidenten zur Folge hat, nicht auf den zurzeit im Amt befindlichen Präsidenten angewandt werden kann. Dem Präsidenten wird laut Artikel 72 das Recht eingeräumt, wichtige Entscheidungen, zum Beispiel im Bereich der Außenpolitik, der Verteidigung oder der Wiedervereinigung etc., nach eigenem Ermessen einer Volksabstimmung zu unterbreiten. Notstandsmaßnahmen des Präsidenten bedürfen laut Artikel 75 der nachfolgenden Zustimmung durch die Legislative und verlieren ihre Wirksamkeit, wenn er diese Zustimmung nicht erhält. Das vom Präsidenten verhängte Kriegsrecht kann mit einfacher Mehrheit der Nationalversammlung wieder aufgehoben werden. Wie erwähnt, bedarf die Ernennung des Ministerpräsidenten durch den Staatspräsidenten der Zustimmung der Nationalversammlung. Die Mitglieder des Staatsrates (Kabinett) werden vom Präsidenten auf Empfehlung des Ministerpräsidenten ernannt. Kein aktives Mitglied der Streitkräfte kann Mitglied des Staatsrates werden. Der Staatspräsident kann auf Empfehlung des Ministerpräsidenten Mitglieder des Staatsrates entlassen. Der Präsident fungiert als Vorsitzender des Staatsrates, der Ministerpräsident als Stellvertretender Vorsitzender. Der Präsident und der Staatsrat werden von vier weiteren Beratungsgremien unterstützt: Erstens kann der Präsident laut Artikel 90 ein Beratungsgremium „älterer Staatsmänner" errichten, eine Institution, die den konfuzianischen Traditionen des Landes entspricht. Zweitens wird ein Konsultativrat für demokratische und friedliche Wiedervereinigung zum Zweck der Beratung innerkoreanischer Politik errichtet (Artikel 92). Neben der in Artikel 91 vorgesehenen Errichtung eines nationalen Sicherheitsrates, der unter Vorsitz des Präsidenten tagt, kann auch – laut Artikel 93 – ein nationaler Wirtschaftsrat als Konsultativorgan für Wirtschaftsplanung gegründet werden. Der Verfassungsgerichtshof besteht aus neun auf sechs Jahre ernannten Richtern, von denen drei durch den Präsidenten, drei durch die Nationalversammlung und weitere drei durch den Vorsitzenden des Verfassungsgerichtshofs ernannt werden. Den Vorsitzenden ernennt der Präsident aus der Gruppe der neun Verfassungsrichter mit Zustimmung der Nationalversammlung (Artikel 111). Kapitel 8 befasst sich mit der Autonomie der lokalen Verwaltung, während Artikel 121 das Ziel des

Bodenbesitzes durch die konkreten Bebauer festschreibt und Artikel 127 den Staat zur Förderung von Wissenschaft, Technologie und Innovation in diesen Bereichen verpflichtet.[360]

Die Präsidentschaftswahlen vom 16. Dezember 1987 beinhalteten ein Element von Tragik. Denn die führenden Oppositionskräfte, die nach jahrelanger Verfolgung oder Behinderung die sich in der Verfassung niederschlagende Demokratisierung des Landes durchgesetzt hatten, gingen einer von Beobachtern bereits vorausgesagten Niederlage entgegen. Der Grund hierfür war, dass die beiden Führer der größten Oppositionspartei, das heißt der Demokratischen Wiedervereinigungspartei, Kim Young Sam und Kim Dae Jung, sich nicht darüber einigen konnten, wer Präsidentschaftskandidat ihrer Partei werden sollte. Der in der Vergangenheit mehrfach verhaftete, vom KCIA aus Tokio entführte, zum Tode verurteilte und dann begnadigte Kim Dae Jung hatte die Aura eines Märtyrers der Opposition um sich. Er stammt aus der politisch eigenwilligen Cholla-Provinz, in der sich auch der Kwangju-Aufstand von 1978 abgespielt hatte, und galt als Favorit der außerparlamentarischen Opposition. Rednerisches Talent und politisches Charisma sprachen für ihn. Mit der Forderung des Parteipräsidenten Kim Young Sam konfrontiert, seine Kandidatur durch einen Mehrheitsentscheid eines Parteitages beschließen zu lassen, zog sich Kim Dae Jung aus der Partei zurück und gründete nur wenige Wochen vor den Wahlen eine neue Partei, die Partei für Frieden und Demokratie. Bei einer Großkundgebung in Seoul verkündete er unter anderem, er sei der einzige Präsidentschaftskandidat, der die Unterstützung der radikalen Dissidenten auf sich ziehen könne. Er sei sicher zu gewinnen. Seine erste Aufgabe als Staatspräsident werde die Untersuchung der blutigen Kwangju-Krise von 1980 sein. Die damalige Rolle des Militärs müsse bloßgestellt werden.[361] Genau aber diesen Vorrang der Vergeltung fürchteten viele Wähler. Es gab keine Mehrheit für die Annahme, dass Kim Dae Jung durch die von ihm in Aussicht gestellte Politik die in der Vergangenheit so machtvollen Streitkräfte in den Prozess der Demokratisierung würde einbinden können. Dies wurde eher seinem innerparteilichen Rivalen Kim Young Sam zugetraut, der den bisherigen Machthabern gegenüber eher versöhnliche Töne anschlug und aufgrund seiner liberal-konservativen Grundeinstellung als Kandidat galt, der breite Schichten des Mittelstandes auf die Seite der Opposition ziehen könne, ohne dabei das Militär zum Eingreifen zu provozieren. Während die Konkurrenz zwischen den beiden einflussreichen Oppositionsführern für Roh Tae Woo, den Kandidaten der Regierungspartei, Siegeschancen zu verheißen schien,

---

[360] Wortlaut Verfassung von 1987 in: Korea Annual 1993, S. 377–389.

[361] Zur Rolle Kim Dae Jungs am Vorabend des Wahlkampfes siehe Korean Herald, 27. Oktober und 13. November 1987. Vgl. auch International Herald Tribune, 29. September 1987.

ergab sich für die Regierungspartei eine neue Gefahr ganz anderer Art. Sie entstand aus der unerwarteten Kandidatur von Kim Jong Pil an der Spitze seiner Neuen Demokratischen Republikanischen Partei. Wie bekannt, hatte Kim Jong Pil 1961 den Staatsstreich des späteren Präsidenten Park Chung Hee, mit dessen Nichte er verheiratet ist, unterstützt und war in Parks Regierungsära Ministerpräsident wie auch Gründungspräsident des Geheimdienstes KCIA gewesen. Kim aber hegte geballte Ressentiments gegen Präsident Chun Doo Hwan und seinen engen politischen Verbündeten Roh Tae Woo, da Chun ihn nach der Ermordung Parks hatte verhaften und wegen Korruption anklagen lassen. Kim war damals gezwungen worden, einen angeblich illegitim erworbenen Reichtum im Umfang von 36 Millionen US-Dollar preiszugeben, und hatte ein bis 1985 dauerndes politisches Betätigungsverbot erhalten. Kim Jong Pils Partei galt als Sammelbecken ehemaliger Park-Anhänger und bildete den rechten Rand des sich zum Wahlkampf rüstenden südkoreanischen Parteienspektrums.[362] Als die Stimmen der Präsidentschaftswahl vom 16. Dezember 1987 ausgezählt waren, ergab sich als Resultat eine Wahlbeteiligung von 83,2 Prozent der Stimmberechtigten, die Roh Tae Woo, dem Kandidaten der Regierungspartei, 35,9 Prozent der Stimmen, Kim Young Sam 27,5 Prozent, Kim Dae Jung 26,5 Prozent, Kim Jong Pil 7,9 Prozent und einem fünften Kandidaten 0,2 Prozent ihrer Stimmen gegeben hatten. Die vereinigten Kräfte der ehemals größten und dann kurz vor den Wahlen geteilten Oppositionspartei hätten 54 Prozent der Stimmen und damit die absolute Mehrheit erhalten können, wäre es hinsichtlich der Kandidatur zwischen den beiden Kims zu einer Einigung gekommen. So aber hatte der Kandidat der Regierungspartei mit einer nur relativen Mehrheit die Position im Lande gewinnen können, für welche die Verfassung die relativ größte Fülle an politischer Macht vorsah. Die Wahlen im konfuzianisch geprägten Kulturmilieu Südkoreas hatten wiederum die überragende Rolle führender Persönlichkeiten und die nur relative Rolle der von ihren Parteien vertretenen Parteiprogramme demonstriert, aber auch die große Bedeutung des politisch unterschiedlichen Verhaltens der Regionen.[363] Zwar behaupteten die führenden Oppositionsvertreter das Vorkommen von Unregelmäßigkeiten bei der Durchführung der Wahlen, doch legten sich diese Proteste, nachdem Roh Tae Woo einerseits vorschlug, nicht nur die Wahlergebnisse der Regierungspartei, sondern auch diejenigen der Oppositionsparteien überprüfen zu lassen, und andererseits nach Rohs Zusage vom 23. Dezember, er werde sich nach der Olympiade in Seoul einer Ver-

---

[362] Zur Analyse der innenpolitischen Situation in Südkorea vor dem Präsidentenwahlkampf vom Dezember 1987 siehe auch Han, Song Joo: „Divided Korean Opposition Risks Defeating Itself", Beitrag für die International Herald Tribune, abgedruckt im Korean Herald vom 15. November 1987.

[363] Siehe Cotton, James, und Bae, Sun-Kwane: „Regionalism in Electoral Politics", in: Cotton, James (Hg.): Korea Under Roh Tae Woo, Canberra 1993, S. 170–184.

trauensabstimmung durch die Bevölkerung stellen und zurücktreten, sollte er keine Mehrheit erhalten.[364]

Angesichts des für keine Partei wirklich zufrieden stellenden Ergebnisses der Präsidentschaftswahlen vom Dezember 1987 blickte die koreanische Öffentlichkeit mit gesteigertem Interesse den im April 1988 stattfindenden Wahlen zur Nationalversammlung entgegen. Obwohl es vor den Wahlen Versuche zu einem Wiederzusammenschluss der beiden größten Oppositionsparteien gegeben hatte, konnte eine Einigung zwischen ihnen nicht bewirkt werden. Bei den Wahlen vom 26. April konnte, ebenso wie bei den Präsidentschaftswahlen, keine der Parteien eine absolute Mehrheit erzielen. Die regierende Demokratische Gerechtigkeitspartei erhielt lediglich 33,7 Prozent der Stimmen, was nach den geltenden Bestimmungen des neuen Wahlgesetzes zu einem Gewinn von 125 von insgesamt 299 Sitzen in der Nationalversammlung führte: Damit verlor sie die absolute Mehrheit. Kim Dae Jungs Partei für Frieden und Demokratie gewann 23,6 Prozent der Stimmen und 70 Mandate, die Demokratische Wiedervereinigungspartei Kim Young Sams schnitt mit 19 Prozent und 59 Mandaten um einiges schlechter ab und Kim Jong Pils Neue Demokratisch-Republikanische Partei vermochte nur 15,3 Prozent der Stimmen auf sich zu vereinigen und erhielt 35 Mandate. Die restlichen 10 Mandate verteilten sich auf unabhängige Kandidaten und kleinere Splitterparteien. Die ersten beiden landesweiten Wahlen nach der Annahme der neuen Verfassung bedeuteten für Südkorea, dass das Land von einem Minderheitspräsidenten und von einer Minderheitsregierung gelenkt werden musste. Manche Beobachter meinten, der eigentliche Sieger der Parlamentswahlen sei der Führer der kleinsten Oppositionspartei Kim Jong Pil, da seine Partei nach den neuen Mehrheitsverhältnissen im Parlament als entscheidendes Zünglein an der Waage zwischen Regierungspartei und den beiden größeren Oppositionsparteien fungieren könne.[365]

11.2 Die Olympiade in Seoul im Spannungsfeld zwischen Seoul und Pjöngjang

Viel von der öffentlichen Aufmerksamkeit der südkoreanischen Bevölkerung bezog sich im Jahr 1988 auf die in Seoul stattfindenden Spiele der 24. *Sommerolympiade*. Die Organisation der Spiele wurde lange von der Frage überschattet, ob Nordkorea – wie seine Regierung vorgeschlagen hatte – zum partiellen Mitveranstalter dieser erstmals in Korea stattfindenden Spiele werden könne. Das ohnedies zumeist außer-

---

[364] New York Times, 23. Dezember 1987.
[365] Neue Zürcher Zeitung, 29. April 1988, und Frankfurter Allgemeine Zeitung, 28. April 1988.

ordentlich schwierige innerkoreanische Nord-Süd-Verhältnis war aber durch einen neuen Luftzwischenfall belastet worden. Am 29. November 1987 war ein Passagierflugzeug vom Typ 707 der südkoreanischen Fluggesellschaft KAL (Korean Air Line) auf dem Flug von Bagdad nach Seoul aufgrund einer Explosion an Bord über thailändischem Territorium abgestürzt. Zwei Passagiere, die dieses Flugzeug in Abu Dhabi verlassen hatten, waren in Bahrein von der Polizei verhaftet worden. Der gegen sie gerichtete Verdacht hatte sich dadurch gesteigert, dass einer der beiden Passagiere, ein älterer Mann, bei der Verhaftung durch die Einnahme von Gift Selbstmord beging. Er und seine überlebende Begleiterin, die beide gefälschte japanische Pässe führten, wurden an Südkorea ausgeliefert. Eine anfängliche Hypothese, der Anschlag könne einer japanischen Terrororganisation, genannt Rote Armee, zur Last gelegt werden, konnte im Verlauf der weiteren Untersuchungen nicht bestätigt werden. Die an die Behörden in Seoul ausgelieferte Frau erwies sich als Koreanerin mit Namen Kim Hyon Hui. Beim Verhör durch südkoreanische Behörden behauptete sie, ihr verstorbener Begleiter und sie hätten von höchster nordkoreanischer Stelle den Auftrag erhalten, das Flugzeug zum Absturz zu bringen, um Südkorea zu Beginn der Olympischen Sommerspiele zu verunsichern. Sie und ihr Begleiter hätten vor Verlassen des Flugzeuges eine Alkoholflasche mit flüssigem Sprengstoff an Bord gelassen, die mit einem Zeitzünder verbunden war. Die 28-Jährige sagte fernerhin aus, sie sei vor acht Jahren einerseits aufgrund ihrer vorzüglichen Kenntnisse der japanischen Sprache und andererseits wegen ihres bemerkenswert guten Aussehens vom nordkoreanischen Geheimdienst als Agentin angeworben worden. Aufgrund dieser Aussagen bezichtigte die südkoreanische Regierung Nordkorea des gezielten Mordanschlags, dem 115 Menschenleben zum Opfer gefallen waren, und beantragte eine diesbezügliche Sitzung des UN-Sicherheitsrates. Japan und die Vereinigten Staaten verhängten gegen Nordkorea eine Reihe von Sanktionen, die insbesondere Kontakte und Reisen von Trägern öffentlicher Ämter betrafen. Nordkorea wiederum behauptete, der ganze Zwischenfall sei auf südkoreanische Initiativen zurückzuführen, Frau Kim hätte unter Folter falsche Aussagen gemacht. Im Hinblick auf diesen Zwischenfall sowie auf geplante gemeinsame amerikanisch-südkoreanische Großmanöver und angeblich in Südkorea stationierte amerikanische Kernwaffen erklärte der nordkoreanische Verteidigungsminister Oh Jin Woo: „Wir stehen an einem Wendepunkt zwischen Frieden und nuklearer Auseinandersetzung." Auch schon kleinere Zwischenfälle könnten zu einem Atomkrieg eskalieren.[366]

Was die *Olympischen Sommerspiele* des Jahres 1988 betraf, so hatte der Kongress des Internationalen Olympischen Komitees im September 1981 in Baden-Baden beschlossen, das südkoreanische Angebot von Seoul als Austragungsort dieser

---

[366] Archiv der Gegenwart, 14. Dezember 1987, S. 31717–31718, und 26. Januar 1988, S. 31849–31850.

Spiele anzunehmen. Seouls schärfster Konkurrent war die japanische Stadt Nagoya. Die Mehrheitsentscheidung fiel jedoch zugunsten Seouls aus, das 250 Stimmen erhielt, während auf Nagoya nur 27 Stimmen entfielen. Eine als nicht ungefährlich erachtete Entwicklung ergab sich, als Nordkorea begann, eine Beteiligung an der für Seoul geplanten Sommerolympiade 1988 zu fordern. In Reaktion auf diese Haltung schlug der Präsident des Internationalen Olympischen Komitees, Juan Antonio Samaranch, am 1. Februar 1985 trilaterale Gespräche zwischen dem Internationalen Olympischen Komitee (im Folgenden: IOC) und Vertretern beider koreanischer Staaten vor. Das erste Treffen dieser Art fand in der Schweiz in Lausanne vom 8. bis zum 9. Oktober 1985 statt. Hierbei unterbreitete der nordkoreanische Chefdelegierte folgende Vorschläge:

1. Die Spiele sollten gemeinsam von Süd- und Nordkorea ausgerichtet werden, beide Landesteile sollten mit einem gemeinsamen Team auftreten.
2. Der Titel der Spiele solle entweder „Koreanische Olympische Spiele" oder „Koreanische Pjöngjang-Seoul Olympische Spiele" lauten.
3. Die auszutragenden Wettkämpfe sollten gleichermaßen zwischen Pjöngjang und Seoul verteilt werden.
4. Die Eröffnungs- und Schlussfeiern sollten zwischen Pjöngjang und Seoul entsprechend den von beiden Seiten ausgerichteten Wettkämpfen verteilt werden.
5. Sportler, Sportfunktionäre, Mitglieder der Presse und Touristen sollten frei und mit einem Minimum an bürokratischer Kontrolle zwischen Pjöngjang und Seoul zu Lande, zur See und per Flugzeug hin- und herreisen können.
6. Fernsehrechte und entsprechende Profite sollten auf der Basis von Vereinbarungen fair zwischen beiden Seiten geteilt werden.
7. Beide Seiten sollten ein gemeinsames Komitee zur Organisierung der Olympiade gründen.

Der IOC-Präsident betonte hierauf den grundsätzlichen Charakter des Beschlusses von Baden-Baden, die Stadt Seoul die Olympischen Sommerspiele austragen zu lassen, forderte aber die südkoreanische Seite auf, Vorschläge zu formulieren, die dennoch eine nordkoreanische Teilnahme gewährleisten könnten. Die südkoreanische Seite empfahl daraufhin, einige Wettkämpfe in Nordkorea austragen zu lassen. Bei der zweiten Gesprächsrunde in Lausanne im Januar 1986 formulierte die südkoreanische Seite folgende Vorschläge:

1. Die nord- und südkoreanischen Sportler sollten bei der Eröffnung gemeinsam ins Stadion einmarschieren.
2. Einige Spiele, ausschließlich der Endspiele, sollten in Nordkorea stattfinden.
3. Die Rennradwettkämpfe sollten streckenmäßig teils durch süd-, aber teils auch durch nordkoreanisches Gebiet führen.
4. Eine Beteiligung Nordkoreas bei den kulturellen Begleitveranstaltungen der Olympiade könne durchaus besprochen werden.

Anlässlich der dritten Gesprächsrunde im Juni 1986 bemühte sich Nordkorea, eine größere Anzahl von Wettkämpfen, einschließlich der Endspiele, nach Nordkorea zu bringen, wie zum Beispiel Pingpong und Fechten sowie anfängliche Spiele in Ballsportarten. Zu Beginn der vierten Begegnung legte IOC-Präsident Samaranch einen Vermittlungsplan vor, der Nordkorea einige Sportarten überlassen und eine nordkoreanische Beteiligung bei den kulturellen Begleitveranstaltungen anfordern wollte. Die nordkoreanische Seite bestand jedoch auf mindestens acht Sportarten, die im Norden ausgetragen werden sollten, einschließlich aller wesentlichen Fußballspiele. Die Eröffnungs- und Schlusszeremonien sollten zwischen Seoul und Pjöngjang aufgeteilt werden. Als das IOC auf eine Entscheidung bis zum September 1987 drängte, ließ Nordkorea in einer Erklärung vom 23. Oktober wissen, es werde eine Beteiligung an der Olympiade davon abhängig machen, ob in Südkorea die „demokratischen Kräfte" in den Präsidentschaftswahlen vom Dezember 1987 die Macht ergreifen würden, denn dann seien die Voraussetzungen zur Bildung einer einheitlichen koreanischen Nationalmannschaft ebenso gegeben wie auch die gemeinsame Ausrichtung der Spiele durch beide koreanische Staaten.[367] Im Endergebnis kam keinerlei Beteiligung Nordkoreas an den Spielen zustande.

Die Seoul zuerkannten Olympischen Sommerspiele des Jahres 1988 bedeuteten für Südkorea unendlich viel mehr als ähnliche Spiele anderen Ländern bedeuten konnten. Sie boten die einmalige Chance, das durch Krieg, Landesteilung, kontinuierliche Spannung, öffentliche Gewaltsamkeit und Anschläge ins Negative verzerrte Image Koreas durch die internationale Beteiligung an einem im Land stattfindenden großen zivilen und universalen Ereignis in ein realistischeres Licht zu rücken. Südkorea war nach Japan erst der zweite Staat Asiens, dem diese Spiele je zugeschlagen wurden. Zwar entsprangen die Olympischen Spiele einer im klassischen Griechenland entstandenen abendländischen Tradition. Doch entsprachen sie ihrem geistigen Ansatz nach der Grundhaltung des konfuzianischen Universalismus. Die globale Konzeption der Spiele versprach zumindest die Chance einer Teilnahme jener kommunistischen Staaten, mit denen Südkorea keine diplomatischen Beziehungen unterhielt, mit denen es jedoch in nähere Kontakte zu treten bestrebt war. Wie ein Damoklesschwert hing aber über dieser Olympiade die Frage, ob die Teilnahme dieser Staaten durch irgendein unerwartetes internationales Ereignis, ähnlich der Invasion Afghanistans, oder durch ein Moskau gegen Peking ausspielendes diplomatisches Manöver Nordkoreas verhindert werden konnte. Tatsächlich aber erwies sich entgegen allen Befürchtungen die Sommerolympiade von Seoul mit einer Beteiligung von zirka 14.000 Sportlern und Sport-

---

[367] National Unification Board, Republic of Korea: A White Paper on South North Dialogue in Korea. Seoul 1988, S. 307–327.

funktionären aus 160 Ländern als die größte und universalste der bisherigen Sportgeschichte. Nur einige wenige Länder, darunter Nordkorea und Kuba, lehnten eine Teilnahme ab. Alle international bedeutenden kommunistischen Staaten waren vertreten. Mit 12 Gold-, 10 Silber- und 11 Bronzemedaillen stand Südkorea auf Platz vier der olympischen Erfolgsskala, knapp vor der Bundesrepublik und in bemerkenswertem Abstand zu Ländern wie Frankreich, Italien, China, Großbritannien und Australien. Die umfassenden Vorbereitungen in Seoul wurden von 26.000 freiwilligen Helfern unterstützt. Die Spiele bewirkten einen Zustrom von 300.000 ausländischen Besuchern. Mit am wichtigsten für Koreas Staat und Bevölkerung waren aber die reichhaltigen kulturellen *Begleitprogramme,* die traditionelle koreanische Ästhetik mit hoher technischer Perfektion verbanden, die einen Einblick in wichtige Aspekte des reichen koreanischen Kulturerbes vermittelten und die ebenso wie die sportlichen Ereignisse über 6.202 Rundfunk- und Fernsehstationen in alle Teile der Welt übertragen wurden. In diesem Sinn wurde die Sommerolympiade 1988 zu einem beispiellosen Erfolg global vermittelter koreanischer Selbstdarstellung.[368]

11.3 Folgen der „Neuen Nordpolitik", Beziehungen zu Moskau und Peking, Mitgliedschaft in der UNO

Ein weiteres Ereignis von internationaler Ausstrahlung brachte für Südkorea die Rede seines Präsidenten Roh Tae Woo, der als erster Staatschef Koreas am 18. Oktober 1988 eine Rede vor der Generalversammlung der Vereinten Nationen hielt. In seiner mit großer Zustimmung aufgenommenen Ansprache erklärte der Präsident, Südkorea werde nie mit Akten der Gewaltanwendung gegen Nordkorea beginnen, und empfahl den westlichen Staaten, ihre Beziehungen zu Nordkorea zu verbessern, denn dieses müsse aus seiner bisherigen Isolierung herausgeführt werden. Umgekehrt bemühe sich Südkorea um intensivere Beziehungen zur Sowjetunion, zur Volksrepublik China und zu den kommunistischen Staaten Osteuropas. Er selbst sei jederzeit zu einem Treffen mit Nordkoreas Staats- und Parteichef Kim Il Sung bereit, um Fragen der Annäherung zwischen den beiden koreanischen Teilstaaten zu besprechen. Insbesondere schlug Roh vor, in der die beiden Landeshälften voneinander trennenden entmilitarisierten Zone eine „Stadt des Friedens" aufzubauen, die zu einem Zentrum zwischenmenschlicher und vielseitiger anderer Kontakte zwischen Nord- und Südkorea entwickelt werden könnte. Am folgenden Tag sprach vor der UN-Generalversammlung Nordkoreas Vize-

---

[368] HBK 1990, S. 508–514. Siehe auch Korea Newsreview, 17. September 1988, S. 4 f.

Außenminister Kang Sok Ju, der Kim Il Sungs bekannten Vorschlag zur Bildung einer gesamtkoreanischen Süd-Nord-Konföderation, genannt „Demokratische Bundesrepublik Korea", präsentierte und des Weiteren ausführte, die künftige koreanische Konföderation solle ein blockfreier, neutraler und atomwaffenfreier Staat werden, in dem keine fremden Truppen stationiert werden dürften, in dem die Unterschiedlichkeit der beiden Systeme erhalten bliebe, in dem aber beide Seiten einen gemeinsamen gesamtkoreanischen Markt schaffen könnten.[369] Ein Jahr später benützte Präsident Roh eine Rede vor der südkoreanischen Nationalversammlung, um Nordkorea die Bildung eines „Koreanischen Commonwealth" vorzuschlagen. Bereits am 7. Juli 1988 hatte Roh in einer Grundsatzerklärung gesagt, Südkorea werde von nun an Nordkorea nicht als Gegner behandeln, sondern als Mitglied ein und derselben nationalen Gemeinschaft. Mit seinem Vorschlag eines Koreanischen Commonwealth ging Roh einen Schritt auf die von Nordkorea seit Jahren geforderte Bildung einer gesamtkoreanischen Süd-Nord-Konföderation zu. In seinem Vorschlag entwarf er die Vision eines verfassungsrechtlich institutionalisierten Nebeneinanderlebens der beiden koreanischen Teilstaaten. An die Mitregentschaft zweier Konsuln im republikanischen Rom erinnernd, sollte das höchste Entscheidungsorgan des im Entwurf konzipierten Koreanischen Commonwealth ein „Präsidentenrat" sein, gebildet aus den Staatspräsidenten Süd- und Nordkoreas, der von einem Ministerrat unterstützt werden sollte. Zehn Kabinettsmitglieder beider Seiten, einschließlich der Ministerpräsidenten, sollten ihm angehören. Die Regierungsorganisation würde ihre Arbeit durch fünf ständige Komitees bewältigen, die sich mit zwischenmenschlichen Beziehungen, politischen und diplomatischen Angelegenheiten, Wirtschaftsfragen, militärischen Problembereichen und soziokulturellen Angelegenheiten befassen sollten. Ein gesamtkoreanischer Parlamentarischer Rat, zusammengesetzt aus je 100 Gesetzgebern beider Seiten, solle eine gesamtkoreanische Verfassung für dieses Commonwealth entwerfen. Der Sitz des gemeinsamen Sekretariats würde zwischen beiden Landesteilen in der entmilitarisierten Zone liegen. Zur großen Enttäuschung der Regierung in Seoul reagierte Nordkorea mit scharfer Ablehnung. Wie es zum Beispiel in der Pjöngjang Times vom 23. September 1989 hieß, sei Rohs Vorschlag wertlos, weil er auf zwei von Nordkorea immer wieder angesprochene zentrale Problembereiche nicht eingegangen sei, und zwar erstens die Stationierung beziehungsweise den Rückzug der amerikanischen Streitkräfte in Südkorea und zweitens Südkoreas antikommunistische Sicherheitsgesetzgebung. Das Feuer der nordkoreanischen Kritik richtete sich auch auf die von Rho

---

[369] Zu den Präsentationen Süd- und Nordkoreas vor der UN-Generalversammlung im Oktober 1988 siehe: Archiv der Gegenwart, 20. Oktober 1988, S. 32657–32658.

Tae Woo verwendete Analogie mit der deutschen (westdeutschen) Formel: Temporär zwei Staaten in einer Nation.[370]

Eine der bedeutendsten und ereignisreichsten Phasen im Ringen um Koreas Aufstieg in der Weltstaatengemeinschaft brachten die frühen 90er Jahre, in denen sich der Durchbruch der so genannten südkoreanischen „Nordpolitik" vollzog. Den Begriff „Nordpolitik" hatte, wie erwähnt, der in Burma ermordete südkoreanische Außenminister Lee Bum Suk im Jahr 1983 mit deutlichem Bezug auf das Vorbild der westdeutschen Ostpolitik geprägt. Der Außenminister hatte argumentiert, es bestehe ein enger kausaler Zusammenhang zwischen Südkoreas Beziehungen zu Nordkorea auf der einen Seite und zu dessen machtvollen kommunistischen Verbündeten auf der anderen. Die Erhaltung des stets gefährdeten Friedens auf der koreanischen Halbinsel erfordere eine Verbesserung der Beziehungen Südkoreas zur Sowjetunion und zur Volksrepublik China. Mit anderen Worten gesagt, Seouls Weg zur Normalisierung mit Pjöngjang führe über Moskau und Peking.[371] Wie schon gezeigt, hatte es in den Jahren zwischen 1971 und 1973 mehrere Erklärungen der südkoreanischen Regierung gegeben, mit denen sie klar verständlich machte, sie sei an diplomatischen Beziehungen zur Sowjetunion wie auch zur Volksrepublik China interessiert, wobei die Unterschiedlichkeit der soziopolitischen und wirtschaftlichen Systeme keine Rolle mehr spiele. Weltpolitisch gesehen stand diese Initiative unter dem Eindruck der plötzlichen Entspannung und Annäherung zwischen Washington und Peking sowie zwischen den beiden Staaten des geteilten Deutschland. In Korea selbst war – wie bekannt – 1972 der erste große Durchbruch zu Süd-Nord-Kontakten entstanden und hatte in der berühmten gemeinsamen Erklärung beider koreanischen Staaten vom 4. Juli 1972 seinen Niederschlag gefunden. Seither hatte es in den 70er und 80er Jahren sporadische Kontakte zwischen Südkorea und den beiden genannten kommunistischen Großmächten auf den Ebenen des Sports, der Wissenschaft und des Handels gegeben, jedoch keine wirklich substanzielle und institutionalisierte Kontaktaufnahme. Wie im Fall der Wiedervereinigung Deutschlands und Europas war auch im Falle der südkoreanischen Nordpolitik die Schubkraft zur Veränderung der internationalen Konstellation von der in der Ära Gorbatschow beginnenden umfassenden Transformation der sowjetischen Innen- und Außenpolitik ausgegangen. Der aufgeklärte Teil der sowjetischen Führung hatte die Vergeblichkeit und Schädlichkeit ihrer Konfrontationspolitik mit den Vereinigten Staaten, Japan, der Bundesrepublik

---

[370] Zu Roh Tae Woos Vorschlag eines Koreanischen Commonwealth siehe die Beiträge des damaligen Wiedervereinigungsministers Lee, Hongkoo sowie von Han Sung Joo und Koh, Byung Chul in der Sondernummer: „A New Unification Formula: National Community Through A Korean Commonwealth", in: Korea & World Affairs, Bd. 13, Nr. 4, Winter 1989, S. 635–671.

[371] Park, Sang Seik: „Northern Diplomacy and Inter-Korean Relations", in: Cotton, a.a.O., S. 218–219.

Deutschland und China eingesehen und war entschlossen, Konfrontation durch Kooperation zu ersetzen, um unter Bedingungen internationalen Friedens ein vielseitiges und tiefgreifendes Reformwerk im Inneren beginnen und vollenden zu können. In einer Reihe von Reden im Jahre 1989 hatte Gorbatschow der zuvor oft als Waffe missbrauchten Konzeption der „friedlichen Koexistenz" einen neuen Sinngehalt gegeben. Moskaus Beziehungen zu den osteuropäischen Staaten sollten von nun an auf den Prinzipien echter Gleichberechtigung, Selbstbestimmung und Nichtintervention beruhen. Hinsichtlich ihrer soziopolitischen und wirtschaftlichen Systeme sollten diese Länder die Freiheit echter Wahl haben. Damit hatte die sowjetische Führung aus gewichtigen Gründen von der imperialistischen Politik der Breschnjew-Doktrin Abschied genommen. Gleichzeitig eröffnete sich damit für Moskau die Möglichkeit zu pragmatischen, ideologiefreien Beziehungen zu anderen Staaten, die direkt oder indirekt im Kalten Krieg Gegner des Sowjetsystems gewesen waren.[372] Ungarn war das erste Land aus der Gruppe ehemaliger sowjetischer Satellitenstaaten, das nach einigen vorbereitenden Schritten Ende Januar 1989 reguläre diplomatische Beziehungen zu Seoul aufnahm.[373] Bereits im November 1989 konnte Roh Tae Woo als erstes Staatsoberhaupt Koreas einem Ostblockstaat, Ungarn, einen Staatsbesuch abstatten, den der ungarische Staatspräsident ein Jahr später erwiderte. Noch im gleichen Monat kam es zur Errichtung diplomatischer Beziehungen zwischen Südkorea und Polen, dem Seoul einen Kredit in Höhe von 450 Millionen US-Dollar einräumte. Nur Wochen später vereinbarte auch Jugoslawien, dessen ehemaliger Präsident Tito zu Nordkoreas Staats- und Parteichef Kim Il Sung enge Beziehungen unterhalten hatte, reguläre diplomatische Beziehungen mit Südkorea.[374] Drei Monate danach beschlossen auch Bulgarien und Südkorea diplomatische Beziehungen miteinander.[375] Der erste hochrangige südkoreanische Politiker, der nach Moskau fuhr, war Kim Young Sam, damals Präsident der Oppositionellen Partei für Wiedervereinigung und Demokratie, der später Roh Tae Woos Nachfolger im Amt des Staatspräsidenten werden sollte. Kims erstem explorativem Besuch folgte ein zweiter an der Spitze einer 11-köpfigen Delegation, die sich auf Einladung des Moskauer Instituts für Weltwirtschaft und Internationale Beziehungen im März 1990 eine Woche in

---

[372] Siehe z. B. Gorbatschows Erklärung vor der Trilateralen Kommission vom 18. Januar 1989 und seine Rede in Kuba vom 5. April 1989 in: Gorbatschow, Michael: Glasnost. Das Neue Denken. Frankfurt am Main und Berlin 1990, S. 285–301. Siehe auch seine Erklärung vor dem Europarat vom 6. Juli 1989 in: Archiv der Gegenwart, 6. Juli 1989, S. 33506.

[373] Zur Aufnahme diplomatischer Beziehungen zwischen Südkorea und Ungarn siehe Neue Zürcher Zeitung, 3. Februar 1989, wie auch Korea Herald 2. Februar 1989.

[374] Korea Herald, 28. Dezember 1989.

[375] Korea Herald, 24. März 1990.

Moskau aufhielt. Kim benützte diese Gelegenheit, um mit Nachdruck auf die Unerlässlichkeit und beiderseitige Vorteilhaftigkeit diplomatischer Beziehungen zwischen beiden Staaten hinzuweisen.[376] Anlässlich dieser Reise soll es zu einem 50-minütigen Gespräch zwischen Kim und Gorbatschow gekommen sein, was jedoch von beiden Seiten diskret behandelt wurde. Nach Seoul zurückgekehrt, berichtete Kim, auch die sowjetischen Führer sähen keinen essenziellen Grund für eine weitere Ablehnung diplomatischer Beziehungen zwischen Seoul und Moskau.[377] Als es dann am 4. Juni 1990 zu einer ersten Begegnung und einem ersten Gespräch zwischen den Präsidenten Südkoreas und der Sowjetunion in San Francisco kam und als Ergebnis die Wahrscheinlichkeit diplomatischer Beziehungen zwischen Seoul und Moskau durchsickerte, sprachen von Nordkorea kontrollierte koreanische Medien in Japan von einem „unverzeihlichen verräterischen Handel". Unmittelbar nach dem Treffen rief Pjöngjang seinen Botschafter aus Moskau zurück.[378] Nachdem zuvor im August vertrauliche wirtschaftspolitische Besprechungen zwischen beiden Seiten stattgefunden hatten, veröffentlichten die Regierungen Südkoreas und der Sowjetunion am 30. September 1990 in New York eine gemeinsame Erklärung, in der sie die Aufnahme regulärer diplomatischer Beziehungen bekannt gaben und die Überzeugung zum Ausdruck brachten, dass dieser Schritt der Verbesserung der Stabilität und der Friedenserhaltung auf der koreanischen Halbinsel dienen werde. Die von den Außenministern beider Staaten unterzeichnete Erklärung bedeutete die Wiederaufnahme normaler diplomatischer Beziehungen zwischen Russland und dem Hauptteil Koreas nach einer historisch bedingten Unterbrechung von 86 Jahren.[379] Nordkoreanische Medien verbreiteten daraufhin einen Leitartikel aus der führenden Parteizeitung Rodong Shinmun, in dem es im Ton größter Bitterkeit unter anderem hieß: „Die Sowjetunion verkaufte die Würde und die Ehre eines Verbündeten für 2,3 Milliarden Dollar." Der bewusste Leitartikel fragt ironisch, welche „unvermeidlichen Umstände" denn die Sowjetunion zur Aufnahme „diplomatischer Beziehungen" mit Südkorea veranlasst haben könnten und wieso es dazu angeblich „keine Alternative" gegeben habe. Die sowjetische Haltung erinnere an das Sprichwort, ein Ertrinkender klammere sich selbst an einen Strohhalm. Da Südkorea eine so große Summe vermutlich nicht aufbringen könne, werde sie letztlich aus einem Sonderfonds der amerikanischen Imperialisten mit dem Ziel der Zersetzung des Sozialismus kommen. Zwar wünsche Nordkorea der Sowjetunion mit ihrer „Perestroika" besten Erfolg.

---

[376] Zu Kim Young Sams zweitem Besuch in Moskau siehe Korea Herald, 22. und 25. März 1990.
[377] Korea Herald, 27. März 1990.
[378] Frankfurter Allgemeine Zeitung, 8. Juni 1990, sowie Korea Herald, 5. und 8. Juni 1990.
[379] Text der gemeinsamen sowjetisch-südkoreanischen Erklärung in Korea Herald, 2. Oktober 1990.

Der Artikel fügte aber hinzu: „Wir jedoch werden unseren Weg zu Ende gehen, was immer da kommen möge."[380] Trotz der nicht unverständlich bitteren Reaktion Pjöngjangs zeitigte Südkoreas auf breitester Front erfolgende Annäherung an Osteuropa Wirkungen auch im innerkoreanischen Bereich. Denn im September, Oktober und Dezember 1990 kam es nach vorbereitenden Gesprächen zu den drei ersten Treffen zwischen den *Ministerpräsidenten* der beiden koreanischen Teilstaaten. Das war die erste Begegnung dieser Art in der 42-jährigen Geschichte der Koexistenz beider Staaten auf der koreanischen Halbinsel. Zwischen den drei Treffen der Ministerpräsidenten kam es auch in Pjöngjang zu einer Begegnung zwischen dem südkoreanischen Ministerpräsidenten Kang Young Hoon und Kim Il Sung, bei der freundliche Worte ausgetauscht wurden und Kim Il Sung feststellte, dass er gern mit Präsident Roh Tae Woo zusammentreffen wolle. Doch müsse gewährleistet sein, dass eine solche Begegnung gute Resultate zeitige. Ansonsten seien die Menschen enttäuscht.[381]

Einen weltweit sichtbaren Erfolg erzielte Südkoreas Nordpolitik mit dem Staatsbesuch von Präsident Roh Tae Woo in Moskau im Dezember 1990. Südkorea festigte damit seine Beziehungen zur zweiten Weltmacht. Vorangegangen war Gorbatschows historischer Besuch in Peking im Frühjahr 1989 während der schweren Unruhen am Tiän-An-Men-Platz, bei dem der mehr als 20-jährige Konflikt zwischen Moskau und Peking beigelegt und die Beziehungen zwischen beiden Staaten deutlich normalisiert wurden. Die Entspannung zwischen Moskau und Peking war für beide Großmächte eine Voraussetzung zur Änderung ihrer Korea-Politik. Schon am Vorabend der Olympiade von Seoul hatte Gorbatschow in der sibirischen Stadt Krasnojarsk eine Dynamisierung der sowjetischen Wirtschaftsbeziehungen mit Südkorea angeregt. In der von Gorbatschow und Roh gemeinsam unterzeichneten Prinzipienerklärung wird die Überzeugung ausgesprochen, dass die neuen Beziehungen zwischen ihren Ländern einer gerechten, friedlichen und demokratischen Lösung der koreanischen Frage förderlich sein könnten und nicht gegen Verpflichtungen der beiden Staaten gegenüber dritten Staaten verstoßen dürfen. Hier beginnt eine russische Politik, die ganz im Gegensatz zur Vergangenheit den beiden Teilstaaten Koreas gegenüber eine äquidistante Haltung einnimmt. Als Roh in Moskau bekannt gab, er habe Gorbatschow zu einem Besuch nach Südkorea eingeladen, speku-

---

[380] Frankfurter Allgemeine Zeitung, 6. Oktober 1990, und Korea Herald, 6. Oktober 1990. Siehe auch „Diplomatic Relations for Dollars", in: Pyongyang Times, 6. Oktober 1990. Englische Übersetzung weiter Teile des Rodong- Shinmun-Leitartikels vom 5.10.1990 in: Korea and World Affairs, Bd. XIV, Nr. 4, Winter 1990, Dokumentarteil, S. 790 f.

[381] Protokoll des Gesprächs zwischen Kim Il Sung und Ministerpräsident Kang Young Hoon vom 18.10.1990 in: Korea and World Affairs, Bd XIV, Nr. 4, Winter 1990, S. 809 f. Weitere Dokumente zum Treffen der Ministerpräsidenten ebd., S. 792–808, und ebd., Nr. 3, Herbst 1990, S. 568–577.

lierte ein Teil der Weltpresse, ob Gorbatschow tatsächlich Südkorea besuchen werde, bevor er noch je Nordkorea betreten habe. In einer Rede an der Universität Moskau sagte Präsident Roh, Südkorea hoffe, die Sowjetunion werde ihre Politik der Freundschaft gegenüber Nordkorea fortsetzen. Vielleicht, so meinte er, könne Moskau den Nordkoreanern helfen, sich aus ihrer selbst auferlegten Isolation zu befreien, um dann in ein neues kooperatives Verhältnis zur internationalen Staatenwelt einzutreten. Mit Roh waren auch an die zehn Vertreter südkoreanischer Großkonzerne zu Wirtschaftsgesprächen nach Moskau gereist. Und im Nachgang zu Rohs Staatsbesuch entstand am 22. Januar 1991 ein südkoreanisch-sowjetisches Kommuniqué über die Ergebnisse einer Wirtschaftskonferenz zwischen beiden Ländern. Abgesehen von dem Beschluss, die bilaterale Kooperation auf dem Gebiet des Fischereiwesens zu beginnen, besagt Artikel 5 dieses Kommuniqués, Südkorea habe für die nächsten drei Jahre Kredite in Höhe von 1,5 Milliarden US-Dollar für die Exporte südkoreanischer Konsumgüter und Rohstoffe in die Sowjetunion bereitgestellt und einen weiteren Kredit in Höhe von 500 Millionen US-Dollar zum Export südkoreanischer Kapitalgüter in die Sowjetunion. Zur Unterstützung der Perestroika-Politik Präsident Gorbatschows – wie es wörtlich heißt – werde Südkorea der Sowjetunion zusätzlich eine Währungsanleihe (cash loan) in Höhe von 1 Milliarde US-Dollar zur Verfügung stellen. Schließlich erwähnt das Kommuniqué auch gegenseitige Besprechungen über sieben Projekte zur Entwicklung der Erdöl- und Naturgasproduktion auf der nördlich von Japan gelegenen Insel Sachalin. Auch solle ein südkoreanisch-sowjetisches Komitee für Fragen der Atomenergie zum Zweck gemeinsamer Studienprojekte errichtet werden.[382] Nur drei Monate später traf Gorbatschow tatsächlich, von Japan nach Moskau zurückkehrend, zum ersten Besuch in Südkorea ein, den je ein russisches Staatsoberhaupt der koreanischen Halbinsel abgestattet hatte. Gorbatschow, der Roh auf der durch ihre landschaftliche Schönheit berühmt gewordenen Cheju-Insel begegnete, deutete zur großen Genugtuung der Südkoreaner an, dass sich Moskau trotz diesbezüglich vehementer Opposition Nordkoreas für eine Aufnahme Südkoreas in die Weltorganisation der Vereinten Nationen einsetzen könne. Weniger Begeisterung löste Gorbatschow aus, als er überraschend die Verhandlung und den Abschluss eines südkoreanisch-sowjetischen Vertrages über Freundschaft und gegenseitige Zusammenarbeit vorschlug. Denn hier entstand in südkoreanischen Regierungskreisen die Besorgnis, ein solcher Schritt könne das für Südkorea doch essenziell wichtige Verhältnis zu den USA beeinträchtigen. Roh parierte Gorbatschows Vorstoß mit der Ansicht, ein solcher Vorschlag lasse sich am besten erst nach der Lösung der koreanischen Frage weiter verfolgen. Auf die Frage

---

[382] Dokumente zu Präsident Rohs Staatsbesuch in Moskau in: Korea and World Affairs, Bd. XV, Nr. 1, Frühjahr 1991, S. 131–145.

der südkoreanischen UNO-Mitgliedschaft zurückkommend, wies Gorbatschow die nordkoreanische Vorstellung eines gemeinsamen UNO-Sitzes für beide Teilstaaten Koreas als „unrealistisch" zurück. Zur ausgesprochenen Genugtuung seiner südkoreanischen Gesprächspartner ließ er aber wissen, dass es hinsichtlich der Frage einer südkoreanischen UNO-Mitgliedschaft bereits Konsultationsgespräche zwischen Moskau und Peking gegeben habe. Am Ende seines dritten Treffens mit Roh Tae Woo betonte Gorbatschow, Moskau betrachte seine Beziehungen zu Nordkorea weiterhin als einen wertvollen Bestandteil sowjetischer Außenpolitik, begrüße aber die jetzt anlaufende Entwicklung guter Beziehungen zu Südkorea. Auch gab er seiner Hoffnung Ausdruck, Südkoreas Hauptstadt Seoul in absehbarer Zeit besuchen zu können.[383] Beide Staatsmänner trennten sich in dem Gefühl, eine lästige Feindschaft aus der Zeit des Kalten Krieges ad acta gelegt und eine Politik begonnen zu haben, die der Außenpolitik ihrer jeweiligen Länder größeren Bewegungsspielraum verhieß.

Das Problem der koreanischen UNO-Mitgliedschaft wurde noch im gleichen Jahr aktuell, da Südkorea einerseits seine Absicht erkennen ließ, einen Aufnahmeantrag zu stellen, und Nordkorea auf der anderen Seite nicht mehr so wie in den vergangenen Jahren mit einem Veto der mit ihm verbündeten kommunistischen Mächte im Sicherheitsrat rechnen konnte. Nachdem der Regierung von Kim Il Sung diese neue Haltung Chinas bei einem Staatsbesuch des chinesischen Ministerpräsidenten Li Peng in Nordkorea vom 3. bis zum 6. Mai 1991 mitgeteilt worden war, ergriff die Regierung in Pjöngjang überraschend die Initiative und erklärte am 28. Mai ihren Willen, ebenfalls einen Mitgliedsantrag an die Organisation der Vereinten Nationen zu richten. Dies war eine Wende um 180 Grad. Denn – wie erwähnt – Nordkorea hatte in der Vergangenheit eine doppelte Mitgliedschaft beider koreanischen Teilstaaten stets mit dem Argument abgelehnt, dies könne nur die Spaltung zwischen den beiden Landesteilen vertiefen. Jahrelang hatte Nordkorea immer wieder vergeblich auf der Annahme des Vorschlages von Kim Il Sung beharrt, eine gemeinsame UN-Delegation beider koreanischen Staaten zu bilden. Im Wissen um den Überraschungseffekt, den diese radikale Haltungsänderung auslöste, begründete Nordkorea seine Initiative mit der Behauptung, bei einem UN-Beitritt nur Südkoreas könnten wichtige Fragen von gesamtkoreanischem Interesse in der UNO nachteilig verhandelt werden. Um solche Einseitigkeiten und mögliche Schäden zu verhindern, könne Nordkorea nicht tatenlos bleiben, sondern habe vor, den formellen Aufnahmeantrag fristgerecht zu stellen. Südkorea wiederum begrüßte die Aussicht einer gleichzeitigen Aufnahme beider koreanischen Staaten in die Weltorganisation, die von der Regierung in Seoul immer wie-

---

[383] Bericht über das Treffen Gorbatschow – Roh Tae Woo in: Korea Newsreview, 27. April 1991, S. 4–9.

der vorgeschlagen worden war, betonte aber gleichzeitig, dass dies nur eine temporäre Regelung bis zur Wiedervereinigung Koreas sein könne. Vom Leiter der südkoreanischen Beobachtermission bei der UNO, Roe Chang Hee, war zu erfahren, dass die südkoreanische Seite den Nordkoreanern vergeblich eine konzertierte Antragstellung beider Seiten vorgeschlagen habe.[384] Am 8. August 1991 verabschiedete der Sicherheitsrat der Vereinten Nationen ohne Gegenstimme und ohne Enthaltung die Resolution 702, in welcher der Generalversammlung empfohlen wurde, beide Teilstaaten Koreas als neue Mitglieder in die Weltorganisation zuzulassen. Nach dem geteilten und inzwischen wiedervereinigten Deutschland wurde so Korea zum zweiten Land der Welt, das aufgrund eines ungelösten nationalen Systemkonflikts und trotz des Bekenntnisses beider Teilstaaten zu einer einheitlichen nationalen Identität des koreanischen Volkes mit einer zweistaatlichen Vertretung in die Weltorganisation aufgenommen wurde. Damit waren in der Weltfriedensorganisation jene zwei Staaten vertreten, deren Konfrontation immer wieder einen der ernstesten regionalen Krisenpunkte der Weltpolitik gebildet hatte.[385] Am 17. September 1991 beschloss die Generalversammlung der Vereinten Nationen die Aufnahme beider koreanischen Staaten. Zwar führte dieses Ereignis sowohl dem koreanischen Volk wie auch der Weltöffentlichkeit erneut die bleibende strukturelle Anomalie der koreanischen Situation vor Augen. Andererseits bedeutete diese Neuentwicklung, wenn auch in indirekterer Weise, einen neuen Erfolg der südkoreanischen Nordpolitik und eine weitere Stufe im Aufstieg Koreas und seiner Bedeutung im Rahmen der Weltpolitik.

Wie gezeigt, war Südkorea mit der als sensationell empfundenen Aufnahme von Beziehungen zur Sowjetunion der seit zwei Jahrzehnten angestrebte Durchbruch aus einer Situation politischer und weitgehend auch wirtschaftlicher Isolation gegenüber der Gruppe kommunistischer oder ehemals kommunistischer Staaten Osteuropas gelungen. Von fast noch größerer Tragweite allerdings war Südkoreas Bemühung um eine Normalisierung seines Verhältnisses zur benachbarten Volksrepublik China. Abgesehen von der geostrategischen und auch wirtschaftsgeographischen Nähe und Bedeutung chinesischer Produktionszentren zur koreanischen Halbinsel spielt China für Korea eine Rolle, die mit derjenigen anderer Staaten kaum vergleichbar ist. Aus der im ersten Teil dieses Bandes kurz zusammengefassten Geschichte des vormodernen Korea geht die überragende Bedeutung des chinesischen Kultureinflusses auf Korea hervor. Soweit Einflüsse anderer Staaten auf Koreas kulturelle und gesellschaftliche Entwicklung eine Rolle spielten, vermochte kein anderer Staat die soziokulturelle Grundorientierung des koreanischen Volkes

---

[384] Korea Herald, 10. Juli 1991, Archiv der Gegenwart, 27. Mai 1991, S. 35680–S. 35682.
[385] Ebd., S. 35937.

so sehr zu beeinflussen wie China. Ende des 19. Jahrhunderts war China aktiv, wenn auch vergeblich, bemüht, der japanischen Penetration Koreas entgegengetreten. Nach der Annektierung Koreas durch Japan hatte China der koreanischen Exilregierung Zuflucht gewährt und die chinesische Regierung Chiang Kai-sheks war die einzige im Kreise der Kriegsalliierten gewesen, die den Bestrebungen des koreanischen Volkes mit Verständnis und Interesse begegnet war. Seit der Gründung der Republik Korea hatte die nach Taiwan übersiedelte nationalchinesische Regierung kontinuierlich enge und freundschaftliche Beziehungen zu Südkorea aufrechterhalten, die in der gemeinsamen Gegnerschaft gegen das kommunistische Regime des maoistischen China und gegen andere kommunistische Mächte ihre ideologische Untermauerung fanden. Die Volksrepublik China war die einzige auswärtige Macht gewesen, gegen welche die Republik Korea wegen der chinesischen Intervention in den Koreakrieg 1950 bis 1953 hatte Krieg führen müssen. Wie berichtet, hatte sich die südkoreanische Regierung des Präsidenten Syngman Rhee aus Enttäuschung über den Verzicht auf die bewaffnete Wiedervereinigung Koreas geweigert, das Waffenstillstandsabkommen des Jahres 1953 zu unterzeichnen, obwohl die Regierung in Seoul öffentlich zugesagt hatte, das Abkommen faktisch zu respektieren. Man konnte also argumentieren, dass sich Südkorea und die Volksrepublik China in einem rechtlich noch nicht beigelegten latenten Kriegszustand befanden. Aber auch die Beziehungen der Volksrepublik China zu Nordkorea waren durchaus besonderer Natur. Während der japanischen Besetzung Koreas hatten Partisaneneinheiten der koreanischen Kommunisten, einschließlich derjenigen Kim Il Sungs, in der an Nordkorea angrenzenden Südmandschurei operiert, während andere koreanische Verbände Seite an Seite mit den um Maos Kriegshauptstadt Yenan stationierten Einheiten der chinesischen Roten Armee in Zentralchina gegen die Japaner kämpften.

Südkoreas Interesse an diplomatischen Beziehungen zu Peking bildete einen sehr wesentlichen Teil seiner bereits beschriebenen „Nordpolitik". Für China – ebenso wie für die Sowjetunion – ergab sich ein Anlass zum neuen Überdenken seiner Koreapolitik anlässlich der im Mai 1989 bei Gorbatschows historischem Staatsbesuch in Peking besiegelten Normalisierung der Beziehungen zwischen Peking und Moskau nach drei Jahrzehnten gegenseitiger Konfrontationspolitik. Der vergangene Konflikt Moskau – Peking hatte zu einer Konkurrenz beider Mächte um ihre jeweilige Einflussnahme auf Nordkorea geführt, von der Pjöngjangs Balancepolitik zwischen beiden kommunistischen Großmächten beträchtliche Gewinne gezogen hatte. Dieses ideologisch und machtpolitisch bedingte Konkurrenzverhältnis zu Moskau war nun für Peking ebenso entfallen wie auch umgekehrt für Moskau. Als zentrale Macht des ostasiatischen Raumes musste Peking sich fragen, ob es seinen Interessen dienlicher sei, in Korea nur über Beziehungen zu dem weniger interessant gewordenen Nordkorea zu verfügen, oder ob seine Rolle in diesem Raum nicht stärker sein konnte, wenn es gleichzeitige Beziehungen zu beiden koreanischen Staaten unterhielte. Im Rahmen gleichwertiger diplomatischer Kontakte, sowohl zu Pjöngjang als auch zu Seoul, konnte China in Korea eine bedeutendere und zugleich distanziertere Rolle spielen als auf der Basis nur unilateraler Beziehungen zu Nordkorea. Diplomatisch konnte China damit Japan und die USA an potenzieller Flexibilität überflügeln, da Washington und Tokio nur über Beziehungen zu Südkorea verfügten. Aber auch wirtschaftliche Erwägungen spielten für China eine sehr bedeutsame Rolle. Intensive Handelsbeziehungen zum nahen Korea würden die fast übergroße wirtschaftliche Rolle Japans in China reduzieren, Konkurrenz für die Japaner schaffen und für China Import- und Investitionsalternativen ermöglichen.

Chinas neues Interesse an Südkorea hat im Oktober 1990 im Austausch faktischer Konsularvertretungen zwischen beiden Ländern einen ersten praktischen Niederschlag gefunden. Bereits 1989 hatte das Gesamtvolumen des Handels zwischen China und Südkorea einen Wert von 1,49 Milliarden US-Dollar erreicht und war somit fast dreimal so hoch wie der Wert des Handels zwischen China und Nordkorea, der sich nur auf 520 Millionen US-Dollar belief. Das Handelsvolumen zwischen Südkorea und China war aber 1990 auf 3,8 und 1991 sogar auf 5,8 Milliarden US-Dollar angestiegen. Bis Ende 1991 waren 110 südkoreanische Unternehmen als Investoren in China tätig und hatten bis dahin etwa 900 Millionen US-Dollar investiert.[386] Dieses so rapide Ansteigen des gegenseitigen Handels ist beachtlich, wenn man bedenkt, dass China bis zum Dezember 1991 südkoreanische Importe mit Importsteuern zwischen 5 und 30 Prozent belegte und somit höher besteuerte als seine Importe aus Japan oder aus Taiwan. Im Rahmen einer dreitägigen Gesprächsrunde zwischen dem stellvertretenden Vorsitzenden der Internationalen Handelskammer der Volksrepublik China auf der einen Seite und südkoreanischen Diplomaten auf der anderen, die in Seoul stattfand, entstand am 20. Dezember 1991 ein südkoreanisch-chinesisches Handelsabkommen, in dessen Rahmen sich beide Seiten die absolute Fairness bei Zöllen und bei der Abwicklung von Import- und Exportverfahren zusagten. Weiterhin vereinbart wurden jährliche Handelsgespräche im Rahmen dieses Abkommens.[387] In Südkorea wiederum waren im Zusammenhang mit der Demokratisierung auch Lohnforderungen und Lohnkosten in der Industrie nicht unbedeutend gestiegen und nun waren manche Großfirmen an Investitionen in chinesischen Betrieben mit weitaus geringeren Lohnkosten stark interessiert.

---

[386] Jia Hao Zhuang Qobing: „China's Policy Toward The Korean Peninsula", in: Asian Survey, Bd XXXII, Nr. 12, Dezember 1992, S. 1146, Beijing Review, 18.–24. Mai 1992, S. 12 und 40.

[387] Zum südkoreanisch-chinesischen Handelsabkommen vom 20.12.1991 siehe: Korea Newsreview, 28. Dezember 1991, S. 12 f.

Auf der taktischen Ebene der Diplomatie gab es bei den Regierungen beider geteilter Länder eine strukturelle Parallelität der Interessen. Jede von ihnen hoffte, durch die Normalisierung mit dem anderen Druck auf die rivalisierende zweite Regierung innerhalb der gleichen Nation ausüben zu können. Für China war dies Taiwan und für Südkorea war es Nordkorea. Die nationalchinesische Regierung auf Taiwan, die 1971 die Vertretung für ganz China in der UNO verloren hatte, war diplomatisch seither immer stärker isoliert worden und hatte in wachsendem Maße auf reguläre diplomatische Beziehungen zu auswärtigen Staaten verzichten müssen. Nachdem das Taiwan jahrzehntelang diplomatisch unterstützende Saudi-Arabien den diplomatischen Schwenk von Taiwan nach Peking vollzogen hatte, blieben Südafrika und Südkorea die letzten bedeutenderen Staaten, die zu Taiwan diplomatische Beziehungen unterhielten. Wie dargestellt, hatte es zwischen Südkorea und dem nationalchinesischen Regime auf Taiwan jahrzehntelang enge und auch ideologisch bedingte Affinitäten gegeben. Als die Außenminister Chinas und Südkoreas am 24. August 1992 miteinander ein Abkommen zur Aufnahme der beiderseitigen diplomatischen Beziehungen unterzeichneten, erhielt dieses 6-Punkte-Abkommen in Punkt 3 einen Artikel folgenden Wortlautes: „Die Regierung der Republik Korea anerkennt die Regierung der Volksrepublik China als einzige legale Regierung Chinas und respektiert die chinesische Position, dass es nur ein China gibt und dass Taiwan ein Teil Chinas ist."[388] China hingegen respektiert im gleichen Abkommen nur die Bestrebungen „des ganzen koreanischen Volkes", eine baldige und friedliche Wiedervereinigung zu erreichen. Nationalchina empfand Südkoreas Vorgehen als „ideologischen Verrat" und als schwere Schädigung seiner Position. Die nationalchinesische Regierung brach daher ihre diplomatischen Beziehungen zu Seoul kurz vor dessen Normalisierungsabkommen mit Peking ab, untersagte Flugverbindungen der jeweiligen nationalen Flaggenträger (Korean Air Lines und China Airlines) und setzte die handelspolitische Vorzugsbehandlung, die südkoreanische Firmen in Taiwan lange genossen hatten, zeitweilig aus.[389] Den krönenden Abschluss der Normalisierung mit China bildete Präsident Roh Tae Woos Staatsbesuch in Peking, der von beiden Seiten als „historisches Ereignis" gewertet wurde. Während seines Aufenthalts in Peking vom 24. bis zum 28. September 1992 erwähnte Roh, China sei inzwischen zum drittgrößten Handelspartner Südkoreas geworden. Er sagte einerseits, „die Republik Korea und China sind jetzt Partner in der Gestaltung eines pazifischen Zeitalters im 21. Jahr-

---

[388] Text des Normalisierungsabkommens zwischen China und Südkorea vom 24.8.1992 in: Korea and World Affairs, Bd. XVI, Nr. 3, Herbst 1992, S. 544. Chronologie der Beziehungen zwischen China und Südkorea 1982–1992 ebd., S. 545–547.

[389] China aktuell, August 1992, S. 508 f.

hundert" geworden. Andererseits zögerte er nicht, zum Abbruch der Beziehungen Südkoreas zu Taiwan wörtlich festzustellen: „Es ist sehr bedauerlich, dass unsere Beziehungen zu Taiwan als Ergebnis der Normalisierung unserer Beziehung zu China abgebrochen werden müssen." Dies sei unvermeidlich geworden angesichts gegenwärtiger internationaler Realitäten und auch wegen des von Peking aufrechterhaltenen „Ein-China-Prinzips". Da die südkoreanische Regierung hoffe und auch erwarte, dass die Zusammenarbeit zwischen Taiwan und Südkorea in nicht-offiziellen Formen fortgesetzt und erweitert werden könne, werde die Regierung in Seoul so bald wie möglich diesbezügliche Gespräche mit den Taiwanesen beginnen.[390]

Die historische Bedeutung seines Staatsbesuches in das Gesamtgefüge der südkoreanischen Nordpolitik einordnend, bemerkte Roh Tae Woo, mit der erfolgreichen Aufnahme diplomatischer Beziehungen zu Peking sei der Prozess der Nordpolitik abgeschlossen. Das letzte „auswärtige Hindernis" im Wege der nationalen Wiedervereinigung sei beseitigt worden. Wie schon erwähnt, hatten Südkoreaner und Amerikaner zwei Jahrzehnte lang immer wieder der Regierung Nordkoreas eine „diplomatische Anerkennung über Kreuz" vorgeschlagen, das heißt, sie boten Pjöngjang diplomatische Beziehungen zu Japan und den USA an – im Austausch für Nordkoreas aktive Hilfe beim Zustandekommen diplomatischer Beziehungen Südkoreas mit Moskau und Peking. Zwei Jahrzehnte hindurch hatte Nordkorea die Realisierung dieses Vorschlages erfolgreich blockiert und negiert. Nun aber hatte Südkoreas Diplomatie der Nordpolitik die beiden angestrebten Durchbrüche zu Moskau und Peking im Alleingang geschafft, während Pjöngjang trotz diverser diesbezüglicher Bemühungen für sich noch keine diplomatischen Beziehungen zu Tokio oder Washington hatte erreichen können. In diesem Sinne hatte Südkorea den Konkurrenzkampf pro oder contra „cross recognition" unilateral für sich entscheiden können. Nordkorea war der Verlierer, es blieb Japan und den USA gegenüber auch fernerhin weitgehend isoliert und besaß nur wenige nützliche Beziehungen zu Moskau und Peking. Nordkoreas Eigeninteressen manifestierten sich in einer von Äquidistanz geprägten Haltung gegenüber dem geteilten Korea.

Als weitere Folge der „Nordpolitik" einerseits und der formalen Auflösung der Sowjetunion andererseits ergab sich eine neuerliche Betonung der gewachsenen internationalen Rolle der Republik Korea, als der Präsident der Russischen Föderation, Boris Jelzin, Südkorea im November 1992 als erstem Staat Ostasiens einen Staatsbesuch abstattete. Vorangegangen war die Streichung eines zuvor geplanten

---

[390] Dokumente zum Staatsbesuch Roh Tae Woos in Peking im September 1992 in: Korea and World Affairs, Bd. XVI, Nr. 3, Herald Tribune, 1. Oktober 1992, und Korea Newsweek, 3. Oktober 1992, S. 4 f.

Jelzin-Besuches in Japan, mit dem es weiterhin Spannungen wegen der ungelösten Frage der umstrittenen Nordinseln gab. Diese Gegebenheit galt als primärer Grund für das Ausbleiben von Moskaus erhoffter massiver japanischer Wiederaufbauhilfe für die Nachfolgestaaten der Sowjetunion. Umso stärker klammerte sich Jelzin an die Hoffnung, wenigstens in Südkorea einen Partner für dieses Vorhaben gewinnen zu können. Politisch und psychologisch hatten die Normalisierung der diplomatischen Beziehungen zwischen Seoul und Moskau wie auch die Begegnungen und Vereinbarungen zwischen Roh Tae Woo und Gorbatschow viele Wege zu einem neuen kooperativen Verhältnis zwischen Südkorea und Russland geebnet. Bemerkenswerterweise war Südkorea der einzige Staat Ostasiens, der den Nachfolgestaaten der Sowjetunion wesentliche wirtschaftliche Hilfe angeboten und partiell auch erteilt hatte. Allerdings war die zwischen Roh Tae Woo und Gorbatschow vereinbarte koreanische Hilfe im Gesamtwert von etwa 3 Milliarden US-Dollar wegen überfälliger Zinszahlungen für gewährte südkoreanische Kredite Ende 1991 ins Stocken geraten. Wie allerdings die Korea Newsreview vom 21.11.1992 berichtete, war am Vorabend des Jelzin-Besuches zwischen beiden Ländern ein Abkommen geschlossen worden, demzufolge Russland Südkorea in der ersten Jahreshälfte 1993 40.000 Tonnen Aluminium als Entgelt für einen Teil der aufgelaufenen Zinsen für südkoreanische Bankkredite liefern und weitere Zinsen in Höhe von 12,6 Millionen US-Dollar durch Barzahlungen tilgen sollte. Die von Seiten Russlands ausstehenden Zinsen beliefen sich auf insgesamt 49,4 Millionen US-Dollar und bezogen sich auf einen Kredit in Höhe von 1,47 Milliarden US-Dollar, den Südkorea der Sowjetunion im Jahre 1991 gewährt hatte. Nach Erhalt der vereinbarten Aluminiumlieferungen sollten dann Verhandlungen zwischen Seoul und Moskau über die Gewährung der ursprünglich vereinbarten Resthilfe in Höhe von 1,2 Milliarden US-Dollar stattfinden.

Zur politischen und grundsätzlichen Dimension der neuen Beziehungen zwischen Russland und Südkorea sagte Jelzin während seines Besuchs in Seoul zwischen dem 18. und 20. November 1992, die Beziehungen zwischen beiden Ländern sollten von der Ebene bloßer Normalisierung zu einem Zustand echter Partnerschaft weiterentwickelt werden. Sein Besuch in Seoul bedeute insofern „eine Korrektur der russischen Außenpolitik", als Moskau zuvor das Gewicht seines Interesses an der koreanischen Halbinsel zu stark auf Nordkorea verlagert und im Vergleich Südkorea vernachlässigt habe. Große Aufmerksamkeit erregte Jelzins Äußerung, der 1961 zwischen der Sowjetunion und Nordkorea geschlossene Freundschafts- und Beistandsvertrag müsse aufgehoben oder revidiert werden. Letzteres gelte insbesondere für die bisherige Verpflichtung automatischen militärischen Beistandes im Kriegsfall. Um hier ein relatives Gleichgewicht zu schaffen und um die Ernsthaftigkeit der neuen russischen Haltung Südkorea gegenüber zu unterstreichen, unterzeichnete Jelzin noch während seines Aufenthalts in Südkorea mit dessen Präsident Roh am 19. November 1992 einen Vertrag über die Grundlagen der Beziehungen zwischen der Republik Korea und der Russischen Föderation. In ihrem Vertrag bekennen sich beide Signatarmächte zu den „gemeinsamen Werten der Freiheit, der Demokratie, des Respekts für Menschenrechte und der Marktwirtschaft". Der Leser kann sich unschwer die Wirkung vorstellen, die solche Äußerungen in Nordkorea hervorrufen mussten. Des Weiteren hebt der Vertrag die Gleichberechtigung beider Seiten hervor, enthält eine Gewaltverzichtsklausel, betont die Rolle der Vereinten Nationen bei Konfliktschlichtung und sieht reguläre Konsultationen zwischen den Staatsoberhäuptern, Außenministern und anderen Regierungsmitgliedern beider Seiten vor. In weiteren Bestimmungen werden Kooperationen, insbesondere in Wirtschaft, Wissenschaft und Technologie, sowie in den Bereichen der Fischerei, der Energie, der Kommunikation, des Transports und der Konstruktion, aber auch auf den Gebieten der Kulturpflege und der Zusammenarbeit bei der internationalen Verbrechensbekämpfung angesprochen. Auf die Symbolik des neuen und alten russischen Wappens mit dem doppelköpfigen – nach Westen und nach Osten blickenden – Adler hinweisend, betonte Jelzin, Russland fühle sich auch für das Schicksal der asiatischen Pazifikregion verantwortlich.

In einer gemeinsamen Erklärung forderten Roh und Jelzin eine engere Zusammenarbeit zwischen den Staaten des asiatisch-pazifischen Raumes und Maßnahmen, um eine nukleare Proliferation auf der koreanischen Halbinsel zu verhindern. Jelzin gestand ein, dass zahlreiche in der Sowjetunion lebende Koreaner unter sowjetischer Herrschaft diskriminiert, unterdrückt und teilweise aus den Gebieten des russischen Fernen Ostens vertrieben worden seien. Er verwies jedoch auf neue russische Gesetze zur Rehabilitierung der Opfer politischer Repression. Die gemeinsame Erklärung beinhaltete auch die südkoreanische Beteiligung an der Erschließung russischer Bodenschätze in den sibirischen und maritimen Gebieten Russlands sowie auf Sachalin. Im Rahmen einer Pressekonferenz versicherte Jelzin, Russland habe die Lieferung von Nuklearmaterial und Nukleartechnologie an Nordkorea eingestellt. Er glaube nicht, dass Nordkorea ohne weitere Hilfe Russlands Nuklearwaffen entwickeln könne. Für Russland sei jedoch die Zeit gekommen, Nordkorea zu überreden, dass die Entnuklearisierung der koreanischen Halbinseln in seinem eigenen Interesse und im Interesse der künftigen Wiedervereinigung Koreas liege.[391]

---

[391] Dokumente zum Staatsbesuch Jelzins in Südkorea einschließlich des Grundlagenvertrages zwischen Seoul und Moskau sowie der gemeinsamen Erklärung von Roh und Jelzin wie auch einer gemeinsamen Pressekonferenz der beiden Präsidenten in: Korea and World Affairs, Bd. XVI, Nr. 4, Winter 1992, S. 744–756. Siehe auch Kommentare und Berichte in: Korea Newsreview, 28. November 1992, S. 4–7, und Korea Herald, 21. November 1992. Vgl. auch Archiv der Gegenwart, 20. November 1992, S. 37345.

11.4 Die neuen Grundsatzabkommen zwischen Süd- und Nordkorea 1991/92

Wie so oft in der vielhundertjährigen Geschichte Koreas hatten sich auch zu Anfang der 90er Jahre auswärtige Veränderungen von weltpolitischer Reichweite auf innerkoreanische Verhältnisse ausgewirkt. Das in der Ära Gorbatschow bewirkte Ende des stark ideologisch gefärbten sowjetischen Imperialismus und die neue Bereitschaft Moskaus zur Anbahnung neuer und vielseitiger kooperativer Beziehungsstrukturen hatte einerseits Nordkoreas Rückhalt durch sein Bündnis mit der UdSSR erschüttert und andererseits zur Anbahnung diplomatischer und wirtschaftlicher Beziehungen zwischen Moskau und Seoul geführt. Während sich die Haltung Chinas Südkorea gegenüber gelockert hatte, war sie Nordkorea gegenüber zurückhaltender geworden. Da Nordkorea folglich nicht mehr mit einem chinesischen Veto gegen einen südkoreanischen Aufnahmeantrag in die UNO rechnen konnte, hatte die Regierung, wie erwähnt, am 27. Mai 1991 ihren überraschenden Beschluss bekannt gegeben, im Gegensatz zu ihrer jahrelang eingenommenen Haltung, nun selbst doch einen separaten Aufnahmeantrag für Nordkorea zu stellen und damit eine Situation zu akzeptieren, in der beide koreanischen Staaten Seite an Seite in der Weltorganisation vertreten sein würden.[392] Ab 1990 – dem Jahr der deutschen Wiedervereinigung – begannen die beiden koreanischen Staaten trotz zahlreicher diesbezüglicher Meinungsdifferenzen wieder aufeinander zuzugehen. Nach vorbereitenden Gesprächen, auch auf Kabinettsebene, hatten die Präsidenten Roh im Süden und Kim Il Sung im Norden jeweils die Ministerpräsidenten der anderen Seite zu persönlichen Gesprächen empfangen. In seiner Neujahrsansprache vom 1. Januar 1991 hatte Nordkoreas Präsident betont, eine koreanische Wiedervereinigung nach deutschem Muster – im innerdeutschen Raum, bewirkt durch die ostdeutsche Revolution, freie Wahlen in Ostdeutschland und Verhandlungen zwischen zwei deutschen Regierungen – komme für Korea nicht infrage. Der Norden Koreas dürfe systemisch nicht vom Süden absorbiert werden, umgekehrt wolle der Norden den Süden nicht kommunistisch machen. Auf diese Angst des Nordens vor einem Wiedervereinigungsprozess nach deutschem Muster eingehend, hatte Südkoreas Ministerpräsident Chung Won-shik im Verlaufe einer in Pjöngjang am 24. Oktober 1991 gehaltenen Rede beruhigend versichert: „Ich möchte es noch einmal klar machen, dass unsere Seite keine ‚Vereinigung durch Absorbierung' erstrebt ..." Er erinnere an Südkoreas Vorschlag zur Errichtung eines „Koreanischen Commonwealth" mit einem

---

[392] Texte der Ankündigungen Süd- und Nordkoreas hinsichtlich ihres UN-Beitritts in: Korea and World Affairs, Bd. XV, Nr. 2, Sommer 1991, S. 340–343.

„Rat der Präsidenten", gebildet aus den Staatschefs beider Seiten als oberstem Lenkungsorgan.[393]

Anlässlich einer fünften Runde der innerkoreanischen Verhandlungen auf der Ebene der Ministerpräsidenten konnte von den Regierungschefs beider Länder am 13. Dezember 1991 das so genannte „Abkommen über Aussöhnung, Nichtangriff, Zusammenarbeit und Austausch zwischen dem Norden und dem Süden"[394] unterzeichnet werden, das, geschichtlich gesehen, den bisherigen Höhepunkt konstruktiver innerkoreanischer Kontakte verkörpert. Artikel 1 lautet: „Der Norden und der Süden werden das auf der jeweils anderen Seite bestehende System anerkennen und respektieren." Dies wurde als Absage an eine Form der Wiedervereinigung gewertet, die nur im Zeichen eines der beiden politisch-ideologischen Systeme erfolge. In den Artikeln 2 und 3 versichern sich die beiden vertragschließenden Seiten, sich nicht in die inneren Angelegenheiten der jeweils anderen Seite einzumischen und Beschimpfungen und Verleumdungen der jeweils anderen Seite zu beenden. Artikel 4 lautet wörtlich: „Der Norden und der Süden werden jeglichen Akt mit dem Ziel der Zerstörung und des Sturzes der jeweils anderen Seite unterlassen." Artikel 5 besagt, dass der gegenwärtige Waffenstillstand in einen dauerhaften Frieden verwandelt und bis zur Erreichung dieses Zustandes das gegenwärtige Waffenstillstandsabkommen eingehalten werden solle. Laut Artikel 6 sollen Konfrontation und Rivalität der beiden Seiten beendet werden. Seoul und Pjöngjang sollten miteinander „konzertierte Anstrengungen" unternehmen, um die nationale Würde und die nationalen Interessen des gesamten koreanischen Volkes zu wahren. In den Artikeln 7 und 8 wird beschlossen, innerhalb von drei Monaten nach dem Inkrafttreten dieses Abkommens an der Demarkationslinie in Panmunjom ein „Nord-Süd-Verbindungsbüro" zur gegenseitigen Kontaktpflege und innerhalb eines Monats nach Inkrafttreten dieses Abkommens ein „politisches Nord-Süd-Subkomitee" zur weiteren Vertiefung der gegenseitigen Beziehungen zu errichten. Artikel 9 beinhaltet eine gegenseitige Gewaltverzichtserklärung und Artikel 10 die Verpflichtung, Konflikte zwischen beiden Seiten friedlich durch Dialog und Verhandlungen zu lösen. Die im Waffenstillstandsabkommen vom 27. Juli 1953 festgelegte militärische Demarkationslinie soll nach Artikel 11 als politische Demarkationslinie und gewaltfreie Zone zwischen Nord- und Südkorea gelten. Drei Monate nach Inkrafttreten des Abkommens soll ein gemeinsames Nord-Süd-Mili-

---

[393] Erklärung Chung Won-shiks, ebd., Nr. 4, Winter 1991, S. 766 f. Neujahrsansprache Kim Il Sungs in: Pyongyang Times, 1. Januar 1991.

[394] Die Texte des grundsätzlichen Süd-Nord-Abkommens vom 13.12.1991 wie auch der gemeinsamen Erklärung der Entnuklearisierung Koreas vom 20.1.1992 finden sich in: National Unification Board: An Era of Reconciliation and Cooperation Begins. Seoul 1992, S. 7–16. Ergänzende Dokumente im Dokumentarteil von Korea and World Affairs, Bd. XVI, Nr. 1, Frühjahr 1992, S. 123–161.

tär-Komitee gebildet werden, dem auch die Durchführung von Maßnahmen zur gegenseitigen militärischen Vertrauensbildung und Abrüstung obliegen solle. Dazu solle zum Beispiel die Überwachung der Verlegung größerer Truppeneinheiten, die Information über militärische Übungen und ein stufenweise zu realisierender Rüstungsabbau, einschließlich der Verringerung und Beseitigung von Massenvernichtungswaffen und Angriffspotenzialen, gehören. Die militärischen Führungen beider Seiten würden durch eine direkte Telefonverbindung miteinander in Kontakt stehen, um den Ausbruch oder die Eskalation zufälliger bewaffneter Konflikte zu unterbinden.

Die weiteren Artikel 15 bis 23 stellen eine weit reichende Normalisierung der gegenseitigen Beziehungen in Aussicht. Dies betrifft die Wiederherstellung der Straßen-, Eisenbahn-, Luft- und Schifffahrtsverbindungen zwischen beiden Landesteilen, die Aufnahme von Post- und Telekommunikationsverkehr, die Verwirklichung zwischenmenschlicher Kontakte auf der Basis von Reisefreiheit, vielfältigen kulturellen Austausch und insbesondere auch technologische und wirtschaftliche Zusammenarbeit – einschließlich Warenaustausch und gemeinsame Erschließung von Ressourcen.

Insgesamt können die wichtigsten Aspekte dieses von Kommentatoren als „epochal" gewerteten interkoreanischen Vertragswerkes in den folgenden Punkten zusammengefasst werden:

1. Das Abkommen brachte die beiderseitige Anerkennung einer rechtlichen und faktischen Situation auf der koreanischen Halbinsel, die vom temporären Nebeneinanderbestehen zweier souveräner koreanischer Teilstaaten gekennzeichnet ist.

2. Das Abkommen bekräftigt den Willen beider Seiten – trotz der Unterschiedlichkeit ihrer Systeme – gemeinsam und als gleichberechtigte Partner auf das Ziel einer künftigen nationalen Wiedervereinigung hinzuarbeiten.

3. Zu diesem Zweck hatten sich beide Seiten auf die Durchführung zahlreicher Maßnahmen geeinigt, die zunächst und als wesentlicher Schritt auf diesem Wege der Normalisierung der Beziehungen zwischen ihnen in die Tat umgesetzt werden sollten.

4. Zur Erhöhung der gegenseitigen und der internationalen Sicherheit auf der koreanischen Halbinsel hatten sich beide Seiten zu einer Politik der Entnuklearisierung der koreanischen Halbinsel verpflichtet.

Bereits vor dem Abschluss dieses interkoreanischen Grundlagenvertrages vom Dezember 1991 hatte es hoffnungsvoll scheinende Symptome für die Möglichkeit einer weit reichenden Entspannung zwischen Süd und Nord gegeben. So hatte es im Juli 1991 einen ersten direkten Warenaustausch zwischen Süd- und Nordkorea gegeben, als ein südkoreanisches Frachtschiff mit 5.000 Tonnen Reis an Bord am 27. Juli in Richtung auf den nordkoreanischen Hafen Najin in See stach. Der bis dahin nur indirekt über Hongkong oder die Volksrepublik China laufende Handel zwischen Süd und Nord hatte im Zeitraum zwischen Oktober 1988 und Juni 1991 ein Volumen im Wert von nur 134 Millionen US-Dollar gehabt. Nach südkoreanischer Ansicht und im Gegensatz zu manchen Meinungen, die in den USA, bei der FAO und in GATT-Kreisen vertreten wurden, sollte der interkoreanische Handel handelsrechtlich denselben Status haben wie der ehemalige Handel zwischen den beiden Staaten im geteilten Deutschland.[394a] Aber auch in anderer Hinsicht waren zuvor positive Signale gesetzt worden. So hatte Südkoreas Präsident Roh im Rahmen einer Sendung des amerikanischen Fernsehsenders CNN dargelegt, Südkorea wünsche keine Änderung der Zustände in Nordkorea durch eine gewaltsame Revolution, sondern durch graduelle demokratische Evolution. Und von der anderen Seite ließ Nordkoreas Präsident Kim Il Sung wissen, er sei an einem Gipfeltreffen der Präsidenten von Süd und Nord interessiert, doch müssten die Verhandlungen auf Ministerpräsidentenebene zuvor weitere Fortschritte gemacht haben. [394b]

In Ergänzung zu dem geschilderten Vertrag unterzeichneten die Ministerpräsidenten beider Seiten am 20. Januar 1992 eine gemeinsame Erklärung über die Entnuklearisierung der koreanischen Halbinsel. Diese Erklärung verpflichtet den Süden wie auch den Norden, Nuklearwaffen weder zu erzeugen noch zu empfangen, zu erproben, zu lagern oder zu benützen. Nuklearenergie dürfe auf beiden Seiten lediglich für friedliche Zwecke eingesetzt werden. Beide Seiten würden daher keine Anlagen zur Bearbeitung und Anreicherung von Uran errichten. Um diese Entnuklearisierung der koreanischen Halbinsel auch verifizieren zu können, sollten – laut Artikel 4 dieser Erklärung – Inspektionen von Objekten möglich sein, die eine Seite vorgeschlagen habe, jedoch nur nach diesbezüglicher Übereinstimmung zwischen beiden Seiten. Zum Zweck der vorgenannten Ziele würden beide Seiten eine gemeinsame Kontrollkommission innerhalb eines Monats nach Inkrafttreten dieser Deklaration ins Leben rufen. Die Ratifizierung dieser Erklärung erfolgte im Februar 1992 anlässlich der sechsten in Pjöngjang stattfindenden Verhandlungsrunde zwischen den Ministerpräsidenten beider Seiten.[395] Das so hoffnungsvoll begonnene vertragliche Nebeneinander und geplante Miteinander der beiden koreanischen Teilstaaten geriet jedoch noch im gleichen Jahr ins Stocken. Einer der Gründe bestand in der Aufdeckung des bisher größten nordkoreanischen Spionagerings, die von der südkoreanischen Regierung am 6. Oktober 1992 bekannt gegeben wurde. 400 oppositionelle Aktivisten, die eine Organisation

---

[394a] Korean Newsreview, 3. August 1991, S. 12 f., und Archiv der Gegenwart vom 23. August 1991, S. 35981.

[394b] Kim, Hyeh-won: „Kim Il Sung wants Summit with Roh. S.-N. Foreign Ministers Talks likely at UN", in: Korea Newsreview, 28. September 1990, S. 7.

[395] Siehe Dokumentarteil von: Korea and World Affairs, Bd. XVI, Nr. 1, Frühjahr 1992, S. 394.

mit Namen „Arbeiterpartei Chosons" gegründet hätten, hätten das Ziel verfolgt, eine Wiedervereinigung Koreas unter der kommunistischen Führung Nordkoreas herbeizuführen. Nordkorea verweigerte die von Südkorea geforderte Entschuldigung. Da Pjöngjang immer wieder gegen gemeinsame Großmanöver amerikanischer und südkoreanischer Streitkräfte im Süden des Landes protestiert hatte, Seoul aber wiederum ein Interesse an einer Kontrolle nordkoreanischer Nuklearanlagen hatte, schlug der südkoreanische Ministerpräsident Hyun am 21. Oktober 1992 den Nordkoreanern vor, Südkorea werde auf diese Manöver verzichten, wenn im Austausch dafür Nordkorea Atomkontrollen auf der Basis der Gegenseitigkeit zustimme. Dies aber lehnte Nordkorea zumindest für jenen Zeitraum ab, in dem Südkorea mit den USA militärisch kooperiere. Für den Fall, dass Südkorea das „Team Spirit" genannte Großmanöver mit den USA nicht bis Ende November 1992 absage, warnte Nordkorea, es könne als Vergeltung hierfür nicht nur die so aussichtsreich begonnenen Gesprächskontakte mit dem Süden einstellen, sondern sogar auch das Abkommen über Wiederannäherung und Kooperation kündigen. Da Südkorea unter diesen Umständen die Manöver mit den USA nicht absagen wollte, reagierte Nordkorea mit der Bekanntgabe eines Boykotts der für November anberaumten Sitzungen der neu gegründeten innerkoreanischen Komitees. Somit konnten fast alle der vorgesehenen Kontakt- und Kooperationsmaßnahmen zwischen beiden Teilstaaten zunächst nicht in die Tat umgesetzt werden.[396]

---

[396] Archiv der Gegenwart, 8. November 1992, S. 37306–37397. Dokumente zu dieser Süd/Nord-Kontroverse vom Oktober und November 1992 in: Korea and World Affairs, Bd. XVI, Nr. 4, Winter 1992, S. 761–768.

12. Kim Young Sams Wahlsieg und Programm einer „zivilen Gesellschaft"

12.1 Die Präsidentschaftswahlen von 1992

Im Bereich der südkoreanischen Innenpolitik vollzog sich Anfang 1990 eine Entwicklung, die weite Teile der Presse als „politische Revolution" werteten. Denn zum Staunen der Öffentlichkeit gab Roh Tae Woo als Führer der Regierungspartei im Januar 1990 bekannt, dass sich seine Partei, die bei den Parlamentswahlen von 1988 die absolute Mehrheit verfehlt hatte, mit zwei Oppositionsparteien zu einer neuen koreanischen Großpartei zusammenschließen würde. Das Staunen war berechtigt. Denn Kim Young Sam, der Führer der Partei für Wiedervereinigung und Demokratie, hatte unter Vorgängerregierungen, denen seine beiden neuen Partner Roh Tae Woo und der frühere Ministerpräsident Kim Jong Pil angehört hatten, politische Verfolgungen zu erleiden gehabt. Kim Jong Pil wiederum, der Dritte im Bunde, Vorsitzender der Neuen Demokratischen Republikanischen Partei, war in der Übergangsphase von der Regierung Park Chung Hees zur neuen Ära unter Chun Doo Hwan verhaftet, der Korruption angeklagt und mit einem politischen Tätigkeitsverbot belegt worden. Doch Südkoreas Politik befand sich angesichts der komplexen Mehrheitsverhältnisse in der Nationalversammlung in Schwierigkeiten. In den zwei Jahren seit den letzten Wahlen hatten sich nicht weniger als 100 Gesetzesentwürfe angestaut, die nicht erledigt werden konnten. Das wirtschaftliche Wachstum war beträchtlich zurückgegangen, das Land wurde von einer beispiellosen Welle von Arbeitskämpfen erschüttert. Die Außenpolitik stand angesichts der dynamischen Ankurbelung der neuen Nordpolitik vor einer Bewährungsprobe, die einer glaubwürdigen Regierungsfähigkeit im Inneren bedurfte. Umstände dieser Art tragen zur Erklärung des Zusammenschlusses der drei genannten Parteien zur neuen *Demokratischen Liberalen Partei* bei. Ihre faktische Führungsspitze bildete das Triumvirat Roh Tae Woo, Kim Young Sam und Kim Jong Pil. Im Besitz von 215 der insgesamt 299 Sitze der Nationalversammlung verfügte die Partei über eine zur Verfassungsänderung erforderliche Zweidrittelmehrheit. Von den 215 Sitzen der Neuen Partei kamen 54 aus der Partei Kim Young Sams, 127 aus der Regierungspartei Roh Tae Woos und 34 aus der Partei Kim Jong Pils.[397] Es war zum ersten Mal in der koreanischen Republikgeschichte, dass ein Zusammenschluss zwischen einer Regierungspartei und weiten Teilen der

---

[397] International Herald Tribune, 23. Januar 1990, und Korea Newsreview, 3. März 1990, S. 9 f.

Opposition erfolgte. Nicht weniger als 8.000 Anhänger nahmen an der Gründungsversammlung der Demokratisch-Liberalen Partei am 9. Februar 1990 teil. Roh Tae Woo wurde zum Parteipräsidenten und Kim Young Sam zum geschäftsführenden Vorsitzenden ernannt. In den Statuten der Neuen Partei hieß es, die Partei werde bestrebt sein, einen Typ von „parlamentarischer Demokratie" zu fördern, „in dem beide, die Nationalversammlung und das Kabinett, alle Verantwortung übernehmen". Der Generalsekretär der neuen Großpartei, Park Joon Byung, erläuterte, dies bedeute, dass die Partei ihren Willen zu einer Verfassungsrevision anzeige, um durch diese ein „parlamentarisches Kabinettsystem" an die Stelle des bisherigen Präsidialsystems zu setzen.[398] Ein solches System hätte eine stärkere Verteilung der Machtbefugnisse an der Spitze des Staates ermöglicht und hätte sowohl die Rolle des Kabinetts und der einzelnen Minister wie auch der Nationalversammlung aufgewertet. Die verbleibende Opposition, die sich plötzlich mit einer fusionierten Regierungspartei von überwältigender Stärke konfrontiert sah, reagierte mit Protest und Empörung. Zu dieser Verärgerung trug wohl auch bei, dass die Neue Regierungspartei im Gefühl ihrer großen Macht 23 teilweise recht wichtige Gesetze ohne die Mitglieder der Opposition in der Nationalversammlung annahm, als die Vertreter der Opposition als Geste des Protestes gegen Äußerungen des Ministerpräsidenten eine Sitzung der Nationalversammlung verlassen hatten. Mit der überzogenen Behauptung, jetzt sei ein Zustand der „legislativen Tyrannei" erreicht, legten 76 Abgeordnete der Nationalversammlung, insbesondere Anhänger der Partei Kim Dae Jungs (Partei für Frieden und Demokratie), ihre Mandate nieder. Der Vorsitzende der Nationalversammlung weigerte sich aber, ihre Rücktrittserklärungen zu akzeptieren. So ergab sich eine wenig erfreuliche Situation. Um ihren Protest in der Öffentlichkeit zu dramatisieren, traten Kim Dae Jung und 30 andere oppositionelle Abgeordnete der Nationalversammlung in einen 13-tägigen Hungerstreik.[399] Im September 1991 schloss sich Kim Dae Jungs Partei für Frieden und Demokratie mit der kleineren Demokratischen Partei zusammen, um die Oppositionsbasis zu vergrößern. Je näher aber die nächsten Präsidentschaftswahlen rückten, desto evidenter wurde es, dass Kim Young Sam, der dem Vorschlag der Regierungspartei, das bestehende Präsidialsystem in ein parlamentarisches Kabinettsystem umzuwandeln, nur sehr zögernd und mit Vorbehalten zugestimmt hatte, sich von dieser Idee wieder distanzierte. Hierbei gereichte es ihm zum Vorteil, dass die an die Regierung starker Präsidenten gewöhnte südkoreanische Öffentlichkeit dem Gedanken einer Verfassungsände-

---

[398] Korea Herald, 8. Mai 1990.
[399] Young Whan Kihl: „South Korea in 1990. Diplomatic Activism and a Partisan Quagmire", Asian Survey, Bd. XXXI, Nr. 1, Januar 1991, S. 66–67.

rung zugunsten eines parlamentarischen Kabinettsystems nach japanischem oder deutschem Muster ebenfalls kritisch gegenüberstand. Im Vordergrund öffentlicher Kritik standen aber eher vermutete taktische Motivationen als verfassungspolitische Strukturkomponenten.[400] Vom Verfasser anlässlich eines Exklusivinterviews im August 1993 befragt, weshalb er das System der Präsidialdemokratie gegenüber demjenigen eines parlamentarischen Kabinettsystems bevorzuge, hatte der damals bereits als Präsident amtierende Kim Young Sam geantwortet: „Ich glaube, es gibt überhaupt kein absolut perfektes System. Die politischen Systeme der verschiedenen Länder entsprechen dem Entwicklungsstand des jeweiligen Staates sowie den Besonderheiten der jeweiligen Epoche und dem Nationalcharakter. Beide Systeme, das präsidiale und das parlamentarische, haben Vor- und Nachteile. Bei der Wahl des einen oder anderen entscheidet die Frage, welches den Erfordernissen der Bevölkerung am besten entspricht. In Abwägung all derjenigen Faktoren, die für Korea bedeutsam sind – zum Beispiel anhaltende Süd-Nord-Konfrontation sowie die besonderen innen- und außenpolitischen Umstände und die öffentliche Meinung –, glaube ich, dass das Präsidialsystem unserem politischen Klima besser entspricht. Auch glaube ich, dass dieser Standpunkt von den meisten Menschen hier geteilt wird."[401]

Das Jahr 1992 kann als Entscheidungsjahr der südkoreanischen Innenpolitik insofern bezeichnet werden, als einerseits sowohl Parlamentswahlen als auch Präsidentschaftswahlen stattfanden und andererseits der Ausgang der Wahlen als Beginn einer neuen Ära ziviler Regierung gewertet wurde. Bei den Parlamentswahlen vom 24. März 1992 erlitt die erst im Vorjahr gebildete Demokratisch-Liberale Partei eine erstaunliche Niederlage. Sie verlor nicht nur ihre Zweidrittelmehrheit in der Nationalversammlung, sondern erreichte mit 116 von insgesamt 237 Sitzen nicht einmal die absolute Mehrheit. Die von Kim Dae Jung geführte oppositionelle Demokratische Partei gewann 75 Sitze, während 24 Sitze auf die Vereinte Volkspartei des Großunternehmers Chung Ju Yung entfielen und 22 Sitze an unabhängige Abgeordnete gingen. Die Regierungspartei hatte nicht weniger als 51 Sitze verloren. Ihr Ministerpräsident Chung Won Shik nannte dieses katastrophale Ergebnis einen „Peitschenhieb" von der Wählerschaft für die regierende Partei. Präsident Roh reagierte mit einer Kabinettsumbildung. Mit umso größerem Interesse blickte die koreanische und internationale Öffentlichkeit den neuen Präsidentschaftswahlen vom Dezember gleichen Jahres entgegen. In das Rennen um

---

[400] Lee, Hong Yung: „South Korea in 1991", in: Asian Survey, Bd. XXXII, Nr. 1, Januar 1992, S. 66–68.

[401] Kindermann, Gottfried-Karl: „Die asiatische Kultur wird in der Welt eine größere Rolle spielen." Interview mit dem Staatspräsidenten von Südkorea, Kim Young Sam, in: Das Parlament, Nr. 48, 26. November 1993, S. 16.

das wichtigste Amt im Staat gingen sechs Kandidaten, von denen aber nur drei annähernd ähnliche Erfolgschancen hatten. Zu ihnen gehörte als radikale Neuheit auf der politischen Bühne Südkoreas der Großunternehmer, Milliardär und Gründer des Hyundai-Konzerns, Chung Ju Jung, dessen persönliches Vermögen auf 3.000 Milliarden Won geschätzt wurde und dessen Wirtschaftsimperium durch seinen jährlichen Gesamtverkauf etwa ein Fünftel des südkoreanischen Bruttosozialprodukts erwirtschaftete. Die Medien verglichen ihn bald mit Ross Perot, einer ähnlichen Figur des amerikanischen Wahlkampfes, aus dem letztlich Präsident Clinton als Sieger hervorging. Im Wahlkampf stellte er sich als Persönlichkeit dar, die, frei von Verstrickungen in frühere Parteipolitik, das Land als Macher einer neuen Wirtschaftspolitik besseren Zeiten entgegenführen wolle. So bot er unter anderem an, das zuvor im Gespräch befindliche parlamentarische Regierungssystem in Südkorea einzuführen, die Steuern zu senken und die Preise für städtischen Wohnraum um 50 Prozent zu reduzieren. Angesichts der Skepsis, mit der die Öffentlichkeit typischen Vertretern der Parteipolitik gegenüberstand, wurden Chung gewisse Chancen zugebilligt. Als zweiter wichtiger Kandidat trat Kim Dae Jung in die Arena des Wahlkampfes, dem es 1971 fast gelungen war, Park Chung Hee im Wahlkampf zu schlagen und der auch 1987, wenn auch ohne Erfolg und in innerparteilicher Konkurrenz zu Kim Young Sam, kandidiert hatte. Der dritte Kandidat war Kim Young Sam, der im Wahlkampf von 1987 gegen Roh Tae Woo kandidiert, später an führender Stelle am Zusammenschluss dreier Parteien zur regierenden Demokratisch-Liberalen Partei mitgewirkt hatte.[402] Als die Stimmzettel am Ende eines im Allgemeinen als fair bezeichneten Wahlkampfes ausgezählt waren, zeigte sich, dass Kim Young Sam mit 42 Prozent der gültig abgegebenen Stimmen gesiegt und damit die auf ihn bezogenen Voraussagen von 38 bis 40 Prozent übertroffen hatte. Kim Dae Jung lag mit 33,82 Prozent der Stimmen an zweiter Stelle und verlor somit zum dritten Mal in einem Präsidentschaftswahlkampf. Auf Hyundai-Gründer Chung Jo Yung entfielen nur 16,32 Prozent der Stimmen. Von den 24 Millionen abgegebenen Stimmen hatte Kim Young Sam 9,9, Kim Dae Jung 8,0 und Chung Jo Yung 3,8 Millionen auf sich gezogen.[403]

---

[402] Zu den Präsidentschaftswahlen von 1992 siehe Lee, Wong Yung, a.a.O., S.35–39.
[403] Zur Aufschlüsselung der Wahlergebnisse vom März 1992 siehe Lee, Hong Yung: „South Korea in 1992. A Turning Point in Democratization", in: Asian Survey, Bd. XXIII, Nr. 1, Januar 1993, S. 34. Vgl. auch Archiv der Gegenwart, 18. Dezember 1992, S. 37446–37448.

12.2 Kim Young Sam: Sein Werdegang und seine Kampagne gegen Korruption

Der Wahlsieger *Kim Young Sam* verkörpert eine außergewöhnliche Gestalt auf der Bühne der südkoreanischen Politik. Am 20. Dezember 1927 im äußersten Süden Koreas auf der Insel Koje, in der Nähe der Hafenstadt Pusan (Süd-Kyongsang-Provinz) geboren, entstammt er der Familie eines wohlhabenden Schifffahrts- und Fischfangunternehmers. Seine Mutter wurde 1960 von infiltrierenden nordkoreanischen Agenten ermordet. Bereits als Gymnasiast hatte er in seinem Zimmer eine Schriftrolle mit den Worten: „Kim Young Sam, der zukünftige Präsident" aufgehängt. 1947 begann er mit seinem Studium an der Nationalen Universität Seoul, wo er unter anderem Politikwissenschaft studierte und einen landesweiten Rednerwettbewerb gewann, auf den der damalige Außenminister Chang Taek Sang einen Preis ausgesetzt hatte. Während des Koreakrieges war Kim unter anderem in der politischen Bildungsabteilung der koreanischen Streitkräfte tätig. Dank des genannten Chang Taek Sang, der inzwischen Ministerpräsident geworden war, erhielt Kim eine Stellung als Sekretär des Ministerpräsidenten. Noch während des Krieges heiratete Kim eine Studentin der renommierten Frauenuniversität Ewha in Seoul. In dem für koreanische Verhältnisse ungewöhnlich jungen Alter von 26 Jahren wurde Kim als Mitglied der Liberalen Partei Syngman Rhees zum Abgeordneten seines Heimatbezirks Koje in die Nationalversammlung gewählt. Er war der jüngste je ins Parlament gewählte Abgeordnete und wurde bis 1992 zum am längsten dienenden Parlamentarier der Republik Korea. Als beharrlicher Gegner der in Südkorea langjährig bestehenden militärpolitischen Quasiautokratie wurde er 1963 kurzfristig im Gefängnis inhaftiert, setzte aber im gleichen Jahr erneut seine Wahl zur 6. Nationalversammlung durch. 1969 entging er knapp einem Mordanschlag. 1974 zum Führer der Oppositionspartei gewählt, bekämpfte er die militärpolitische Staatsführung Park Chung Hees wie auch Chun Doo Hwans und blieb in der Regierungsära Roh Tae Woos neben Kim Dae Jung einer der prominenten Leiter der loyalen Opposition. Als solcher wurde er – wie oben dargestellt – zum ersten südkoreanischen Spitzenpolitiker, der in Moskau effektiv um die Errichtung normalisierter diplomatischer Beziehungen zwischen Südkorea und der Sowjetunion warb. In Moskau war er auch mit Ho Dam – ein Verwandter von Kim Il Sung und ehemaliger Außenminister Nordkoreas, zusammengetroffen, der damals als Vorsitzender des Nordkoreanischen Komitees für Friedliche Wiedervereinigung des Vaterlandes fungierte. Zusammen mit Roh Tae Woo und Kim Jong Pil bewirkte er den Zusammenschluss dreier Parteien zur Demokratisch-Liberalen Partei als deren Präsidentschaftskandidat, der 1992 die Wahlen gewann. Nach 31-jähriger Regierung durch Generäle wurde Kim Young Sam zum *ersten zivilen Präsidenten Südkoreas* seit Syngman Rhee. Nationale und internationale Medien wer-

teten Kim Young Sams Wahlsieg fast übereinstimmend als Ausdruck eines Wähler-
willens, der Extreme vermeiden und eine Politik des mittleren Weges bevorzugen
will. In weiten Kreisen der öffentlichen Meinung Südkoreas hat Kim Young Sam
das Charisma eines jahrzehntelang verfolgten und unfair behinderten Oppositionspolitikers, der unbeirrt seinen Weg bis zum letztendlichen Erfolg gegangen ist.
Aufgrund seiner weltanschaulichen Grundhaltung kann man ihn als traditionsbe-
wussten, konservativen Liberalen charakterisieren. Im Gegensatz zu nicht wenigen
seiner Zeitgenossen aus Kreisen der gesellschaftlichen Eliten Südkoreas, die sich
fast bis zum Punkt des Kulturverlusts an fremden – amerikanischen oder ehemals
japanischen – Modellen und Verhaltensmustern orientieren, hat Kim Young Sam
seine Verwurzelung im eigenständigen Kulturboden Koreas nicht verloren. Vom
Verfasser gefragt, ob der die Völker Ostasiens seit Jahrtausenden prägende Konfuzianismus bei der Schaffung einer neuen humaneren koreanischen Gesellschaft
hilfreich oder hinderlich sein könne, antwortete Kim ohne Zögern: „Er wird sehr
förderlich sein." Er führte dann aus, dass das koreanische Volk seit 1960 ein sehr
beachtliches wirtschaftliches Wachstum erzielen konnte, zugleich jedoch mehrere
politische Umbrüche erleben musste. „Als Folge", so sagte er weiter, „begannen die
Menschen, ihren individuellen Vorteil als vornehmlichen Wert zu betrachten. Sie
ignorierten Moral und Anstand beim Streben nach wirtschaftlichen und politischen Vorteilen." Demokratie aber erfordere nicht nur die Postulierung gerechter
Ziele, sondern auch die Einhaltung ethischer Wege zu ihrer Erreichung. Sie ziele ab
auf eine humane und gerechte Gemeinschaft. „Deshalb", so äußerte er, „glaube ich,
dass die konfuzianischen Prinzipien des Strebens nach Selbstkultivierung und
Menschlichkeit wie auch das Prinzip des Weltfriedens und der guten Regierung,
die auf einem gesunden Familienleben und der Kultivierung von Werten beruhen,
in hohem Maß zur Schaffung einer zivilen Gesellschaft beitragen können." Die
Veränderungen in der Welt der Gegenwart lockerten die Grundlagen der gegenwärtigen westlichen Zivilisation. Die Schaffung einer neuen Zivilisation könne
notwendig werden. Deshalb glaube er an das Erfordernis einer Überprüfung der
ostasiatischen Kultur. Manche Menschen meinten, das „Zeitalter des Pazifik" stehe
bevor. „Meiner Meinung nach", so fuhr er fort, „wird die asiatische Kultur in der
neuen Zivilisation eine größere Rolle spielen. Und der Konfuzianismus wird in
dieser neuen Welt seinen Einfluss geltend machen."[404] Dass sich Kim Young Sam
entschieden für die Beibehaltung des durch die Verfassung von 1987 stärker demo-
kratisierten Präsidialsystems eingesetzt hatte, war bereits erwähnt worden. Zu den
Motiven dieser Haltung gehört unzweifelhaft die Gewissheit, für die Durchsetzung
der von ihm angestrebten Reformen – eine dauerhafte und demokratische korea-

---

[404] Zur Quelle siehe oben Anm. 401.

nische Zivilgesellschaft gemäß der Verfassung – nur fünf Jahre Zeit zu haben, wie auch das Gefühl, dass die aus drei verschiedenen Parteien fusionierte Demokratisch-Liberale Partei wohl noch nicht jene Geschlossenheit aufweist wie eine stärker differenzierte kollektive Führung, die eher in der Lage ist, die Reformen zu verwirklichen. Obwohl sein Wahlsieg nicht nur durch seine Persönlichkeit, sondern auch durch die Attraktivität seines Wahlprogramms erklärt werden kann, sind die von ihm bewirkten Neuerungen gelegentlich als „Reform von oben" charakterisiert worden.

Das Reformprogramm Kim Young Sams beruht auf einigen klar verständlichen Prinzipien und Zielsetzungen. Nach Jahrzehnten der Dominanz des Militärs in der Politik strebt er die Entwicklung einer zivilen demokratischen Gesellschaft und somit die Entmilitarisierung der südkoreanischen Politik an. Die Herrschaft des Präsidenten soll nicht auf militärisch untermauerter Macht, sondern auf dem Wählerauftrag beruhen. Ab Übernahme des Präsidentenamtes im Februar 1993 demonstrierte Kim bewusst Bürgernähe und versuchte, entgegen einer jahrtausendealten Tradition ein neues Vertrauensklima zwischen Regierung und Bevölkerung zu erzeugen. Ganz konfuzianisch glaubt er an die hohe Bedeutung praktizierter Ethik unter den Amtsträgern des Landes wie auch an die Macht des konkreten Vorbildes. Diese Auffassung steht hinter seiner massiven Kampfansage und Kampagne gegen das jahrtausendealte Übel der Korruption. Im Bereich der Wirtschaft will Kims Reformprogramm die ehemals starke Praxis der Intervention seitens der Regierung abbauen sowie den Mechanismen des Marktes und der Privatinitiative einen viel größeren Spielraum gewähren.[405]

Den Ankündigungen sollten bald Taten folgen. Am 26. Februar wurde die Kabinettsliste der neuen Regierung Kim Young Sam vorgestellt, in die er nur drei Militärs, jedoch drei Frauen und drei Wissenschaftler berufen hatte, unter ihnen als Außenminister den international bekannten Politikwissenschaftler der Korea-Universität, Professor Dr. Han Sung Joo. Im gleichen Monat wurde eine Amnestie für 41.886 Personen mit unterschiedlichen Milderungen oder Aufschiebungen beschlossener Strafen, oft verbunden mit der Wiederherstellung bürgerlicher Ehrenrechte, verfügt. Unter den Amnestierten befanden sich 5.823 Personen, die wegen politischer Sicherheitsvergehen verurteilt worden waren.[406]

Bereits einen Monat nach seiner Amtseinführung begann Präsident Kim mit den programmatisch in Aussicht gestellten Maßnahmen zur Reduzierung des

---

[405] Ahn, Byung Young : „The Fundamentals of Kim Young Sam's Reforms", in: Korea Focus, Bd. 1, Nr. 6, 1993, S. 6–10.

[406] Zu Kim Young Sams neuer Kabinettsliste s. Korea Newsreview, 6. März 1993, S. 4–5. Zur Amnestie vom März 1993 s. Korea Newsreview, 13. März 1993, S. 6.

militärischen Einflusses im Bereich der südkoreanischen Politik. Er entließ nicht nur den bisherigen Chef des Armeestabes, sondern auch den Befehlshaber des gefürchteten Sicherheitskommandos. Beide Generäle waren Mitglied eines „Hanahoe" genannten militärischen Geheimclubs, dessen Mitglieder in der Vergangenheit intensiv an politischen Interventionen führender Militärs beteiligt waren. Zugleich wurden der Kompetenzbereich und die hierarchische Stellung des genannten Sicherheitskommandos deutlich herabgestuft. Vor allem verlor das Kommando das Recht zur Überwachung auch ziviler Aktionsbereiche. Im Monat darauf entließ der Präsident zehn hochrangige Offiziere, Admirale und Luftwaffengeneräle, die beschuldigt worden waren, für die Beförderung von Untergebenen Bestechungsgelder entgegengenommen zu haben.[407] Zusätzlich enthob Kim eine Reihe führender Generäle ihrer Posten, weil sie im Dezember 1979 den Staatsstreich Chun Doo Hwans gegen die bestehende Regierung unterstützt hatten.[408] Kim bestätigte ausdrücklich, dass es sich damals um einen „Staatsstreich" gehandelt habe. Zugleich ging er jedoch nicht auf Forderungen von Studentenvertretern ein, seine beiden Vorgänger, die Ex-Präsidenten Chun Doo Hwan und Roh Tae Woo, vor Gericht zu stellen. Daraufhin versuchten ungefähr 1.000 radikale Studenten, die Häuser der beiden Ex-Präsidenten mit Gewalt zu besetzen. Diese Aktionen führten zu heftigen Straßenschlachten mit der Polizei, bei denen es zahlreiche Verletzte gab.[409] Kim aber sagte den Opfern des Kwangju-Massakers von 1980 nicht nur materielle Kompensation zu, sondern unterstützte auch ihre politische Ehrenrettung, indem er sagte, ihr Kampf sei letztendlich der Errichtung eines südkoreanischen Zivilregimes zugute gekommen. Der Opfer des Aufstandes solle in Ehren gedacht werden.[410]

Ab Juli 1993 begann Kim Young Sam mit einer groß angelegten Kampagne gegen die Korruption in öffentlichen Ämtern. 33.000 höhere Beamte und Mitglieder gesetzgebender Körperschaften wurden durch eine Verordnung dazu veranlasst, ihre Einkommensverhältnisse offen zu legen. Da bekannt geworden war, dass viele Personen, die diesen Kreisen angehörten, zu Unrecht erworbenes Geld auf Konten unter falschem Namen deponiert hatten, sollten sie nun durch diese Verordnung gezwungen werden, sich selbst als wirkliche Inhaber dieser Konten zu erklären. Ohne Nachweis echter Identität konnte künftig von diesen Konten

[407] Cha, Viktor D.: „Politics and Democracy under the Kim Young Sam Government: Something Old, Something New", in: Asian Survey, Bd. XXXIII Nr. 9, September 1993, S. 860; siehe fernerhin Korea Newsreview, 13. März 1993, S. 7, und 20. März 1993, S. 9; s. auch Shim Jae Hoon: „Shamed at the Top", in: Far Eastern Economic Review, 20. Mai 1993, S. 15.

[408] Korea Herald, 25. Mai 1993.

[409] Archiv der Gegenwart, 29. Mai 1993, S. 37883.

[410] Korea Herald, 14. Mai 1993.

weder Geld abgehoben noch überwiesen noch anderweitig bewegt werden. Die Offenlegung sollte innerhalb von zwei Monaten erfolgen. Für Manipulationen dieser Verordnung wurden schwere Strafen in Aussicht gestellt. Bis zum September 1993 wurden mehr als 3.000 Beamte wegen Korruption entlassen.[411] Nach echt konfuzianischer Manier hatten Kim Young Sam und seine Frau als Erste eine Offenlegung ihrer Vermögensverhältnisse vorgenommen. Die per Gesetz verordnete Offenlegung der Vermögensverhältnisse verursachte an der Börse in Seoul und bei südkoreanischen Banken zeitweilige Turbulenzen, die so stark waren, dass sich die Regierung zu Subventionen genötigt sah. Bei Ablauf der gesetzlich verordneten Frist zur Offenlegung von Konten unter falschem Namen ergab sich Mitte Oktober 1993, dass eine Gesamtsumme von 2,7 Trillionen Won auf diesen Konten gelagert war. Die Finanzbehörde erhielt anschließend die Möglichkeit, für diese Beträge Steuern einzuziehen.[412] Vom Verfasser wegen seiner drastischen Maßnahmen zur Bekämpfung der Korruption im August 1993 befragt, sagte der Präsident, das Problem resultiere aus der Quasiinstitutionalisierung der Korruption unter den vorangegangenen Herrschaftssystemen Südkoreas. Es gebe zwei Formen von Korruption: einerseits die Korrumpierung der Macht und zweitens die rein materielle Korruption. Seit seinem Regierungsantritt seien etliche frühere Kabinettsmitglieder, Abgeordnete der Nationalversammlung und andere hohe Amtsträger wegen des Verdachts der Bestechlichkeit, wegen unangemessener Einflussnahme und wegen anderer Formen der Korruption Untersuchungen unterworfen und in vielen Fällen auch verhaftet worden. Er selbst habe seine eigenen Vermögensverhältnisse freiwillig öffentlich dargelegt. Dies hätten dann auch die Mitglieder der Regierung, hohe Regierungsbeamte und die Mitglieder der Nationalversammlung getan. Er gab im Laufe des Gespräches allerdings auch zu, dass die Bekämpfung der Korruption in den Kreisen der Beamten unterer Hierarchieebenen soziale Härten mit sich gebracht hätte.[413]

Die Radikalität, mit welcher der Präsident seine Reinigungskampagne umsetzte, zeigte sich unter anderem auch daran, dass er sich nicht scheute, drei Kabinettsminister, die er selbst erst Wochen zuvor ernannt hatte, wegen unethischer Aktionsweisen ihrer Ämter zu entheben. Auch der Bürgermeister von Seoul reichte seinen

---

[411] „Gist of Real-Name Accounting System", in: Korea Herald, 13. August 1993, sowie „Asset Registration to Test Official's Honesty", in: Korea Newsreview, 24. Juli 1993, S. 11; Archiv der Gegenwart, 21. September 1993, S. 38228.

[412] Korea Newsreview, 25. September 1993, S. 23; ebd., Oktober 1993, S. 14. Angaben über die Vermögensverhältnisse einzelner führender Persönlichkeiten finden sich in: „Assets of Government Officials, Lawmakers, Judges, Military Generals made Public", in: Korea Herald, 7. September 1993.

[413] Siehe Anmerkung 401 oben.

Rücktritt ein, nachdem ihm eine illegale Bodentransaktion zur Last gelegt werden konnte.[414]

Wohl hatte Kim Young Sam das Präsidentenamt als Hoffnungsträger einer nun beginnenden und sich entfaltenden südkoreanischen Zivilgesellschaft angetreten. Seine fast revolutionär anmutende Säuberungskampagne gegen materielle Korruption und politisierendes Militär hatten ihm gleich zu Beginn seiner Amtsführung große nationale und internationale Sympathien erworben. Doch auch ihm blieben innenpolitische Schwierigkeiten grundsätzlicher Art nicht erspart. Als er den erst im Dezember 1993 ernannten Ministerpräsidenten Lee Hoi Chang bereits im April 1994 entließ, erntete er ein nicht zu übersehendes Maß an Kritik. Das Motiv für diese Entlassung entsprang nicht irgendeiner persönlichen Inkompatibilität und auch nicht wesentlichen Unterschieden in der politischen Zielsetzung. So hatte der entlassene Ministerpräsident Kim Young Sam ab dessen Amtsantritt mit kompromissloser Tatkraft bei der Bekämpfung der Korruption im öffentlichen Dienst unterstützt, hatte hier als rechte Hand des Präsidenten gewirkt. Die Ursache des Konflikts zwischen Präsident und Ministerpräsident ergab sich vielmehr aus ihren Meinungsverschiedenheiten über die Kompetenzverteilung zwischen ihren Ämtern gemäß der Theorie und Praxis der südkoreanischen Verfassung von 1987. Lee Hoi Chang hatte ein definitives Maß an Mitbestimmung und Information im Bereich wichtiger Regierungsentscheidungen gefordert und sich übergangen gefühlt, als der Präsident ihn nicht mehr an dem vornehmlich auch mit Fragen der Politik gegenüber Nordkorea befassten „Rat für die Koordinierung von Sicherheits- und Wiedervereinigungspolitik" beteiligte. Zwar ernennt der Präsident gemäß der Verfassung die Mitglieder des Staatsrates und aus ihrer Mitte die Leiter der einzelnen Ministerien und führt den Vorsitz im Staatsrat und anderen höchsten Beratungsgremien. Doch der vom Präsident ernannte Ministerpräsident fungiert als Vize-Vorsitzender des Staatsrates, empfiehlt dem Präsidenten die Ernennung und Entlassung von Ministern und soll den Präsidenten bei der Aufsicht und Koordinierung der Tätigkeit der Ministerien unterstützen. Lee hatte daher Informationen im Vorfeld und ein gewisses Maß an Mitsprache hinsichtlich wichtiger Maßnahmen der Regierung verlangt. Auch meinte er, Fragen in Bezug auf die Nordkorea-Politik sollten vom südkoreanischen Kabinett behandelt werden und nicht von einem sechsköpfigen Sondergremium. Kim Young Sam, der den Vorrang der präsidialen Führungsrolle stets betont hatte, empfand, dass Lee Hoi Chang zu weit gegangen war, nahm dessen Rücktritt im April 1994 ohne jeden Verzug an und ersetzte ihn durch Lee Yung Duk, den bisherigen Wiedervereini-

---

[414] „Three Ministers, Seoul Mayor Replaced", in: Korea Herald, 10. März 1993.

gungsminister, der eine führende Rolle bei den innerkoreanischen Rot-Kreuz-Verhandlungen Mitte der 80er Jahre gespielt hatte.[414a]

In Teilen der Medien trug diese Angelegenheit Präsident Kim Young Sam den Vorwurf ein, einen allzu stark personalisierten Regierungsstil zu praktizieren, in seiner Politik Nordkorea gegenüber zu flexibel zu taktieren und den Eindruck einer zu wenig konzeptionsorientierten Politik zu vermitteln. Die grundsätzlichen und verfassungsrechtlichen Aspekte dieser Kontroverse lassen darauf schließen, dass die Grundsatzdebatte über Südkoreas Verfassungsordnung gegen Ende der Amtszeit von Präsident Kim wieder aufflammen und zu einer neuerlichen Auseinandersetzung zwischen Vertretern des Präsidial- und des Kabinettssystems führen könnte. Beifall erntete Präsident Kim hingegen mit seiner Ernennung des international renommierten früheren Ministers und Präsidentenberaters Lee Hong-koo zum neuen Wiedervereinigungsminister und zugleich zum stellvertretenden Ministerpräsidenten. Professor Lee, der dieses Amt bereits einige Jahre zuvor bekleidet hatte, hatte in der Ära des Präsidenten Roh federführend am Entwurf der neuen Wiedervereinigungsformel Südkoreas mitgewirkt und gilt als besonderer Befürworter des koreanisch-deutschen Meinungsaustausches bei der vergleichenden Analyse von Problemstrukturen geteilter Länder.[414b]

[414a] Zur Kontroverse zwischen Präsident Kim Young Sam und Ministerpräsident Lee Hoi Chang siehe: Far Eastern Economic Review, 5. Mai 1994, S. 30, sowie Korea Herald, 23., 28. u. 30. April 1994, wie auch China Post, 27. April 1994, und Schmitt, Uwe: „Nur der Kugelfang des Präsidenten?", in: Frankfurter Allgemeine Zeitung, 25. April 1994. Zum Hintergrund des neuen Ministerpräsidenten Lee Yung Duk siehe: Korea Herald, 23. 4. 1994.

[414b] Zur Ernennung von Lee Hong-koo siehe: Korea Newsreview, 7. Mai 1994, S.4–5.

13. Neue Konfrontation und das Streben nach Krisenbewältigung: Nordkoreas vermutete Nuklearrüstung

13.1 Nordkorea – eine Nuklear- und Raketenmacht?

Von ihrer Vorgängerin erbte die Regierung Kim Young Sams eine Sorge, die weiterhin wie ein Damoklesschwert über dem geteilten Korea und dem gesamten internationalen Kräftefeld Nordostasiens hängt. Es ist die Frage der vermuteten Aufrüstung Nordkoreas mit Atombomben und dazugehörigen Trägerraketen von mittlerer und künftig auch weiterer Reichweite. Zwar war Nordkorea 1985 dem Internationalen Vertrag über die Nicht-Weiterverbreitung von Atomwaffen beigetreten und hatte 1992 nach Jahren der Verzögerung das damit zusammenhängende nukleare Sicherheitsabkommen mit der Internationalen Atomenergiebehörde (IAEA) in Wien unterzeichnet. Diese Tatsache wie auch die Unterzeichnung des erwähnten Abkommens zwischen Süd- und Nordkorea vom 20. Januar 1992 über die Entnuklearisierung der koreanischen Halbinsel waren von der Außenwelt zunächst als gewisse Garantien dafür betrachtet worden, dass Nordkorea keine Absicht habe, Nuklearenergie für militärische Zwecke zu entwickeln. Jedoch im Laufe des Jahres 1992 zeigte sich, dass sich die zwischen Nord- und Südkorea vereinbarten Nuklearinspektionen nicht in einer Weise würden realisieren lassen, die echte Sicherheit gewährleistete. Außerdem hatte, wie erwähnt, Artikel 3 der Süd-Nord-Erklärung vom 20. Januar 1992 festgelegt, dass die Durchführung bestimmter Inspektionsakte jeweils der Zustimmung *beider* Regierungen der Signatarmächte bedürfe. Damit hatte Pjöngjang ein Veto gegenüber der Realisierung jedes südkoreanischen Inspektionswunsches, der seinen Interessen widerspricht. Zwar hatte Nordkoreas Parlament, die so genannte Oberste Volksversammlung, das Abkommen mit der Internationalen Atomenergiebehörde im April 1992 ratifiziert, jedoch mit dem ausdrücklichen Vorbehalt: „Vorausgesetzt, dass kein Land, das dem Atomwaffensperrvertrag beigetreten ist, Nuklearwaffen auf der koreanischen Halbinsel stationiert oder uns mit Nuklearwaffen bedroht."[415] Noch im gleichen Monat gab Nordkorea der Internationalen Atombehörde bekannt, dass in seinem Land drei Nuklearreaktoren gebaut worden seien. Das Interesse westlicher Beobachter konzentrierte sich insbesondere auf eine Nuklearanlage nahe der Stadt

---

[415] Korea Herald, 10. April 1992.

Yongbyon, etwa 100 Kilometer nördlich der Hauptstadt Pjöngjang, mit einer fast fertig gestellten Plutonium-Wiederaufbereitungsanlage, von der angenommen wurde, dass sie über die Kapazität verfüge, Plutonium für die Nuklearwaffenanfertigung herzustellen.[416] Zunächst wurde angenommen, die nordkoreanische Bekanntgabe werde von Pjöngjang als Waffe benutzt, um die von Nordkorea immer wieder verlangte Absage des amerikanisch-südkoreanischen Großmanövers „Team Spirit" zu erzwingen. Die Internationale Atomenergiebehörde lehnte jedoch Nordkoreas Forderung nach einer Absage der Manöver als unabdingbare Voraussetzung für die Zulassung von Inspektionen seiner Nuklearanlagen ab. Tatsächlich konnten vier Inspektionsmissionen durchgeführt werden, die zeitlich mehr als 195 Tage in Anspruch nahmen und sich auf sieben Nuklearanlagen erstreckten.[417] Im Februar 1993 verlangte die Internationale Atomenergiebehörde von der nordkoreanischen Regierung eine erste Sonderinspektion, um die Korrektheit der gemachten Angaben zu überprüfen. Befürchtungen waren entstanden, da den Inspektoren der IAEA der Zugang zu bestimmten Installationen verweigert und da ferner aus Russland bekannt geworden war, dass die russische Regierung nur mit Mühe und sozusagen im letzten Moment die Ausreise von 60 russischen Nuklearexperten nach Nordkorea hatte verhindern können. Auch war bekannt geworden, dass Nordkorea eine für Nukleareinsätze geeignete Rakete mit einer Reichweite von ca. 1.000 Kilometern entwickelt habe.[418] Nordkoreas Verweigerung weiterer Inspektionen führte zu einer Resolution der Internationalen Atomenergiebehörde, die Nordkorea eines Bruches des Atomwaffensperrvertrages bezichtigte und dem Sicherheitsrat der Vereinten Nationen anheim stellte, Sanktionsmaßnahmen zu ergreifen. Mitte Juni 1993 schien Nordkorea insofern einzulenken, als es die angedrohte Kündigung seiner Mitgliedschaft im Atomwaffensperrvertrag überraschend zurücknahm.[419] Stattdessen bemühte sich Nordkorea um ein lange gehegtes Ziel: seine Annäherung an die USA unter Ausblendung Südkoreas im Zusammenhang mit der Nukleardiskussion voranzutreiben. Tatsächlich kam es im Zeitraum zwischen dem 2. und dem 11. Juni 1993 zu Gesprächen auf der Ebene von Vize-Außenministern, die zwischen den USA und Nordkorea in der amerikanischen UNO-Mission in New York geführt wurden. Die Gespräche brachten keine definitive Lösung, entspannten aber das politische Klima. Doch der Schein trog. Die Internationale Atomenergiebehörde in Wien erhielt im September 1993 ein

[416] Sanger, David E.: „North Korea Unexpectedly Reveals Nuclear Details", in: International Herald Tribune, 7. Mai 1992.

[417] Korea Herald, 5. Dezember 1992.

[418] Frankfurter Allgemeine Zeitung, 23. Februar 1993.

[419] „Nordkorea lenkt ein. Kündigung des Atomsperrvertrages vorläufig zurückgezogen – aber keine Inspektion", in: Die Welt, 14. Juni 1993.

Schreiben der nordkoreanischen Regierung, in dem es hieß, der wachsende Druck der IAEA mache Gespräche unmöglich und Nordkorea sei auch nicht gewillt, weitere „technische Inspektionen" zuzulassen, wenn Nordkoreas Verhalten durch eine Resolution der UN-Behörde verurteilt werden sollte. Die Anfang Oktober 1993 in Wien zusammengetretene Generalkonferenz der Internationalen Atomenergiebehörde, die an einem Abreißen der Kontakte zu Nordkorea nicht interessiert war, verabschiedete daher eine milde Resolution, welche die „ernste Besorgnis" der Behörde zum Ausdruck brachte und Nordkorea aufforderte, seine Atomanlagen in vollem Umfang Inspektionen der IAEA zugänglich zu machen.[420]

Angesichts der sich verdichtenden Berichte über Nordkoreas Besitz von Raketenwaffen und möglicherweise auch von Nuklearsprengköpfen erwog die amerikanische Regierung die Entsendung von Raketenabwehrwaffen vom Typ der Patriot-Raketen, die vom Oberkommandierenden der US-Streitkräfte in Südkorea, General Luck, angefordert worden waren. Zusätzlich war bekannt geworden, dass die amerikanische Regierung Südkorea nahe gelegt hatte, sieben Batterien von Patriot-Raketen mit einem Kostenaufwand von 600 Millionen US-Dollar zu erwerben.[421] In Südkorea selbst hatte Präsident Kim Young Sam betont, seine Regierung werde bevorzugt eine diplomatische Lösung des Streits um die vermutete nordkoreanische Nuklearrüstung anstreben, und dies selbst dann, wenn der Fall dem UN-Sicherheitsrat vorgelegt werden sollte.[422] Und wiederum schien es, als wollte sich die Lage entspannen, als Nordkorea Mitte Februar 1994 zusagte, eine gründliche Untersuchung und Inspizierung von sieben bekannt gegebenen Nuklearanlagen zuzulassen. Nicht gelöst war damit allerdings die von der IAEA immer wieder geforderte Inspektion von zwei Atommülllagern in Nordkorea. Gegen Ende Februar 1994 verständigte Nordkorea die Regierung in Washington, es sei bereit, internationale Inspektionen seiner Nuklearanlagen ab dem 1. Mai des Jahres zuzulassen, jedoch nur unter der Bedingung, dass das jährliche amerikanisch-südkoreanische Großmanöver „Team Spirit" abgesagt wird. Anfang März stattgefundene Gespräche zwischen Nord- und Südkorea führten jedoch zu keinem Resultat. Pjöngjang hatte eine Garantie gefordert, dass die amerikanischen Patriot-Raketen nicht in Südkorea stationiert würden. Der in Panmunjom an der Demarkationslinie zwischen Nord und Süd geführte Dialog zwischen den beiden koreanischen Teilstaaten brach jedoch dramatisch ab, als die nordkoreanischen Delegierten ihren südlichen Kollegen mit Krieg drohten und insbesondere auch damit, dass sich Südkoreas Hauptstadt Seoul in „ein Flammenmeer" verwandeln könne. Dieser Zwischenfall

---

[420] Süddeutsche Zeitung, 28. September 1993, und Neue Zürcher Zeitung, 4. Oktober 1993.
[421] Korea Herald, 4. Februar 1994.
[422] Korea Herald, 9. Februar 1994.

veranlasste den amerikanischen Präsidenten Bill Clinton, das schon abgesagte Großmanöver „Team Spirit" nun doch anberaumen zu lassen.[423] Im März 1994 verdichteten sich die das nordkoreanische Nuklearproblem betreffenden Hiobsbotschaften. In Nordkorea erneut eintreffende Inspektoren der Internationalen Atomenergiebehörde entdeckten, dass einige von ihnen angebrachte Siegel auf ihren Beobachtungskameras zerbrochen worden waren und dass somit die Kontrollanlagen in unzulässiger Weise und vermutlich zum Zweck der Verheimlichung bestimmter Vorgänge manipuliert worden waren. Zudem hatte Nordkorea den Inspektoren der IAEA den Zugang zu einer Nuklearanlage verweigert, in der Prozesse zur Gewinnung von waffenfähigem Plutonium vermutet wurden. Etwa zur gleichen Zeit berichtete die britische Militärzeitschrift *Jane's Defence Weekly*, in Nordkorea würden zweistufige Langstreckenraketen mit der Bezeichnung Taepo-Dong 1 und Taepo-Dong 2 entwickelt, die eine Reichweite von 2.000 beziehungsweise 3.500 km hätten und somit den amerikanischen Stützpunkt auf Guam erreichen könnten. Zusätzlich drohte Nordkorea erneut mit der Kündigung seiner Mitgliedschaft im Atomwaffensperrvertrag.[424]

Angesichts eskalierender Spannungen und der erwähnten Inspektionsverweigerung seitens Nordkorea rief der Gouverneursrat der Internationalen Atomenergiebehörde mit 25 gegen nur 1 Stimme den UNO-Sicherheitsrat an. In Südkorea beschloss währenddessen der Nationale Sicherheitsrat die Stationierung von 40 amerikanischen Patriot-Flugabwehrsystemen und wies die Streitkräfte an, in Alarmbereitschaft zu bleiben. Weiterhin veranlasste Seoul Vorbereitungen zur Abhaltung des umstrittenen Großmanövers „Team Spirit".[425]

13.2 Reaktionen betroffener Mächte und des UN-Sicherheitsrates

Für die südkoreanische Regierung und Diplomatie bedeutete die nordkoreanische Nuklearkrise eine ernste Belastungs- und Bewährungsprobe. Zwar waren taktisch bedingte Kurskorrekturen im Verlauf der Ereignisse nicht zu vermeiden. Obwohl

---

[423] „Nordkorea droht mit Krieg. ,Flammenmeer in Seoul'. Sorge in Südkorea und Japan – Krisensitzung in den USA", in: Die Welt, 21. März 1994.

[424] „Sondersitzung des IAEA-Gouverneursrates einberufen. Nordkorea behindert Nuklearkontrollen", in: Neue Zürcher Zeitung, 18. März 1994, siehe auch ebd., 12. März 1994, und Frankfurter Allgemeine Zeitung, 21. März 1994. Zum nordkoreanischen Entwicklungsprogramm für militärische Raketen siehe: Jane's Intelligence Review, Special Report No.2, April 1994, S. 11–15.

[425] Korea Herald, 22. März 1994, Süddeutsche Zeitung, 22. März 1994, und Korea Herald, 23. März 1994

sich die südkoreanische Position Nordkorea gegenüber im Zeitraum zwischen der Jahreswende 1993/94 und März 1994 erkennbar verhärtete, war doch als Grundhaltung die von Präsident Kim Young Sam und seinem Außenminister Han Sung Joo verfolgte Linie der Bevorzugung einer Krisenbewältigung durch Dialog und durch Anreize (Intensivierung des Handels mit Nordkorea, südkoreanische Hilfe bei der Entwicklung von Nuklearenergie für friedliche Zwecke etc.) durchaus erkennbar. Andererseits und angesichts der verbalen Kriegsdrohungen aus Nordkorea geriet die südkoreanische Regierung unter wachsenden Druck der Befürworter einer härteren Linie im eigenen Land.[426] Nachdem allerdings Nordkorea am 18. März die von der IAEA geforderten zusätzlichen Inspektionen zurückgewiesen hatte, äußerte Kim Young Sam mit Bedauern, die Situation bewege sich in eine Richtung, in der internationale Sanktionen unvermeidbar werden könnten.[427] In einer Erklärung des nordkoreanischen Außenministeriums vom 21. März wurde behauptet, amerikanischer Druck in Bezug auf die Durchführung der jährlichen Großmanöver mit Südkorea und die Ankündigung der Verschiffung von Raketenabwehrsystemen vom Typ Patriot seien die eigentliche Ursache dafür, dass Pjöngjang erwogen habe, sich vom Atomwaffensperrvertrag zurückzuziehen. Dieser Beschluss könne aber wieder rückgängig gemacht werden, wenn die bilateralen Verhandlungen zwischen Nordkorea und den Vereinigten Staaten fortgesetzt würden. Doch das heimtückische Verhalten der USA in beiden Bereichen habe Pjöngjang dazu veranlasst, eine geplante dritte Gesprächsrunde mit den USA zu boykottieren.[428] Zwei Tage nachdem die Delegierten Pjöngjangs im Gange befindliche innerkoreanische Süd-Nord-Gespräche – wie erwähnt – abrupt verlassen und zuvor gedroht hatten, Nordkorea sei kriegsbereit, im Kriegsfalle werde Seoul in ein Flammenmeer verwandelt, trat in der südkoreanischen Hauptstadt eine Konferenz führender Sicherheitspolitiker einschließlich der Minister für Auswärtiges, Verteidigung, Sicherheitsplanung und Wiedervereinigung, ergänzt durch vier stellvertretende Ministerpräsidenten unter dem Vorsitz von Präsident Kim Young Sam, am 21. März zusammen. Bei dieser Sitzung fiel die Entscheidung zur Stationierung amerikanischer Raketenabwehrsysteme vom Typ Patriot wie auch der Beschluss, nun doch die „Team Spirit" genannten Großmanöver mit den USA durchzuführen. Zuvor hatte Washington bei einem Treffen seiner Delegierten mit denjenigen Nordkoreas eine Absage der großen Manöver und eine dritte hochrangige Gesprächsrunde zwischen den USA und Nordkorea angeboten, wenn Pjöngjang

---

[426] Far Eastern Economic Review, 24. Februar 1994, S. 23 f., und ebd., 31. März 1994, S. 14 f.

[427] Text des Sprechers der Nordkoreanischen Atomenergiebehörde in Pjöngjang vom 18. März 1994 in: Summaries of World Broadcasts, FE/1950 D/l, 19. März 1994, sowie ebd., D/3.

[428] Text der Erklärung des Nordkoreanischen Außenministeriums in: Summaries of World Broadcasts 22. März 1994, FE/1952 D/4 – D/6.

zuvor die von der IAEA geforderten Inspektionen seiner Nuklearanlagen zulasse und die Gespräche mit Südkorea fortsetze. Beide Vorbedingungen waren nun nicht erfüllt worden. Anlässlich der genannten Beschlussfassung der südkoreanischen Sicherheitskonferenz betonte der Vorsitzende, Präsident Kim Young Sam, das von den USA zur Verfügung gestellte Raketenabwehrsystem sei eine rein defensive Waffe und im Übrigen bleibe seitens seiner Regierung die Tür zu weiteren Verhandlungen mit Nordkorea offen. Pjöngjang, so meinte der Präsident, sei besser beraten, auf die Krise mit Dialogbereitschaft und mit seiner Öffnung nach außen zu reagieren als mit Selbstisolierung und Konfrontation.[429]

Den an der nordkoreanischen Krisenkonstellation beteiligten Staaten war die große und unvermeidbare Rolle bewusst, die China als wichtigster Nachbarstaat Nordkoreas bei der Behandlung dieser Frage spielen würde. Warnend ließ Chinas Botschafter in Seoul, Zhang Tingyan, am 19. März – eine Woche vor Kim Young Sams Staatsbesuch in China – wissen, China, eines der fünf ständigen Mitglieder des Sicherheitsrates mit Vetorecht, werde Sanktionen oder anderen härteren Maßnahmen gegen Nordkorea nicht zustimmen. Zwar unterstütze Peking den diplomatischen Normalisierungsprozess zwischen Nordkorea und den USA, doch verstehe es nicht, weshalb einige Länder „harte Maßnahmen anstelle von Dialog" forderten und weshalb sie den UN-Sicherheitsrat zu Sanktionen gegen Nordkorea drängen wollten. China könne dem nicht zustimmen, weil solche Maßnahmen nicht nur ineffektiv seien, sondern zusätzlich auch zu einer Komplizierung der Sachlage und zu einer Eskalation der Situation führen würden. Die Inspektion der IAEA sei doch nicht völlig umsonst gewesen, ihr bloßes Stattfinden sei doch schon ein Erfolg gewesen. Wohl nicht ganz zufällig erinnerte die Märznummer der chinesischen Militärzeitschrift Xiandai Bingqi (moderne Waffen), dass die nordkoreanische Armee 1,1 Millionen Mann stark und durch reserveähnliche Verbände auf eine Gesamtstärke von 3 Millionen Mann ergänzt sei. Allein im Jahre 1992 habe Nordkorea 6 Milliarden US-Dollar, die 30 Prozent seines Bruttosozialproduktes entsprächen, für die Weiterentwicklung seiner militärischen Stärke verwendet. Laut der in Hongkong erscheinenden chinesischen Zeitung Ta Kung Pao vom 24. März habe Chinas Ministerpräsident Li Peng gesagt, in diesem Moment, „in dem die Schwerter gezogen und die Bogen auf beiden Seiten gespannt sind", müsse man die Bemühungen zur Fortsetzung von Verhandlungen intensivieren. Die weitgehend auch als Pekings Sprachrohr fungierende Zeitung erwähnte dann, in Kreisen der internationalen Staatengemeinschaft werde immer wieder die Hoffnung geäußert, dass China, das zu Nordkorea über freundschaftliche Beziehungen verfüge, auf Pjöngjang Druck ausüben werde.

---

[429] Korea Herald, 22. März 1994, siehe auch Summaries of World Broadcasts, 24. März 1994, FE/1954 D/1.

China habe den Atomwaffensperrvertrag unterzeichnet. Weder ermutige es noch unterstütze es die nukleare Proliferation. Die Frage sei, weshalb die Amerikaner in der nordkoreanischen Nuklearkrise so rasch zu „Erpressung und Drohungen" griffen und Truppen und Raketen nach Korea entsendeten. Spöttisch fügte die Zeitung Ta Kung Pao die Frage hinzu, ob Präsident Clinton vielleicht wegen seiner „Whitewater"-Skandalaffäre einer Ablenkung der Öffentlichkeit bedürfe. Wenige Tage später verkündete der Sprecher des chinesischen Außenministeriums, China wünsche nicht, dass diese ganze Angelegenheit vor den UN-Sicherheitsrat gebracht werde. Damit war die Möglichkeit eines chinesischen Vetos zumindest angedeutet. Anlässlich des Staatsbesuches von Präsident Kim Young Sam in China Ende März 1994 fasste dessen Präsident Jiang Zemin die Haltung seines Landes zur nordkoreanischen Nuklearkrise in drei Punkten zusammen. China lehne erstens jede Nuklearisierung der koreanischen Halbinsel ab. Zweitens bestehe es auf seiner Meinung, der beste Weg zur Lösung der Krise seien interkoreanische Dialoge. Drittens dürfe man nicht zulassen, dass die Krise die für die Wirtschaftsentwicklung Nordostasiens so wesentliche Stabilität der internationalen Beziehungen in diesem Raum erschüttere.[430] Im Nachgang zu Kim Young Sams Staatsbesuch in Peking gab Südkoreas Außenminister Han Sung Joo bekannt, dass die chinesische Seite dargelegt habe, China würde seinen Einfluss in Nordkorea nur dann im Sinne eines Krisenmanagements einsetzen, wenn der innerkoreanische Nord-Süd-Dialog fortgesetzt werde. China habe deshalb Südkorea gebeten, im Rahmen der zahlreichen Besprechungen über die koreanische Krise eine Atmosphäre zu schaffen, in der China diese Rolle spielen könne.[431]

Als es dann wirklich zu einer Beratung über die nordkoreanische Nuklearkrise im Sicherheitsrat kam, war das Ergebnis keine Resolution, sondern nur eine inhaltlich milde konzipierte und rechtlich unverbindliche Erklärung vom 31. März 1994. Zwar hatten die USA den Entwurf einer Resolution ausgearbeitet, in der die Behinderung der Inspektionstätigkeit der IAEA in Nordkorea beklagt wurde und der Generaldirektor der IAEA zur Erstattung eines Berichts innerhalb eines Monats aufgefordert worden war. Auch empfahl die amerikanische Resolution allen mit Nordkorea im Gespräch befindlichen Staaten, ihre Dialoge fortzusetzen. Doch sollte das nur dann erfolgen, nachdem die IAEA alle ihr erforderlich scheinenden Untersuchungen an sieben Nuklearanlagen in Nordkorea abgeschlossen und bestätigt habe, dass keine weiteren Abzweigungen von Nuklearmaterial seit den ersten Inspektionen in Nord-

---

[430] Summaries of World Broadcasts, 21. März 1994, FE/1951 D/5–D/6, ebd., 25. März 1994, S. FE/1955 D/2–D/3, ebd., 24. März 1994, S. FE/1954 D/1–D2, sowie Korea Herald, 25. März und 30. März 1994.
[431] Summaries of World Broadcasts, 31. März 1994, FE/1960 D/3.

korea stattgefunden hätten.[432] Wie angedeutet, kam der amerikanische Resolutionsentwurf nicht zum Tragen, da China jegliche Druckausübung auf Nordkorea ablehnte. Die schließlich zustande gekommene „Erklärung" des Sicherheitsrates zur strittigen Frage betonte lediglich den Wert der IAEA-Bemühungen zur inhaltlichen Erfüllung des Atomwaffensperrvertrages sowie den Wert der gemeinsamen koreanischen Nord-Süd-Erklärung über die Entnuklearisierung der koreanischen Halbinsel. Begrüßt wird auch Nordkoreas Entscheidung, seinen Beschluss zum Austritt aus dem Atomwaffensperrvertrag auszusetzen. Weiterhin wird die Besorgnis des Rates darüber zum Ausdruck gebracht, dass die IAEA-Untersuchungen keine Schlussfolgerungen hinsichtlich ihrer ursprünglichen Fragestellungen zuließen. Der Rat ersuchte daher Nordkorea, die IAEA-Inspektoren die zwischen Pjöngjang und der IAEA am 15. Februar 1994 vereinbarten weitergehenden Inspektionen durchführen zu lassen.[433]

Zu den Bemühungen des Weltsicherheitsrates der UN kommentierte ein Sprecher des nordkoreanischen Außenministeriums: Wolle der Sicherheitsrat seine Aufgabe ernst nehmen, müsse er Druck nicht auf Nordkorea, sondern auf die USA ausüben. Radio Pjöngjang bewertete die von US-Verteidigungsminister Perry angekündigte Verstärkung der südkoreanischen Verteidigungsposition als Anzeichen dafür, dass die „amerikanischen Imperialisten" einen „Aggressionskrieg" auf der koreanischen Halbinsel beginnen wollten. Von Nordkoreas Vertreter bei den Vereinten Nationen, Botschafter Pak Kil Yon, war am 2. April zu hören, Nordkorea habe noch keine Stellungnahme des UN-Sicherheitsrates erhalten. Wenn aber die Vereinigten Staaten diesbezügliche Voraussetzungen schüfen, werde Korea einer dritten Runde hochrangiger Gespräche zwischen Washington und Pjöngjang nicht abgeneigt sein. Die Krise könne nur durch direkte Gespräche zwischen Washington und Pjöngjang beigelegt werden. Der Generaldirektor der IAEA, Hans Blix, warnte Nordkorea, dass es ohne Transparenz in der Nuklearfrage kein Vertrauen der internationalen Staatenwelt erwerben könne, was Nordkoreas internationale Isolation nur vertiefen könne. Auf Seiten Südkoreas befand Außenminister Han Sung Joo, die Beteiligung Chinas an der UN-Erklärung sei durchaus ermutigend. Über die Frage des von Nordkorea so stark beanstandeten Großmanövers „Team Spirit" sei noch nicht endgültig entschieden, seine Regierung werde diesbezüglich noch mit Washington Beratungen abhalten. Ansonsten werde Seoul zunächst keine diplomatische Initiative Nordkorea gegenüber beginnen. *Russlands Reaktion* wurde international mit besonderem Interesse aufgenommen. Der russische Vize-

---

[432] Text des Resolutionsentwurfs der USA in: Korea Herald, 27. März 1994.

[433] Erklärung des Sicherheitsrates vom 31. März 1994 (eingesehen in Telex-Kopien der Deutschen UN-Mission und des Außenministeriums der Republik Korea).

Außenminister, Alexander Tanow, meinte in einem Iswestija-Interview vom 1. April, Moskau sei nicht abgeneigt, auch eine Resolution des UN-Sicherheitsrates, (die rechtlich und politisch weitaus mehr Gewicht hat als eine bloße „Erklärung") zu unterstützen, die Inspektionen nordkoreanischer Nuklearanlagen fordert. Gegenwärtig bestehe keine Gefahr eines unprovozierten Angriffs auf Nordkorea. Zwar sei Russland durch seinen Bündnisvertrag mit Nordkorea vom Jahre 1961 im Angriffsfall zu Beistand verpflichtet, doch habe sich vieles seither grundlegend verändert. Russland werde seine internationalen Verpflichtungen im Lichte seiner nationalen Interessen interpretieren. Die Iswestija kommentierte im gleichen Zusammenhang, Russland wolle in dieser Angelegenheit keinen Streit mit Südkorea oder den USA. Anders als China sei Russland bereit, eine Resolution des Sicherheitsrates in der koreanischen Frage zu unterstützen. Auf die russische Stellungnahme reagierte Pjöngjang mit Verärgerung. Russische Vorschläge, die Krise nicht, wie Nordkorea vorgeschlagen hatte, bilateral zwischen Pjöngjang und Washington zu regeln, sondern durch internationale Verhandlungsprozesse, brächten die Gefahr mit sich, die ganze Angelegenheit zu komplizieren. Wenn Russland hilfreich sein wolle, solle es Druck auf die USA ausüben.[434]

Drei Tage nach der Erklärung des UN-Sicherheitsrates kam es zu einer offiziellen Reaktion des nordkoreanischen Außenministeriums. Pjöngjang werde die Aufforderung der UNO zu weitergehenden Inspektionen einfach ignorieren. Die Forderung sei unsinnig. Die Internationale Atomenergiebehörde diene den Intrigen der USA.[435] Einer schon früher angedeuteten Möglichkeit entsprechend, bot Nordkorea am 11. April Südkorea eine Wiederaufnahme der am 19. März abgebrochenen innerkoreanischen Nord-Süd-Gespräche an. Hinsichtlich der Erfolgschancen solcher Gespräche, sollten sie sich realisieren, stehen aber die zuständigen südkoreanischen Behörden mit einer Skepsis gegenüber, die sich aus den negativen Erfahrungen der Vergangenheit erklärt.[436] Nach der erwähnten Korea-Erklärung des UN-Sicherheitsrates begann die amerikanische Fernost-Diplomatie stärker als zuvor, auf die chinesische Karte zu setzen. Peking, das um eine Verbesserung des durch Menschenrechtsfragen gestörten Verhältnisses zu Washington bemüht ist, griff das amerikanische Interesse an einer chinesischen Vermittlung auf und ließ allerdings Südkoreas Außenminister Han Sung Joo wissen, China werde sich weiterhin um eine Einwirkung auf Nordkorea bemühen, doch gebe es „einige Schwie-

---

[434] Zu den Reaktionen auf die Erklärung des UN-Sicherheitsrates vom 31. März 1994 von Seiten Nordkoreas, Südkoreas, der IAEA und Russlands im Zeitraum vom 31.3. bis zum 1.4. siehe: Summaries of World Broadcasts 4. April 1994, FE/1962 D/2–D/6.

[435] Text der Stellungnahme Nordkoreas zur UN-Erklärung in: Summaries of World Broadcasts, 5. April 1994, FE/1963 D/2–D/5, s. ebenfalls The People's Korea, 9. April 1994, S. 6.

[436] Die Welt, 12. April 1994.

rigkeiten".[437] Nordkoreas Botschaft in Peking gab zwar zu, dass China in der Nuklearkrise vorstellig geworden sei, betonte aber wörtlich: „Unser Land wird seine Souveränität und Unabhängigkeit entschlossen bewahren. Wir werden nicht dem Rat anderer folgen."[438] In den Vereinigten Staaten war der stellvertretende Außenminister Robert Gallucci inzwischen zum Koordinator der amerikanischen Politik Nordkorea gegenüber ernannt worden. Er sollte unter anderem an einer stärkeren Einbindung Chinas in das im Gange befindliche Krisenmanagement arbeiten. Einen wesentlichen Beitrag hierzu wollte auch Südkoreas Präsident Kim Young Sam leisten, als er sagte, wenn sich Nordkorea kooperationswillig zeige, so sei Südkorea bereit, ihm in seiner gegenwärtigen Versorgungskrise wirtschaftlichen Beistand zu leisten und Pjöngjang bei der Verbesserung seiner Beziehungen zu den Vereinigten Staaten und zu Japan behilflich zu sein.[439] Der südkoreanische Präsident setzte sich damit über eine Flut nordkoreanischer Beschimpfungen hinweg, denen er im letzten Jahr, insbesondere auch im Zusammenhang mit der Nuklearkrise, ausgesetzt war.[440]

Die nach der UN-Erklärung ersichtliche Haltung der USA zur eskalierten Korea-Krise fasste US-Außenminister Warren Christopher in einem Interview im Rahmen des NBC-Programms „Meet the Press" vom 10. April 1994 wie folgt zusammen: Für die nächsten sechs Monate, so betonte er, würden die USA diplomatischen Methoden der Krisenbewältigung eindeutigen Vorrang einräumen. Das Ziel sei ein atomwaffenfreies Gesamtkorea und die Wiederaufnahme des Dialogs zwischen Nord- und Südkorea. Washington wolle den Nordkoreanern sechs Monate Zeit zu einer diplomatischen Lösung geben. Sollten sie aber diese Zeit zum Vorantreiben ihres vermuteten Nuklearrüstungsprogramms missbrauchen, dann sei eine andere Situation gegeben. Zurzeit bestehe keine Notwendigkeit einer militärischen Präventivoperation gegen Nordkorea. Versage die Diplomatie allerdings, müsse man auch andere Optionen erwägen. Von einem Korrespondenten auf eine kürzliche russische Erinnerung an Moskaus Verteidigungsvertrag mit Pjöngjang hingewiesen, entgegnete Christopher, für ihn seien die Äußerungen des russischen Präsidenten Jelzin und seines Außenministers Kosyrew wesentlich maßgeblicher als andere Kommentare zur russischen Haltung. Die russische Regierung sei bisher sehr hilfreich gewesen.[441]

---

[437] Über die „Schwierigkeiten" bei Pekings versuchtem Einwirken auf Pjöngjang berichtete Wu Xueqian, der stellvertretende Vorsitzende der Politischen Konsultativ-Konferenz des Chinesischen Volkes. Siehe: International Herald Tribune, 12. April 1994.

[438] Ebd.

[439] Ebd.

[440] Korea Newsreview, 2. April 1994, S. 6–7.

[441] Zu Warren Christophers Interview mit NBC s. U.S. Policy Information and Texts No. 039, 12. April 1994, S. 9–11.

Auf die sicherheitspolitische Bedeutung der nordkoreanischen Nuklearkrise verwies der Verteidigungsminister der Vereinigten Staaten, William J. Perry. Er betonte Washingtons Sorge, Nordkorea könne bei Weiterverfolgung seines Programms in die Lage kommen, Atomwaffen in den *Nahen und Mittleren Osten zu* liefern. Es habe bereits Kurzstreckenraketen in diesen Raum verkauft. Nordkorea habe aber auch mit der Entwicklung militärischer Raketen begonnen, deren Reichweite unter anderem auch Japan erfasse, wo die USA Streitkräfte stationiert haben und das seit 1951 mit den USA durch einen Verteidigungspakt verbunden ist. Das erste Ziel amerikanischer Bemühungen sei, Nordkoreas Atomprogramm im jetzigen Stadium aufzuhalten. Gelinge dies im nächsten Halbjahr mit diplomatischen Mitteln nicht, so würden die USA auf wirtschaftliche Sanktionen gegen Nordkorea hinarbeiten. Wörtlich fügte er hinzu: „Es ist vorstellbar, dass diese Aktionen Nordkorea dazu provozieren könnten, einen Krieg auszulösen, und dieses Risiko nehmen wir in Kauf."[442] Zugleich meldete der amerikanische Fernsehsender NBC, dass Nordkorea den Bau einer dritten Wiederaufbereitungsanlage für Plutonium beabsichtige, die 25-mal stärker sein soll als die beiden bereits bestehenden Anlagen. Pjöngjangs Ziel sei die Verdoppelung der bisherigen Fähigkeit zur Produktion von Plutonium. Auf der Basis der zwar nur unvollständigen Untersuchungen der IAEA werde vermutet, dass eine zweite Anlage zur Plutoniumherstellung im Wiederaufbereitungswerk Yongbyon innerhalb der nächsten sechs Monate fertig gestellt werden könne. Um einer der südkoreanischen Wirtschaft schädlichen Panikstimmung entgegenzuwirken, stellte jedoch Südkoreas stellvertretender Außenminister, Choi Dong Jin, die Behauptung auf, dass Nordkorea bereits Nuklearwaffen entwickelt habe, könne bisher von niemandem bewiesen werden.[442] Perrys Ausführungen zufolge besteht das erste Ziel Washingtons darin, ein Einfrieren des nordkoreanischen Nuklearprogramms zu erreichen, und ein zweites Ziel in dessen Rückentwicklung („roll back").[443]

13.3 Weitere Kriegsdrohungen und erhöhte Spannung zwischen Pjöngjang und Washington

Noch nie seit dem Ende des Koreakrieges 1953 ist in Nordostasien so viel von Krieg im Hinblick auf Korea und Nordostasien gesprochen worden wie im Frühjahr 1994. So behauptete Anfang April die nordkoreanische zentrale Nachrichtenagentur: „Auf der koreanischen Halbinsel herrscht eine höchst angespannte Lage,

---

[442] Süddeutsche Zeitung, 5. April 1994.
[443] International Herald Tribune, 4. April 1994.

in der jederzeit ein Krieg ausbrechen kann." Sich auf Einzelheiten amerikanischer Pläne zur militärischen Unterstützung Südkoreas im Notfall berufend, behauptete die Nachrichtenagentur, die Vereinigten Staaten bereiteten einen Aggressionskrieg gegen Nordkorea vor.[444] Aber auch die in Seoul erscheinende Korea Newsreview sprach von militärischen Szenarios, sollte es tatsächlich zum Krieg kommen.[445] In Japan löste ein Interview Betroffenheit aus, das der nordkoreanische Botschafter in Indien, Cha Song Ju, der südkoreanischen Nachrichtenagentur Yonhap in New Delhi gewährt hatte. Hatte doch der nordkoreanische Diplomat ausgeführt, Atomwaffen seines Landes, wenn sie einmal vorhanden seien, würden primär auf Japan gerichtet sein. Hierzu meinte Kensuke Ebata, ein japanischer Militärexperte, die nordkoreanischen Raketen würden zunächst auf amerikanische Stützpunkte in Japan gerichtet sein. Einerseits, um die dort befindlichen amerikanischen Luftwaffeneinheiten zu treffen, und andererseits zur Warnung Japans, die USA nicht gegen Nordkorea zu unterstützen. Die bereits einsatzfähige nordkoreanische Rakete vom Typ Rodong-1 habe eine Reichweite von 1.000 Kilometern, wodurch der amerikanische Flottenstützpunkt Sasebo in Südwestjapan und der ebenfalls dort gelegene amerikanische Luftwaffenstützpunkt Iwakuni von Raketen dieses Typs erreicht werden könnten.[446] Obwohl Nordkorea nur etwa ein Drittel der Bevölkerung Südkoreas ausmacht, ist der Norden dem Süden in manchen militärischen Bereichen überlegen. So verfügen die Landstreitkräfte Nordkoreas über 900.000 Mann im Vergleich zu 540.000 auf Seiten Südkoreas. Die gesamte Mannschaftsstärke aller Waffengattungen auf Seiten Nordkoreas liegt bei über einer Million Mann, in Südkorea bei 655.000. Südkorea kann 1.800 Panzerwagen ins Feld entsenden, Nordkorea hingegen 3.800. Den 4.500 Geschützen südkoreanischer Feldartillerie stehen auf nordkoreanischer Seite 10.300 gegenüber. Die südkoreanische Marine verfügt über 190 Kampfeinheiten, die nordkoreanische über 434. Den 26 U-Booten Nordkoreas steht ein U-Boot Südkoreas gegenüber. Südkorea besitzt 520 Kampfflugzeuge, Nordkorea hingegen 850.[447]

Der Inhalt eines halbstündigen Telefongesprächs, das Präsident Clinton mit dem gerade zuvor aus Peking zurückgekehrten südkoreanischen Präsidenten Kim Young Sam führte, lässt zwar Übereinstimmung im Endziel, jedoch auch Unterschiede in der Methode erkennen. Denn relativ stärker als Clinton setzte Kim Hoffnungen auf eine letztlich konstruktive Rolle Chinas bei der Bewältigung der neuen internationalen Krise um Nordkorea. Er betonte das chinesische Inte-

[444] International Herald Tribune, 6. April 1994.
[445] Korea Newsreview, 2. April 1994, S. 7.
[446] International Herald Tribune, 8. April 1994. Siehe ferner: „North Korea's Ballistic Missile Programme", in: Jane's Intelligence Review, Special Report, No. 2, April 1994, S. 11–15.
[447] Korea Herald, 23. März 1994; vgl. auch Jane's Intelligence Review, Special Report, No. 2, a.a.O.

resse an der Entnuklearisierung der koreanischen Halbinsel wie auch Pekings Sorge, dass eine Eskalation von Spannung und Konfrontation in diesem Raum die Wirtschaftsbeziehungen zwischen China und Südkorea beeinträchtigen könne. Kim sagte, er erwarte, dass Chinas Führer den Nordkoreanern seine Überzeugung übermitteln würde, dass Südkorea eine koreanische Wiedervereinigung nicht auf dem Wege einfacher Absorbierung des Nordens durch den Süden erstrebe.[448]

Im Jahr zuvor hatte der koreanische Präsident dem Verfasser im Rahmen des erwähnten Interviews unter anderem gesagt: „Ich glaube, die koreanische Wiedervereinigung sollte nicht dem deutschen Beispiel einer schnellen Vereinigung durch Eingliederung des Ostens in den Westen folgen, sondern sollte planmäßig durch demokratische Methoden auf der Basis eines Konsensus zwischen Süd und Nord erfolgen. Genauer gesagt zielen wir zuerst auf Versöhnung und Ausgleich ab, um dann ein *Koreanisches Commonwealth zu* gründen und letztlich einen einheitlichen Staat für unser ganzes Volk zu gründen."[449] Angesichts des starken Drucks seitens der USA war Nordkoreas Führung intensiv bemüht, der psychologischen Wirkung amerikanischer Planspiele hinsichtlich künftig möglicher Vorgangsweisen Nordkorea gegenüber entgegenzuwirken. Eine Lageanalyse der offiziösen Zeitschrift *The People's Korea* zitiert zum Beispiel eine nordkoreanische Regierungserklärung vom 5. Februar 1994, in der es unter anderem heißt: „Unser Volk, das die Verwundbarkeit der Vereinigten Staaten besser kennt als irgendjemand sonst, hat eine dreijährige Kampferfahrung gegen die USA und betrachtet sie nicht als Supermacht, sondern als einen bluffenden Papiertiger." Sich auf amerikanische Experten berufend, schreibt der Verfasser der Lageanalyse, ein Vernichtungsschlag der amerikanischen Luftwaffe gegen in Korea befindliche Atomkraftwerke würde eine Radioaktivität freisetzen, die 150-mal stärker wäre als die einer Wasserstoffbombe. Die so freigesetzte Radioaktivität würde nicht nur Korea, sondern auch Japan und die USA selbst gefährden und schädigen. Ein Versuch, gegen Nordkorea einen Luftkrieg zu führen, wie er im Golfkrieg gegen den Irak geführt worden war, sei sinnlos. Gäbe es doch vor allem unter der Hauptstadt Pjöngjang in Granit gehauene unterirdische Befestigungsanlagen mit Munitions-, Treibstoff- und Nahrungsmittelvorräten für Jahre, die vorsorglich für den Fall eines Krieges angelegt worden seien. Amerikas Drohgebärden hätten Nordkorea veranlasst, militärische Raketen zu entwickeln und zu erproben – quasi als Bumerang-Effekt. Nicht Nordkorea befinde sich unter zeitlichem Druck, sondern die Verei-

---

[448] Zum Gespräch Clinton – Kim Young Sam siehe Korea Herald vom 1. April 1994.
[449] Kindermann, G.-K.: Interview mit dem Staatspräsidenten von Südkorea, Kim Young Sam, a.a.O., S. 16.

nigten Staaten, die einen so großen Wert darauf legten, das 1995 auslaufende System des Atomwaffensperrvertrags zu erneuern. Wolle Washington Fortschritte in seinem Anliegen Pjöngjang gegenüber erzielen, so müsse es vernünftig werden und der von Nordkorea geforderten dritten Gesprächsrunde zwischen beiden Ländern auf hoher Ebene zustimmen. Dies sei der einzige Weg zur Lösung des Problems.[450] Mitte April 1994 ergriff die südkoreanische Regierung eine Initiative, um ein wichtiges Hindernis auf dem Weg zu einer neuen Gesprächsrunde zwischen Pjöngjang und Washington zu überwinden. 1993 hatten sich die beiden koreanischen Teilstaaten im Wesentlichen auf den Austausch von Sonderbeauftragten ihrer jeweiligen Präsidenten geeinigt. Diese sollten unter anderem Vorbereitungen für ein erstes innerkoreanisches Gipfeltreffen der beiden Präsidenten treffen. Doch die Verhandlungen über diesen Austausch von Sondervertretern blieben im Detail stecken. Da die USA diesen Austausch als wichtigen Schritt in Richtung Entspannung zwischen Seoul und Pjöngjang betrachteten, erklärten sie das Zustandekommen dieses Austauschs zur Vorbedingung für eine von den Nordkoreanern stark erwünschte Fortsetzung ihrer Direktgespräche mit den USA auf hoher Ebene. Über diese Vorbedingung in hellen Zorn versetzt, beschuldigte Nordkoreas Regierung die Südkoreaner, Washington diese gegen Pjöngjang gerichtete Vorbedingung aufgedrängt zu haben .[451] Inzwischen waren auch auf amerikanischer Seite Zweifel darüber entstanden, ob diese Verknüpfung zwischen bestimmten innerkoreanischen Gesprächen mit der Möglichkeit eines weiteren Dialogs zwischen den USA und Nordkorea angesichts der weiter eskalierten Spannung nützlich sei.[452] Eine Woche, nachdem auch der südkoreanische Vize-Außenminister die Nützlichkeit dieser Verbindung infrage gestellt hatte, gab Südkoreas Minister für Nationale Wiedervereinigung, Lee Yung Duk, nach einer Kabinettssitzung bekannt, Südkorea verlange nicht mehr, dass ein Austausch von Sondergesandten der Präsidenten beider koreanischer Teilstaaten einer Fortsetzung von Verhandlungen zwischen den USA und Nordkorea vorausgehen müsse. Durch diesen Verzicht entzog sich Südkorea der Gefahr, von irgendeiner Seite bezichtigt zu werden, die Wiederaufnahme des Dialogs zwischen Washington und Pjöngjang behindert zu haben. Von Seoul aus war zumindest ein Tor zur Weiterführung dieses Dialogs geöffnet werden.

Im Mai und Juni 1994 fand eine weitere Verschärfung der nordkoreanischen Nuklearkrise statt, doch bahnte sich anschließend auch eine gewisse Entspannung

---

[450] Kwon Sang Jae: „North Korea Fully Prepared for Worst Scenario", in: The People's Korea 12. bis 19. Februar 1994, S. 1 und 5.

[451] Ebd., 26. März 1994, S. 5.

[452] Kim, Hyeh Won : „Gov't seen Waffling in Policy N.K. Nuclear Issue", in: Korea Herald 9. April 1994.

an, verbunden mit der entfernten Hoffnung auf eine echte Konfliktlösung. Die Tatsache nämlich, dass Nordkorea unilateral mit dem Austausch von einigen der 8.000 Brennstäbe in seinem graphitmoderierten Fünf-Megawatt-Reaktor begonnen hatte, ehe diese von den IAEA-Inspektoren kontrolliert werden konnten, wurde seitens der Internationalen Atombehörde in Wien als schwerer Verstoß gegen Nordkoreas vertragliche Verpflichtungen gewertet. Die IAEA artikulierte daher den Verdacht, dass Nordkorea atomwaffenfähiges Nuklearmaterial abgezweigt haben könnte. Ein im Mai 1994 nach Pjöngjang entsandtes Inspektorenteam der IAEA musste ergebnislos zurückkehren.[452/1]

In anschließenden Verhandlungen berief sich Nordkoreas Außenministerium am 1. Juni 1994 auf einen „Sonderstatus" Nordkoreas, der dadurch entstanden sei, dass es zwar am 12. März 1993 seinen Austritt aus dem Atomwaffensperrvertrag angekündigt, diesen Beschluss jedoch im Juni 1993 als Folge diplomatischer amerikanisch-nordkoreanischer Gespräche auf hoher Ebene in New York temporär ausgesetzt habe. Dadurch sei der genannte „Sonderstatus" entstanden, der Nordkorea aber auch besondere Berechtigungen verleihe. Angesichts des nordkoreanischen Versuchs, sich vertraglichen Verpflichtungen zu entziehen, nahm der Gouverneursrat der IAEA am 10. Juni 1994 mit 28 gegen 1 Stimme (Libyen) und bei 4 Enthaltungen (China, Libanon, Indien und Syrien) eine Resolution an, welche die Einstellung aller Hilfe der Internationalen Atombehörde für Nordkorea verfügte. Dies betraf die Ausbildungshilfe sowie Programme in den Bereichen von Industrie und Landwirtschaft in einem Gesamtwert von 250.000 Dollar jährlich.[452/2]

Nach verschiedenen Besprechungen zwischen Washington, Tokio und Seoul über die Frage möglicher Sanktionen drohte Nordkoreas Regierung am 6. Juni 1994: „Sanktionen bedeuten sofort Krieg, und Krieg ist gnadenlos."[452/3] Wenige Tage später richtete Nordkoreas Außenministerium eine drastische Warnung an Japan wie auch an Südkorea.[452/4] Darin heißt es unter anderem wörtlich: „Sollte Japan bei irgendwelchen ‚Sanktionen' gegen uns die Führung übernehmen oder sich zu einer Teilnahme daran überreden lassen, so würden wir das als Kriegserklärung betrachten und Japan würde nicht in der Lage sein, einer verdienten Bestrafung zu entgehen." An die Adresse Südkoreas gerichtet, warnte Nordkoreas Außenminister Kim Yong Nam anlässlich eines Besuches in der Ukraine: „Sie sollten sich vor Augen halten, dass, wenn sie der Politik der Vereinigten Staaten blind-

---

452/1 Summaries of World Broadcasts, June 30, 1994, FE 2099 D/4.
452/2 Korea Herald June 12, 1994.
452/3 Frankfurter Allgemeine Zeitung, 7. Juni 1994.
452/4 International Herald Tribune, 10. Juni 1994.

lings folgen, wenn sie Sanktionen ergreifen und einen Krieg beginnen, Südkorea letztendlich verwüstet werden wird." In Fortsetzung der Taktik, Spannungen zu erhöhen, gab Nordkoreas UNO-Botschafter, Pak Gil Yon, am 14. Juni den Willen seines Landes bekannt, aus der Internationalen Atomenergieorganisation auszutreten und zusätzlich doch auch mit der zeitweilig ausgesetzten Kündigung des Atomwaffensperrvertrages Ernst zu machen, falls die Vereinten Nationen oder eine andere Kombination von Staaten Sanktionen gegen Nordkorea verhängen sollten. Einen Tag zuvor hatte Nordkoreas Nachrichtenagentur KCNA, offensichtlich im Auftrag der Regierung, mitgeteilt, Nordkorea fühle sich ab sofort nicht mehr an Regeln oder Beschlüsse der IAEA gebunden und werde auch keine weiteren Inspektionen seitens dieser Organisation dulden. Sollten UN-Sanktionen gegen Nordkorea verhängt werden, so bedeute dies den Kriegsfall."[452/5]

Am gleichen Tage wurde eine Einschätzung des Südkoreanischen Amtes für Nationale Sicherheit bekannt, der zufolge Nordkorea nach Fertigstellung eines 50-Megawatt-Reaktors in Yongbyon und eines 200-Megawatt-Reaktors in Taechon, die 1995 beziehungsweise 1998 fertiggestellt werden könnten, in der Lage sein werde, Nuklearwaffen nicht nur zu besitzen, sondern sie auch zu exportieren.[452/6] Wohl nicht zufällig hatte Nordkorea zwischen Ende Mai und Anfang Juni den Probeabschuss einer neuen maritimen Land-See-Rakete durchgeführt, die mit einer Flughöhe von nur 100 Metern radargestützte Abwehrmechanismen unterlaufen kann.[452/7]

13.4 Das Dilemma der amerikanischen Sanktionsplanung

In Washington nahm die Regierung bestürzt zur Kenntnis, dass die von Nordkorea gewünschten und von den Vereinigten Staaten gewährten diplomatischen Gesprächskontakte zwischen Pjöngjang und Washington Nordkoreas Verstöße gegen seine vertraglichen Verpflichtungen im Bereich der Nuklearentwicklung nicht hatten verhindern können. Nun erwog Washington ernsthaft, konkrete Sanktionen gegen Nordkorea. Jedoch das magere Ergebnis des ersten Versuches, den Sicherheitsrat der Vereinten Nationen mit dieser Thematik zu befassen, die entschiedene und mehrfach wiederholte Weigerung Chinas, Sanktionen gegen das benachbarte und ebenfalls kommunistische Nordkorea zuzustimmen, sowie Alternativvorschläge von russischer Seite (zunächst soll eine Problemlösung durch eine

---

[452/5] Korean News. Korea News Service. Nr. 8509, 14. Juni 1994, S.33–35, und Frankfurter Allgemeine Zeitung, 16. Juni 1984.
[452/6] Korea Herald, 14. Juni 1994.
[452/7] North Korea News, 13. Juni 1994.

große internationale Konferenz versucht werden) ließen bei den Amerikanern die Erwartung aufkommen, dass Sanktionen möglicherweise nicht mit dem Instrumentarium des UN-Sicherheitsrates durchzusetzen seien. Als Alternativlösung wurden in Washington deshalb Optionen entwickelt, die Sanktionen durch eine an dieser Frage besonders interessierte Staatengruppe vorsah, zu der insbesondere die USA selbst, Japan, Südkorea und – wenn möglich – auch Russland gehören sollte. Diese Sanktionen sollten aber nur phasenweise erfolgen, um die Tür zu einem Kompromiss mit Nordkorea dennoch offen zu halten. In einer ersten Phase der Sanktionen sollten jede für Nuklearrüstung verwendbare technische und wissenschaftliche Zusammenarbeit mit Nordkorea abgebrochen, sämtliche UN-Wirtschaftshilfe für Nordkorea eingestellt und die diplomatische Zusammenarbeit wie auch der kulturelle und technische Austausch mit diesem Land reduziert werden. Der Export und Import von Rüstungsgütern nach Nordkorea oder aus demselben sollte verboten werden. In einer zweiten Phase sollten sämtliche Finanztransaktionen mit Nordkorea so weit wie möglich unterbrochen werden, insbesondere der Zahlungsverkehr mit Japan.[452/8] Für den Fall, dass Nordkorea aber der Sanktionen wegen zu Angriffshandlungen gegen Südkorea schreiten sollte, drohte der US-Verteidigungsminister William J. Perry noch am 6. Juni, die USA würden Südkorea auf jeden Fall verteidigen. Sie seien in der Lage, dies zu tun, jeder Krieg aber würde für Nordkorea vernichtende Konsequenzen („devastating consequences") nach sich ziehen.[452/9] Kritiker der Außenpolitik Clintons hielten den Sanktionsplänen entgegen, ein Krieg mit Nordkorea wäre für die USA und ihre nordostasiatischen Verbündeten selbstschädigend. Das Modell des Golfkrieges gegen den Irak sei hier nicht zu wiederholen. Eigene Verluste und Schäden würden ungleich größer sein. Auf der anderen Seite warnten Kritiker, die angekündigten Sanktionen seien viel zu schwach und zu unwirksam, um Nordkorea zu maßgeblichen Änderungen seiner Politik zwingen zu können. Selbst wenn Japan zum Beispiel die für Nordkorea so wichtigen finanziellen Transaktionen der in Japan lebenden pro-nordkoreanischen Gemeinschaften, die für Nordkorea eine wichtige Devisen-Einnahmequelle bilden, verhinderte, so könnten diese Überweisungen leicht über China umgelenkt werden. Dieses lehne Sanktionen ab. Hinzu kam, dass ein Sprecher des chinesischen Außenministeriums am 16. Juni 1994 bekräftigte, dass der chinesisch-nordkoreanische Verteidigungsvertrag von 1961, der eine automatische Beistandspflicht im Falle eines Angriffs auf den Bündnispartner vorsieht, noch in Kraft

---

[452/8] Zum Entwurf von Sanktionen gegen Nordkorea siehe Süddeutsche Zeitung, 17. Juni 1994, Korea Herald, 5. Juni 1994, und Frankfurter Allgemeine Zeitung, 13. Juni 1994. Siehe auch International Herald Tribune, 6., 13. und 20. Juni 1994.

[452/9] U.S. Policy Information and Texts No. 057, 7. Juni 1994, siehe Interview mit Verteidigungsminister Perry, S. 7.

sei.[452/10] Zwar kann kein Zweifel daran bestehen, dass China der Entwicklung eines kleinen nordkoreanischen Nuklearwaffenarsenals nur ungern entgegensehen würde. Andererseits bestand in Peking kein Interesse daran, an Umständen mitzuwirken, die zu einem Zusammenbruch dieses kommunistischen Systems an den mandschurischen Nordostgrenzen des ebenfalls noch kommunistisch verbliebenen China führen könnten. China, das in den Jahren zwischen 1950 und 1953 Nordkorea mit Waffengewalt und unter großen Verlusten von den Amerikanern befreit und seinen Bestand verteidigt hatte, hatte kein Interesse an einem Zusammenbruch Nordkoreas und an dessen Absorbierung durch Südkorea, das seit Jahrzehnten zu den engsten Verbündeten der Vereinigten Staaten gehörte. Moskau wiederum bestand auf einer Konfliktlösung, die Russlands gleichberechtigte Rolle mit den USA stark hervorheben sollte. Japan zeigte sich zu einer Kooperation bei Sanktionen bereit, verwies jedoch auf die Einschränkungen der ihm seinerzeit 1946 von den Amerikanern aufoktroyierten „Friedensverfassung". So schien es, dass insbesondere Russland und China bestrebt waren, die Eigenständigkeit ihrer jeweiligen Positionen zu betonen und den USA hierdurch zu signalisieren, dass die neue Weltordnung keineswegs so „unipolar" an den USA orientiert sei, wie die öffentliche Meinung in den USA und in anderen Teilen der Welt zeitweilig anzunehmen schien.

13.5 Ex-Präsident Carters Vermittlung in Pjöngjang

Eine mögliche Wende in der nordkoreanischen Nuklearkrise ergab sich, als der Ex-Präsident der Vereinigten Staaten, *Jimmy Carter,* von Nordkoreas Präsident, Kim Il Sung, zu einem Besuch in seinem Land eingeladen wurde. Nach vorherigen Besprechungen mit US-Präsident Clinton und mit Südkoreas Präsident, Kim Young Sam, reiste Carter, von seiner Frau begleitet, Mitte Juni 1994 durch die Demarkationslinie am 38. Breitengrad nach Pjöngjang. Er führte dort Gespräche, insbesondere mit Kim Il Sung und Außenminister Kim Yong Nam. Von Nordkoreas 82-jährigem Staatsoberhaupt sagte er, Kim Il Sung wirke „intelligent, offen, klug und völlig in Kontrolle der Dinge". Er hatte auch mehrfach darum gebeten, mit Kim Il Sungs Sohn und Nachfolger Kim Jong Il sprechen zu können, hatte aber zu seinem Befremden die Auskunft erhalten, Kim Jong Il habe keine Zeit für ihn.[452/11]

Die Ergebnisse der Mission Carters, der als „Privatmann" beziehungsweise als privater Vermittler nach Nordkorea gereist war, wurden von Präsident Clinton auf

---

[452/10] Summaries of World Broadcasts, 18. Juni 1994, FE 2025 G/1.
[452/11] Summaries of World Broadcasts, 20. Juni 1994, FE/2026, D/3.

einer Pressekonferenz vom 22. Juni 1994 dargelegt. Sie können wie folgt zusammengefasst werden.[452/12]

1. Von Carter darauf hingewiesen, dass Südkorea aus dem Entspannungsprozess nicht ausgeklammert werden dürfe, erklärte sich Kim Il Sung zur ersten Gipfelkonferenz zwischen den beiden Präsidenten Nord- und Südkoreas bereit. Kim Young Sam ergriff sofort die Chance und sagte zu. Der innerkoreanische Präsidentengipfel wurde anschließend für den 27. bis 28. Juli in Nordkoreas Hauptstadt Pjöngjang geplant. Doch besteht, wie oft bei innerkoreanischen Dialogen, die Gefahr, dass dabei große Prinzipien beschlossen werden, deren Durchführung dann auf der Ebene unterer Instanzen in Schwierigkeiten gerät.

2. Die USA würden Anfang Juli 1994 in Genf ihre diplomatischen Gespräche mit Nordkorea fortsetzen und in der Zwischenzeit alle Bemühungen um die Annahme von Sanktionen durch den UN-Sicherheitsrat einstellen.

3. Nordkorea werde im Gegenzug vor Abschluss dieser Gespräche sein Nuklearprogramm „einfrieren", der Fünf-Megawatt-Reaktor würde nicht neu aufgeladen, auch werde keine nukleare Wiederaufbereitung stattfinden. Die Inspektoren der Internationalen Atombehörde dürften in Korea verbleiben und ihre Arbeit mit dem dorthin gebrachten Gerät fortsetzen.

Insgesamt meinte der US-Präsident, Nordkoreas schriftliche Zusage die nordkoreanischen nuklearen Entwicklungsprogramme einzufrieren, sei der Hauptgewinn, der sich aus Carters Verhandlungen in Pjöngjang ergeben habe. Von Fragestellern bedrängt, gab der Präsident zu, diese neuen Entwicklungen seien zwar „keine Lösung des Problems", jedoch eine „neue Chance", eine Lösung zu finden. Die langen Verzögerungs- und Hinhaltetaktiken Nordkoreas scheinen aber bewirkt zu haben, dass selbst bei künftigen gründlichen Inspektionen – die technisch aber auf eine vorbehaltlose Kooperation Nordkoreas angewiesen wären – kein sicherer Nachweis hinsichtlich der Frage geführt werden kann, ob Korea bereits über nukleare Sprengkörper verfügt oder nicht. Auch die Kontrolle des von Nordkorea angekündigten „Einfrierens" dürfte nicht ohne Probleme sein. Sowohl der frühere Direktor des amerikanischen Geheimdienstes CIA, Robert Gates, als auch ein von der russischen Zeitung Istwestija veröffentlichter Bericht des sowjetischen Geheimdienstes KGB behaupten, Nordkorea sei bereits im Besitz atomarer Waffen.[452/13]

[452/12] Zusammenfassung und Inhalt der Pressekonferenz Präsident Clintons zu Carters Besuch in Nordkorea, in: 2, US/A Wireless File 23. Juni 1994.

[452/13] Gates, Robert: „The North Koreans Wanted a Bomb and Doubtless Now Have It", in: International Herald Tribune, 20. Juni 1994, und „Does North Korea Already have a Nuclear Bomb?", in: International Herald Tribune, 25./26. Juni 1994.

Mit Betroffenheit registrierte Südkoreas Regierung, dass sich Washington – vorläufig zumindest – mit dem bloßen „Einfrieren" des umstrittenen nordkoreanischen Nuklearprogramms zufrieden gab. Wie auch Südkoreas Vizeministerpräsident, Lee Hong-koo, darlegte, hatte die Tatsache, dass Nordkorea über eine nukleare Wiederaufbereitungsanlage verfügt, die interkoreanische Nord-Süd-Erklärung über die Entnuklearisierung der koreanischen Halbinsel vom Jahre 1992 bereits faktisch hinfällig gemacht, da laut dieser Erklärung derartige Anlagen untersagt sind.[452/14]

Bei der IAEA erinnerte man sich an den Präzedenzfall Südafrika, das zunächst mit der Produktion von Atomwaffen begonnen und danach erst den Atomwaffensperrvertrag unterzeichnet hatte.[452/15] Insbesondere Südkorea, die USA und die anderen Mächte im Nordwest-Pazifik werden künftig wohl mit der Ungewissheit zu leben haben, ob Nordkorea faktisch zur Nuklearmacht geworden ist oder nicht. Diese Ungewissheit aber bedeutet eine schwere Belastung für jede weitere sicherheitspolitische Planung in diesem Raum. Psychologisch hatte Nordkorea – obwohl sein Verhalten die Krise primär ausgelöst hatte – als Gastgeber des Ex-Präsidenten der USA, Carter, Punkte und „Gesicht" gewinnen können. Angesichts der Ergebnisse der Vorbesprechungen zwischen den beiden koreanischen Regierungen konnte es nicht als gesichert gelten, dass Kim Il Sung – wie die südkoreanische Seite selbstverständlich vorgeschlagen hatte – tatsächlich zu einem Gegenbesuch in Südkoreas Hauptstadt Seoul bereit sein würde. Südkoreas flexible Reaktion war vornehmlich an drei Zielen orientiert: erstens an einer effektiven Krisenbewältigung; zweitens an der Förderung einer konstruktiven Annäherung zwischen Süd- und Nordkorea; drittens am Erhalt der kooperativen Partnerschaft mit den USA und mit Japan.

Die Verhaltensweise der US-Regierung wurde seitens ihres ehemaligen Außenministers, Henry A. Kissinger, scharfer Kritik unterzogen. Er erinnerte daran, dass dem koreanischen Nord-Süd-Abkommen über die Entnuklearisierung der Halbinsel ein Arrangement zwischen Seoul, Pjöngjang und Washington vorangegangen war. Nachdem die USA Anfang 1992 anlässlich eines ersten Kontakts auf hoher Ebene mit Nordkorea den Rückzug taktischer amerikanischer Nuklearwaffen aus Korea angekündigt und die Absetzung des Großmanövers „Team Spirits" angekündigt hatten, habe Nordkorea im Juni 1992 damit begonnen, Hindernisse in den Weg vereinbarter gegenseitiger koreanischer Nord-Süd-Inspektionen zu legen. Während der Präsident der USA noch am 7. November 1993 lapidar erklärt habe, Nordkorea dürfe die Entwicklung einer Atombombe nicht gestattet werden, habe

---

[452/14] Korea Herald, 22. Juni 1994.
[452/15] International Herald Tribune, 1. Juli 1994.

dann am 5. Januar 1994 ein Sprecher desselben Präsidenten erklärt, hier habe ein textlicher Irrtum vorgelegen, Washington erwarte von Nordkorea, nur die Weiterentwicklung seiner nuklearen Fähigkeiten einzustellen. Nordkorea könne somit etwa schon produzierte Atombomben ebenso behalten wie auch die Fähigkeit zur Plutoniumproduktion. Damit sei für Pjöngjang der Weg zur Nuklearmacht freigegeben. Seit Mai 1994 habe Nordkorea damit begonnen, genügend Plutonium für die Produktion von fünf bis sieben Nuklearwaffen aus seinem Reaktor zu entfernen. Die von der US-Regierung angekündigten Sanktionen hätten dank ihrer Schwäche eher Unsicherheit anstelle von Entschlossenheit signalisiert. Washingtons Beschwichtigungshaltung ermutige Pjöngjangs Verzögerungstaktik. Ohne Gewissheit zu verschaffen, wie es um seine Nuklearentwicklung stehe, habe Pjöngjang anlässlich des Carter-Besuches in letzter Konsequenz nicht nur eine Zusage der USA zum Verzicht auf den Einsatz von Nuklearwaffen in Korea verlangt, sondern zugleich auch substanzielle Wirtschaftshilfe zur Entwicklung eines Leichtwasserreaktors. So wie die Lage jetzt sei, werde Nordkorea seinen Willen durchsetzen können und die Fähigkeit zum Verkauf von Nukleartechnologie, von Plutonium und von militärischen Raketen beibehalten. Die zögerliche Haltung der USA berge die Gefahr in sich, in der Zukunft auch andere nach Nuklearwaffen strebende Mächte zu veranlassen, sich dem nordkoreanischen Präzedenzfall entsprechend zu verhalten. Damit aber werde das gesamte internationale System nuklearer Sicherheit erschüttert.[452/16]

Im Zentrum der gegenwärtigen Krisenkonstellation in Nordostasien stehen Staat und System des gegenwärtigen Nordkorea. Jede Bemühung um eine Analyse seines Verhaltens setzt den Versuch voraus, die Verhaltensformen dieses Regimes aus seiner objektiven Daseinslage wie aber auch auf der Basis seiner subjektiven Lagebeurteilung zu deuten. Innerhalb des letzten Jahrzehnts erlebte Nordkoreas Führung den Zusammenbruch des ohnedies nicht mehr geschlossenen kommunistischen Weltsystems. Perestroika und Glasnost hatten nicht nur zur Abwertung des sowjetischen Marxismus geführt, sondern vorläufig auch zu Moskaus Verzicht einerseits auf Konfrontation mit dem Westen und andererseits auf ideologische Hegemonie gegenüber den ehemals beherrschten Staaten Osteuropas. Land für Land waren kommunistische Systeme unter dem Druck von Opposition und Bevölkerung zusammengebrochen. Man kann sich unschwer vorstellen, mit welchen Gefühlen die Familie Kim Il Sungs den mit der Hinrichtung von Nicolae Ceausescu und seiner Frau endenden Prozess gegen den kommunistischen Diktator Rumäniens verfolgte, mit dessen Familie die Familie Kim befreundet gewesen war.

452/16 International Herald Tribune, 4. Juli 1994.

Gorbatschows Politik hatte nicht nur zu Moskaus Annäherung an Südkorea geführt, sondern letztendlich auch zur Normalisierung der Beziehungen mit Seoul und zur Entwicklung weitaus umfangreicherer Wirtschaftsbeziehungen mit Südkorea, als sie zwischen der Sowjetunion und Nordkorea bestanden. Es mag für Pjöngjang nur eine schwache Genugtuung gewesen sein, dass die Folgen der Politik Gorbatschows die Auflösung der UdSSR mit sich brachte. Denn an die Stelle Gorbatschows trat Boris Jelzin, der die Auflösung des Sozialismus in Russland noch wesentlich dynamischer betrieb als Gorbatschow und der mindestens ebenso sehr, wenn nicht noch stärker, um ein kooperatives Verhältnis Russlands zu Südkorea bemüht war. Die Entwicklungen im benachbarten China zeigten einen Verfall des auf Mao Tse-tung bezogenen Personenkults und einen wirtschaftlichen Triumph des von Deng Xiaoping eingeleiteten Pragmatismus. Dem Verfasser, der sich drei Monate nach dem Tiän-An-Men-Massaker in Nordkorea aufhielt, wurde angedeutet, die Entwicklungen im Weltkommunismus, insbesondere in Russland und in China, zeigten eindrucksvoll die prinzipielle Richtigkeit der nordkoreanischen Politik. Denn wenn sich ein kommunistisches Staats- und Gesellschaftswesen allzu weit den verderblichen und zersetzenden Einflüssen des westlichen Kapitalismus öffne, könne es allzu leicht Keime der Verderbnis in sich aufnehmen, die dann zum Verfall oder zur Krise führten. Zwar wünsche auch Nordkorea engere Kooperationskontakte mit der Außenwelt, doch zeigten die Ereignisse in Osteuropa, in Russland und in China, wie lebenswichtig es sei, die Kontrolle über Ausmaß und Inhalte dieser Kontakte zu behalten. Wie oben gezeigt, hatte sich Nordkoreas Führung im Bereich der Ideologie rechtzeitig vom Marxismus-Leninismus abgesetzt und das Ideengebäude Kim Il Sungs, den so genannten „Kimilsungismus", als höchste Ideologieform der Gegenwart bezeichnet. Hatte doch Kim Dschong Il bereits 1956 gesagt: „Fragen des Aufbaus, des Sozialismus und Kommunismus sind vom Kimilsungismus in völlig neuer Form beantwortet worden." Es sei unzulässig, diesbezüglich die Quellen der nordkoreanischen Ideologie im Marxismus-Leninismus zu suchen. Gewiss seien geistesgeschichtliche Verwurzelungen nicht zu verkennen. Dennoch gelte: „Der Kimilsungismus ist eine Ideologie, die ein Zeitalter repräsentiert, das sich von dem des Marxismus-Leninismus unterscheidet."[453] Auf ideologischer Ebene konnte Nordkoreas Führung somit argumentieren, sie habe aus dem Zusammenbruch der osteuropäischen Kommunismusformen ideologisch keine Konsequenzen zu ziehen, außer dass die neue Geschichtsphase die Überlegenheit der nordkoreanischen Dschutsche-Theorie und der von ihr abgeleiteten soziopolitischen Praxis demonstriert habe.

---

[453] Kim Dschong Il: Für das richtige Verständnis des eigenschöpferischen Charakters des Kimilsungismus, S. 4 und 8.

Die folgenschwersten Wirkungen des Systemwandels in zahlreichen kommunistischen Staaten ergaben sich für Nordkorea jedoch im Bereich der Wirtschaft. So erklärte das Zentralkomitee der regierenden Koreanischen Arbeiterpartei am 8. Dezember 1993: „Wegen des Zusammenbruchs der sozialistischen Länder und des sozialistischen Marktes haben die (internationale) Wirtschaftskooperation unseres Landes und sein Handel Rückschläge zu verzeichnen gehabt. Dadurch entstand ernster Schaden an unserer wirtschaftlichen Aufbauarbeit und deshalb gibt es für unseren dritten Siebenjahresplan große Probleme bei der Erreichung seiner Ziele ...“[454] Bis 1990/91 hatte Nordkorea 50 Prozent seines Außenhandels mit der Sowjetunion abgewickelt. Wie jedoch Vasily V. Mikheev vom Institut für Weltwirtschaft bei der Akademie der Wissenschaften der UdSSR 1991 schrieb, veränderte sich die Struktur der sowjetisch-nordkoreanischen Wirtschaftsbeziehungen schlagartig, als die Firmen und Betriebe der Sowjetunion ihre Wirtschaftspolitik nicht mehr aufgrund von regierungsamtlichen Befehlen vollzogen, sondern sich nunmehr an wirtschaftlichen Eigeninteressen und Profitchancen orientierten.[455] An die Stelle der bisherigen ideologisch geprägten wirtschaftlichen Präferenzbehandlung Nordkoreas trat ab Januar 1991 Moskaus harte Forderung nach Zahlung in harter Währung und nach Orientierung an Weltmarktpreisen. Die Wirkung zeigte sich sofort. Von 1990 bis 1991 sank das Gesamtvolumen des Handels zwischen Nordkorea und der UdSSR von 2,57 Milliarden US-Dollar auf bloße 470 Millionen US-Dollar. Nordkoreas Einfuhr von russischem Erdöl verringerte sich von 440.000 Tonnen im Jahre 1990 auf lediglich 40.000 Tonnen 1991.[456] Pjöngjangs Hoffnungen richteten sich daher auf das benachbarte China. Und das Gesamtvolumen des beiderseitigen Handels stieg von 482,6 Millionen US-Dollar im Jahre 1990 auf 610,3 Millionen US-Dollar 1991. Zergliedert man jedoch die letztgenannte Zahl, so stehen nordkoreanischen Exporten nach China im Wert von 85,6 Millionen US-Dollar chinesische Exporte nach Nordkorea im Wert von 524,7 Millionen US-Dollar gegenüber. Doch auch die Umorientierung nach China hin erwies sich als kein idealer Ausweg. Denn mit Wirksamkeit bereits ab Januar 1992 hatte auch Peking Barzahlung in Hartwährung und Preisorientierung am Weltmarkt verlangt. Auf Pjöngjangs dringenden Wunsch hin habe China diese Bedingung um ein Jahr, das heißt konkret vom Januar 1992 auf Januar 1993, vertagt. Laut einer Äußerung des chinesischen Ministers für Außenhandel, Li Lanqing, vom 29. Dezember 1992 war der neue Termin vom Januar 1993 definitiv. Die Verringerung der Erdöleinfuhren bewirkte einen Rückgang

---

[454] Zitiert aus: North Korea News, No. 714, 20. Dezember 1993, S. 1.

[455] Mikheev, Vasily M.: „New Soviet Approaches to North Korea", in: Korea and World Affairs, Bd. 15 No. 3, Herbst 1991, S. 448.

[456] Kim, Sung Woo: „Recent Economic Policies of North Korea", in: Asian Survey Bd. XXXIII, No. 9, September 1993, S. 867.

der Energieerzeugung und industriellen Produktion, den Nordkorea durch eine Steigerung seiner Kohleproduktion zu mildern suchte. Die Versorgung der Bevölkerung mit Lebensmitteln wurde so knapp, dass die Parole ausgegeben werden musste, zwei Mahlzeiten am Tage seien genug. In einer vom zentralen staatlichen Rundfunk in Pjöngjang am 28. Januar 1994 ausgestrahlten Sendung heißt es unter anderem: „Wir können viele Härten erdulden. Doch Hunger können wir nicht akzeptieren. Der Zustand der Bevölkerung kann nur verbessert werden, wenn sie mit genügend Nahrungsmitteln versorgt wird."[457] Nordkoreas Auslandsschulden erhöhten sich bis 1991 auf 9,3 Milliarden US-Dollar, was etwa 41 Prozent seines Bruttosozialprodukts entspricht. Die Kreditwürdigkeit des Landes gehört mit zu den niedrigsten der Welt und die Hartwährungsreserven nähern sich dem Punkt der Erschöpfung. Das mit großem Schwung begonnene Werben um Joint Ventures führte zu keinen wesentlichen Resultaten. Der Handel mit Südkorea wuchs von 1988 bis 1992 auf ein Volumen von 209 Millionen US-Dollar an.[458] Ein wichtiger Bereich des allgemeinen nordkoreanischen Exports betrifft die Lieferung von Rüstungsgütern und Rüstungstechnologie. Sowjetische Medien berichteten im Dezember 1993 von Nordkoreas Verkauf von militärischer Raketentechnologie an den Iran, den Pjöngjang auch durch die Entsendung von Technikern und Militärberatern seit 1979 unterstützt und in den Jahren zwischen 1980 und 1983 mit Waffen im Wert zwischen 800 und 900 Millionen US-Dollar beliefert hatte.[459] Die Rüstungsausgaben Nordkoreas beliefen sich 1992 auf 22 Prozent seines Bruttosozialprodukts, in Südkorea waren es im Vergleich 3,8 Prozent des allerdings größeren Bruttosozialprodukts.[460]

Zu Beginn der 90er Jahre belief sich das Bruttosozialprodukt Südkoreas mit seiner Bevölkerung von 43 Millionen Menschen auf 237,9 Milliarden US-Dollar im Vergleich zu 23,1 Milliarden US-Dollar oder einem Zehntel dieses Betrages auf Seiten Nordkoreas mit seiner Bevölkerung von 22 Millionen Einwohnern. Zum gleichen Zeitpunkt lag Südkoreas Pro-Kopf-Einkommen von 5.569 US-Dollar fünfmal höher als dasjenige Nordkoreas von 1.064 US-Dollar. Der Norden, der bei Gründung der Republik den Süden in der Energieproduktion weit überflügelte, verfügte 1988 über eine Energiekapazität von 8,9 Millionen Kilowatt im Vergleich zur südkoreanischen Kapazität von 19,9 Millionen Kilowatt. Das bilaterale Handelsvolumen Südkoreas im Jahre 1991 belief sich auf einen Gesamtwert von 153,4 Milliarden US-Dollar, für Nordkorea hingegen nur auf 2,72 Milliarden US-Dollar.[461]

[457] „Beijing's Demand for Cash Payment in Trade puts Pyongyang in Serious Dilemma", in: Vantage Point Bd. XVI No. 1, Januar 1993, S. 14/15.
[458] North Korea News No. 721, 7. Februar 1994, S. 3. Siehe auch Merrill, John a.a.O., S. 47.
[459] Kim Sung Woo, a.a.O., S. 867–875.
[460] North Korea News No. 714, 20. Dezember 1993, S. 4–5.
[461] Mack, a.a.O., S. 341.

Die Lage-Analyse der nordkoreanischen Führung beinhaltet aber nicht nur die Kenntnis von der schrumpfenden Tendenz der wirtschaftlichen Leistung ihres Landes und von der sich erweiternden Schere im Leistungsprofil des Nordens auf der einen Seite und des Südens zugunsten des Letzteren auf der anderen Seite. Hinzu tritt die Erinnerung an das Scheitern der eigenen Taktik hinsichtlich der Sommerolympiade 1988, an die Erfolge der südkoreanischen „Nordpolitik" mit ihren Durchbrüchen zu diplomatischen Beziehungen mit Moskau und Peking und auch daran, dass sich in der Frage der koreanischen UN-Mitgliedschaft die Konzeption Südkoreas gegen die von Nordkorea hatte durchsetzen können. Bitter empfunden wird der weit reichende Verlust der Solidarität und Hilfe Moskaus in der Ära Gorbatschow und Jelzin wie auch die allmählich schwindende chinesische Solidarität ab Beginn der 90er Jahre. Mehr voraussehbar als artikulierbar war für Nordkoreas Führungselite die kommende Erschütterung des Systems durch den Tod Kim Il Sungs. Zu den Gegebenheiten der Situation gehört fernerhin der starke Wille der USA, eine militärische Atomrüstung Nordkoreas auf der Basis einander ergänzender amerikanischer Interessen am Erhalt der herrschenden internationalen Kräfteverhältnisse nicht nur in Nordostasien, sondern auch im mittelöstlichen Raum zu verhindern. In dieser Grundsatzfrage werden die USA von einer größeren Gruppe von Staaten, insbesondere aber von Japan und Südkorea, unterstützt. Im Schussbereich nordkoreanischer Raketen gelegen, hat Japan eine beispiellose Bedrohung zu befürchten. Dies wiederum gibt bei vielen Regierungen Anlass zu der Sorge, Japan könne der wahrgenommenen Bedrohung mit eigenen nuklearen oder nichtnuklearen Rüstungsanstrengungen begegnen wollen, wodurch dann in ganz Nordostasien eine gewaltige Aufrüstungsspirale in Bewegung gesetzt werden könnte. Washingtons Pressionen gegenüber gibt sich Nordkorea, nach außen hin zumindest, gelassen. Es verweist auf den Krieg, in dem die USA aus Nordkorea herausgedrängt und zu einem Verzicht auf eindeutigen Sieg gezwungen werden konnten. Es erinnert sich an den jahrelangen Krieg um Südvietnam, in dem letztlich Nordvietnam die USA hatte besiegen können. Hinweise auf Amerikas Vorgehen und das Unterliegen des Irak im Golfkrieg nimmt es zwar zur Kenntnis, doch ist es sich der unterschiedlichen geostrategischen Voraussetzungen beider Konfliktfälle offensichtlich bewusst. Pjöngjang muss allerdings auch in Rechnung stellen, dass Peking und Moskau nicht an der Entwicklung einer neuen ostasiatischen Nuklearmacht interessiert sein können, deren Raketen auf der einen Seite Chinas Hauptstadt und nordöstliche Industriegebiete sowie auf der anderen Seite Moskaus wichtigste Fernosthäfen treffen könnten. Trotz ihrer Absicht, auf eine Entnuklearisierung der koreanischen Halbinsel hinzuwirken, haben China in stärkerem und Russland in schwächerem Maße erkennen lassen, dass sie an einer Absorbierung Nordkoreas durch das mit den USA verbündete Südkorea nicht interessiert sind. Erst am 16. Juni 1994 hatte der Sprecher des chinesischen Außenministeriums, Shen Guofang, bestätigt, dass die in Artikel 3 des Chinesisch-Nordkoreanischen Beistandspaktes von 1961 vorgesehene automatische militärische Beistandspflicht im Falle eines militärischen Angriffs einer dritten Macht auf einen der Signatarstaaten immer noch voll in Kraft sei.[461a] Ein unabhängiges, kommunistisches, mit einigen Atombomben ausgerüstetes Nordkorea erscheint in Pekings derzeitiger Perspektive somit das relativ geringere Übel zu verkörpern.

So muss damit gerechnet werden, dass China auch weiterhin – wenn auch weniger intensiv – Nordkorea unterstützt.

Angesichts der skizzierten Gesamtlage stellt sich für Nordkoreas Führung die Frage: „Was tun?" Grundsätzlich scheinen sich drei Optionen abzuzeichnen:

1. Das Vorantreiben der militärischen Nuklearrüstung, für die mit finessenreichen Verhandlungen mit auswärtigen Mächten versucht wird, einerseits Zeit zu gewinnen und andererseits – so weit wie möglich – auswärtige Mächte gegeneinander auszuspielen und dem Druck von außen standzuhalten. Verbunden hiermit wäre der Versuch, von auswärtigen Mächten wie auch von Südkorea weiterhin materielle Unterstützung zu erhalten. Außerdem geht es um die volle diplomatische Anerkennung durch die USA und andere NATO-Staaten sowie Japan und um den Verzicht auf Stationierung amerikanischer Nuklearwaffen in Südkorea.

2. Preisgabe der Nuklearrüstung, nachdem zuvor in diesbezüglichen Verhandlungen ein relatives Optimum von kompensatorischen Sicherheitsgarantien, von materiellen Hilfeleistungen – einschließlich der Lieferung eines Leichtwasserreaktors – und von diplomatischer Anerkennung seitens der an der Nuklearfrage interessierten Mächte erzielt werden konnte. Diese Option fußt auf jenen optimistischen Prognosen, die von der vielfach angezweifelten Annahme ausgehen, Nordkorea sei noch nicht imstande gewesen, selbst Atomwaffen zu produzieren.

3. Einfrieren weiterer Nuklearrüstung und Akzeptanz bestimmter Inspektionen, jedoch nach bereits erfolgter Produktion einer Anzahl von Atomwaffen. Als Preis für das bloße „Einfrieren" werden von auswärtigen Mächten die oben in Punkt 1 und 2 genannten wirtschaftlichen und diplomatischen Kompensationen angestrebt.

Hinter der Option 1 steht die Erwartung eines bedeutsamen Zuwachses an Macht, an Sicherheit durch gesteigerte Abschreckung sowie an nationaler und internationaler Bedeutung, sollte es Nordkorea gelingen, aus eigener Kraft zu einer der Nuklear- und Raketenmächte des nordostasiatischen Raumes zu werden. Auch lässt sich der Besitz von Nuklear- und Raketentechnologie zum Zweck wirtschaftlichen Gewinns

---

[461a] Summaries of World Broadcasts, June 18th 1994, FE/2025/E.

durch Verkauf an interessierte Staaten verwenden. Ergänzt wird Pjöngjangs Interesse an Option 1 durch seine Vorstellung eines unvermeidlichen Bedeutungsverlustes, sollte es beim gegenwärtigen diplomatischen Nuklearkonflikt mit den USA und der IAEA unterliegen. Angesichts der zunehmenden Stärke Südkoreas würde der bei Beibehaltung seines sozioökonomischen Systems weiter verarmende Norden im Vergleich zum Süden an Einfluss und Bedeutung verlieren. Die erfolgreiche Anwendung von Option 1 setzt in Nordkorea eine politische Geschlossenheit des Systems und eine wirtschaftliche Durchhaltefähigkeit voraus, die auch starken wirtschaftlichen Druck von außen zu überdauern vermag.

Option 2 verbände im Falle der Verwirklichung eine Geste der Resignation in der Frage der Nuklearrüstung mit dem Gewinn potenziell bereits in Aussicht gestellter auswärtiger Wirtschaftshilfe, die bei der inneren Konsolidierung des nordkoreanischen Systems zum Zeitpunkt eines Generationswechsels in der Führung dienen könnte.

Wie ein amerikanischer Kommentator bemerkte, steht bei Nordkoreas diplomatischer Nuklearkrise der Wille der USA und ihrer Verbündeten einschließlich Südkoreas zur Erzwingung von „Transparenz" dem Willen Nordkoreas gegenüber, hinsichtlich der bisherigen Entwicklung seines Nuklearpotenzials ein schützendes Maß an Undurchsichtigkeit (wörtlich: „ambiguity") beibehalten zu können. Sollte Nordkorea angesichts einer schwankenden Haltung der USA bei dieser Kraftprobe seinen Willen durchsetzen und die Welt hinsichtlich seines Nuklearpotenzials im Unklaren lassen können, so stünde die Regierung Südkoreas vor dem Erfordernis einer äußerst schwierigen und grundsätzlichen Neuüberlegung ihrer Sicherheitspolitik. Bisher hat sich Nordkoreas taktische Linienführung im Nuklearstreit derjenigen der USA als überlegen erwiesen.

Der Tod Kim Il Sungs am 8. Juli 1994, der fast ein halbes Jahrhundert lang die tragende Säule und das realste Machtzentrum des nordkoreanischen Systems verkörpert hatte, war anscheinend völlig unerwartet eingetreten. Hatte ihn doch US-Ex-Präsident Jimmy Carter kaum drei Wochen zuvor noch als durchaus agil und voll engagiert empfunden. Doch relativ bald nach diesem Ereignis hatte die nordkoreanische Regierung ihre Verhandlungen mit den Vereinigten Staaten fortgesetzt. Zuvor hatte Kang Myong Do, der nach Südkorea übergelaufene Schwiegersohn des nordkoreanischen Ministerpräsidenten Kang Song San, zu Protokoll gegeben, er habe von dem für den Schutz der nordkoreanischen Nuklearanlagen in Yongbyon zuständigen Abteilungsleiter des Geheimdienstes erfahren, Nordkorea besitze bereits fünf einsatzfähige Nuklearsprengköpfe und plane die Fertigstellung von fünf weiteren.[461b] Eine vom 5. bis 12. August in Genf stattfindende amerika-

---

[461b] Korea Newsreview, 6. August 1994, S. 5–7.

nisch-nordkoreanische Verhandlungsrunde erzielte eine gemeinsame 4-Punkte-Erklärung. Ihre wichtigsten Inhalte sind wie folgt:

1. Nordkorea werde mit amerikanischer Hilfe seine graphitmoderierten Reaktoren durch Leichtwasserreaktoren ersetzen und für den Übergang andere Energiequellen erschließen. Nach Erhalt definitiver amerikanischer Zusagen werde es den Bau eines 50-Megawatt und eines 200-Megawatt Reaktors ebenso einstellen wie auch weitere Wiederaufbereitungsaktivitäten.

2. Auf dem Wege zu einer weiterreichenden Normalisierung würden die USA und Nordkorea diplomatische Vertretungsbüros einrichten.

3. Die USA würden Nordkorea gegenüber auf die Androhung oder Anwendung von Nuklearwaffen verzichten, während Nordkorea bereit sei, die mit Südkorea vereinbarte Entnuklearisierung der koreanischen Halbinsel in die Praxis umzusetzen.

4. Nordkorea werde Mitglied des Atomwaffensperrvertrags bleiben und seine diesbezüglichen Verpflichtungen erfüllen.[461c]

Unmittelbar anschließend gab Südkoreas Präsident Kim Young Sam bekannt, Südkorea sei gewillt, dem Norden Kapital und Technologie für die Ersetzung des einen Reaktortyps durch einen anderen zur Verfügung zu stellen. Dies könne ein erstes gemeinsames großes Nord-Süd-Projekt für Koreas gemeinsame Zukunft werden. Voraussetzung aber sei völlige Transparenz der Nuklearaktivitäten des Nordens. Obwohl Nordkorea durchblicken ließ, es bevorzuge russische Reaktortypen, erklärte Pjöngjangs Chefunterhändler in Genf, Vize-Premier Kang Sok Jun, sein Land werde auch südkoreanische Reaktoren in Erwägung ziehen.[461d]

Zu Pjöngjangs Schachzügen im Spiel um die neue Sicherheitsstruktur in Nordostasien gehörte seine Ankündigung vom April 1994, dass es sich aus der seit 1953 bestehenden Militärischen Waffenstillstandskommission in Korea, gebildet aus den USA, China und Nordkorea, endgültig zurückziehe. Bereits seit 1991 hatten die Nordkoreaner die Sitzungen dieses Gremiums boykottiert. Anlass hierzu war gewesen, dass die USA erstmals die Entsendung eines südkoreanischen Generals als Vertreter des UN-Kommandos in diese Kommission bewirkt hatten. Südkorea hatte allerdings aus Protest gegen das Weiterbestehen der Teilung Koreas das Waffenstillstandsabkommen von 1953 nie unterzeichnet. Pjöngjangs Verhalten zielte darauf ab, die Institutionen des Waffenstillstandsabkommens zu zerstören. Hierdurch erzeugter Druck sollte die USA dazu veranlassen, mit Nordkorea einen Friedensvertrag zu schließen. Damit sollte dem UN-Kommando in Korea die Legitimitätsbasis entzogen werden. Starke Enttäuschung löste es in Südkorea aus, als

---

[461c] Text des 4-Punkte-Abkommens vom 13. August 1994, in Korea Herald, 14. August 1994.
[461d] International Herald Tribune, 15. August 1994.

auch China in Unterstützung der nordkoreanischen Vorgangsweise die militärische Waffenstillstandskommission ohne ersichtlichen Anlass nach 41-jähriger Beteiligung Anfang September 1994 und noch dazu in einer Situation eskalierender Spannungen auf der koreanischen Halbinsel verließ. Nach vielfacher Rechtsauffassung befinden sich die beiden koreanischen Staaten de jure noch im Kriegszustand miteinander.[461e] Weitere amerikanisch-nordkoreanische Verhandlungen, die im September – wiederum ohne Beteiligung Südkoreas – stattfanden, brachten keinen entscheidenden Durchbruch.

Hinsichtlich des in Punkt 1 erwähnten Austauschs von Reaktortypen hatte Südkorea seine Bereitschaft erklärt, beträchtliche Beiträge zu diesem kostenmäßig auf zirka 4 Milliarden US-Dollar geschätzten Projekt beizutragen. Mit dieser Zusage und diplomatischem Druck auf Washington erhoffte Südkorea, sich aktiver in den Prozess des Nordkorea betreffenden Krisenmanagements einblenden zu können. Eine damit verknüpfte Bedingung war aber Nordkoreas Akzeptanz eines südkoreanischen Reaktortyps. Allerdings erwartet Südkorea eine Beteiligung Japans wie auch der USA, denn der ohne materielle Gegenleistung aufzubringende Betrag von 4 Milliarden Dollar entspricht 10 Prozent des südkoreanischen Staatshaushaltes. Während der amerikanisch-nordkoreanischen Gepräche in Berlin vom 10. bis 14. September erklärten die nordkoreanischen Unterhändler, die südkoreanischen Reaktortypen seien technisch nicht auf dem letzten Stand der Entwicklung, Pjöngjang bevorzuge deutsche Modelle (Siemens) oder russische Modelle. Bei den am 23. September 1994 in Genf fortgesetzten Verhandlungen bekräftigten die Nordkoreaner nicht nur diese Forderung, sondern auch eine weitere. Verlangten sie doch zusätzliche 2 Milliarden Dollar an Kompensation für Forschungs- und Technologieinvestitionen, die wegen der geplanten Umstellung auf andere Reaktortypen hinfällig geworden seien. Sie drohten zudem mit dem Abbruch der Verhandlungen, da die Vereinigten Staaten die Entsendung von Flotteneinheiten ins Japanische Meer mit einer Äußerung des zuständigen Admirals kommentiert hatten, der Nordkorea mit Haiti verglich und die Flottenbewegung als „sehr deutliche Botschaft an Pjöngjang" bezeichnete.[462] Die beiderseitigen Interessendispositionen ließen aber die Fortsetzung dieser Verhandlungen ebenso vermuten wie auch einen außerordentlich schwierigen Verlauf.

[461e] Korea Herald, 3. September 1994; International Herald Tribune, 3. September 1994, und Die Welt, 3. September 1994.

[462] International Herald Tribune, 24./25. September 1994, und Süddeutsche Zeitung, 26. September 1994.

14. Die Ära des Präsidenten Kim Dae Jung und Erfolge seiner „Sonnenschein-Politik"

14.1 Die Person Kim Dae Jung und seine Wahl

Die 15. Präsidentschaftswahl in Südkorea vom 18. Dezember 1997 ist vielfach als epochales Ereignis in der Republikgeschichte des Landes gewertet worden. Denn erstmals in der bis dahin 49-jährigen Existenz der ostasiatischen Republik vermochte es ein Führer der Opposition, die Wahl gegen die Regierungspartei zu gewinnen. Sieger war noch dazu jener am 3. Dezember 1925 auf der Insel Haudido in der Provinz Süd-Cholla geborene Kim Dae Jung, dessen durch Verfolgung und Dramatik gekennzeichneter Kampf für Demokratie und gegen autoritäre Herrschaft ihm seit den 60er Jahren, wie keinem anderen Koreaner, das Charisma eines leidgeprüften, aber unerschütterlichen Streiters für Freiheit und soziale Gerechtigkeit eingebracht hatte. Wie oben dargestellt, war er im Laufe seines jahrzehntelangen Kampfes mehrfach verhaftet, aus Japan gewaltsam entführt, zum Tode verurteilt und zu jahrelanger Emigration gezwungen worden.[463] Seit einem als „Verkehrsunfall" getarnten Mordanschlag leidet er unter einer Gehbehinderung. Dreimal bereits (1971, 1987 und 1992) hatte Kim bei Wahlen für das Präsidentenamt kandidiert, bis er – nunmehr im Alter von 72 Jahren – bei der vierten Kandidatur als Sieger hervorging.

Nachdem der amtierende Präsident Kim Young Sam am 6. November 1997 seine Mitgliedschaft in seiner eigenen Partei niedergelegt hatte, änderte diese ihren Namen in Hannara Dang, das heißt Große Nationalpartei (GNP), und wählte den ehemaligen Premierminister und Justizminister, Lee Hoi Chang, zu ihrem Präsidentschaftskandidaten.[464] Großes Aufsehen erregte die Tatsache, dass Kim Dae Jung sich im Wahlkampf mit der Partei der Vereinigten Liberaldemokraten (ULD) und deren Führer Kim Jong Pil, dem Begründer des gefürchteten koreanischen Geheimdienstes KCNA und Ministerpräsident in den frühen Jahren der Verfol-

---

[463] Siehe oben. Siehe auch Kim Dae Jungs Autobiographie. Dae Jung, Kim: Mein Leben, mein Weg. Mit einem Geleitwort von Richard v. Weizsäcker und einer Einführung von Gottfried-Karl Kindermann. Frankfurt a. M. 2000. Siehe auch: „Kim Dae Jung zum Tod durch den Strang verurteilt", in: Frankfurter Allgemeine Zeitung, 18. September 1980, und „South Korea Releases Dissident Leader", in: International Herald Tribune, 10. Dezember 1980.

[464] Zu Lee Hoi Chang siehe oben.

gung Kim Dae Jungs, zusammenschloss. Kim Jong Pil hatte zugunsten Kim Dae Jungs auf eine eigene Kandidatur verzichtet.

Einen Schlag für Lee Hoi Chang bedeutete, dass Rhee In-je, einer der Führer seiner Partei, diese kurz vor den Wahlen verließ, eine eigene Partei, die Neue Volkspartei (NKP), gründete und eine eigene Kandidatur für die Präsidentschaft anstrebte. Der Wahlkampf war erstmals durch Fernsehduelle gekennzeichnet und durch die primäre Konzentration auf Direktkontakte mit Wählern auf den Straßen anstelle der ehemals überwiegenden Großveranstaltungen. Bei einer Wahlbeteiligung von 80,6 Prozent gewann Kim Dae Jung mit insgesamt 10,3 Millionen Stimmen, das heißt einem Anteil von 40,3 Prozent der gültig abgegebenen Stimmen, und einem Vorsprung von nur 390.000 Stimmen gegenüber Lee Hoi Chang, der 38,7 Prozent der Stimmen auf sich vereinigen konnte.[465] In einer Ansprache am Tag nach seiner Wahl sagte Kim Dae Jung unter anderem: „An diesem historischen Wendepunkt am Ende des 20. und am Beginn des 21. Jahrhunderts ist uns die große Tat eines Wechsels der Machtverhältnisse, der die bisher herrschende Partei zur Opposition gemacht hat, zum ersten Mal in der 50-jährigen Geschichte unserer Republik gelungen." In einem solchen konfliktfreien Übergang erblickte der neue Präsident eine Feuerprobe der jungen Demokratie, die Südkorea nun glanzvoll bestanden habe. Von nun an gelte es, eine „partizipatorische Demokratie", in der die Stimme des Volkes Gehör finde, und eine Politik der „nationalen Versöhnung und Einheit unseres Volkes" zu verwirklichen."[466]

14.2 Verurteilung und Begnadigung der Präsidenten Chun Doo Hwan und Roh Tae Woo

Wie sehr es Kim mit einer Politik der Versöhnung ernst gewesen ist, zeigt nicht nur seine bereits erwähnte Koalition mit Kim Jong Pil, sondern auch seine ausdrückliche Zustimmung zur Begnadigung der zu schweren Strafen verurteilten Präsidenten Chun Doo Hwan und Roh Tae Woo. Von südkoreanischen Gerichten war Ex-Präsident Chun Doo Hwan in einem in Südkorea beispiellosen Verfahren am 26. August 1996 zum Tode, Ex-Präsident Roh Tae Woo zu 22 Jahren Gefängnis verurteilt worden.

Begründet wurden diese Urteile mit der illegalen Machtergreifung des Militärs 1979, der blutigen Niederschlagung des bewaffneten prodemokratischen Aufstan-

---

[465] Korea Annual 1998 (Yonhap News Agency), Seoul 1998, S. 51–55.
[466] Korea and World Affairs (im Folgenden zitiert als KWA), Bd. XXII, Nr. 1, Frühjahr 1998, Source Materials, S. 80–86.

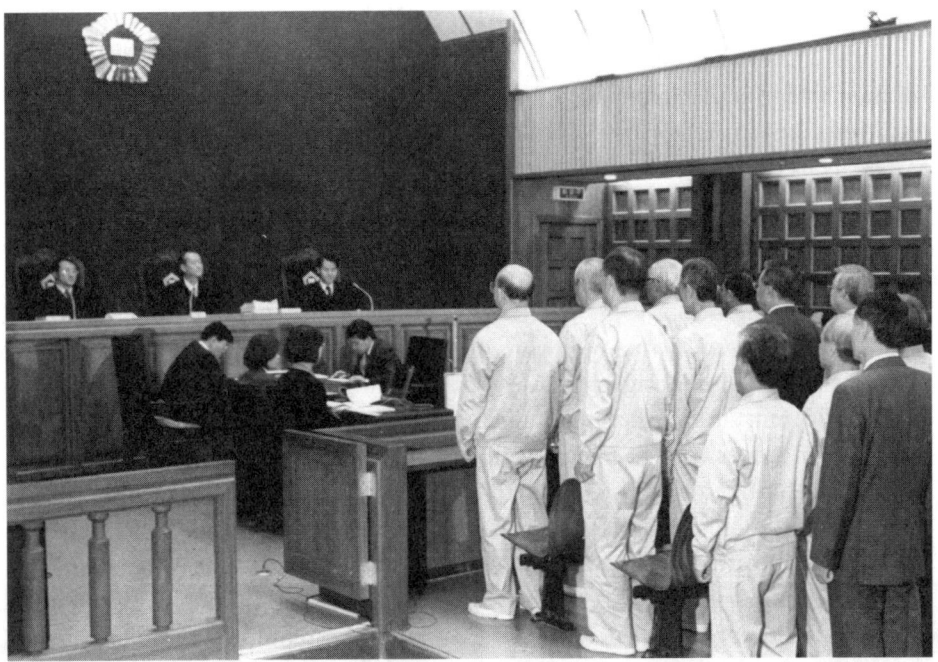

Die ehemaligen Präsidenten Chun Doh Hwan und Roh Tae Woo (Chun mit Glatze, Roh neben ihm) vor ihrer Verurteilung

des in Kwangju 1980 sowie zusätzlich mit der Annahme umfangreicher Bestechungsgelder durch beide Angeklagte.[467] Erstaunlich wirkte auf viele Beobachter die Härte des Urteils gegenüber Roh Tae Woo, dessen Einlenken gegenüber demokratischen Protesten 1987 den Beginn der friedlichen Demokratisierung bewirkt hatte. Außerdem hatte er unter Ausnützung der Ostblockkrise zu Beginn der 90er Jahre für Südkorea diplomatische Beziehungen zur Sowjetunion, zu anderen Ostblockstaaten und zu China hergestellt. Als weitere Folge dieser Politik war Südkorea neben Nordkorea in die Organisation der Vereinten Nationen aufgenommen worden. Als Ergebnis einer intensiven Aussprache zwischen Präsident Kim Young Sam und seinem soeben gewählten Nachfolger Kim Dae Jung beschlossen beide Präsidenten am 20. Dezember 1997, die beiden verurteilten Amtsvorgänger Chun Doo Hwan und Roh Tae Woo „als Geste der nationalen Versöhnung" zu begnadigen und aus der Haft zu entlassen.[468]

---

[467] „Coup d'état Condemned by the Court", Leitartikel der Joong-ang Ilbo, 27. August 1996, u. „Significance of the Chun and Roh Trial", Leitartikel der Joong-ang Ilbo vom 6. August 1996. Zum Staatsstreich Chuns und zur Niederschlagung des Kwangju-Aufstandes siehe oben Kapitel 8.3.

[468] Korea Focus, Januar/Februar 1998, S. 150 f.

14.3 Der Kampf gegen die Wirtschaftskrise

Im Bereich der Wirtschaftspolitik hatte Kim Dae Jung insofern ein schweres Erbe anzutreten, als im Jahr seiner Wahl Südkorea sich in der schwersten Wirtschaftskrise seit Gründung der Republik befand. Teilweise ergab sich diese Krise aufgrund der von Südostasien ausgehenden asiatischen Wirtschaftskrise. Im Sommer 1997 wurde ein Rückgang der Industrieproduktion um 12,9 Prozent und eine Rekordarbeitslosigkeit von 7,6 Prozent sowie eine Zunahme der Arbeitslosen um eine Million Menschen festgestellt. Die Kapazitätsauslastung der Industrie sank von 80,3 auf 63,7 Prozent. Sozial verschärfend wirkte die Tatsache, dass die beispiellose Steigerung der Arbeitslosigkeit den Arbeitskampf anheizte, so dass es zu umfangreicheren Streikaktionen, einschließlich zeitweiliger Besetzungen von Betrieben durch deren Angestellte, kam. Zeitweilig gingen pro Tag gegen 90 Firmen in Konkurs.

Während die Zinssätze drastisch anstiegen, kam es zu einem gleichzeitigen Verfall der Aktienwerte. In einer Analyse von Werner Pascha, einem hervorragenden Kenner der koreanischen Wirtschaft, heißt es zu weiteren Ursachen der Krise unter anderem: „Allein zwischen 1995 und 1997 stieg der Verschuldungsgrad (Verhältnis von Kreditschuld zu Eigenkapital) für die verarbeitende Industrie nach offiziellen Zahlen von 287 auf 396 Prozent an, für die größten Chaebol (Großkonzerne) sogar von 347 auf 519 Prozent. ... Im Ergebnis kam es zu einem rasanten Abzug kurzfristig angelegten Auslandskapitals aus Korea, verbunden mit Spekulationen gegen den Won. Die koreanischen Währungsreserven schrumpften bedenklich, bis zum November auf effektiv 7 Milliarden US-Dollar. ... Der Won war nicht länger zu verteidigen, musste freigegeben werden."[469] Als Hintergründe der Krise werden oft die veränderten Beziehungen zwischen Regierung und Großkonzernen genannt. In der Zeit des kometenhaften Wirtschaftsaufstiegs Südkoreas in den 60er und 70er Jahren bestand hier eine ungemein produktive strategische Partnerschaft.

Im Verlauf der 90er Jahre waren viele dieser Verflechtungen nicht mehr eindeutig wirtschaftspolitisch geprägt, sondern auf gegenseitiger Gefälligkeitsbasis korrupt und damit volkswirtschaftlich ineffizient geworden. Im Zuge der Liberalisierungspolitik hatten die Chaebol genannten und zumeist von einzelnen Familien geführten Großkonzerne unkontrollierten Zugang zu umfangreichen ausländischen Krediten erhalten. Dadurch kam es in vielen Bereichen zu einem gefährlichen Missverhältnis zwischen Unternehmensverschuldung und Eigenkapital.

---

[469] Pascha, Werner: „Südkoreas Wirtschaft", in: Kern, Thomas/ Köllner, Patrick: Südkorea und Nordkorea. Frankfurt/New York 2005, S. 99 f. Siehe auch Archiv der Gegenwart 1998, S. 43035. Siehe auch: „Economic Crisis of 1997", in: A Handbook of Korea. Seoul 1998, S. 230–232.

Ingesamt bewirkte das ein Wachstum der südkoreanischen Auslandsverschuldung von 47 Milliarden US-Dollar im Jahr 1993 auf 137 Milliarden US-Dollar 1997.[470] Riesige Großkonzerne, darunter auch Hanbo, Sammi, Kia, Haitai und Halla, mussten 1997 Konkurs anmelden. In seiner bedeutsamen Analyse der Chaebol weist Markus C. Pohlmann darauf hin, dass die Chaebol in den 90er Jahren, als die Kontrollmechanismen in ihrer Wirkung nachließen, „ein immer größeres Geflecht von Mitgliedsunternehmen, die in unübersehbarer Weise verschachtelt und einander verpflichtet waren", geschaffen hatten. „Nichtprofitable Unternehmen ... konnten sich auf der Basis dieser Struktur ohne weiteres halten."[471]

Angesichts all dieser bedrohlichen Krisensymptome beschloss die südkoreanische Regierung im November 1997, an den Internationalen Währungsfonds (IMF) einen Appell um Hilfe zu richten. Das am 3. Dezember bekannt gegebene Hilfspaket hatte ein Volumen von insgesamt 57 Milliarden US-Dollar. Dies war wirtschaftsgeschichtlich gesehen der massivste je unternommene Versuch zur Stützung eines einzelstaatlichen Währungs- und Wirtschaftssystems. Von diesem Gesamtbetrag entfielen auf den IMF 21 Milliarden US-Dollar, auf die Weltbank 10 Milliarden US-Dollar und auf die Asiatische Entwicklungsbank 4 Milliarden US-Dollar, während die restlichen 22 Milliarden von folgenden Geberländern zur Verfügung gestellt wurden: USA, Deutschland, Japan, Frankreich, Kanada und Australien. Die Vergabe dieser Mittel war allerdings an die Erfüllung strenger Auflagen und die Errichtung einer IMF-Treuhandschaft für Südkoreas Wirtschaft gebunden, die von vielen Koreanern als „nationale Demütigung" Südkoreas empfunden wurde.[472] Angesichts der nationalen Krise rief Südkoreas Regierung das koreanische Volk zu einer patriotischen Goldspendeaktion auf. Dabei wurden bis zum 28. Februar 1998 220 Tonnen Gold in einem geschätzten Gesamtwert von 2,12 Milliarden US-Dollar eingesammelt.[473]

Zum Zeitpunkt seiner Wahl und seines Amtsantritts mit Südkoreas Wirtschaftskrise und mit der erbetenen IMF-Intervention konfrontiert, nahm Kim Dae Jung anlässlich beider Ereignisse sehr klar Stellung zu seiner Einschätzung der Lage wie auch zu den Richtlinien der von ihm geplanten Wirtschaftspolitik. So sagte er in

---

[470] Pascha, ebd., S. 140.

[471] Pohlmann, Markus C.: „Südkoreas Unternehmen", in: Kern/Köllner, a.a.O., S. 139. Siehe auch Kim, Chung-soo: „Fading Myth of Chaebol's Infallibility", in: Korea Focus, September/Oktober 1997, S. 50–73.

[472] Zu den wichtigsten vereinbarten Auflagen siehe: Korea Annual 1998, a.a.O. S. 63–64. Siehe auch Kirk, Donald: „Korean Crisis – Pride and Identity in the IMF Era", in: The Journal of East Asian Affairs. Bd. XIII, Herbst/Winter 1999 Nr 2, S. 335–360, sowie: Park, Jung-dong: „The Impact of IMF Bailout on Inter-Korean Relations", in: Korea Focus 1998, Bd. 6, Nr. 1, S. 68–71.

[473] Kim, Seong-wou: „On Collecting Gold for the Nation", in: Korea Focus, Januar/Februar 1998, Nr.1., S.120–122.

einer Ansprache am Tag nach seiner Wahl unter anderem, in Südkorea bestehe ein Maß an politisch-wirtschaftlicher Kollusion, das faktisch zu einer Lähmung der Kontrolle des Staates gegenüber der Wirtschaft und zu vielgestaltiger Korruption geführt habe. Aus Mangel an Selbstkritik aufgrund einer Selbsttäuschung im Hinblick auf die reale Lage habe die bisherige Regierung die Nation an den Rand eines demütigenden Staatsbankrotts gebracht, der nun einen Hilferuf zur Rettung aus dieser Situation an den Internationalen Währungsfonds notwendig mache. Doch von nun an werde es für Firmen keine Protektion seitens des Staates geben. Dies bedeute, dass nur jene Firmen überleben würden, die es verstünden, sich am Markt zu orientieren und im internationalen Wettbewerb zu bestehen. Seine Regierung werde in vollem Umfang mit dem Internationalen Währungsfonds kooperieren und die künftige Wirtschaftspolitik werde sich in jeder Hinsicht an den Regeln der freien Marktwirtschaft orientieren. Es werde das Ziel seiner Regierung sein, den eigenen Markt für ausländische Investoren so attraktiv wie möglich zu gestalten.[474] In seiner Antrittsrede vom 25. Februar 1998 wiederholte er manche oben genannten Punkte und erklärte, dass die Wirtschaftsentwicklung, die Südkorea an den Rand des Bankrotts getrieben habe, „die ernsteste Krise der Nation seit dem Koreakrieg" darstelle; es erfülle ihn mit großem Stolz, dass seine Mitbürger bereit waren, Gold im Wert von nicht weniger als 2 Milliarden US-Dollar zu spenden, um dem in Not befindlichen Vaterland zu helfen. Dieser Patriotismus sei wertvoller als das Gold.[475]

Im November 1998 einigte sich Kim Dae Jung mit dem Führer der oppositionellen Großen Nationalpartei (GNP), Lee Hoi Chang, auf eine konkrete überparteiliche Zusammenarbeit bei der Bekämpfung der Wirtschaftskrise mit dem Ziel der gemeinsamen Verabschiedung dringend benötigter Reformmaßnahmen. Bereits Ende 1999 waren erste Anzeichen einer Besserung der südkoreanischen Wirtschaftslage erkennbar. So hatte sich das Bruttoinlandsprodukt gegenüber 5,4 Prozent im Jahr 1998 auf 9,3 Prozent im Jahr 1999 erhöht, während die Arbeitslosigkeit zwischen Februar und September 1999 von 8,6 Prozent auf 4,8 Prozent abgesenkt werden konnte. Zugleich erhöhten sich die Reserven an harter Auslandswährung von 8,7 Milliarden US-Dollar gegen Ende 1997 auf 65 Milliarden US-Dollar im letzten Quartal des Jahres 1999.[476] Südkoreas Hartwährungsreserven hatten sich im Januar 2001 auf 96,2 Milliarden US-Dollar erhöht und stiegen bis zum Januar 2002 auf 128 Milliarden US-Dollar an. Hinsichtlich der von ihm angestrebten Wirtschaftspolitik sagte Kim Dae Jung in seiner Antrittsrede vom

---

[474] Wortlaut der Ansprache vom 19. 12.1997 in: KWA, Bd. XXII, Nr.1, Frühjahr 1998, S. 86–90.
[475] Wortlaut der Antrittsrede ebd., S. 93–99.
[476] Yoon, Young-Kwan: „South Korea 1999", in: Asian Survey Januar/Februar 2000, S. 167.

25. Februar, seine Regierung verstehe sich als „Volksregierung". Ihre beiden Hauptziele, die parallel zueinander verfolgt werden müssten, seien die Weiterentwicklung der Demokratisierung und der Marktwirtschaft Südkoreas. Beide gehörten zueinander „wie zwei Seiten der gleichen Münze oder die beiden Räder eines Wagens". Konkret gehe es jetzt vorrangig um die Stabilisierung der Preise. Seine Regierung werde ihr Äußerstes tun, um Auslandsinvestitionen zu bewirken. Das Erziehungssystem müsse sich auf die technologischen Erfordernisse des Informationszeitalters einstellen. Die unvermeidliche Umstrukturierung der Chaebol, das heißt der von einzelnen Familien geführten Großkonzerne, erstrebe Transparenz in deren Geschäftsgebaren, ein Ende der Gefälligkeitsverflechtungen zwischen Politik und Firmen, ein Ende der Vergabe von Kreditgarantien zwischen Tochterfirmen und eine neue, rein zweckrationale Orientierung der Geschäftsstrategien.[477]

14.4 „Sonnenschein-Politik" trotz militärischer Zwischenfälle

Wie jeder Präsident der Republik Korea vor ihm sah sich auch Kim Dae Jung mit dem Erfordernis der Gestaltung der Beziehungen Südkoreas zum bedrohlich und unberechenbar scheinenden politischen System Nordkoreas konfrontiert. Bereits ein Vierteljahrhundert zuvor hatte Kim Dae Jung – zeitlich parallel mit der Anfangsphase der neuen deutschen Ostpolitik in den späten 60er und frühen 70er Jahren – mit der Entwicklung innovativer Konzeptionen für eine neue gesamtkoreanische Politik Südkoreas begonnen. Ihr Ziel sollte die Überwindung der sterilen Nord-Süd-Konfrontation sein, in welcher der Süden an eine unilaterale Absorbierung und Transformation des Nordens dachte, während die Führer des Nordens die Konzeption der unilateralen „Befreiung" und kommunistischen Prägung Südkoreas durch einen neuen „revolutionären Krieg" propagierten.

Kim Dae Jung hingegen argumentierte, eine Entspannung und spätere friedliche Wiedervereinigung auf der koreanischen Halbinsel könne nur bilateral, durch eine für beide Systeme akzeptable Form der Wiederannäherung und Kooperation zum Vorteil beider Seiten, erzielt werden. Sein stufenweiser Ansatz beruhte auf einem Drei-Phasen-Modell, das im Laufe der Jahre immer weiter verfeinert und präzisiert wurde. Bereits 1966 hatte er für die Abschaffung der „südkoreanischen Hallstein-Doktrin" der Nichtanerkennung plädiert. Da seine Programmatik von Seiten der autoritären Regierung immer wieder als vorteilhaft nur für die Kommu-

---

[477] Kim, Dae Jung: The 21st Century and the Korean People. Selected Speeches of Kim Dae Jung, 1998–2004. Seoul 2004, S. 25–30.

nisten verteufelt wurde, machte Kim klar, dass seine Wiedervereinigungsprogram-
matik auf einem „dreifachen Nein" beruhe: „Keine Gewalt, kein Kommunismus,
kein Anti-Amerikanismus". Seine Kritik an den USA beziehe sich lediglich auf
deren unangemessene Unterstützung autoritärer Regierungen in Südkorea. Nach
einer Reihe zeitbedingter Metamorphosen ihrer Inhalte kristallisierte sich schließlich zu Beginn der 90er Jahre die so genannte „Drei-Phasen-Strategie der koreanischen Wiedervereinigung" heraus. Diese plädiert für Akzeptanz auf beiden Seiten
und stellt die Vorteilhaftigkeit und Durchführbarkeit dieses stufenweise zu verwirklichenden Plans dar:

Erste Phase:
Friedensvertrag und Gewaltverzichtserklärung zwischen den beiden koreanischen
Teilstaaten. Schaffung eines Vier-Mächte-Systems (USA, Sowjetunion, China,
Japan) zur Garantie der Einhaltung dieser Verpflichtungen. Institutionalisierung
wachsender Nord-Süd-Kooperation bei gleichzeitiger gegenseitiger Anerkennung
der Souveränität beider koreanischer Teilstaaten.

Errichtung einer Konföderation mit folgenden paritätisch besetzten Institutionen: Gipfelkonferenz der Staatschefs, Parlamentarischer Konföderationsrat und
Ministerrat. Es gilt das Prinzip der Einstimmigkeit.

Zweite Phase :
Bildung einer Föderation mit gemeinsamer Außen- und Verteidigungspolitik,
jedoch unter Beibehaltung der Autonomie beider Teilstaaten. Entwurf einer Verfassung und Wahl der Lenkungsorgane auf deren Basis. Föderales System nach
amerikanischem oder deutschem Muster.

Dritte Phase:
Reale Integration zu einem demokratischen gesamtkoreanischen System mit
sozialer Marktwirtschaft unter der neuen gemeinsamen Föderationsregierung.
Einheitliche Vertretung Koreas in den Vereinten Nationen.[478]

Angesichts scharf eskalierender Spannungen zwischen den USA und Nordkorea
war es Kim Dae Jung, der 1993 zur Lösung dieses heiklen Problems einerseits eine
Vermittlertätigkeit des amerikanischen Ex-Präsidenten Jimmy Carter vorschlug
und andererseits eine auf „give and take" beruhende „Paketlösung" des Nuklear-

---

[478] Siehe Kim Dae Jungs 1995 verfasstes und 1997 auch in englischer Sprache erschienenes Buch: „Three
Stage" Approach to Korean Reunification – Focusing on the South-North Confederal Stage. Los
Angeles 1997.

problems, wie sie dann 1954 im amerikanisch-nordkoreanischen Abkommen von Genf tatsächlich versucht wurde.[479]

In seiner auch international mit großer Aufmerksamkeit zur Kenntnis genommenen Antrittsrede vom 25. Februar 1998 kündigte Kim Dae Jung Schlüsselelemente seiner beabsichtigten Politik Nordkorea gegenüber an. Ihre Leitprinzipien seien Frieden, Versöhnung und Zusammenarbeit. Das jahrzehntelang vorherrschende Klima des Kalten Krieges zwischen Nord und Süd müsse endlich überwunden werden. Trotz Südkoreas derzeitiger Wirtschaftskrise werde Südkorea seinen Verpflichtungen im Zusammenhang mit dem von den USA mit Nordkorea ausgehandelten Projekt eines Austauschs von nordkoreanischen Reaktortypen nachkommen.[480] Er fordere Nordkorea dazu auf, Kontakte zwischen Angehörigen koreanischer Familien, die teils im Norden und teils im Süden wohnten, großzügiger zu ermöglichen und wirtschaftliche, kulturelle und akademische Beziehungen zwischen Nord und Süd aus dem Bereich politischer Beziehungen auszuklammern. Zwischen beiden Landesteilen müsse eine Vielzahl von Kontakten ermöglicht werden. Konkret schlage er die Rückkehr zum umfassenden Nord-Süd-Abkommen vom 13. Dezember 1991 vor.[481] Zu diesem Zweck empfehle er den Austausch von Sondergesandten zwischen Seoul und Pjöngjang. Hiernach folgt der Satz: *„Ich bin zu einer Gipfelkonferenz bereit, wenn Nordkorea es (auch) wünscht."* Nordkorea gegenüber werde die Politik seiner Regierung sich von drei Prinzipien leiten lassen: „Erstens werden wir nie bewaffnete Provokationen dulden. Zweitens haben wir keine Absicht, Nordkorea zu unterminieren oder zu absorbieren. Drittens werden wir eine aktive Politik der Versöhnung und der Kooperation zwischen Süd- und Nordkorea betreiben." Sollten sich Kontakte und Kooperation mit Nordkorea verwirklichen lassen, sei Südkorea dazu bereit, Nordkorea bei seinen Bemühungen um Kontakte mit den USA, Japan und internationalen Organisationen zu unterstützen.[482] Hintergrund der an Nordkorea gerichteten Warnung Kim Dae Jungs vor Provokationen war unter anderem ein Zwischenfall vom Herbst 1996. Am 18. September dieses Jahres war ein nordkoreanisches Unterseeboot (325 Tonnen) an der Küste Südkoreas unweit der Stadt Kangnung auf Grund gelaufen. Die Besatzung von 26 Mann, teils mit südkoreanischen Uniformen und teils zivil bekleidet, war an Land gegangen. Von südkoreanischen Behörden wurden zunächst elf Leichen gefunden. Zehn von ihnen waren durch Kopfschuss von einem Besatzungsmitglied – vermutlich einem nordkoreanischen Oberst und Leiter des Unternehmens – erschossen worden; anschließend

---

[479] Ebd., S. 209–218.
[480] Siehe ebd.
[481] Zum Abkommen vom 13.12.1991 siehe ebd., S. 185–188.
[482] Wortlaut der Antrittsrede in: KWA, Bd. XXII, Nr. 1, Frühjahr 1998, S. 93–105.

hatte dieser sich selbst getötet. Von den restlichen 15 Mann starben 14 bei Feuerge-
fechten mit südkoreanischen Streitkräften und nur ein Einziger konnte lebendig
gefangen genommen werden.[483]

In einer Erklärung des nordkoreanischen Verteidigungsministeriums wurde
behauptet, das U-Boot sei auf einer Übungsfahrt durch einen Maschinenschaden
manövrierunfähig geworden und von Meeresströmungen gegen die südkoreanische Küste getrieben worden. Das U-Boot und die Leichen seiner Besatzung seien
sofort zurückzugeben. Die südkoreanische Regierung sah es anders. Die Verklei-
dung der Besatzung mit südkoreanischen Uniformen oder Zivilkleidung und
deren Ausrüstung mit leichten Waffen lasse darauf schließen, dass hier die Einschleusung von Agenten geplant gewesen sei und dass das ganze Unternehmen als
Akt schwerer Provokation zu bewerten sei.[484]

Im Ganzen war Kim Dae Jungs „Sonnenschein-Politik" weniger – wie Seouls
vorherige Politik – auf eine Eindämmung Nordkoreas gerichtet als vielmehr auf
die Einbindung des Nordens in ein neues Beziehungssystem produktiver Koexistenz. In dessen Rahmen sollte Nordkorea zu inneren Reformen ohne Gefahr für
den Bestand seines politischen Systems veranlasst werden. Eine wichtige praktische Komponente bildete hier die beabsichtigte Trennung politischer und wirtschaftlicher Dimensionen der Nord-Süd-Beziehungen. Kräfte der Opposition im
Süden kritisierten das als eine Form neuer „Beschwichtigungspolitik". Wie die
Tageszeitung Chosun Ilbo vom 11. Juli 1998 darstellte, dürfe die Sicherheit Südkoreas und seiner Bevölkerung nicht der unsicheren Erwartung eines eventuellen
fundamentalen Wandels im Norden untergeordnet werden. Die „Sonnenschein-
Politik" dürfe nicht zum Dogma werden, sondern zur Basis einer flexiblen und
wachsamen Strategie des Experimentierens mit neuen Ansätzen.[485] Von Sorge
getriebene Kritik Nordkoreas formulierte die zentrale nordkoreanische Nachrich-
ten-Agentur KCNA am 2. Dezember 1999 mit der Behauptung, die „Sonnenschein-Politik" sei eine neue Feindstrategie, mit der versucht werde, Nordkorea zu
einer Art der Öffnung und Reform zu veranlassen, die es dem Süden ermöglichen
solle, den Norden zu „verschlucken". Ein solcher Versuch werde aber letztendlich
nur zu einem neuen Krieg führen.[486]

Eine Entspannung in die komplizierten Nord-Süd-Beziehungen brachte Chung
Ju-yung, der patriarchalische Gründer und Ehrenvorsitzende des riesigen Hyun-

---

[483] Süd- und nordkoreanische sowie amerikanische und UN-Dokumente zu diesem Vorfall in: KWA,
Bd. XX, Nr. 3, Herbst 1996, S. 512–522.
[484] Ebd., S. 516 u. 522.
[485] Siehe z. B.: Han, Sung Joo: „The Myth and Reality of New North Korean Policy", und Kim, Hak-joon:
„Flexible Sunshine Policy", beide Beiträge in: Korea Focus, Juli/August 1998, S. 56–61 u. 61–63.
[486] KCNA, 2. Dezember 1999.

dai-Konzerns, als er im Sommer 1998 dem an Hunger leidenden Nordkorea 1.000 Rinder zum Geschenk machte und die ersten 500 Rinder am 16. Juni persönlich über die Demarkationslinie am 38. Breitengrad bei Panmunjom in den Norden brachte. Im Oktober gleichen Jahres wurde er von Nordkoreas Machthaber, Kim Jong Il, empfangen und konnte Abkommen über neun Projekte abschließen, die Hyundai in Nordkorea Investitionen industrieller Art und touristische Unternehmungen im berühmten Kumgang-Gebirge ermöglichen sollten.[487] Konkret vereinbart wurde unter anderem, dass Hyundai der nordkoreanischen Regierung innerhalb von sechs Jahren einen Betrag von 942 Millionen US-Dollar zahlen und dafür das exklusive Recht zur touristischen Erschließung des nordkoreanischen Kumgang-Gebirges erhalten werde.[488] Und schon am 18. November 1998 konnte erstmals seit der Teilung Koreas vor einem halben Jahrhundert ein südkoreanisches Kreuzfahrtschiff mit 1.300 Passagieren und Besatzung von Tonghae, Südkorea, entlang der Ostküste zu einem touristischen Ausflug in den Norden fahren. Ein neuer maritimer Zwischenfall vom 22. Juni 1998 vermochte diese neue Initiative nicht zu unterbrechen. Am 22. Juni hatte sich ein nordkoreanisches Klein-U-Boot von 70 Tonnen und mit einer Besatzung von neun Mann an der Ostküste Südkoreas im Netz eines südkoreanischen Fischkutters verstrickt und wurde von südkoreanischen Militäreinheiten in den Hafen Tonghae abgeschleppt. Als das U-Boot dort geöffnet wurde, fand man, dass auch in diesem Fall alle Besatzungsmitglieder erschossen worden waren. Südkoreas Außenminister Hong Soon-young erklärte jedoch am 25. September 1998 vor der Generalversammlung der Vereinten Nationen, sein Land werde ungeachtet nordkoreanischer Provokationen seine Politik der konstruktiven Einbindung („constructive engagement") Nordkoreas fortsetzen. So habe Präsident Kim Dae Jung im Monat zuvor die Errichtung eines institutionalisierten Dialogs zwischen Süd und Nord auf Ministerebene vorgeschlagen. Hohes Ziel seiner Regierung sei die Revitalisierung des interkoreanischen Nord-Süd-Abkommens von 1992.[489]

Unerfreulich und fast entmutigend für die Verfechter der „Sonnenschein-Politik", ereignete sich im Juni 1999 ein neuer maritimer Zwischenfall. Schauplatz war diesmal ein Gebiet im Gelben Meer an Koreas Westküste, das von beiden koreanischen Teilstaaten als eigenes Hoheitsgebiet beansprucht wurde. Nordkoreanische Kriegsschiffe, die Fischerboote eskortierten, hatten am 15. Juni die von Südkorea beanspruchte Hoheitszone überquert, wurden hiernach aber von südkoreanischen

---

[487] Korea Focus, Juli/August 1998, S. 156, und ebd., November/Dezember 1998, S. 158.

[488] Paik, Jin-hyun: „Reversal of South Korean and U.S. Policies toward North Korea", in: The Chosun Ilbo, 19. November 1998.

[489] Wortlaut der Rede: KWA, Bd. XXII, Nr. 3, Herbst 1998, S. 463. Zum U-Boot-Zwischenfall siehe ebd., S. 474–477.

Marineeinheiten zurückgedrängt, auf die sie das Feuer eröffneten. Bei diesem Feuergefecht wurden zwei nordkoreanische Torpedoboote versenkt, mehrere andere beschädigt und 30 Nordkoreaner getötet. Seoul protestierte energisch, versicherte aber zugleich, die „Sonnenschein-Politik" fortsetzen zu wollen.[490] Allerdings hatte Kim Dae Jung im Januar 1999 bereits seine Sorge geäußert, Nordkorea entwickle Massenvernichtungswaffen, um damit die Schwäche seiner veralteten konventionellen Waffensysteme zu kompensieren.[491] All das intensivierte die südkoreanische Kritik an Kim Dae Jungs „Sonnenschein-Politik". So heißt es in einem Beitrag des Chefredakteurs der Tageszeitung Chosun Ilbo vom 19. Juni 1999, der neuerliche maritime Zwischenfall veranlasse viele Bürger zu fragen, ob es denn hinnehmbar sei, dass Nordkorea mit Bomben und Granaten auf südkoreanische Hilfsgüterlieferungen reagiere. Nordkoreas Außenminister Paek Nam-sun hingegen polemisierte in einer am 25. September 1999 vor der Generalversammlung der Vereinten Nationen gehaltenen Rede scharf gegen Kim Dae Jungs innerkoreanische Politik, indem er sagte: „Jeder Versuch der einen Seite in Korea, die andere Seite zu ändern oder den Anspruch auf eine so genannte ‚Sonnenschein-Politik' und ‚Einbindung' zu erheben, während sie die Realität zweier unterschiedlicher Systeme und Ideologien in Nord und Süd übersieht, wird nur Konfrontationen und Konflikte nach sich ziehen."[492]

Im Zeitraum vom Juni 1995 bis zum März 1999 hatte Südkorea dem Norden Nahrungsmittel in einem Gesamtwert von 319,19 Millionen US-Dollar gespendet, was etwa der Hälfte des Gesamtwertes internationaler Hilfe für Nordkorea entsprach.[493] Charakteristisch für Nordkoreas Taktik war, dass seine Regierung Verhandlungen zwischen beiden koreanischen Staaten über humanitäre Fragen, die vereinbarungsgemäß am 21. Juni 1999 in Peking stattfinden sollten, mit der Begründung absagte, dass vom Süden in Aussicht gestellte Düngemittellieferungen nicht termingerecht ausgeführt worden seien. Zwar fanden solche Gespräche dann nach Eintreffen dieser Lieferung statt, doch wurden sie nach acht Tagen ohne Resultat wieder eingestellt. Thema der Verhandlungen war die Handhabung der Zusammenführung einer streng begrenzten Zahl von jahrzehntelang getrennten und ohne Kontakt miteinander gebliebenen Familien.[494]

Obwohl unzweifelhaft frustriert durch die vielfach von Kontaktangst motivierten negativen Reaktionen der Nordkoreaner, fuhr Kim Dae Jung dennoch unerschütter-

---

[490] The Korean Herald, 15. u. 16. Juni 1999.

[491] KWA, Bd. XXIII, Nr. 2, Sommer 1999, S. 303.

[492] Wortlaut in: KWA, Bd. XXIII, Nr.4, Winter 1999, S. 600.

[493] Lee, Hun-kyung: „Inter-Korean Relations in Aftermath of the Perry Report", in: Korea Focus Juli/August 1999, S. 11.

[494] Archiv der Gegenwart 1999, S. 43584.

lich fort, seine Konzeption der „Sonnenschein-Politik" in die Praxis umzusetzen. So gelang es ihm, wesentlich zu einer Lockerung der amerikanischen Politik Nordkorea gegenüber beizutragen und ebenso in Japan, China und Russland Verständnis und partielle Unterstützung für seine Strategie zu finden. Er hatte auch einen wesentlichen Anteil am Beschluss der Clinton-Regierung, eine Reihe wirtschaftlicher Sanktionsmaßnahmen gegen Nordkorea aufzuheben, wie auch an der Formulierung einer von den USA Nordkorea im Mai 1999 angebotenen Paketlösung, die diplomatische und wirtschaftliche Anreize für einen Verzicht Pjöngjangs auf Nuklear- und Raketenrüstung bot.[495] Es stimmte aber die südkoreanische Regierung nicht gerade optimistisch, in der nordkoreanischen Tageszeitung Nodong Sinmun vom 15. Februar 2000 zu lesen: „Südkoreas Einbindungspolitik ist eine Invasionsstrategie, zwar ohne das Donnern von Kanonen, jedoch motiviert von seinem eingefleischten Ehrgeiz, die Wiedervereinigung durch eine Aggression des Südens herbeizuführen, indem es uns durch die Vortäuschung eines Dialogs und durch essenziell giftigen Austausch und Handel mental zu entwaffnen versucht." [496]

14.5 Koreas erste Gipfelkonferenz – Kim Dae Jung und Kim Jong II

Kim Dae Jung stattete Deutschland Anfang März 2000 einen Staatsbesuch ab, in dessen Verlauf er mit Bundeskanzler Schröder, Bundespräsident Rau und Altpräsident von Weizsäcker zusammentraf und an der Universität Berlin eine der wichtigsten – wenn nicht sogar die wichtigste – politischen Reden seines politischen Lebens hielt. Ihrer historischen Bedeutung entsprechend soll sie deshalb ausführlich erwähnt werden. Ihr Titel lautet: „Lehren der deutschen Wiedervereinigung und die koreanische Halbinsel". Zu Beginn seiner Ausführungen verglich Kim die „Wirtschaftswunder" am Rhein und am Han-Fluss, bestätigte Koreas Wirtschaftskrise der vergangenen zwei Jahre, wies aber mit Genugtuung darauf hin, dass sich Südkoreas Währungsreserven von einem Stand von 3,9 Milliarden US-Dollar Ende 1997 auf 80 Milliarden US-Dollar Anfang 2000 erhöht hätten, während die Wachstumsrate der südkoreanischen Volkswirtschaft im gleichen Zeitraum von minus 5,8 Prozent auf 10,2 Prozent angewachsen sei.

Zum eigentlichen Thema übergehend, bedauerte Kim, dass Korea aufgrund der Haltung des Nordens sich noch immer in einem Zustand des „Kalten Krieges"

---

[495] Kim, Hong Nack: „The Kim Dae Jung Governmnent's North Korea Policy – Problems and Prospects", KWA, Bd. XXIII, Nr.4, Winter 1999, S. 533–540.

[496] Zitiert in: Kim, Choong-Nam: „Pyongyang's Dilemma of Reform and Opening", in: KAW, Bd. XXIV, Nr. 2, Sommer 2000, S. 258.

befinde, während andere kommunistische Staaten, wie China oder Vietnam, eine beachtliche Reform- und Öffnungspolitik betrieben hätten. Hinsichtlich der Möglichkeiten einer Entspannung auf der koreanischen Halbinsel wolle man in Korea gern von Verhaltensmodellen der deutschen Ostpolitik lernen, habe diese doch durch Kontakte und Dialoge ein System innerdeutscher Entspannung und Koexistenz schaffen können. Vom deutschen Modell und seinen diesbezüglichen Gesprächen mit „meinen guten Freund Willy Brandt, vor dem ich den größten Respekt hege" sowie mit Altpräsident von Weizsäcker und Hans Dietrich Genscher habe er ungemein viel lernen können. Koreas Wiedervereinigung dürfe nicht überstürzt angegangen werden. Realistisch sei zunächst einmal, die gegenseitige Bedrohung zu beenden und eine Politik der Wiederannäherung, der Koexistenz und des gemeinsamen Wohlstandes anzustreben.

Sich an die Adresse der nordkoreanischen Regierung wendend, machte Präsident Kim in seiner Rede eine Reihe praktischer Vorschläge. Im Zeichen des Prinzips der Trennung von Wirtschaft und Politik sei Südkorea dazu bereit, dem Norden beim Aufbau oder Wiederaufbau seiner Infrastruktur zu helfen. Dies beträfe zum Beispiel Straßen, Häfen, Eisenbahnen und Kommunikationssysteme. Hierbei könne sich auch die südkoreanische Privatwirtschaft betätigen. Bereits jetzt habe der beiderseitige innerkoreanische Handel ein Volumen von 340 Millionen US-Dollar erreicht, mehr als 100 kleinere und mittelgroße südkoreanische Firmen seien im Norden tätig geworden und es sei durchaus vorstellbar, dass südkoreanische Großkonzerne Nordkorea dabei helfen könnten, an der Westküste einen großen Industriepark zu bauen, in dem Elektrowaren und Automobile erzeugt werden könnten. Auch bei einer Reform der nordkoreanischen Landwirtschaft könne der Süden Hilfe gewähren. Insgesamt könne er von Seiten Südkoreas den Herrschern in Pjöngjang „drei wichtige Versprechen" geben: nämlich Nordkoreas nationale Sicherheit zu garantieren, sie beim wirtschaftlichen Aufbau zu unterstützen und ihnen zu helfen, ihr Netzwerk internationaler Beziehungen zu erweitern.

Im Gegenzug erwarte Südkorea vom Norden die endgültige Einstellung bewaffneter Provokationen und fernerhin die Einhaltung der schon erfolgten Zusage, keine Nuklearwaffen und Langstreckenraketen zu entwickeln. Seine Vorschläge seien übrigens auch mit den USA und Japan abgestimmt. Im Sinne eines effektiven Umgangs mit diesen Vorschlägen sei die Zeit jetzt reif für die unverzügliche Herstellung eines direkten Dialogs zwischen den beiden koreanischen Regierungen. Südkorea wolle sich diesbezüglich von den Erfahrungen der deutschen Ostpolitik Willy Brandts inspirieren lassen.[497]

---

[497] Text der Berliner Rede Kim Dae Jungs in: KWA, Bd. XXIV, Nr. 1, Frühjahr 2000, S. 131–137.

Nur einen Monat nach dieser Rede gaben Süd- und Nordkorea als Ergebnis einiger in Schanghai begonnener Geheimverhandlungen gleichzeitig bekannt, Nordkoreas Führer Kim Jong Il habe Kim Dae Jung zu einem Besuch nach Pjöngjang eingeladen, Kim Dae Jung habe angenommen und der Besuch werde vom 12. bis 14. Juni 2000 stattfinden.[498]

Diese international als wahre Sensation aufgefasste Nachricht von einem bevorstehenden Gipfeltreffen der Staatschefs der beiden formalrechtlich noch im Kriegszustand miteinander befindlichen koreanischen Teilstaaten erfolgte lediglich drei Tage vor Südkoreas Parlamentswahlen vom 13. April 2000. Zur Enttäuschung Kim Dae Jungs und seiner im Januar 2000 neu gegründeten Millenniums-Demokratischen-Partei (MDP) vermochte es die oppositionelle Große Nationalpartei (GNP), die relativ größte Anzahl von Mandaten, und zwar 133 von insgesamt 273 – somit nur ganz knapp unterhalb der absoluten Mehrheit – auf sich zu vereinigen. An zweiter Stelle lag mit 115 Mandaten die Millenniums-Demokratische-Partei des Präsidenten. Zwischen der MDP und ihrem einstigen Koalitionspartner, der von Kim Jong Pil geführten Partei der Vereinigten Liberaldemokraten (ULD), war es vor der Wahl zum Bruch gekommen. Die LDP verlor bei der Wahl 33 Mandate und konnte nur noch 17 Mandate gewinnen. Die beispiellos niedrige Wahlbeteiligung von nur 57,2 Prozent hing vermutlich damit zusammen, dass mehrere hundert Bürgerrechtsgruppen vor den Wahlen so genannte „schwarze Listen" mutmaßlich korrupter oder unfähiger Politiker verbreitet und ihrer Sorge Ausdruck gegeben hatten, die Wahlen könnten nicht mit wünschenswerter Fairness verlaufen. Mandate sollten nur nach dem Kriterium der zu erwartenden Leistung der Kandidaten vergeben werden. Die Opposition mutmaßte sogar, der so knapp vor den Wahlen liegende Termin der Bekanntgabe der kommenden Gipfelkonferenz sei von Nordkorea absichtlich so gewählt worden, um damit das Wahlverhalten der Südkoreaner zu beeinflussen. Kim Dae Jung und der Führer der stärkeren Oppositionspartei (GNP), Lee Hoi Chang, vereinbarten aber am 24. April eine gegenseitige Unterstützung, um das bevorstehende Gipfeltreffen zu einem Erfolg für ganz Korea zu machen.[499] Staatsmänner und Regierungssprecher verschiedenster Staaten oder Organisationen – darunter der USA, Chinas, Russlands und der Vereinten Nationen – begrüßten das geplante innenkoreanische Gipfeltreffen und kündigten ihre moralische Unterstützung an. Einen Monat zuvor, am 6. Mai, kündigte Seoul an, Südkorea werde dem Norden zusätzliche humanitäre Hilfe in Form einer Lieferung von 200.000 Tonnen Düngemitteln zur Verfügung stellen.

---

[498] Korea Focus Mai/Juni 2000, S. 153
[499] Zu den Wahlen vom April 2000 siehe Archiv der Gegenwart 2000, S. 44182–44184.

Nach ausführlichen, am 18. Mai in Panmunjom geführten protokollarischen Vor-verhandlungen traf Kim Dae Jung am 13. Juni 2000 an der Spitze einer 180 Mann starken Delegation am Flughafen Pjöngjangs ein, wo er von Nordkoreas Führer Kim Jong Il begrüßt wurde. Als beide Präsidenten Seite an Seite in einer Limousine in die Stadt fuhren, wurden sie vom Jubel von Hunderttausenden von Menschen begrüßt, welche die Straßen säumten. Kim Jong Il nutzte die Gelegenheit, um sich als freundlicher, machtvoller, aber bescheidener Gastgeber darzustellen, so dass es anschließend in Teilen der südkoreanischen Öffentlichkeit zu einer kurzfristigen Kim-Jong-Il-Euphorie kam. Wörtlich sagte er im Rahmen eines informellen Gesprächs zu Beginn seiner Begegnung mit Kim Dae Jung, Korea sei von alters her für die Höflichkeit seiner Umgangsformen bekannt. Wörtlich dann: „Wir werden Ihnen zeigen, dass selbst Kommunisten über Moral verfügen." Zugleich allerdings wies er darauf hin, dass es Rundfunk und Fernsehen in Nordkorea aus „Gründen der Sicherheit" unterlassen hätten, von Kim Dae Jungs Besuch zu berichten. Immerhin war es das erste und bisher einzige Zusammentreffen der Staatsober-häupter des Südens und Nordens seit der Befreiung Koreas von japanischer Kolo-nialherrschaft und der Teilung des Landes 55 Jahre zuvor.

Kim Dae Jung hatte es als Älterer der beiden und als Staatschef des wesentlich bevölkerungsreicheren Teiles Koreas unternommen, zum jüngeren Führer jenes Teiles von Korea zu fahren, in dem nur etwa ein Drittel der gesamten Bevölkerung Koreas beheimatet ist. Möglicherweise erinnerte er sich an die recht ähnliche Konstellation, als es im März 1970 zum ersten Treffen zwischen den beiden deut-schen Regierungschefs, Willy Brandt und Willi Stoph, im ostdeutschen Erfurt gekommen war. Brandt hatte damals zur Tatsache, dass die innerdeutschen Kon-takte mit einer Gipfelkonferenz begannen, geäußert: „Die Probleme, denen wir uns gegenübersehen, sind so groß, dass ohne direkte Kontakte auf Regierungsebe-ne nicht einmal ein Anfang gemacht werden könnte."[500]

Anlässlich eines Staatsbanketts zu Ehren der südkoreanischen Gäste sagte Kim Yong Nam in seiner Eigenschaft als Präsident der Obersten Volksversammlung (das heißt des Parlaments) und somit als formales Staatsoberhaupt Nordkoreas, jetzt sei die richtige Zeit, um die Frage einer Wiedervereinigung des geteilten Lan-des in Angriff zu nehmen. Ausländische Intervention, aber auch serviles Verhalten – vermutlich ein Seitenhieb auf die Beziehungen zwischen Südkorea und den USA – hätten die Einheit bisher verhindert.[501] In seiner Entgegnung sagte Kim Dae Jung, er hoffe, sein Besuch in Pjöngjang werde der Beginn einer schrittweisen

[500] Text der Rede in: Münch, Ingo von: Dokumente des geteilten Deutschland. Bd. II, Stuttgart 1974, S. 176.
[501] Text in: KWA, Bd. XXIV, Nr. 2, Sommer 2000, Dokumentarteil, S. 304–324, sowie weitere Texte zur Gipfelkonferenz.

Kim Dae Jung (l.) und Kim Jong Il (r.) auf dem Höhepunkt der ersten interkoreanischen Gipfelkonferenz

Lösung zahlreicher Probleme zwischen beiden Staaten sein. Was hier geschehe, habe Bedeutung für ganz Nordostasien.

Den Abschluss der Gipfelkonferenz bildete eine gemeinsame, von Kim Dae Jung und Kim Jong Il unterzeichnete Fünf-Punkte-Erklärung. Ihre Präambel betont die besondere Bedeutung von Gipfelkonferenzen zwischen Süd und Nord für eine progressive Annäherung beider Seiten.

Punkt 1 lautet: „Der Süden und der Norden haben vereinbart, die Frage der Wiedervereinigung unabhängig und durch gemeinsame Bemühungen des koreanischen Volkes, das Herr des Landes ist, zu lösen."

Punkt 2 besagt, beide Seiten stimmten darin überein, dass die Konföderationskonzeption des Südens und die nördliche Konzeption einer lockeren Form der Föderation gemeinsame Elemente beinhalteten. Beide Seiten würden die Wiedervereinigung in diesem Sinne anstreben.

Laut *Punkt 3* hatten sich beide Seiten darauf geeinigt, humanitäre Fragen zu lösen, beispielsweise durch die Zusammenführung jahrzehntelang getrennter Familien, die am Tage der Befreiung, das heißt am 15. August, stattfinden sollte, ebenso die Frage bezüglich der im Süden langfristig inhaftierten Kommunisten.

Punkt 4 vereinbarte in genereller Weise künftige wirtschaftliche Zusammenarbeit sowie gegenseitigen Austausch und Kooperation auf den Gebieten der Kultur, des Sports, der Gesundheit und des Umweltschutzes.

Punkt 5 hält fest, dass beide Seiten sich darauf geeinigt hätten, den Dialog „in naher Zukunft" fortzusetzen, um die vorangegangenen Punkte des Abkommens zügig in die Tat umzusetzen.

Nach Seoul zurückgekehrt, kommentierte Kim Dae Jung das Abkommen und die übrigen Aspekte seines historischen Gipfeltreffens mit Kim Jong Il in seinen zwei Reden vom 15. und vom 25. Juni ausführlich.[502] Der Zweck des Treffens sei gewesen, durch diesen Dialog das Tor zu praktischen Aktionen im gegenseitigen Interesse zu öffnen. So habe ihn die Ähnlichkeit der Wiedervereinigungsszenarios beider Seiten dazu veranlasst, hierüber Gespräche zwischen Wissenschaftlern und anderen Experten anzuregen. Die andere Seite habe zugestimmt. Auch eine Verbindung des Eisenbahnverkehrs zwischen Nord und Süd sei in Aussicht gestellt worden, mit dem endgültigen Ziel einer durchgehenden Eisenbahnverbindung von Südkorea über Nordkorea bis zur Transsibirischen Eisenbahn und weiter bis nach Paris. Die Existenz einer fachlich vorzüglichen und preisgünstigen Arbeiterschaft werde südkoreanischen Klein- und Mittelbetrieben neue Chancen im nationalen und internationalen Wettbewerb geben. Zwar sei es schwierig gewesen, Kim Jong Il auf einen genauen Zeitpunkt eines Gegenbesuchs im Süden festzulegen, doch prinzipiell sei er dazu bereit. Der in der gemeinsamen Erklärung zum Ausdruck gebrachte Wille zur „unabhängigen" Wiedervereinigung bedeute nur bilaterale Selbstbestimmung des koreanischen Volkes, jedoch unter Aufrechterhaltung kooperativer Beziehungen zu Nachbarstaaten, insbesondere zu den USA, Japan, China und Russland.

Über die Anwesenheit amerikanischer Streitkräfte in Südkorea habe er mit Kim Jong Il gesprochen und argumentiert, diese sei „selbst nach einer Wiedervereinigung erforderlich, um das Kräftegleichgewicht in Nordostasien aufrechtzuerhalten". Ein Rückzug der amerikanischen Streitkräfte aus Japan und Korea werde das internationale Kräftegleichgewicht in der gesamten Region ernsthaft gefährden. Dass der Norden dies während des Gipfeltreffens im Prinzip verstanden habe, sei eine sehr wesentliche Errungenschaft seines Besuchs in Pjöngjang. Wörtlich zitierte Kim Dae Jung in einer Rede vom 8. September 2000 die Äußerung Kim Jong Ils mit den Worten: „Ich habe Ihre Ansichten zu diesem Problem in südkoreanischen Zeitungen gelesen. Und ich dachte mir, wie ähnlich doch unsere Ansichten sind. Um uns herum gibt es große Mächte – Russland, China und Japan. Ich denke, eine fortgesetzte amerikanische Militärpräsenz auf der koreanischen Halbinsel nützt dem Frieden und der Stabilität in Nordostasien."[503] Vor allem aber, so fuhr Kim Dae Jung in seinen Erläuterungen vom Juni 2000 zur Gipfelkonferenz in Pjöng-

---

[502] Texte der beiden Reden ebd. S. 325–330.
[503] Text der Ansprache vom 8. September 2000 in: KWA, Bd. XXIV, Nr. 3, Herbst 2000, S. 499.

jang fort, habe er immer wieder betont, am wichtigsten sei die Umsetzung des Vereinbarten, weil sonst – wie in der Vergangenheit – Erklärungen nur allzu oft bloße Theorie blieben. So hätten beide Seiten zum Beispiel die sofortige Einstellung des Propagandakrieges entlang der Demarkationslinie zwischen Süd und Nord beschlossen und unmittelbar in die Praxis umgesetzt.

Als Folge seiner historischen Gipfelkonferenz mit Kim Jong Il ergaben sich in Südkorea große Hoffnungen bezüglich einer besseren Zukunft der innerkoreanischen Nord-Süd-Beziehungen, die sich teilweise tatsächlich erfüllten, teilweise aber vom Konflikt zwischen den USA und Nordkorea in der hochbrisanten Frage der nordkoreanischen Nuklear- und Raketenrüstung überschattet blieben. Als psychologischer Hemmfaktor wirkte auch die tiefgreifende Sorge der nordkoreanischen Elite, ihr kommunistisches System könne ebenso wie die kommunistischen Systeme Osteuropas infolge einer Überdosis westlicher Ideen und Praktiken durch innere Zersetzung zugrunde gehen.

Die Friedensinitiative von Kim Dae Jung, die mit der Gipfelkonferenz einen markanten Ausdruck fand, wurde weltweit mit Hochachtung und der Hoffnung begrüßt, dies könne der Beginn einer Überwindung der letzten Phase des Kalten Krieges auf der koreanischen Halbinsel sein. Bezeichnend ist der Kommentar von Präsident Clinton, der dieses Ereignis unter anderem mit den Worten kommentiert hatte: „Heute beginnt ein neuer Tag der Hoffnung für die Zukunft der koreanischen Halbinsel. Die historische Gipfelkonferenz ... bedeutet einen kühnen Schritt in Richtung Lösung eines Konflikts, der dort nun schon ein halbes Jahrhundert angedauert hat."[504] Allerdings gab es, wie zu zeigen sein wird, innere Vorbehalte auf Seiten des Ende 2000 neu gewählten US-Präsidenten George W. Bush. Als besondere Anerkennung seines Kampfes um Freiheit, Frieden und Versöhnung wurde Kim Dae Jung als erstem Staatsmann Koreas der Friedensnobelpreis zuerkannt, den er am 10. November 2000 entgegennahm.

---

[504] Zitiert neben anderen Stellungnahmen in: The People's Korea, 8. Juli 2000.

15. Kim Jong Il und der Konflikt um Nordkoreas Nuklearpolitik

15.1 Kim Jong Il, Sohn und Nachfolger von Kim Il Sung

Theoretisch warf der Tod von Kim Il Sung, der im Alter von 84 Jahren am 8. Juli 1994, kurz nach seinem Treffen mit Amerikas Expräsident Jimmy Carter starb, die Frage nach seiner Nachfolge auf. Praktisch allerdings war diese Frage längst zuvor zugunsten seines ältesten Sohnes aus erster Ehe, Kim Jong Il, geboren am 16. Februar 1942 in Khaborowsk (nach Partei-Doktrin jedoch im nordkoreanischen Paektu-Gebirge), gelöst. Der um sein Lebenswerk besorgte Kim Il Sung hatte erleben müssen, wie Stalin trotz jahrzehntelanger Herrschaft in der Sowjetunion nur drei Jahre nach seinem Tod von seinem Nachfolger Chruschtschow als Verbrecher und Tyrann gebrandmarkt wurde. Ende der 70er Jahre musste er erleben, wie in China die von Mao Tse-tung als Führungskader erkorene „Viererbande" durch eine Palastrevolution gestürzt, vor Gericht gestellt, verurteilt und schwer bestraft worden war. Anschließend war Chinas sozioökonomisches System geradezu ins Gegenteil maoistischer Theorie und Praxis verwandelt worden. Noch dramatischer war, dass seit der Wiedervereinigung Deutschlands und dem Auseinanderbrechen des Ostblocks die kommunistischen Systeme in der Sowjetunion und Osteuropa beseitigt wurden. Die Erbfolge der Staatsmacht war im Asien der Ära nach 1945 kein seltenes Phänomen, wenn man an ähnliche Fälle in Indien, Pakistan, Sri Lanka (Ceylon) oder Taiwan denkt. Über Kim Jong Ils biographische Daten ist nur wenig bekannt. Er soll Mitte der 60er-Jahre an der Kim-Il Sung-Universität in Pjöngjang Politik und Wirtschaft studiert haben und war dann leitend in der Propagandaabteilung der Kommunistischen Partei Koreas tätig. Im September 1973 wurde er Leiter der Lenkungsabteilung der Partei, 1974 Vollmitglied des Politbüros und ab dem Sechsten Parteitag 1980 das einzige jüngere Mitglied des ansonsten aus fünf älteren Mitgliedern bestehenden Präsidiums der Partei, wodurch seine Nachfolge in der Führung der Partei weitgehend gesichert schien.[505] Dementsprechend früh setzte der sich auf Kim junior beziehende Personenkult ein. Ab 1976 war sein Bild häufig an der Seite der Porträts seines Vaters zu sehen und auch sein Geburtstag wurde zum „nationalen Feiertag" erklärt. In einer 1990 in der Staats-

---

[505] „North Korean Leadership after Kim Il Sung", in: Vantage Point, Bd. 27, Nr. 6 S. 2–7.

*Kim Jong Il, Sohn und
Nachfolger von Kim Il Sung*

druckerei in Pjöngjang erschienenen Schrift heißt es zu seiner Jugend: „Die Geburt
des Mannes, dessen Vater der General Kim Il Sung, der legendäre Held im Kampf
gegen Japan und die Sonne der koreanischen Nation, und dessen Mutter, Frau Kim
Dschong Suk, eine unbeugsame kommunistische Revolutionärin und eine Heldin
des antijapanischen Kampfes ist, war ein erhabener Sonnenaufgang, der in die
Zukunft Koreas leuchtet. Sekretär Kim Dschong Il setzt eine beispiellose patriotische Familientradition fort, die nicht nur auf seine Eltern zurückreicht, sondern
auch auf weitere Vorfahren, die sich für die Unabhängigkeit unseres Landes und
die Befreiung der Volksmassen einsetzten."[506]

Die offizielle Nachfolge seines Vaters als Generalsekretär der nordkoreanischen
Arbeiterpartei trat er erst am Ende der dreijährigen Trauerzeit für seinen Vater im

---

[506] Kim, Kang Il: Der Führer Kim Dschong Il (Kim Jong Il). Pjöngjang 1990, S. 1–2.

Oktober 1997 an. Zuvor war er noch zu dessen Lebzeiten im Dezember 1991 zum Oberkommandierenden der Volksarmee, im April 1992 zum Marschall und im April 1993, ein Jahr vor dem Tod Kim Il Sungs, von diesem zum Vorsitzenden der Nationalen Verteidigungskommission ernannt worden. In der diesbezüglichen offiziellen Verlautbarung hieß es, zwar bleibe Kim Il Sung Staatsoberhaupt und Generalsekretär der Partei, doch die tagtägliche Arbeit des Regierens liege in den Händen von Kim Jong Il. Sein neues Amt bilde die höchste Autorität der nordkoreanischen Streitkräfte. Er sei der treue Nachfolger im Kampf um die Verwirklichung der Dschutsche-Ideologie. Obwohl formal bis dahin nur das Zentralkomitee der Partei zur Ernennung eines Generalsekretärs befugt war, verkündete eine gemeinsame Resolution des Zentralkomitees und der Zentralen Militärkommission am 8. Oktober 1997, Kim Jong Il sei zum Generalsekretär der Partei gewählt worden.[507]

15.2 Ein neuer Ansatz: Vorrang des Militärischen

Kim wurde außerdem vom Obersten Volkskongress (Parlament) erneut zum Vorsitzenden der Nationalen Verteidigungskommission gewählt. Kim Yong Nam, der ehemalige Außenminister und nun Vorsitzender des Parlamentspräsidiums, sagte von Kim Jong Ils Amt (Vorsitzender der Nationalen Verteidigungskommission) unter anderem, dies sei „das höchste Amt des Staates, betraut mit der Führung bei der Verteidigung des Staatssystems des sozialistischen Landes, verantwortlich für das Schicksal des Volkes und die Stärkung der Verteidigungsfähigkeit des Landes und der gesamten Staatsmacht durch die Befehlsgewalt über alle politischen, militärischen und wirtschaftlichen Kräfte des Landes."[508] Dem so zugunsten des Militärs neu strukturierten politischen Unterbau des Herrschaftssystems entsprechend, führte Kim Jong Il 1998 auf ideologischer Ebene das „Prinzip des Vorranges des Militärischen" (sonkun jongchi) ein, das im September 2003 vom Obersten Volkskongress erneut bekräftigt wurde. Die Umsetzung dieses Prinzips bedeutet, dass sich alle Teile der Gesellschaft am Lebensstil der Streitkräfte, ihrer Kampfbereitschaft und an ihrer militärischen Ethik zu orientieren haben. Bereits zuvor hatte ein im Januar 2003 zum Jahreswechsel erscheinender gemeinsamer Leitartikel der Parteizeitung Rodong Sinmun und der beiden Tageszeitungen Josoinmingun und Chongnyonchonui die Bedeutung des neuen ideologischen Ansatzes aus-

---

[507] „North Korean Leadership after Kim Il Sung", in: Vantage Point, Bd. 27, Nr. 6, Juni 2004, S. 4. Siehe auch The People's Korea, 17. April 1993, S. 1 und Wortlaut der gemeinsamen Erklärung des Zentralkomitees und der Zentralen Militärkommission ebd., 18. Oktober 1997.

[508] Ebd., 17. April 1993, S. 4–5.

führlich erläutert. So heißt es dort, die neue „Armee-zuerst-Ideologie" habe Nordkorea dazu befähigt, die Kraftprobe mit dem mächtigsten imperialistischen Land der Welt erfolgreich durchzustehen und dabei die Würde, die Selbstbestimmung und die Verteidigungsfähigkeit des eigenen Landes zu erhalten. Gleichzeitig befähige diese Ideologie die Nordkoreaner, ihre Wachsamkeit gegenüber den Vergiftungsversuchen des Imperialismus in den Bereichen der Ideologie und Kultur zu erhöhen. Insbesondere die Angehörigen der Streitkräfte müssten sich von illusionären Vorstellungen über den Feind und über dessen Ideen vom Frieden befreien und kampfbereit bleiben, wenn der Feind mit seiner „Politik der Stärke" drohe: „Unsere nationale Verteidigung und unsere Streitkräfte in erster Linie zu unterstützen ist unsere patriotische Pflicht. Unsere Streitkräfte bilden den bedeutendsten Aspekt unseres Landes und alle von uns müssen ihr Äußerstes tun, um unsere Verteidigungskapazität zu stärken." Wirtschaftlich gelte es daher, die vorrangige Bedeutung der Verteidigungsindustrie zu erkennen und ihr in erster Linie zu dienen. Sodann müssten die Entwicklung der Leichtindustrie zugunsten der Konsumenten gefördert und die Anbaumethoden der Landwirtschaft radikal verbessert werden. Doch wird neben dieser ideologischen Grundsatzerklärung die Nachricht bekannt gegeben, dass Nordkorea seine Mitgliedschaft im nuklearen Nonproliferationsvertrag aufkündige.[509]

Einen interessanten Einblick in sein Weltbild vermittelt ein außerordentlich umfangreiches Interview mit Kim Jong Il, das bereits im Februar 1993 veröffentlicht wurde. Er setzt sich hier unter anderem mit der Krise im Weltkommunismus und dessen Niedergang auseinander. Zu dessen Ursachen habe einerseits der Versuch der Kommunistischen Partei der Sowjetunion geführt, das Verhalten anderer kommunistischer Parteien und ihrer Staaten stark zu beeinflussen. Das habe bei den Mitgliedern vieler betroffener Parteien eine Entfremdung dem Kommunismus gegenüber bewirkt. Auch enthielten die klassischen Formen des Marxismus keine Anweisungen hinsichtlich der Weiterentwicklung nach dem Sieg des Sozialismus. Orientierungslos hätten Bruderparteien dann begonnen, mit Systemen kapitalistischer Wirtschaft und pluralistischer Politik zu experimentieren. Doch genau diese Zulassung von Liberalismus und politisch-wirtschaftlichem Pluralismus habe viele sozialistische Staats- und Gesellschaftsordnungen zersetzt. Für viele von ihnen sei das der Anfang vom Ende gewesen. „Pluralismus", so sagte er wörtlich „darf in einer sozialistischen Gesellschaft nie geduldet werden." Das Beispiel Nordkoreas zeige, entscheidend für den Erhalt und die Entwicklung sozialistischer Staats- und Gesell-

---

[509] Voller Wortlaut des Leitartikels zum prinzipiellen Vorrang des Militärischen wie auch der offiziellen Nachricht über den Austritt Nordkoreas aus dem Nonproliferationsvertrag in: The People's Korea, 11. Januar 2003.

schaftssysteme sei pausenlose ideologische Indoktrinierung. Sie entscheide, ob materieller Egoismus die Art der Lebensführung bestimme oder ein Geist, der die Menschen zur „grenzenlosen Loyalität gegenüber der Partei, ihrem Führer und den Massen" erziehe. „Der Führer ist das Zentrum des sozialpolitischen Organismus … und bringt den Willen der Massen zum Ausdruck." So wie ein menschlicher Körper ohne Gehirn undenkbar ist, so seien auch eine Gesellschaft und ein Staat ohne Führer undenkbar. Über die Legitimierung des Führers wird allerdings nichts gesagt.[510]

15.3 Weltbild, Wirtschaftskrise und Hungersnot

Was Nordkoreas Wirtschaft betraf, so hatte noch Kim Il Sung in der letzten Neujahrbotschaft seines Lebens der Landwirtschaft, der Leichtindustrie und dem Außenhandel Vorrang gegeben. Dies gelte insbesondere für das Erfordernis, die Produktionsbasis und Qualität nordkoreanischer Exportgüter zu erhöhen. Zwar lehnte Nordkorea die von Südkorea im November 1994 eingeräumte Möglichkeit privaten Engagements südkoreanischer Firmen im Norden ab, doch intensivierte der Norden die Entwicklung einer Freihandelszone im Raum Rajin-Sonbong. Immerhin hatte sich der zumeist über China laufende indirekte Handel zwischen den beiden Teilen Koreas in den ersten acht Monaten des Jahres von 1 Million US-Dollar 1983 auf 232 Millionen US-Dollar 1994 erhöht.[511] Ab 1995 entwickelte sich aber in Nordkorea eine der furchtbarsten Wirtschaftskrisen in der neueren Geschichte Koreas. Bereits die Jahre von 1990 bis 1994 waren jeweils vom Rückgang des Bruttosozialprodukts und von mehreren schlechten Ernten gekennzeichnet. Während Nordkorea 1975 Reis und Mais in einem Volumen von 328.000 Tonnen exportiert hatte, war es bereits in den 80er Jahren zu einem Ende dieser Exporte gekommen. Ab 1993 hatte eine Regierungsparole die Bevölkerung ermahnt, „pro Tag nur zwei Mahlzeiten" einzunehmen.[512] Ab 1995 begann Nordkorea öffentlich die wirtschaftlichen Folgen von Naturkatastrophen darzustellen und um Hilfe von außen zu bitten. So heißt es in Berichten der offiziellen Koreanischen Nachrichtenagentur (KCNA) vom September 1995, wolkenbruchartige Regenfälle und weitflächige Überflutungen hätten Schäden im Wert von 15 Milliarden US-Dollar verursacht. Davon seien 5,2 Millionen Menschen in 145 Landkreisen unmittelbar betroffen. Bereits im vorhergehenden Jahr hätte Hagelschlag eine Fläche von

---

[510] Wortlaut des Interviews von Kim Jong Il ebd., 15. Februar 1992, S. 2, unter dem Titel: „Historical Lesson in Building Socialism and The General Line of Our Party".

[511] Kim, Samuel S.: „North Korea in 1994", in: Asian Survey, Bd. XXXV, Januar 1995, S. 25 f.

[512] Kim, Samuel S.: „North Korea in 1995 – The Crucible of ‚Our Style Socialism'", in: Asian Survey, Bd. XXXVI, Januar 1996, S. 64–66.

170.000 Hektar getroffen und einen Ausfall von 120.000 Tonnen Getreide bewirkt. Durch die Gesellschaft in Japan befindlicher Koreaner (Chongryn) ließ Pjöngjang erstmals die japanische Regierung und die internationale Öffentlichkeit um humanitäre Hilfe bitten.[513] Auch 1996 berichtete Pjöngjang über verheerende Fluten, die 117 Landkreise betroffen und Schäden in Höhe von 1,7 Milliarden US-Dollar verursacht hätten. Washington wurde von Pjöngjang dazu aufgefordert, Südkorea zur Beteiligung an internationalen Hilfsmaßnahmen für Nordkorea zu veranlassen.[514] Im September 1996 aber konnte die erwähnte Freie Wirtschafts- und Handelszone (FETZ) in Rajin-Sonbong in Anwesenheit von Firmenvertretern aus 26 Ländern mitsamt einem eigenen Investitionsinformationszentrum eröffnet werden. Nordkoreanische Szenarien rechneten mit anfänglichen Investitionen in Höhe von 438 Millionen US-Dollar.[515] Pjöngjang dankte der amerikanischen Regierung für deren über humanitäre Organisationen gewährte Hilfe in Höhe von 6,2 Millionen US-Dollar und fuhr auch 1998 fort, über Katastrophen zu berichten, welche die Nahrungsmittelversorgung der nordkoreanischen Bevölkerung ernsthaft bedrohten. In Peking geführte Gespräche zwischen nord- und südkoreanischen Vertretern der jeweiligen Rot-Kreuz-Gesellschaften führten auch zu größeren Hilfsleistungen des Südens für den Norden.[516] Ein tragischer Aspekt der ab Mitte der 90er Jahre besonders akut gewordenen Lebensmittelknappheit und Unterernährung liegt in der Zahl von etwa 1,6 Millionen durch Hunger bewirkten Todesfälle, insbesondere unter Kleinkindern und Menschen in höherem Lebensalter. Hinzu kommen zahlreiche bei Kindern und Jugendlichen festgestellte Wachstumsschäden. Auch bei Erwachsenen konnte ein Rückgang der durchschnittlichen Körpergröße und des Körpergewichts festgestellt werden.[517]

15.4 Nordkoreas neue Beziehungen zu Russland, China und der EU

Außenpolitisch gehören der am 9. Februar 2000 unterzeichnete Vertrag zwischen Nordkorea und Russland sowie die Gemeinsame Erklärung der Präsidenten bei-

---

[513] „Pyongyang Calls for World-Wide Assistance in Overcoming Worst Natural Disaster in 100 Years", in: The People's Korea, 16. September 1995.

[514] The People's Korea, 6. April 1996, sowie 10. und 17. August 1996

[515] The People's Korea, 25. Mai 1996

[516] Ebd., 7. März 1998, 4. April 1998 u. 5. September 1998. Siehe auch: Brown, David G.: „North Korea in 1998", in Asian Survey, Bd. XXXIX, Januar/Februar 1999, S. 127.

[517] Chang, Namsoo: „Status of Food Shortage and Malnutrition in North Korea", in: Korea Focus, Bd. 7, Nr. 1., Januar/Februar 1999, S. 47–55.

der Länder vom 19. Juli 2000 mit zu den bedeutendsten außenpolitischen Ereignissen der frühen Kim-Jong-Il-Ära. Wie oben gezeigt, hatte der Zerfall des Kommunismus in der Sowjetunion und der Russischen Föderation wie auch die Anbahnung engerer Beziehungen zwischen Moskau und Seoul in Nordkorea Enttäuschung und Erbitterung hervorgerufen, galt doch das 1961 zwischen Pjöngjang und Moskau abgeschlossene Bündnis mit seiner automatischen Beistandspflicht im Falle eines Angriffs als einer der Anker nordkoreanischer Sicherheitspolitik. Doch schon 1995 hatte die Russische Föderation Nordkorea wissen lassen, dass sie anstelle des alten Vertrages einen neuen Vertrag zu schließen wünsche. Nordkorea willigte, wenn auch ungern, ein. Die 1998 beginnenden Verhandlungen führten am 9. Februar 2000 zur Unterzeichnung eines „Vertrages über Freundschaft, gute Nachbarschaft und Kooperation", bei dem die einstige automatische Beistandspflicht des Vertrages von 1961 fehlt und nur durch eine Konsultationsverpflichtung im Falle einer Bedrohung der Sicherheit eines der Signatarpartner ersetzt wird. Die gleiche Verpflichtung gehört zum Inhalt einer Gemeinsamen Erklärung der Präsidenten beider Länder, die anlässlich eines Staatsbesuches des russischen Präsidenten Wladimir Putin in Pjöngjang am 19. Juli 2000 unterzeichnet wurde. Beide Seiten verpflichten sich darin, mit dritten Ländern keinen Vertrag zu schließen, der die Souveränität, Unabhängigkeit oder territoriale Integrität des anderen Vertragspartners verletzen könnte. Daran schließt sich die vage gehaltene Verpflichtung an, an keinen Aktionen, Schritten oder Blockbildungen teilzunehmen, die solchen Zielen dienen könnten. Einen Erfolg für die „Sonnenschein-" und Entspannungspolitik von Kim Dae Jung bedeutet Artikel 3 dieser Gemeinsamen Erklärung, der die Ergebnisse des interkoreanischen Gipfeltreffens in Pjöngjang vom 15. Juni 2000 hervorhebt und bekräftigt. In Artikel 6 wenden sich beide Signatare sowohl gegen Änderungen des ABM-Vertrages über Begrenzungen der Raketenrüstung als auch gegen die Installierung von Raketenabwehrsystemen (TMD) im ostasiatisch-pazifischen Raum.[518] Putin war das erste Staatsoberhaupt Russlands, das Nordkorea seit Beginn der Beziehungen zwischen beiden Ländern vor 55 Jahren besuchte. In der Sicht Pjöngjangs lag dennoch ein gewisser Schatten auf diesem Gipfeltreffen insofern, als Putin sich trotz der wirtschaftlichen Notlage Nordkoreas weigerte, dessen Schulden gegenüber Russland in Höhe von 6 Millionen US-Dollar auf Bitten der koreanischen Gastgeber zu halbieren. Russland, so erklärte Putin, sei nicht mehr, wie früher die Sowjetunion, in der Lage, kostenfreie Hilfe zu gewähren.[519]

---

[518] Text der Erklärung in: The People's Korea, 22. Juli 2000.

[519] Zabrovskaya, Larisa: „The 1961 USSR-DPRK Treaty and Signing of a New Russia-North-Korea Treaty", in: Korea and World Affairs, Bd. XXIV, Nr. 3, Herbst 2000, S. 451.

Anders gestalteten sich die weiteren Beziehungen Nordkoreas zur Volksrepublik China. Zwar hatte auch diese – wie oben dargestellt – in Pjöngjang tiefe Verstimmung dadurch hervorgerufen, dass sie zu Südkorea diplomatische und wirtschaftliche Beziehungen aufgenommen und sich geweigert hatte, weiterhin die Aufnahme Südkoreas in die UNO durch ihr Veto zu blockieren. Doch im Gegensatz zu Russland hatte China seinen ebenfalls aus dem Jahr 1961 datierenden Verteidigungsvertrag mit Nordkorea nicht gekündigt. Die neue Führung in Peking hatte Kim Jong Il im Januar 2001 nach Schanghai eingeladen, um ihm dort die beeindruckenden Resultate der nach-maoistischen chinesischen Reformpolitik buchstäblich vor Augen zu führen, und wohl auch, um ihn zu motivieren, in Nordkorea ähnliche Reformen durchzuführen. Am 3. September 2001 war Chinas Präsident und Generalsekretär der KPCh, Jiang Zemin, zu einem dreitägigen Staatsbesuch in Pjöngjang eingetroffen.

Bei dieser als „Besuch von Staat zu Staat und von Partei zu Partei" bewerteten Begegnung wurde die Fortsetzung der traditionellen Beziehungen in Form enger Kooperation vereinbart, die auch im neuen Jahrhundert voraussehbar zu Frieden und Fortschritt in der Region beitragen werde. Während Jiang Zemin hervorhob, die Kommunistische Partei Chinas habe, mit den Zeiten Schritt haltend, Pionierarbeit beim Aufbau eines „Sozialismus chinesischer Prägung" geleistet, äußerte Kim Jong Il, zwar sei auch Nordkorea für neue Ideen auf allen Gebieten aufgeschlossen – einschränkend fügte er aber hinzu, positive Resultate seien nur dort zu erwarten, wo Länder ihren eigenen, den jeweiligen Umständen entsprechenden Weg zu gehen verstünden. Dies war eine höfliche, aber klare Absage an Vorschläge, Nordkorea möge doch einfach zu seinem Nutzen gelungene chinesische Entwicklungsmodelle übernehmen.[520] Nordkoreas Zentrale Nachrichtenagentur (KCNA) berichtete am 6. September 2001, China habe dem von Hunger heimgesuchten Nordkorea 200.000 Tonnen Nahrungsmittel und 30.000 Tonnen Dieseltreibstoff zugesagt. Während China sich zu dieser Zeit bereits zum drittgrößten Handelspartner Südkoreas entwickelt hatte, betrug der Anteil Nordkoreas nur 1 Prozent des chinesischen Außenhandels.

In den Monaten nach dem weltweit begrüßten innerkoreanischen Gipfeltreffen vom 15. Juni 2000 gelang es Nordkorea, normale diplomatische Beziehungen zu 13 von damals insgesamt 15 Mitgliedstaaten der EU herzustellen, von denen die meisten zugleich Mitglieder des Nordatlantikpaktes waren. Als wichtiger Schritt war hierbei der Besuch des Vorsitzenden der Europäischen Kommission der EU, Göran Persson, an der Spitze einer EU-Delegation im Mai 2001 bewertet worden.[521]

---

[520] Bericht der Volkszeitung Peking in: KAW, Bd. XXV, Nr. 3, Herbst 2001, S. 425 f.
[521] The People's Korea, 12. Mai 2001. Siehe auch Asian Survey, Bd. XLII, Nr. 1, Januar/Februar 2002, S. 52 f. Zu Kim Jong Ils Besuch in China vom 15. bis 20. Januar 2001 siehe: The People's Korea, 27. Januar 2001.

In seinen Beziehungen zu Japan konnte Pjöngjang kaum Fortschritte erzielen. Schwebende Fragen wie die einer japanischen Kompensation für dessen Kolonialherrschaft in Korea, das Problem nach Nordkorea entführter Japaner, fernerhin der Rechtsstatus pro-nordkoreanischer Koreaner in Japan oder Japans Besorgnis wegen der nordkoreanischen Nuklear- und Raketenentwicklung konnten trotz zumeist inoffizieller Gespräche nicht gelöst werden.[522]

15.5 Nordkorea und die USA im Zeichen ihres „Rahmenabkommens"

Wie oben dargestellt, hatte die von Ex-Präsident Jimmy Carter und Kim Il Sung initiierte Kompromisslösung im Herbst 1994 zu intensiven amerikanisch-nordkoreanischen Verhandlungen in Genf geführt. Als deren Ergebnis entstand das am 21. Oktober 1994 in Genf unterzeichnete amerikanisch-nordkoreanische „Rahmenabkommen („Framework Agreement") über die Nuklearfrage". Hierin wurden folgende Vereinbarungen getroffen: Nordkoreas graphitmoderierte Reaktoren, (mit denen waffenfähiges Plutonium leichter hergestellt werden kann) sollten bis zum Jahr 2003 durch weniger gefährliche Leichtwasserreaktoren ersetzt werden. Um dies zu ermöglichen, würden die USA ein unter ihrer Leitung stehendes internationales Konsortium gründen. Dieses hätte dann die Aufgabe, für den Bau und die Finanzierung der Leichtwasserreaktoren zu sorgen. Als Entschädigung für den durch die Stilllegung der graphitmoderierten Reaktoren für Nordkorea entstehenden Energieausfall würden die USA bis zur Fertigstellung der Leichtwasserreaktoren Nordkorea jährlich 500.000 Tonnen Schweröl zur Verfügung stellen. Diese Stilllegung würde einen Monat nach Unterzeichnung des Rahmenabkommens erfolgen und von der Internationalen Atomenergiebehörde überwacht werden. Unter der Voraussetzung der Inangriffnahme dieser Maßnahmen würden beide Seiten darangehen, ihre vielfach blockierten politischen und wirtschaftlichen Beziehungen zu verbessern.

So wurde die Einrichtung diplomatischer Verbindungsbüros zwischen beiden Seiten mit dem Hinweis vereinbart, dass diese Institutionen bei einem Fortschritt der beiderseitigen Beziehungen auf Botschafterebene angehoben werden könnten. Hinsichtlich der Wahrung der Sicherheit auf der koreanischen Halbinsel hieß es, die USA würden Nordkorea formale Sicherheiten („formal assurance") gegen eine Bedrohung durch amerikanische Nuklearwaffen oder deren Einsatz gewähren.

---

[522] Suh, Dong-man: „Outlook for North Korean-Japan Ties", in: Korea Focus, Bd. 8, Nr. 2, März/April 2000, S. 27–43.

Nordkorea hingegen würde Maßnahmen zur Entnuklearisierung der koreanischen Halbinsel im Sinne seines diesbezüglichen 1992 unterzeichneten (wenn auch nicht ratifizierten) Vertrages mit Südkorea durchführen. Da das amerikanisch-nordkoreanische Rahmenabkommen in und für Korea eine Dialoge begünstigende Atmosphäre schaffe, werde Nordkorea einen Dialog mit Südkorea in die Wege leiten. Nordkorea verpflichtete sich, das Vertragssystem zur Verhinderung atomarer Proliferation (NPT) nicht zu verlassen und das mit dem NPT zusammenhängende Sicherheitsabkommen einzuhalten. Im Rahmen dieses Sicherheitsabkommens („safeguards agreement") und bedingt durch ein Abkommen über die Lieferung von Leichtwasserreaktoren an Nordkorea würde dieses erneut Inspektionen seiner Nuklearanlagen durch die Internationale Atombehörde zulassen.[523]

Das hier in seinen wichtigsten Punkten skizzierte Rahmenabkommen zwischen den USA und Nordkorea verkörpert den Höhepunkt der von der Clinton-Regierung versuchten Strategie der Einbindung Nordkoreas in einen mehr Sicherheit und Entspannung schaffenden Prozess des Kompromisses und des „give and take". Diese Strategie beruhte allerdings auf der möglicherweise zu optimistischen Annahme, Nordkorea werde tatsächlich bereit sein, die wichtigste Grundlage seiner Sicherheit und seines sowohl innerkoreanischen wie auch internationalen Einflusses und damit die Trumpfkarte seiner auswärtigen Politik für ein paar wirtschaftliche Vorteile und verbale Sicherheitszusagen preiszugeben. Während der amerikanische Verteidigungsminister William Perry nur 14 Tage vor Unterzeichnung des Rahmenabkommens gedroht hatte, die USA könnten UN-Beschlüsse für Sanktionen gegen Nordkorea herbeiführen und dessen Regierung auch militärisch unter Druck setzen, verkündete US-Präsident Clinton am Tag nach der Unterzeichnung des Abkommens, dieses sei ein wesentlicher Schritt zur Beseitigung nuklearer Bedrohung in dieser Welt und zur Schaffung besserer Beziehungen zu Nordkorea. In einem Brief des Präsidenten an Kim Jong Il versicherte er diesem, er werde sich für die Finanzierung der in Aussicht gestellten Leichtwasserreaktoren einsetzen. Anschließend forderte die UN-Botschafterin der USA, Madeleine Albright, den UN-Sicherheitsrat zur Unterstützung des Rahmenabkommens auf.[524] Zu dessen Durchführung wurde in New York am 9. März 1995 von Vertretern der USA, Südkoreas und Japans die Korean Peninsula Energy Development Organization – abgekürzt: KEDO – gegründet. Nach langwierigen Verhandlungen kam es am 15. Dezember 1995 zu einem Abkommen zwischen der KEDO auf der einen

---

[523] Wortlaut des „Framework Agreement on the Nuclear Issue" vom 21. Oktober 1994 in: KWA, Bd. XVIII, Nr. 4., Winter 1994, S. 788–790.
[524] Ebd., S. 803–808.

Seite und Nordkorea auf der anderen. Die von der KEDO – und hierbei primär von Südkorea und Japan – zu tragenden Kosten der Umrüstung von einem Reaktortyp zum anderen wurden mit einem Kostenaufwand von 6 Milliarden US-Dollar geschätzt. Die Grundsteinlegung der neuen Leichtwasserreaktoren erfolgte am 19. August 1997 bei dem an der Ostküste gelegenen Ort Sinpo in Nordkorea. In einer zu diesem Anlass von US-Präsident Clinton gegebenen Erklärung heißt es, dieses Ereignis bilde einen Meilenstein auf dem Weg zu Frieden und Stabilität auf der koreanischen Halbinsel.[525] Nord- und südkoreanische Arbeiter begannen am 6. Oktober 1997 mit konkreten Vorbereitungsarbeiten zum Bau der Leichtwasserreaktoren.

15.6 Raketentest – neue Spannung und Entspannung zwischen Nordkorea und den USA

Die sich anscheinend anbahnende Entspannung wurde jedoch erschüttert, als Nordkorea am 31. August 1998 eine neu entwickelte ballistische Mehrstufenrakete vom Typ Taepodong-1 mit einer angenommenen Reichweite von 1.700 bis 2.200 Kilometern über Japan hinweg ins Meer schoss. Amerikanischen Angaben zufolge war ein Teil dieser Rakete sogar vor der 3.750 Kilometer entfernten Küste Alaskas ins Meer gestürzt. Nordkorea behauptete, es habe sich hierbei um den erfolgreichen Start eines nordkoreanischen Satelliten gehandelt. Während Japan wirtschaftliche Vergeltungsmaßnahmen ankündigte und US-Behörden ihre „tiefe Besorgnis" zum Ausdruck brachten, bezeichnete Kim Jong Il den Satellitenstart als „glänzenden Erfolg", der die Macht seines Landes demonstriere. Der UN-Sicherheitsrat ermahnte zwar Pjöngjang, diese Vorgehensweise nicht zu wiederholen, doch China ließ wissen, es werde keine UN-Maßnahmen gegen Nordkorea unterstützen.[526]

In den folgenden Monaten vertiefte sich in den USA der Verdacht, Nordkorea versuche in unterirdischen Produktionsstätten insgeheim erneut auf die Erzeugung von Nuklearwaffen hinzuarbeiten. Bei seinem Besuchs in Japan Ende November 1998 warnte Clinton, diesbezügliche Gefahrzeichen hätten sich verstärkt. Die von Nordkorea ausgehende Gefahr sei ebenso ernst zu nehmen wie die Bedrohung durch den Irak.[527] Die Situation entschärfte sich jedoch, als Pjöngjang – nach einer zuvor von Präsident Clinton verfügten Lockerung amerikanischer

---

[525] The People's Korea, 30. März 1996 und KWA, Bd. XXI, Nr. 3, 1997, S. 498.
[526] Ebd., Bd. XXII, Nr. 4, Winter 1998, S. 635–637.
[527] Archiv der Gegenwart, 1998, S. 43161.

Handelsbeschränkungen gegen Nordkorea – am 24. September 1999 offiziell bekannt gab, es werde die Erprobung seiner Langstreckenraketen vorläufig einstellen.[528] Kurz danach gab die japanische Regierung bekannt, sie wolle ihre unterbrochene Lebensmittelhilfe für Nordkorea fortsetzen und denke an eine Wiederaufnahme der Gespräche mit Pjöngjang über eine Normalisierung der beiderseitigen diplomatischen Beziehungen. Angesichts der Bedeutung, die in den USA der Nuklear- und Raketenrüstung Nordkoreas für die gesamte prekäre Sicherheitsarchitektur des nordostasiatischen Raumes beigemessen wurde, ernannte die Clinton-Regierung im November 1998 den ehemaligen US-Verteidigungsminister William J. Perry zum Vorsitzenden eines speziellen amerikanischen „think tank", der für die Koordination der Planung und Analyse der Politik Washingtons gegenüber Pjöngjang verantwortlich sein sollte. Wie Präsident Clinton in seinen Memoiren beschreibt, beauftragte er Perry, eine Politik Nordkorea gegenüber zu konzipieren, welche die Chancen eines nordkoreanischen Verzichts auf Nuklearwaffen und Langstreckenwaffen maximieren und dabei dennoch gegebene Risiken im Falle eines Misserfolges minimieren würde.[529]

Der von diesem „think tank" nach Monaten erstellte „Perry Report" nahm optimistisch an, die nordkoreanische Produktion von waffenfähigem Uran sei tatsächlich unterbunden worden. Kriegerische Aktionen oder verschärfte wirtschaftliche Sanktionen seien nicht ratsam. Die USA sollten Nordkorea eine Ausweitung diplomatischer Beziehungen anbieten und sich im weitesten Sinne der „Sonnenschein-Politik" von Kim Dae Jung anschließen. Das Rahmenabkommen vom Oktober 1994 sei aufrechtzuerhalten. Zugleich empfiehlt das Gutachten, die Zusammenarbeit zwischen Washington, Tokio und Seoul zu verstärken und Nordkorea gegenüber eine potenzielle Abschreckungskapazität beizubehalten.[530] Im Kongress der Vereinigten Staaten und vor allem unter Vertretern der oppositionellen Republikanischen Partei gab es jedoch scharfe Kritiker der als unvorsichtig und als zu beschwichtigend empfundenen Nordkorea-Politik der Clinton-Regierung.[531] Das führte unter anderem dazu, dass der US-Kongress Bewilligungen von materiellen Lieferungen an Nordkorea mit erschwerenden Bedingungen versah. Kurz vor Ende der Amtszeit Clintons schienen zwei herausragende Ereignisse auf eine wesentliche Verbesserung der Beziehungen zwischen den USA und Nordkorea hinzudeu-

---

[528] Dokumente zu diesen Initiativen Washingtons und Pjöngjangs in KAW, Bd. XXIII, Nr. 4, Winter 1999, S. 593–601.

[529] Clinton, Bill: My Life. London 2004, S. 828.

[530] Für eine vorzügliche kritische Bewertung des Perry-Berichts siehe: Drifte, Reinhard: „The Perry Report and US-North Korea Relations", in: ASIEN, April 2001, S. 49–61.

[231] Hathaway, R. M. /Tama, J.: „The U.S. Congress and North Korea during the Clinton Years", in: Asian Survey, Bd. XLIV, Nr. 5, September/Oktober, S. 711–733.

ten. Denn zum ersten Mal empfing ein amerikanischer Präsident einen der einflussreichsten Führer Nordkoreas, Marschall Jo Myong Rok, Oberkommandierender der nordkoreanischen Volksarmee und Vize-Vorsitzender des Nationalen Verteidigungsrates, im Weißen Haus. Als Ergebnis des viertägigen Besuchs in Washington, bei dem Jo Myong Rok Clinton ein Schreiben von Kim Jong Il mit dem Wunsch nach Verbesserung der bilateralen Beziehungen überreichte, entstand ein gemeinsames Kommuniqué. Darin bekräftigten beide Seiten die Inhalte ihres Rahmenabkommens von 1994. Nordkorea verpflichtete sich erneut, keine Probeflüge von Langstreckenraketen vorzunehmen, solange die diesbezüglichen Verhandlungen mit den USA anhielten. Auch am Ziel einer Entnuklearisierung der koreanischen Halbinsel wurde festgehalten. Nordkorea dankte den USA für erhaltene humanitäre Spenden in Form von Nahrungsmitteln und Medizin. Abschließend wurde ein Besuch der amerikanischen Außenministerin in Pjöngjang vereinbart, wo sie mit Kim Jong Il sprechen und sogar einen Besuch des US-Präsidenten in Nordkorea vorbereiten sollte.[532] Tatsächlich kam es vom 23. bis zum 25. Oktober 2000 zu einem Besuch der US-Außenministerin Madeleine Albright in Pjöngjang, wo sie zwei mehrstündige Gespräche mit Kim Jong Il führte. Sie beschrieb Kim als guten und praktischen Gesprächspartner, mit dem sie einen „offenen, konstruktiven und ernsten" Meinungsaustausch gehabt hätte. Auch erwähnte sie, die USA hätten bis dahin Nahrungsmittel mit einem Gesamtvolumen von 1,5 Millionen Tonnen für Nordkorea gespendet. Präsident Clinton sei stark an einem Besuch in Pjöngjang interessiert. Die Nachrichten über Albrights Besuch wurden von der offiziösen nordkoreanischen Zeitschrift The People's Korea in der Ausgabe vom 28. Oktober 2000 unter der Überschrift „DPRK-U.S. Relations Enter New Era" veröffentlicht. Möglicherweise nicht zufällig traf nur einen Tag vor der US-Außenministerin eine chinesische Militärdelegation unter der Führung von Verteidigungsminister Chi Haotian ein. Wie Clinton schildert, hätte er gern die Reise nach Pjöngjang unternommen. Da aber gleichzeitig eine entscheidende Wende im Palästinakonflikt bevorzustehen schien, habe er, äußerst ungern, darauf verzichtet. Doch in einem am 19. Dezember 2000 stattfindenden Gespräch mit seinem Nachfolger, dem neu gewählten Präsidenten George W. Bush, sagte er diesem, eine Lösung des nordkoreanischen Raketenproblems habe fast unmittelbar bevorgestanden, er selbst sei nicht mehr dazu gekommen, diesen Prozess abzuschließen, und so müsse wahrscheinlich Bush selbst nach Nordkorea fahren, um eine positive Erledigung dieses Problems herbeizuführen. Bush aber habe dazu geschwiegen und anschließend sofort das Thema gewechselt.[533]

---

[532] Text des Kommuniqués in: The People's Korea, 14. Oktober 2000.
[533] Clinton, a.a.O., S. 929, 935 u. 938.

15.7 Trotz Schwierigkeiten: Fortschritte der „Sonnenschein-Politik"

Im Bereich der innerkoreanischen Beziehungen ergaben sich in den Monaten nach der beeindruckenden Gipfelkonferenz vom 15. Juni 2000 eine Reihe von Entwicklungen, die in der Tat eine entscheidende Wende im Verhältnis der beiden koreanischen Teilstaaten zueinander erhoffen ließen. So einigten sich die beiden koreanischen Rot-Kreuz-Gesellschaften am 30. Juni 2000 über eine neue Zusammenführung von 100 jahrzehntelang getrennten Familien und über die Entlassung einer Gruppe von 59 nordkoreanischen Gefangenen. Anlässlich dieses Familientreffens landete erstmals ein Flugzeug der nordkoreanischen Fluggesellschaft Air Koryo in Seoul und ein Flugzeug der südkoreanischen Fluggesellschaft Korean Air in Pjöngjang.

Zeitgleich mit dem interkoreanischen Ministertreffen besprach der Ehrenvorsitzende und Gründer des größten südkoreanischen Familienkonzerns Hyundai in Pjöngjang mit Kim Jong Il Pläne für einen großzügigen Ausbau der Tourismusanlagen im nordkoreanischen Kumgang-Gebirge und für die Errichtung eines Industrieparks im Umfang von 33 Millionen Quadratmetern in Kaesong oder in Haeju im Süden Nordkoreas.[534] Ein interkoreanisches Ministertreffen vereinbarte kurz danach die Wiedereröffnung des seit 1996 geschlossenen Verbindungsbüros in Panmunjom.

Am 12. August empfing Kim Jong Il eine führende Gruppe südkoreanischer Medienleiter, denen er sagte, er sei zu einem Friedensvertrag mit den USA bereit, sobald diese Nordkorea von ihrer Liste der den Terror fördernden Staaten entfernten. Wenige Tage darauf fand in Seoul ein gemeinsames Konzert der Symphoniebeziehungsweise Philharmonieorchester Nord- und Südkoreas statt. All dies waren Ereignisse, die jahrzehntelang als buchstäblich „unvorstellbar" gegolten hatten. Kim Dae Jung selbst hatte eine Begegnung mit Kim Yong Nam, dem formalen Staatsoberhaupt Nordkoreas und zweiten Mann in dessen Machtelite, am Rande der Millenniumskonferenz der Vereinten Nationen in New York Mitte September 2000 geplant. Doch Kim Yong Nam und seine nordkoreanischen Begleiter waren vom Sicherheitspersonal einer amerikanischen Fluggesellschaft am Flughafen in Frankfurt am Main mit einer so eingehenden Sicherheitsuntersuchung konfrontiert worden, dass sie wutentbrannt die ihnen entwürdigend erscheinende Kontrolle ablehnten und auf die Teilnahme an der UN-Konferenz verzichteten. Kim Dae Jung hingegen lud Kim Yong Nam zu einem Besuch nach Seoul ein und benützte seine Teilnahme an dieser UN-Konferenz, um an deren Rande in Gesprä-

---

[534] The People's Korea, 8. Juli 2000.

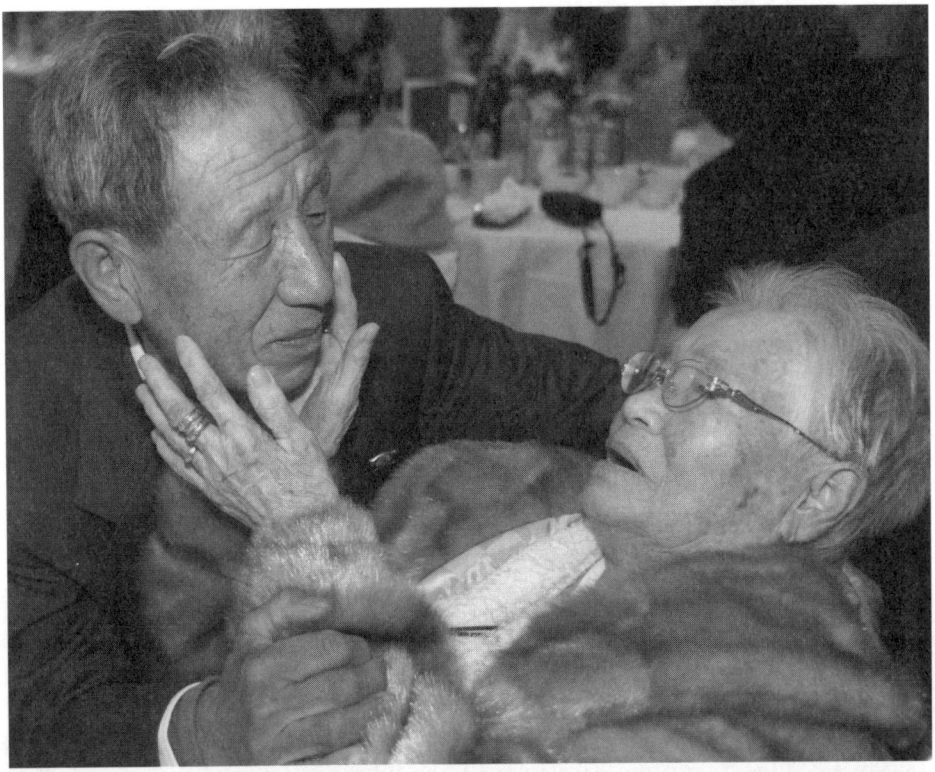

Nur eine kleine Anzahl von Menschen aus getrennten Familien erhielten nach Jahrzehnten die Möglichkeit zu einer kurzen Begegnung.

chen mit den Präsidenten Chinas, Jiang Zemin, und Russlands, Putin, für seine Strategie der „Sonnenschein-Politik" in Korea zu werben. Gleichzeitig drängte er Clinton und Jiang Zemin, für eine Ersetzung des Waffenstillstandsabkommens von 1953 (unterzeichnet nur von den USA, China und Nordkorea) durch einen Friedensvertrag zwischen den beiden koreanischen Staaten zu plädieren. Wenige Tage danach, am 15. September 2000, marschierten Sportler aus Süd- und Nordkorea gemeinsam unter einer Flagge bei der Eröffnungszeremonie der Olympiade in Sydney, Australien, ein. Neun Tage danach beschlossen Kim Dae Jung und Japans Ministerpräsident Mori Yoshino bei einem Treffen in Atami weitere wirtschaftliche Hilfe für Nordkorea. Im weiteren Verlauf des Jahres trafen sich am 28. November 2000 Militärdelegationen beider koreanischen Staaten um über technische Probleme bei der Wiederherstellung der Bahn- und Straßenverbindungen zwischen beiden Seiten zu beraten. In einer zweiten Runde dieser Militärgespräche vereinbarten beide Seiten am 5. Dezember die Errichtung eines „heißen Drahtes" zur raschen Verständigung im Falle unbeabsichtigter Zusammenstöße.

Der interkoreanische Handel hatte sich 2000 auf ein Volumen von 140 Millionen US-Dollar – im Vergleich zu 99 Millionen US-Dollar im Vorjahr – erhöht. Südkoreas Nothilfe für den Norden hatte sich von 46,9 Millionen US-Dollar 1999 auf 113,8 Millionen US-Dollar im Jahr 2000 und somit auf einen Betrag gesteigert, welcher der Hälfte des Gesamtvolumens der internationalen Hilfe für Nordkorea entsprach. Und – einst unvorstellbar: 7.280 Südkoreaner konnten im gleichen Jahr in den Norden reisen, wobei 213.009 südkoreanische Touristen nicht mit berücksichtigt sind, die – wenn auch streng abgeschirmt von der lokalen Bevölkerung – das landschaftlich besonders schöne Kumgang-Gebirge in Nordkorea, auf dem Seeweg anreisend, besuchen durften.

Im Verlauf der vierten Ministerkonferenz zwischen Süd und Nord und beim ersten Treffen des interkoreanischen Wirtschaftsrates im Dezember 2000 wiesen die Vertreter des Nordens auf die extrem schwierig gewordene Energieversorgung im Norden hin und ersuchten den Süden, das Problem der Versorgung des Nordens mit Elektroenergie vorrangig zu behandeln. Ermutigt durch die in der Clinton-Ära entstandenen amerikanisch-nordkoreanischen Spitzenkontakte, meinte Kim Dae Jung Mitte Dezember 2000, die Beziehungen zwischen diesen beiden Mächten hätten sich derart verbessert, dass die Herstellung normaler diplomatischer Beziehungen zwischen ihnen nur eine Frage der Zeit sei. Ende Februar 2001 begannen Delegationen beider koreanischen Staaten mit Gesprächen über gemeinsame Maßnahmen zur Regulierung beziehungsweise Eindämmung des zwischen beiden Territorien fließenden Imjin-Flusses, während nur wenige Tage später eine weitere Zusammenführung getrennter Familienmitglieder aus beiden Landesteilen erfolgte. Auch gab es Anfang März ein Treffen von Historikern beider Seiten, die gemeinsam einen Appell an Japan richteten, in dem sie gegen das Verschweigen von Japanern begangener Untaten in der Kolonialzeit und in anschließenden Kriegen in bestimmten japanischen Lehrbüchern für Zeitgeschichte protestierten. In wirtschaftlicher Hinsicht gab das südkoreanische Wiedervereinigungsministerium bekannt, Nordkorea habe den Süden bei einer neuen Runde der Ministergespräche zwischen beiden Seiten darum gebeten, den Norden mit 2 Millionen Kilowatt Elektroenergie zu beliefern, um dadurch die nordkoreanische Energieversorgung bis zur Vollendung der im Bau befindlichen Leichtwasserreaktoren sicherzustellen. Insgesamt lässt sich über die „Sonnenschein-Politik" von Kim Dae Jung ab der historischen Gipfelkonferenz vom Juni 2000 bis etwa Mitte 2001 sagen, dass sie eine ganze Reihe zuvor kaum denkbarer praktischer Fortschritte im Bereich der koreanischen Nord-Süd-Beziehungen bewirkt hatte. Diese Reihe von Teilerfolgen gab vielfach Anlass zu der Hoffnung, diese Entwicklung werde sich in der Zukunft im Wesentlichen ungebremst fortsetzen lassen. Kim Dae Jung hatte in dieser Zeit mehrfach seine Hoffnung auf einen baldigen Gegenbesuch von Kim Jong Il ausgedrückt.

Doch ab Frühjahr 2001 häuften sich die Enttäuschungen, als der Norden vereinbarte Treffen absagte, andere Treffen ohne Ergebnis blieben und der Norden seine bereits begonnenen Arbeiten an der Wiederherstellung der Eisenbahnverbindungen zwischen Süd und Nord einstellte. Im Oktober übten nordkoreanische Medien scharfe Kritik an der Politik des Südens, der unter anderem eine zu starke Beeinflussung durch die USA vorgeworfen wurde.[535] Das sechste Ministertreffen zwischen Süd und Nord vom November 2001 hatte ohne Ergebnis und mit gegenseitigen Vorwürfen geendet. Die innenpolitische Kritik an Kim Dae Jungs „Sonnenschein-Politik" nahm zu und die Skepsis der neuen Bush-Regierung gegenüber Verwirklichungschancen dieser Politik war unüberhörbar. In einem Interview mit der britischen Nachrichtenagentur Reuters vom 28. November 2001 sagte Kim, obwohl er über unverkennbare Rückschläge in den Beziehungen zu Nordkorea enttäuscht sei, glaube er dennoch fest daran, dass die in aller Welt hoch geschätzte „Sonnenschein-Politik" der einzig richtige Weg zur graduellen Lösung der Probleme des geteilten Korea sei. Nachdem seine Partei, die Demokratische Millenniumspartei, drei Regionalwahlen – darunter zwei in der Hauptstadt Seoul – verloren hatte, vollzog Kim Dae Jung im November 2001 den ungewöhnlichen Schritt, den Parteivorsitz niederzulegen.[536] Dieser Schritt, so meinte er, werde ihm ermöglichen, mit größerer Unabhängigkeit zu regieren. Vielleicht hatte er auch gehofft, seiner „Sonnenschein-Politik" hierdurch eine breitere, parteiübergreifende Basis zu verschaffen.

In Nordkorea hatten Presseorgane der Partei, des Militärs und der Jugendgruppen Anfang 2001 eine gemeinsame Neujahrsbotschaft veröffentlicht. Darin hieß es unter anderem stolz, Nordkorea sei aufgrund der Verteidigung seiner Unabhängigkeit zu einem „Brennpunkt der Weltpolitik" geworden. Nordkorea habe als „undurchdringliches Bollwerk des Sozialismus" alle westlichen und sonstigen Prophezeiungen vom „unvermeidbaren Zerfall des Sozialismus" widerlegt. Es werde die Politik des Vorrangs des Militärischen ebenso fortsetzen wie seine Bemühungen, die Beschlüsse der interkoreanischen Gipfelkonferenz vom 15. Juni 2000 in die Tat umzusetzen.[537] Im Süden kündigte Kim Dae Jung unterdessen in seiner Neujahrsbotschaft die Aktivierung eines parlamentarischen „Spezialkomitees zur Förderung interkoreanischer Beziehungen" in der Nationalversammlung an, das der überparteilichen Willensbildung in diesem so wichtigen Fragenbereich dienen solle.

Trotz einer kürzeren Phase im Jahr 2001, in der es so schien, als wolle Nordkorea den Süden für die Verhärtung der amerikanischen Politik Pjöngjang

---

[535] The People's Korea, 27. Oktober 2001, S. 14
[536] Ha, Yong-Chool: „South Korea in 2001", in: Asian Survey, Bd. XLII, Nr. 1, Januar/Februar 2002, S. 60.
[537] Text in KWA, Bd. XXV, Nr. 1, Frühjahr 2001, S. 80–83.

gegenüber bestrafen, konnte Kim Dae Jung zum Ende seiner Amtszeit an der Jahreswende 2002/2003 mit Genugtuung auf weitere Erfolge seiner „Sonnenschein-Politik" zurückblicken. So hatte der von ihm ernannte Sondergesandte und spätere südkoreanische Wiedervereinigungsminister Lim Dongwon in Pjöngjang mit Kim Jong Il eine Sechs-Punkte-Vereinbarung erzielen können. In deren Punkt 2 hatte es ausdrücklich geheißen: „Beide Seiten haben beschlossen, die zuvor zeitweilig eingefrorenen Beziehungen zwischen ihnen so wiederherzustellen, wie es dem historischen Nord-Süd-Abkommen vom 15. Juni 2000 entspricht, und sich zu bemühen, keine neuen Spannungen entstehen zu lassen.[538] Ansonsten bekräftigt das Abkommen frühere Beschlüsse beider Seiten hinsichtlich der Weiterentwicklung ihrer politischen, wirtschaftlichen und humanitären Kontakte. Der Erfolg dieser von Kim Dae Jung ausgehenden Initiative zeigt sich unter anderem darin, dass Seoul noch Ende März gleichen Jahres Moskau darum bat, Nordkorea eine Wiederaufnahme seiner Kontakte zum Süden nahe zu legen.[539] Nordkorea hatte im Monat zuvor dem Süden mit Krieg gedroht, falls er sich an einem amerikanischen Plan zur Errichtung eines Raketenabwehrsystems beteiligen sollte.[540] Kim Dae Jung hatte allerdings in einer Rede vom 1. März 2000 erklärt, dass er trotz Pjöngjangs Weigerung, mit Seoul oder Washington neue Gesprächskontakte aufzunehmen, unerschüttert an seiner „Sonnenschein-Politik" festhalten werde. Kim Jong Il wiederum hatte verlauten lassen, er habe Südkorea im März 2001 besuchen wollen, sei aber durch Spannungen zwischen den USA und Nordkorea davon abgehalten worden.[541] Nachdem am 12. Juni 2002 in Pjöngjang die Grundsteinlegung des ersten interkoreanischen College für Wissenschaft und Technologie – als weiterer Erfolg der „Sonnenschein-Politik" – im großen Stil gefeiert worden war, kam es am 28. Juni an der Westküste Koreas zu einem Zusammenstoß und Feuergefecht zwischen Patrouillenbooten der nord- und der südkoreanischen Kriegsmarine. Die Schiffe des Nordens hatten dabei die faktische Demarkationslinie zwischen Nord und Süd überquert, waren von südkoreanischen Patrouillenbooten gestellt worden und hatten auf sie das Feuer eröffnet Dabei wurden vier Südkoreaner getötet, 18 weitere verletzt und ein südkoreanisches Boot manövrierunfähig geschossen. Proteste der Behörden Südkoreas und des UN-Kommandos für Korea beantwortete der Norden zunächst mit der Behauptung, schuld an dem Gefecht seien Provokationen der südkoreanischen Marine gewe-

---

[538] Wortlaut der Nord-Süd-Erklärung vom 6. April 2002 in KWA, Bd. XXVI, Nr. 2, Sommer 2002.
[539] Ebd. Bd. XXVI, Nr. 2, Sommer 2002, S. 273.
[540] Ebd. S. 267.
[541] Ebd., S. 295–297.

sen.[542] Doch am 25. Juli entschuldigte Pjöngjang sich in ungewöhnlicher Weise für den Zwischenfall.[543] Kurz nach diesem Feuergefecht erklärte Kim Dae Jung in einer für ihn charakteristischen Art, er werde die „Sonnenschein-Politik" Nordkorea gegenüber dennoch fortsetzen, denn nur sie in Kombination mit einer starken militärischen Abschreckung könnte den Frieden auf der koreanischen Halbinsel erhalten. Zugleich warnte er Nordkorea vor südkoreanischen Gegenmaßnahmen, sollte sich ein solcher Zwischenfall wiederholen. Die südkoreanische Kriegsmarine erhielt hiernach die Weisung, nach vorherigem Warnschuss das Feuer auf eindringende gegnerische Kriegsschiffe zu eröffnen. Wie als Bestätigung der Worte von Kim Dae Jung marschierten Sportler aus Süd- und Nordkorea gemeinsam, in gleicher Uniform und unter der gleichen Flagge anlässlich der Vierzehnten Asiatischen Spiele am 29. September 2002 ins Sportstadion der südkoreanischen Stadt Pusan ein.

Nach einem vorangegangenen siebten Ministertreffen und einem Treffen von Wirtschaftsexperten aus Nord und Süd im August 2002 begegneten sich, teils noch im August und teils im September, Experten beider Seiten, die konkrete Beschlüsse hinsichtlich der Wiederherstellung der Bahn- und Straßenverbindungen zwischen beiden Seiten vereinbarten. Am 5. Februar 2003 konnte, erstmals seit der Teilung Koreas, eine Gruppe von 107 Südkoreanern auf dem Landweg über den 38. Breitengrad zum Kumgang-Gebirge reisen, ohne die Route über Panmumjon wählen zu müssen. Der Handel zwischen Süd und Nord hatte in den ersten zehn Monaten des Jahres 2002 mit einem Zuwachs von 38 Prozent im Vergleich zum Vorjahr ein Volumen von 441 Millionen US-Dollar erreicht. Als angesichts eskalierender Spannungen zwischen den USA und Nordkorea die Einstellung des KEDO-Prozesses drohte, vertrat Kim Dae Jung die Ansicht, wirtschaftliche Sanktionen würden Nordkorea nicht dazu veranlassen, sein Nuklearprogramm aufzugeben. Im gleichen Sinne erklärten die Außenminister Südkoreas und Japans, die KEDO sei die einzige Alternative, die Nordkorea zum Verzicht auf sein Nuklearprogramm veranlassen könne. Washington hat sich allerdings durch diese Mahnungen nicht in seiner harten Politik Pjöngjang gegenüber beeinflussen lassen.[544] Ein Jahr nach Ende seiner Amtszeit hat Kim Dae Jung im Rahmen eines ausführlichen Interviews das Motivationsgefüge seiner Politik des Sonnenscheins eindrucksvoll definiert. Im Licht historischer Erfahrungen sei das Ziel dieser Politik, das kommunistische System Nordkoreas zu ändern. Weder in der Sowjetunion noch in China

---

[542] Dokumente zum maritimen Zusammenstoß in: KWA, Bd. XXVI, Nr. 3, Herbst 2002, S. 382–391. Siehe auch: Kim, Kyung-Soo: „The Sunshine Policy and West Sea Clash", in: Korea Focus, Bd. 10, Nr. 4, Juli bis August 2002, S. 8 f. Ferner: The People's Korea, 22. Juli 2002.

[543] Ebd., S. 164.

[544] KAW, Bd. XXVII, Nr. 1. Frühjahr 2003, S. 172–175.

oder Vietnam hätten sich die dramatischen Veränderungen im Inneren und in ihrem Verhältnis zur Außenwelt als Ergebnis starken auswärtigen Druckes und einer von außen bewirkten Isolation ergeben, sondern seien Folgen einer neuen Politik des Friedens, des Ausgleichs und der Kooperation gewesen. So sei Chinas weit reichende Öffnung nach außen schrittweise nach US-Präsident Nixons Besuch und Verhandlungen in China erfolgt. Je mehr sich Nordkorea nach außen gegenüber Südkorea und der übrigen Welt öffne, desto mehr werde sich das Land ebenso wie Russland oder China verändern. Sein Ziel sei nicht der Sturz oder die Beseitigung des nordkoreanischen Systems, sondern dessen Transformation im Sinne der Bestrebungen seiner Bevölkerung. Er fürchte, die Regierung von US-Präsident George W. Bush sei von dem Ziel motiviert, eine Politik der Stärke zu rechtfertigen, deren wirkliches Ziel nicht Nordkorea, sondern das an militärischer Stärke gewinnende kommunistische China sei. Dazu benötige Washington ein Feindbild. Da er aber zutiefst an die Richtigkeit seiner Strategie der Versöhnung glaube, mache er sich auch keine Gewissensbisse, eine geheime und nicht legale Geldspende an Nordkorea in Höhe von 100 Millionen US-Dollar veranlasst zu haben, um die Gipfelkonferenz mit Kim Jong Il vom 15. Juni 2000 zu ermöglichen. In seiner Entwicklung befinde sich Nordkorea in einem Stadium, das mit der frühen Ära von Deng Xiaoping in China vergleichbar sei. Eine Förderung erkennbarer Entspannungen bilde daher die vielversprechendste Politik Pjöngjang gegenüber.[545]

15.8 Die frühe Koreapolitik der Bush-Regierung

Zwar hatte Präsident Kim Dae Jung sich um einen frühen Gesprächstermin mit dem neu gewählten Präsidenten George W. Bush bemüht. Doch als dieser anlässlich seines Staatsbesuchs in Washington Anfang März 2001 stattfand, musste er zu seiner Enttäuschung feststellen, dass Bushs außenpolitisches Team damals noch kein klares Konzept für eine neue Politik gegenüber Korea und Nordostasien erarbeitet hatte. In der gemeinsamen Presseerklärung der beiden Präsidenten unterstützte Bush zwar verbal Kims Politik der Versöhnung und des Ausgleichs mit Nordkorea. Doch in einem weiteren Teil der Erklärung heißt es auch, neue Bedrohungsszenarien mit Massenvernichtungswaffen und sie befördernden Raketen erforderten auch neue Formen der Abschreckung und Verteidigung.[546] Ein Kim

---

[545] Wortlaut des von Geir Helgesen im Mai 2004 durchgeführten Interviews in: The 21st Century and the Korean People. Selected Speeches of Kim Dae Jung 1998–2004. Seoul 2004, Anhang, S. 306–318.

[546] Text der Erklärung, ebd., Bd. XXV, Nr. 1., Frühjahr 2001, S. 80–83

begleitender Diplomat berichtete von dem Präsidentengipfel in Washington, die Bush-Regierung habe sich die Konzeption einer „Diplomatie der aktiven Proliferationsverhinderung" als ersten Schritt im Umgang mit der Drohpolitik von „Schurkenstaaten" zu Eigen gemacht.[547] Und dieser Begriff ist auch im Text der offiziellen Erklärung enthalten. Die Unterschiedlichkeit der Perspektiven der beiden Präsidenten kam auch dadurch zum Ausdruck, dass Bush das Verhalten und die Absichten Nordkoreas ungleich skeptischer bewertete als der hoffnungsvollere Kim Dae Jung. Während Bush meinte, er habe zunächst keine Absicht, die Verhandlungen mit Pjöngjang über dessen Raketenprogramm wieder aufzunehmen, erklärte Kim Dae Jung, seine Regierung werde Pjöngjang über die Einwände der neuen Regierung in Washington hinsichtlich der nordkoreanischen Raketenrüstung informieren.[548]

Nachdem Bush sich in einem Interview vom 17. Oktober 2001 kritisch zur nordkoreanischen Regierung geäußert und auch berichtet hatte, Washington habe im Juni des gleichen Jahres Nordkorea Gespräche angeboten, die aber von Pjöngjang abgelehnt worden seien[549], antwortete ein Sprecher des nordkoreanischen Außenministeriums in einer Erklärung vom 27.10., das sei eine Lüge. Bush habe sich in verletzender Weise über Nordkoreas „oberste Führung" geäußert. Seine Regierung, nicht die in Pjöngjang, sei schuld am Einfrieren der amerikanisch-nordkoreanischen Gesprächskontakte. Das sei ein starker Kontrast zur Clinton-Ära, in der es intensive Dialoge und sogar die Aussicht auf einen Besuch des amerikanischen Präsidenten in Nordkorea gegeben habe. Doch die neue Regierung in Washington habe all das abgebrochen und erkläre Nordkorea zum „Schurkenstaat", um damit den Aufbau eines Raketenabwehrsystems begründen zu können. Zwar habe die Bush-Regierung tatsächlich im Juni 2001 versucht, Gespräche mit Pjöngjang wieder aufzunehmen. Doch das sei mit Bedingungen verbunden gewesen, die auf eine Entwaffnung Nordkoreas hinausliefen. Südkorea sei nun im Zuge des Afghanistankrieges eng an die USA gebunden. Unter diesen Umständen habe Nordkorea Gespräche mit den USA oder Südkorea absagen müssen.

Stärker als die wechselvollen Nord-Süd-Beziehungen rückte von nun an das spannungsreiche Verhältnis zwischen Washington und Pjöngjang ins Zentrum des politischen Geschehens auf der koreanischen Halbinsel.

Ungeachtet der hier genannten Fortschritte in der Umsetzung der „Sonnenschein-Politik" von Kim Dae Jung seit der historischen Gipfelkonferenz am 15. Juni 2000 blieben die interkoreanischen Nord-Süd-Beziehungen überschattet

---

[547] The Korea Herald, 9. März 2001.
[548] Korea and World Affairs, Bd. XXV, Nr. 2., Sommer 2001, S. 293 u. 295.
[549] The People's Korea, 27. Oktober 2001

von den welt- und regionalpolitisch bedeutungsvollen Beziehungen zwischen den USA und Nordkorea. Viereinhalb Monate nachdem der von Selbstmordattentätern durchgeführte Terrorangriff auf New York und Washington das World Trade Center in Schutt und Asche gelegt, selbst das Pentagon beschädigt, Tausende von Toten gekostet und so den USA ihre Verwundbarkeit drastisch vor Augen geführt hatte, initiierte Präsident George W. Bush jr. einen Krieg gegen den internationalen Terror, der notfalls auch präventiv geführt werden müsse. Der Feldzug in Afghanistan sei erst der Beginn des Krieges gegen den Terror, sagte der Präsident in seiner State-of-the-Union-Rede vom 29. Januar 2002. Doch gäbe es auch andere Staaten – so Nordkorea, den Irak und den Iran –, die zur „Achse des Bösen" gehörten. Nordkorea zum Beispiel sei ein System, das sich mit Raketen und Massenvernichtungswaffen ausrüste, während es seine Bürger verhungern lasse. Die USA würden jedoch nicht zulassen, dass die gefährlichsten Regime der Erde uns mit den furchtbarsten Zerstörungswaffen bedrohten.[550] Im Zusammenhang mit der Gefahr des internationalen Terrorismus hatte Bush bereits am 20. September 2001 Nordkorea neben anderen Staaten als Sponsoren des Terrorismus bezeichnet und in fast manichäischer Manier gesagt: „Jede Nation ... muss jetzt eine Entscheidung fällen. Entweder seid ihr mit uns oder mit den Terroristen."[551] Auf Bushs genannte Rede antwortete das nordkoreanische Außenministerium am 31. Januar 2002. In der gesamten Geschichte der Beziehungen zwischen den USA und Nordkorea, so heißt es, sei Bushs Verhalten beispiellos. Essenziell handle es sich um „eine Kriegserklärung gegen Nordkorea". In dieser Situation, in der die USA bestrebt seien, Nordkorea machtpolitisch zu erdrücken, zeige sich, wie weit blickend doch Pjöngjangs Politik gewesen sei, „sich mit mächtigen Angriffs- und Verteidigungswaffen auszurüsten und dabei den Gürtel enger zu schnallen."[552] Die nordkoreanische Parteizeitung Rodong Sinmun vom 5. Februar 2002 fügte hinzu, Washington versuche, Nordkorea zum Ziel militärischer Offensiven zu erklären. Doch Nordkorea sei nicht Afghanistan. Nachdem Bush während eines Besuchs in Südkorea dargelegt hatte, die USA hätten keine Absicht, Nordkorea anzugreifen, seine Kritik betreffe das nordkoreanische Regime, das die Bevölkerung hungern lasse, er wolle mit friedlichen Mitteln den Nordkoreanern ein freieres Leben ermöglichen, antwortete Pjöngjang, diese Äußerungen zeigten Bushs Ziel, das politische System Nordkoreas zu stürzen.[553] Ende April desselben Jahres erklärte Washington seine

---

[550] Text der Rede in: KWA, Bd. XXXVI, Nr. 1., Frühjahr 2002. Siehe auch: New York Times, 30. Januar 2002.

[551] Dokument ebd., Bd. XXVI, Nr. 2, Sommer 2002, S.251.

[552] Wortlaut in: The People's Korea, 9. Februar 2002.

[553] Siehe Dokumente KAW, Bd. XXVI, Nr. 1, Frühjahr 2002, S. 131 u. 138–39.

Bereitschaft zu direkten Gesprächen mit Pjöngjang, während Generalleutnant Daniel Zanini, der Oberkommandierende der in Südkorea stationierten Achten US-Armee, warnte, Nordkorea verfüge über bis zu 1.000 Raketen mit einem sich ständig erweiternden Radius, zunehmender Treffsicherheit und immer größerer Sprengkraft.

15.9 Eskalation der Beziehungen zwischen den USA und Nordkorea

Eine scharfe Eskalation in den amerikanischen und internationalen Beziehungen zu Nordkorea ergab sich, als nordkoreanische Regierungsbeamte gegenüber dem als Sondergesandten Bushs Anfang Oktober 2002 nach Pjöngjang gereisten stellvertretenden Außenminister für ostasiatisch-pazifische Angelegenheiten, James Kelly, offen zugaben, Nordkorea sei in der Tat dabei, waffenfähiges Plutonium zu erzeugen. Das amerikanisch-nordkoreanische Rahmenabkommen von 1994 sei damit annulliert. Zuvor allerdings hatte Kelly die Nordkoreaner mit der Behauptung konfrontiert, Washington sei über ihr nukleares Geheimprogramm informiert.[554] Eine von Präsident Bush nachdrücklich unterstützte Stellungnahme der KEDO warf Nordkoreas Regierung vor, ihr Verhalten stelle eine Verletzung nicht nur des Rahmenabkommens von 1994 und des Nonproliferationsvertrages, sondern auch des Sicherheitsabkommens mit der Internationalen Atomenergiebehörde und des Entnuklearisierungsabkommens mit Südkorea dar. Eine Woche danach kündigte die KEDO als Vergeltungsmaßnahme die Einstellung der Öllieferungen an Nordkorea an, wodurch Letzteres 10 Prozent seiner Energieversorgung verlor. Eine ähnliche Verurteilung nordkoreanischen Verhaltens enthielt eine Resolution des Europaparlaments vom 7. November 2002.[555] Während seiner dramatischen Verhandlungen mit den Nordkoreanern in Pjöngjang hatte James Kelly den Nordkoreanern große Vorteile in Aussicht gestellt, wenn sie ihre Raketen- und Nuklearrüstung aufgeben und ihre konventionelle Rüstung einschränken würden. Nordkoreanische Kommentare zu diesen Verhandlungen bestätigten, Kelly habe in Pjöngjang mit Parlamentspräsident Kim Yong Nam und den Vize-Außenministern, Kang Sok Ju und Kim Gye Gwan, gesprochen. Angesichts amerikanischen Druckes und der Drohpolitik der USA sei Kelly in Pjöngjang gesagt worden, Nordkorea „sei berechtigt, nicht nur Nuklearwaffen zu besitzen, sondern auch jede noch stärkere Waffe, um seine Souveränität und sein Existenzrecht gegenüber ständig

---

[554] Dokumente zu Kellys Bericht in KWA, Bd. XXVI, Nr. 4. Winter 2002, S. 526–530 u. 538–540.
[555] Dokumente zur KEDO u. EU-Resolutionen ebd., S. 546–551.

wachsenden amerikanischen Drohungen zu verteidigen". Die USA selbst hätten ihre vertraglichen Verpflichtungen Nordkorea gegenüber verletzt. So sei der Bau der versprochenen Leichtwasserreaktoren nur ansatzweise verwirklicht, auch hätten die USA die zugesagten Öllieferungen nur teilweise erbracht. Trotz seiner Kränkung durch das arrogante und unzumutbare Verhalten der USA sei Nordkorea „mit höchster Großzügigkeit" dazu bereit, den USA einen gegenseitigen Nichtangriffsvertrag vorzuschlagen, falls die USA drei Bedingungen erfüllten: erstens eine Anerkennung der Souveränität Nordkoreas, zweitens einen Gewaltverzichtsvertrag und drittens eine Zusage, Nordkoreas wirtschaftliche Beziehungen nicht zu behindern.[556]

---

[556] Zu Nordkoreas Stellungnahme gegenüber den Vorwürfen mehrfacher Vertragsverletzung siehe: The People's Korea, 12. Oktober 2002 und KWA, ebd., S. 531–534 u. 554–556.

16. Korea in der Ära des Präsidenten Roh Moo-hyun

16.1 Die Person Roh Moo-hyun und der Wahlsieg

Mit dem Sieg des aus der Provinz Süd-Gyongsang stammenden 56-jährigen Rechtsanwalts und Menschenrechtsvertreters, Roh Moo-hyun, in den südkoreanischen Präsidentschaftswahlen vom 19. Dezember 2002 bahnte sich in Südkorea eine neue Ära an. Bei einer Wahlbeteiligung von 70 Prozent konnte Roh seinen Rivalen, den ehemaligen Ministerpräsidenten und Verfassungsrichter, Lee Hoi Chang, mit 49 Prozent Stimmenanteil gegen 47 Prozent schlagen.

Roh, der unter anderem als Verteidiger politisch verfolgter Studenten hervorgetreten war, verdankt seinen Wahlsieg zum Teil seiner Fähigkeit, jüngere Bevölkerungsschichten wirksam anzusprechen. Seine autobiographischen Aufzeichnungen beeindrucken durch die selbstkritische Offenheit, mit der er sich über diverse Fehlschläge in seiner früheren Laufbahn äußert.[557] In einer anderen Schrift, in der er sich mit Aufgaben und Vorbildern für Politiker auseinander setzt, nennt er unter den vorbildhaften Persönlichkeiten an erster Stelle Konrad Adenauer. Das deutsche Wirtschaftswunder, „das Wunder am Rhein", habe nur auf der politischen Basis der von Adenauer betriebenen europäischen Versöhnungspolitik Wirklichkeit werden können. Wörtlich schreibt er hierzu: „Deshalb ist der großartige Bundeskanzler, der das Wunder am Rhein vollbracht hat, eigentlich Konrad Adenauer." Über Willy Brandt, den Roh an zweiter Stelle nennt, heißt es: „Willy Brandt war der Auffassung, dass Deutschland keine Zukunft hätte, wenn man den Frieden nicht durch die Versöhnung mit seinen östlichen Nachbarn schaffen würde." Unter den historischen Persönlichkeiten der weiter zurückliegenden Geschichte schätzt er am meisten Abraham Lincoln, der trotz zahlreicher Niederlagen letztlich dennoch zu siegen vermochte und der – stets auf Ausgleich bedacht – seine Gegner nie als „Feinde" betrachtet habe.[558]

Hinsichtlich der anzustrebenden Politik für das geteilte Korea definiert er bei Beginn seiner Amtszeit sechs Aufgaben: 1. Die Systematisierung der Versöhnung und der Zusammenarbeit zwischen Süd- und Nordkorea. 2. Die Lösung der Probleme bezüglich der nordkoreanischen Massenvernichtungswaffen. 3. Diplomati-

---

[557] Roh, Moo-hyun: Mein zielstrebiger Weg. Deutschsprachige Ausgabe, Berlin 2002.
[558] Presse- und Kulturabteilung, Botschaft der Republik Korea (Hg.): Roh Moo-hyun, Präsident der Republik Korea – Sein Leben und seine Vision. Berlin 2003, S. 104–105.

Südkoreas seit 2003 amtierender Präsident Roh Moo-hyun

sche Zusammenarbeit für die Normalisierung der Beziehungen Nordkoreas mit den USA und Japan. 4. Unterstützung der Reformen Nordkoreas. 5. Der Aufbau eines Friedenssystems auf der koreanischen Halbinsel. 6. Die Einrichtung von Institutionen für Zusammenarbeit in den Bereichen Friedenssicherung und Wirtschaft in Nordostasien.

Zu dem für Südkorea existenziell bedeutsamen Bereich der Beziehungen seines Landes zu den USA denkt der neue Präsident, dem zu den USA eine distanziertere Haltung nachgesagt wird als seinen Vorgängern, sie müssten einer „reifen Partnerschaft und gleichberechtigten Freundschaft" entsprechen. Wörtlich: „Nun müssen wir in den Beziehungen zwischen beiden Ländern eine neue Rolle einnehmen als Partner, die auf der koreanischen Halbinsel den Kalten Krieg überwinden. Die USA sind politisch unabdingbarer Teil Nordostasiens."[559]

---

[559] Ebd. S. 68–72 u. 74.

16.2 Verschärfung der nordkoreanischen Nuklearkrise

Ebenso wie bei der Vorgängerregierung wurde Südkoreas Politik auch in der Amtszeit von Roh Moo-hyun durch den internationalen Konflikt hinsichtlich der Nuklear- und Raketenrüstung Nordkoreas belastet. In den Vereinigten Staaten warf deren einstiger Außenminister Warren Christopher in einem aufsehenerregenden Zeitungsartikel der Regierung Bush vor, die Prioritäten im Kampf gegen Nordkorea und den Irak falsch zu setzen. Durch den eingestandenen Besitz von Nuklearpotenzial und Raketenwaffen sei Nordkorea ohne Zweifel ein weitaus gefährlicherer Gegner als der Irak.[560] Gleichzeitig warnte Nicholas Eberstadt, ein bekannter amerikanischer Nordkorea-Experte, Pjöngjang verfüge bereits über eine kleine Anzahl von Atomwaffen und jeder weitere Zuwachs seiner nuklearen Waffenbestände erweitere seine machtpolitischen Aktionsmöglichkeiten. Potenziell sei Nordkorea mit diesen Waffen in der Lage, Japan, Südkorea und die dort befindlichen amerikanischen Stützpunkte zu bedrohen.[561] Zwar hatten die USA am 7. Januar 2003 Nordkorea die Wiederaufnahme von Verhandlungen angeboten, doch Nordkorea hatte das Angebot abgelehnt und drei Tage später seinen sofortigen Austritt aus dem Atomwaffensperrvertrag angekündigt. Das sei ein Akt reiner Selbstverteidigung. Die Internationale Atomenergiebehörde habe sich als bloßes Werkzeug amerikanischer Politik entlarvt.[562] In Washington hatte sich Präsident Bush in seiner State-of-the-Union-Rede darüber empört, dass Nordkorea trotz des Rahmenabkommens von 1994 jahrelang eine geheime nukleare Aufrüstungspolitik betrieben und damit die ganze Welt getäuscht habe. Pjöngjang werde aber sein Ziel, mit dieser Vorgehensweise Konzessionen zu erpressen, nicht erreichen.[563] Ab Februar 2003 begann Nordkorea erneut mit der Reaktivierung seiner Nuklearanlagen in Yongbyon, in denen waffenfähiges Plutonium hergestellt werden kann. Hierauf sah sich die Internationale Atomenergiebehörde in Wien veranlasst, dem UN-Sicherheitsrat zu berichten, die Behörde sei aufgrund des vertragswidrigen Verhaltens der nordkoreanischen Regierung nicht mehr in der Lage, ihre Aufgabe der Kontrolle der nuklearen Entwicklung in Nordkorea zu erfüllen.[564]

---

[560] Warren, Christopher: „Bush's Iraq Obsession – North Korea is More Urgent", in International Herald Tribune (im Folgenden zitiert als IHT), 2. Januar 2003.

[561] Reuters, 2. Januar 2003.

[562] Wortlaut der nordkoreanischen Erklärung vom 10. Januar 2003 in KWA, Bd. XXII, Nr.1, Frühjahr 2003, S. 148–150. Preston, J.: „North Korea Rebuffs U.S. and UN over arms treaty", in IHT, 11. Januar 2003. Siehe auch die Erklärung der nordkoreanischen Rechtsanwaltskammer hierzu in: The People's Korea, 15. März 2003.

[563] Text in KWA, ebd., S.142–144.

[564] Text der Resolution der IAEA vom 12. Februar 2003 in KWA, Bd. XXVII, Nr. 1., Frühjahr 2003, S. 155 f.

Besorgniserregend, so sagte US-Vizepräsident Dick Cheney, sei die Vorstellung einer nordkoreanischen Fähigkeit, in einigen Jahren Atombomben am laufenden Band zu produzieren, die dann an den Frieden gefährdende Regime oder Organisationen weitergegeben werden könnten.[565] Auf der anderen Seite ließ Pjöngjang in einer Erklärung seines Außenministeriums verlauten, die Bush-Regierung habe Nordkorea nicht nur als Teil einer „Achse des Bösen", sondern auch als mögliches Ziel eines präventiven Atomschlages bezeichnet. Dies, so heißt es wörtlich, „zwingt die KDVR dazu, sich für den Besitz von notwendigen Abschreckungsmitteln zu entscheiden und diese auch bei einer US-Aggression einzusetzen".[566] In einem Kommentar der (Nord-) Koreanischen Zentralen Nachrichtenagentur vom 30. April 2004 war zudem zu lesen, der Fall des amerikanischen Irakkrieges zeige, dass Inspektionen kein Mittel der Friedenserhaltung, sondern „ein Auftakt zum Krieg" seien. Nordkorea habe hiervon gelernt und verfüge über „Selbstverteidigungskapazitäten und entsprechende Abschreckungsmittel, um jeden Angreifer mit einem Schlage zu vernichten". Das Ziel der Bush-Regierung sei die Isolierung, Erpressung und Entwaffnung Nordkoreas.[567] Auch ein Sprecher des nordkoreanischen Außenministeriums betonte, der Irakkrieg habe gezeigt, dass für ein kleines Land der Besitz mächtiger Abschreckungsmittel zum Zweck seiner Verteidigung und Selbsterhaltung unverzichtbar sei. Nordkorea sei zurzeit bei der Wiederaufbereitung von 8.000 Brennstäben. Pjöngjang bereite sich auf Gespräche mit den USA vor, bei denen China Gastgeber in Peking sein werde.[568]

Diese vom 23. bis 25. April abgehaltenen Gespräche fanden in der Tat jedoch ohne konkrete Resultate statt. Hierzu erläuterte der Sprecher des Weißen Hauses, Ari Fleischer, in einer drei Tage später stattfindenden Pressekonferenz, Präsident Bush und Präsident Roh Moo-hyun hätten sich nach dem Pekinger Treffen dahingehend geeinigt, dass sie fortfahren würden, Pjöngjang mit friedlichen Mitteln zu drängen, einer „unumkehrbaren und kontrollierbaren Beseitigung des nordkoreanischen Programms zur Entwicklung von Nuklearwaffen" zuzustimmen. Sie würden sich weiterhin darum bemühen, sowohl Japan als auch Südkorea in diesen Verhandlungsprozess einzubinden. Pjöngjang habe als Gegenleistung für sein 1994 gegebenes Versprechen, keine Nuklearwaffen zu entwickeln, auswärtige Hilfe erhalten. Diese habe es genommen und dann dennoch Nuklearwaffen entwickelt. Präsident Bush habe die Absicht der USA klargestellt, zwar mit Pjöngjang zu verhandeln, doch werde es seitens der USA keinerlei Belohnung für das schlechte Ver-

---

[565] Kristof, N. D.: „Pentagon Targets North Korea" in: IHT, 1. März 2003
[566] Koreanische Demokratische Volksrepublik. Aktuelles – Stand 8. Mai 2003.
[567] KCNA, 30. April 2003: http://www.kdvr.de/start/Aktuelles.html
[568] Text dieser Erklärung vom 18. April 2003 in KWA, Bd. XXVII, Nr. 2, Sommer 2003, S. 296 f.

halten Nordkoreas geben. Washington verlange von Nordkorea die Einhaltung seiner einst gegebenen, doch dann insgeheim einseitig gebrochenen Versprechungen.[569] Zwei Tage nach dieser Pressekonferenz erschien in der Financial Times vom 30. April ein Artikel, der behauptete, der US-Verteidigungsminister Donald Rumsfeld habe ein geheimes Memorandum zum Problem Nordkorea verfasst. Darin habe er von militärischen Aktionen abgeraten, jedoch empfohlen, mit einer vor allem wirtschaftlich wirksamen „Politik der aggressiven Eindämmung" auf einen Systemwandel in Nordkorea hinzuarbeiten. Eine offizielle Bestätigung dieses Memorandums gab es nicht, aber sein Inhalt entsprach den schlimmsten Befürchtungen der Führer des nordkoreanischen Systems. Auf der anderen Seite befürchteten Experten des amerikanischen Geheimdienstes, die Nordkoreaner seien im Begriff, für ihre Raketen mit größeren Reichweiten Geschosse mit nuklearen Sprengköpfen zu entwickeln. Ein nordkoreanischer Erfolg hierbei drohe das internationale Kräfteverhältnis des nordostasiatischen Raumes nachhaltig zu beeinflussen.[570]

16.3 Beginn und Abbruch der Sechs-Mächte-Gespräche

Ungeachtet gegenseitiger Vorwürfe und Befürchtungen bestand sowohl in Washington als auch in Pjöngjang ein wesentliches Interesse daran, miteinander im Gespräch zu bleiben, um eigene Interessen durchzusetzen. Eine vermittelnde Rolle spielte hierbei die Regierung der Volksrepublik China. Als Gastgeber bilateraler amerikanisch-nordkoreanischer Verhandlungen sowie als Mitbegründer, Gastgeber und Teilnehmer der mit dem nordkoreanischen Nuklearproblem befassten Sechs-Mächte-Verhandlungen erhoffte sich China davon eine demonstrative Erhöhung seines internationalen Ansehens und seines Einflusses. Teilnehmer dieser Sechs-Mächte-Verhandlungen, denen Nordkorea nur nach langem Bedenken zugestimmt hatte, waren Nordkorea, Südkorea, die USA, China, Russland und Japan. Nur mit Mühe war es den USA gelungen, Nordkoreas Zustimmung zu einer Beteiligung Südkoreas durchzusetzen. Die erste Gesprächsrunde fand vom 27. bis 29. August 2003 in Peking statt. Nordkoreas Außenminister Kim Yong Il schlug dabei eine so genannte „Paket-Lösung" vor, in deren Verlauf die USA und Nordkorea Zug um Zug nach einem zuvor festgelegten Ablaufplan eine Reihe von Leistungen und Gegenleistungen erbringen würden. Dabei müssten die USA mit Nordkorea einen

---

[569] Text der Pressekonferenz ebd., S. 302 f.
[570] International Herald Tribune, 2. Juli 2003.

Nichtangriffsvertrag schließen, normale diplomatische Beziehungen mit ihm herstellen und wirtschaftliche Kooperation zwischen Japan und Nordkorea garantieren. Außerdem müsste Washington Nordkorea für verlorene Energie entschädigen und den zugesagten Bau von Leichtwasserreaktoren veranlassen. Im Gegenzug sei Nordkorea bereit, seine wieder in Betrieb genommenen graphitmoderierten Reaktoren abzubauen, sobald die Leichtwasserreaktoren fertig gestellt seien. Die von James Kelly vorgetragene Gegenposition der USA entsprach deren Prinzip, Rechtsbrüche Nordkoreas seien nicht mit Belohnung zu beantworten. Auch strebten die USA zurzeit keine Lösung durch nur bilaterale Verhandlungen mit Pjöngjang an. Jedoch seien die USA, wenn Nordkorea zuvor sein Programm zur Herstellung nuklearer Waffen liquidiert habe, bereit, über Fragen wie Pjöngjangs Raketen, seine konventionelle Rüstung, den Schmuggel von Drogen, Terrorismus und Entführungen zu verhandeln. Eine Abschlusserklärung der sechs Teilnehmerstaaten bekräftigte ihre Absicht, die Nuklearfrage im Sinne einer Entnuklearisierung der koreanischen Halbinsel zu lösen, dabei auch Nordkoreas Sicherheitsbedürfnisse zu berücksichtigen und die Verhandlungen in Kürze fortzusetzen.[571]

Erst in einer dritten Verhandlungsrunde, die wiederum in Peking vom 23. bis 26. Juni 2004 stattfand, legten die USA und Nordkorea jeweils stärker ins Detail gehende Vorschläge vor. Seitens der USA betraf das eine Aufeinanderfolge der nuklearen Abrüstungsschritte, die Nordkorea zu unternehmen habe, bevor dann Gegenleistungen der USA und anderer Staaten erfolgen würden. Nordkorea hingegen forderte eine konkrete Strukturierung von Leistungen und Gegenleistungen auf der Basis völliger Gleichberechtigung beider Seiten. In ihrer Abschlusserklärung stellten die Konferenzteilnehmer eine Fortsetzung ihrer Gespräche im September 2004 in Aussicht.[572]

Einen Schock für diejenigen, die von der Fortsetzung der Sechs-Mächte-Gespräche eine Lösung des nordkoreanischen Nuklearproblems erhofft hatten, bedeutete die unerwartete Erklärung des nordkoreanischen Außenministeriums vom 10. Februar 2005. Es heißt darin, Nordkorea sei zwar anfangs an den Sechsergesprächen interessiert gewesen. Jetzt aber sehe sich seine Regierung veranlasst, Pjöngjangs Beteiligung „auf unbestimmte Zeit" auszusetzen. Der Grund hierfür liege darin, dass die amerikanische Regierung von George W. Bush auch in ihrer zweiten Amtszeit eine Politik fortsetze, die eindeutig auf einen Sturz des nordkoreanischen Systems abziele, das sie im Zuge ihres Kreuzzuges für Demokratie amerikanischen Stils als „Bollwerk der Tyrannei" bezeichne. Diese durch diplomatische

---

[571] Eine komplette Darstellung der Sechs-Mächte-Gespräche vom August 2003 bis zum Juni 2004 findet sich in: Vantage Point – Developments in North Korea, Bd. 27, Nr. 12, Dezember 2004, S. 33–49.
[572] Ebd., S. 38–41

Formulierungen kaum verhüllte prinzipielle Gegnerschaft zeige, dass die USA nicht bereit seien, mit Nordkorea auf der Basis gleichberechtigter Partnerschaft zu koexistieren. Mit dieser Weigerung entfalle die Grundlage sinnvoller Verhandlungen. Angesichts dieser Bedrohung seines Systems habe Nordkorea als Mittel der Selbsterhaltung Nuklearwaffen zu entwickeln und sei folglich auch aus dem Vertrag zur Verhinderung der Proliferation von Atomwaffen ausgetreten. Schutz gewährten jetzt nur solche Machtmittel und die Verstärkung der Politik Pjöngjangs, dem Militär den Vorrang zu geben.[573] Im Rahmen einer Pressekonferenz hierzu Stellung nehmend, sagte die amerikanische Außenministerin, Condoleezza Rice, Nordkorea werde sich durch dieses Verhalten international nur weiter isolieren. Den Nordkoreanern seien Sicherheitsgarantien und weitere materielle Anreize in Aussicht gestellt worden, falls sie ihre Atomrüstung aufgäben. Irgendwie werde eine diplomatische Lösung dieses Problemkomplexes gefunden werden.[574] Bereits im folgenden Monat bekräftigte eine Stellungnahme des nordkoreanischen Außenministeriums zwar den Inhalt der Erklärung vom 10. Februar, jedoch hieß es hier auch, Nordkorea sei jederzeit dazu bereit, wieder an den Sechs-Mächte-Gesprächen teilzunehmen, falls die USA eine vertrauenswürdige Haltung an den Tag legten. Formalrechtlich bestehe zwischen den USA und Nordkorea noch ein Kriegszustand. Das Kernproblem der Verhandlungen bestünde in der Frage, ob die USA willens seien, Nordkorea gegenüber eine Politik der friedlichen Koexistenz einzuschlagen. Es sei ein bedauerlicher Irrtum, wenn Washington glaube, Nordkorea werde demütig seine Nuklearwaffen beseitigen, die es doch mit so viel Mühe hergestellt habe.[575] Hinsichtlich dieser Waffen erklärte der Leiter des Militärischen Aufklärungsdienstes der USA (U.S. Defense Intelligence Agency), Vizeadmiral Lowell Jacoby, Ende April 2005 vor dem Wehrpolitischen Ausschuss des US-Kongresses, Nordkorea besitze inzwischen die Fähigkeit, seine Zwei-Stufen-Langstreckenraketen vom Typ Taepodong, die auch amerikanisches Gebiet erreichen könnten, mit nuklearen Sprengköpfen zu versehen.[576] Von der Internationalen Atomenergiebehörde (IAEA) war Nordkorea schon ein Jahr zuvor als das „weltweit gefährlichste Land" eingestuft worden.[577]

---

[573] Text der Erklärung vom 10. Februar 2005 in: KWA, Bd. XXIX, Nr.1, Frühjahr 2005, S. 140–143.

[574] Text der Äußerung von C. Rice ebd., S. 144–147.

[575] Wortlaut ebd., S. 160–165.

[576] Knowlton, Brian: H.: „Korea is said to test missile", in: International Herald Tribune, 2. Mai 2005.

[577] Süddeutsche Zeitung, 28. Juni 04.

16.4 Südkorea und die Wiederaufnahme der Sechs-Mächte-Verhandlungen

Im Juni 2005 gab es die begründete Aussicht auf eine Fortsetzung der Sechs-Mächte-Gespräche. Nachdem der ehemalige südkoreanische Staatspräsident, Kim Dae Jung, in Seoul am 13. Juni 2005 eine hochrangig besetzte internationale Konferenz anlässlich des fünften Jahrestages der ersten interkoreanischen Gipfelkonferenz in Pjöngjang veranstaltet hatte, begab sich eine größere südkoreanische Delegation unter Leitung des südkoreanischen Wiedervereinigungsministers, Chung Dong Yung, zur Teilnahme an einer ähnlichen nordkoreanischen Festveranstaltung nach Pjöngjang, wo Minister Chung vom Führer Nordkoreas, Kim Jong Il, zu einem fünfstündigen Gespräch empfangen wurde. Von diesem Gespräch berichtete Chung anschließend, Kim Jong Il habe dabei geäußert, im Juli erneut an den Sechsergesprächen teilzunehmen, falls die USA dazu bereit seien, Nordkorea als vollwertigen Partner anzuerkennen und zu respektieren.[578] Zuvor allerdings hatte Südkorea dem stark an Energiemangel leidenden Norden als Anreiz zur Wiederaufnahme von Verhandlungen das bemerkenswerte Angebot gemacht, Nordkorea mit 2 Millionen Kilowatt Elektroenergie zu beliefern, was umfangmäßig der unzureichenden Gesamterzeugung von 1,9 Millionen Kilowatt im Jahr 2003 in Nordkorea entspricht. Südkorea verfügt vergleichsweise über einen Energieüberschuss von jährlich 6,7 Millionen Kilowatt. Die Annahme dieses Vorschlages würde allerdings Nordkoreas wirtschaftliche Abhängigkeit vom Süden beträchtlich erhöhen. Gleichzeitig mit diesem Angebot belieferte Südkorea den Norden mit 500.000 Tonnen Reis und 350.000 Tonnen Düngemitteln.[579] Als Termin für die Wiederaufnahme der Gespräche wurde der 26. Juli 2005 vereinbart. Während zuvor ein Sprecher des nordkoreanischen Außenministeriums erklärte, das Ziel einer atomwaffenfreien koreanischen Halbinsel führe über einen Friedensvertrag zwischen den USA und Nordkorea sowie über einen von beiden Mächten zu schaffenden „Friedensmechanismus", kommentierte Washington eher zurückhaltend, entscheidend sei, dass Nordkorea, ohne Vorbedingungen zu stellen, bereit sei, sein Atomprogramm aufzugeben.[580]

---

[578] Kim Dae Jung Presidential Library (Hg.): From Stalemate to Progress. International Conference to Commemorate the 5-th Anniversary of the June 15 South-North Declaration. Seoul 2004. Onishi, N.: „Kim Jong Il signals readiness to resume nuclear arms talks.", in: IHT, 18.–19. Juni 2005.
[579] Choe, S. H.: „North Korea gets incentive to talk", in: IHT, 13. Juli 2005.
[580] Neue Zürcher Zeitung, 23. Juli 2005.

16.5. Erfolge der interkoreanischen Politik von Roh Moo-hyun

Im Gegensatz zur essenziellen Stagnation der amerikanisch-nordkoreanischen Nuklearverhandlungen erwies sich die Roh-Moo-hyun-Regierung als fähig, die seit dem Juni 2000 intensivierten interkoreanischen Nord-Süd-Beziehungen unter der Parole „Frieden und Wohlstand" weiterzuentwickeln. Von damals bis zum Mai 2005 hatten 120 Nord-Süd-Gespräche über gemeinsame Anliegen stattgefunden. Ab Juni 2004 gab es erstmals Nord-Süd-Abkommen zur Verringerung und Verhinderung militärischer Spannungen zwischen beiden Seiten. Beide stellten die gegenseitige Diffamierungspropaganda ein und Marineeinheiten beider Seiten erprobten miteinander den Austausch von Telekommunikation zur Verhinderung ungewollter Zwischenfälle. Die seit dem Juni 2000 intensivierte Zusammenführung von durch die Landesteilung getrennten Familien kam 9.500 Personen zugute. Anlässlich einer Begegnung der Rot-Kreuz-Gesellschaften beider Seiten wurde am 22. Januar 2003 unter anderem die Errichtung eines Wiederbegegnungszentrums für getrennte Familien im Kumgang-Gebirge vereinbart. Der Jahresetat des südkoreanischen Wiedervereinigungsministeriums wurde ver-

Bundespräsident Horst Köhler und Präsident Roh Moo-hyun bei Rohs Staatsbesuch in Deutschland im April 2005

doppelt. Der Ausbau des von südkoreanischen Firmen für südkoreanische Unternehmen in der grenznahen nordkoreanischen Stadt Kaesong gegründeten Industriekomplexes machte Forschritte und wurde mit Südkorea durch eine Eisenbahnlinie mit parallel verlaufender Straße über die Demarkationslinie hinweg verbunden. Das Verwaltungszentrum dieses Komplexes wurde am 20. Oktober 2004 mit einer gemeinsamen Zeremonie in Anwesenheit der offiziellen sowie der Wirtschaftsvertreter Nord- und Südkoreas eröffnet. Ein Nord-Süd-Abkommen vom 18. April 2005 eröffnete für südkoreanische Firmen die Möglichkeit, sechs Bahnhöfe in Nordkorea zu bauen.[581] Präsident Roh Moo-hyun gab während seines Staatsbesuchs in Deutschland seiner Hoffnung Ausdruck, Nordkorea könne sich wie China oder Vietnam entwickeln, das heißt sich wirtschaftlich erneuern, während es dennoch seine kommunistische Staatsform beibehalte.

Südkorea sei bereit, dem Norden dabei „in vollem Umfang" zu helfen, allerdings nur, wenn zuvor das nordkoreanische Nuklearproblem gelöst sei.[582] Mit seinem oben erwähnten Angebot großzügiger Versorgungshilfe für den Norden mit Elektroenergie vom Juli 2005 wollte Roh die Ernsthaftigkeit seiner Absichten demonstrieren.

16.6 Neue Akzente in den Beziehungen zwischen Seoul und Washington

Zwar bildete Südkoreas mehr als 50-jähriges Bündnis mit den Vereinigten Staaten auch in der Ära Roh Moo-hyun weiterhin den Eckpfeiler seiner Sicherheitspolitik. Und dennoch waren mehr als zuvor Ambivalenzen der südkoreanischen Regierung den USA gegenüber erkennbar. So sagte Präsident Roh in einer Rede vom 9. März 2005 vor der südkoreanischen Luftwaffenakademie, die US-Streitkräfte in Südkorea bildeten in Gegenwart und Zukunft einen höchst bedeutsamen Faktor zur Erhaltung von Frieden und Sicherheit in Korea. Manche Bürger seien wegen einer möglichen Erweiterung der Rolle dieser Streitkräfte besorgt. „Jedoch" – so der Präsident wörtlich – „sollte es klargestellt sein, dass wir uns gegen unseren Willen in keinen Konflikt in Nordostasien verwickeln lassen." Das sei ein unerschütterliches Prinzip.[583] Trotz vorangegangener scharfer Kritik bewilligte die Südkoreanische Nationalversammlung am 14. Februar 2004 die Entsendung von 3.000

---

[581] Inter-Korean Relations in 2005. Vantage Point, Februar 2005, S. 8–10. „Surge in Inter-Korean Contacts" und „Inter-Korean Relations since the 2000 Summit", ebd., Juni 2005, S. 2–11.

[582] „Positive Efforts for Inter-Korean Dialogue", ebd., Mai 2005, S. 5 f.

[583] Text der Rede in KWA, Bd. XXIX, Nr. 1., Frühjahr 2005, S. 166–168.

Soldaten in den Irak, wo die Koreaner nach den Amerikanern und Briten das drittgrößte Kontingent an ausländischen Streitkräften stellen. Viele Südkoreaner bemängeln, dass ihr Land – im Vergleich zu Deutschland oder Japan – hinsichtlich der vertraglichen Regelungen über die Stationierung amerikanischer Streitkräfte (Status of Forces Agreement) weniger gut gestellt ist. Die Mitteilung der US-Regierung vom Juni 2004, sie beabsichtige, die in Südkorea stationierten amerikanischen Streitkräfte von derzeit zirka 37.000 Mann um 12.500 Mann zu verringern, hat andererseits in Südkorea Besorgnis hervorgerufen. Ebenso der amerikanische Beschluss, die als „Stolperdraht" an der Grenze zwischen Süd- und Nordkorea stationierten amerikanischen Streitkräfte zurückzuziehen und beträchtliche Teile dieser Streitkräfte weiter ins Landesinnere zu verlegen. Andererseits kündigten die USA an, eine qualitative militärtechnische Aufwertung der Ausrüstung ihrer Streitkräfte in Südkorea im Wert von 11 Milliarden US-Dollar durchführen zu wollen.[584] Charles L. Pritchard, ehemaliger amerikanischer Sondergesandter für Verhandlungen mit Nordkorea, warnte in einem Vortrag in Seoul im Juni 2005, viele Amerikaner fühlten sich doch von der südkoreanischen Vorstellung stark befremdet, zwischen den USA und Nordkorea eine gleichsam „neutrale" Vermittlerrolle spielen zu wollen.[585] Denn im amerikanischen Selbstverständnis hatten die USA durch ihr von den Vereinten Nationen legitimiertes Eingreifen in den Koreakrieg Südkorea vor der Überwältigung und Absorbierung durch den Norden gerettet und hatten durch ihre militärische Präsenz jahrzehntelang Südkoreas Sicherheit garantiert. Erst Washingtons von Seoul mitgetragener Konflikt wegen Pjöngjangs Nuklearrüstung hatte die machtpolitische Konstellation auf der koreanischen Halbinsel verändert. Doch die Prioritäten der amerikanischen und der südkoreanischen Interessenlagen weisen trotz vieler Gemeinsamkeiten – wie der Verteidigung des Status quo – auch Unterschiede auf. Denn Washingtons primäres Interesse bezieht sich auf Nordkoreas Nuklear- und Raketenpotenzial mitsamt sich hieraus möglicherweise ergebenden Gefährdungen der USA und ihrer Verbündeten im Nahen und Mittleren Osten. Wenngleich auch die südkoreanische Regierung mit Sorge auf Nordkoreas nukleare Bewaffnung blickt, bezieht sich der Schwerpunkt ihres Interesses in ihrem eigenen geteilten Land darauf, hier im Verhältnis von Süd und Nord erträgliche und fortschreitend kooperative Formen der Koexistenz zwischen den beiden Landesteilen zu schaffen. Ein katastrophaler Zusammenbruch des nordkoreanischen Systems, der wirtschaftlich für Südkorea

---

[584] Chung, Onim: „The ROK-US Relationship after the US Presidential Elections", in: KWA, Bd. XXVII, Nr. 4, Winter 2004, S. 372–396. Siehe auch: „Korea-US Relations in the Second Bush Administration", ebd., S. 361–371.

[585] „Roh-Bush Summit Crucial for Alliance", in: The Korea Times, 10. Juni 2005.

nicht verkraftbar wäre, liegt nicht im realen Interesse der südkoreanischen Regierung.

Das Verhältnis der USA zu Nordkorea wird einerseits erschwert durch das gleichsam manichäische Weltbild der Bush-Regierung, die im System des nordkoreanischen Totalitarismus den Antipoden und gefährlichsten Gegner der freien Welt und der freiheitlich-demokratischen Lebensform erblickt. Zugleich aber werden Amerikas Optionen geostrategisch dadurch eingeengt, dass Seoul, die Hauptstadt Südkoreas mit ihren etwa 12 Millionen Einwohnern, nur etwa 60 Kilometer von der Grenze zu Nordkorea entfernt, im Schussbereich verbunkerter nordkoreanischer Artillerie hinter der Grenze liegt und somit unfreiwillig eine kriegshemmende Geiselrolle spielt. Ein Krieg im geteilten Korea würde klar vorhersehbar mit entsetzlichen Verlusten der südkoreanischen Bevölkerung beginnen. Andererseits gehört es zu den Paradoxien der amerikanischen Koreapolitik, dass die USA dennoch zwischen 1995 und 2003 den größten Anteil an internationaler humanitärer Hilfe für Nordkorea, das heißt Nahrungsmittel, Medikamente und Brennstoff im Wert von insgesamt 1 Milliarde US-Dollar, zur Verfügung gestellt haben.[586]

16.7 Streitpunkte zwischen Korea und Japan

Für beide koreanischen Staaten bildet Japan nach wie vor in strategischer und wirtschaftlicher Hinsicht eine höchst bedeutsame Komponente ihres internationalen Umfeldes, wenngleich ihre Beziehungen zu diesem Inselreich durch die Hypothek bitterer historischer Erinnerungen belastet sind. Um Entspannung bemüht, hatte Präsident Kim Dae Jung als Ergebnis seiner Begegnung mit Japans Ministerpräsident Hashimoto Ryotaro im April 1998 eine Gemeinsame Erklärung verabschiedet. Darin hieß es unter anderem, Präsident Kim habe die Bedeutung „gemeinsamer Bemühungen" betont – mit dem Ziel, Probleme der Vergangenheit nicht zu einer Belastung für die Weiterentwicklung der japanisch-koreanischen Beziehungen werden zu lassen. Er dankte Japan für dessen Unterstützung während der südkoreanischen Finanzkrise. Hashimoto Ryotaro stimmte dem zu und meinte, größere Bemühungen seien erforderlich, um in Japan ein korrektes Geschichtsbild entstehen zu lassen.[587] Gemeinsam mit Japans neuem Ministerpräsidenten,

---

[586] Ausführlich gegliederte Darstellung amerikanischer Hilfe für Nordkorea in: Manyin, Mark E.: „Assessing US Assistance to North Korea", in: The American Asian Review, Bd. XXI, Nr. 3, Herbst 2003, S. 29–67.

[587] Text in: KWA, Bd. XXII, Nr. 2, Sommer 1998, S. 246.

Keizo Obuchi, unterzeichnete Kim Dae Jung am 8. Oktober 1998 eine „Gemeinsame Erklärung über koreanisch-japanische Partnerschaft". Es heißt darin unter anderem, Obuchi habe sich hinsichtlich der japanisch-koreanischen Beziehungen im ersten Teil des 20. Jahrhunderts demütig zur historischen Tatsache bekannt, dass Japans Kolonialherrschaft dem koreanischen Volk untragbaren Schaden und Schmerzen zugefügt habe, und habe schmerzliches und reumütiges tiefes Bedauern sowie eine von Herzen kommende Entschuldigung für dieses Leiden zum Ausdruck gebracht.[588] Kim Dae Jung sprach von dem Erfordernis einer zukunftsorientierten Partnerschaft. Zur Praxis übergehend, beschlossen beide Regierungschefs, für beide Länder eine strategische Partnerschaft miteinander zu beginnen. Um diese zu realisieren, sollten Minister, Parlamentarier und Jugendgruppen beider Länder enge Kontakte miteinander pflegen. Bedeutsam seien auch Konsultationen über Fragen der Sicherheit und Verteidigung, die bilateral, aber auch trilateral unter Einbeziehung der USA, geführt werden könnten. Bekräftigt wurde die beiderseitige Unterstützung des KEDO-Projekts für Nordkorea. Im Rahmen dieser Erklärung betonte Kim Dae Jung seine Wertschätzung für Japans Beitrag zu den internationalen Beziehungen, insbesondere bei den Vereinten Nationen, und drückte die Erwartung aus, dass Japans diesbezügliche Rolle sich künftig noch intensivieren werde. In den darauf folgenden Jahren kam es in der Tat zu einer bemerkenswerten Entwicklung praxisorientierter militärischer Kontakte[589] und Japan wurde zu einem ständigen Partner multilateraler Bemühungen zur Lösung des nordkoreanischen Nuklearproblems.

Doch eher unerwartet ergab sich im Jahr 2005 – das eigentlich in Erinnerung an die Normalisierung der japanisch-südkoreanischen Beziehungen vor 40 Jahren zum „Jahr der koreanisch-japanischen Freundschaft" erklärt werden sollte – eine drastische Verschlechterung der Beziehungen zwischen Seoul und Tokio.

Die primäre Ursache bildete das erneute Aufflammen eines schon jahrzehntealten Territorialstreits zwischen beiden Ländern. Dieser bezog sich auf eine im Meer zwischen Korea und Japan gelegene winzige vulkanische Inselgruppe, die von den Koreanern „Dokto" – und von den Japanern „Takeshima-Inseln" – genannt wird. Beide Seiten haben Dokumentationen zum Beweis dafür vorgelegt, dass die Inseln in vormoderner Zeit zu ihrem jeweiligen Staatsgebiet gehört haben. Japan hatte die Inseln 1905 formal annektiert und zu einem Teil der japanischen Präfektur „Shimane" erklärt. Nach 1945 übten zunächst die Amerikaner eine Kontrollfunktion über die Inseln aus. Der japanische Friedensvertrag von San Francisco

---

[588] Wortlaut dieser Erklärung in: Korea Focus 1998, September/Oktober 1998, S. 148–152.
[589] Siehe Mansovevitz, Jason U.: „Japan And South Korea – Security Relations Reach Adolescence", in: Asian Survey, September/Oktober 2003, S. 801–825.

versäumte eine Klärung der Besitzverhältnisse, während die Südkoreaner 1954 dort einen Hafen und eine Sicherheitswache errichteten. Japan jedoch weigerte sich, seinen Anspruch aufzugeben, und die Präfektur „Shimane" erklärte 2005, in Erinnerung an die Angliederung dieser Inseln an Japan jeden 22. Februar offiziell als „Takeshima-Tag" feiern zu wollen.[590] Das führte in Südkorea zu leidenschaftlichen Protestdemonstrationen, in deren Verlauf auch eine Erstürmung der japanischen Botschaft versucht wurde und japanische Fahnen verbrannt wurden. Noch verschärft wurden diese Spannungen durch koreanische Proteste dagegen, dass Japans Unterrichtsministerium Geschichtsbücher für Schulen genehmigt hatte, in denen einerseits Schattenseiten der japanischen Geschichte vor 1945 verschwiegen oder beschönigt wurden, während andererseits bestimmte Bezeichnungen gewählt wurden, die im Lichte des koreanischen Geschichtsverständnisses als verletzend empfunden werden.[591] Als politisch anstößig galt in Korea – und nicht nur dort – die Tatsache, dass Japans Ministerpräsident Junichiro Koizumi mehrfach den in Tokio befindlichen schintoistischen Yasakuni-Schrein besucht hatte, in dem das Gedenken an 2,5 Millionen im Krieg gefallene japanische Soldaten gepflegt wird. Doch zu diesen werden auch 14 Männer gezählt, die von dem nur für Japaner errichteten Kriegsverbrechertribunal für den Fernen Osten (International Military Tribunal for the Far East) als Kriegsverbrecher verurteilt worden waren.[592] In einem „Offenen Brief an die Nation" vom 23. März 2005 griff Präsident Roh Moo-hyun die japanische Regierung aufs Schärfste an und erklärte im Hinblick auf die zuvor genannten Kritikpunkte wörtlich: „Diese Verhaltensweisen machen alle Reflexionen und Entschuldigungen zunichte, die Japan bislang gemacht hat." Südkoreas Regierung werde von Japan die Beseitigung des Unrechts fordern, auch wenn das bestehende wirtschaftliche und andere Beziehungen schädigen sollte. Korea verlange von Japan keine neuerliche Entschuldigung, sondern eine Änderung des Verhaltens.[593] Südkorea betrachtet mit Unbehagen die enger werdenden sicherheitspolitischen Beziehungen zwischen Japan und den USA wie auch die Erweiterung des Aktionsradius der japanischen Selbstverteidigungsstreitkräfte.[594]

---

[590] Zu einer ausführlichen Darstellung der koreanischen Position im Inselstreit siehe: Diplomacy (Seoul) Bd. XXXII, Nr. 4, 30. April 05, S. 33–43. Zur japanischen Position siehe: The Ministry of Foreign Affairs of Japan: The Issue of Takeshima. März 2004. Text diesbezüglicher koreanischer Protestnote in: KWA, Bd. XXIX, Nr.1, Frühjahr 2005, S. 107–111.

[591] Eine sehr aufschlussreiche systematische Gegenüberstellung kontroverser Aspekte bringt die Zeitschrift Korea Now, 16. April 2005, S. 4–8.

[592] „War Shrine Controversy Grows", in: Korea Times, 13. Juni 2005.

[593] Wortlaut des offenen Briefes von Roh Moo-hyun, ebd., S. 112–117.

[594] Japan Defense Agency (Hg.): 2004 Defense of Japan. o. O. 2004, S. 40–49 u. S. 129–139.

In Japan wiederum hatten Nordkoreas Raketenexperimente ebenso wie seine eingestandene Nuklearrüstung und seine drastischen Kriegsdrohungen gegen den Inselstaat Schock und Frustration sowie zeitweilig sogar eine Art Panik ausgelöst. Denn dank der Japan von den USA aufoktroyierten und ohne japanische Beteiligung im US-Besatzungshauptquartier in Tokio entstandenen Verfassung[595] verfügt Japan über keine offensiven Waffensysteme, mit denen es im Falle eines Angriffs aus Nordkorea zurückschlagen könnte. Es ist diesbezüglich vollständig von den USA abhängig.[596] Daher rührt, wie erwähnt, das starke Interesse Japans an einer verlässlichen nuklearen Abrüstung Nordkoreas, daher auch Japans Beteiligung am KEDO-Projekt und an den Sechs-Mächte-Verhandlungen zur Realisierung dieser Abrüstung.

Anders als Südkorea verfügt Nordkorea über keine normalen diplomatischen Beziehungen zu Japan. Doch hierüber wird mit Unterbrechungen seit vielen Jahren zwischen Tokio und Pjöngjang verhandelt. Diskutiert wird unter anderem eine finanzielle Entschädigung für Japans Kolonialherrschaft in Korea, wobei Beträge zwischen 5 und 20 Milliarden Dollar erwähnt wurden. Im September 2002 kam es anlässlich eines Besuchs, den der japanische Ministerpräsident Junichiro Koizumi Pjöngjang abstattete, zu einer dramatischen Begegnung zwischen Japans Regierungschef und Nordkoreas Herrscher Kim Jong Il. Denn zum allseitigen Erstaunen gab Kim die von seinem Geheimdienst durchgeführte Entführung von elf japanischen Staatsbürgern zu, die in Nordkorea gezwungen worden waren, Agenten des nordkoreanischen Geheimdienstes in japanischer Sprache zu unterrichten.[597] Als Ergebnis der Verhandlungen zwischen Koizumi und Kim Jong Il entstand eine am 17. September 2002 unterzeichnete Gemeinsame Erklärung. Darin wurde die baldige Aufnahme von Verhandlungen über den Beginn diplomatischer Beziehungen vereinbart, wurden japanische Kredite in Aussicht gestellt und es wurde bestätigt, dass beide Seiten ihre Beziehungen zueinander im Rahmen des Völkerrechts halten und auf die Anwendung oder Androhung von Gewalt verzichten wollten. Die Erklärung enthielt außerdem eine japanische Entschuldigung für Schäden und Leiden, die Japan während seiner Kolonialherrschaft den Koreanern zugefügt habe, und eine nordkoreanische Verpflichtung, das bestehende Moratorium hinsichtlich der Erprobung von Raketen über das Jahr 2003 hinaus weiterhin einzuhalten.[598]

---

[595] Kindermann, Gottfried-Karl: Der Aufstieg Ostasiens in der Weltpolitik 1840 bis 2000. München 2001, S. 407–413

[596] Bork, Henrik: „Japan diskutiert, wie es sich gegen Nordkorea verteidigen kann", in: Süddeutsche Zeitung, 14. Mai 2003.

[597] The People's Korea, 28. September 2002. Siehe auch: Chong, Bong-uk: „Merry-Go-Round Negotiations", in: Vantage Point, Bd. 27, Nr. 5, Mai 2004, S. 2–7.

[598] Text der Gemeinsamen Erklärung ebd. (in beiden in Anm. 136 genannten Quellen).

Die nordkoreanischen Entführungen von Japanern blieben jedoch ein kontroverses Gesprächsthema zwischen Tokio und Pjöngjang. Bei einer zweiten Gipfelkonferenz im Mai 2004 gelang es Koizumi, gegen das Versprechen umfangreicher Wirtschaftshilfe fünf der entführten Japaner nach Japan mitzunehmen.

16.8 Präsident Roh zwischen Anklage und Wahltriumph

Was Südkoreas innenpolitische Entwicklungen in der ersten Hälfte der Roh-Moo-hyun-Präsidentschaft betrifft, so war diese Zeit von außergewöhnlichen und krisenhaften Turbulenzen gekennzeichnet, die letztendlich aber mit einem beeindruckenden Erfolg des Präsidenten und der demokratischen Ordnung Südkoreas geendet haben. Zu den Schwierigkeiten trug die Tatsache bei, dass trotz des Wahlsieges von Roh in den Präsidentschaftswahlen die oppositionelle Große Nationalpartei (GNP) die Mehrheit der Sitze in der Nationalversammlung innehatte. Die Parteien beschuldigten einander mit Vorwürfen illegaler Parteienfinanzierung. Der Präsident drohte mit seinem Rücktritt, aber auch mit einem Referendum über die Qualität seiner Amtsführung. Für den Fall einer Niederlage hatte er sogar seinen Rücktritt angedroht.[599] Mit einem Veto verhinderte er einen Gesetzesantrag der Opposition, die eine „unabhängige Instanz" zur Überprüfung von Korruptionsvorwürfen einsetzen wollte. Jedoch eine Mehrheit von 209 der 266 anwesenden Abgeordneten überstimmte das Veto des Präsidenten – ein in Koreas Parlamentsgeschichte einmaliger Vorgang. Ebenso einmalig war auch, dass die Nationalversammlung am 12. März 2004 mit einer Mehrheit von 193 gegen nur zwei Stimmen ein Amtsenthebungsverfahren – die Abstimmung war von tumultartigen Szenen begleitet, in deren Verlauf Wahlurnen in den Saal geschleudert wurden – gegen den Präsidenten in Gang brachte. Damit verlor Roh temporär das Recht zur Amtsführung als Präsident. In dieser Funktion wurde er von Ministerpräsident Goh Kun vertreten. Verfassungsgemäß hatte nun der Verfassungsgerichtshof den Antrag zu begutachten und über ihn zu entscheiden. Allerdings zeigten gleichzeitig mit der Abstimmung durchgeführte Meinungsumfragen, dass 72,8 Prozent der Befragten das Amtsenthebungsverfahren für falsch und schädlich hielten.[600] Zehntausende von Menschen protestierten anschließend in den Straßen der Hauptstadt. Eine Woche nach der Abstimmung begannen die Beratungen des Verfassungsgerichtshofes über diesen Fall. Nur einen Monat nach der Abstimmung über Roh in der Nationalversammlung fanden am 15. April in Südkorea allgemeine Parlaments-

---

[599] Süddeutsche Zeitung, 14. Oktober 2003.
[600] The Korea Times, 13. März 2004, und The Korea Herald, 13. März 2004.

wahlen statt. Dabei konnte die linksliberale, relativ neue Uri-Partei ihren Anteil von Sitzen in der Nationalversammlung dramatisch von 49 auf 152 bei einer Gesamtzahl von 299 Sitzen steigern. Sie profitierte davon, dass sie den Unwillen der Wähler wegen des Amtsenthebungsverfahrens für sich zu nutzen verstand. Die Zahl der Sitze der konservativeren Großen Nationalpartei (GNP) verringerte sich von 137 auf 121. Erstmals war mit der Demokratischen Arbeiterpartei auch eine sozialistische Partei im südkoreanischen Parlament vertreten, wo sie zehn Sitze erringen konnte. Die Nationalversammlung erfuhr eine relative Verjüngung im Lebensalter ihrer Abgeordneten, von denen nur noch etwa 50 den Koreakrieg (1950–53) bewusst erlebt hatten.[601] Wie weitgehend erwartet, lehnte Südkoreas Verfassungsgerichtshof am 14. Mai 2004 den Amtsenthebungsantrag der Nationalversammlung ab, wodurch Roh Moo-hyun seine Regierungsgewalt zurückerhielt. Sechs Tage später trat er der Uri-Partei bei, während die Justiz ihn und den Führer der GNP, Lee Hoi Chang, vom Vorwurf illegaler politischer Spendensammlung freisprach. Auf der anderen Seite des politischen Spektrums hatte die oppositionelle Große Nationalpartei Park Geun-hye, die beliebte Tochter des 1979 ermordeten Präsidenten Park Chung Hee, mit großer Mehrheit zur Vorsitzenden gewählt. Präsident Roh, der schon im Wahlkampf die Verlegung des südkoreanischen Regierungssitzes von der 12-Millionen-Metropole Seoul, die im Schussbereich nordkoreanischer Artillerie liegt, in die weiter südlich gelegene Provinz Chungcheong vorgeschlagen hatte, erlitt eine Niederlage, als das südkoreanische Verfassungsgericht eine solche Maßnahme ohne vorherige Verfassungsänderung oder Volksabstimmung für verfassungswidrig erklärte. Das allerdings hielt die Nationalversammlung nicht davon ab, am 2. März 2005 mit einer Mehrheit von 158 gegen 13 Stimmen (bei sechs Enthaltungen) einen Beschluss zu verabschieden, der die Verlagerung der wichtigsten Regierungsämter aus Seoul nach dem Süden ermöglicht.

16.9 Wirtschaftsreformen in Nordkorea

Nordkoreas Innenpolitik war in den ersten Jahren des 21. Jahrhunderts vornehmlich von Ansätzen und Experimenten einer neuen Wirtschaftspolitik gekennzeichnet. Einen Meilenstein bildete hier das unter dem amtlichen Begriff der „Wirtschaftlichen Reformmaßnahmen vom 1. Juli 2002" bekannt gewordene Paket von

---

[601] „Uri Party Wins Elections", in: Korea Now, 17. April 2004, u. Köllner, Lutz: „Die Parlamentswahlen 2004 als politischer Generationswechsel", in: Korea im Zeichen globalen Wandels. Roundtable Workshop der BMW-Stiftung Herbert Quandt, Oktober 2004.

Reformmaßnahmen, die von der Führung des Nordens auch als „pragmatischer Sozialismus" bezeichnet werden. Im Vergleich zur chinesischen Reformpolitik der Deng-Xiaoping-Ära ist in Nordkorea jedoch der Wille zur Erhaltung der Kontrolle der Wirtschaft durch den Parteistaat wesentlich ausgeprägter. Dessen oberste Maxime ist die Erhaltung des Systems. Analysen der Systemführung hinsichtlich der Gründe des Zusammenbruchs zahlreicher sozialistischer Systeme ab 1990 hatten warnend auf den zerstörerischen Einfluss allzu unkontrollierter Reformen und zu weiter Öffnung nach Westen hingewiesen. Professor Lyum Byeong-ho von der führenden nordkoreanischen Kim-Il-Sung-Universität definierte die neue Zielsetzung mit den Worten: „Wenn wir sagen, dass wir praktische Ziele anstreben, heißt das, dass wir versuchen, ein Wirtschaftssystem zu errichten, in dem die Bevölkerung, ausgerüstet mit moderner Technologie, greifbare Profite erzielen kann, während sie zugleich sozialistische Prinzipien hochhält."[602] Angesichts der sich, bedingt durch die wirtschaftliche Notlage des Landes, ausweitenden Schwarzmarktwirtschaft beschloss die Regierung die Freigabe von Konsumgütermärkten. Im ganzen Land soll es bislang 300 freie Märkte geben, von denen sich 40 in Pjöngjang befinden. Die Löhne wurden ebenso drastisch erhöht wie die Anreizprämien für Mehrleistung. Als Bewertungskriterien für die Leistungen von Betrieben gilt nicht mehr die Erfüllung von Produktionsquoten, sondern der konkret erzielte Gewinn. Das Umtauschverhältnis von Won zu Dollar wurde realistischer festgelegt, jedoch ersetzte Pjöngjang den US-Dollar als Leitwährung für seinen Außenhandel durch den Euro. Im Gegensatz zur Konsumgüterindustrie blieben die übrigen Industriezweige unter planwirtschaftlicher Lenkung, wobei der militärisch nutzbaren Industrie der Vorrang gegeben wurde. In der Agrarwirtschaft wurde das wenig effiziente System der Kooperative zwar aufgelockert, es blieb aber im Wesentlichen erhalten. Allerdings wurden die Preise für den vom Staat bei den Kooperativen gekauften Reis drastisch erhöht. Im Gegensatz zu China fehlt es dem nordkoreanischen System an Erfahrung im Umgang mit der freien Marktwirtschaft. Diesbezüglich werden zurzeit Schulungskurse durchgeführt; auch ein begrenzter Zugang zur Informationstechnologie wird gestattet. Seit Anfang Juni 2004 gibt es in Pjöngjang auch ein Goethe-Institut.[603]

Energiemangel bewirkte rückläufige Zahlen in der Industrieproduktion. Südkoreanische Experten schätzen, dass Nordkoreas Mangel an genügend Energie und an Nahrungsmitteln so groß ist, dass auch eine effizientere Gestaltung wirtschaftlicher Reformen nicht ausreichen würde, um die Wirtschaftskrise zu über-

---

[602] „Overview of North Korea's July 1 Economic Reforms", in: Korea Focus, Bd. 13, Nr. 2, März/April 2005, S. 65.
[603] Süddeutsche Zeitung, 7. Juni 2004.

winden. Hierzu wäre Hilfe von außen nötig. Doch amerikanische Sanktionsmaß-nahmen verbauen Nordkorea den Zugang zu internationalen Finanzinstitutionen wie der Weltbank, der Asiatischen Entwicklungsbank oder dem International Monetary Fund. Viel versprechend auch in Bezug auf praktischen Erfahrungsge-winn sind Joint Ventures zwischen Süd- und Nordkorea, wie sie zum Beispiel im Gebiet von Kaesong im großen Stil geplant sind. Nach der für 2011 geplanten Fer-tigstellung dieses Projekts auf einem Areal von 28 Quadratkilometern sollen dort 1.000 zumeist südkoreanische Großfirmen 80.000 nordkoreanische Arbeiter beschäftigen.[604] Seit 2003 erhielten südkoreanische Firmen seitens ihrer Regierung die Genehmigung, in 46 Projekte in Nordkorea zu investieren. Zwischen 2001 und 2004 erhöhte sich das Gesamtvolumen des interkoreanischen Handels von 400 Millionen US-Dollar auf 690 Millionen US-Dollar. Insgesamt wird Südkorea die Reform und die Chancen des Überlebens des Regimes in Nordkorea nachhaltig beeinflussen.

---

[604] Ki, Sungwoo: „North Korea's Recent Economic Reforms", in: Vantage Point, Bd. 28, Nr. 3, März 2005, S. 38–50.

17. Schlussbetrachtung: Trotz Krisen – Wirtschaftswachstum und die „neue Außenpolitik"

17.1 Korea – ein Opfer der Großmachtpolitik

Blickt man zurück auf die jahrtausendealte Geschichte des koreanischen Volkes und seiner Staatsbildungen, so ergeben sich Eindrücke, die weitaus mehr verkörpern als eine bloße Kette von Zufälligkeiten. Bei nur wenigen anderen Völkern dieser Erde bildet die geographische Lage ihres Lebensraumes und Staatsgebiets einen so machtvollen Faktor für den Verlauf ihres geschichtlichen Schicksals. Die räumliche Nähe Chinas bewirkte, dass Korea – so wie alle anderen Staaten Ostasiens – zu einem Teilelement des ostasiatisch-konfuzianischen Kulturkreises wurde, zu dessen vielgestaltigen Erscheinungsformen es eigenständige und innovative Beiträge geleistet hat. Die geostrategische Lage Koreas als Mittelfeld zwischen weitaus größeren und weitaus stärkeren Nachbarn brachte aber immer wieder bis ins 20. Jahrhundert hinein die existenzielle Gefahr mit sich, entweder zum Schauplatz widerstreitender Großmachtinteressen oder zum Opfer unilateraler Aggression und Beherrschung zu werden. Doch ebenso entscheidend wie der aggressive Imperialismus Korea umgebender Großmächte war der immer wieder hervorbrechende vitale und robuste Selbstbehauptungswille des koreanischen Volkes. Seine geistige Manifestation im 20. Jahrhundert ist der in beiden Landesteilen gleichermaßen ausgeprägte starke Nationalismus. Koreas moderne Geschichte begann tragisch mit der von außen aufgezwungenen Durchbrechung jener Politik der Selbstisolierung, mit der sich das traditionelle China gegen Interventionsversuche von außen hatte schützen wollen. Doch dann wurde Korea zum Schauplatz einer machtpolitischen Auseinandersetzung zwischen dem expansiven Imperialismus eines modernistischen Japan auf der einen Seite und dem paternalistischen, traditionalistischen Universalismus des Chinesischen Kaiserreiches auf der anderen. Der Konflikt erfasste Teile der koreanischen Gesellschaft und setzte sie gegeneinander. Die damit verbundenen Gefahren verkennend, schlugen sich die Verfechter modernisierender Reformen auf die Seite Japans, das ihnen damals als Vorbild galt, während die Verteidiger der Tradition Beistand von China erhofften. Damit begann in Koreas Geschichte ein Jahrhundert, in dem erneut auswärtige Mächte mit divergierenden Interessen immer wieder zu Beteiligten innerkoreanischer Konflikte wurden. Doch die koreanische Volksbewegung des *Tong-Hak-Aufstandes*, der auf Bauernbefreiung, ethische Erneuerung und Bewahrung der großen ostasiatischen Traditionen abzielte, wurde von Interventionen beider asiatischer Großmächte unterdrückt. Die tief reichende innere Spaltung der gesellschaftlichen Führungskräfte Koreas, die sich bis zu den Spitzenvertretern des Königs- beziehungsweise Kaiserhofes fortsetzte, erschwerte die Bildung eines geschlossenen nationalen Willens zur Abwehr fremder Interventionen. Auch die auf Russland gesetzten Hoffnungen der von China und mehr noch von Japan bedrängten Koreaner wurden vom Zarenreich zur Wahrnehmung eigener Vorteile benützt. Um die Jahrhundertwende kämpften somit drei Großmächte Nordostasiens – Japan, China und Russland – um die Errichtung, Erhaltung oder Erweiterung ihres machtpolitischen oder wirtschaftlichen Einflusses auf der koreanischen Halbinsel. Nach außen hin behauptete jede dieser Mächte, Korea eigentlich nur bei seiner Entwicklung beistehen zu wollen. In Wirklichkeit aber konnte Korea auf keiner Seite auf echten Beistand hoffen. Es gehört zu den Ironien der modernen Geschichte, dass Japan seinen Krieg gegen China von 1894/95 mit dem nach außen hin erklärten und im Friedensvertrag festgehaltenen Ziel führte, Korea von der in den letzten Jahrhunderten kaum praktizierten Oberhoheit Chinas lösen zu wollen, während es nur 15 Jahre später Korea zur Gänze annektierte. Im Interesse seines weltpolitisch bedeutsamen Bündnisses mit Japan verzichtete Großbritannien zu dessen Gunsten auf Maßnahmen zur Erhaltung der koreanischen Souveränität und ein Gleiches taten die Vereinigten Staaten, um sich dafür von Japan eine Garantie der amerikanischen Protektoratsherrschaft über die kurz zuvor eroberten Philippinen zu erkaufen. Das auch nur an eigenen Interessen orientierte Gegengewicht Russlands entfiel nach dessen katastrophaler Niederlage im Krieg gegen Japan 1904/5. Mit zwei siegreichen Kriegen und geschickt begleitender Diplomatie war Japan die völlige Isolierung Koreas gelungen. Fünf Jahre später schritt es 1910 zur totalen Annexion Koreas, dessen Staatlichkeit zeitweilig ausgelöscht und das japanischerseits – wie auch Taiwan – zu einem „äußeren" Teil des japanischen Reiches erklärt wurde. Die im Ersten Weltkrieg verkündeten Parolen der nationalen Selbstbestimmung fielen wie Zündfunken ins Pulverfass des koreanischen Nationalismus, obwohl Wilson ihre Anwendung auf die so genannten „Kolonialvölker" wohl nicht beabsichtigt hatte. Koreas landesweite friedliche Volkserhebung überraschte in ihrer Intensität selbst die japanischen Kolonialherren. Obwohl sie brutal niedergeschlagen und bestraft wurde, zeitigte sie doch historisch bedeutsame Ergebnisse. Denn die Manifestation des koreanischen Freiheitswillens schlug sich nicht nur in einer damals verabschiedeten koreanischen *Unabhängigkeitserklärung* nieder, sondern auch in der Gründung einer Provisorischen Regierung, die nur im Ausland wirksam werden konnte. Im Idealfall hätte sie während des Zweiten Weltkrieges als Exilregierung der koreanischen Nation fungieren können.

Wiederum aber nahm Koreas Schicksal eine tragische Wende, die teilweise von westlicher Ignoranz und teilweise von geostrategischen Gegebenheiten verursacht war. Ohne Kenntnis koreanischer Geschichte und Kultur veranlasste der Präsident der Vereinigten Staaten, Franklin D. Roosevelt, seine Verbündeten Großbritannien und China, bei der Planung der Nachkriegsverhältnisse in Ostasien dem koreanischen Volk die unmittelbare Erlangung der Selbstbestimmung zu verwehren. Mit der merkwürdigen These, die Koreaner seien zur Selbstregierung noch nicht fähig, vertrat Roosevelt die Ansicht, die Koreaner bedürften einiger Jahrzehnte einer internationalen Treuhandschaftsregierung, um dann erst ihre volle Unabhängigkeit erhalten und wahrnehmen zu können. Dieser Gedanke schlug sich in den Beschlüssen der Moskauer Außenministerkonferenz vom Dezember 1945 nieder, die für Korea eine bevormundende Treuhandschaftsregierung von vier Mächten für die Dauer eines halben Jahrzehnts vorsahen. Die geographische Grenznachbarschaft der Sowjetunion, die von Washington zum Krieg gegen Japan gedrängt worden war, bewirkte die als nur provisorisch gedachte Teilung Koreas in eine nördliche sowjetische und eine südliche amerikanische Besatzungszone. Da die US-Regierung der koreanischen Exilregierung selbst übergangsweise die Anerkennung versagt hatte, entstand in Nordkorea eine von Moskau protegierte kommunistische Regierung unter Kim Il Sung, während Südkorea zunächst unter der Oberherrschaft des amerikanischen Besatzungsregimes verblieb. Der Kalte Krieg wie auch die konträren Interessen und ideologischen Orientierungen der beiden Besatzungsmächte verhinderten die zwischen ihnen auf dem Papier vereinbarte Kooperation zum Besten einer gesamtkoreanischen Zukunft. Aus unterschiedlichen Formen der Bevormundung im Norden durch die sowjetische und im Süden durch die amerikanische Besatzungsmacht entstanden zwei gegensätzlich konzipierte koreanische Herrschafts- und Gesellschaftssysteme. Während sich das System des Nordens partiell an stalinistischen Modellen für Osteuropa orientierte, entstand im Süden eine merkwürdige Synthese aus konfuzianischem Paternalismus und Elementen westlicher Demokratie. So hatte die weltpolitische Gesamtlage in Gestalt des Kalten Krieges tief in die Geschicke des koreanischen Volkes eingegriffen und hatte seine systemische Spaltung in zwei ganz unterschiedlich strukturierte Teilstaaten zur Folge gehabt. Der Gründung beider Staatswesen im Jahre 1948 folgte der Rückzug der beiden Besatzungsmächte aus der koreanischen Halbinsel. Einander nicht nur entfremdet, sondern ideologisch miteinander verfeindet, standen sich so die Staaten des Nordens und des Südens, nur durch einen Stacheldraht und durch keine intervenierende dritte Macht voneinander getrennt, gegenüber. Der von Amerika hingenommene Sieg der Maoisten im benachbarten großen China veranlasste Kim Il Sung zum Wagnis eines Krieges, von dem er die bewaffnete Wiedervereinigung Koreas im Zeichen des nordkoreanischen Kommunismus erhoffte. Konfrontiert mit dem Faktum des Friedensbruches und einer Südkorea überrollenden Offensive, vollzog die amerikanische Fernostdiplomatie eine radikale Kursänderung. Der nach dem Sieg von Mao Tse-tung in China im Zeichen der „Acheson-Doktrin" beschlossene Plan einer Begrenzung der amerikanischen Schutzrolle im Westpazifik auf eine von Japan bis Australien reichende Inselkette wurde über Nacht aufgegeben. Einerseits als Demonstration des Willens zur kollektiven Sicherheit und andererseits zur Wahrung eigener Sicherheitsinteressen in Nordostasien beschloss die Regierung des Präsidenten Truman, in Korea einzugreifen, Taiwan gegen China abzuschirmen und den französischen Kolonialkrieg gegen die nationalkommunistischen Vietminh in Vietnam zu unterstützen. Beeinflusst von einem schnellen Anfangserfolg bei der Befreiung Südkoreas, wollten die USA diesen mit Zustimmung und unter der Fahne der Vereinten Nationen geführten Krieg dazu benützen, um ihrerseits eine bewaffnete Wiedervereinigung Koreas zu erreichen. China aber, das sich in Nordkorea eine vorgeschobene Sicherheitszone erhalten wollte, trat nach ungehörten Warnungen Ende 1950 in den Krieg gegen Amerika und Südkorea ein. Was als innerkoreanischer Bürgerkrieg begonnen hatte, entwickelte sich jetzt zu einem bittereren internationalen Krieg zwischen zwei großen Randstaaten des pazifischen Ozeans. Der Waffenstillstand von 1953 dokumentierte die Unfähigkeit beider Seiten, den jeweiligen Gegner eindeutig zu besiegen. Der Status quo ante wurde erneuert. Der wie eine tödliche Säge längs durch Korea hin und her gehende Krieg hatte fast ein Zehntel der koreanischen Bevölkerung das Leben gekostet. Erschöpft, verarmt und weitgehend zerstört – der Norden mehr als der Süden – erlebten beide Landesteile das Kriegsende. Während China sich 1958 aus Nordkorea zurückzog, verblieben die Vereinigten Staaten bis zur Gegenwart mit einer Militärpräsenz in Südkorea.

17.2 Repression und Erfolge der militärischen Staatsführung

Die Macht des konfuzianischen Kulturerbes führte in Südkorea zur Fortsetzung eines paternalistischen und quasiautoritären Präsidialsystems. Bereits der erste Präsident der südlichen Republik Korea sollte zur Inkarnation des neuen politischen Stils werden. In der Endphase der koreanischen Monarchie wegen seiner demokratischen Reformtätigkeit verfolgt, gefoltert und jahrelang inhaftiert, war Syngman Rhee ins Exil in die USA gegangen. Trotz seiner Kontakte zu hochrangigen Führungspersönlichkeiten der amerikanischen Politik einschließlich Präsident Wilsons, der ihm seine Doktor-Urkunde überreichte, gelang es Rhee nicht, als offizieller Repräsentant der koreanischen Nation anerkannt zu werden. Doch als lebendes Symbol eines jahrzehntelang durchgehaltenen koreanischen Widerstands und als Träger unzähliger Kontakte zur befreundeten Schutzmacht der Vereinigten Staaten wurde er 1948 zum ersten Präsidenten der Republik Korea gewählt. An der Spitze des Staates betrieb er Politik mit Willenskraft und Leidenschaftlichkeit, gepaart jedoch mit Ungeduld und Eigenwilligkeit. Im Krieg verkörperte er die Seele des südkoreanischen Widerstandes. Bei Interessenkollisionen trat er den Amerikanern mit einer Entschlossenheit und Hartnäckigkeit entgegen, die eher dem Verhalten einer Großmacht als dem eines damals noch weitgehend abhängigen Staates entsprach. Neben de Gaulle und Chiang Kai-shek gehörte er zu den eigenwilligsten Staatsmännern verbündeter Staaten, mit denen es die USA in der Ära seit 1945 zu tun hatten. Aus Enttäuschung über Washingtons Verzicht auf Koreas Wiedervereinigung verweigerte er die Unterschrift Südkoreas unter das Waffenstillstandsabkommen von 1953. Doch sein fast ungehemmter Machtwille, der im subjektiven Gefühl größerer Erfahrung und besserer Einsicht wurzelte, seine Duldung von Korruption, an der er keinen persönlichen Anteil hatte, und seine Unfähigkeit in Fragen der Wirtschaftspolitik führten 1960 zu seinem Sturz durch eine *Studentenrevolte*. Zum neuen Hoffnungsträger entwickelte sich Ministerpräsident Chang Myon, der für Südkorea den Abschied vom Präsidialsystem und die Hinwendung zu einem parlamentarischen Regierungssystem anstrebte. Doch der katholische Intellektuelle war den rauen Gepflogenheiten der südkoreanischen Innenpolitik nicht gewachsen. Der früheren Reglementierung von oben folgte ein Zustand partieller Anarchie.

Wie auch in vielen anderen Entwicklungsländern in ähnlicher Situation trat nun das *Militär* als Ordnungs- und Herrschaftsfaktor auf den Plan. Zur ersten Führungspersönlichkeit einer fast 30-jährigen Ära der Regierung durch Generäle trat der aus einfachen Volksschichten stammende General Park Chung Hee in Erscheinung. Seine Regierung forderte nicht nur Disziplin und Wachsamkeit, sondern betrieb auch eine bemerkenswert erfolgreiche wirtschaftliche Entwicklungspolitik. Der Aufbau exportorientierter Industrien und die Exportförderung wurden mit ebenso großer Dynamik betrieben wie die Gewinnung von fremdem Kapital, das 1962 zum Beispiel 83 Prozent des Gesamtvolumens der in Südkorea getätigten Investitionen entsprach. Unternehmerschaft und Regierung wirkten erfolgreich zusammen.

Zwischen 1961 und 1971 erhöhte sich der Realwert koreanischer Exporte jährlich um 36 Prozent. Das Bruttosozialprodukt wuchs um 8,7 Prozent. Die nach jahrelangen mühsamen Verhandlungen, nicht ohne amerikanische Vermittlungshilfe, zustande gebrachte Normalisierung der Beziehungen zu Japan im Jahre 1965 erschloss in der Folge weitere bedeutsame Quellen ausländischer Kredite und erweiterte den anfangs stark eingeengten außenpolitischen Spielraum Südkoreas. Im Vietnamkrieg erhöhte sich Südkoreas Rolle als regionaler Partner der USA durch seine Entsendung von Streitkräften zur Unterstützung der amerikanischen Verteidigung Südvietnams. Hand in Hand mit Südkoreas wirtschaftlichem Aufstieg ging auch die Entwicklung seiner Technologie und seines gesamten Bildungswesens. Als Präsident Park Chung Hee nach 18-jähriger quasiautokratischer Regierung 1979 von seinem eigenen Geheimdienstchef unter dramatischen Umständen ermordet wurde, hatte Südkoreas wirtschaftliche und technologische Entwicklung bereits das Leistungsniveau der so genannten industriellen Schwellenländer erreicht.

Unter tragischen und dramatischen Umständen entstand die Ära des Präsidenten Chun Doo Hwan. Denn der Ermordung des Präsidenten Park und nur halbherzigen Reformzusagen der Übergangsregierung folgten landesweite Unruhen, die sich bis zum bewaffneten Aufstand in der Stadt *Kwangju* steigerten. Sie dienten als Vorwand für einen Staatsstreich des Militärs, mit dem General Chun Doo Hwan die Macht ergriff, die rebellierende Opposition blutig niederschlagen ließ und anschließend mit der so genannten Revitalisierungs-Verfassung (Yushin-Verfassung), die das Übergewicht der Exekutive sicherte, in Südkorea die Fünfte Republik einführte. Zahlreiche Oppositionelle wurden ihrer bürgerlichen Rechte beraubt, Kim Dae Jung, der ein Jahrzehnt zuvor fast den Vorgänger-Präsidenten Park in Wahlen geschlagen hatte, wurde zum Tode verurteilt. Trotz dieser anfänglichen Turbulenzen kamen innerkoreanische Nord-Süd-Kontakte in Gestalt erneuter Gespräche zwischen den Rot-Kreuz-Gesellschaften beider Seiten wieder in Gang, ebenso Wirtschaftsgespräche zwischen Norden und Süden, und im September 1984 leistete Nordkorea südkoreanischen Opfern von Naturkatastrophen umfangreiche materielle Hilfe.

Im Bereich der Außenpolitik gelang es Seoul, eine erneute Verfestigung des Bündnisverhältnisses mit den *Vereinigten Staaten* zu erreichen, was seitens der USA durch die Präsidentschaft des konservativen Ronald Reagan erleichtert wurde. Wie auch in der Ära von Park Chung Hee und Syngman Rhee übten die USA gegen allzu autoritäre Tendenzen und Repressionsakte in Südkorea zwar moralischen Druck aus, es überwog aber letztlich stets Washingtons sicherheitspolitisches Interesse am Erhalt der Stabilität in Südkorea. Mit Erfolg war Chun Doo Hwan fernerhin bestrebt, den außenpolitischen Spielraum Südkoreas in der Dritten Welt zu erweitern. Nicht zuletzt auch auf der Basis seiner ansehnlichen Wirtschaftsmacht gelang es Südkorea, konstruktive und kooperative Beziehungen zu den *ASEAN-Staaten* und insbesondere auch zu *neutralen Staaten* Südostasiens wie Burma oder Indonesien zu entwickeln. In manchen dieser Länder konnte eine bisherige nordkoreanische Alleinvertretung durchbrochen werden und nun auch Südkorea diplomatisch Flagge zeigen. Diese diplomatische Beziehung weitete sich auch auf viele Staaten des afrikanischen Kontinents aus. Im Juni 1982 verkündete Südkoreas damaliger Außenminister und ehemaliger Wiedervereinigungsminister Lee Bum Suk eine neue diplomatische Initiative, die zehn Jahre später zu einem vollen Erfolg führen sollte. Es war Südkoreas der neuen deutschen Ostpolitik nachempfundene „Nordpolitik", mit der es sein Interesse verkündete, auch mit kommunistischen Staaten von nun an normale diplomatische Beziehungen aufzunehmen. Geduldig und jede sich bietende Gelegenheit aufgreifend, wurden zunächst nur sporadische Kontakte, oft nur außerhalb der Regierungsebene, zu Russland und China ausgebaut. Auch der wohl nicht ganz zufällig während Chun Doo Hwans Staatsbesuch im neutralen Burma stattfindende Mordanschlag, der vier führende Minister seiner Regierung und zwölf andere Persönlichkeiten tötete, konnte die Fortsetzung der diplomatischen Kampagne Südkoreas für vielfältige Beziehungen mit der Dritten Welt nicht verhindern. Als positives Omen wurde der Beschluss des Internationalen Olympischen Komitees gewertet, die *Sommer-Olympiade 1988* in Seoul zu veranstalten.

17.3 Die demokratische Verfassung von 1987 und der Triumph der „neuen Nordpolitik"

Die Ära von Chun Doo Hwan endete mit der Einhaltung seiner Zusage, als erster Präsident Südkoreas am Ende seiner Amtszeit verfassungsgemäß die Macht niederzulegen und zurückzutreten. Doch als Chun seinen Plan enthüllte, seinen Nachfolger gemäß der von ihm eingeführten und nur sehr bedingt demokratischen Yushin-Verfassung wählen zu lassen, brachen landesweit gewaltige Proteste aus. Diesmal waren es nicht nur die an vorderster Front der Opposition kämpfenden Studenten, sondern auch beträchtliche Teile eines zu Wohlstand und Bildung gelangten *Mittelstandes* wie auch Teile der politisch engagierten *Arbeiterschaft*, die in beispiellosen Demonstrationen auf die Straße gingen. Eine neue politische Konfrontation stand auf Messers Schneide. In dieser kritischen Lage ergriff der designierte Präsidentschaftskandidat der regierenden Partei, Roh Tae Woo – beruflich ein Spezialist in psychologischer Kriegführung – die Initiative. In einer aufsehenerregenden Erklärung vom Juni 1987 machte er sich viele der auf Demokratisierung abzielenden Forderungen der Opposition zu Eigen – insbesondere die Volkswahl des Präsidenten, obwohl Roh selbst das parlamentarische Kabinettsystem bevorzugt hätte – und ließ seine Partei wissen, er werde ihr Präsidentschaftskandidat nur dann bleiben, wenn sie sich dieser drastischen Haltungsänderung anschlösse. Das aber geschah. Damit war der Weg frei für eine *neue Verfassung*. Und sie entstand in relativ kurzer Zeit aus gemeinsamen Beratungen zwischen Regierung und Opposition. Der so erarbeitete Entwurf wurde im Oktober 1987 den Wählern zur Entscheidung vorgelegt und in einer Volksabstimmung mit 93,3 Prozent der gültig abgegebenen Stimmen angenommen. Nur wenige Verfassungen der gegenwärtigen Welt können sich einer solchen Legitimationsbasis rühmen. Im übernächsten Monat fanden Präsidentschaftswahlen statt, doch die Opposition war tief gespalten. So wurde im Dezember 1987 General Roh Tae Woo mit einer relativen Mehrheit von 36,9 Prozent der gültig abgegebenen Stimmen unter den Bedingungen der neuen Verfassung der Sechsten Republik in Südkorea zum neuen Staatspräsidenten gewählt. Bei den ersten Wahlen zur Nationalversammlung im

April 1988 gelang es der Regierungspartei zwar nicht, eine absolute Mehrheit zu gewinnen, wodurch die Regierbarkeit des Landes bis zu einem gewissen Grad in Frage gestellt war. Doch weniger als zwei Jahre später schloss sich die regierende Partei mit den von Kim Young Sam und Kim Jong Pil geführten Oppositionsparteien zu einer neuen regierenden Großpartei, genannt Demokratisch-Liberale Partei (DLP), zusammen. Die neue Partei verfügte nicht nur über eine absolute, sondern auch über eine verfassungsändernde Mehrheit in der Nationalversammlung. Entgegen zahlreichen Befürchtungen entwickelte sich die in Seoul im Herbst 1988 abgehaltene 24. Sommer-Olympiade zu den größten Olympischen Spielen der bisherigen Geschichte, was die Anzahl der teilnehmenden Staaten betraf. Insgesamt nahmen 9.627 Sportler und Sportfunktionäre aus 160 Ländern teil. Die über das Fernsehen weltweit ausgestrahlten Berichte über diese Olympiade wurden von den südkoreanischen Veranstaltern geschickt auch zu einer wirkungsvollen Selbstdarstellung der koreanischen Kultur verwendet. Die Zuschauer in fünf Kontinenten erhielten so erste Eindrücke von den farbenfrohen Kulturformen dieses fernöstlichen Volkes.

Die große historische Bedeutung der Ära des Präsidenten Roh Tae Woo liegt in dem zielstrebig Zug um Zug erreichten Erfolg der auf diplomatische Beziehungen mit den Staaten des Warschauer Paktes wie auch mit China abzielenden *„neuen Nordpolitik"* der südkoreanischen Regierung. Im Februar 1989, das heißt bereits neun Monate vor der Öffnung des Brandenburger Tores, wurde die Errichtung diplomatischer Beziehungen zwischen Südkorea und Ungarn bekannt gegeben. Im November gleichen Jahres schlossen sich diplomatische Beziehungen zwischen Seoul und Warschau an. Zwei Ereignisse auf internationaler Ebene boten der südkoreanischen Diplomatie Chancen zur Umsetzung ihrer schon lange geplanten „Nordpolitik", die sie nun mit Geschick und Energie zu nutzen imstande war. Das eine war das Ende des interventionistischen Imperialismus der Sowjetunion, eine Entwicklung, die sich bereits 1987 und 1988 abzeichnete und Anfang Juni 1989 ihren Niederschlag in einer „Botschaft an die Völker der Welt" fand, verabschiedet vom Volksdeputiertenkongress der UdSSR. In diesem Aufruf heißt es unter anderem, es sei ein Verbrechen, die Weltwirtschaft durch das Wettrüsten zu ruinieren. Der Zwietracht zwischen den Völkern müsse ein Ende gesetzt werden. Die UdSSR wolle sich von nun an in einen Prozess der Entmilitarisierung, der Demokratisierung und Humanisierung der internationalen Beziehungen einbinden lassen. Die Perestrojka, so heißt es wörtlich, „... verändert unsere Einstellung gegenüber der Umwelt grundlegend. Heute sind wir offen gegenüber der Welt, bereit zur Zusammenarbeit mit allen ..." Das zweite Ereignis war die Normalisierung und Entideologisierung des jahrzehntelangen konfliktreichen Verhältnisses zwischen Koreas gewaltigen kommunistischen Nachbarstaaten, der Sowjetunion und China – ein Ereignis, das durch Gorbatschows Staatsbesuch in Peking im Frühjahr 1989 geprägt war. Ein halbes Jahr danach besuchte Roh Tae Woo als erster Staatsmann Südkoreas einen Staat des Warschauer Pakts und hielt vor dem ungarischen Reichstag eine Rede, die in Ungarn vom Fernsehen landesweit ausgestrahlt wurde. Doch das Hauptziel der „Nordpolitik" war die Errichtung normaler diplomatischer Beziehungen sowohl zu Moskau als auch zu Peking. Hier war die Politik der Regierung in Seoul nachhaltig durch den damaligen Präsidenten der oppositionellen Partei für Wiedervereinigung und Demokratie und späteren Nachfolger von Roh Tae Woo im Präsidentenamt, Kim Young Sam, unterstützt worden. Im Juni 1989 war Kim nach Moskau gereist, wo er nicht nur zahlreiche Gespräche mit Vertretern der sowjetischen Politik und Wirtschaft führte, sondern insgeheim auch mit Ho Dam, einem nordkoreanischen Spitzenpolitiker und entfernten Verwandten von Kim Il Sung, zusammentraf. Erstmals gab es in dieser so wichtigen Frage der südkoreanischen Außenpolitik einen Ansatz zu überparteilichem Zusammenwirken (bipartisanship).

Noch während der Gespräche, die Kim Young Sam in Moskau führte, vollzog sich die Normalisierung der diplomatischen Beziehungen zwischen Südkorea und der Tschechoslowakei im März 1990. Und noch im gleichen Monat folgte die Aufnahme diplomatischer Beziehungen zwischen Südkorea einerseits und Rumänien sowie auch der Mongolischen Volksrepublik andererseits. Die Erweiterung der punktuell angebahnten wirtschaftlichen und konsularischen Beziehungen zwischen Seoul und Moskau war das wichtigste Thema von Gesprächen, die Gorbatschow und Roh Tae Woo bei ihrer überraschenden Begegnung in San Francisco im Juni 1990 führten. Die beiden Präsidenten blieben danach in brieflichem Kontakt miteinander. Am 1. Oktober 1990 gaben *Seoul und Moskau* die Eröffnung regulärer diplomatischer Beziehungen miteinander bekannt und Roh Tae Woo nahm im Dezember 1990 eine Einladung Gorbatschows zu einem Staatsbesuch in Moskau an. In Nordkorea empfand es die Führung als doppelseitigen Verrat, dass Roh und Gorbatschow in einer gemeinsamen Erklärung die Absicht bekundeten, mit dem Ziel der Beendigung des Kalten Krieges auf der koreanischen Halbinsel künftig zusammenzuwirken. In Moskau versäumte Roh Tae Woo nicht, auch mit Boris Jelzin, dem Präsidenten der Russischen Föderativen Republik, Gesprächskontakte aufzunehmen. Für Moskau war nach seiner Normalisierung mit China die Notwendigkeit einer Konkurrenz mit Peking in und um Nordkorea stark reduziert worden. Ähnliches galt für Peking, das sich nun im Hinblick auf Südkorea durch dessen neue, für Moskau gewinnträchtige Beziehungen mit der Sowjetunion seinerseits unter Konkurrenzdruck neuer Art gesetzt sah. Nachdem die Vereinbarung eines südkoreanischen Kreditrahmens von über 3 Milliarden US-Dollar zugunsten der Sowjetunion ebenso bekannt geworden war wie auch Gorbatschows Vorschlag eines russisch-südkoreanischen Freundschaftsvertrages, den der sowjetische Präsident während seines persönlichen Besuches in Südkorea im

April 1991 geäußert hatte, ließ nun auch Peking wissen, dass es die Zulassung Südkoreas zur UNO nicht mehr wie früher unter Rücksichtnahme auf Nordkorea mit seinem Veto im Sicherheitsrat verhindern würde. So bedeutete es einen doppelseitigen Triumph, als Südkorea nach 43-jährigen Bemühungen im September 1991 nicht nur Mitglied der Weltorganisation der Vereinten Nationen werden, sondern auch Nordkorea unter Zugzwang setzen konnte, die zuvor jahrelang vehement abgelehnte temporäre Doppelvertretung Koreas in der UNO durch beide koreanischen Teilstaaten zu akzeptieren.

So wie zwei Jahrzehnte zuvor anlässlich der überraschenden Annäherung zwischen Washington und Peking wirkten sich auch zu Beginn der 90er Jahre die noch weiterreichenden Veränderungen der Weltpolitik durch das Ende des Kalten Krieges und durch die Einstellung des Konflikts zwischen Moskau und Peking auf die innerkoreanischen Beziehungen zwischen Süd und Nord aus. Nach umfassenden vorbereitenden Gesprächen und fünf nachfolgenden Verhandlungsrunden zwischen den Ministerpräsidenten des Südens und des Nordens unterschrieben Süd- und Nordkorea am 13. Dezember 1991 einen *Grundlagenvertrag* über gegenseitige Wiederannäherung, Gewaltverzicht, vielgestaltigen Austausch und Kooperation. Dem schlossen sich eine gemeinsame Erklärung über die Entnuklearisierung der koreanischen Halbinsel vom 20. Januar 1992 wie auch ein Abkommen zur Errichtung einer gemeinsamen nuklearen Kontrollkommission vom 18. März des gleichen Jahres an. Angesichts der großen Enttäuschungen, die den hochfliegenden Hoffnungen nach der ersten gemeinsamen Wiedervereinigungserklärung des Südens und des Nordens vom Juli 1972 gefolgt waren, wurden die neuen Abkommen zwischen Nord und Süd in Südkorea und in weiten Teilen der internationalen Öffentlichkeit mit einer Mischung aus vorsichtiger Hoffnung und aus Erfahrung entstandener Skepsis begrüßt. Die Krönung der südkoreanischen Nordpolitik aber bildete die im August 1992 vollzogene Normalisierung der diplomatischen Beziehungen zwischen Südkorea und der Volksrepublik China. Bereits im folgenden Monat traf Südkoreas Staatspräsident Roh Tae Woo zu einem Staatsbesuch und Gipfeltreffen mit dem chinesischen Staatspräsidenten Yang Shangkun in Peking ein. Erneut hatte Südkoreas Diplomatie Nordkorea überrunden können. Seoul befand sich jetzt im Besitz diplomatischer Beziehungen zu Nordkoreas machtvollen Verbündeten Russland und China, während Pjöngjang umgekehrt bei seinen Bemühungen um diplomatische Beziehungen zu den USA und Japan erfolglos geblieben war. Mit der Realisierung normaler Beziehungen zu den Staaten des ehemaligen Warschauer Paktes und zum kommunistisch gebliebenen China hatte Südkorea den Ring einstiger Isolation sprengen und seiner außenpolitischen Vertretung ein universales Gepräge geben können, während Nordkorea das Zustandebringen regulärer diplomatischer Kontakte zu den USA, den westeuropäischen NATO-Staaten und zu

Japan vorläufig weiterhin versagt blieb. Kurz vor Ende seiner Amtsperiode als Staatspräsident Südkoreas konnte Roh Tae Woo im November 1992 anlässlich eines Staatsbesuches von Boris Jelzin in Seoul einen Grundlagenvertrag über die Beziehungen zwischen der Republik Korea und der Russischen Föderation unterzeichnen und am 22. Dezember 1992 die Errichtung regulärer diplomatischer Beziehungen zwischen Südkorea und dem ebenfalls kommunistisch gebliebenen Vietnam bekanntgeben. Gestützt auf seine international anerkannte und als Hilfe begehrte Wirtschaftskraft und in geschickter Ausnützung der weltpolitischen Lageveränderung hatte Südkorea trotz der weiter bestehenden Teilung Koreas die außenpolitische Emanzipation von den Hemmnissen der Vergangenheit letztendlich durchsetzen können. Hand in Hand mit dieser Entwicklung seiner Politik nach außen war auch im Inneren der Prozess der Demokratisierung vorangeschritten.

17.4 Kim Young Sams stille Revolution: Der Übergang zur Zivilgesellschaft

Die im Dezember 1992 erfolgte Wahl des ab Februar 1993 amtierenden 65-jährigen Präsidenten *Kim Young Sam* erregte weltweite Beachtung. War es doch seit drei Jahrzehnten der Regierung Südkoreas durch Generäle der erste Zivilist, der das Präsidentenamt erlangte. Darüber hinaus war Kim Young Sam nicht nur der am längsten dienende Parlamentarier der Koreanischen Nationalversammlung, sondern auch ein Oppositionsführer, der im Widerstand gegen autoritäre Regierungspraktiken jahrzehntelang und trotz vieler Verfolgungen durchgehalten hatte, ohne dabei je das Lager der loyalen Opposition zu verlassen. Der Regierungsstil seines ersten Amtsjahres wurde oft als *legale Revolution* bezeichnet. Kim zeigte sehr bald nach seinem Amtsantritt, wie stark sein Regierungsstil von Schlüsselmaximen des klassischen konfuzianischen Humanismus bestimmt war. Die konfuzianische Staatsethik glaubt an die prägende Macht der Ethik wie auch des konkreten Vorbildes der Herrschenden für das Verhalten der Bevölkerung. Am wichtigsten bei der Regierung sei das durch Vorbild erworbene Vertrauen der Herrschenden seitens des Volkes. So heißt es in einer der Schriften des klassischen *Konfuzianismus*:

„Regierung heißt recht machen. Wenn der Fürst recht ist, so richtet sich das Volk nach der Regierung. Was der Fürst tut, danach richtet sich das Volk. Was der Fürst nicht tut: Wie kann das Volk sich danach richten?"[605]

---

[605] Li Gi: Das Buch der Sitte (übersetzt von Richard Wilhelm), Düsseldorf o. J.

So begann er seine groß angelegte Kampagne gegen die Korruption mit einer Offenlegung seiner eigenen Vermögensverhältnisse und einer erstmaligen offenen Ausgabenüberprüfung des Präsidentschaftsamtes. Der Blitz der Kampagne schlug zunächst in die hohen Türme. Wie erwähnt wurden sogar kurz zuvor selbst ernannte Kabinettsminister bei Aufdeckung normwidriger Unregelmäßigkeiten entlassen. Die Kampagne richtete sich vor allem gegen Formen der Selbstbereicherung durch Amtsmissbrauch in der Verwaltung, im Gerichts- und Unterrichtswesen, bei militärischen und zivilen Beförderungen sowie im öffentlichen Beschaffungswesen. Allein im ersten Amtsjahr wurden 1.363 Beamte entlassen und weitere 242 zum Rücktritt veranlasst. Der Zwang zur Offenlegung von Geheimkonten und Vermögensverhältnissen erschütterte fast das Wirtschaftsgefüge. Auf der anderen Seite profitierten 41.886 Koreaner von einer Generalamnestie des Präsidenten, mit der sie ihre bürgerlichen Rechte zurückerhielten. Die meisten der Amnestierten hatten im Zusammenhang mit dem Kwangju-Aufstand von 1980 ihre Strafen erhalten. Weitere 5.823 Personen, die wegen ihrer Teilnahme an gewaltsamen Demonstrationen gegen Regierungen der Vergangenheit bestraft worden waren, wurden ebenfalls amnestiert. Über 2.000 wegen politischer Aktivitäten relegierte Studenten wurden erneut zum Studium zugelassen. Auf der anderen Seite betonte Kim, dass er nicht vorhabe, das *Nationale Sicherheitsgesetz* abzuschaffen. Möglicherweise stand ihm das Schicksal der allzu nachgiebigen und deshalb äußerst kurzlebigen parlamentarischen Regierung des Ministerpräsidenten Chang Myon zu Anfang der 60er Jahre vor Augen, der wegen teilweise anarchischer Zustände vom Militär gestürzt wurde. Im Kampf um die Absicherung einer *zivilen Regierung* in Südkorea zögerte Kim Young Sam nicht mit der personellen Umbesetzung höchster militärischer Führungspositionen und mit der rangmäßigen Zurückstufung und funktionalen Beschränkung militärischer Ämter, die immer wieder auch in nichtmilitärische Bereiche des öffentlichen Lebens interveniert hatten. Mit gezielten Entlassungen und Neuernennungen entmachtete Präsident Kim jenen „Hana-hoe" genannten privaten Geheimclub, gebildet aus politisch engagierten Mitgliedern der militärischen Führungselite, dessen Einfluss als „Graue Eminenz" der südkoreanischen Politik in der Vergangenheit so groß gewesen war, dass die Fünfte und Sechste Republik in Südkorea in der Ära der Präsidenten Chun Doo Hwan und Roh Tae Woo oft als „Hana-hoe-Republik" bezeichnet worden waren. Mit der Entlassung von acht weiteren Generälen blieb in Südkoreas Streitkräften kein General mehr im aktiven Dienst, der dem „Hana-hoe" angehört hatte. Auf seinem Höchststand zählten zu diesem Club nicht weniger als 100 höchstrangige Offiziere.[606] Kims Feldzug gegen Korruption und für größere funk-

---

[606] Korea Herald, 17. April 1994.

tionale Effizienz und Sparsamkeit bezog sich nicht nur auf den Bereich der Staats-
verwaltung, sondern fand auch bei personellen und strukturellen Reformen innerhalb der regierenden Demokratisch-Liberalen Partei seinen Niederschlag. Gesetze
über die Parteienfinanzierung, die in der Vergangenheit die Regierungspartei einseitig bevorzugt hatten, wurden abgeschafft. Die Durchführung lokaler Autonomie durch die Wahl lokaler Amtsträger wurde in die Wege geleitet. Im Vergleich
zum Jahr 1992 waren in Südkoreas Wirtschaft Arbeitskonflikte im Jahr 1993 von
zuvor 235 auf nur 144 zurückgegangen. Kim Young Sams Initiativen zur Reduzierung staatlicher Interventionen in die Gestaltung der südkoreanischen *Wirtschaft*
hatten zur Schaffung einer Reformkommission geführt, die diesen Abbau systema-
tisch betreiben sollte. Anfang 1994 wurde der Beschluss des Wirtschaftlichen Pla-
nungsamtes (EPB) bekannt, vier im Staatseigentum befindliche Großbanken zu
privatisieren. Die Umstrukturierung und Privatisierung von 133 Großunternehmen im staatlichen Besitz oder mit starker staatlicher Beteiligung wurde für die
nächsten Jahre vorgesehen, um die Wettbewerbsfähigkeit der koreanischen Wirtschaft, insbesondere auch auf internationaler Ebene, zu stärken. Die Jahresbudgets
dieser Unternehmen lagen zusammengerechnet fast doppelt so hoch wie das Jah-
resbudget des Staatshaushaltes. Sie beschäftigten derzeit 289.000 Arbeitnehmer.[607]
Beunruhigung und Unzufriedenheit bewirkte der unter ausländischem Druck im
Sinne der Uruguay-Runde erfolgende Beschluss der Regierung, den nationalen
Reismarkt innerhalb der nächsten zehn Jahre schrittweise zu öffnen. Auch die
Liberalisierung der Einfuhr anderer Typen von Grundnahrungsmitteln wurde ge-
plant. Bisherige Formen beträchtlicher staatlicher Subventionen für die Landwirt-
schaft waren damit infrage gestellt.[608] Von 1992 auf 1993 erhöhte sich Südkoreas
Bruttosozialprodukt um 5,6 Prozent auf 328,7 Millionen US-Dollar und das Pro-
Kopf-Einkommen von 7.007 auf 7.466 US-Dollar.[609] Bei Südkoreas Exporten stan-
den als Zielregionen 1992 die Vereinigten Staaten mit einem Exportwert von
18.090 Milliarden US-Dollar vor Japan mit 11.599 und vor der Europäischen
Gemeinschaft mit nur 9.255 Milliarden US-Dollar, in weitem Abstand gefolgt von
China mit 2.654 Milliarden US-Dollar. Eine ähnliche Reihenfolge gab es bei Süd-
koreas Importen (USA: 18.287, jedoch Japan: 19.458, EG: 9.610 und China: 3.725
Milliarden US-Dollar).[610]

In der Sphäre der Außenpolitik blieben die Vereinigten Staaten auch in der Ära
von Kim Young Sam der relativ stärkste Rückhalt der südkoreanischen Diplomatie

---

[607] Korea Newsreview, 8. Januar 1994.
[608] Ebd., 18. Dezember 1993 und 20. November 1993 sowie ferner 24. Juli 1993.
[609] Korea Herald, 26. März 1994.
[610] Korea Newsreview, 27. Februar 1993.

und Wiedervereinigungspolitik. Die nordkoreanische Raketenkrise band Seoul und Washington enger zusammen. Bereits anlässlich des Staatsbesuches von US-Präsident Bill Clinton in Südkorea im Juli 1993 war vereinbart worden, vor der Lösung dieser Krise keine weiteren Reduzierungen der amerikanischen Streitkräfte in Südkorea in Erwägung zu ziehen. Amerikas Entsendung von Patriot-Abwehrraketen fungierte als Geste amerikanischen Schutzes für Südkorea. Dennoch wurde Seoul im Vergleich zu früheren Jahren weniger mit amerikanischem Druck in Bezug auf eine weitere Öffnung seiner Märkte für amerikanische Exporte konfrontiert. Die Präsidenten beider Länder vereinbarten, einen „Dialog für wirtschaftliche Zusammenarbeit" zur Behandlung dieser Fragen zu institutionalisieren.[611]

Zwar spielt *Deutschland* für Korea eine geringere außenpolitische Rolle als die Anrainerstaaten des Pazifischen Ozeans, doch bestehen zwischen beiden Ländern Beziehungen besonderer Art, die sich unter anderem aus ihrem jahrzehntelangen Schicksal ungewollter Teilung ergeben. Der erste ausländische Regierungschef, der Kim Young Sam nach dessen Amtsantritt in Korea besuchte, war Bundeskanzler Helmut Kohl. In seiner Rede anlässlich eines Festbanketts betonte Präsident Kim, Deutschland sei Südkoreas größter europäischer Handelspartner, zugleich lebten dort 30.000 Koreaner und damit die größte koreanische Gemeinschaft in einem europäischen Land. Er erinnerte an den großen Einfluss deutscher Wissenschaft und Kunst auf die Entwicklung der modernen koreanischen Kultur und erwähnte, wie sehr ihn Immanuel Kants Ethik des kategorischen Imperativs während seines Studiums beeindruckt habe. Bundeskanzler Kohl ermutigte seine koreanischen Gastgeber mit dem Hinweis, was in Deutschland möglich gewesen sei – die Wiedervereinigung –, werde auch in Korea möglich sein. Kohl betonte die Notwendigkeit offener Märkte und fairen Wettbewerbs. Deutschland werde sich künftig auch um die Offenheit der Märkte der Europäischen Gemeinschaft bemühen.[612] Zwei Jahre war die so genannte „Techno-Germa 91" die bisher aufwändigste Leistungsschau der deutschen Industrie im Ausland, in Seoul gezeigt worden. Und niemand Geringerer als Bundespräsident Richard von Weizsäcker (begleitet von Deutschlands Bundesminister für wirtschaftliche Zusammenarbeit, Carl-Dieter Spranger) hatte sie in Seoul eröffnet.[613] 270 deutsche Firmen aus 14 Bundesländern hatten ihre Produkte ausstellen können. Die Ausstellung hatte insgesamt etwa 150 Millionen DM gekostet. Allgemein hatte sich der Handel zwischen Deutschland und Korea in den Jahren zwischen 1987 und 1992 fast verdreifacht und von einem Gesamtvolumen von 2,5 auf 7 Milliarden US-Dollar erhöht. Im Jahre 1992 waren

---

[611] Ebd., 17. Juli 1993.
[612] Korea and World Affairs, Frühjahr 1993, S. 152–154.
[613] Frankfurter Allgemeine Zeitung, 21. Februar 1991, und Korea Herald, 28. Februar 1991.

beispielsweise 30.000 koreanische Kraftfahrzeuge in Deutschland zugelassen worden. Umgekehrt veranlasste ein drastisches Absinken deutscher Automobil-Exporte nach Südkorea bei deutschen Produzenten beträchtliche Sorgen, die Horst Teltschik vom BMW-Vorstand dazu veranlassten, Südkorea zu einer wesentlich stärkeren Marktöffnung aufzufordern.[614] So wie auch seine Vorgänger war Kim Young Sam um eine weitere Verbesserung der historisch stark belasteten Beziehungen seines Landes zu *Japan* bemüht. Überschattet wurden aber diese Bemühungen durch die aufkommende Diskussion über mehr als 100.000 asiatische – zumeist koreanische – Frauen und Mädchen, die im Zweiten Weltkrieg für Prostitutionsdienste in der japanischen Armee zwangsverpflichtet worden waren. Tokio nahm vorerst die Haltung ein, alle Rechtsansprüche von Südkoreanern seien durch die Regelungen im Zusammenhang mit dem koreanisch-japanischen Vertrag von 1965 abgegolten.[615] 1993 hatte Japans Ministerpräsident Hosokawa bei einem Staatsbesuch im Namen der japanischen Regierung eine Entschuldigung für die Verbrechen der Vergangenheit zum Ausdruck gebracht.[616] Als Präsident Kim im März 1994 seinerseits einen Staatsbesuch in Japan abstattete, brachte er einen Grundgedanken seiner „neuen Außenpolitik" zum Ausdruck, als er sagte, das „Dreieck Korea, China und Japan" sei dazu bestimmt, eine zentrale Rolle bei der Schaffung eines neuen Asien im 21. Jahrhundert zu spielen, das ein „pazifisches Zeitalter" sein werde. Korea und Japan sollten auch bei den Bemühungen um die friedliche Wiedervereinigung Koreas und bei Bestrebungen zusammenarbeiten, Nordkorea für die Außenwelt zu öffnen. In einer Ansprache bei einem für ihn gegebenen Bankett des japanischen Kaisers Akihito stellte Kim die Forderung auf, dass die tragische Vergangenheit der koreanisch-japanischen Beziehungen nicht länger den gemeinsamen Fortschritt in der Zukunft behindern solle. Von japanischer Seite wurden die Äußerungen von Kim Young Sam als vorwärts gewandt und versöhnlich eingeschätzt. Allerdings sprach Kim auch von dem „ernsten Handelsungleichgewicht", das Südkorea 1993 mit einer Negativbilanz von ungefähr 8 Milliarden US-Dollar belastet habe. Er forderte für Südkoreas Produkte einen besseren Zugang zu Japans Märkten und umgekehrt einen stärkeren Technologietransfer von Japan nach Südkorea.[617] Konkret gesprochen, hatte das bilaterale Handelsvolumen zwischen Südkorea und Japan 1993 31,6 Milliarden US-Dollar betragen, von denen sich die südkoreanischen Exporte nach Japan auf

[614] Frankfurter Allgemeine Zeitung, 5. August 1993.

[615] Neue Zürcher Zeitung, 20. Januar 1992; Süddeutsche Zeitung, 22. Januar 1992.

[616] Frankfurter Allgemeine Zeitung, 8. November 1993.

[617] Ebd., 23. März 1994, sowie Korea Herald, 26. u. 27. März 1994, und Korea Newsreview, 26. März 1994.

einen Wert von 11,6 Milliarden Dollar beliefen, die aus Japan bezogenen Güter hingegen einem Wert von 20 Milliarden US-Dollar entsprachen. Südkoreas erst im August 1992 normalisierte diplomatische Beziehungen zur *Volksrepublik China* erlebten insbesondere wegen der nordkoreanischen Raketenkrise eine intensive Startphase. Nicht weniger als neun Treffen zwischen den Außenministern beider Staaten fanden 1993 statt. Südkoreas Exporte nach China stiegen von 1 Milliarde US-Dollar 1991 auf 5,1 Milliarden US-Dollar im Jahre 1993, während Südkoreas Importe aus China im gleichen Zeitraum nur von 3,44 Milliarden US-Dollar auf insgesamt 4 Milliarden US-Dollar anwuchsen. Mit einem Gesamthandelsvolumen von 9,1 Milliarden US-Dollar wurde China somit zum drittgrößten Handelspartner Südkoreas und Letzteres für China zum sechstgrößten Handelspartner. Für die Dynamik der Wirtschaftsentwicklungen sprach, dass bis zum Ende 1993 südkoreanische Firmen in 646 Projekte in China einen Gesamtbetrag von 465 Millionen US-Dollar investiert hatten.[618]

Als hervorragende Merkmale der neuen südkoreanischen Diplomatie nannte Außenminister Han Sung Joo neue Formen der regionalen pazifischen Kooperation, eine Diversifizierung, die von der ehemaligen allzu einseitigen Orientierung an der Partnerschaft mit den USA wegführe, und ein dem entsprechender Multilateralismus der außenpolitischen Planung und Aktion. Praktische Merkmale hierfür waren Südkoreas Beiträge zu Friedensoperationen der Vereinten Nationen und der wachsende Einsatz seiner Wirtschaftsmacht zur Vergabe von Entwicklungshilfe an Länder der Dritten Welt. Der neue Multilateralismus in Südkoreas außenpolitischer Strategie wurde auch anhand seines Bestrebens ersichtlich, bei der Bewältigung der nordkoreanischen Raketenkrise nicht nur die Vereinigten Staaten, sondern auch insbesondere China sowie Russland und Japan in eine konzertierte Bemühung um eine friedliche Lösung der schlimmsten Krise einzubinden, die es im ostasiatisch-pazifischen Raum seit Ende des Vietnamkrieges und seit den sowjetisch-chinesischen Grenzkonflikten in der zweiten Hälfte der 70er Jahre gegeben hat.[619]

In tragischem Kontrast zur Erfolgsbilanz der südkoreanischen Politik und Diplomatie der letzten Jahre steht das Schicksal der Bevölkerung und Regierung Nordkoreas. Noch nie seit dem vor 40 Jahren endenden Koreakrieg hat sich das Land in derartigen Schwierigkeiten befunden. Die drastischen außenpolitischen Haltungsänderungen seiner großen Bündnispartner und Schutzmächte haben Nordkorea nicht nur sicherheitspolitisch zutiefst verunsichert. Das Ende der von ihnen zuvor aus ideologischen und taktischen Motiven gewährten Präferenzbedingungen im

---

[618] Backgrounder, Nr. 123, 21. März 1994.
[619] Korea Annual, 1993, S. 71–75.

Handel mit Nordkorea hat dessen Wirtschaft in eine Notlage gestürzt, welche die Regierung unter Kim Il Sung vorbehaltlos zugegeben hat. Und diese die Bevölkerung an den Rand echter Not treibende Krise ergab sich zu einem Zeitpunkt, zu dem sich an der Spitze von Staat und Partei der Machttransfer von Vater Kim Il Sung auf den Sohn Kim Dschong Il vollzog. Das totalitärste und isolierteste Staatswesen des 20. Jahrhunderts stand vor kaum lösbaren Problemen. Die systematische Desinformiertheit der Bevölkerung erlaubte keine wirkliche zwischenmenschliche Öffnung nach Südkorea, ohne die Gefahr eines traumatischen Schocks und einer nachfolgenden politischen Explosion zu riskieren. Angesichts des kaum vorstellbaren Ausmaßes der Disziplinierung und Indoktrination der Bevölkerung schien ein durch Massenaktionen der Bevölkerung bewirkter Zusammenbruch des Regimes kaum zu erwarten. Eher wahrscheinlich wäre ein Machtwandel nach dem Muster der chinesischen Entwicklung nach dem Tode von Mao Tse-tung. Das heißt eine Palastrevolution, die eine neue pragmatische Führung an die Spitze des Staates bringt. Vielleicht aber erwirkt die neue Führung nach Kim Il Sung im Pokerspiel um die vom Ausland geforderte Nuklearkontrolle jenes Maß an auswärtiger Wirtschaftshilfe, das die Situation in Nordkorea für eine Weile zu verbessern imstande wäre. Ein soziopolitischer Zusammenbruch Nordkoreas unter Bedingungen der Anarchie würde Südkorea vor Aufgaben stellen, deren Erfüllung voraussichtlich noch wesentlich belastender wäre, als die wirtschaftlichen und sozialen Folgen der deutschen Wiedervereinigung für Westdeutschland gewesen sind. Immerhin hat Nordkorea, wenn auch behindert durch eine ineffiziente Kommandowirtschaft, durch ein relatives Höchstmaß an Militärausgaben und beachtliche Aufwendungen für rein politische Zwecke, seinen Landesteil seit dem Ende des Koreakrieges wieder aufbauen können. Mehr denn je bedarf es heute auswärtiger Hilfe. Doch die Hindernisse politischer und psychologischer Natur sind von derartigen Dimensionen, dass eine rasche Lösung nur schwer vorstellbar scheint und ein hohes Maß an innerkoreanischer und internationaler Staatskunst erfordert.

Immerhin hat die politische Führung in Pjöngjang im Verlauf der diplomatischen und sicherheitspolitischen Krise um Nordkoreas Nuklearrüstung ein solches Maß an taktischer Geschicklichkeit an den Tag gelegt, dass es nicht undenkbar erscheint, dass sie durch das Druckmittel ihrer Nuklearentwicklung imstande sein könnte, maßgebliche wirtschaftliche und technische Unterstützung von Südkorea wie auch von auswärtigen Staaten zu erhalten, ohne dabei die letzten Geheimnisse ihrer Nuklearproduktion preisgeben zu müssen.

Insgesamt aber hat das koreanische Volk seit 1945, trotz der immer noch gravierenden und als schmerzlich empfundenen Landesteilung, dank seiner Willenskraft und Leistungen in den Jahrzehnten seit Ende des Koreakrieges in Südkorea einen fast beispiellosen Aufstieg zu demokratischem Pluralismus im Inland und zu einer bedeutsamen Partnerschaftsrolle in der internationalen Politik der Gegenwart erzielen können. Der Norden hat aufgrund seines Wirtschafts- und Herrschaftssystems mit der erstaunlichen Wirtschaftsdynamik des Südens nicht Schritt halten können. Er vermochte aber, dem selbst gesetzten Ideal optimaler Selbstständigkeit (Dschutsche) folgend, trotz machtvoller Nachbarn eine eigenständige Außenpolitik auch dann zu betreiben, wenn diese von anderen Staaten als irritierend oder bedenklich empfunden wurde. Der Tod von Kim Il Sung am 8. Juli 1994 zerstörte ein zentrales Element in der innenpolitischen Architektur des nordkoreanischen Herrschaftssystems. Fast ein halbes Jahrhundert lang hatte er Staat und Partei Nordkoreas mit praktisch unumschränkter Macht regiert. Unterstützt von jahrzehntelangem und weltweit beispiellosem Führerkult hatte er in der Perspektive der von der Außenwelt fast hermetisch isolierten nordkoreanischen Bevölkerung den Nimbus einer fast gottähnlichen Vaterfigur gewonnen. Bis zu den 60er Jahren war es ihm gelungen, alle rivalisierenden Fraktionen der Kommunisten in Nordkorea zu liquidieren. Mit großem Geschick und seiner zwischen Moskau und Peking oszillierende Balancepolitik konnte er sein kleines Land vor der Beherrschung durch eine der benachbarten Großmächte bewahren. Psychologisch diente diesem Ziel seine „Dschutsche-Ideologie", die für Partei und Staat (im Verhältnis zu anderen Parteien und Staaten) maximale Selbstbestimmung in allen Aktionsbereichen forderte. Die Verwirklichung dieses Ideals setzte jedoch die Existenz außergewöhnlicher Führungspersönlichkeiten voraus. Aus Sorge um die Zukunft seines Systems hatte Kim Il Sung ab 1973 und – intensiver – ab 1980 seinen Sohn aus erster Ehe Kim Jong Il (geb. 1942) zu seinem Nachfolger aufgebaut. Trotz dieser relativ günstigen Ausgangsposition scheint es noch nicht sicher, ob sich Kim Jong Il gegen etwa konkurrierende Kräfte aus den Spitzen von Partei, Staat und Militär oder aus den Reihen der eigenen Familie auf Dauer wird durchsetzen können. Er verfügt zwar nicht über die charismatische Ausstrahlungskraft seines Vaters, jedoch über nützliche Beziehungen zu wichtigen Persönlichkeiten der technokratischen Elite seines Landes. Angesichts der gravierenden wirtschaftlichen und außenpolitischen Schwierigkeiten Nordkoreas erfolgte der Prozess der Führungsnachfolge allerdings zu einem denkbar ungünstigen Zeitpunkt.

17.5 Aufschwung in der Ära von Kim Dae Jung und Roh Moo-hyun

An der Schwelle des 21. Jahrhunderts und in dessen ersten Jahren erlebte Korea einen Aufschwung in zweifacher Hinsicht. Südkoreas junge Demokratie bestand weitere Bewährungsproben. Mit Kim Dae Jung wurde erstmals ein Führer der parlamentarischen Opposition, ein Vorkämpfer und Märtyrer der koreanischen

Demokratie, zum Staatspräsidenten gewählt. In der anschließenden Ära unter Roh Moo-hyun wurde einerseits mit der Uri-Partei erstmals eine linksliberale Oppositionskraft zur Regierungspartei, andererseits vermochte es die koreanische Demokratie, ein gegen den Präsidenten gerichtetes Amtsenthebungsverfahren – das auch in traditionellen Demokratien eine außerordentliche Belastungsprobe des inneren Friedens bedeutet hätte – verfassungsgemäß und im Rahmen des Rechtsstaates demokratisch zu regeln. Die Affäre endete mit einer eindrucksvollen Rehabilitierung und Bestätigung des Präsidenten durch die Wähler des Landes.

In der Sphäre der interkoreanischen Nord-Süd-Beziehungen vermochte Kim Dae Jungs konsequent durchgehaltene „Sonnenschein-Politik", eine epochale Wende im Sinne der Herstellung jahrzehntelang undenkbarer kooperativer Kontakte zwischen den antagonistischen Systemen herzustellen. Dies gelang, weil er die Führung des Nordens davon überzeugen konnte, dass sein Ziel nicht die Vernichtung des nördlichen Systems war, sondern ein friedliches, für beide Teile vorteilhaftes und zunehmend kooperatives Miteinander der beiden Teilstaaten der koreanischen Nation. Unter der Parole „Frieden und Wohlstand" hat Roh Moo-hyun diese Politik nicht nur fortführen, sondern auch erweitern und vertiefen können.

Ein interessanter innovativer Ansatz in Roh Moo-hyuns Außenpolitik besteht in seiner „Strategie des Gleichgewichts in Nordostasien" (freie Übersetzung von „Initiative ‚Balancer of Northeast Asia‘"). Er meint damit die angestrebte Rolle Südkoreas, als ausgleichende und integrierende Kraft zwischen den Staaten Nordostasiens zu vermitteln. Unter diesen Mächten sei Südkorea aus verschiedenen Gründen für diese Funktion besonders prädestiniert. Gerade deshalb, weil das Land nicht über die Möglichkeiten einer Großmacht oder Weltmacht verfügt und es in der koreanischen Geschichte keine Tradition imperialistischer Expansion gibt, gilt Südkorea als besonders glaubwürdiger Initiator vertrauensbildender Maßnahmen. Südkorea ist zudem unter den Staaten Kontinentalostasiens das einzige Land, das über eine inzwischen bewährte demokratische Staatsform verfügt. Präsident Roh schwebt als Ziel eine nordostasiatische Staatengemeinschaft nach dem Modell der Europäischen Union vor, deren geographischer Mittelpunkt und Ort der Begegnung Korea sein könnte. Ein erster praktischer Schritt hierzu könnte darin bestehen, die bisher auf die Behandlung der nordkoreanischen Nuklear- und Raketenrüstung beschränkten Sechs-Mächte-Gespräche zu einer permanenten Institution des Dialogs und der Kooperation in Nordostasien zu machen. In diesem Sinne entwicklungsfähig scheint auch die 2003 aus einer „ASEAN-Plus-Drei"-Gipfelkonferenz hervorgegangene Dreier-Kombination Südkorea, Japan und China zu sein.

Kritiker haben eingewandt, dazu passe das Bündnis Südkoreas mit den USA nicht. Dadurch sei und bleibe Südkorea parteilicher Partner einer Supermacht in einer Situation, in der sich eine neue Front des Misstrauens zwischen den USA und Japan auf der einen Seite und China sowie möglicherweise auch Russland auf der anderen Seite aufzubauen scheint. Dazu ist wohl zu sagen, dass Südkorea weiterhin gesinnt ist, an seiner defensiven Symbiose mit den USA festzuhalten. Doch hat Roh Moo-hyun am 8. März 2005 deutlicher als jeder seiner Vorgänger klargestellt, dass Südkorea absolut nicht dazu bereit ist, sich gegen seinen Willen und seine eigenen Interessen in irgendwelche militärischen Konflikte in Nordostasien verwickeln zu lassen. Das bedeutet, es solle in diesem Sinne keine offensive Symbiose mit den USA oder anderen Mächten geben.

Ein schwerwiegenderer Einwand bezieht sich auf die Frage, ob denn ein sprunghaft handelndes und totalitäres System wie dasjenige Nordkoreas sinnvoll in eine solche auf Dauer angelegte Institution eingebunden werden könne. Ein praktisches Hauptproblem besteht hier darin, dass Nordkoreas Führung sich seit der Transformation Russlands und Chinas sicherheitspolitisch isoliert fühlt und im Besitz von Nuklear- und Raketenwaffen die primäre existenzielle Garantie für die Erhaltung seines Systems erblickt. Nordkorea, in fast allen anderen Bereichen Südkorea unterlegen, fühlt sich aufgrund seines Besitzes dieser Waffen dem Süden machtpolitisch dennoch überlegen. Im Besitz von Nuklearwaffen ist das kleine, wirtschaftlich desolate und am Rande des Hungers lebende Nordkorea ein Faktor der Weltpolitik, umgeben von fünf anderen Mächten, die es ersuchen, das Kernelement seiner Sicherheit preiszugeben. Ohne den Besitz von Kernwaffen, von amerikanischer und südkoreanischer Hilfe abhängig und landesweit von Inspektoren der Internationalen Atombehörde kontrolliert, würde Nordkorea aufhören, ein Faktor der Weltpolitik zu sein. Es wäre dann nur noch ein relativ unwichtiger, fremden Kontrollen unterworfener Kleinstaat, weitab vom internationalen Geschehen.

Von den USA ermahnt, doch vom Fall Irak zu lernen, war aus Pjöngjang zu vernehmen, man habe dort aus dem Irakkrieg gelernt, dass Inspektionen kein Weg zum Frieden, sondern ein Vorspiel zum Krieg seien. Man habe fernerhin erkannt, dass kleine Länder wie der Irak oder Nordkorea sich gegen große Mächte nur mit Nuklearwaffen verteidigen könnten. Auch sei zu fragen, wer in der Welt das Recht habe zu bestimmen, dass ein Staat Atomwaffen haben dürfe und ein anderer nicht. Müsse nicht jener Staat vor allem kontrolliert und abgerüstet werden, der als Erster und bisher Einziger Atombomben gegen Menschen eingesetzt habe? Unterstellt man der nordkoreanischen Führung, dass diese Sicht der Dinge echt ist, dann kann man keine rasche Lösung des Streits um ihre Atomrüstung erwarten, es sei denn, dass die Herrscher in Pjöngjang eine wirtschaftlich bedingte innere Krise befürchten, die nur mit massiver Wirtschaftshilfe von außen abgewendet werden kann. Das ist nicht undenkbar, wäre aber Anlass für eine grundlegende Wende nordkoreanischer Politik.

Wenn es gelänge, das nordkoreanische Sicherheitsdilemma durch die Schaffung eines multilateralen Vertragswerkes zu lösen, so könnte ein solches zum Ausgangspunkt einer nordostasiatischen Sicherheitsorganisation werden. Im Sinne seiner Behauptung, Südkorea sei nur ein „Satellit der USA" hatte Nordkorea versucht, den Süden aus seinen Kontakten mit den USA auszugrenzen. Doch wachsende Verflechtungen zwischen Süd und Nord erschweren eine solche Haltung. Auch sieht Pjöngjang Chancen, Widersprüche zwischen amerikanischen und südkoreanischen Interessen zu seinen Gunsten auszunützen. Südkoreas Einbeziehung in die Sechs-Mächte-Verhandlungen über die Nuklearfrage bedeutet einen wichtigen Erfolg wie auch eine Chance für Seoul, in diesem nordostasiatischen Dialogprozess nicht nur mitzuwirken, sondern auch Initiativen zu ergreifen. Ein beeindruckendes Beispiel hierfür bietet der zur Fortsetzung der Sechsergespräche im Juli und August 2005 beitragende Vorschlag des Südens, Nordkorea eventuell mit einem großen Volumen an Elektroenergie zu versorgen.

Strukturelle Faktoren bewirken zudem eine enger werdende Beziehung zwischen Südkorea und China. So wurde China ab 2003 noch vor den USA zum größten Exportmarkt für südkoreanische Produkte – eine Position, die seit 1965 nur die USA innegehabt hatten. Allein im Jahr 2003 stiegen Südkoreas Stahlexporte nach China um 60 Prozent. Südkorea ist zu einem der in China führenden ausländischen Investoren geworden. Es ist eine beispiellose Entwicklung, dass zu Beginn des 21. Jahrhunderts mehr südkoreanische Studenten in China studieren als in den USA. Gemeinsamkeiten zwischen Seoul und Peking ergeben sich aus Territorialkonflikten beider Seiten mit Japan, fernerhin aus ihrer ähnlichen Kritik an der japanischen Geschichtsauffassung und aus ihrer Opposition gegen einen künftigen permanenten Sitz für Japan im UN-Sicherheitsrat. Beide koreanischen Staaten waren in unterschiedlicher Weise erfolgreich bemüht, ihre Beziehungen sowohl zur Europäischen Union und ihren Mitgliedstaaten als auch zur Organisation und zu den Mitgliedstaaten der Vereinigung Südostasiatischer Staaten (ASEAN) zu vertiefen.

Hinsichtlich einer koreanischen Wiedervereinigung haben Süd- wie auch Nordkorea erkannt, dass kurzfristige Lösungen weder erwartbar noch unter den gegebenen Umständen wünschenswert sind. Anlässlich seines Staatsbesuches in Deutschland äußerte Präsident Roh Moo-hyun hierzu: „Ich bin der Auffassung, dass ein stabiler Zustand des Friedens wichtiger ist als alle Wiedervereinigungspläne. Bevor wir die Wiedervereinigung erreichen können, müssen wir unbedingt durch diesen Prozess hindurch."[620]

---

[620] Interview von Anne Schneppen mit Präsident Roh Moo-hyun, Frankfurter Allgemeine Zeitung, 8. April 2005.

Die erneut in Peking tagende vierte Runde der Sechs-Mächte-Gespräche über Nordkoreas Nuklearproblem, ursprünglich nur für zwei Tage geplant, dauerte mehrfach verlängert vom 26. Juli bis zum 8. August 2005 und war am Rande zugleich auch von bilateralen Kontakten der Teilnehmer – vor allem zwischen den USA und Nordkorea – begleitet. Südkorea hatte nicht zuletzt durch sein Angebot, Nordkorea im Falle einer Einigung zwei Millionen Kilowatt Elektroenergie zur Verfügung zu stellen, entscheidend zur Wiederaufnahme der Gespräche beigetragen.

In deren Verlauf versuchte die südkoreanische Delegation immer wieder zwischen den USA und Nordkorea zu vermitteln. Doch trotz intensivster Bemühungen konnte auch in dieser Runde keine Einigung erzielt werden. Eine der Hauptstreitfragen bezog sich unter anderem auf Nordkoreas Forderung, seine Leichtwasser-Kernanlagen zu behalten. Die USA lehnten diese Rückkehr zum Status quo des Genfer Abkommens von 1954 ab. Südkorea hingegen vertrat die von Wiedervereinigungsminister Chung Dong Young geäußerte Ansicht, Nordkorea habe ein „klares Recht" zur Nutzung von Kernenergie für friedliche Zwecke.

Als Ausdruck weiterer Annäherung zwischen Süd- und Nordkorea feierten hochrangige Delegationen beider Seiten Mitte August 2005 gemeinsam den 60. Jahrestag der Befreiung Koreas von japanischer Kolonialherrschaft.

Ein vereinigtes Korea wird eines Tages ohne Zweifel politisch, wirtschaftlich und kulturell in noch höherem Maße als das gegenwärtige Südkorea zu den führenden Mächten des ostasiatischen Raumes gehören. Doch der Weg dorthin wird lang, schwierig und nicht ohne Gefahren sein.

Anhang

Interview: Roh Moo-hyun –
DIE WELT vom 14.4.2005

(Abdruck mit freundlicher Genehmigung der WELT)

„Druck auf Nordkorea wird die Lage verschlechtern"
Südkoreas Präsident Roh Moo-hyun ist mit Blick auf den Atomkonflikt optimistisch –
Berlins Ideen zur UN-Reform werden abgelehnt

Berlin – Südkorea habe zu Deutschland ein ganz besonderes Verhältnis, sagt Präsident Roh Moo-hyun im Interview: Wirtschaftlich habe man sich in den 60er Jahren am deutschen „Wirtschaftswunder" orientiert, politisch habe man genau beobachtet, wie Deutschland die Teilung überwunden habe. Roh beendet heute seinen fünftägigen Deutschlandbesuch.

Die Welt: Herr Präsident, was war Ihr Anliegen in Deutschland?

Roh Moo-hyun: Wir wollen unsere Beziehungen zu Deutschland stärken. Deutschlands Wirtschaftswunder nach dem Zweiten Weltkrieg war für Südkoreas Wachstum stets ein Vorbild. In den 60er Jahren hat Deutschland uns unterstützt. Auch nach der Asien-Krise 1998 hat Deutschland bei unserer Schuldenumwandlung eine große Rolle gespielt. 50 deutsche Unternehmen sind damals nach Südkorea gekommen und haben so auch andere Länder davon überzeugt, wieder Vertrauen in die südkoreanische Wirtschaft zu haben.

Die Welt: Unterstützt Südkorea die deutschen Vorstellungen bei einer Reform des Sicherheitsrates der Vereinten Nationen?

Roh: Da haben wir eine andere Vorstellung. Wir unterstützen Modell B, das halten wir für demokratischer. Es sieht eine Erweiterung des Rates um neun nur auf Zeit gewählte Mitglieder vor. Modell A, das Deutschland unterstützt, sieht eine Erweiterung um sechs ständige und drei zeitweilig gewählte Staaten vor. Unabhängig davon meinen wir, daß Deutschland die Qualifikationen für einen Ständigen Sitz im Rat hat. Diese Länder sollten bestimmte Voraussetzungen erfüllen: starke Wirtschaftskraft, starken Friedenswillen, Vertrauen anderer Staaten.

Die Welt: Erfüllt Japan diese Voraussetzungen?

Roh: Lassen Sie uns nur über Deutschland reden.

Die Welt: Wieso streiten sich gerade jetzt Südkorea und Japan wieder um die Kriegsvergangenheit?

Roh: Bei diesem Thema muß ich sehr vorsichtig sein. Japan ist zwar in der Pflicht, seine Haltung zur Vergangenheit zu ändern, aber wir in Südkorea sollten jetzt die Emotionen nicht zu hoch kochen lassen.

Die Welt: Welche Eindrücke haben Sie in Deutschland über die Bewältigung der Teilung sammeln können, die wichtig sind für eine Wiedervereinigung in Korea?

Roh: Viele deutsche Politiker, wie Willy Brandt, sind in Korea sehr angesehen. Durch seine Politik der Annäherung gegenüber der DDR konnte später die Teilung überwunden werden. Auch wir meinen, daß über die Annäherung das innerkoreanische Verhältnis entspannt werden sollte. Aber einige Südkoreaner meinten in der Vergangenheit, daß Nordkorea keine Großzügigkeit verdient. Nun versteht und unterstützt die Öffentlichkeit jedoch unsere Politik.

Die Welt: Deutschland leidet wirtschaftlich unter den Folgekosten der Wiedervereinigung. Die Belastung Südkoreas durch den Norden wäre um ein Vielfaches höher. Wäre eine Zwei-Staaten-Lösung in Korea nicht die bessere Alternative?

Roh: Tatsächlich haben die Schwierigkeiten in Deutschland viele Koreaner erschreckt. Aber niemand ist gegen die Wiedervereinigung. Allerdings bestehen unterschiedliche Ansichten über das Tempo einer Wiedervereinigung. Einige wenige wollen sie schnell, andere erst später.

Die Welt: Wie beurteilen Sie den Atomkonflikt mit Nordkorea?

Roh: Einige wollen Druck auf Pjöngjang ausüben, etwa mit Sanktionen. Aber wir zweifeln, daß Nordkorea dann sein Atomprogramm aufgibt. Mehr Druck wird die Lage weiter verschlechtern. Erst wenn wir glauben, daß es gar keine Hoffnung mehr gibt, kann man über Sanktionen sprechen. Wir sind nicht hoffnungslos. Es besteht die Wahrscheinlichkeit, daß Nordkorea zurück an den Tisch kehrt. China bemüht sich sehr darum. Das eigentliche Problem ist das gegenseitige Mißtrauen zwischen den USA und Nordkorea. Sie streiten sich nur um die Reihenfolge, wie jetzt vorgegangen wird. Nordkorea hat nicht gesagt, daß es sein Atomprogramm niemals aufgeben wird. Und die USA haben nicht gesagt, daß sie Nordkorea niemals anerkennen werden. Das heißt: Nordkorea ist eigentlich bereit, sein Atomprogramm aufzugeben, und die USA sind eigentlich bereit, Nordkorea anzuerkennen.

Die Welt: Was kann Südkorea tun, damit Nordkorea wieder an den Verhandlungstisch zurückkehrt?

Roh: Zum Beispiel haben wir die Amerikaner davon überzeugen können, keine emotionalen, feindlichen Ausdrücke mehr gegenüber Pjöngjang zu benutzen. Nordkorea sollte nun ohne Vorbedingungen an den Verhandlungstisch zurückkehren.

Die Welt: Empfinden Sie Nordkorea als akute Bedrohung?

Roh: Ja, das war es früher, und die Regierung empfindet Nordkorea weiter als Bedrohung. Aber die Öffentlichkeit empfindet nicht so. Wie auch immer, der Grad der Bedrohung ist sehr viel geringer als früher. Zum einen verfügt Nordkorea über keinen modernen Waffen. Es hat keine wirtschaftliche Kapazität, um einen Krieg zu führen. Zum anderen ist durch unsere Annäherungspolitik das subjektive Bedrohungsgefühl gesunken.

Die Welt: Wie verlaufen die innerkoreanischen Kooperationsprojekte, wie der Kaesung-Park?

Roh: Diese Projekte werden weiter laufen. Allerdings, ohne Lösung der Nuklear-Frage wird es schwierig sein, den Kaesung-Industriekomplex zu erweitern. Es besteht ein Sicherheitsrisiko der Öffentlichkeit. Wenn südkoreanische Firmen Technologie und andere Güter in den Norden bringen, dann müssen wir das häufig mit unseren Nachbarländern abstimmen.

Die Welt: Wie wird sich das Verhältnis zu Nordkorea entwickeln?

Roh: Es wird besser werden. Die Kooperationen mit dem Norden werden zu einer allmählichen Entspannung führen. An dem Kaesung-Projekt nehmen 13 südkoreanische Firmen teil. Wenn das Projekt vollständig operiert, dann werden etwa 4000 Nordkoreaner dort arbeiten. Das wird langfristig Wirkung zeigen.

Das Gespräch mit dem Präsidenten Südkoreas führten Carl Graf Hohenthal, Jacques Schuster und Kirstin Wenk.

Auswahlbibliographie

Dokumente und Handbücher

A Handbook of Korea. Seoul International Publishing House, 8. Aufl. 1990

Amt für Nationale Wiedervereinigung: Eine vergleichende Studie Nord- und Süd-koreas. Seoul 1982

Appleman, Roy E.: United States Army in the Korean War: South to Naktong, North to Yalu (June-November, 1950). Washington: Department of the Army, Office of the Chief of Military History, 1961

Bonwetsch, Bernd/**Kuhfus,** Peter M.: „Neue Quellen zum Eintritt Chinas in den Koreakrieg (Juni–Oktober 1950)", in: Vierteljahreshefte für Zeitgeschichte, 1986, Heft 34, S. 269–289

China and U.S. Far East Policy 1945–1967. A Publication of Congressional Quarterly Service. Washington 1967

Chinese-Korean Friendship. The Party and Government Delegation of the Democratic People's Republic of Korea visits China. Peking 1975

Chun (Chon), Tuk-Chu **(Hg.):** Wer ist wer? Deutschland und Korea. (Datenbank von Koreanern die in Deutschland, Österreich, oder der Schweiz studiert haben). Seoul 2003

Foreign Language Publishing House (Hg.): Exposition of the Juche Idea. Pjöng-jang 1983

Foreign Relations of the United States – Diplomatic Papers, Bd. IX, 1949, The Far East: China. Washington/D.C. 1978

Foreign Relations of the United States – Diplomatic Papers, Bd. VI, 1950 East Asia and the Pacific, Washington/D.C. 1956

Foreign Relations of the United States – Diplomatic Papers, 1946, Bd. VIII, The Far East. Washington/D.C. 1971, S. 617–619

Foreign Relations of the United States – Diplomatic Papers, 1950, Bd. VII: Korea. Washington /D. C. 1976

Foreign Relations of the United States – Diplomatic Papers, 1949, Bd. VIII: The Far East: China. Washington/D.C. 1978

Foreign Relations of the United States – Diplomatic Papers, 1951, Bd. VII: Korea and China (2. Bde.), Washington/D.C. 1983

Foreign Relations of the United States – Diplomatic Papers, 1952–1954, Bd. XV: Korea Teil 1 und 2, Washington/D.C. 1984

International Affairs Bureau, Central Standing Committee Chongryun: Korean Report (Tokio)

Japan Defense Agency (Hg.): Defense of Japan 2004. Tokio 2004

Japan Defense Agency (Hg.): Overview of Japan's Defense Policy. Tokio 2005

Korea Annual, Seoul, 1993

Korean Overseas Information Service: A Handbook of Korea. 8. Aufl. Seoul, December 1950

Korean Overseas Information Service: Constitution of the Republic of Korea. Seoul 1987

Korean Overseas Information Service: Two Years of Roh Moo-hyun Administration. Seoul 2005

Maki, John M.: Conflict and Tension in the Far East. Key Documents 1894–1960. Seattle 1961

Ministry of National Unification Republic of Korea (Hg.): Peace and Prosperity – White Paper on Korean Unification 1996. Seoul 2005

National Security Council (Hg.): Peace, Prosperity and National Security. Seoul 2004

National Unification Board, Republic of Korea: Information Service on the Unification Question of the Korean Peninsula

National Unification Board, Republic of Korea: A White Paper on South-North Dialogue in Korea. Seoul 1988

National Unification Board, Republic of Korea: Intra-Korean Agreements. National Unification Board, Republic of Korea. Seoul 1992, Nr. 10

National Unification Board Republic of Korea (Hg.): An Era of Reconciliation and Cooperation Begins. Seoul 1996

Office of Public Information, Republic of Korea: Where Korea Stands. Seoul 1955

Office of Public Information, Republic of Korea: A Handbook of Korea. Seoul 1955

Office of Public Information, Republic of Korea: Korea flaming High. Excerpts from statements by President Syngman Rhee in 1954–55. Seoul 1956

Office of the South-North Dialogue: National Unification Board, Seoul. South-North Dialogue (unregelmäßig erscheinende Dokumentation)

Office of Public Information, Republic of Korea: Where Korea stands. Seoul 1959

Presse- und Kulturabteilung Botschaft der Republik Korea (Hg.): Mein zielstrebiger Weg. Erinnerungen des neu gewählten Präsidenten der Republik Roh Moo-hyun. Berlin 2002

Presse- und Kulturabteilung Botschaft der Republik Korea (Hg.): Roh Moo-hyun. Der Präsident der Republik Korea. Sein Leben und seine Vision. Berlin 2003

Presse- und Kulturabteilung Botschaft der Republik Korea (Hg.): Frieden und Prosperität in Nordostasien. Berlin 2003

The Korean Overseas Information Service (Hg.): Handbook of Korea. Seoul 2003

The Korean Overseas Information Service (Hg.): Two Years of Roh Moo-hyun Administration – achievements and challenges. Seoul 2004

Third Congress of the Worker's Party of Korea: Documents and Materials. Foreign Languages Publishing House, Pyongyang 1956

Translations on Korean Affairs. U.S. Joint Publications Research Service. Arlington/Virginia

United Nations, Department of Public Information: Korea and the United Nations. New York, October 1950

U.S. Department of State: Korea 1945 to 1948. Washington/D.C. 1948. Annexe 1–7, S. 43–65

U.S. Department of State: The Korean Problem and the Geneva Conference. April 26 June 15, 1954. Washington/D.C. 1954

U.S. Department of State: The Record on Korean Unification 1943–1960. Narrative Summary with Principal Documents. Washington/D.C. 1960

U.S. Senate Committee On Armed Services and The Senate Committee On Foreign Relations (Hg.): Compilation of Certain Published Information on the Military Situation in the Far East. Washington/D.C. 1951

Monographien

An, Tai-sung: North Korea: A Political Handbook. Wilmington/Del. 1983

Anders, Conrad: Korea. München 1988

Awe, Thomas: „Die Dissidentengruppen", in: **Machetzki,** Rüdiger/**Pohl**, Manfred (Hg.): Korea. Stuttgart/Wien 1988, S. 141

Baik, Bong: Kim Il Sung. Biography (3 Bde.). Tokio 1970

O'Ballance, Edgar: Korea: 1950–1953. (Der Koreakrieg in militärhistorischer Perspektive). London 1969

Barnds, William J.: The Two Koreas in East Asian Affairs

Berger, Carl: The Korea Knot: A Military-Political History. Philadelphia 1957

Bermudez Jr. J./**Browner,** Kenneth/**Segal,** Gerald: „North Korea: The Final Act", in: Jane's Intelligence Review. Special Report 2, April 1994, S. 3–24

Borissow, Oleg Borissowitsch/**Koloskow**, Boris Trofimowitsch (Hg.): Sowjetisch-chinesische Beziehungen 1945–1970. Berlin (Ost) 1973

Chae Kyung Oh: A Handbook of Korea. New York 1957

Cho, Lee-Jay (Hg.): A Changing Korea in Regional and Global Contexts. Seoul 2004

Cho, Soon Sung: Korea in World Politics, 1940–1950: An Evaluation of American Responsibility. Berkeley 1967

Choe, Ching Young: The Rule of the Taewongun, 1864–1873: Restoration in Yi Korea. Cambridge/Mass 1972

Choi, Jinwook: A Critical Juncture. The 2004 U.S. Presidential Election and the North Korean Nuclear Crisis. Seoul 2004

Choi, Min-hong: A Modern History of Korean Philosophy. Seoul 1978

Chon, Tuk Chu: Südkorea in der geteilten Welt 1961–1976. Die Auswärtige und Innerkoreanische Politik der Regierung Park Chung Hee. München 1977

Ders.: Die Beziehungen zwischen der DDR und der Koreanischen Demokratischen Volksrepublik (1949–1978). München 1982

Chung, Chin: Pyongyang between Peking and Moscow: North Korea's Involvement in the Sino-Soviet Dispute, 1958–1975. University of Alabama Press, 1978

Chung, Chong-Shik/**Chung**, Chong-Wook (eds.): Major Powers and Peace in Korea. Seoul 1979

Chung, Chong-Shik (ed.): Korean Unification. Source Materials with an Introduction, Bd. II. Seoul 1979

Chung, Chong-Shik/**Ro**, Jae-bong (Hg.): Nationalism in Korea. Seoul 1979

Cole, David C./**Lyman**, Princeton N.: Korean Development: The Interplay of Politics and Economics. Cambridge 1971

Collins, Lawton: War in Peacetime. Boston 1969

Conroy, Hilary: The Japanese Seizure of Korea: 1868–1910. A Study of Realism and Idealism in International Relations. Philadelphia 1960

Cotton, James: Korea under Roh Tae-woo: Democratisation, Northern Policy and Inter-Korean Relations. Canberra 1993

Cumings, Bruce (ed.): Child of Conflict. The Korean-American Relationship 1943–1953. Seattle u. a. 1983

Ders.: The Origins of the Korean War. Liberation and the Emergence of Separate Regimes 1945–1947. Princeton 1981

Dashwood, Christopher/**Möller**, Kay (Hg.): North Korean Scenarios (1999–2003) and Responses of the European Union. Baden-Baden 1999

Dennett, T.: Roosevelt and the Russo Japanese War. A critical study of American Policy in Eastern Asia 1902–5. Gloucester/Mass. 1959

Deuchler, Martina: Confucian Gentlemen and Barbarian Envoys. The Opening of Korea 1875–1885. Seattle and London 1977

Domes, Jürgen: Peng Te-huai. The Man and the Image. London 1985

Domschke, Andreas/**Himstedt**, Gert: „Deutsch-koreanische Beziehungen", in: **Machetzki**, Rüdiger/**Pohl**, Manfred (Hg.): Korea. Stuttgart/Wien 1988, S. 163

Foot, Rosemary: A Substitute for Victory. The Politics of Peacemaking at the Korean Armistice Talks. Ithaca und London 1990

Gibney, Frank: Korea's Quiet Revolution. From Garrison State to Democracy. New York 1992

Glaubitz, Joachim: Fremde Nachbarn: Tokio und Moskau. Ihre Beziehungen vom Beginn der 70er Jahre bis zum Ende der Sowjetunion. Baden-Baden 1992

Ders.: Zur Frage des Abzugs der amerikanischen Landstreitkräfte aus Südkorea. Beweggründe, Konzept und Revision einer asienpolitischen Entscheidung. Ebenhausen 1980

Glaubitz, Joachim/Heinzig, Dieter: Die Sowjetunion und Asien in den 80er Jahren. Ziele und Grenzen sowjetischer Politik zwischen Indischem Ozean und Pazifik. Baden-Baden 1988

Goodrich, Leland M.: Korea: A Study of US-Policy in the United Nations New York: Council on Foreign Relations, 1956

Goncharov, S. N., Lewis, J. W., and Xue, L. T.: Uncertain Partners. Stalin, Mao and the Korean War. Stanford 1993

Goulden, Joseph C.: Korea: The Untold Story of the War. New York 1982

Griswold, A. Whitney: The Far Eastern Policy of the United States. 4. Aufl., New Haven und London 1964

Hahm, Pyong Choon: The Korean Political Tradition and Law. Seoul 1967

Hahn, Bae-ho/Tadashi, Yamamoto (Hg.): Korea and Japan. A New Dialogue Across the Channel. Seoul 1978

Han, Sungjoo: The Failure of Democracy in South Korea. Berkeley u. a. 1974

Hao, Yufan/Thai, Zhihai: „China's Decision to enter the Korean War: History revisited", in: The China Quarterly, März 1990, Nr. 121, S. 98–115

Henderson, Gregory: Korea and the Politics of Voltex. Cambridge/Mass. 1968

Hesse-Wartegg von, Ernst: Korea. Dresden und Leipzig 1895

Hinton, Harold: Communist China in World Politics. London und Melbourne 1966

Hulbert, Homer B.: The Passing of Korea. 1. Aufl. Seoul 1906, Neudruck Seoul 1969

Ders.: The History of Korea, 2 Bde., Seoul 1905

Hsü, Immanuel C. Y.: The Rise of Modern China. 4. Aufl. New York/Oxford 1990

Jung, Ku-hyun/Kim, Dalchoong/Gumpel, Werner/Kindermann, Gottfried-Karl (eds.): Integration and Disintegration in Europe and Northeast Asia. Seoul 1994

Kajima, Morinosuke: Geschichte der japanischen Außenbeziehungen. Wiesbaden 1976

Kaneko, Martin: „Die koreanische Minderheit in Japan", in: Machetzki, Rüdiger u. Pohl, Manfred (Hg.): Korea. Stuttgart/Wien 1988, S. 158

Kang, Chi-Won/Kim, Se-Jin (eds.): Korea: A Nation in Transition. Seoul 1978

Kern, Thomas, Köllner/Patrick (Hg.): Südkorea und Nordkorea. Einführung in Geschichte, Politik, Wirtschaft und Gesellschaft. Frankfurt/Main 2005

Kim, Byung Ung: Nationalismus und Großmachtpolitik. Das Dilemma des Nationalismus in Korea unter der US-Militärbesetzung 1945–1948. München 1981

Kim, Chang-sun: Fifteen-year History of North Korea. Washington 1963

Kim, Dae Jung: „Three Stage" Approach to Korean Unification. Los Angeles 1997.

Kim, Dae Jung: Mein Leben, mein Weg. Autobiographie des Präsidenten der Republik Korea. Frankfurt am Main 2000

Kim, Dae Jung: The 21st Century and the Korean People. Selected Speeches of Kim Dae Jung, 1998–2004. Seoul 2004

Kim Dae Jung Presidential Library (Hg.): International Conference to Commemorate the 5th Anniversary of the June 15 South-North Joint Declaration. Seoul 2005

Kim, Dalchoong/**Gumpel,** Werner/**Kindermann,** Gottfried-Karl (eds.): East-West Relations and Divided Nations Problems in the Gorbachev Era. German and Korean Perspectives-Institute of East and West Studies. Yonsei University, Seoul 1988

Dies. (eds.): New Dynamics in East-West Relations. Institute of East and West Studies. Yonsei University, Seoul 1989

Dies. (eds.) Divided Nations and East-West Relations on the Threshold of the 1990s. Institute of East and West Studies. Yonsei University, Seoul 1990

Dies. (eds.): Europe in Transition and the Korean Peninsula. Institute of East and West Studies. Yonsei University, Seoul 1992

Dies. (eds.): Consequences of German Unification and Its Implications for a Divided Korea. Institute of East and West Studies. Yonsei University, Seoul 1992

Dies. (eds.): The Disintegration of the Soviet Union and Its Impact on Korea and Germany. Institute of East and West Studies. Yonsei University, Seoul 1993

Kim, C. I. Eugene/**Koh,** B. C. (eds.): Journey to North Korea: Personal Perceptions. Berkeley 1983

Kim, C. I. Eugene/**Kim,** Han-kyo: Korea and the Politics of Imperialism, 1876–1910. Berkeley and Los Angeles 1967

Kim, G. F./Shabshina, F. J.: Proletarian Internationalism and Revolutions in the East. Moskau 1992

Kim, Hakjoon: Korea's Relations with her Neighbors in a changing world. Elizabeth/ N.J. 1993

Ders.: „Present and Future of the South-North Talks: As viewed from Korea", in: Korea & World Affairs, Bd. 3, Sommer 1979 Nr. 2, S. 209–222

Ders.: Unification Policies of South and North Korea. A comparative study. Seoul 1978

Ders.: Unification Policies of South and North Korea, 1945–1991: A comparative study. 3. Aufl., Seoul 1992

Ders.: Korea's Relations with Her Neighbors in a Changing World. Seoul 1993

Kim, Han-Gil: Modern History of Korea. Pyongyang 1979

Kim, Il Pyong: Communist Politics in North Korea. New York 1975

Kim, Il Sung: On Juche in our revolution. Bd. 1, Pjöngjang 1975

Ders.: Für die selbständige friedliche Vereinigung des Vaterlandes. Pjöngjang 1968

Ders.: Erinnerungen. Mit dem Jahrhundert. Pjöngjang 1992

Kim, Kwan Bong: The Korea Japan Treaty Crisis and the Instability of the Korean Political System. New York u. a. 1971

Kim, Quee Young: The Fall of Syngman Rhee. Berkeley 1983

Kim, Se-jin: The Politics of Military Revolution in Korea. Chapel Hill 1971

Ders. (Hg.): Korean Unification. Source Materials. Bd. I Seoul 1976

Ders.: Documents on Korean-American Relations 1943–1976. Hg. v. Research Center for Peace and Unification. Seoul 1976

Ders.: Korean Unification. Source Materials. Hg. v. Research Center for Peace and Unification. Seoul 1979

Kindermann, Gottfried-Karl: Der Ferne Osten in der Weltpolitik des industriellen Zeitalters. München 1970

Ders. u. a.: Sun Yat-sen: Founder and Symbol of China's Revolutionary Nation-Building. München 1982

Ders. u. a.: Chinas unbeendeter Bürgerkrieg. Im Spannungsfeld Peking–Taiwan–USA 1949–1980. Wien/München 1980

Ders.: Inter-System Detente in Germany and Korea. Proceedings of a German-Korean Conference in Tutzing and Munich 1976. Munich 1976

Ders: Der Aufstieg Ostasiens in der Weltpolitik 1840 bis 2000. Stuttgart/München 2001

Kleiner, Jürgen: Korea: Auf steinigem Pfad. Berlin 1992

Koh, Byung Chul (Hg.): North Korea and the World. Seoul 2004

Koh, Xing-hu: Nordkorea. Ein fernöstlicher Gulag. Stuttgart 1983

Koschyk, Hartmut (Hg.): Deutschland, Korea – geteilt, vereint. München 2005

Kwak, Chay J./Cho, S. S./McCune, S. (Hg.): U.S.-Korean Relations 1882–1982. Seoul 1982

Kwon, Jene K.: Korean Economic Development. New York/London 1990

Lee, Chong-sik: Materials on Korean Communism 1945–1947. Honolulu 1977

Ders.: The Korean Worker's Party: A Short History. Stanford 1978

Lee, Changsoo (Hg.): Modernization of Korea and the Impact of the West. University of Southern California 1981

Lee, Chong-sik: The Politics of Korean Nationalism. Berkeley and Los Angeles: The University of California Press, 1963

Ders.: The Politics of Korean Nationalism. Berkeley 1965

Lee, Hee-Ho: Meine Liebe, mein Vaterland. o.O. 2003

Lee, Ki-baik: A New History of Korea, translated by Edward W. Wagner and Edward J. Schultz. Cambridge/London 1984

Lee, Soong Hee: Die sowjetische Außenpolitik gegenüber der DDR und Nordkorea (1960–1979). Kontraste und Analogien. Dissertation der Universität München 1983

Leifer, Walter: Paul Georg von Möllendorff. Ein deutscher Staatsmann in Korea. Saarbrücken 1988

Lho, Kyongso/**Möller,** Kay (Hg.): Northeast Asia towards 2000: Interdependence and Conflict? Baden-Baden 1999.

Luther, Susanne: Die Nordostasienpolitik der Vereinigten Staaten nach Ende des Kalten Krieges (1989–1996): Aufbruch in eine neue Ära. Hamburg 2000.

Luther, Susanne: Schritte aus der Isolation. Der Weg Nord- und Südkoreas in die Vereinten Nationen. Magisterarbeit, Universität München 1994.

Machetzki, Rüdiger u. **Pohl,** Manfred (Hg.): Korea. Wirtschaft, Politik, Kultur, Gesellschaft, Natur, Geschichte, Reisen, Sport. Stuttgart/Wien 1988

MacNair, Harley Farnsworth (Hg.): Modern Chinese History. Selected Readings. Bd. 2. Shanghai 1927

Mai, Gunther: Westliche Sicherheitspolitik im Kalten Krieg. Der Koreakrieg und die deutsche Wiederbewaffnung 1950. Boppard am Rhein 1977

Maretzki, Hans: Kim-ismus in Nordkorea. Analyse des letzten DDR-Botschafters in Pjöngjang. Böblingen 1991

Maull, Hanns W./**Maull,** Ivo M.: Korea. München 1987

McCune, George M./**Grey,** Jr., Arthur L.: Korea Today. Cambridge 1950

Möller, Kay/**Tidten,** Markus: Nordkorea: Radikalisierung in der Isolation. Ebenhausen 1993

Möller, Kay: Die Außenpolitik der Volksrepublik China 1949–2004. Wiesbaden 2005.

Moon, Chung-in/**Okonogi,** Masao,/**Reiss,** Mitchell B. (Hg.): The Perry Report, the Missile Quagmire and the North Korean Question. Seoul 2000

Morse, Hosea Ballou: The International Relations of the Chinese Empire. 3 Bde., Neuauflage. Taipei o. J.

Moskowitz, Karl: From Patron to Partner. The Development of US-Korean Business and Trade Relations. Lexington and Toronto 1984

Nahm, Andrew C.: Korea. Tradition & Transformation. A History of the Korean People. 4. Aufl., Elizabeth/N.J. 1991

Ders. (ed.): Korea and the New Order in East Asia. Center for Korean Studies, Western Michigan University. Kalamazoo 1975

Ders.: North Korea: Her Past, Reality and Impression. Center for Korean Studies, Western Michigan University. Kalamazoo 1978

Ders. (Hg): Korea under Japanese Colonial Rule. Studies in the Policy and Techniques of Japanese Colonialism. Western Michigan University 1973

Nish, I. H.: The Anglo-Japanese Alliance. The Diplomacy of the two Island Empires 1894–1907. London 1966

Ochi, Hisashi: Der außenpolitische Entscheidungsprozeß Japans. Der zur Normalisierung der Beziehungen zwischen Japan und der Volksrepublik China führende politische Entscheidungsprozeß in Japan. München 1982

Oliver, Robert T.: Syngman Rhee: The Man Behind the Myth. New York 1954

Ders.: Syngman Rhee and American Involvement in Korea, 1942–1960. A Personal Narrative. Seoul 1978

Ders.: Korea, Forgotten Nation. Washington/D.C. 1944

Oppert, Ernest: A Forbidden Land: Voyages to Corea. London u. a. 1880

Osgood, Cornelius: The Koreans and Their Culture. New York 1951

Pae, Sung Moon: Korea. Leading Developing Nations. London und New York 1992

Paik, Kyung Nam: Korea und Japan im Kräftefeld des Nord-West-Pazifik. Zur Entstehung und Problematik des koreanisch-japanischen Normalisierungsvertrags von 1965. München 1978

Palais, James B.: Politics and Policy in Traditional Korea. Cambridge, Mass./London 1991

Panikkar, Kavalam Madhava: Botschafter in beiden China. Frankfurt a. M., 1957

Park, Chung Hee: Das Werden einer Nation (übersetzt von Günther Winkler). Salzburg 1971

Ders.: Ein Weg für unser Volk – Betrachtungen zum sozialen Wiederaufbau. Seoul 1964

Park, Jae Kyu/**Kim,** Jung Gun: The Politics of North Korea. Seoul 1983

Park, Jae Kyu/**Koh,** Byung Chul/**Kwak,** Tae-hwan (Hg.): The Foreign Relations of North Korea: New Perspectives. Seoul 1987

Pascha, Werner: Korea. Eine Wirtschaft zwischen Aufbruch und Umbruch. Mannheim 1996

Pfaltzgraff, Robert/**Hinton,** Harold C./**Kindermann,** Gottfried-Karl u. a.: The US-Korean Security Relationship: Prospects and Challenges for the 1990s. Washington/London/New York 1988

Pohl, Manfred: „Die politische Kultur", in: **Machetzki,** Rüdiger/**Pohl,** Manfred (Hg.): Korea. Stuttgart/Wien 1988, S. 128

Rees, David: Korea: The Limited War. New York 1964

Reeve, W. D.: The Republic of Korea: A Political and Economic Study. London 1963

Reischauer, Edwin O./**Fairbank,** John K.: East Asia – A Great Tradition. Cambridge/Mass. 1960

Ridgway, Matthew B.: The Korean War. o. O. 1967

Riley, John W./**Schramm,** Wilbur: The Reds Take a City: The Communist Occupation of Seoul, with Eyewitness Accounts. New Brunswick/N.J. 1951

Rodenberg, Klaus: Problemstrukturen der Teilung Koreas im Spannungsverhältnis von Konfrontation und Dialog. Eine Analyse der internationalen Entwicklungen und bilateralen Verhandlungen zwischen Nord- und Südkorea unter besonderer Berücksichtigung der multipolaren Konstellation in Ostasien im Zeitraum von 1970–1977. Dissertation der Universität München, Ebenhausen 1980

Roh, Moo-hyun: Mein zielstrebiger Weg. Deutschsprachige Ausgabe, Berlin 2002

Rudolph, Philip: North Korea's Political and Economic Structure. Institute of Pacific Relations, New York 1959

Saccone, Richard: Negotiating with North Korea. Seoul 2003

Sawyer, Robert K.: Military Advisors in Korea: KMAG in Peace and War. Washington/ D.C. 1962

Scalapino, Robert A./**Kim,** Jun-yop (eds.): North Korea Today: Strategic and Domestic Issues. Institute of East Asian Studies. University of California, Berkeley 1983

Scalapino, Robert A./**Kim,** Jun-yop/**Lee,** Chong-sik: Communism in Korea, 2. Bde., Berkeley/Los Angeles/London 1972

Shin, Bum Shik (Hg.): Major Speeches by Korea's Park Chung Hee. Seoul 1970

Simmons, Robert: The Strained Alliance: Peking, Pyongyang, Moscow and the Politics of the Korean Civil War. New York 1975

Spanier, John W.: The Truman-McArthur Controversy and the Korean War. Cambridge/Mass. 1959

Stone, I. F.: The Hidden History of the Korean War. New York 1952

Stueck, William Whitney, Jr.: The Road to Confrontation: American Policy Toward China and Korea, 1947–1950. Chapel Hill 1981

Suh, Dae-sook: Documents of Korean Communism, 1918–1948. Princeton 1970

Ders.: The Korean Communist Movement, 1918–1948. Princeton 1967

Truman, Harry S.: Memoirs, Bd. 2: Years of Trial and Hope, Garden City 1956

Vantage Point (Hg.): North Korea: Uneasy, Shaky Kim Jong-il Regime. Seoul 1997

Wagner, Edward W.: The Literati Purges: Political Conflict in Early Yi Korea. East Asian Research Center. Harvard University, Cambridge 1974

Weber, Hermann (Hg.): Konflikt im Weltkommunismus. Eine Dokumentation zur Krise Moskau/Peking. München 1964

Weems, Benjamin B.: Reform, Rebellion and the Heavenly Way. Tucson 1964

White, John Albert: The Diplomacy of Russo-Japanese War. Princeton/N.J. 1964

Whiting, Allen S.: China crosses the Yalu. The Decision to enter the Korean War. Stanford 1960

Wright, Edward Reynolds (Hg.): Korean Politics in Transition. Seattle and London 1975

Yang, Dae Hyun: Die Waffenstillstandsverhandlungen in Korea 1951–1953. Eine multiperspektivische Konstellationsanalyse. München 1982

Yonhap News Agency (Hg.): Korea Annual 2004. Seoul 2004

Yun, Ki Whang: Die Rolle der Friedenslinie (Rhee-Line) im Normalisierungsprozeß der Beziehungen zwischen Korea und Japan in der Nachkriegsära. In der Perzeptions- und Aktionsstruktur der südkoreanischen Regierung. Frankfurt am Main/Bern 1983

Aufsätze

Bazhanov, Eugene u. Natsha: „Soviet Views on North Korea: The Domestic Scene and Foreign Policy", in: Asian Survey, Bd. 31, Heft 12 (1991), S. 1123–1138

Bonwetsch, Bernd und Kuhfus, Peter M.: „Die Sowjetunion, China und der Korea-krieg", in: Vierteljahreshefte für Zeitgeschichte, 33. Jg. 1985, Heft 1, S. 28–87

Bridges, Brian: „East Asia in Transition: South Korea in the Limelight" International Affairs, Bd. 64 Heft 3 (1988)

Cho, M. Y.: „Origins of Korean Division and Politics of Reunification", in: North Korea Quarterly, Nr. 28, 1982

Chung, Jin Min: „The Once and Future Korea", in: Foreign Policy, Bd. 72, Heft 5 (1992)

Eberstadt, Nicholas: „Can the Two Koreas be one?", in: Foreign Affairs, Bd. 72, Heft 5 (1992), S. 150–165

Glaubitz, Joachim: „Die Sowjetunion und die koreanische Halbinsel", in: Außen-politik, Bd. 43, Heft 1 (1992), S. 82–91

Grabowsky, Volker: „Die demokratische Volksrepublik Korea im Vorfeld des Umbruchs", in: Aus Politik und Zeitgeschichte, B 36/37, 1988

Green, Andrew E.: „South Korea's Automobile Industry: Development and Pro-spects", in: Asian Survey. Bd. 32, Heft 5 (1992), S. 411–428

Hahm, Pyung Choon: „Korea and the emerging Asian Power Balance", in: Procee-dings of the Academy of Political Science, Bd. 38, Heft 2 (1991), S. 107–114

Hao, Yufan/Thai, Zhihai (eds.): „China's Decision to enter the Korean War: Histo-ry revisited", in: China Quarterly, Heft 121 (1990), S. 94–115

Harnisch, Sebastian: „U.S.-North Korean Relations under the Bush Administrati-on", in: Asian Survey, Bd.42 Heft 6 (2002), S. 856–882

Harnisch, Sebastian: „Nordkoreas nukleare Waffenprogramme", in: Österreichi-sche Militärzeitschrift, Ausgabe 2/2003

Hunt, Michael J.: „Beijing and the Korean Crises: June 1950 – June 1951", in: Politi-cal Science Quarterly, Bd. 107, Heft 3 (1992), S. 453–478

Kim, Dalchoong: „Der Nuklearkonflikt auf der koreanischen Halbinsel", in: Euro-pa-Archiv, Bd. 49, Nr. 10, 25. Mai 1994, S. 290–298

Kim, Dae Jung: „The Once and Future Korea", in: Foreign Policy, Bd. 86, Heft 2 (1992), S. 40–55

Kim, Hong N.: „Japanese-Korean Relations in the 1980s", in: Asian Survey, Bd. 27, Heft 5, (1987), S. 497–515

Kim, Hong Nack: „Japan's Relations with North Korea", in: Current History, Bd. 90, Heft 555 (1991), S. 164–167

Kim, Sungwoo: „Recent Economic Policies of North Korea: Analysis and Recom-mendations", in: Asian Survey, Bd. 33, Heft 9 (1993), S. 864–879.

Kindermann, Gottfried-Karl: „Korea" und „Koreakrieg 1950–53", in: Staiger/Friedrich/Schütte (Hg.): Das Große China-Lexikon, Hamburg 2003.

Ders.: „Die Außenpolitik der Republik Korea", in: **Machetzki**, Rüdiger/**Pohl**, Manfred (Hg.): Korea. Stuttgart/Wien 1988, S. 146

Ders.: „Die Republik Korea (Südkorea)", in: Informationen zur politischen Bildung aktuell. Hg.: Bundeszentrale für politische Bildung, Bonn 1988

Ders.: „North Korea's Contribution to the Theory and Practice of International Communism", in: **Whetten**, Lawrence L. (Hg.): The Present State of Communist Internationalism. Lexington/Mass. and Toronto 1983

Ders.: „Haupthindernis: die Amerikaner. Interview mit dem nordkoreanischen Vizeaußenminister Ri Dschong Mok", in: Der Spiegel, Jg. 35, Nr. 37, (1981), S. 150–152

Ders.: „Nordkorea", in: **Brunner**, Georg/**Meissner**, Boris (Hg.): Verfassungen der kommunistischen Staaten. Paderborn u. a. 1979, S. 306–328 (Uni-Taschenbücher 953)

Ders.: „Interview mit dem Staatspräsidenten von Südkorea, Kim Young-sam. Die asiatische Kultur wird in der Welt eine größere Rolle spielen", in: Das Parlament, Nr. 48, 26. November 1993

Ders.: „The New South-North Dialogue", in: Korea & World Affairs, Jg. 3, Nr. 2, (1979), S. 223–234

Ders.: „Nordkorea zwischen den Weltmächten", in: Europa-Archiv, Jg. 35 (1980), S.605–614

Ders.: „Die Teilstaaten Koreas im Weltgeschehen des letzten Jahrzehnts", in: Aus Politik und Zeitgeschichte, Bd. 37, 17. September 1983

Klippert, Heinz: „Südkorea: Wirtschaftswunder auf tönernen Füßen", in: Der Überblick, Bd. 24, Heft 3 (1988)

Korean Repository: „The Taiwon Kun", Bd. 5 (1898)

„The Memorial of Independence Club", Bd. 5 (1898)

„Popular Movements in Korea", Bd. 5 (1898)

„The King's Oath at the Ancestral Temple", Bd. 2 (1895)

„Great Changes in the Korean Government", Bd. 2 (1895)

„The Assassination of the Queen of Korea", Bd. 2 (1895)

Lee, Dong Bok: „North Korea After the Sixth KWP Congress", in: Korea & World Affairs, Bd. 5, No. 3, 1981

Lee, Hongkoo: „A New Unification Formula: National Community Through a Korean Commonwealth", in: Korea & World Affairs, Bd. 13, No. 4, Winter 1989

Lee, Hy-sang: „North Korea's closed Economy: The hidden Opening", in: Asian Survey, Bd. 28, Heft 12 (1988)

Lee, Chong-sik: „Die Entwicklung der Beziehungen zwischen Nord- und Südkorea", in: Europa-Archiv, Bd. 40, Heft 13, (1985), S. 401–412

Meyer, Peggy Falkenheim: „Gorbachev and post-Gorbachev Policy towards the Korean Peninsula: The Impact of Changing Russian Perceptions", in: Asian Survey, Bd. 32, Heft 8 (1992), S. 757–772

Mobius, J. Mark: „The Japan-Korea Normalizaton Courses and Korean Anti-Americanism", in: Asian Survey, Band VI, Nr. 4, April 1966, S. 241–248

Opitz, Peter J.: „Allianzen im Wandel: Die Politik Pekings und Moskaus gegenüber der koreanischen Halbinsel", in: Außenpolitik Bd. 41, Heft 3 (1990), S. 247–257

Ders.: „Die koreanische Halbinsel im Spannungsfeld der asiatisch-pazifischen Mächte", in: Berichte des Bundesinstituts für ostwissenschaftliche und internationale Studien, Heft 31 (1988)

Park, Tong Whan: „Issues of Arms Control between the two Koreas", in: Asian Survey, Bd. 32, Heft 4 (1992), S. 350–365

Piazolo, Marc: „Koreas erfolgreiche Wirtschafts- und Verschuldungspolitik", in: Vierteljahresberichte. Probleme der Entwicklungsländer, Heft 123 (1991)

Pohl, Manfred: „Nach dem Zusammenbruch der Sowjetunion: Größere Chancen für die koreanische Wiedervereinigung?", in: Nord-Süd aktuell, Bd. 6, Heft 4 (1992)

Rhee, Kang Suk: „Korea's Unification: The Applicability of the German Experience", in: Asian Survey, Bd. 33, Heft 4 (1993), S. 360–375

Shabshina, Fanja: „Läßt sich der ‚Koreanische Knoten' entwirren?", in: Sozialismus: Theorie und Praxis, Heft 7 (1990), S. 103–106

Periodica

Asian Survey (monatliche asienwissenschaftliche Zeitschrift, Berkeley)

Asien (deutsche Zeitschrift für Politik, Wirtschaft und Kultur), Hg.: Deutsche Gesellschaft für Asienkunde. Hamburg

Asia Week (wöchentliches Nachrichtenmagazin zu Politik und Wirtschaft der Staaten Ostasiens, Hongkong)

China Aktuell (International führende Fachzeitschrift, Hg.: Institut für Asienkunde, Hamburg, monatlich)

China Quarterly (London)

Diplomacy (International Magazine, monatliche Zeitschrift zur südkoreanischen Außenpolitik, hrsg. v. Limb Thok Kyu)

Far Eastern Economic Review (wöchentliches Nachrichtenmagazin zu Politik und Wirtschaft der Staaten Ostasiens, Hongkong)

Korea and World Affairs (Vierteljahresschrift mit Kommentaren und Dokumenten zur koreanischen Außen- und Wiedervereinigungspolitik)

Korea Focus (Zweimonatszeitschrift der Korea-Foundation)

Korea-Jahrbuch (hrsg. von Patrick Köllner) Institut f. Asienkunde, Hamburg.

Koreana Quarterly (Vierteljahresschrift mit Kommentaren und Dokumenten hrsg. v. International Research Centre, Seoul)

Korea News (Halbwöchentliches Bulletin hrsg. v. (nordkoreanischen) Korea News Service in Tokio)

Korea Newsreview. (Published by The Korea Herald, Seoul)

Korea Policy Review. (hrsg. seit 2005 vom Korean Overseas Information Service)

Korea Today (monatliche Zeitschrift/Pjöngjang)

North Korea Quarterly (Vierteljahresschrift mit Kommentaren und Dokumenten hrsg. v. M. Y. Cho, veröffentlicht vom Institut für Asienkunde, Hamburg)

Pyongyang Times (im Zeitungsformat erscheinende Wochenschrift/Pjöngjang)

South-North Dialogue in Korea (monatliche Dokumentation des Büros für Süd-Nord-Dialog im Ministerium für Nationale Wiedervereinigung, Seoul)

Summaries of World Broadcasts/Far East (hergestellt vom BBC London)

The Korea Herald (Tageszeitung/Seoul)

The Korean Journal of International Studies. (Vierteljahresschrift mit Beiträgen und Dokumenten, hg. v. The Korean Institute of International Studies in Seoul)

The Korean Review. (Foreign Languages Publishing House. Pjöngjang 1982)

The Korea Times (Tageszeitung/Seoul)

The People's Korea (Wöchentl. nordkoreanisches Nachrichtenblatt mit Kommentaren und auch Dokumenten zur nordkoreanischen Außen- und Wiedervereinigungspolitik)

Vantage Point (Monatszeitschrift/Seoul zu Entwicklungen in Nordkorea)

Personenregister